CURSO DE DIREITO INTERNACIONAL PRIVADO

O GEN | Grupo Editorial Nacional – maior plataforma editorial brasileira no segmento científico, técnico e profissional – publica conteúdos nas áreas de concursos, ciências jurídicas, humanas, exatas, da saúde e sociais aplicadas, além de prover serviços direcionados à educação continuada.

As editoras que integram o GEN, das mais respeitadas no mercado editorial, construíram catálogos inigualáveis, com obras decisivas para a formação acadêmica e o aperfeiçoamento de várias gerações de profissionais e estudantes, tendo se tornado sinônimo de qualidade e seriedade.

A missão do GEN e dos núcleos de conteúdo que o compõem é prover a melhor informação científica e distribuí-la de maneira flexível e conveniente, a preços justos, gerando benefícios e servindo a autores, docentes, livreiros, funcionários, colaboradores e acionistas.

Nosso comportamento ético incondicional e nossa responsabilidade social e ambiental são reforçados pela natureza educacional de nossa atividade e dão sustentabilidade ao crescimento contínuo e à rentabilidade do grupo.

VALERIO DE OLIVEIRA MAZZUOLI

Professor-associado da Faculdade de Direito da UFMT. Pós-Doutor em Ciências Jurídico-Políticas pela Universidade Clássica de Lisboa. Doutor *summa cum laude* em Direito Internacional pela UFRGS. Mestre em Direito pela Unesp, *campus* de Franca. Membro da Comissão Especial de Direito Internacional do Conselho Federal da OAB. Advogado e Consultor Jurídico.

CURSO DE DIREITO INTERNACIONAL PRIVADO

6ª edição — revista, atualizada e reformulada

- O autor deste livro e a editora empenharam seus melhores esforços para assegurar que as informações e os procedimentos apresentados no texto estejam em acordo com os padrões aceitos à época da publicação, e todos os dados foram atualizados pelo autor até a data de fechamento do livro. Entretanto, tendo em conta a evolução das ciências, as atualizações legislativas, as mudanças regulamentares governamentais e o constante fluxo de novas informações sobre os temas que constam do livro, recomendamos enfaticamente que os leitores consultem sempre outras fontes fidedignas, de modo a se certificarem de que as informações contidas no texto estão corretas e de que não houve alterações nas recomendações ou na legislação regulamentadora.

- Fechamento desta edição: 22.02.2023

- O Autor e a editora se empenharam para citar adequadamente e dar o devido crédito a todos os detentores de direitos autorais de qualquer material utilizado neste livro, dispondo-se a possíveis acertos posteriores caso, inadvertida e involuntariamente, a identificação de algum deles tenha sido omitida.

- Atendimento ao cliente: (11) 5080-0751 | faleconosco@grupogen.com.br

- Direitos exclusivos para a língua portuguesa
  Copyright © 2023 by
  Editora Forense Ltda.
  Uma editora integrante do GEN | Grupo Editorial Nacional
  Travessa do Ouvidor, 11 – Térreo e 6º andar
  Rio de Janeiro – RJ – 20040-040
  www.grupogen.com.br

- Reservados todos os direitos. É proibida a duplicação ou reprodução deste volume, no todo ou em parte, em quaisquer formas ou por quaisquer meios (eletrônico, mecânico, gravação, fotocópia, distribuição pela Internet ou outros), sem permissão, por escrito, da Editora Forense Ltda.

- Capa: Fabricio Vale

- CIP – BRASIL. CATALOGAÇÃO NA FONTE.
  SINDICATO NACIONAL DOS EDITORES DE LIVROS, RJ.

  Mazzuoli, Valerio de Oliveira

  Curso de direito internacional privado / Valerio de Oliveira Mazzuoli. – 6. ed. – Rio de Janeiro: Forense, 2023.

  Inclui bibliografia
  ISBN 978-65-5964-768-2

  1. Direito internacional privado. I. Título.

  23-81931   CDU: 341.9

  Meri Gleice Rodrigues de Souza – Bibliotecária – CRB-7/6439

Aos meus estudantes, daqui e d'alhures.
À Giselle de Melo Braga Tapai, pelo incentivo.
A Dirceu Galdino Cardin, pelas intercessões.

Aos meus estudantes, daqui e d'alhures.
À Giselle de Melo Braga Tapai, pelo incentivo.
A Dirceu Galdino Cardin, pelas intercessões.

Duas Palavras

Em meados de 2014, recebi, com entusiasmo, honroso convite da Editora Forense para escrever este livro. A vontade dessa casa editorial (e também minha) era conhecer uma obra que atendesse às necessidades fundamentais dos graduandos, pós-graduandos e profissionais do direito na disciplina Direito Internacional Privado. Aceito o desafio, não obstante com significativo sacrifício pessoal, pretendi oferecer aos leitores obra totalmente *nova* – tanto em *conteúdo* quanto no *método* – em nossa literatura jurídica, capaz de atender aos reclamos dos que necessitam de respostas seguras sobre a aplicação do DIPr no Brasil.

Esclareça-se, porém, desde já, ser este um livro de DIPr concebido como *tal*, quer dizer, restrito aos temas próprios dessa disciplina. Daí, deliberadamente, ter versado a ciência do conflito de leis sem se deter na explicação de temas ínsitos (de mérito) do Direito Civil, *v.g.*, atinentes ao direito das coisas, das obrigações, ao direito de família e das sucessões, supondo-se que o leitor, neste momento investigativo, já percorreu todos os institutos elementares do Direito Civil aplicáveis ao estudo que ora se inicia. Não é, de fato, em compêndio destinado ao DIPr o lugar de estudar temas específicos do Direito Civil, assim como também não é nos compêndios de Direito Civil o lugar de investigar os institutos da nossa disciplina. A missão do DIPr é, tão somente, informar o direito aplicável às questões jurídicas pluriconectadas, nada mais. Estuda-se, *v.g.*, a indicação do direito aplicável à guarda, à visita e à adoção de menores, sem investigar o que significa e como se operacionaliza a *guarda*, a *visita* ou a *adoção*; estuda-se a lei aplicável à falência ou à recuperação judicial transnacional, sem conceituar e explicar os institutos da *falência* e da *recuperação judicial*. De igual forma, neste livro não se objetivou lecionar História do Direito (como fazem inúmeros manuais de DIPr) àqueles que nos honram com a sua leitura. Não que a história da disciplina não seja importante; apenas não foi a opção escolhida para levar a cabo esta obra. O leitor, se assim pretender, poderá consultar esse tema em compêndios para tal especialmente dedicados.[*]

O que se entrega, portanto, aos estimados leitores é um livro que investiga o DIPr brasileiro em sua *ordem do dia*, bem assim suas interconexões com o sistema jurídico internacional (regulado pelo Direito Internacional *Público*) e com

---

[*] A propósito, *v.* MEIJERS, Eduard Maurits. L'histoire des principes fondamentaux du droit international privé a partir du Moyen Âge spécialement dans l'Europe Occidentale. *Recueil des Cours*, vol. 49 (1934-III), p. 543-686; e MEIJERS, Eduard Maurits. *Études d'histoire du droit international privé* (I – Contribution à l'histoire du droit international privé et pénal en France et dans les Pays-Bas aux XIIIe et XIVe siècles; II – Nouvelle contribution à la formation du principe de réalité). Trad. Pierre Clément Timbal & Josette Metman. Paris: Centre National de la Recherche Scientifique, 1967.

os instrumentos que dele vêm à luz. Os temas, porém, ligados à *nacionalidade* e à *condição jurídica do estrangeiro*, presentes em muitas obras de DIPr sob a influência equívoca da doutrina francesa, não foram versados aqui, por terem sido já detalhadamente estudados em meu *Curso de Direito Internacional Público*, também publicado pela Editora Forense. Tais disciplinas constituem – para falar como Oscar Tenório – "apenas *pressupostos* do direito internacional privado",[**] contando com soluções dadas, muitas vezes, pelo Direito Internacional Público, especialmente por tratados internacionais, o que torna desnecessário (para não dizer errôneo) estudá-las em obra dedicada ao DIPr. Quanto à nacionalidade, neste livro não se fez mais que a inserir entre os elementos de conexão existentes; por sua vez, nada aqui se estudou sobre a condição jurídica do estrangeiro. Convido, portanto, os leitores interessados, a visitarem o meu *Curso de Direito Internacional Público*, para que ali investiguem, em detalhes, esses dois importantes temas.

Tirante, em suma, os temas que não lhe são próprios, o DIPr vem aqui versado com enfoque renovado e metodologia diferenciada, tudo para o fim de compreender o caminho (para além de traçar *o próprio* caminho) em que se desenvolve a disciplina no Brasil. Também a didática na exposição dos temas e a precisão da linguagem foram preocupações constantes quando da elaboração do texto, haja vista a desordem (tanto metodológica quanto terminológica) ainda presente em vários manuais da matéria entre nós. Se, por um lado, essa tarefa exigiu considerável esforço, por outro, proporcionou a mim dois enormes prazeres: o de revisitar a doutrina respectiva (nacional e estrangeira) e o de poder ir além. Faltava, creio, no Brasil, obra a investigar o DIPr nacional com os temas que lhe são próprios e alheia às meras ilações históricas e questões que sabidamente não lhe dizem respeito. Aqui, por fim, o resultado que entrego aos estimados leitores.

Para encerrar esta introdução, cabe uma reflexão final. Sabe-se que na Europa o DIPr é vivido e sentido na prática dos tribunais diuturnamente, por se tratar de um continente em que milhares de pessoas mantêm relações civis e empresariais de diversa índole, com conexão internacional. Tal fato possibilita, indubitavelmente, a criação de farta jurisprudência sobre inúmeras questões da matéria naquele continente. No Brasil, no entanto, assim como nos demais países da América Latina, têm sido raros os *leading cases* a envolver o DIPr, se comparados às ações diuturnamente propostas com fundamento exclusivamente no Direito interno, o que é facilmente constatado procedendo-se à rápida pesquisa no foro em geral. Dos milhares de ações judiciais decididas todos os dias em nosso país, apenas uma ou outra diz respeito a um caso relativo ao tema, o que impossibilita, na prática, a formação de sólida jurisprudência sobre o conflito de leis entre nós. O que nos resta? *A priori*, fica ao jusprivatista internacional brasileiro a missão de propor, ao menos em nível teórico, soluções para os problemas de DIPr apresentados. Ou seja: ainda que não se

---

[**] TENÓRIO, Oscar. *Direito internacional privado*, vol. I. 9. ed. rev. Rio de Janeiro: Freitas Bastos, 1968, p. 14 [o grifo é do original].

tenha material jurisprudencial suficiente para compreender, na prática, cada ponto controverso da disciplina, ao menos no plano acadêmico é possível buscar respostas aos problemas que o assunto apresenta. Esta obra, portanto, tem a exata finalidade de contribuir nesse sentido.

Hoje, passados vários anos desde a sua primeira estampa, este livro tornou-se referência na matéria no Brasil, tendo o leitor podido verificar a amplitude dos temas versados e sua profundidade teórica, sem perda da didática na exposição dos temas. Este é, seguramente, motivo de grande júbilo para este Autor, senão também de imensa responsabilidade, sobretudo em deixar o livro sempre atualizado com o que há de melhor, tanto em doutrina como em jurisprudência, para os que nos honram com a sua leitura. Nesta edição procedi, ainda, a uma releitura completa do texto para o fim de revisar, atualizar e ampliar a obra, sempre mantendo os propósitos para os quais veio à luz, é dizer, auxiliar os interessados no entendimento claro e na compreensão imediata das questões que envolvem o DIPr brasileiro.

Espero, enfim, que este livro continue a ser bem recebido pelos estudantes, professores e profissionais do direito no Brasil, para que nele tenham um referencial seguro de compreensão dos temas afetos ao nosso DIPr. Em especial, meus sinceros agradecimentos ao Grupo GEN e à Editora Forense, seus Diretores e Superintendentes, pela confiança depositada neste Professor para que levasse a cabo esta obra.

Cuiabá, fevereiro de 2023.

O Autor

Sumário

Abreviaturas e Siglas Usadas XIX

PARTE I

PARTE GERAL

Capítulo I

Direito Internacional Privado,
Direito Intertemporal e Direito Uniforme

1. Colocação do problema..	3
1.1 Abertura legislativa e função do DIPr	5
1.2 Interação legislativa global..	6
1.3 DIPr e direitos humanos	7
2. DIPr e direito intertemporal..	10
3. DIPr e direito uniforme..	11
3.1 Impossibilidade de uniformização total..................................	12
3.2 Uniformização regional e global	14
3.3 Diferenças de fundo..	15
4. Perspectiva	16

Capítulo II

Noções Preliminares ao Estudo
do Direito Internacional Privado

1. Conceito de DIPr	19
1.1 O "elemento estrangeiro"..	21
1.2 Conflitos interestaduais..	22
1.3 Discricionariedade estatal...	24
1.4 Missão principal do DIPr..	26
1.5 A questão da nomenclatura	27
1.6 Necessidade de divergência entre normas estrangeiras autônomas e independentes	28
2. Objeto e finalidade do DIPr...	29
2.1 Objeto do DIPr...	29
2.2 Finalidade do DIPr...	33
3. Posição do DIPr nas ciências jurídicas (taxinomia)	35
3.1 O DIPr é direito interno ou internacional?..............................	35
3.2 O DIPr versa matéria afeta ao direito privado ou ao direito público?	37
4. Conflitos de leis estrangeiras no espaço.....................................	38

5. Direito Internacional Privado brasileiro 39
   5.1 Lei de Introdução às Normas do Direito Brasileiro – LINDB.................. 40
   5.2 Estatuto pessoal no DIPr brasileiro 42
   5.3 Estatuto pessoal no Código Bustamante.. 45

Capítulo III
FONTES DO DIREITO INTERNACIONAL PRIVADO

1. Introdução.. 47
2. Fontes internas.. 48
   2.1 Constituição e leis 49
   2.2 Costume nacional... 52
   2.3 Doutrina e jurisprudência interna 54
3. Fontes internacionais... 56
   3.1 Tratados internacionais 56
   3.2 Costume internacional 60
   3.3 Jurisprudência internacional 61
4. Fontes transnacionais 63
5. Conflitos entre as fontes 65
   5.1 Conflitos entre fontes de categorias distintas.. 65
   5.2 Conflitos entre fontes de mesma categoria... 66
   5.3 Conclusão sobre os critérios 67

Capítulo IV
TEORIA GERAL DAS NORMAS DO DIREITO INTERNACIONAL PRIVADO

1. Normas indicativas 69
   1.1 Normas diretas e indiretas 70
   1.2 Hipótese e disposição 71
   1.3 *Lex fori* e *lex causae* 71
   1.4 Categorias de normas indicativas.. 72
2. Conflitos das normas de DIPr no espaço... 73
   2.1 Conflito espacial positivo.. 75
   2.2 Conflito espacial negativo (teoria do reenvio) 77
      2.2.1 Entendimento... 77
      2.2.2 Posição do direito brasileiro... 79
      2.2.3 Importância prática do reenvio.. 81
      2.2.4 Conclusão 83
3. Conflitos das normas de DIPr no tempo 83
4. Aplicação substancial das normas de DIPr... 87
   4.1 Problema das qualificações 87
      4.1.1 Fundamento 88

SUMÁRIO | **XIII**

	4.1.2	Conceito e entendimento	89
	4.1.3	Qualificação por etapas	91
	4.1.4	Exceção dos bens e das obrigações	93
	4.1.5	Regras do Código Bustamante	95
	4.1.6	Instituições desconhecidas	96
4.2	Conflito de qualificações		97
4.3	Questão prévia		100
4.4	Adaptação ou aproximação		104
5. Remissão a ordenamentos plurilegislativos			105

Capítulo V
Elementos de Conexão

1. Elemento e objeto de conexão			109
	1.1	Diferenças de fundo	110
	1.2	Procedimento de localização	110
	1.3	Concurso de elementos de conexão	111
2. Espécies de elementos de conexão			112
	2.1	Conexões pessoais	113
	2.2	Conexões reais (territoriais)	113
	2.3	Conexões formais	113
	2.4	Conexões voluntárias	114
	2.5	Conexões delituais	114
3. Qualificação dos elementos de conexão			115
	3.1	Qualificação pela *lex causae*	116
	3.2	Conflito positivo e negativo	116
4. Principais elementos de conexão			117
	4.1	Território	118
	4.2	Nacionalidade	119
	4.3	Domicílio	120
	4.4	Vontade das partes	123
		4.4.1 Autonomia da vontade e ordem pública	124
		4.4.2 Fundamento da autonomia da vontade no direito brasileiro	125
		4.4.3 Autonomia da vontade na eleição de foro	127
		4.4.4 Autonomia da vontade e qualificação (do objeto e do elemento de conexão)	128
		4.4.5 Autonomia da vontade na jurisprudência brasileira	128
		4.4.6 Autonomia da vontade no Projeto de Lei nº 269 do Senado Federal	129
		4.4.7 Conclusão	130
	4.5	Lugar do contrato	130

4.6 A *lex fori*	131
4.7 Religião e costumes tribais	131
5. Conflitos móveis (sucessão de estatutos)	133

Capítulo VI
DIREITOS ADQUIRIDOS NO DIREITO INTERNACIONAL PRIVADO

1. Entendimento	137
2. Efeitos dos direitos adquiridos	141
3. Limites da *lex fori*	142
4. Elementos para o reconhecimento	145
5. Direitos adquiridos no DIPr brasileiro	146

Capítulo VII
APLICAÇÃO DO DIREITO ESTRANGEIRO PELO JUIZ NACIONAL

1. Dever de aplicação do direito estrangeiro indicado	149
1.1 A questão da competência	150
1.1.1 Competência concorrente	153
1.1.2 Competência exclusiva	158
1.1.3 Afastamento da competência	161
1.1.4 Ainda sobre a (não) exaustividade dos arts. 21 a 25 do CPC/2015	164
1.2 Imposição legal de aplicação do direito estrangeiro	166
1.3 Norma estrangeira como direito (não como fato)	167
2. Aplicação direta da lei estrangeira	169
2.1 Aplicação *ex officio*	169
2.2 Prova do direito estrangeiro	173
2.3 Lei estrangeira como paradigma para recursos excepcionais	179
2.4 Análise e interpretação da lei estrangeira	181
2.5 Aplicação errônea da lei estrangeira e recursos cabíveis	186
2.6 Controle de constitucionalidade da lei estrangeira (conforme a Constituição do Estado estrangeiro)	187
2.7 Controle de convencionalidade da lei estrangeira (conforme as normas internacionais em vigor no Estado estrangeiro)	190
3. Impossibilidade de conhecimento da lei estrangeira	192
3.1 Rejeição da demanda ou aplicação da *lex fori*?	193
3.2 Solução do direito brasileiro	193
4. Limites à aplicação do direito estrangeiro	194
4.1 Direitos fundamentais e humanos	195
4.2 Ordem pública	196
4.3 Normas de aplicação imediata (*lois de police*)	204
4.4 Fraude à lei	209
4.5 *Prélèvement (favor negotii)*	216

SUMÁRIO | XV

4.6 Reciprocidade 217

4.7 Instituições desconhecidas.. 219

4.8 Norma mais favorável à pessoa 221

5. Cooperação jurídica internacional 222

5.1 Homologação de sentenças estrangeiras............................... 224

5.2 Auxílio direto.. 229

5.3 Cartas rogatórias 230

6. Conclusão... 233

Capítulo VIII
DIREITO INTERNACIONAL PRIVADO PÓS-MODERNO

1. Introdução.. 235

2. Diálogo com Erik Jayme... 236

3. O novo DIPr e os valores pós-modernos...................................... 236

3.1 Pluralismo (diversidade cultural).. 237

3.2 Comunicação 240

3.3 Narração 241

3.4 Retorno dos sentimentos... 243

4. Conclusão... 244

PARTE II
PARTE ESPECIAL

Capítulo I
DIREITO CIVIL INTERNACIONAL

1. Leis aplicáveis.. 249

2. Orientação legislativa... 249

3. Plano da Parte Especial 250

Capítulo II
DOS BENS

1. Introdução.. 253

2. Regra *lex rei sitae*... 253

3. Qualificação dos bens... 257

4. Bens em trânsito... 258

5. Conflitos móveis... 260

6. Navios e aeronaves 261

7. Lei aplicável ao penhor 263

8. Tráfico ilícito de bens culturais 265

8.1 Conceito 266

8.2 Lei aplicável.. 267

8.3 A questão do possuidor de boa-fé.. 268

8.4 Normas de aplicação imediata... 269

Capítulo III
DIREITO DE FAMÍLIA

1. Normas gerais 271
2. Esponsais 272
   2.1   Qualificação dos esponsais 273
   2.2   Lei aplicável segundo a LINDB 274
   2.3   Regra do Código Bustamante 276
3. Casamento... 277
   3.1   Capacidade para casar 278
   3.2   Casamento realizado no Brasil 280
   3.3   Casamento realizado no exterior 282
   3.4   Casamento consular... 284
       3.4.1   Casamento consular de brasileiros no exterior........................... 285
       3.4.2   Casamento consular de estrangeiros no Brasil 287
   3.5   Casamento por procuração... 288
   3.6   Lei aplicável ao regime de bens 290
   3.7   Efeitos pessoais do casamento.. 293
   3.8   Invalidade do casamento... 295
4. Divórcio.. 299
   4.1   Divórcio consensual consular.. 301
   4.2   Divórcio consensual puro e qualificado.. 302
5. Relações parentais 303
   5.1   Filiação... 303
   5.2   Guarda de filhos 305
   5.3   Direito de visita 307
   5.4   Alimentos 309
       5.4.1   Convenção de Nova York sobre Prestação de Alimentos no Estrangeiro (1956) 309
       5.4.2   Primeiras normas da Conferência da Haia de Direito Internacional Privado... 310
       5.4.3   Convenção sobre a Cobrança Internacional de Alimentos para Crianças e outros Membros da Família e Protocolo sobre a Lei Aplicável (2007) 311
       5.4.4   Flexibilização do Protocolo de 2007 em razão da norma mais favorável ao alimentando... 317
   5.5   Sequestro internacional de crianças 319
6. Adoção internacional de menores 324
   6.1   A questão da nacionalidade 325
   6.2   Convenção Interamericana sobre Conflito de Leis em Matéria de Adoção de Menores (1984) 327
   6.3   Convenção Relativa à Proteção das Crianças e à Cooperação em Matéria de Adoção Internacional (1993)... 331

6.4 Direito Internacional Privado brasileiro da adoção 334

6.5 Adoção por estrangeiros na Constituição de 1988 e no ECA 337

Capítulo IV
DIREITO DAS SUCESSÕES

1. Introdução 341
2. Regra geral da LINDB 342
   2.1 Princípio da universalidade sucessória 343
   2.2 Desuso (*de facto*) e insubsistência (*de jure*) da regra 343
   2.3 Bens imóveis localizados no estrangeiro 345
   2.4 Equalização de direitos na partilha dos bens 346
3. Sucessão de bens de estrangeiros situados no País 347
4. Capacidade para suceder 350
5. Autonomia da vontade 352
6. Exceção à unidade sucessória em razão de créditos locais 352
7. Execução de testamento celebrado no estrangeiro 353
   7.1 Lei aplicável à forma 353
   7.2 Lei aplicável à substância 356

Capítulo V
OBRIGAÇÕES E CONTRATOS

1. Introdução 359
2. Obrigação proveniente de contrato 361
3. Obrigação no exterior destinada à execução no Brasil 366
4. Obrigações por atos ilícitos 368
   4.1 Regra *lex loci delicti commissi* 369
   4.2 Tratados internacionais 370
   4.3 Flexibilização pela *lex damni* 371
   4.4 Obrigações *ex lege* 372
5. Autonomia da vontade 374
6. Convenção da ONU sobre contratos de compra e venda internacional de mercadorias 377

Capítulo VI
ESTATUTO DAS PESSOAS JURÍDICAS

1. Introdução 379
2. Lei aplicável 379
3. Nacionalidade 381
4. Reconhecimento e funcionamento 382
5. Limites de operação no Brasil 384
6. Insolvência transnacional 386
   6.1 Entendimento 386

6.2 Sistemas territorial e universal 386

6.3 Efeitos da insolvência e direito aplicável 389

6.4 Propostas de harmonização internacional....................................... 391

6.5 Regulamentação brasileira atual.. 392

    6.5.1 Acesso à jurisdição brasileira 394

    6.5.2 Reconhecimento de processos estrangeiros..................... 395

    6.5.3 Cooperação com autoridades e representantes estrangeiros 397

    6.5.4 Processos concorrentes 398

7. Conclusão.. 400

Referências Bibliográficas 401

Obras do Autor.. 421

Abreviaturas e Siglas Usadas

ADI – Ação Direta de Inconstitucionalidade
AgRg – Agravo Regimental
AGU – Advocacia-Geral da União
Ap.Cív. – Apelação Cível
AREsp. – Agravo em Recurso Especial
art. – artigo
arts. – artigos
atual. – atualizada (edição)
Cap. – Capítulo
CDC – Código de Defesa do Consumidor
CF – Constituição Federal
Cf. – Confronte/confrontar
CIDIP – Conferência Interamericana de Direito Internacional Privado
CIJ – Corte Internacional de Justiça
cit. – já citado(a)
Coord. – coordenador/coordenadores
CPC – Código de Processo Civil
DIPr – Direito Internacional Privado
ECA – Estatuto da Criança e do Adolescente
ed. – edição/editor
etc. – *et cetera*
EUA – Estados Unidos da América
HC – *Habeas Corpus*
ICJ – International Court of Justice (Corte Internacional de Justiça)
IDI – Institut de Droit International (Instituto de Direito Internacional)
LICC – Lei de Introdução ao Código Civil
LINDB – Lei de Introdução às Normas do Direito Brasileiro
Min. – Ministro(a)
OEA – Organização dos Estados Americanos
Org. – organizador/organizadores

p.	–	página(s)
Rel.	–	Relator
REsp.	–	Recurso Especial
RISTJ	–	Regimento Interno do Superior Tribunal de Justiça
RTJ	–	*Revista Trimestral de Jurisprudência*
SEC	–	Sentença Estrangeira Contestada
ss.	–	seguintes
STF	–	Supremo Tribunal Federal
STJ	–	Superior Tribunal de Justiça
t.	–	Tomo
TJRS	–	Tribunal de Justiça do Estado do Rio Grande do Sul
Trad.	–	tradução
Uncitral	–	United Nations Commission for International Trade Law (Comissão das Nações Unidas para o Direito do Comércio Internacional)
Unidroit	–	International Institute for the Unification of Private Law (Instituto Internacional para a Unificação do Direito Privado)
v.	–	*vide*/ver
v.g.	–	*verbi gratia*/por exemplo
vol.	–	volume
v.u.	–	votação unânime

Parte I

Parte Geral

Capítulo I

Direito Internacional Privado, Direito Intertemporal e Direito Uniforme

1. Colocação do problema

De há muito as relações humanas ultrapassaram todos os limites terrestres, espraiando-se pelos quatro cantos do planeta. Tal é reflexo do caráter cosmopolita do homem, que necessita incessantemente manter relações e intercâmbios ao redor do globo, seja no plano social (familiar, cultural, científico, artístico etc.) ou do comércio (de que é exemplo a sedimentação dos usos e costumes comerciais internacionais, que se convencionou chamar *lex mercatoria*).[1] De fato, não passa

---

[1] V. ESPINOLA, Eduardo. *Elementos de direito internacional privado*. Rio de Janeiro: Jacinto Ribeiro dos Santos, 1925, p. 8-10; STRENGER, Irineu. *Direito internacional privado*. 6. ed. São Paulo: LTr, 2005, p. 25-26; e PINHEIRO, Luís de Lima. *Direito internacional privado*, vol. I (Introdução e Direito de Conflitos – Parte Geral). 3. ed. refundida. Coimbra: Almedina, 2014, p. 24-27. Sobre a *lex mercatoria* e sua influência no direito contemporâneo, v. GOLDMAN, Berthold. Frontières du droit et *lex mercatoria*. Archives de Philosophie du Droit, nº 9 (Le droit subjectif en question). Paris: Sirey, 1964, p. 177-192; GALGANO, Francesco. *Lex Mercatoria*: storia del diritto commerciale. Bologna: Il Mulino, 1993; STRENGER, Irineu. *Direito do comércio internacional e* lex mercatoria. São Paulo: LTr, 1996; MAZZUOLI, Valerio de Oliveira. A nova *lex mercatoria* como fonte do direito do comércio internacional: um paralelo entre as concepções de Berthold Goldman e Paul Lagarde. In: FIORATI, Jete Jane & MAZZUOLI, Valerio de Oliveira (Coord.). *Novas vertentes do direito do comércio internacional*. Barueri:

desapercebido de qualquer observador a constância diária com que se realizam atos ou negócios jurídicos *para fora* de uma dada ordem doméstica, especialmente em razão do desenvolvimento dos meios de transporte (com ênfase especial ao transporte aéreo) e das comunicações em geral (*v.g.*, do rádio, da televisão, do telefone e, principalmente, da *Internet*).[2]

Atualmente, pode-se mesmo dizer que as fronteiras e os limites de um dado Estado existem somente para si, não para as relações humanas, que diuturnamente experimentam a movimentação de milhares de pessoas ao redor da Terra. Contratos são concluídos, todos os dias, em várias partes do mundo, por pessoas de nacionalidades distintas; consumidores de um país, sem ultrapassar qualquer fronteira, adquirem produtos do exterior pelo comércio eletrônico; pessoas viajam diuturnamente a turismo e a negócio para outros países; enfermos buscam tratamento médico especializado no exterior; estudantes de um país fazem intercâmbio para estudar em outro; casamentos entre estrangeiros são realizados em terceiros Estados; sentenças proferidas num país são homologadas em outros; sucessões de bens de estrangeiros situados no país são constantemente abertas; sociedades comerciais estabelecem filiais ou sucursais em outros Estados etc. Todos esses fatores somados demonstram claramente uma crescente "internacionalização" das relações sociais, especialmente no contexto atual de um mundo cada vez mais "circulante".[3]

Dessas relações, porém, estabelecidas *para fora* de uma dada ordem jurídica – relações interconectadas, portanto, com leis estrangeiras autônomas e independentes –, nascem sempre problemas que têm como destinatário final o Poder Judiciário. Este é que deverá resolver a *quaestio juris* apresentada, dando a cada um o que lhe é devido: *suum cuique tribuere*. Para chegar a esse desiderato, contudo, deve o juiz do foro percorrer um caminho espinhoso, cheio de desafios e problemas dos mais diversos (relativos, *v.g.*, à pesquisa do teor e vigência de certa norma estrangeira, à sua devida aplicação ao caso concreto etc.). Esse "caminho" que deve o Judiciário percorrer, quando presente uma questão jurídica interconectada com leis de distintos países, em nada se assemelha à via ordinariamente empregada para a resolução de uma questão tipicamente *interna*, merecendo, só por isso, a devida atenção dos juristas.

Manole, 2003, p. 185-223; e RECHSTEINER, Beat Walter. *Direito internacional privado*: teoria e prática. 10. ed. rev. e atual. São Paulo: Saraiva, 2007, p. 72-83.

[2] Sobre os problemas colocados pela era da *Internet* relativamente ao DIPr, como, *v.g.*, o lugar para demandar e a lei aplicável à relação jurídica, *v.* especialmente SVANTESSON, Dan Jerker B. *Private international law and the Internet*. Alphen aan den Rijn: Kluwer Law, 2007; e GILLIES, Lorna E. *Electronic commerce and international private law*: a study of electronic consumer contracts. Hampshire: Ashgate, 2008.

[3] Para uma análise dos efeitos desse assim chamado "mundo circulante", *v.* BAUMAN, Zygmunt. *Globalização*: as consequências humanas. Trad. Marcus Penchel. Rio de Janeiro: Zahar, 1999, p. 17-33.

O estudo que ora se inicia tem por finalidade compreender esse "caminho" que há de percorrer o Poder Judiciário – sempre que competente para tanto, nos termos das regras do Direito Processual Civil[4] – para resolver as questões *sub judice* interconectadas com leis estrangeiras autônomas e independentes, missão própria da disciplina versada neste livro.

1.1 Abertura legislativa e função do DIPr

Toda vez que uma relação jurídica se perfaz entre ordens jurídicas distintas, pode nascer (e, via de regra, nasce) o problema relativo aos *conflitos de leis no espaço*. Isso se dá pelo fato de terem todos os Estados (em razão de fatores históricos, econômicos, sociais, políticos e culturais) suas próprias legislações domésticas, em tudo dessemelhantes umas das outras. Ao passo, porém, que as leis internas dos Estados se mantêm distintas e autônomas, as pessoas, movidas por vários impulsos, extrapolam fronteiras, despreocupadas com o que está a disciplinar cada qual dessas leis.[5] Assim, não há dúvida que é imensa a probabilidade de existir conflito normativo entre as diversas ordens estatais, quando em jogo uma relação jurídica concluída nesse contexto.

Se os Estados, porém, não estivessem dispostos a "abrir" suas legislações à aceitação da eficácia de uma norma estrangeira em sua ordem jurídica, tais *conflitos espaciais* de leis estrangeiras não existiriam, eis que, nesses casos, apenas a lei do foro, a *lex fori*, seria unilateralmente aplicada (sabendo-se já da insuficiência do critério unilateral para resolver todas as questões jurídicas interconectadas que a pós-modernidade apresenta). Se assim procedessem os Estados, as soluções para os casos concretos *sub judice* (presentes "elementos de estraneidade" em tais relações jurídicas) poderiam ser extremamente injustas,[6] dada a impossibilidade de se localizar o real "centro de gravidade" (ou "ponto de atração") da questão em causa,[7] notadamente no momento atual, em que se busca cada vez mais garantir a diversidade cultural e os direitos das pessoas em geral.[8] A propósito, já dizia Beviláqua que "se os Estados em suas leis procuram realizar o direito, e no caso questionado as suas leis são insuficientes ou inadequadas e é a lei estrangeira que *revela o direito*,

---

[4]   A propósito, *v.* os arts. 21 a 25 do Código de Processo Civil (Lei nº 13.105/2015).

[5]   Cf. BEVILÁQUA, Clovis. *Princípios elementares de direito internacional privado*. Salvador: Livraria Magalhães, 1906, p. 12.

[6]   Cf. DIAZ LABRANO, Roberto Ruiz. *Derecho internacional privado*: la aplicación de las leyes extranjeras y su efecto frente al derecho. Asunción: Intercontinental, 1992, p. 195-196.

[7]   Sobre o tema, cf. especialmente LAGARDE, Paul. Le principe de proximité dans le droit international privé contemporain: cours général de droit international privé. *Recueil des Cours*, vol. 196 (1986), p. 9-238; e DOLINGER, Jacob. Evolution of principles for resolving conflicts in the field of contracts and torts. *Recueil des Cours*, vol. 283 (2000), p. 187-512.

[8]   Para um exemplo de injustiça na aplicação "fria" da *lex fori*, que não caberia reproduzir neste momento, *v.* Cap. VIII, item 3.1, *infra*.

ela é que deve ser aplicada".[9] Daí a razão, em suma, de os Estados aceitarem "abrir" o seu direito interno ao ingresso de normas estrangeiras potencialmente aplicáveis em sua ordem jurídica.

Ao tempo que os Estados consentiram em abrir suas legislações ao ingresso e à eficácia de normas estrangeiras perante o foro doméstico, nasceu, contudo, o problema em estabelecer qual a mais apropriada ordem atrativa da relação *sub judice*, presente um elemento de estraneidade na relação jurídica. Em outras palavras, a multiplicidade de relações jurídicas envolvendo ordens estatais diversas – que contam, sabe-se, com uma pluralidade imensa de fontes normativas – fez nascer o problema decisivo das opções a serem tomadas para resolver a questão da aplicação de mais de uma lei a um mesmo caso concreto. Daí terem as Ciências Jurídicas criado, para a sua resolução, um conjunto de regras capazes de coordenar as relações estabelecidas entre essas ordens contradizentes no espaço, denominado *Direito Internacional Privado*.[10] Sua missão é escolher, dentre as ordens jurídicas em jogo, a que mais se aproxima da questão *sub judice*, a que com ela mantém contato mais forte e mais estreito.[11]

1.2 Interação legislativa global

O DIPr – cuja função precípua é determinar em que condições jurídicas pode ser resolvido o problema antinômico entre ordenamentos diversos, para o que busca a conexão mais próxima com a questão *sub judice* – é disciplina agregadora das legislações dos distintos Estados, vez que permite aos juízes de todo o mundo conhecer e aplicar (sem qualquer necessidade de "incorporação" ou "transformação") normas estrangeiras vigorantes em contextos dos mais variados, quer sob a ótica política, social, cultural ou econômica. Sem o DIPr, as legislações internas seriam (como são) incompletas para reger as situações jurídicas interconectadas no espaço, bem assim aos operadores do direito não seria dada a oportunidade casual de conhecer a normativa (produto da cultura) de diversos países do mundo.

---

[9] BEVILÁQUA, Clovis. *Princípios elementares de direito internacional privado*, cit., p. 71.

[10] O termo foi utilizado, pela primeira vez, na obra de STORY, Joseph. *Commentaries on the conflict of laws*: foreign and domestic. Boston: Hilliard, Gray & Company, 1834, p. 9, no seguinte trecho: "This branch of public law may be fitly *denominated private international law*, since it is chiefly seen and felt in its application to the common business of private persons, and rarely rises to the dignity of national negotiations, or national controversies" [grifo nosso]. Na França, a expressão foi pioneiramente empregada, nove anos depois, na obra de FOELIX, M. *Traité du droit international privé ou du conflit des lois de différentes nations en matière de droit privé*. t. 1. Paris: Joubert, 1843. Deve-se, porém, ao jurista alemão Friedrich Carl von Savigny (1779-1861) a *fundação* do moderno DIPr, a partir da publicação do 8º volume do seu *Tratado de Direito Romano*, texto reconhecido como o marco na sistematização da disciplina, quando então se compreenderam o seu objeto e finalidade (cf. *Traité de droit romain*, t. 8. Trad. Charles Guenoux. Paris: Firmin Didot Frères, 1851, 532p).

[11] *V.* FERRER CORREIA, A. *Lições de direito internacional privado*, vol. I. 8. reimp. Coimbra: Almedina, 2015, p. 12.

Essa característica do DIPr autoriza falar na existência de uma verdadeira "interação legislativa" em nível global, hoje cada vez mais crescente, cuja consequência marcante é fazer conhecer aos rincões mais distantes do planeta a cultura jurídica de um povo em dado momento histórico. Como consequência, quanto mais "circulam" ao redor do mundo essas legislações, também se propagam – como ensina Jacob Dolinger – a compreensão da diversidade, o respeito pelo desconhecido e a tolerância para com o estranho, possibilitando maior aproximação entre todos os povos.[12] Como já dizia Beviláqua, o DIPr permite, assim, que o direito se despoje "das prevenções mesquinhas que ainda o maculam, para colher, nas suas malhas, os interesses da humanidade".[13]

Por outro lado, essa interação normativa tem também permitido aos legisladores nacionais adaptarem o seu direito interno em razão da uniformização extraconvencional do DIPr. De fato, à medida que se vão comparando as legislações de todo o mundo, por meio da aplicação de normas estrangeiras em contextos extraestatais, os Estados também passam a incorporar, de certa maneira, o conhecimento do conteúdo da norma estranha (com o apoio decisivo da doutrina, é certo) para, pouco a pouco, adaptar o seu sistema jurídico ao da maioria, o que faz nascer, de forma salutar, a uniformização extraconvencional das principais regras de DIPr. Essa é, inclusive, a meta sempre perseguida pelo DIPr: coordenar as diferentes legislações para o fim de harmonizar, tanto quanto possível, a sua aplicação nos Estados.

Ademais, destaque-se ser o DIPr a única disciplina jurídica que permite ter uma norma interna expressão transfronteira, atribuindo ao direito estatal índole nitidamente *exterior*. Em razão das normas do DIPr, a legislação de um dado Estado, que, *a priori*, é promulgada para ter efeitos eminentemente internos, tem a potencialidade de ultrapassar as fronteiras nacionais para ver-se aplicada em ordem jurídica em tudo distinta, graças aos elementos de conexão existentes nesse ramo do Direito. Trata-se daquilo que Machado Villela chamou de "direito interno internacionalmente relevante",[14] e que, por seu turno, Rodrigo Octavio nominou "transbordamento" da eficiência da lei para além das fronteiras naturais do Estado.[15]

1.3 DIPr e direitos humanos

O DIPr, para falar como Haroldo Valladão, é o "anjo da guarda" dos cidadãos ao redor do mundo, viajantes, estrangeiros, pessoas de origens e domicílio diversos.[16] Esse seu mister já demonstra a nobreza da disciplina, que há de visar, sobretudo, à

---

[12] DOLINGER, Jacob. *Direito e amor*. Rio de Janeiro: Renovar, 2009, p. 135-136.

[13] BEVILÁQUA, Clovis. *Princípios elementares de direito internacional privado*, cit., p. 8.

[14] MACHADO VILLELA, Álvaro da Costa. *Tratado elementar (teórico e prático) de direito internacional privado*, t. I (Princípios Gerais). Coimbra: Coimbra Editora, 1921, p. 38.

[15] OCTAVIO, Rodrigo. *Direito internacional privado*: parte geral. Rio de Janeiro: Freitas Bastos, 1942, p. 9.

[16] VALLADÃO, Haroldo. *Direito internacional privado*: introdução e parte geral. 2. ed. rev. e atual. Rio de Janeiro: Freitas Bastos, 1970, p. 4.

proteção das *pessoas* ao redor do mundo, não obstante aparentar ser um método frio, até prepotente, de localização da norma jurídica aplicável à relação *sub judice*. No fundo, porém, a técnica que utiliza o DIPr para a localização da norma aplicável deve obediência a valores e princípios maiores, ligados à proteção das partes (seres humanos) no processo, estabelecidos tanto pela Constituição quanto por instrumentos internacionais de direitos humanos ratificados e em vigor no Estado.[17]

Sobretudo nos dias atuais, o DIPr tem logrado estabelecer soluções cada vez mais humanas e menos frias (matemáticas) para os conflitos de leis no espaço com conexão internacional, pois sabe-se que à base de toda relação jurídica há *pessoas* que buscam por uma solução justa no processo, sobretudo valorativa e axiológica, contraposta ao mero jogo caprichoso de leis que tem no acaso o juiz de todos os problemas.

Tal não significa, contudo, ter o DIPr soluções *perfeitas* para os problemas que lhe são postos. Trata-se, evidentemente, de ramo *imperfeito* do direito, exatamente por lidar com a aplicação ou o reconhecimento de normas estranhas à *lex fori*.[18] Mesmo assim, ainda que imperfeito, deve o DIPr, atualmente, se esforçar ao máximo em resolver os conflitos de leis estrangeiras no espaço com vistas sempre voltadas à consideração de que há *pessoas* por detrás das regras em conflito; há *seres humanos* que são dotados de dignidade e direitos e que merecem uma solução justa e harmônica para o seu problema.[19]

Estão ultrapassadas, portanto, as teorias que viam nas regras de conflitos a solução única para o problema posto, por não levarem em conta valores maiores

---

[17] Sobre a proteção internacional (global e regional) dos direitos humanos, *v.* Mazzuoli, Valerio de Oliveira. *Curso de direito internacional público*. 11. ed. rev., atual. e ampl. Rio de Janeiro: Forense, 2018, p. 751-881. Cf. ainda, Mazzuoli, Valerio de Oliveira. *Os sistemas regionais de proteção dos direitos humanos*: uma análise comparativa dos sistemas interamericano, europeu e africano. São Paulo: Ed. RT, 2011, p. 183; e Mazzuoli, Valerio de Oliveira. *Curso de direitos humanos*. São Paulo: Método, 2014, p. 49-152. Para um estudo comparado entre os sistemas e modelos de proteção da Europa e da América Latina, *v.* Carducci, Michele & Mazzuoli, Valerio de Oliveira. *Teoria tridimensional das integrações supranacionais*: uma análise comparativa dos sistemas e modelos de integração da Europa e América Latina. Rio de Janeiro: Forense, 2014, especialmente p. 43-132.

[18] Cf. Tenório, Oscar. *Direito internacional privado*, vol. I. 9. ed. rev. Rio de Janeiro: Freitas Bastos, 1968, p. 10; e Rocha, Osíris. *Curso de direito internacional privado*. 4. ed. Rio de Janeiro: Forense, 1986, p. 6 (que o nomina "direito da imperfeição").

[19] Daí a precisa observação de Strenger, Irineu. *Direito internacional privado*, cit., p. 35: "Objetivando proteger o homem no plano coexistencial, respeitando sua condição de ser sociável e livre, empenha-se o direito internacional privado em converter-se num corpo de princípios jurídicos que possa reger as manifestações da atividade humana sobre o planeta. (...) Desenvolvendo-se no espaço e no tempo, impera sobre a universal unidade dos agrupamentos humanos e protege todas as manifestações da personalidade individual, seguindo-a em sua peregrinação através das soberanias para reger em todas as partes e em todos os momentos a atividade civil do homem, em defesa de suas aspirações, de sua liberdade, de seu bem-estar. Tal é o escopo e essência do direito internacional privado".

Parte I • Cap. I • DIREITO INTERNACIONAL PRIVADO, DIREITO INTERTEMPORAL E DIREITO UNIFORME | 9

(hoje bem conhecidos, constitucional e internacionalmente) ligados à dignidade de toda pessoa envolvida na relação jurídica. Daí a tendência, nos últimos tempos, para que ao lado das normas de tipo clássico também operem outras mais abertas ou flexíveis, capazes de conceder ao juiz melhores condições para a localização da conexão adequada.[20]

Destaque-se que Beviláqua, já em 1909, numa época em que não se falava propriamente em "direitos humanos" com a conotação que hoje se tem, afirmava que esse espírito de humanismo e de universalismo que permeia as relações privadas internacionais "vivifica o direito internacional privado" e "não se opõe ao desenvolvimento autônomo das nacionalidades e dos direitos nacionais".[21]

Não é difícil perceber, portanto, o notável valor que têm os *direitos humanos* para o DIPr na pós-modernidade, especialmente ao se reconhecer que, mesmo no caso de relações privadas que ultrapassam fronteiras, o valor da dignidade da pessoa humana há de ser sempre preservado.[22] De fato, o valor dos direitos humanos, na pós-modernidade, se espraia por todos os ramos do Direito, não sendo diferente com o DIPr. Na medida em que as normas de DIPr da *lex fori* indicam uma dada ordem jurídica a ser aplicada à relação *sub judice*, subentende-se que essa ordem indicada deva regular a questão principal pautada nos valores constitucionais (direitos fundamentais) e internacionais (direitos humanos) relativos à proteção dos cidadãos, sem o que o DIPr contemporâneo não atenderia à sua função precípua, que é resolver, com harmonia e justiça, o conflito *sub judice* de leis no espaço com conexão internacional.[23] Como destaca Fernández Rozas, o DIPr contemporâneo tem superado a sua concepção meramente localizadora (formalista) para atingir uma dimensão de caráter material, voltada, sobretudo, à realização da justiça.[24]

---

[20]   V. Ferrer Correia, A. *Lições de direito internacional privado*, vol. I, cit., p. 142.

[21]   Beviláqua, Clovis. *Princípios elementares de direito internacional privado*, cit., p. 67.

[22]   Cf. Jayme, Erik. Identité culturelle et intégration: le droit international privé postmoderne (cours général de droit international privé). *Recueil des Cours*, vol. 251 (1995), p. 49-54; Araujo, Nadia de. *Direito internacional privado*: teoria e prática brasileira. 2. ed. Rio de Janeiro: Renovar, 2004, p. 7-26; Marques, Claudia Lima. Ensaio para uma introdução ao direito internacional privado. In: Direito, Carlos Alberto Menezes, Cançado Trindade, Antônio Augusto & Pereira, Antônio Celso Alves (Coord.). *Novas perspectivas do direito internacional contemporâneo*: estudos em homenagem ao Professor Celso D. de Albuquerque Mello. Rio de Janeiro: Renovar, 2008, p. 325; e Pinheiro, Luís de Lima. *Direito internacional privado*, vol. I, cit., p. 331. Para um estudo aprofundado do tema da dignidade da pessoa humana, *v.* Sarlet, Ingo Wolfgang. *Dignidade da pessoa humana e direitos fundamentais na Constituição Federal de 1988*. 9. ed. rev. e atual. Porto Alegre: Livraria do Advogado, 2012.

[23]   V. também as observações levantadas no Cap. VIII, *infra*.

[24]   Fernández Rozas, José Carlos. Orientaciones del derecho internacional privado en el umbral del siglo XXI. *Revista Mexicana de Derecho Internacional Privado*, nº 9 (2000), p. 7-8: "O DIPr só pode ter uma função material, igual à de qualquer outro ramo do Direito, consistente em dar uma resposta materialmente justa aos conflitos de interesses suscitados nas relações jurídico-privadas que se diferenciam por apresentar um elemento de internacionalidade".

Nesse sentido, têm merecido cada vez mais destaque no DIPr – servindo tanto a título de *ordem pública* (*v.* Cap. VII, item 4.2, *infra*) quanto a título de *normas imperativas* (*v.* Cap. VII, item 4.3, *infra*) – o papel das convenções internacionais de direitos humanos em vigor no Estado,[25] as quais são capazes de balizar a aplicação do método tradicional, tornando-o mais próximo do ideal de justiça no caso concreto, especialmente quando se leva em conta que a principal fonte interna do DIPr – a *lei* – cede perante o comando dos tratados internacionais em vigor (*v.* Cap. III, item 3.1, *infra*).[26] De fato, atualmente, como observa Erik Jayme, já é possível constatar que as referências aos direitos humanos "figuram cada vez mais no grande número de argumentos utilizados para resolver os litígios internacionais".[27]

Em suma, o DIPr contemporâneo não pode escapar ao respeito dos valores dos direitos fundamentais (constitucionais) e dos direitos humanos (internacionais), que conferem suporte axiológico e permeiam todo o sistema de justiça estatal, ampliando a sua missão tradicional de mera localização da lei aplicável às questões jurídicas interconectadas, rumo a uma técnica mais elaborada (e, sobretudo, mais justa) de solução de conflitos normativos, na qual se respeitam a Constituição e as normas internacionais de direitos humanos, humanizando a relação jurídica.

2. DIPr e direito intertemporal

Não há que se confundir o DIPr com o chamado *Direito Intertemporal*, que visa resolver conflitos de leis *no tempo* (retroatividade, irretroatividade e ultra-atividade das leis),[28] definindo a incidência de leis estáticas sobre uma realidade que persiste em momentos que se sucedem,[29] ou ainda regulando a relação de uma nova lei com fatos já encerrados e com relações jurídicas contínuas, iniciadas antes de sua entrada em vigor.[30] No caso do DIPr, ao contrário, a questão é *espacial*, não *temporal*, pois o que se visa regular são os fatos em conexão espacial com normas estrangeiras divergentes.

---

[25] A propósito, cf. KIESTRA, Louwrens R. *The impact of the European Convention on Human Rights on private international law*. Berlin/Heidelberg: Springer, 2014.

[26] Sobre as relações do direito interno com os tratados de direitos humanos, *v.* MAZZUOLI, Valerio de Oliveira. *Direitos humanos, Constituição e os tratados internacionais*: estudo analítico da situação e aplicação do tratado na ordem jurídica brasileira. São Paulo: Juarez de Oliveira, 2002; e MAZZUOLI, Valerio de Oliveira. *Tratados internacionais de direitos humanos e direito interno*. São Paulo: Saraiva, 2010.

[27] JAYME, Erik. Identité culturelle et intégration..., cit., p. 54.

[28] Sobre o assunto, *v.* a obra clássica de FRANÇA, Rubens Limongi. *Direito intertemporal brasileiro*: doutrina da irretroatividade das leis e do direito adquirido. São Paulo: Revista dos Tribunais, 1968.

[29] *V.* BATALHA, Wilson de Souza Campos & RODRIGUES NETTO, Sílvia Marina L. Batalha de. *O direito internacional privado na Organização dos Estados Americanos*. São Paulo: LTr, 1997, p. 15.

[30] *V.* RECHSTEINER, Beat Walter. *Direito internacional privado...*, cit., p. 43.

Não há dúvidas de que esses dois métodos – do DIPr e do *Direito Intertemporal* – têm em comum o fato de resolverem problemas relativos à aplicação (aos "conflitos") das normas jurídicas, de serem "direito sobre direitos" ou "normas sobre aplicação de normas", ao que se pode dizer serem técnicas *interligadas* de resolução de antinomias. Ademais, como destaca Ferrer Correia, "ambos têm como objetivo garantir a estabilidade e continuidade das situações jurídicas interindividuais e, assim, tutelar a confiança e as expectativas dos interessados".[31] O DIPr, contudo, é mais amplo que o *Direito Intertemporal*, à medida que resolve conflitos normativos entre *diversos* sistemas jurídicos, enquanto aquele tem aplicação apenas no que tange às divergências temporais ocasionadas num *dado e único* sistema normativo.

O que se acabou de dizer, porém, não invalida a existência de conflitos *entre* as normas de DIPr *no tempo*. Perceba-se: o DIPr *não regula* questões intertemporais, matéria afeta ao *Direito Intertemporal*, senão apenas os conflitos de leis estrangeiras *no espaço*; o que não significa, contudo, que entre as *próprias* normas do DIPr não possam surgir conflitos *temporais*, como se verá oportunamente (*v.* Cap. IV, item 3, *infra*).

3. DIPr e direito uniforme

Também não há que se confundir o DIPr com o chamado *Direito Uniforme*. Este último – que *é direito*, diferentemente do DIPr, que é *direito sobre direitos* – é formado por tratados internacionais que visam, como o seu próprio nome diz, *uniformizar* as soluções jurídicas relativamente a um determinado tema de direito (cambial, tributário, marítimo, contratual, de família etc.). Tal se dá pelo fato de os Estados reconhecerem que a aplicação única e exclusiva de suas leis domésticas de DIPr tem impedido, especialmente no atual contexto, em que os contatos e as transações internacionais multiplicam-se a cada dia, a desejada uniformização das regras conflituais sobre determinados temas.

Para que a uniformização abrangesse todo o planeta, contudo, necessário seria criar um *poder central* internacional, capaz de solucionar as controvérsias existentes, independentemente de aceite dos Estados (o que até o presente momento não existe). Tal o motivo pelo qual o *Direito Uniforme* – talvez melhor nominado, como pretende Jacob Dolinger, *Direito Uniformizado*[32] – verse apenas *certos temas* de interesse dos Estados. Estes, ainda, podem *ou não* ratificar os tratados respectivos, o que deixa espaço, como se vê, para que os demais conflitos normativos com conexão internacional *continuem* a ser resolvidos pelas regras do DIPr de cada um deles.[33]

---

[31] FERRER CORREIA, A. *Lições de direito internacional privado*, vol. I, cit., p. 46.

[32] DOLINGER, Jacob. *Direito internacional privado*: parte geral. 6. ed. ampl. e atual. Rio de Janeiro: Renovar, 2001, p. 35.

[33] Cf. VALLADÃO, Haroldo. *Direito internacional privado...*, cit., p. 28-29; e VILLELA, Anna Maria. A unificação do direito na América Latina: direito uniforme e direito internacio-

Seja como for, certo é que a ideia de uniformização do DIPr não é nova, tendo já aparecido na sessão de Genebra do *Institut de Droit International* de 1874, na qual se reconheceu "a evidente necessidade e mesmo, em certas matérias, a necessidade de tratados nos quais os Estados civilizados adotem de comum acordo regras obrigatórias e uniformes de direito internacional privado, pelas quais as autoridades públicas e, especialmente, os tribunais dos Estados contratantes, devem decidir as questões relativas às pessoas, aos bens, aos atos, às sucessões e aos procedimentos e julgamentos estrangeiros".[34]

Desde então se pretende uniformizar, com as dificuldades que lhe são próprias, as regras de DIPr nas relações entre jurisdições diversas. Tal uniformização, contudo, aponta dificuldades e desafios que merecem devida análise.

3.1 Impossibilidade de uniformização total

É verdade que se o *Direito Uniforme* conseguisse resolver todos os problemas jurídicos do mundo, uniformizando todas as regras relativas às questões de direito internacional privado, faria desaparecer as normas domésticas sobre conflitos de leis, e, assim, o próprio DIPr, já que não mais seria necessário indicar a lei aplicável nos casos de conflitos de normas estrangeiras interconectadas.[35] Seria também possível que um dado Estado se recusasse a editar normativa interna de DIPr, por reconhecer que as regras que a sociedade internacional cria em conjunto (por meio de tratados internacionais) trazem mais certeza e segurança relativamente à uniformização do direito aplicável em casos de conflitos de leis, quando, então, ter-se-ia um Estado *sem qualquer regra doméstica* a regular o DIPr, mas obrigado por nor-

---

nal privado. *Revista de Informação Legislativa*, ano 21, nº 83, Brasília, jul./set. 1984, p. 5-26. Sobre a aplicação dos tratados uniformizadores pelo juiz nacional, *v.* OVERBECK, Alfred E. von. L'application par le juge interne des conventions de droit international privé. *Recueil des Cours*, vol. 132 (1971), p. 1-106.

[34] O texto seguiu as orientações de Mancini e Asser, tidas "como a introdução aos trabalhos ulteriores do mesmo Instituto e a base geral da obra de uniformização realizada pelas convenções da Haia" (MACHADO VILLELA, Álvaro da Costa. *Tratado elementar (teórico e prático) de direito internacional privado*, t. I, cit., p. 65).

[35] Daí a observação de Oscar Tenório: "Somente a existência e a permanência desses conflitos justificam e explicam o direito internacional privado. (...) Necessário que evitemos as confusões entre o direito internacional privado e o direito uniforme, pois aquele tem como fato irremovível a diversidade de legislações, e este, querendo acabar com a diversidade das leis, acabará com o próprio direito internacional privado" (*Direito internacional privado*, vol. I, cit., p. 37 e 44-45). Nesse exato sentido, *v.* Jo, Hee Moon. *Moderno direito internacional privado*. São Paulo: LTr, 2001, p. 61-62: "Ora, o ideal seria mesmo que se unificassem as normas substanciais de todos os direitos privados do mundo. A esta altura, já não haveria a necessidade de se indicar a lei aplicável devido à unificação das próprias normas do direito privado. Entretanto, tal cenário não deverá se concretizar em um futuro próximo. O que temos de mais concreto é o trabalho desenvolvido nas áreas econômicas e comerciais, onde encontram destaque os esforços empreendidos pelo UNIDROIT".

Parte I • Cap. I • DIREITO INTERNACIONAL PRIVADO, DIREITO INTERTEMPORAL E DIREITO UNIFORME | 13

mas internacionais de direito uniforme (ratificadas e em vigor) disciplinadoras de uma vontade comum. Assim, onde houvesse um *Direito Uniforme* convencionado não haveria a necessidade, sequer a possibilidade, de continuar operando o DIPr.[36]

Dada, porém, a dificuldade (para não dizer a total impossibilidade prática) disso vir a ocorrer em âmbito universal,[37] parece evidente que o DIPr continua a subsistir como ramo especializado das Ciências Jurídicas, o que não retira, porém, a importância das normas internacionais uniformizadoras, hoje em dia cada vez mais em voga.[38] A isso se acrescenta o fato de que determinadas matérias – especialmente de Direito Civil, como, *v.g.*, direito das coisas, das obrigações, de família e das sucessões – são de uniformização complexa, pois ligadas a aspectos ético-jurídicos em tudo dessemelhantes de cada comunidade estadual, dos quais não se pretende abrir mão em nome da uniformização.[39]

Assim, em razão da falta de consenso sobre as soluções dos problemas jurídicos plurilocalizados, a prática dos Estados tem continuado a estabelecer regras que entende justas ao deslinde das questões de DIPr, nominadas regras de conflitos.[40] Tais regras continuarão, por muito tempo, a dar a tônica dos problemas jurídicos plurilocalizados, indicando ao julgador o caminho a seguir no deslinde de casos concretos. A uniformização do DIPr pela via dos tratados não logrará substituir, tão cedo e por completo, a maioria das normas indiretas de cada ordem estatal, com suas nuances e particularidades, não obstante, repita-se, a importância do labor codificador.

---

[36] V. Octavio, Rodrigo. *Direito internacional privado...*, cit., p. 157; Rocha, Osíris. *Curso de direito internacional privado*, cit., p. 23; Castro, Amilcar de. *Direito internacional privado*. 5. ed. rev. e atual. por Osíris Rocha. Rio de Janeiro: Forense, 2001, p. 54; e Ferrer Correia, A. *Lições de direito internacional privado*, vol. I, cit., p. 49-50.

[37] Como destaca Oscar Tenório: "A variedade das legislações torna muito difícil o estabelecimento de regras uniformes para todos os países. Surgem paliativos, pois os Estados não renunciam a alguns dos seus interesses em benefício da comunhão internacional. (...) As leis que se aplicam às relações extraterritoriais dos homens não são as mesmas nas diferentes nações, havendo necessidade da solução dos conflitos que nascem de sua dessemelhança" (*Direito internacional privado*, vol. I, cit., p. 10). Mais enfaticamente, assim leciona Edgar Carlos de Amorim: "Como o Direito Uniforme deveria ser o direito comum a todos os povos, podemos dizer, até mesmo com certa margem de certeza, que esse direito nunca será uma realidade e não passará de um sonho, de uma utopia. (...) O Direito Uniforme, ou melhor dizendo, a uniformização do direito, conforme acabamos de frisar, ainda não adquiriu sentido universal. É, portanto, parcial e incompleta" (*Direito internacional privado*. 9. ed. rev. e atual. Rio de Janeiro: Forense, 2006, p. 10).

[38] Cf. Pontes de Miranda, Francisco Cavalcanti. *Tratado de direito internacional privado*, t. II. Rio de Janeiro: José Olympio, 1935, p. 383-386; e Strenger, Irineu. *Direito internacional privado*, cit., p. 40-41.

[39] Cf. Pinheiro, Luís de Lima. *Direito internacional privado*, vol. I, cit., p. 93; e Batalha, Wilson de Souza Campos. *Tratado de direito internacional privado*, t. I. 2. ed. rev. e aum. São Paulo: Ed. RT, 1977, p. 57-58.

[40] Cf. Ferrer Correia, A. *Lições de direito internacional privado*, vol. I, cit., p. 20.

3.2 Uniformização regional e global

Os Estados têm pretendido, por meio da adoção de tratados específicos, uniformizar várias questões de DIPr através dos tempos, tanto no plano regional quanto no âmbito global. Certo, porém, é que as muitas dificuldades apresentadas (como a falta de ratificação dos Estados e as burocracias internas para colocar em vigor os tratados) têm impedido uma maior e mais eficaz uniformização das regras de DIPr no cenário atual. Seja como for, hodiernamente alguns temas importantes de DIPr já têm a devida regulamentação internacional, devendo os Estados ratificantes (notadamente o seu braço judiciário) observar os respectivos comandos na resolução das questões jurídicas apresentadas.

À evidência não ser objetivo deste tópico apresentar a completude dos temas uniformizados de DIPr de que o Brasil é parte, os quais demandam investigação caso a caso quando de uma questão plurilocalizada posta em juízo, mas apenas descortinar o panorama geral da codificação do DIPr nos contextos regional (interamericano) e global.

Sobre o *Direito Uniforme* relativo à matéria do direito internacional privado merecem destaque, no contexto regional interamericano, as várias *Convenções Interamericanas de Direito Internacional Privado*, fruto das Conferências Interamericanas de Direito Internacional Privado (CIDIPs),[41] que visam uniformizar temas importantes e controvertidos do DIPr, tais como:

- conflitos de leis em matéria de letras de câmbio, notas promissórias e faturas (CIDIP-I, Panamá, 1975);
- normas gerais de DIPr; eficácia extraterritorial das sentenças e laudos arbitrais estrangeiros; prova e informação do direito estrangeiro; conflito de leis em matéria de sociedades mercantis; conflito de leis em matéria de cheques; domicílio das pessoas físicas em DIPr; cartas rogatórias (CIDIP-II, Montevidéu, 1979);
- competência na esfera internacional para eficácia extraterritorial das sentenças estrangeiras; personalidade e capacidade jurídicas de pessoas jurídicas no DIPr; conflito de leis em matéria de adoção de menores (CIDIP-III, La Paz, 1984); e
- direito aplicável aos contratos internacionais (CIDIP-V, Cidade do México, 1994).[42]

Em matéria de responsabilidade civil extracontratual, cabe lembrar, no âmbito do Mercosul, o Protocolo de São Luiz sobre Matéria de Responsabilidade Civil

---

[41] Para uma visão dos primeiros trabalhos codificadores na América Latina, cf. VILLELA, Anna Maria. A unificação do direito na América Latina..., cit., p. 15-22.

[42] Destaque-se que nem todas as CIDIPs uniformizam questões de DIPr propriamente ditas, senão temas intrinsecamente relativos ao Direito Internacional *Público*. Tais são, *v.g.*, a Convenção Interamericana sobre Arbitragem Comercial Internacional (CIDIP I); a Convenção Interamericana sobre Restituição Internacional de Menores (CIDIP IV); a Convenção Interamericana sobre Desaparecimento Forçado de Pessoas; a Convenção Interamericana para Prevenir, Punir e Erradicar a Violência contra a Mulher; e a Convenção Interamericana sobre Tráfico Internacional de Menores (CIDIP V).

Emergente de Acidentes de Trânsito entre os Estados-partes do Mercosul, de 25 de junho de 1996 (e a respectiva Errata, de 19 de junho de 1997).[43] O Protocolo estabelece o direito aplicável e a jurisdição internacionalmente competente em casos de responsabilidade civil emergente de acidentes de trânsito ocorridos no território de um Estado-parte, nos quais participem, ou dos quais resultem atingidas, pessoas domiciliadas em outro Estado-parte (*v.* Parte II, Cap. V, item 4.2, *infra*).

No plano global, por seu turno, cabe destacar a atuação de vários organismos intergovernamentais, dos quais os mais importantes, para a uniformização do DIPr, atualmente, são: a Uncitral (*United Nations Commission for International Trade Law*); o Unidroit (*International Institute for the Unification of Private Law*); e a Conferência da Haia sobre Direito Internacional Privado (que atua desde 1893). Esta última – cujo objetivo, nos termos do art. 1º do seu *Estatuto*, é "trabalhar para a unificação progressiva das regras de direito internacional privado" – tornou-se o mais importante foro intergovernamental global para a unificação do DIPr.[44]

Ambas essas organizações têm elaborado considerável gama de convenções internacionais sobre assuntos específicos em matéria conflitual, com aceitação de grande número de Estados.

3.3 Diferenças de fundo

Parece correto dizer que *só* o DIPr é capaz de regular os *conflitos de leis* no espaço com conexão internacional, eis que se o assunto for regulado por normas de *Direito Uniforme*, não se terá mais o "conflito" de leis, objeto de regulação do DIPr, pois o cumprimento do tratado ratificado – nos termos da Convenção de Viena sobre o Direito dos Tratados de 1969 – é uma *obrigação* dos Estados, que retira qualquer possibilidade de "escolha" da ordem jurídica (nacional ou estrangeira) aplicável ao caso concreto, para "impor" a solução encontrada no instrumento respectivo. Tal não significa, contudo, que não possam existir normas de DIPr, alheias ao *Direito Uniforme*, expressamente previstas em tratados internacionais.

---

[43] Aprovado (com a respectiva Errata) pelo Decreto Legislativo nº 259, de 15.12.2000, ratificado pelo governo brasileiro em 30.01.2001 e promulgado pelo Decreto nº 3.856, de 03.07.2001.

[44] O *Estatuto* da Conferência da Haia foi aprovado no Brasil pelo Decreto Legislativo nº 41, de 14.05.1998, ratificado em 23.02.2001 (passando a vigorar para o Brasil nessa data) e promulgado pelo Decreto nº 3.832, de 01.06.2001. Para a lista de todas as convenções aprovadas pela Conferência, consultar: <www.hcch.net>. Sobre o tema, *v.* OVERBECK, Alfred E. von. La contribution de la Conférence de La Haye au développement du droit international privé. *Recueil des Cours*, vol. 233 (1992-II), p. 9-98; RODAS, João Grandino & MONACO, Gustavo Ferraz de Campos. *A Conferência da Haia de Direito Internacional Privado*: a participação do Brasil. Brasília: Fundação Alexandre de Gusmão, 2007; e FRANZINA, Pietro. Conferência da Haia de Direito Internacional Privado: algumas tendências recentes. In: BAPTISTA, Luiz Olavo, RAMINA, Larissa & FRIEDRICH, Tatyana Scheila (Coord.). *Direito internacional contemporâneo*. Curitiba: Juruá, 2014, p. 511-529.

Como se percebe, não se confunde o DIPr com o *Direito Uniforme*, pois enquanto aquele visa *resolver* (indiretamente, indicando qual lei valerá em primeiro grau) os conflitos de leis no espaço com conexão internacional, este último pretende *suprimir* os conflitos existentes, por meio da criação de regras (decorrentes de tratados) uniformes entre os Estados; as regras do primeiro são *indiretas*, pois apenas "indicam" o ordenamento jurídico (nacional ou estrangeiro) aplicável ao caso concreto, enquanto que as do segundo são *diretas*, disciplinando imediatamente a questão jurídica *sub judice*.[45]

O *Direito Uniforme* não pertence ao DIPr, não sendo a recíproca, porém, verdadeira. O DIPr é parte, pode-se dizer, do *Direito Uniforme Geral*, uma vez que este último tem por finalidade uniformizar as várias leis divergentes no mundo e, em última análise, as inúmeras leis internas de DIPr.[46] Ademais, o DIPr pode sempre servir como alternativa à tentativa de unificação do direito substancial, pois, como explica Erik Jayme, sua aplicação pode permitir a integração de pessoas em um espaço econômico sem fronteiras, garantindo-se as mesmas condições de liberdade no exercício de suas atividades econômicas.[47]

4. Perspectiva

Dada a dificuldade prática (ou verdadeira impossibilidade) de estabelecimento de um *Direito Uniforme* para a resolução de todas as questões relativas aos conflitos de normas estrangeiras interconectadas, a solução até agora encontrada tem sido atribuir ao direito interno dos Estados a competência primária para a edição de normas indicativas.

A técnica escolhida e ainda aplicada pelos Estados, enquanto não sobrevém melhor solução, consiste em estabelecer, por meio do direito interno, regras de solução de conflitos de leis no espaço com conexão internacional, que vêm a ser exatamente o foco principal do DIPr. Este, como se percebe, baseia-se na extraterritorialidade das leis (nacionais e estrangeiras) e na possibilidade de sua aplicação em ordens jurídicas distintas (aplicação da lei nacional na ordem jurídica estrangeira, e da norma estrangeira perante o direito interno). Não se poderia, de fato, pensar na sobrevivência do DIPr se não se estabelecesse, como premissa fundamental, a possibilidade de aplicar extraterritorialmente o nosso direito e, em consequência, também o direito estrangeiro perante nossa ordem jurídica.[48]

---

[45] Cf. Tenório, Oscar. *Direito internacional privado*, vol. I, cit., p. 45; e Valladão, Haroldo. *Direito internacional privado...*, cit., p. 25.

[46] Cf. Valladão, Haroldo. *Direito internacional privado...*, cit., p. 28.

[47] Jayme, Erik. Identité culturelle et intégration..., cit., p. 57.

[48] Cf. Goldschmidt, Werner. *Derecho internacional privado*: basado en la teoría trialista del mundo jurídico. 2. ed. Buenos Aires: Depalma, 1974, p. 4-5; e Strenger, Irineu. *Direito internacional privado*, cit., p. 448.

Apesar das novas nuances pelas quais tem passado o DIPr na era atual, a perspectiva que se tem em relação à matéria é no sentido de continuarem as soberanias a estabelecer suas próprias regras de conflitos de leis, junto, é certo, à cada vez maior participação dos Estados em convenções internacionais uniformizadoras, as quais, havendo antinomias, prevalecem sobre aquelas.[49]

Pouca coisa, porém, na ordem internacional tem feito mudar o *estilo* dos Estados na condução de sua política interna relativa à edição de regras conflituais, ficando muitas das respostas do DIPr a depender de soluções que ainda provêm de um certo individualismo estatal, sobretudo daquelas ordens que pouco (ou nada) têm buscado participar de iniciativas de integração e uniformização da matéria.

Seja como for, não se pode descartar o trabalho cada vez mais constante do Direito Internacional Público em uniformizar as normas de DIPr, a fim de trazer mais estabilidade e certeza para as relações, sobretudo privadas, que diuturnamente caem na teia de legislações estrangeiras interconectadas. Não se pode, porém, desconhecer que as normas internacionais relativas à unificação das regras indicativas são (ainda) numericamente muito poucas, assim como têm sido parcas as adesões dos Estados a tais convenções, o que leva a crer que a maioria dos Estados ainda considera o DIPr, verdadeiramente, como ramo do seu direito público *interno*.[50]

Esse panorama talvez se altere, ao longo dos anos, com o fortalecimento efetivo dos blocos regionais – que, por enquanto, ainda não está completamente à vista no contexto latino-americano – e com o aumento expressivo do comércio interlocal, menos à custa de uma vontade política de mudança que da necessidade real em dar vazão (minimizando, portanto, os problemas jurídicos decorrentes) à circulação de bens e serviços nesses entornos geográficos. Enquanto, porém, tal não ocorrer, os Estados continuarão a entender o DIPr como questão meramente interna, dependente, como se verá, de sua exclusiva discricionariedade (*v.* Cap. II, item 1.3, *infra*).

---

[49]   *V.* art. 27 da Convenção de Viena sobre o Direito dos Tratados de 1969 (*infra*).

[50]   Cf. BATALHA, Wilson de Souza Campos. *Tratado de direito internacional privado*, t. I, cit., p. 36 e 58; ROCHA, Osíris. *Curso de direito internacional privado*, cit., p. 28; e Jo, Hee Moon. *Moderno direito internacional privado*, cit., p. 43-44.

Capítulo II

Noções Preliminares ao Estudo do Direito Internacional Privado

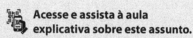

1. Conceito de DIPr

O DIPr é a disciplina jurídica – baseada num *método* e numa *técnica* de aplicação do direito – que visa solucionar os conflitos de leis estrangeiras no espaço, ou seja, os fatos em conexão espacial com leis estrangeiras divergentes, autônomas e independentes, buscando seja aplicado o melhor direito ao caso concreto. Trata-se do conjunto de princípios e regras de *direito público* destinados a reger os fatos que orbitam ao redor de leis estrangeiras contrárias, bem assim os efeitos jurídicos que uma norma interna pode ter para além do domínio do Estado em que foi editada, quer as relações jurídicas subjacentes sejam de direito privado ou público.[1] Como se vê, o DIPr é a expressão exterior do direito interno estatal (civil, comercial, administrativo, tributário, trabalhista etc.).

---

[1] Cf. FOELIX, M. *Traité du droit international privé ou du conflit des lois de différentes nations en matière de droit privé*, t. 1, cit., p. 1-3; SAVIGNY, Friedrich Carl von. *Traité de droit romain*, t. 8, cit., p. 5-8; FIORE, Pasquale. *Diritto internazionale privato*. Firenze: Le Monnier, 1869, p. 1-7; PILLET, A. *Principes de droit international privé*. Paris: Pedone, 1903, p. 24-27; PONTES DE MIRANDA, Francisco Cavalcanti. *Tratado de direito internacional privado*, t. I. Rio de Janeiro: José Olympio, 1935, p. 20-24; TENÓRIO, Oscar. *Direito internacional privado*, vol. I, cit., p. 11; VALLADÃO, Haroldo. *Direito internacional privado...*, cit., p. 4; e STRENGER, Irineu. *Direito internacional privado*, cit., p. 71. Negando autonomia jurídica ao DIPr, *v.* SOUTO, Cláudio. *Introdução crítica ao direito internacional privado*. 2. ed. rev. e atual. Porto Alegre: Sergio Antonio Fabris, 2000, p. 103, nota

A solução do DIPr para os conflitos de leis no espaço com conexão internacional – como precisamente explica Agustinho Fernandes Dias da Silva – "está em considerar as leis conflitantes no mesmo plano de validade e pesar as conexões existentes entre elas e o caso concreto, a fim de determinar qual a lei que deve prevalecer, excluindo a outra, para regular a relação jurídica em apreço". Trata-se, segundo ele, de "uma *solução democrática*, que respeita a autonomia legislativa dos grupos humanos, organizados em base estatal, religiosa, provincial, municipal etc.".[2]

Por meio do DIPr, contudo, não se resolve propriamente a questão jurídica *sub judice*, eis que as suas normas são apenas *indicativas* ou *indiretas*, ou seja, apenas indicam *qual* ordem jurídica substancial (nacional ou estrangeira) deverá ser aplicada no caso concreto para o fim de resolver a questão principal. Assim, as normas do DIPr não irão dizer, *v.g.*, se o contrato é válido ou inválido, se a pessoa é capaz ou incapaz, se o indivíduo tem ou não direito à herança, senão apenas *indicarão* a ordem jurídica responsável por resolver tais questões. Em outros termos, por não ser possível submeter a relação jurídica a dois ordenamentos estatais distintos, o DIPr "escolhe" qual deles resolverá a questão principal *sub judice*. Daí se entender ser o DIPr um *direito sobre direitos (jus supra jura)*,[3] ou direito de sobreposição, pois acima das normas jurídicas materiais destinadas à resolução dos conflitos de interesses encontram-se as regras sobre o campo de aplicação dessas normas, ou seja, o próprio DIPr.[4]

Normas *diretas* não são, propriamente, de DIPr. Há, é certo, normas diretas na LINDB, como a do art. 7º, § 5º, que dispõe que "[o] estrangeiro casado, que se naturalizar brasileiro, pode, mediante expressa anuência de seu cônjuge, requerer ao juiz, no ato de entrega do decreto de naturalização, se apostile ao mesmo a adoção do regime de comunhão parcial de bens, respeitados os direitos de terceiros e dada esta adoção ao competente registro". Trata-se, simplesmente, de norma *direta* presente no bojo (é dizer, no *âmbito*) de uma lei atinente ao DIPr, sem, contudo, se tratar de norma estrita dessa natureza. *Tout court*, se a norma é *direta*, não pertence ao DIPr.

    33, para quem "o que *pertence a cada um dos ramos do Direito* são os *resultados* do 'Direito Internacional Privado', que, por isso mesmo, não é ainda qualquer 'Direito', mas, fundamentalmente, uma indagação da Teoria Geral Científica do Direito" [grifos do original].

[2]   SILVA, Agustinho Fernandes Dias da. *Introdução ao direito internacional privado*. Rio de Janeiro: Freitas Bastos, 1975, p. 16.

[3]   Cf. ESPINOLA, Eduardo. *Elementos de direito internacional privado*, cit., p. 25-26; PONTES DE MIRANDA, Francisco Cavalcanti. *Tratado de direito internacional privado*, t. I, cit., p. 10; Jo, Hee Moon. *Moderno direito internacional privado*, cit., p. 51; ARAUJO, Nadia de. *Direito internacional privado...*, cit., p. 31; DINIZ, Maria Helena. *Lei de Introdução ao Código Civil Brasileiro interpretada*. 13. ed. rev. e atual. São Paulo: Saraiva, 2007, p. 20; e TELLES JUNIOR, Goffredo. *Iniciação na ciência do direito*. 4. ed. rev. e atual. São Paulo: Saraiva, 2009, p. 239. Entende Jacob Dolinger que "a melhor proposta é a de Arminjon que sugeriu 'Direito Intersistemático', pois abrange todos os tipos de situações conflitantes: conflitos interespaciais, tanto os internacionais como os internos, e conflitos interpessoais, inclusive os problemas de natureza jurisdicional, eis que cobre todas as situações em que se defrontam dois sistemas jurídicos com referência a uma relação de direito" (*Direito internacional privado...*, cit., p. 8).

[4]   V. DOLINGER, Jacob. *Direito internacional privado...*, cit., p. 25.

Como se percebe, o DIPr tem natureza semelhante ao direito processual, no sentido de não resolver propriamente a questão *sub judice*, servindo apenas de instrumento para que se chegue ao conhecimento da norma material (nacional ou estrangeira) aplicável ao caso concreto. Exatamente por esse motivo é que se trata de ramo do *direito público*, tal qual o direito processual, não obstante lidar com questões atinentes a particulares.[5]

1.1 O "elemento estrangeiro"

Para que o DIPr possa operar num processo judicial deve aparecer na relação jurídica um determinado "elemento estrangeiro" (ou "elemento de estraneidade") conectando a questão *sub judice* a mais de uma ordem jurídica. Assim, sem que haja no caso concreto (*a*) divergência de legislações estrangeiras autônomas e independentes (*v.* item 1.6, *infra*) e (*b*) elementos de estraneidade que conectem a questão *sub judice* à ordem jurídica de mais de um Estado, não há falar na aplicação das normas do DIPr. De fato, não se fazendo presente a *conexão* espacial com leis *estrangeiras* contrárias, o problema colocado não pertence ao DIPr, pois não *ultrapassa* as fronteiras de um dado Estado. Deve, em suma, o ato ou o fato jurídico estar em contato com dois ou mais meios sociais onde vigoram normas jurídicas autônomas e independentes, cada qual regulando à sua maneira o mesmo tema, para que possa operar o DIPr.[6]

Por exemplo, se dois brasileiros se casam no Brasil e aqui adquirem bens e, posteriormente, pretendem desfazer a sociedade conjugal, nada de estranho há na situação, ou seja, nenhum "elemento estrangeiro" se apresenta, caso em que as normas de DIPr sequer serão suscitadas para resolver a questão, aplicando-se, para tanto, exclusivamente as leis *nacionais*.

Se, por outro lado, uma *brasileira* se casa com um *italiano* na *França*, vindo lá a *residir* e a *adquirir bens* e, passados alguns anos, ambos *transferem-se* para o Brasil, aqui fixando *domicílio*, desejando depois, aqui também, *desfazer* a sociedade conjugal, um problema de DIPr passa a se fazer presente, eis que a relação jurídica encontra-se interconectada com vários "elementos estrangeiros" (nacionalidade dos nubentes;

---

[5] V. NIBOYET, J.-P. *Principios de derecho internacional privado*. Trad. Andrés Rodríguez Ramón. Madrid: Editorial Reus, 1928, p. 30-32; e CASTRO, Amilcar de. *Lições de direito processual civil e direito internacional privado*. São Paulo: Editora do Brasil, 2000, p. 50. Nesse exato sentido, *v.* OCTAVIO, Rodrigo. *Direito internacional privado...*, cit., p. 192: "O Direito Internacional Privado tem, pois, por objeto matéria puramente atinente à aplicabilidade das leis, à natureza, à extensão de seus efeitos (...). E toda essa matéria pertence, sem a menor contestação, ao domínio do *direito público*".

[6] Cf. WOLFF, Martin. *Derecho internacional privado*. Trad. José Rovira y Ermengol. Barcelona: Labor, 1936, p. 11-12; GOLDSCHMIDT, Werner. *Derecho internacional privado...*, cit., p. 5; RUSSOMANO, Gilda Maciel Corrêa Meyer. *Direito internacional privado do trabalho*. Rio de Janeiro: Forense, 1979, p. 4-6; COACCIOLI, Antonio. *Manuale di diritto internazionale privato e processuale*, vol. 1 (Parte Generale). Milano: Giuffrè, 2011, p. 2; e VALLADÃO, Haroldo. Definição, objeto e denominação do direito internacional privado. In: BAPTISTA, Luiz Olavo & MAZZUOLI, Valerio de Oliveira (Org.). *Direito internacional privado*: teoria e prática. São Paulo: Revista dos Tribunais, 2012, p. 151-153 (Coleção *Doutrinas essenciais*: direito internacional, vol. IV).

casamento realizado no exterior; aquisição de bens no exterior; primeiro domicílio conjugal no exterior etc.). Nesse caso, como se percebe, a relação jurídica ultrapassa as fronteiras do Estado e só pode ser resolvida com o auxílio das regras do DIPr.

O elemento estrangeiro pode provir tanto de situações da vida cotidiana (mobilidade de pessoas ao redor do mundo, alteração de domicílio de um país a outro, nascimento de filhos no exterior etc.) como da própria ordem jurídica (a permitir, *v.g.*, a realização ou o desfazimento de uma sociedade conjugal ou a escolha da lei aplicável em contratos internacionais). Importa apenas que haja estraneidade na relação jurídica e que esta se conecte a dois (ou mais) ordenamentos jurídicos autônomos e independentes.

Em suma, apenas quando presente na relação jurídica determinado "elemento estrangeiro", conectando a questão *sub judice* a mais de um ordenamento jurídico, é que terão lugar, no processo judicial, as regras do DIPr.

1.2 Conflitos interestaduais

Destaque-se que os conflitos de leis interestaduais no espaço – *v.g.*, entre leis do Estado de São Paulo e de Mato Grosso, ou do Paraná e de Santa Catarina – não contêm qualquer elemento estrangeiro a justificar a aplicação das regras do DIPr, pois não são *anormais* os fatos suscetíveis de serem apreciados por jurisdições diversas de um *mesmo* país. Ainda que se tenha, nesse caso, que aplicar princípios semelhantes ao do DIPr para a resolução da questão jurídica, não é propriamente o DIPr que está operando na relação, inexistente o elemento de estraneidade necessário à sua utilização.

Ainda que no México, *v.g.*, exista um Código Civil para cada Província e nos Estados Unidos os Estados federados tenham autonomia para legislar sobre vários ramos do Direito, tal como na Suíça relativamente à autonomia legislativa dos Cantões, mesmo assim, como se vê, os conflitos normativos porventura existentes não ultrapassam as fronteiras exteriores do respectivo Estado, razão pela qual tudo há de ser resolvido pela aplicação *interna* do Direito *interno*, nada mais.[7] Daí a conclusão de

---

[7]   Cf. FIORE, Pasquale. *Diritto internazionale privato*, cit., p. 6-7; ANDRADE, Agenor Pereira de. *Manual de direito internacional privado*. São Paulo: Sugestões Literárias, 1975, p. 13; CASTRO, Amilcar de. *Direito internacional privado*, cit., p. 36-45; COLLIER, J. G. *Conflict of laws*. 3. ed. Cambridge: Cambridge University Press, 2001, p. 3; RECHSTEINER, Beat Walter. *Direito internacional privado...*, cit., p. 10; e MARQUES, Claudia Lima. Ensaio para uma introdução ao direito internacional privado, cit., p. 331. Em sentido contrário, *v.* BALLADORE PALLIERI, Giorgio. *Diritto internazionale privato italiano*, cit., p. 65 ("E poichè questa rilevanza è data nelle stesse forme e riteniamo, con gli stessi effeti di quelli propri del diritto internazionale privato, si comprende l'applicazzione di quest'ultimo direttamente anche nei rapporti fra Stati membri degli Stati Uniti d'America."); STRENGER, Irineu. *Direito internacional privado*, cit., p. 55 ("...nenhum argumento profundo pode levar à convicção de que conflitos de leis de direito privado interno e internacional se diferenciam. Então, ambos pertencem ao direito internacional privado"); e BASSO, Maristela. *Curso de direito internacional privado*. 2. ed. rev. e atual. São Paulo: Atlas, 2011, p. 11 ("Os problemas de direito internacional privado são originados da 'diversidade territorial dos sistemas jurídicos'. Onde quer que exista essa diver-

Niboyet de que os conflitos em matéria internacional "são aqueles que surgem entre as leis de países plenamente soberanos; por exemplo: os conflitos entre leis espanholas e leis francesas".[8]

À vista dos conflitos interestaduais que podem vir a ocorrer em ordens jurídicas com diversas unidades territoriais, muitos tratados já trazem a expressa determinação (por meio de "cláusula federal") de que as remissões feitas pela norma de DIPr de um Estado às leis de outro hão de ser compreendidas como respeitantes à cada unidade territorial (estadual, provincial, cantonal etc.) individualmente considerada. Nesse sentido, *v.g.*, o art. 19, § 1º, da Convenção de Roma sobre a Lei Aplicável às Obrigações Contratuais, de 1980: "Sempre que um Estado englobe várias unidades territoriais, tendo cada uma as suas regras próprias em matéria de obrigações contratuais, cada unidade territorial é considerada como um país, para fins de determinação da lei aplicável por força da presente convenção". Assim também o art. 47 (e seus dez incisos) da Convenção da Haia relativa à Competência, à Lei aplicável, ao Reconhecimento, à Execução e à Cooperação em Matéria de Responsabilidade Parental e de Medidas de Proteção das Crianças, de 1996: "Em relação a um Estado em que dois ou mais sistemas jurídicos ou conjuntos de regras legais no que se referem à matéria tratada nesta Convenção aplique em unidades territoriais diferentes: (1) qualquer referência à residência habitual naquele Estado deve ser interpretada *como se referindo à residência habitual em uma unidade territorial*; (2) qualquer referência à presença da criança nesse Estado deve ser interpretada *como se referindo à presença em uma unidade territorial*; (3) qualquer referência à localização do patrimônio da criança nesse Estado deve ser interpretada *como se referindo à localização do patrimônio da criança em uma unidade territorial*", e assim por diante.

Ademais, quando se trata de conflitos interestaduais (interprovinciais, interlocais ou interpessoais), não se pode, *a priori*, invocar a ordem pública como limite à aplicação da lei de outra unidade federada ou província; mesmo nos Estados Unidos, cujos conflitos interestaduais aparecem com maior frequência, a ordem pública, como fator de inaplicação da lei de outro Estado federado, opera com vigor menor que em face das leis estrangeiras.[9] Para além disso, não há nos conflitos interestaduais necessidade (em verdade, possibilidade) de *homologação* das sentenças de uma unidade federada ou província na ordem jurídica da outra; as sentenças prolatadas num Estado federado ou província são exequíveis *de pleno direito* em todas as demais repartições territoriais do Estado, sem necessidade de qualquer validação.[10]

---

sidade, os casos contendo elemento estrangeiro podem ser verificados, independentemente das possíveis organizações federativas dos Estados. Assim, haverá questões envolvendo 'conflito de leis no espaço' ou de direito internacional privado entre ordenamentos estatais, estaduais, cantonais, provinciais e locais").

[8] Niboyet, J.-P. *Principios de derecho internacional privado*, cit., p. 18.

[9] V. Ferrer Correia, A. *Lições de direito internacional privado*, vol. I, cit., p. 48, nota 52.

[10] V. Ferrer Correia, A. Idem, p. 48.

Quando há conflitos interestaduais em tais Estados ditos plurilegislativos, não será, portanto, o DIPr chamado a resolver qualquer problema antinômico, pois o que em verdade se trata é de resolver problemas de competência entre entes (territoriais ou pessoais) *internos*, para o que o próprio sistema jurídico local há de encontrar solução. Será, *v.g.*, o direito brasileiro o responsável por disciplinar eventuais conflitos legislativos interestatais, não qualquer norma de DIPr prevista na LINDB.

Em suma, a resolução dos conflitos interestaduais (interprovinciais, interlocais ou interpessoais, *entre si*) não compõe o rol de competências do DIPr, que terá lugar apenas quando presente um determinado elemento *estrangeiro* na relação jurídica.

Porém, nada obsta que a regra de DIPr da *lex fori* remeta a solução da questão *sub judice* a ordenamento jurídico plurilegislativo, e que, nesse ordenamento, se tenha que investigar *qual lei* (de que parte do território, ou pertencente a que categoria de pessoas) é competente para resolver materialmente a contenda. Aqui, como se nota, a questão não é idêntica à anterior, pois já não se trata de conflitos *entre* normas internas (interprovinciais, interlocais ou interpessoais) de um Estado isoladamente considerado. Trata-se, agora, de conflitos de DIPr propriamente ditos, com a indicação da *lex causae* (ordem jurídica plurilegislativa) pela regra de DIPr da *lex fori* a título de ordem jurídica competente para resolver a lide. Quando isso ocorrer, há critérios próprios de investigação da lei aplicável que oportunamente serão dados a conhecer (*v.* Cap. IV, item 5, *infra*).

1.3 Discricionariedade estatal

As regras de DIPr de um Estado são por ele próprio determinadas, salvo se houver tratado em vigor prevendo solução diferente (ainda aqui, porém, o tratado é *ratificado* pelo Estado segundo a sua própria vontade). Cada Estado, portanto, disciplina a matéria como lhe aprouver, dependendo a validade interna das leis estrangeiras do seu livre arbítrio.[11] Assim, como decorrência da discricionariedade estatal nas escolhas relativas à norma aplicável, é possível que entenda o Estado não ser conveniente a aplicação da *lex fori* relativamente a determinado assunto, que deveria ser regido exclusivamente pela norma estrangeira, ainda que com certas limitações. Veja-se, *v.g.*, o que dispõe o art. 13 da LINDB:

> A prova dos fatos ocorridos em país estrangeiro *rege-se pela lei que nele vigorar*, quanto ao ônus e aos meios de produzir-se, não admitindo os tribunais brasileiros provas que a lei brasileira desconheça.

---

[11] Cf. Pimenta Bueno, José Antônio. *Direito internacional privado e aplicação de seus princípios com referência às leis particulares do Brasil*. Rio de Janeiro: Typographia de J. Villeneuve, 1863, p. 17-18; Machado Villela, Álvaro da Costa. *Tratado elementar (teórico e prático) de direito internacional privado*, t. I, cit., p. 26-27; Maridakis, Georges S. Introduction au droit international privé. *Recueil des Cours*, vol. 105 (1962), p. 383-384; e Ballarino, Tito (*et al.*). *Diritto internazionale privato italiano*. 8. ed. Milano: Cedam, 2016, p. 3.

As opções sobre a norma aplicável a uma relação jurídica *sub judice* com conexão internacional decorrem das tradições (costumes) e da vontade política do Estado, segundo os seus interesses particulares,[12] muitos dos quais preveem certa superação das limitações impostas pela exclusiva aplicação da *lex fori*, a fim de garantir a estabilidade do sistema jurídico.[13] Se o Brasil, *v.g.*, aceita aplicar em sua ordem jurídica uma legislação alemã, isso se dá não em razão de ser o direito alemão limitador do direito interno, senão em decorrência de verdadeiro e próprio exercício de soberania que o Estado brasileiro empenha na edição de sua legislação de DIPr. Pensar de modo contrário seria, não há dúvida, absolutamente incoerente, especialmente no caso de a *lex causae* indicada recusar competência para a resolução do problema, reenviando para a *lex fori* ou para terceiro Estado o deslinde da questão; o Brasil, que não aceita o reenvio, aplicará a *lex causae* indicada mesmo que esta se dê por incompetente, o que demonstra, *tout court*, que a aplicação do direito estrangeiro pelo juiz nacional decorre de exercício pleno da soberania da *lex fori*, sem o que o DIPr nacional, ressalvada a aplicação dos tratados, de fato não existiria.[14]

Inexistem, porém, regras determinadas a conduzir os Estados num determinado rumo ou caminho na elaboração de suas normas de DIPr, variando as divergências entre cada qual à luz de tantos quantos forem os sistemas jurídicos existentes. Em todos eles os Estados, a depender do critério eleito e do elemento de estraneidade presente na relação jurídica, por vezes, abrem mão da aplicação da própria lei interna a fim de prestigiar a aplicação de certa lei estrangeira, mais conectada, segundo o legislador doméstico, à questão *sub judice*.[15] Essa relação de causalidade, contudo, não demanda qualquer reciprocidade, pois é indiferente a um Estado se outros aplicam ou não as suas leis; os Estados – diz Balladore Pallieri – não se orgulham em ver suas leis aplicadas por outros, e tampouco se ofendem se não as aplicam.[16]

Certo é que não há como estancar a atividade do Estado no desiderato de escolha (segundo os seus costumes e tradições) da regência de determinado assunto pela *lex fori* ou pela *lex causae*, estando tudo a depender de sua exclusiva discricionariedade. Também a ratificação de tratados de *Direito Uniforme* não escapa à discricio-

---

[12] Cf. Niboyet, J.-P. *Cours de droit international privé français*. 2. ed. Paris: Sirey, 1949, p. 336; Russomano, Gilda Maciel Corrêa Meyer. *Direito internacional privado do trabalho*, cit., p. 65; e Batalha, Wilson de Souza Campos & Rodrigues Netto, Sílvia Marina L. Batalha de. *O direito internacional privado na Organização dos Estados Americanos*, cit., p. 38.

[13] Cf. Jo, Hee Moon. *Moderno direito internacional privado*, cit., p. 58-59.

[14] V. Balladore Pallieri, Giorgio. *Diritto internazionale privato italiano*. Milano: Giuffrè, 1974, p. 4-5.

[15] Cf. Ballarino, Tito (*et al.*). *Diritto internazionale privato italiano*, cit., p. 4.

[16] Balladore Pallieri, Giorgio. *Diritto internazionale privato italiano*, cit., p. 5.

nariedade do Estado, que é livre para se engajar ou não em determinado instrumento internacional, segundo a sua vontade.[17]

1.4 Missão principal do DIPr

O DIPr esgota a sua missão principal uma vez encontrada a norma substancial (nacional ou estrangeira) indicada a resolver a questão concreta *sub judice*. Para chegar a esse desiderato, porém, deve o juiz do foro qualificar o instituto jurídico em causa (enquadrando-o numa categoria jurídica existente, *v.g.*, de direito de família, das obrigações, das sucessões etc.) e enfrentar eventual questão preliminar, localizando, depois, o elemento de conexão que levará à norma competente para resolver a questão principal.

Como se nota, o DIPr é método *judicial-auxiliar* para a determinação da lei aplicável ao caso concreto de que o juiz (destinatário de suas normas) deve se valer para decidir corretamente a questão.[18] Compõe-se, portanto, de regras meramente instrumentais, limitadas a indicar o ordenamento responsável por deslindar o litígio em questão. É dizer, o DIPr não resolve a questão de fundo plantada no processo judicial, senão apenas indica a ordem jurídica (nacional ou estrangeira) responsável por trazer ao caso a solução devida. Para tanto, há toda uma técnica que deve ser observada pelo Poder Judiciário para lograr encontrar essa ordem jurídica e a solução (sempre justa e não violadora, especialmente, das normas imperativas e da ordem pública do foro) por ela trazida como correta para o deslinde da questão concreta. Essa técnica, sabe-se já, deve respeitar, hodiernamente, sobretudo os direitos humanos (internacionais) e fundamentais (constitucionais) em vigor no Estado, sem o que a missão do DIPr contemporâneo se desvirtua.

Por outro lado, não é missão do DIPr regular temas afetos ao direito público material, como, *v.g.*, os relativos à nacionalidade e à condição jurídica do estrangeiro. Tais assuntos devem ser devidamente versados nos compêndios de Direito Internacional Público, que é o seu âmbito próprio de investigação.[19] Não entendemos (como faz a doutrina francesa tradicional) que esses assuntos compõem o universo do DIPr, senão apenas a *indicação* da norma competente (nacional ou estrangeira) para resolver a questão principal *sub judice*.

Exceção, no entanto, é feita no que tange à teoria dos direitos adquiridos, a qual, não obstante distinta do conflito de leis propriamente dito, tem integrado o estudo do DIPr há vários anos (*v.* Cap. VI, *infra*).

---

[17] Sobre a discricionariedade na ratificação de tratados, *v.* MAZZUOLI, Valerio de Oliveira. *Direito dos tratados*. 2. ed. rev., atual. e ampl. Rio de Janeiro: Forense, 2014, p. 151-153.

[18] V. ROCHA, Osíris. *Curso de direito internacional privado*, cit., p. 7-8.

[19] Para o estudo detalhado de ambos os temas, *v.* MAZZUOLI, Valerio de Oliveira. *Curso de direito internacional público*, cit., p. 601-700.

1.5 A questão da nomenclatura

Destaque-se que apesar de nominado "Direito *Internacional* Privado", esse ramo do Direito, em primeiro lugar, não se limita a resolver conflitos propriamente "internacionais", eis que as normas em conflito apresentadas são normas *nacionais* de dois ou mais Estados; esse direito é "internacional" apenas porque resolve conflitos de normas (nacionais) no espaço com conexão internacional (ou seja, resolve conflitos "internacionais" de leis internas). Ademais, o termo "internacional" pode sugerir que existam, no âmbito do DIPr, relações entre Estados soberanos, o que não é verdade, uma vez que o DIPr versa quase que exclusivamente interesses de pessoas privadas, sejam físicas (particulares) ou jurídicas (empresas).[20] Daí alguns autores preferirem o recurso ao adjetivo "transnacional", que evitaria a ambiguidade da palavra "internacional", por conotar, mais corretamente, as situações que apenas transcendem a esfera social de um determinado Estado, entrando em contato com outras ordens jurídicas.[21]

Para Pontes de Miranda, por sua vez, "tal direito não é *inter*-nacional, no sentido de entre Estados, mas *extra*-nacional, ou por ser a aplicação da lei nacional *fora* do território (terra, espaço aéreo e águas nacionais), ou por ser a aplicação da lei estrangeira *dentro* do território", reconhecendo, porém, que, "[e]m todo o caso, devido à tradição e à sonância simpática da expressão usada, tem esta conseguido resistir às tentativas de outros nomes".[22]

O que realmente importa, contudo, é compreender que o assim chamado "Direito *Internacional* Privado" nada mais é – para falar como Werner Goldschmidt – que o "[d]ireito da extraterritorialidade do Direito Privado estrangeiro".[23]

Em segundo lugar, o assim chamado "Direito Internacional *Privado*" também não versa, atualmente, apenas questões de índole estritamente "privada", regulando correntemente temas que escapam a essa alçada (*v.g.*, assuntos criminais, fiscais, econômicos, tributários, administrativos, processuais etc.).[24] O qualificativo "privado" diria, assim, respeito às *pessoas* por detrás da relação jurídica, não à matéria de fundo presente nessa mesma relação.[25] Por tais motivos é que muitos preferem a

---

[20] *V.* DOLINGER, Jacob. *Direito internacional privado...*, cit., p. 7.

[21] *V.* PINHEIRO, Luís de Lima. *Direito internacional privado*, vol. I, cit., p. 38.

[22] PONTES DE MIRANDA, Francisco Cavalcanti. *Tratado de direito internacional privado*, t. I, cit., p. 25.

[23] GOLDSCHMIDT, Werner. *Derecho internacional privado...*, cit., p. 22.

[24] Cf. PARRA-ARANGUREN, Gonzalo. *Curso general de derecho internacional privado*: problemas selectos. Caracas: Fundación Fernando Parra-Aranguren, 1991, p. 44-46; DOLINGER, Jacob. *Direito internacional privado...*, cit., p. 3 e 7; e BASSO, Maristela. *Curso de direito internacional privado*, cit., p. 19. Para severas críticas aos que consideram o DIPr como apenas regulador das relações privadas, *v.* ainda CASTRO, Amilcar de. *Direito internacional privado*, cit., p. 87-89.

[25] Cf. DOLINGER, Jacob. *Direito internacional privado...*, cit., p. 7.

expressão empregada nos países anglo-saxões: *conflitos de leis.*[26] Assim, seria o DIPr melhor nominado *Direito dos Conflitos de Leis no Espaço.*[27] Observe-se, porém, que mesmo esta expressão é criticável, pois não há propriamente "conflito" entre as leis estrangeiras no espaço, senão apenas concorrência (concurso) de leis estrangeiras distintas sobre uma mesma questão jurídica (*v.* item 2.1, *infra*).

Seja como for, o certo é que a expressão *Direito Internacional Privado* é ainda a mais utilizada em várias partes do mundo, especialmente na Europa Continental e na América Latina. Aqui, portanto, também a seguiremos, pois "uma denominação, ainda que imprecisa ou falsa, pode, uma vez geralmente admitida, perfeitamente preencher o fim a que se destina, tornando não somente desnecessária, como ainda perigosa a sua substituição, máxime quando longe está de haver acordo sobre a expressão conveniente".[28]

1.6 Necessidade de divergência entre normas estrangeiras autônomas e independentes

Para que o problema relativo ao DIPr se coloque, já se fez entender, deve haver *divergência* entre normas estrangeiras autônomas e independentes. Se houver paralelismo (conformidade) entre as respectivas normas o problema do DIPr não se põe, quando então a questão há de ser entendida como puramente nacional.[29] Mesmo assim, para que o juiz do foro chegue à conclusão de que as normas nacional e estrangeira são paralelas, ou seja, disciplinam de forma idêntica o assunto em pauta, deve buscar, pelas regras do DIPr da *lex fori*, o *conteúdo* da norma estrangeira indicada, utilizando-se, com rigor, do método comparativo. Tal significa que mesmo no caso de existir paralelismo (conformidade) entre as normas em causa, é obrigação do juiz bem conhecer (e aplicar) as regras do DIPr da *lex fori*, especialmente porque a semelhança entre as diversas legislações poder ser somente *aparente*. Seria de todo cômodo ao juiz entender, numa análise rasa do conteúdo da norma estrangeira indicada, haver identificação (similitude) total entre as normas em causa, a fim de aplicar a lei que melhor conhece (a lei doméstica). Daí a cautela e o rigor que

---

[26] Cf. STORY, Joseph. *Commentaries on the conflict of laws...*, cit., p. 9.

[27] Nesse sentido, *v.* ARAÚJO, Luís Ivani de Amorim. *Curso de direito dos conflitos interespaciais.* Rio de Janeiro: Forense, 2002, p. 14: "Usamos indistintamente as expressões *direito internacional privado* e *direito dos conflitos interespaciais*, não obstante esta última se nos afigure a mais ajustada à disciplina jurídica que objetiva fixar a norma aplicativa a uma relação jurídica quando entrar em divergência sistemas jurídicos coetâneos de dois ou mais Estados, razão pela qual intitulamos o presente trabalho de *direito dos conflitos interespaciais*". Ainda para críticas à expressão "direito internacional privado", *v.* CASTRO, Amilcar de. *Direito internacional privado*, cit., p. 100-103.

[28] ESPINOLA, Eduardo. *Elementos de direito internacional privado*, cit., p. 19, citando Kahn.

[29] Assim, VALLADÃO, Haroldo. *Direito internacional privado...*, cit., p. 21: "Se a lei estranha, autônoma, for acorde, no assunto, com a lei própria do observador, do foro, a questão de DIPr não se levanta, o problema é puramente nacional, estadual, regional etc.".

deve existir na comparação das normas (nacional e estrangeira) em jogo, para fins de entender uma questão (havendo identificação completa entre as normas) como puramente *nacional*.

2. Objeto e finalidade do DIPr

A doutrina em geral se controverte sobre o que vêm a ser o *objeto* e a *finalidade* do DIPr, não havendo uniformidade, sobretudo, quanto à sua delimitação.[30] De fato, tomando como exemplo o objeto do DIPr, enquanto a doutrina alemã entende ser este unicamente a resolução dos conflitos de leis no espaço, a doutrina anglo-saxã também acrescenta o concurso de jurisdições e, a francesa, ainda os temas da nacionalidade e da condição jurídica do estrangeiro.

Quanto à teoria dos direitos adquiridos, nosso entendimento é o de não compor propriamente o *objeto* do DIPr, tampouco ser um dos *fins* a que a matéria se destina, o que não significa, em absoluto, que um direito legalmente adquirido no estrangeiro não surta quaisquer efeitos no plano do DIPr, pelo que, já se disse, também tem integrado o seu estudo, devendo, portanto, ser devidamente analisada (*v.* Cap. VI, *infra*). Essa discussão, contudo, escapa à investigação sobre o objeto e a finalidade do DIPr.

Em nossa visão, o objeto e a finalidade do DIPr encontram-se atualmente bem delineados, não sendo necessário embrenhar-se em discussões estéreis e de cunho apenas histórico para compreendê-los.[31] Todo o mais será apenas pressuposto ou complemento da disciplina, incapaz de compor o seu real objeto e finalidade. Vejamos:

2.1 Objeto do DIPr

O DIPr tem por objeto a resolução de *todos* os conflitos de leis no espaço (sejam leis privadas ou públicas) quando presente uma conexão internacional, isto é, uma relação que coloca em confronto duas ou mais normas jurídicas estrangeiras (civis, penais, fiscais, tributárias, administrativas, trabalhistas, empresariais, processuais etc.) autônomas e divergentes.[32] Seu objeto cinge-se, assim, a tais conflitos espaciais de leis.[33] Trata-se, portanto, do *método* ou *técnica* que visa encontrar a

---

[30] Cf. FERNÁNDEZ ROZAS, José Carlos. Sobre el contenido del derecho internacional privado. *Revista Española de Derecho Internacional*, vol. XXXVIII (1986), p. 69-108.

[31] Para um inventário da posição da doutrina brasileira relativa ao tema, *v.* MARQUES, Claudia Lima. Ensaio para uma introdução ao direito internacional privado, cit., p. 339-343.

[32] Cf. TENÓRIO, Oscar. *Direito internacional privado*, vol. I, cit., p. 13-14; e VALLADÃO, Haroldo. *Direito internacional privado...*, cit., p. 42.

[33] *V.* PIMENTA BUENO, José Antônio. *Direito internacional privado e aplicação de seus princípios com referência às leis particulares do Brasil*, cit., p. 12; MACHADO VILLELA, Álvaro da Costa. *Tratado elementar (teórico e prático) de direito internacional privado*, t. I, cit., p. 48-50; ESPINO-

ordem jurídica adequada à apreciação de fatos internacionalmente interconectados, ou seja, em conexão com duas ou mais ordens jurídicas, quer relativos ao foro ou ocorridos no estrangeiro.[34] Sua razão de ser está em encontrar soluções justas entre a diversidade de leis existentes quando presente um elemento de estraneidade.[35]

Razão assiste a Amilcar de Castro, para quem o "objeto único do direito internacional privado é, pois, esta função auxiliar que desempenha no *forum*: como o fato anormal pode ser apreciado à moda nacional ou à moda estrangeira, indicar *in abstracto* o direito aconselhável; ou, por outras palavras: como a ordem jurídica indígena não é especialmente destinada à apreciação de fatos anormais, pela regra de direito internacional privado manda observar-se o direito comum, ou direito especial, organizado por imitação de uso jurídico estranho, visando-se sempre à solução justa e útil aos interessados".[36] Correta também a opinião de Irineu Strenger, para quem, "verdadeiramente, o objeto do direito internacional privado é o conflito de leis no espaço, excluindo-se todos os demais objetos que as várias doutrinas costumam acrescentar ao primeiro e também todo e qualquer objeto concernente seja à uniformidade legislativa, à nacionalidade, à condição jurídica do estrangeiro, bem como a discussão de que o reconhecimento dos direitos adquiridos é o problema das leis no espaço encarado sob outro ponto de vista".[37]

A *aplicação* do DIPr, no âmbito desse objeto, contudo, dirá sempre respeito a uma relação (fato) da vida real, não simplesmente à determinação do direito aplicá-

---

LA, Eduardo. *Elementos de direito internacional privado*, cit., p. 7 e 23; WOLFF, Martin. *Derecho internacional privado*, cit., p. 12-14; ROCHA, Osíris. *Curso de direito internacional privado*, cit., p. 22-23; PARRA-ARANGUREN, Gonzalo. *Curso general de derecho internacional privado...*, cit., p. 25-28; RODRIGUES JUNIOR, Otavio Luiz. Notas à ciência do direito internacional privado. In: BAPTISTA, Luiz Olavo & MAZZUOLI, Valerio de Oliveira (Org.). *Direito internacional privado*: teoria e prática. São Paulo: Revista dos Tribunais, 2012, p. 354 (Coleção *Doutrinas essenciais*: direito internacional, vol. IV); e SOUTO, Cláudio. *Introdução crítica ao direito internacional privado*, cit., p. 107, nota 34 ("Sadia é, antes, a orientação alemã, que limita o 'Direito Internacional Privado' ao 'conflito de leis'"). Assim também, BATALHA, Wilson de Souza Campos & RODRIGUES NETTO, Sílvia Marina L. Batalha de. *O direito internacional privado na Organização dos Estados Americanos*, cit., p. 16, acrescentando, porém, o conflito de jurisdições: "Entretanto, rigorosamente o Direito Internacional Privado cinge-se ao tema do conflito de leis de Direito privado, das leis processuais, tributárias, penais, bem como ao conflito de jurisdições (...)".

[34] Cf. NIBOYET, J.-P. *Cours de droit international privé français*, cit., p. 1; CASTRO, Amilcar de. *Direito internacional privado*, cit., p. 49-50; e FOCARELLI, Carlo. *Lezioni di diritto internazionale privato*. Perugia: Morlacchi, 2006, p. 2. Sobre a característica de *método* ou *técnica* do DIPr, assim leciona Maristela Basso: "Parece que modernamente o direito internacional privado tenha alcançado o *status* de *técnica*. (...) As normas jusprivatistas internacionais conduzem o jurista à técnica de determinação da aplicação da lei nacional ou estrangeira aos casos com elementos estrangeiros, a partir de um método (ou técnica) especial destinado a satisfazer um conceito de justiça própria e concreta" (*Curso de direito internacional privado*, cit., p. 13-14).

[35] Cf. JAYME, Erik. Identité culturelle et intégration..., cit., p. 39.

[36] CASTRO, Amilcar de. *Direito internacional privado*, cit., p. 75.

[37] STRENGER, Irineu. *Direito internacional privado*, cit., p. 51.

vel a certas *relações jurídicas*. Como destaca Martin Wolff, o DIPr, como qualquer regulação jurídica, se põe diante a *fatos* da vida, tais como uma estipulação, uma lesão corporal, à circunstância de se chegar a uma determinada idade etc.[38] Havendo tais *fatos* interconectados a ordens jurídicas distintas, entrarão em jogo as regras do DIPr para dizer *qual* dessas ordens será a adequada para apreciá-lo e, consequentemente, solucionar a questão *sub judice*. É evidente, então, nesse sentido, que também devem os compêndios de DIPr estudar a aplicação do direito estrangeiro pelo juiz nacional, uma vez que a localização do direito aplicável demanda, *conditio sine qua non*, a sua boa aplicação pelo Judiciário pátrio (*v*. Cap. VII, *infra*).

Repita-se que atualmente não faz sentido dizer que o DIPr resolve apenas conflitos de leis *privadas* no espaço, eis que a grande gama de normas estrangeiras hoje conflitantes pertence ao direito *público*.[39] Assim, o DIPr é a disciplina que auxiliará o juiz da causa a saber qual norma jurídica (a *indigenum* ou a *extraneum*) deve ser efetivamente aplicada no caso *sub judice* tendente à solução justa e útil, independentemente da natureza (privada ou pública) da norma em questão.

Destaque-se que, quando se fala em "conflitos" de leis no espaço, na realidade o que se pretende dizer é que duas normas distintas (uma nacional e outra estrangeira) estão a disciplinar diferentemente uma mesma questão jurídica, em nada significando haver propriamente "colisão" ou "choque" entre ambas. Não há conflito verdadeiramente, senão uma aparência de conflito, eis que cada ordenamento legisla exclusivamente para si, não havendo aplicação simultânea de normas (nacionais e estrangeiras) na ordem jurídica local; há, em verdade, uma concorrência (concurso) de leis estrangeiras distintas sobre uma mesma questão jurídica.[40] Daí Niboyet ter preferido nominar o problema, mais propriamente, de "império das leis no espaço".[41] Contudo,

---

[38]   Wolff, Martin. *Derecho internacional privado*, cit., p. 12-13.

[39]   *V.* Story, Joseph. *Commentaries on the conflict of laws…*, cit., p. 9; e Tenório, Oscar. *Direito internacional privado*, vol. I, cit., p. 13, assim: "A própria denominação da disciplina assinala os seus limites. Entretanto, os novos rumos do direito e as questões a respeito da divisão do direito em público e privado, repercutem no exame do objeto do direito internacional privado, a ponto de perder tal direito sua pureza privatística. As leis penais, o direito administrativo, a legislação do trabalho, o direito judiciário civil, as leis fiscais e do ensino, ramos da frondosa árvore do direito público, comportam conflitos entre leis e países diferentes e, assim, reclamam soluções adequadas que se inspiram na teoria do direito internacional privado".

[40]   Cf. Machado Villela, Álvaro da Costa. *Tratado elementar (teórico e prático) de direito internacional privado*, t. I, cit., p. 6; Niboyet, J.-P. *Principios de derecho internacional privado*, cit., p. 198-199; Levontin, Avigdor. *Choice of law and conflict of laws*. Leiden: Sijthoff, 1976, p. 2; Parra-Aranguren, Gonzalo. *Curso general de derecho internacional privado…*, cit., p. 46-47; Dolinger, Jacob. *Direito internacional privado…*, cit., p. 5; Basso, Maristela. *Curso de direito internacional privado*, cit., p. 16-18; Pinheiro, Luís de Lima. *Direito internacional privado*, vol. I, cit., p. 42; e Del'Olmo, Florisbal de Souza. *Curso de direito internacional privado*. 10. ed. rev., atual. e ampl. Rio de Janeiro: Forense, 2014, p. 2-3.

[41]   Niboyet, J.-P. *Principios de derecho internacional privado*, cit., p. 199.

o certo é que a expressão "conflitos de leis no espaço" tem sido utilizada indistintamente pela doutrina em todo o mundo, razão pela qual também aqui a mantivemos.

Por derradeiro, como já se disse, frise-se não integrarem o objeto do DIPr os temas da *nacionalidade* e da *condição jurídica do estrangeiro*, os quais, para falar como Oscar Tenório, constituem "apenas *pressupostos* do direito internacional privado",[42] sem ser, porém, parte integrante dele.[43] De fato, independe ser alguém *nacional* de um Estado ou *estrangeiro* dentro de um Estado (ou até mesmo *apátrida*) para que operem as normas do DIPr; *pode* ter relevância para o deslinde do caso concreto a *condição* de nacional ou de estrangeiro da pessoa, mas tal condição não compõe o objeto mesmo do DIPr, que opera independentemente dela. Ademais, o DIPr não regula (nem poderia) as condições de nacional e de estrangeiro, matérias afetas ao Direito público interno e ao Direito Internacional Público. O mesmo se dá com os chamados "conflitos de jurisdição", colocados por muitos na órbita do *objeto* do DIPr, mas que, para nós, não têm lugar a título de objeto independente dessa disciplina.[44]

---

[42] Cf. TENÓRIO, Oscar. *Direito internacional privado*, vol. I, cit., p. 14. Também no sentido de não pertencerem a nacionalidade e a condição jurídica do estrangeiro ao objeto do DIPr, *v.* PONTES DE MIRANDA, Francisco Cavalcanti. *Tratado de direito internacional privado*, t. I, cit., p. 34-37; WOLFF, Martin. *Derecho internacional privado*, cit., p. 17-18; CASTRO, Amilcar de. *Direito internacional privado*, cit., p. 59-66; BATALHA, Wilson de Souza Campos & Rodrigues Netto, Sílvia Marina L. Batalha de. *O direito internacional privado na Organização dos Estados Americanos*, cit., p. 16; RECHSTEINER, Beat Walter. *Direito internacional privado...*, cit., p. 27 e 34; ARAUJO, Nadia de. *Direito internacional privado...*, cit., p. 30; PINHEIRO, Luís de Lima. *Direito internacional privado*, vol. I, cit., p. 169-170; e STRENGER, Irineu. *Direito internacional privado*, cit., p. 43-45. Esse último internacionalista, a propósito, assim leciona: "Parece-nos que a razão está com Amilcar de Castro, quando acentua que 'a nacionalidade e o domicílio são relevantes circunstâncias de conexão tomadas em consideração pelo direito internacional privado, mas decididamente não fazem parte do objeto desta disciplina, que não regula nem a aquisição, nem a perda, nem a mudança de uma ou outra'. (...) A condição jurídica do estrangeiro entra nas cogitações do direito internacional privado, mas não constitui seu objeto. A condição jurídica do estrangeiro visa à solução de um problema, e o direito internacional privado, de outro" (*Op. cit.*, p. 43-44). Em sentido contrário, alocando a nacionalidade e a condição jurídica do estrangeiro no âmbito do objeto do DIPr, *v.* Niboyet, J.-P. *Cours de droit international privé français*, cit., p. 11; FERNANDES, Adaucto. *Curso de direito internacional privado*. Rio de Janeiro: Companhia Editora Americana, 1971, p. 9; e TIBURCIO, Carmen. Private international law in Brazil: a brief overview. *Panorama of Brazilian Law*, vol. 1, nº 1, 2013, p. 14.

[43] *V.* BATALHA, Wilson de Souza Campos. *Tratado de direito internacional privado*, t. I, cit., p. 83.

[44] Nesse exato sentido, *v.* AMORIM, Edgar Carlos de. *Direito internacional privado*, cit., p. 6: "A esse objeto, ou seja, conflitos de leis no espaço, Bartin, famoso internacionalista francês, acrescentou o conflito de jurisdição. Contudo, essa sua tese não logrou o menor êxito, posto que as controvérsias sobre jurisdição já fazem parte dos mesmos conflitos, pois uma coisa envolve outra". V. ainda, a precisa lição de Amilcar de Castro: "Vários autores, inadvertidamente, atribuem ao direito internacional privado a função de resolver conflitos de jurisdição, totalmente deslembrados de que, na hora atual, não podem haver conflitos de jurisdição na ordem internacional. É certo que, a respeito de competência geral, o direito processual inter-

Daí a observação de Batalha de que "[a]ssim como a doutrina do Direito processual é autônoma e inconfundível com a doutrina do Direito privado, assim também os conflitos que se manifestam quanto às competências jurisdicionais ou à forma do processo são diversos e inconfundíveis com aqueles que o Direito internacional privado disciplina".[45] Aliás, nem se poderia falar propriamente em "conflitos" de jurisdições, senão em concorrência de duas ou mais jurisdições que entendem ser competentes para o exame de uma mesma causa. Em consequência, ficariam também excluídos do objeto do DIPr assuntos como a execução de sentenças estrangeiras e a competência geral, temas que apenas *complementam* o estudo do DIPr.[46]

No que toca a este último ponto, porém, cabe uma observação, similar à que já se fez relativamente à teoria dos direitos adquiridos (v. *supra*). A competência internacional do judiciário brasileiro (limites da jurisdição nacional) e a execução de sentenças estrangeiras no Brasil, apesar de não integrarem o objeto do DIPr, são temas que estão a merecer estudo nos compêndios dessa disciplina. A razão é lógica. Não obstante comporem o núcleo dos institutos processuais *lato sensu*, têm ambos estrita conexão com o tema da aplicação do direito estrangeiro pelo juiz nacional, pelo que, só por isso, merecem ser investigadas também no âmbito do DIPr. Seria, de fato, incompleto o estudo da ciência do conflito de leis sem a perquirição da competência do juiz nacional para a apreciação da demanda e da possibilidade de homologação das decisões provindas do estrangeiro, dado que tais são questões indissociáveis umas das outras.

2.2 *Finalidade do DIPr*

O DIPr tem por finalidade, em princípio, *indicar* ao juiz nacional a norma substancial (nacional ou estrangeira) a ser aplicada ao caso concreto, porém, *sem resolver* a questão jurídica posta perante a Justiça do foro. Quando se vai a um aeroporto ou a uma estação ferroviária vê-se um painel que *indica* os voos ou os trens que partem ao *destino* desejado; a *indicação* é o que realiza, em suma, o DIPr, e o *destino* é a lei (nacional ou estrangeira) que resolverá a questão *sub judice* com conexão internacional. Por tal motivo é que as normas do DIPr são chamadas de *indicativas* ou *indiretas* (*v.* Cap. IV, item 1, *infra*). Assim, a norma do DIPr não dirá se a criança residente no exterior tem ou não direito a alimentos, se a obrigação contraída em país estrangeiro segue ou não válida, quais bens localizados em Estado terceiro ficarão para cada herdeiro etc. A norma do DIPr apenas *indicará* a norma substancial (nacional ou estrangeira) competente para resolver todos esses problemas.

---

nacional de um Estado pode dispor de um modo, enquanto o de outro disponha em sentido contrário, mas nem essas divergências importam conflito de jurisdição, nem é função do direito internacional privado remediar os inconvenientes delas resultantes" (*Direito internacional privado*, cit., p. 57).

[45] BATALHA, Wilson de Souza Campos. *Tratado de direito internacional privado*, t. I, cit., p. 87.

[46] Nesse exato sentido, v. CASTRO, Amilcar de. *Direito internacional privado*, cit., p. 50.

Destaque-se que a indicação da norma competente e a possibilidade de aplicação do direito estrangeiro perante a ordem jurídica do foro – sem que contra essa aplicação argumentos de índole prepotente, como o da soberania exclusiva da *lex fori*, tenham repercussão – vem demonstrar a nobreza da dimensão atual do DIPr, que se preocupa mais com a aplicação do direito que maior contato ou ligação tem com a questão *sub judice*, que propriamente em encontrar soluções fundamentadas exclusivamente na ordem doméstica. Como leciona Jacob Dolinger, a compreensão "de que em determinadas circunstâncias faz-se mister aplicar lei emanada de outra soberania, porque assim se poderá fazer melhor justiça, e o reconhecimento de que em nada ofendemos nossa soberania, nosso sistema jurídico, pela aplicação de norma legal de outro sistema, esta tolerância, esta largueza de visão jurídica, dos objetivos da lei – em sentido lato – refletem a grandeza de nossa disciplina, a importância de sua mensagem filosófica".[47]

Uma finalidade contemporânea do DIPr, porém, vai mais além que a mera indicação da norma nacional ou estrangeira aplicável a um caso *sub judice*, visando, sobretudo, *proteger a pessoa humana*. Daí a intrínseca relação do DIPr com as normas (nacionais e internacionais) de proteção dos direitos fundamentais e humanos (*v.* Cap. I, item 1.3, *supra*). Ainda que o DIPr continue a ter por objeto a resolução dos conflitos de normas estrangeiras no espaço, o certo é que a sua finalidade contemporânea se encontra ampliada, a fim de *também* proteger a pessoa humana, dando-lhe uma resposta justa e harmônica no que tange à questão concreta *sub judice*. Tal se deve ao fato de ter o indivíduo, a seu favor, uma enorme gama de tratados internacionais protetivos, tanto no plano global como em contextos regionais.[48] Essa finalidade contemporânea do DIPr flexibiliza a rigidez do método clássico conflitual, para o fim de encontrar soluções sempre mais justas e em prol dos direitos das pessoas (*v.* Cap. VIII, item 3, *infra*). E, havendo colisão dos valores protegidos pelos tratados de direitos humanos ou pelas normas de *Direito Uniforme* com a solução obtida pela aplicação da norma conflitual da *lex fori*, aqueles deverão prevalecer sobre esta.[49] Tal demonstra nitidamente que a finalidade do DIPr na pós-modernidade retira o seu fundamento de validade não das regras conflituais da *lex fori*, senão das normas do Direito Internacional Público.

Destaque-se, por fim, que quando se fala em "*leis* estrangeiras", ou "*normas* estrangeiras" ou "*direito* estrangeiro", se está querendo dizer – para os efeitos deste livro – a mesma coisa: tudo quanto consta da *coleção de normas e regras* estrangeiras, quer sejam normas *constitucionais, leis* (em suas diferentes espécies), *decretos, regulamentos, costumes internos*, bem assim os *tratados internacionais* em vigor no Estado estrangeiro. Portanto, as expressões "leis estrangeira", "normas estrangeiras" e

---

[47]   DOLINGER, Jacob. *Direito internacional privado...*, cit., p. 269.

[48]   A propósito, *v.* MAZZUOLI, Valerio de Oliveira. *Curso de direito internacional público*, cit., p. 751-881; e MAZZUOLI, Valerio de Oliveira. *Curso de direitos humanos*, cit., p. 49-152.

[49]   *V.* assim, ANDRADE, Agenor Pereira de. *Manual de direito internacional privado*, cit., p. 21; e ARAUJO, Nadia de. *Direito internacional privado...*, cit., p. 40.

"direito estrangeiro" devem ser entendidas em sentido amplíssimo, abrangendo todas essas espécies de normas jurídicas que se acaba de citar. Não se incluem, porém, na expressão, as próprias normas de DIPr estrangeiras, conforme estabelece o art. 16 da LINDB: "Quando, nos termos dos artigos precedentes, se houver de aplicar a lei estrangeira, ter-se-á em vista a disposição desta, sem considerar-se qualquer remissão por ela feita a outra lei". Nos países que adotam, como direito aplicável, para além do direito substantivo ou material, também as normas de DIPr estrangeiras, nasce o problema do *reenvio* (*v.* Cap. IV, item 2.2, *infra*).

3. Posição do DIPr nas ciências jurídicas (taxinomia)

Questão controvertida e sempre debatida na doutrina diz respeito à exata posição do DIPr nas ciências jurídicas. Discute-se se o DIPr tem natureza interna ou internacional, e se o seu conteúdo versa matéria afeta ao direito privado ou ao direito público.[50] Necessário, portanto, proceder à classificação (taxinomia) do DIPr para o fim de responder a tais indagações, compreendendo exatamente em que âmbito ele se encontra no universo jurídico.

3.1 O DIPr é direito interno ou internacional?

Pergunta correntemente realizada diz respeito a ser o DIPr direito interno ou direito internacional. Já se disse que apesar de nominado "Direito *Internacional* Privado", esse ramo do Direito não resolve conflitos propriamente "internacionais", eis que as normas em conflito apresentadas são normas *nacionais* de dois ou mais Estados. Tal não significa que a sua regência não possa dar-se por normas de índole internacional, das quais é exemplo a *Convenção de Direito Internacional Privado*, conhecida como "Código Bustamante", adotada pela Sexta Conferência Internacional Americana, reunida em Havana, e assinada em 20 de fevereiro de 1928.[51]

Não obstante a maioria dos autores entender ser o DIPr um ramo especializado do direito *interno* (do direito *público* interno) destinado a reger os conflitos de leis no espaço com conexão internacional, com base no fato de que seriam as normas *domésticas* dos Estados as responsáveis por solucionar tais conflitos normativos,[52]

---

[50] Cf. BATALHA, Wilson de Souza Campos. *Tratado de direito internacional privado*, t. I, cit., p. 12-37; e VALLADÃO, Haroldo. Posição do direito internacional privado frente às divisões: internacional-interno e público-privado (primado da ordem jurídica superior). In: BAPTISTA, Luiz Olavo & MAZZUOLI, Valerio de Oliveira (Org.). *Direito internacional privado*: teoria e prática. São Paulo: Revista dos Tribunais, 2012, p. 133-146 (Coleção *Doutrinas essenciais*: direito internacional, vol. IV).

[51] Ratificada pelo Brasil em 03.08.1929, e promulgada pelo Decreto nº 18.871, de 13.08.1929.

[52] Assim, *v.* CASTRO, Amilcar de. *Direito internacional privado*, cit., p. 81 ("...e se o efeito internacional da apreciação depende do direito do *forum*, e não dos direitos das jurisdições estranhas, mais uma vez fica evidente que o direito internacional privado é parte integrante da ordem jurídica nacional"); ARAÚJO, Luís Ivani de Amorim. *Curso de direito dos conflitos*

estamos, porém, de acordo com Haroldo Valladão, que entende não ter significado indagar se o DIPr é internacional ou interno, pois regido por normas *internacionais e internas*, e, em caso de conflito, as primeiras prevalecendo sobre as segundas.[53]

De fato, hoje em dia, o direito internacional e o direito interno têm estabelecido profícuo diálogo para a resolução de problemas que envolvem os diversos ramos das Ciências Jurídicas, não sendo diferente com o DIPr, para o qual convergem várias normas (internas ou internacionais) tendentes à resolução de seus problemas. De fato, na época atual, é notório que a grande maioria dos Estados comporta, em sua coleção normativa, regras tanto internacionais como internas de resolução de conflitos. No Brasil, desde a década de 1920, tem-se verificado essa interpenetração entre as fontes internacionais e internas para a regência do DIPr, notadamente a partir do momento em que o país, então único a adotar a nacionalidade como regra de conexão para a determinação da lei aplicável ao estatuto pessoal, ratificou o Código Bustamante, que estabelece para tal o critério do domicílio, levando à posterior alteração da legislação brasileira sobre o tema, que passou a adotar também esse último critério.[54]

Eduardo Espinola, em 1925, já classificava as normas do DIPr em três categorias: *a)* princípios ou regras de direito internacional público, decorrentes de usos e costumes internacionais e de tratados; *b)* regras de direito interno internacionalmente relevantes, por serem formuladas em obediência a um dever que incumbia ao Estado; e *c)* regras de direito interno internacionalmente irrelevantes, porque o legislador não as formulou no cumprimento de uma obrigação imposta ao Estado. As da primeira categoria – dizia ele – se aplicam aos Estados como sujeitos de direito obrigados por sua vontade coletiva; as das outras duas se desenvolvem na esfera interna do Estado; e as últimas têm por conteúdo próprio indicar às autoridades e tribunais do Estado as regras pelas quais poderão eles saber se determinada relação deve reger-se, no fundo

---

interespaciais, cit., p. 8 ("...conjunto de regras de direito interno que objetiva solucionar os conflitos de leis ordinárias de Estados diversos..."); ARAUJO, Nadia de. *Direito internacional privado...*, cit., p. 29 ("Não é internacional, nem privado, pois é ramo do direito público interno"); STRENGER, Irineu. *Direito internacional privado*, cit., p. 98 ("Já demonstramos que, no estado atual da ciência jurídica, o direito internacional privado é direito interno, é direito nacional de cada país"); MARQUES, Claudia Lima. Ensaio para uma introdução ao direito internacional privado, cit., p. 319 ("...ramo especializado do direito interno, existente hoje no ordenamento jurídico dos países do mundo..."); e DEL'OLMO, Florisbal de Souza. *Curso de direito internacional privado*, cit., p. 2 ("...visualizamos o Direito Internacional Privado como o conjunto de normas de *direito público interno* que busca, por meio dos elementos de conexão, encontrar o direito aplicável...").

[53] VALLADÃO, Haroldo. *Direito internacional privado...*, cit., p. 57. No mesmo sentido está a lição de Oscar Tenório, que, com cautela, diz: "O direito internacional privado é, *em grande parte*, ramo do direito interno" [grifo nosso]; assim, reconhece haver normas internas *e internacionais* a reger a disciplina (cf. *Direito internacional privado*, vol. I, cit., p. 19-20).

[54] Cf. FIORATI, Jete Jane. Inovações no direito internacional privado brasileiro presentes no Projeto de Lei de Aplicação das Normas Jurídicas. In: BAPTISTA, Luiz Olavo & MAZZUOLI, Valerio de Oliveira (Org.). *Direito internacional privado*: teoria e prática. São Paulo: Revista dos Tribunais, 2012, p. 244 (Coleção *Doutrinas essenciais*: direito internacional, vol. IV).

ou na forma, pelo direito nacional ou pelo direito estrangeiro.[55] Perceba-se aí, então, a demonstração correta de que as normas do DIPr provêm tanto do Direito interno quanto do Direito Internacional Público, indistintamente, ainda que, é certo, as primeiras sejam "em número incomparavelmente superior".[56]

É evidente – seria até mesmo dispensável dizer – que as normas internacionais de DIPr, para terem valor interno, devem ser devidamente *incorporadas* ao ordenamento jurídico nacional pelo procedimento previsto pela Constituição, como, *v.g.*, no caso do Brasil, pela aprovação do Poder Legislativo e ratificação do Presidente da República (CF, arts. 49, I, e 84, VIII). Isso não significa, contudo, que os tratados ratificados e em vigor no Estado sejam "transformados" em direito interno; eles continuam a ser *tratados*, com a sua roupagem própria de normas *internacionais*, aplicadas, entretanto, por ordem do próprio Estado, ao plano interno. Nos termos do art. 27 da Convenção de Viena sobre o Direito dos Tratados, de 1969, tais compromissos internacionais *prevalecem* sobre toda a legislação doméstica do Estado,[57] não sendo diferente, portanto, com as normas internacionais de DIPr, que, em caso de conflito com as normas internas, deverão igualmente prevalecer.

Interessante notar que mesmo os autores que defendem ser o DIPr um direito *interno*, concordam em ser os tratados internacionais *fonte* dessa disciplina jurídica. Ainda que se parta da premissa de que o tratado ratificado integra a ordem jurídica nacional, podendo, portanto, fundamentá-la, restaria, porém, a questão de explicar como o *costume internacional* (que não se "internaliza" como os tratados) vale também como fonte formal de um direito "interno" como o DIPr.

3.2 O DIPr versa matéria afeta ao direito privado ou ao direito público?

Ainda segundo Valladão, não faz sentido indagar se o DIPr versa matéria afeta ao direito privado ou ao direito público, pois em todos os ramos das ciências jurídicas encontram-se normas de uma ou outra espécie; as imperativas em quantidade superior nos antigos setores do direito público, as supletivas em maior número nos clássicos ramos de direito privado, havendo, pois, um DIPr de natureza pública, de normas cogentes, e um DIPr de caráter privado, de normas supletivas, omissivas, dependentes de autonomia individual.[58] Também Niboyet compartilha do entendimento de que todos os conflitos de DIPr têm por objeto tanto direitos

---

[55] ESPINOLA, Eduardo. *Elementos de direito internacional privado*, cit., p. 15-16.

[56] ESPINOLA, Eduardo. Idem, p. 14.

[57] *V.* MAZZUOLI, Valerio de Oliveira. *Direito dos tratados*, cit., p. 219-227.

[58] VALLADÃO, Haroldo. *Direito internacional privado...*, cit., p. 58. Nesse sentido, *v.* também SOUTO, Cláudio. *Introdução crítica ao direito internacional privado*, cit., p. 116-119; e ARAÚJO, Luís Ivani de Amorim. *Curso de direito dos conflitos interespaciais*, cit., p. 13, assim: "Os choques de leis de que trata o direito internacional privado, a despeito de desacordos doutrinários, abarcam todas as relações jurídicas – públicas e privadas –, dado que todas alcançam os indivíduos que residem e exercitam suas atividades fora de seus respectivos Estados...".

de caráter privado como público, não se limitando às relações estritamente *privadas*, compreendendo, assim, também os conflitos de normas administrativas, penais, fiscais etc.[59]

De fato, apesar da nomenclatura, o certo é que não se há mais de indagar em qual âmbito (privado, público ou ambos) opera o contemporâneo DIPr. Suas soluções, não há dúvidas, atingem *todas* as categorias de normas jurídicas, independentemente de sua caracterização em privadas ou públicas, bastando, para tanto, existir o elemento de estraneidade na relação jurídica *sub judice*.

Em suma, o DIPr não se enquadra rigidamente em nenhuma das categorias acima referidas; não é totalmente interno ou internacional, privado ou público. À questão sobre em que posição se encontra o DIPr nas Ciências Jurídicas, se é interno ou internacional, privado ou público, a melhor resposta, com base na lição de Haroldo Valladão, é no sentido de ser o DIPr regido por normas *internas* (*v.g.*, o art. 165 da Constituição de 1946, art. 150, § 33, da Constituição de 1967, art. 5º, XXXI, da Constituição de 1988; os textos da LINDB) e *internacionais* (*v.g.*, o Código Bustamante de 1928); de *natureza pública* (*v.g.*, o art. 7º, *caput*, da LINDB) e de *caráter privado* (*v.g.*, o art. 13, *caput*, da Introdução ao Código Civil de 1916).[60] Trata-se, enfim, de direito híbrido e *sui generis* por natureza.

4. Conflitos de leis estrangeiras no espaço

Como já se disse, a multiplicação das relações humanas ao redor do planeta, decorrente das facilidades dos transportes e das comunicações, em especial, atualmente, do transporte aéreo, bem assim das comunicações em meio digital e do comércio eletrônico, tem feito com que pessoas de origens, nacionalidades e culturas em tudo distintas constantemente realizem atos ou negócios jurídicos para os quais há duas ou mais ordens jurídicas potencialmente aplicáveis, fazendo surgir o problema dos conflitos de leis estrangeiras no espaço. É certo que os conflitos normativos também podem surgir dentro de uma *mesma* ordem jurídica, como, *v.g.*, entre duas leis de regiões ou províncias de um mesmo Estado. Tal problema, contudo, foge ao objeto de estudo do DIPr, que se destina a resolver os conflitos de leis *estrangeiras* no espaço (*v.* item 1.2, *supra*).

Os deslocamentos humanos pelo mundo, as viagens, os intercâmbios, as migrações e o comércio têm sido fatores constantes desses conflitos de leis autônomas e independentes de Estados distintos, para cuja resolução atribuiu-se competência ao DIPr.[61] Tais *leis* em conflito, também já se falou, não são apenas, atualmente, aquelas de direito *privado*, senão também as de direito *público*, tais as normas fiscais, tributárias, administrativas e processuais.

---

[59] NIBOYET, J.-P. *Cours de droit international privé français*, cit., p. 61.

[60] Cf. VALLADÃO, Haroldo. *Direito internacional privado...*, cit., p. 59.

[61] Cf. STORY, Joseph. *Commentaries on the conflict of laws...*, cit., p. 1-9.

Parte I · Cap. II · NOÇÕES PRELIMINARES AO ESTUDO DO DIREITO INTERNACIONAL PRIVADO | **39**

O juiz nacional, portanto, diante de um caso concreto com conexão internacional, necessita saber qual norma – se a *nacional* ou a *estrangeira* – deve ser aplicada ao caso concreto *sub judice*. Como a uniformização de toda a legislação do mundo, de todos os países, seja talvez impossível de se concretizar na prática, restou para o DIPr disciplinar as relações normativas no espaço com conexão internacional, permitindo ao julgador aplicar corretamente a norma competente para a resolução da questão principal.

Uma vez conhecida, pelas regras do DIPr, qual das normas há de ser aplicada ao caso *sub judice*, se a nacional ou a estrangeira, será em uma destas que o tema *de mérito* encontrará solução. Em outras palavras, o DIPr não busca resolver a questão jurídica principal posta em discussão no Poder Judiciário, senão apenas *indicar* a norma substancial (nacional ou estrangeira) em que a solução para o problema concreto se encontra. Daí as normas do DIPr serem *indicativas* ou *indiretas*, eis que apenas "localizam" espacialmente qual das normas, se a nacional ou a estrangeira, há de ser aplicada no caso concreto para resolver a questão jurídica posta perante o juiz (*v*. Cap. IV, item 1, *infra*).

Como explica Haroldo Valladão, o DIPr leva em conta "as várias leis que incidiram na relação interespacial e, coordenando-as, harmonizando-as, procura escolher, com justiça e equidade, qual delas deverá regular, no todo ou em parte, os fatos, atos e efeitos, iniciados, em curso, findos, ou a praticar, na circulação humana através dos vários grupos jurídicos do mundo".[62] Assim, sua missão consiste em localizar perante qual norma (nacional ou estrangeira) a questão *sub judice* encontra o seu verdadeiro "centro de gravidade" ou "ponto de atração", para, somente assim, resolver com harmonia e justiça o caso concreto.[63]

5. Direito Internacional Privado brasileiro

Não sendo o DIPr direito verdadeiramente "internacional", eis que o conflito de normas existente se dá entre normas *nacionais* de dois ou mais Estados, incumbe a cada ordenamento interno regular, à sua maneira, como tais conflitos hão de ser resolvidos. Assim, cada jurisdição estrangeira organiza como lhe aprouver o seu próprio sistema de DIPr, para auxiliar o juiz nacional a resolver os conflitos de leis no espaço com conexão internacional. Dessa maneira, os Estados estrangeiros, da mesma forma que estabelecem suas regras destinadas a reger os

---

[62] Cf. VALLADÃO, Haroldo. *Direito internacional privado...*, cit., p. 24. Cf. ainda, WASSMUNDT, Fritz. Divergências de leis e sua harmonização: solução proposta a alguns problemas jurídicos presos ao direito internacional privado. In: BAPTISTA, Luiz Olavo & MAZZUOLI, Valerio de Oliveira (Org.). *Direito internacional privado*: teoria e prática. São Paulo: Revista dos Tribunais, 2012, p. 63-85 (Coleção *Doutrinas essenciais*: direito internacional, vol. IV).

[63] Cf. LAGARDE, Paul. Le principe de proximité dans le droit international privé contemporain..., cit., p. 9-238; e DOLINGER, Jacob. Evolution of principles for resolving conflicts in the field of contracts and torts, cit., p. 187-512.

fatos exclusivamente internos, também soberanamente estabelecem aquelas responsáveis por deslindar as questões internacionalmente interconectadas que se apresentam perante a sua jurisdição.[64] Para tanto, os Estados podem criar leis, aceitar costumes ou ratificar tratados de DIPr, os quais passarão a compor o acervo de normas aplicáveis no Estado.

Não é diferente com o nosso país, que tem as suas próprias regras de DIPr, estabelecidas por normas internas (escritas ou costumeiras) ou decorrentes de tratados internacionais ratificados e em vigor no Estado.

Todo esse conjunto de regras em vigor no Brasil, voltadas à resolução dos conflitos de leis no espaço com conexão internacional, forma o que se nomina *Direito Internacional Privado Brasileiro*.

5.1 Lei de Introdução às Normas do Direito Brasileiro – LINDB

A maioria das normas (não todas) do DIPr brasileiro encontra-se na Lei de Introdução às Normas do Direito Brasileiro – LINDB (Decreto-Lei nº 4.657, de 4 de setembro de 1942). Anteriormente, a LINDB nominava-se Lei de Introdução ao Código Civil – LICC, tendo a nomenclatura sido alterada com a edição da Lei nº 12.376, de 30 de dezembro de 2010, que dispôs: "A ementa do Decreto-Lei nº 4.657, de 4 de setembro de 1942, passa a vigorar com a seguinte redação: 'Lei de Introdução às Normas do Direito Brasileiro'". A mudança no nome *Lei de Introdução ao Código Civil* para *Lei de Introdução às Normas do Direito Brasileiro* foi criticada por alguns juristas, sob o argumento de que já era público e notório que a antiga LICC tinha abrangência *para além* do Código Civil, é dizer, para *todas* as normas do direito brasileiro.[65] A crítica, para nós, é sem sentido, pois se já era notório que a LICC operava para todas as normas do direito brasileiro, a alteração da sua nomenclatura para LINDB em nada modifica o seu propósito, tampouco o seu espírito; ao contrário, o reafirma.

---

[64] Cf. Castro, Amilcar de. *Direito internacional privado*, cit., p. 78.

[65] Assim, a crítica de Dolinger: "O Congresso, ao sancionar esta lei, nada mais fez do que reiterar o que era óbvio, evidente, notório, reconhecido, aplicado e respeitado. (...) Poderia alguém suspeitar que estes fundamentos básicos de nosso sistema jurídico, estabelecidos pelo legislador de 1942, se referissem tão somente ao Código Civil? Que não se aplicassem igualmente às leis comerciais, administrativas, tributárias, penais e processuais? A doutrina e a jurisprudência brasileiras sempre aplicaram as normas temporais do Decreto-lei de 1942 como princípios imanentes a todo o sistema jurídico nacional. (...) De maneira que o conteúdo da lei de 1942 demonstra clara e insofismavelmente sua abrangência a todos os setores do direito brasileiro, a todas as "normas de direito brasileiro". (...) Aprovar em 2010 uma lei para modificar a ementa da lei de 1942, para reiterar o que sempre foi aceito como pacífico, é um desperdício legislativo, uma medida sem significado, uma legislação sem sentido, um desrespeito a como esta lei foi invariavelmente estudada e interpretada pelos mestres e aplicada pelos tribunais em décadas" (DOLINGER, Jacob. Uma lei ridícula. *Jornal O Globo*, de 26.01.2011, Caderno Opinião, p. 7).

Seja como for, reitere-se que a LINDB tem aplicação, como o próprio nome indica, a todas as normas do direito brasileiro, orientação seguida mesmo à égide da denominação anterior (LICC – Lei de Introdução do Código Civil). É nela que se encontra o núcleo básico do sistema brasileiro de aplicação das leis estrangeiras (arts. 7º a 19).

Por meio das normas elencadas na LINDB será possível a aplicação do direito estrangeiro (quando esse for o indicado) perante a Justiça brasileira. Tal excepciona a regra de que apenas as leis nacionais devem ser aplicadas no Brasil, pois, como se vê, poderá uma norma estrangeira ser aqui igualmente aplicada e surtir todos os seus efeitos, salvo se violar a soberania nacional, a ordem pública ou os bons costumes.[66] Nos países, porém, que adotam a territorialidade estrita, o problema do DIPr não surge (esse não é o caso do Brasil, como se viu). De fato, se um determinado país não autoriza, por qualquer modo, a aplicação de uma lei estrangeira perante o seu foro, os problemas de DIPr não aparecerão, e, surgindo um conflito, será a *lex fori* a única responsável para a sua resolução.[67]

A LINDB tem sofrido a crítica de não resolver todos os problemas de DIPr que os tempos atuais propõem, o que requer do jurista a pesquisa cada vez mais constante de suas fontes convencionais, costumeiras e jurisprudenciais (as quais também integram, por assim dizer, o DIPr brasileiro). De fato, trata-se de legislação generalista e incompleta, muito aquém do que seria o ideal a regular o DIPr no Brasil. Também se tem observado que a LINDB não acompanhou a evolução legislativa de outros países em matéria de DIPr, bem como as tendências de renovação da matéria impulsionadas, no plano exterior, por trabalhos como os da Conferência da Haia sobre Direito Internacional Privado, da Uncitral, do Unidroit, da Comissão Jurídica Interamericana e da OEA.[68]

Destaque-se que para o fim de substituir a atual LINDB foi elaborado o Projeto de Lei nº 269 do Senado,[69] apresentado em setembro 2004 pelo Senador Pedro Simon,[70] mas arquivado em janeiro de 2011.[71] O Projeto visava criar uma mais moderna legislação sobre DIPr no país, sob o título "Lei Geral de Aplicação das Normas Jurídicas", conciliando as normas de DIPr brasileiras às conquistas da jurisprudência e da doutrina contemporâneas, bem assim das convenções internacionais uniformizadoras, tal como se verifica da justificativa apresentada pela comissão de redação: "Relativamente às regras do direito internacional privado contidas na

---

[66] A propósito, cf. BEVILÁQUA, Clovis. *Princípios elementares de direito internacional privado*, cit., p. 77-84.

[67] Cf. STRENGER, Irineu. *Direito internacional privado*, cit., p. 51.

[68] Para tais críticas, *v.* BASSO, Maristela. *Curso de direito internacional privado*, cit., p. 45-46.

[69] De autoria dos professores João Grandino Rodas, Jacob Dolinger, Rubens Limongi França e Inocêncio Mártires Coelho.

[70] *Diário do Senado Federal*, de 17.09.2004, p. 29.717-29.761.

[71] Nos termos do art. 332 do Regimento Interno do Senado Federal.

LICC [LINDB], o projeto somente as altera quando necessário para atender às conquistas da jurisprudência e da doutrina, bem como para conciliar o direito internacional privado brasileiro com o direito internacional privado uniformizado, criado por tratados e convenções". Ainda que não tenha vingado, remissões comparativas serão feitas a esse Projeto no decorrer deste livro, dada sua importância teórica para a compreensão do contemporâneo DIPr.

5.2 Estatuto pessoal no DIPr brasileiro

Denomina-se *estatuto pessoal* o conjunto de relações inerentes ao estado da pessoa e sua capacidade, é dizer, atinentes à sua individualidade jurídica (estado da pessoa) e à aptidão para exercer direitos e contrair obrigações (capacidade).[72] Segundo Dolinger, o *estado da pessoa* abrange todos os acontecimentos juridicamente relevantes que marcam a vida de uma pessoa, começando pelo nascimento e aquisição da personalidade, questões relativas à filiação, ao nome, ao relacionamento com os pais, ao pátrio poder, ao casamento, aos deveres conjugais, à separação, ao divórcio e à morte; a *capacidade*, por sua vez, é atributo ligado à aptidão da pessoa individual para exercer direitos, particularmente os direitos privados, e para contrair obrigações.[73] É o estatuto pessoal, em suma, o conjunto de elementos que caracterizam a realidade extrínseca de um indivíduo.[74]

Como se sabe, as relações jurídico-privadas e as leis que lhes concernem têm seu lugar prioritário de aplicação relativamente às pessoas, quer no que tange à sua individualidade jurídica ou à aptidão para exercer direitos e contrair obrigações. Seria, portanto, complexo e dificultoso que o trânsito de pessoas por diversas jurisdições estrangeiras fizesse recair sobre o conjunto das relações inerentes ao seu estado e capacidade distinta regulamentação jurídica, tornando instável a fixação desses elementos ao redor do mundo. Daí a razão de o DIPr preocupar-se com a manutenção do estatuto pessoal ("lei pessoal") e pretender regulamentá-lo, muitas vezes com o auxílio do Direito Internacional Público, pela via dos tratados internacionais.

O estatuto pessoal, na legislação dos diversos países, tem se baseado ou na lei de *nacionalidade* da pessoa (critério político) ou na de seu *domicílio* (critério político-geográfico).[75] Alguns poucos países (*v.g.*, Chile, Equador e El Salvador) ado-

---

[72] Cf. FOELIX, M. *Traité du droit international privé ou du conflit des lois de différentes nations en matière de droit privé*, t. 1, cit., p. 29-30; PIMENTA BUENO, José Antônio. *Direito internacional privado e aplicação de seus princípios com referência às leis particulares do Brasil*, cit., p. 13-14; e BEVILÁQUA, Clovis. *Princípios elementares de direito internacional privado*, cit., p. 15-18.

[73] DOLINGER, Jacob. *Direito internacional privado...*, cit., p. 293-294.

[74] Por sua vez, denomina-se *estatuto real* o conjunto das relações atinentes às várias categorias de bens, à sua disposição e transmissão (LINDB, art. 8º).

[75] V. PILLET, A. *Principes de droit international privé*, cit., p. 301-332; RODAS, João Grandino. Choice of law rules and the major principles of Brazilian private international law. In: DOLINGER, Jacob & ROSENN, Keith S. (Ed.). *A Panorama of Brazilian Law. Coral Gables*: University of Miami, 1992, p. 310-313; STRENGER, Irineu. *Direito internacional privado*, cit., p. 476-477;

tam também um sistema híbrido, pelo qual aplicam a lei da nacionalidade aos seus nacionais e a do domicílio aos estrangeiros ali residentes. Mais recentemente, têm dividido lugar com o domicílio as noções de "residência habitual" e "residência atual" da pessoa, dadas as dificuldades práticas de localização daqueles sem domicílio certo (adômides). Seja como for, o certo é que tal escolha varia conforme as opções político-legislativas tomadas por cada Estado. Assim, enquanto os principais países europeus (*v.g.*, Alemanha, Áustria, Bélgica, França e Itália) têm optado pelo critério da *nacionalidade* como determinador do estatuto pessoal, os países da *common law* (*v.g.*, Austrália, Canadá, Estados Unidos e Inglaterra) e vários países latinos (*v.g.*, Argentina, Brasil e Venezuela) têm adotado para tal o critério do *domicílio*.[76]

Como explica Ballarino, países que adotam a nacionalidade como elemento de determinação do estatuto pessoal são normalmente países de *emigração*, motivo pelo qual pretendem conservar um liame com os seus cidadãos transferidos ao exterior, enquanto os que adotam o critério do domicílio são normalmente países de *imigração*, que se propõem, por isso, a favorecer a integração dos imigrantes ao espírito nacional.[77]

No DIPr brasileiro atual é o critério do *domicílio* que determina a lei de regência do estatuto pessoal, tendo sido abandonado o critério da nacionalidade antes utilizado, notadamente por ser este último "prejudicial ao próprio interessado, pois que, ante o desconhecimento de sua lei pelas autoridades judiciais do país onde vive, acabará sendo atendido pelos tribunais de forma mais lenta, em um processo mais custoso, sendo-lhe estendida menos justiça do que se a causa fosse julgada pela lei do local onde vive".[78]

DINIZ, Maria Helena. *Lei de Introdução ao Código Civil Brasileiro interpretada*, cit., p. 213; e VALLADÃO, Haroldo. Lei nacional e lei do domicílio. In: BAPTISTA, Luiz Olavo & MAZZUOLI, Valerio de Oliveira (Org.). *Direito internacional privado*: teoria e prática. São Paulo: Revista dos Tribunais, 2012, p. 123-132 (Coleção *Doutrinas essenciais*: direito internacional, vol. IV).

[76] Sobre o critério do domicílio nos países da *common law*, v. STORY, Joseph. *Commentaries on the conflict of laws...*, cit., p. 39-49. Para as razões que têm levado os Estados a optar por um ou outro critério, v. BEVILÁQUA, Clovis. *Princípios elementares de direito internacional privado*, cit., p. 134-149; ESPINOLA, Eduardo. *Elementos de direito internacional privado*, cit., p. 380-389; WOLFF, Martin. *Derecho internacional privado*, cit., p. 72-73; DOLINGER, Jacob. *Direito internacional privado...*, cit., p. 296-298; e CASTRO, Amilcar de. *Lições de direito processual civil e direito internacional privado*, cit., p. 63-70. No plano convencional, o Tratado de Direito Civil Internacional de Montevidéu (1889) determina que "[a] capacidade das pessoas rege-se pelas leis de seu domicílio" (art. 1º). A França, por seu turno, que em seu direito anterior adotava o critério domiciliar, passou posteriormente a adotar a nacionalidade para a regência do estatuto pessoal: cf. NIBOYET, J.-P. *Cours de droit international privé français*, cit., p. 429-430.

[77] BALLARINO, Tito (*et al.*). *Diritto internazionale privato italiano*, cit., p. 84-85.

[78] DOLINGER, Jacob. *Direito internacional privado...*, cit., p. 299. Em sentido contrário, defendendo o critério da nacionalidade, v. LINS, Edmundo. Limites do império da lei no espaço. *Revista da Faculdade Livre de Direito do Estado de Minas Geraes*, nº 9, Ouro Preto, ago. 1914, p. 364-365 (sob o argumento, para nós equivocado, de que "tanto a pessoa não prefere o lugar do domicílio, que não abandonou sua nacionalidade"); e PONTES DE MIRANDA, Francisco

Pontes de Miranda, ferrenho defensor do critério nacional, dizia não compreender como "alguns Estados, cujo interesse seria (aos que pensam) impor a sua lei ao estrangeiro domiciliado, cheguem, por ajustação simétrica, a submeter os seus cidadãos, no estrangeiro, ao direito do domicílio", porque "[c]riam um problema de ajustação onde não cabia criá-lo".[79] Para nós, a defesa intransigente da aplicação da lei nacional não se sustenta, especialmente na atualidade; e dizer que o critério domiciliar se sujeita a fraudes, dada a mudança proposital de domicílio, também não é argumento válido, uma vez que também a nacionalidade se pode alterar, não obstante mais dificultosamente.

O domicílio, não há dúvidas, é a sede jurídica das pessoas, o local em que elas fixam e centralizam as suas relações sociais, bem como onde determinam os seus principais interesses, sendo, por isso, coerente que a lei a ele relativa presida as relações que envolvam o estado e a capacidade das pessoas. Ainda, é fato notório que a maioria das pessoas tem normalmente um *locus* de paragem, de centralização de atividades, que independe do fato de terem ou não nacionalidade, podendo ser, inclusive, apátridas, razão pela qual, também sob esse aspecto, preferiu-se o critério do domicílio ao da nacionalidade no que tange à determinação do estatuto pessoal. É, como se nota, o critério domiciliar mais *lógico* que o da nacionalidade, pois leva em conta o meio (jurídico, político, econômico etc.) em que o indivíduo *efetivamente* vive e se realiza, independentemente de continuar ligado a outro Estado pelo laço da nacionalidade, ou, ainda, de não dispor de qualquer nacionalidade.[80] Por fim, um argumento de valor prático: são pouquíssimas as legislações que atribuem a um cônjuge a nacionalidade do outro, pelo que ficariam sempre submetidos a leis nacionais distintas, caso em que apenas o critério domiciliar uniformizaria a questão da lei aplicável ao estado e à capacidade de ambos.[81]

A norma brasileira atual sobre a lei aplicável ao estatuto pessoal vem expressa no art. 7º, *caput*, da LINDB, nos seguintes termos:

> A lei do país em que *domiciliada* a pessoa determina as regras sobre o começo e o fim da personalidade, o nome, a capacidade e os direitos de família.

Também o Projeto de Lei nº 269 do Senado, de 2004, havia seguido essa linha no seu art. 8º. Diferente da LINDB, porém, o Projeto esclarecia, no art. 8º, *in*

Cavalcanti. *Tratado de direito internacional privado*, t. I, cit., p. 159 (para quem só o princípio da nacionalidade "serve à harmonia entre a função social do indivíduo, parte de um povo, e a liberdade de se mover no mundo; só ele corresponde às exigências práticas da vida").

[79] PONTES DE MIRANDA, Francisco Cavalcanti. *Tratado de direito internacional privado*, t. I, cit., p. 211. Na defesa do critério da nacionalidade, *v.* também PIMENTA BUENO, José Antônio. *Direito internacional privado e aplicação de seus princípios com referência às leis particulares do Brasil*, cit., p. 28.

[80] Cf. DE WINTER, Louis I. Nationality or domicile? The present state of affairs. *Recueil des Cours*, vol. 128, 1969-III, p. 408-409; e CASTRO, Amilcar de. *Lições de direito processual civil e direito internacional privado*, cit., p. 68-69.

[81] Cf. ESPINOLA, Eduardo. *Elementos de direito internacional privado*, cit., p. 386.

fine, que "ante a inexistência de domicílio ou na impossibilidade de sua localização, aplicar-se-ão, sucessivamente, a lei da residência habitual e a lei da residência atual". Assim, ficava claro que os critérios da *residência habitual* e da *residência atual* podiam ser subsidiariamente utilizados para reger o estatuto pessoal na falta de domicílio ou na impossibilidade de sua localização. O parágrafo único do mesmo art. 8º, por sua vez, disciplinava o estatuto pessoal das crianças, adolescentes e incapazes, dispondo que o estatuto pessoal destes será regido "pela lei do domicílio de seus pais ou responsáveis", acrescentando que "tendo os pais ou responsáveis domicílios diversos, regerá a lei que resulte no melhor interesse da criança, do adolescente ou do incapaz". Consagrava-se, nessa parte final, como se nota, o princípio já estabelecido a partir da Convenção das Nações Unidas sobre os Direitos da Criança, de 1989,[82] e aceito pela generalidade da doutrina contemporânea, relativo ao "melhor interesse da criança" (*best interests of the child*).[83]

Em razão do arquivamento do referido Projeto de Lei, em janeiro de 2011, perdeu-se a oportunidade, no Brasil, de ampliar o conteúdo restrito do art. 7º, *caput*, da LINDB, para o fim de adotar os critérios da residência habitual e da residência atual como subsidiários ao critério do domicílio, assim como de disciplinar o estatuto pessoal das crianças, adolescentes e incapazes.

Seja como for, o que aqui deve ser frisado é que nos termos da norma brasileira em vigor será a lei do *domicílio* da pessoa que determinará as regras sobre o começo e fim da personalidade, o nome, a capacidade e os direitos de família. Assim, *v.g.*, se um casamento tiver de ser realizado no Brasil, mas a noiva (independentemente de sua nacionalidade) for domiciliada na Argentina, serão as normas argentinas que determinarão a capacidade da mulher para casar.[84] Caso o Estado estrangeiro tenha normas interterritoriais, como, *v.g.*, os Estados Unidos da América, em que cada Estado federado dispõe de sua própria legislação sobre determinados temas, deverá o juiz do foro detectar de que departamento territorial se trata para aplicar a lei *daquela* localidade (*v.g.*, o direito de Nova York para a noiva domiciliada em Nova York etc.).[85]

5.3 Estatuto pessoal no Código Bustamante

O Código Bustamante não uniformizou (como deveria) o que se há de entender por "lei pessoal", expressão utilizada diversas vezes no texto para inúmeras situ-

---

[82] Aprovada no Brasil pelo Decreto Legislativo nº 28, de 14.09.1980, ratificada em 24.09.1980, e promulgada pelo Decreto nº 99.710, de 21.11.1990, tendo entrado em vigor internacional em 02.09.1990 (e, para o Brasil, em 23.10.1990, na forma do seu art. 49, § 2º).

[83] V. art. 3º, § 1º, da Convenção, *verbis*: "Todas as ações relativas às crianças, levadas a efeito por instituições públicas ou privadas de bem-estar social, tribunais, autoridades administrativas ou órgãos legislativos, devem considerar, primordialmente, o interesse maior da criança".

[84] V. TIBURCIO, Carmen. *Private international law in Brazil...*, cit., p. 22.

[85] Cf. PARRA-ARANGUREN, Gonzalo. *Curso general de derecho internacional privado...*, cit., p. 103.

ações a envolver o estado e a capacidade das pessoas. Deixou para cada um dos Estados-partes definir, segundo o *seu* direito interno, qual critério (da nacionalidade, do domicílio, da residência habitual, entre outros utilizados) há de ser aplicado na determinação do estatuto pessoal. Assim a redação do art. 7º do Código de Havana:

> Cada Estado contratante aplicará como leis pessoais as do domicílio, as da nacionalidade ou as que tenha adotado ou adote no futuro a sua legislação interna.

Portanto, para o Código Bustamante a expressão "lei pessoal" há de ser compreendida à luz do que cada Estado-parte determina para a regência do seu estatuto pessoal. Assim, no caso brasileiro, todas as referências do Código à "lei pessoal" devem ser lidas sob a ótica do critério *domiciliar* (LINDB, art. 7º).[86] Por exemplo, quando o Código Bustamante, no art. 27, dispõe que "[a] capacidade das pessoas individuais rege-se pela sua lei pessoal, salvo as restrições fixadas para seu exercício, por este Código ou pelo direito local", há de se entender que, relativamente ao Brasil, a capacidade das pessoas será regida pela lei do domicílio.

Perceba-se, nesse ponto, o equívoco de Adaucto Fernandes, que, depois de transcrever o art. 27 do Código de Havana, anota que "[s]e a capacidade das pessoas individuais é regida, em face do Código que adotamos, pela sua lei pessoal, segue-se que esse é o sistema da *lei nacional*".[87] O autor, como se nota, leu o art. 27 do Código Bustamante isoladamente, sem antes tomar ciência da determinação do art. 7º do mesmo Código, que, repita-se, faculta aos Estados aplicar "como leis pessoais as do domicílio, as da nacionalidade ou as que tenha adotado ou adote no futuro a sua legislação interna".

Uma observação derradeira: quando se diz que a expressão "lei pessoal" no Código Bustamante deve ser lida à luz do critério domiciliar, por ser este o critério estabelecido pela LINDB para a regência das relações pessoais, não se está a afirmar inexistir qualquer exceção no direito brasileiro. Uma exceção, ao menos, detectamos em nosso ordenamento jurídico: aquela relativa à "lei pessoal do *de cujus*", estabelecida no art. 5º, XXXI, da Constituição de 1988 para o fim de beneficiar o cônjuge ou os filhos brasileiros nos casos de sucessão de bens de estrangeiros situados no País. Em tais casos, a "lei pessoal" referida pelo texto constitucional poderá ser tanto a do domicílio ou residência, da nacionalidade ou até mesmo da *religião* do falecido, indistintamente, à luz do que for *mais benéfico* ao cônjuge supérstite ou aos filhos brasileiros, como se verá oportunamente (*v.* Parte II, Cap. IV, item 3, *infra*).

---

[86] Nesse sentido, *v.* STF, RE 12.969/SP, 2ª Turma, Rel. Min. Afrânio Costa (convocado), j. 12.05.1953, *DJ* 10.12.1953. Na doutrina, cf. VALLADÃO, Haroldo. *Direito internacional privado...*, cit., p. 198-199; e DOLINGER, Jacob. *Direito internacional privado...*, cit., p. 314.

[87] FERNANDES, Adaucto. *Curso de direito internacional privado*, cit., p. 349.

Capítulo III

Fontes do Direito Internacional Privado

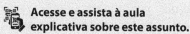

Acesse e assista à aula explicativa sobre este assunto.

> http://uqr.to/drj3

1. Introdução

As *fontes* de um determinado ramo jurídico podem ser *materiais* ou *formais*. Aquelas são fontes de produção (elaboração) de certa norma jurídica, decorrendo, *v.g.*, de necessidades sociais, econômicas, políticas, morais, culturais ou religiosas; as segundas são os métodos ou processos de criação de uma norma jurídica, ou seja, as diversas técnicas que permitem considerar uma norma como pertencente ao universo jurídico. As fontes materiais, como se percebe, são mais *remotas* (mediatas), enquanto as formais são mais *próximas* (imediatas).

O estudo das fontes materiais do direito não pertence, como se sabe, às ciências jurídicas, senão à sociologia e, em última análise, ao legislador.[1] Por isso, interessa a este livro tão somente o estudo das fontes *formais* do DIPr, em especial do DIPr brasileiro, as quais apresentam peculiaridades próprias se comparadas às dos outros ramos conhecidos do direito (civil, penal, empresarial, administrativo, trabalhista, processual etc.).

Podem as fontes do DIPr ser *internas* (nacionais, brasileiras) ou *internacionais*, variando, em maior ou menor medida, relativamente ao assunto de que se trata; tanto as fontes internas como as internacionais podem, por sua vez, ser *escri-*

---

[1] Cf. MACHADO VILLELA, Álvaro da Costa. *Tratado elementar (teórico e prático) de direito internacional privado*, t. I, cit., p. 16.

tas (leis, tratados etc.) ou *não escritas* (como os costumes). Alguns temas de DIPr são mais incisivamente versados por fontes internas (leis, decretos, regulamentos, costumes internos etc.); outros, mais por fontes internacionais (tratados, costumes internacionais etc.); alguns deles são versados, indistintamente, tanto por fontes internas como internacionais. Além das fontes internas e internacionais, modernamente também já se fala em fontes transnacionais, provindas das atividades de atores não estatais, como se verá (item 4, *infra*).

Como se nota, o sistema das fontes contemporâneas do DIPr é um sistema *misto*, eis que os Estados têm suas *leis internas*, seus *regulamentos* e seus *costumes domésticos*, mas também são partes em grande número de *tratados internacionais*, tanto multilaterais como bilaterais, relativos à matéria (para além de se subordinarem aos *costumes internacionais* sobre DIPr).[2] Há, em suma, uma pluralidade de fontes normativas capazes de dar respostas às questões jurídicas interconectadas hoje existentes, o que demonstra ser o DIPr contemporâneo um direito verdadeiramente plúrimo (ou *plurifontes*) em termos de fundamentação, não se encontrando regido, rigidamente, quer por uma ou por outra categoria de fontes, senão por *todas* elas simultaneamente. Essa característica distingue o DIPr dos demais ramos do direito interno, que geralmente contam com braço único (não internacional) de fontes formais. Os benefícios advindos dessa constatação são nítidos para as partes em uma questão de DIPr *sub judice*, notadamente em razão das múltiplas alternativas e possibilidades que passa a ter o Poder Judiciário para resolver as questões jurídicas apresentadas.[3]

2. Fontes internas

São fontes *internas* do DIPr aquelas provindas de uma dada ordem estatal. Tais fontes, historicamente, têm sido as mais importantes dessa disciplina na maioria dos países, suplantando as de índole internacional. Tanto a Constituição, como as leis e os costumes nacionais estabelecem, cada qual ao seu modo, regras aplicáveis aos conflitos de leis no espaço com conexão internacional, merecendo devida análise.

Destaque-se que mesmo nos países europeus, que contam com uma pluralidade maior de fontes do DIPr, como, *v.g.*, os tratados institutivos e, principalmente, o direito derivado emanado dos órgãos da União Europeia, as normas internas ainda figuram como de importância fundamental para a ciência do conflito de leis.[4]

---

[2]   Cf. JAYME, Erik. *Identité culturelle et intégration...*, cit., p. 60.

[3]   Nesse sentido, *v.* BASSO, Maristela. *Curso de direito internacional privado*, cit., p. 32: "Isso nos leva a sustentar que o universo das fontes do direito internacional privado é caracterizado por pluralismo e complexidade e, por essa razão, não faltarão aos tribunais subsídios suficientes para o julgamento dos casos com elementos estrangeiros".

[4]   Cf. PINHEIRO, Luís de Lima. *Direito internacional privado*, vol. I, cit., p. 240.

Pelo fato de as normas *internas* regularem, com maior ênfase, os conflitos de leis no espaço com conexão internacional, é que a generalidade da doutrina atribui ao DIPr a característica de ramo do direito público *interno* do Estado.[5]

2.1 Constituição e leis

As normas escritas de Direito interno – especialmente a Constituição e as leis – são as fontes mais importantes do DIPr em vários países, predominando sobre os costumes (internos e internacionais) e sobre os tratados. Entre a Constituição e as leis, porém, o certo é que tem cabido a estas últimas a tarefa prioritária de regular a maioria dos conflitos interespaciais existentes, notadamente nos países de tradição romano-germânica.

No Brasil, como em diversos outros países, a quase totalidade das normas conflituais de DIPr também se faz presente nas *leis*; o texto constitucional brasileiro, por sua vez, dispõe de pouquíssimas regras sobre conflitos interespaciais, não obstante estabelecer o princípio genérico da "cooperação entre os povos para o progresso da humanidade" (art. 4º, IX). Apesar, porém, da escassez das normas de DIPr na Constituição Federal, pode ser citada a regra prevista no art. 5º, XXXI, que, acolhendo o *prélèvement*,[6] dispôs que "a sucessão de bens de estrangeiros situados no País será regulada pela lei brasileira em benefício do cônjuge ou dos filhos brasileiros, sempre que não lhes seja mais favorável a lei pessoal do *de cujus*".

A *lei* é, sem dúvida, a fonte mais constante do DIPr em todos os países. É por meio dela – da *lex fori* – que prioritariamente se estabelecem as regras conflituais a serem seguidas pelo juiz do foro quando presente um conflito de leis no espaço com conexão internacional. A Constituição dos Estados Unidos, no Artigo IV, Seção 1, dispõe expressamente que "toda a fé e crédito devem ser dados, em cada Estado, aos atos, arquivos e peças judiciárias públicas de todos os outros Estados", complementando que "o Congresso pode, por leis gerais, prescrever a maneira pela qual tais atos, arquivos e peças devem ser estabelecidos, assim como os seus efeitos decorrentes". Ainda que a disposição tenha relevo para os conflitos interestaduais no âmbito da federação estadunidense, o que dali sempre se extraiu é a importância das *leis* como fonte do DIPr naquele país, mesmo que, na prática, a maioria dos conflitos interespaciais norte-americanos encontre solução na *Federal Common Law*.

Ainda que existam *tratados internacionais* a regular os conflitos de leis no espaço, bem assim *costumes* (internos e internacionais) a tratar da mesma matéria, o certo é que as *leis internas* continuam disciplinando com *maior abrangência* essa temática em vários países. De fato, é facilmente perceptível que as normas internacio-

---

[5]   Para críticas, *v.* o que se disse no Cap. II, item 3.1, *supra*.

[6]   Juridicamente, a expressão francesa conota a lei que há de ser aplicada em favor do interesse do nacional; tem o mesmo significado que o princípio do *favor negotii* (*v.* Cap. VII, item 4.5, *infra*).

nais e costumeiras que regulam o DIPr são em número bastante reduzido, quando comparadas com as *leis internas* que tratam do mesmo assunto. Daí a importância que têm as normas internas para o DIPr, especialmente a Constituição e as leis.

A fonte interna mais importante para o DIPr brasileiro atual é a Lei de Introdução às Normas do Direito Brasileiro – LINDB (Decreto-Lei nº 4.657, de 4 de setembro de 1942, com redação dada pela Lei nº 12.376, de 30 de dezembro de 2010), que disciplina o assunto nos arts. 7º a 19. A LINDB, porém, como já se disse, tem sido criticada por não ter acompanhado a evolução do DIPr no mundo contemporâneo, razão pela qual deixa de regular inúmeras questões que a atualidade coloca.[7] Há, porém, várias outras normas de DIPr esparsas na legislação brasileira. Assim, *v.g.*, no Código de Processo Civil encontram-se normas relativas à competência internacional, à prova do direito estrangeiro e à homologação de sentenças estrangeiras.

Destaque-se, porém, que as leis que disciplinam o DIPr nacional e as normas por elas indicadas para resolver a lide, por serem *leis*, estão subordinadas, como não poderia deixar de ser, às regras e princípios da Constituição Federal e de seu bloco de constitucionalidade em geral (bem assim dos tratados internacionais em vigor no Estado – *v.* item 3.1, *infra*).[8] As normas de DIPr nacionais são leis ordinárias como quaisquer outras, devendo respeito ao Texto Maior, sob pena de não recepção (se anteriores à Constituição) ou de inconstitucionalidade (se posteriores à Constituição).[9] Também as leis estrangeiras indicadas pelas regras de DIPr da *lex fori* devem submeter-se ao exame *intrínseco* de constitucionalidade (para além do anterior exame extrínseco de constitucionalidade, isto é, da aferição de compatibilidade com a Constituição do Estado de origem da norma – *v.* Cap. VII, item 2.6, *infra*), se já não tiveram efeitos cortados em razão de ordem pública ou por normas de aplicação imediata.[10] Objeta-se, contudo, que as leis estrangeiras indicadas pela norma de DIPr da *lex fori* não estariam aptas a sofrer exame material de constitucionalidade no Brasil, por provirem de sistema jurídico distinto do nosso. Tal raciocínio, no entanto, é equivocado, pois quando um juiz aplica uma

---

[7] V. Basso, Maristela. *Curso de direito internacional privado*, cit., p. 45-46.

[8] A propósito, cf. Herzog, Peter E. Constitutional limits on choice of law. *Recueil des Cours*, vol. 234, 1992-III, p. 251; Gannagé, Léna. *La hiérarchie des normes et les méthodes du droit international privé*: étude de droit international privé de la famille. Paris: LGDJ, 2001, p. 5; e Munagorri, Rafael Encinas de. Droit international privé et hiérarchie des normes. *Revue de Théorie Constitutionnelle et de Philosophie du Droit*, vol. 21 (2013), p. 71-89.

[9] Exemplo de norma de DIPr incompatível com a Constituição – pelo fato de esta assegurar a *igualdade de direitos* entre homens e mulheres (art. 5º, I) – é a do art. 7º, § 7º, da LINDB, segundo a qual, "[s]alvo o caso de abandono, o domicílio do chefe da família [do *homem*] estende-se ao outro cônjuge [a *mulher*] e aos filhos não emancipados…".

[10] Cf. Barroso, Luís Roberto. *Interpretação e aplicação da Constituição*: fundamentos de uma dogmática constitucional transformadora. 6. ed. rev., atual. e ampl. São Paulo: Saraiva, 2004, p. 45-50; e Monaco, Gustavo Ferraz de Campos. *Controle de constitucionalidade da lei estrangeira*. São Paulo: Quartier Latin, 2013, p. 43-103.

lei estrangeira num caso de DIPr é porque tal lei foi *indicada* pela norma nacional competente, a partir de quando passa a integrar, ainda que reflexamente e para determinado caso concreto, a coleção de leis nacionais. O controle de constitucionalidade intrínseco, portanto, se exerce sobre as leis nacionais de DIPr (formal e materialmente) *e também* sobre aquelas por elas indicadas (nesse caso, apenas materialmente, por não poder a Constituição local estabelecer pressuposto procedimental às normas editadas por outra ordem jurídica); ambas (as leis nacionais de DIPr e as por elas indicadas) não se movimentam em espaço exterior à órbita constitucional, em terreno alheio às regras e princípios constitucionais, *mas integram* a ordem jurídica da qual a Constituição é norma soberanamente superior. Por esse motivo, os direitos fundamentais previstos no texto constitucional hão de impedir a aplicação das normas de DIPr ou das normas estrangeiras indicadas contrárias aos seus mandamentos.[11] Daí prevalecer o texto constitucional brasileiro (bem como os tratados de direitos humanos incorporados) sobre eventual norma estrangeira indicada que preveja, *v.g.*, desigualdade entre homens e mulheres, entre filhos havidos e não havidos na constância do casamento, ou discriminação em razão de raça, sexo, língua e religião. Frise-se, a propósito, que nos termos do art. 4º do Código Bustamante "[o]s preceitos constitucionais são de ordem pública internacional", a reforçar o impedimento de aplicação do direito estrangeiro contrário às normas de índole constitucional. Em suma, deve o juiz do foro estar atento para se a indicação feita pela *lex fori* não está a violar normas constitucionais, especialmente as de direitos fundamentais, caso em que deverá rechaçar a aplicação da norma indicada em desacordo com o comando constitucional.[12]

Exemplo concreto do que se acabou de dizer ocorreu na Alemanha e foi decidido pelo Tribunal Constitucional daquele país em 1971.[13] Tratava-se de um espanhol, solteiro, que pretendera casar-se na Alemanha com uma cidadã alemã, divorciada. Pela norma de conflito alemã a capacidade para casar haveria de reger-se pela lei nacional de cada um, caso em que se fazia necessário comprovar, no momento da habilitação do matrimônio, a capacidade de cada qual nos termos da lei do país de origem. O cidadão espanhol não logrou o certificado, tendo em vista que uma das partes (a alemã) era impedida de se casar na Espanha, por não ser ali autorizado o divórcio. Após negado o casamento pelas instâncias judiciárias alemãs, recorreu o casal ao Tribunal Constitucional, alegando violação de

---

[11] A propósito, *v.* Jayme, Erik. Identité culturelle et intégration..., cit., p. 228: "São, sobretudo, os princípios gerais de base de um sistema jurídico que se apresentam como obstáculo à aplicação da lei estrangeira. Entre esses princípios figuram os direitos fundamentais do indivíduo, enunciados pela Constituição".

[12] Havendo colidência da lei indicada com tratado de direitos humanos em vigor no Brasil, deve também o juiz nacional exercer o *controle de convencionalidade* da norma em questão.

[13] Sobre o caso e sua repercussão, *v.* Moura Ramos, Rui Manuel Gens de. *Direito internacional privado e Constituição*: introdução a uma análise de suas relações. Coimbra: Coimbra Editora, 1991, p. 204-213; e Araujo, Nadia de. *Direito internacional privado...*, cit., p. 113-115.

uma norma constitucional alemã, qual seja, a relativa à *liberdade de casamento*. Em sua decisão, o Tribunal Constitucional reconheceu a violação da Constituição (bem assim, diga-se, da Convenção Europeia de Direitos Humanos de 1950) e autorizou o casamento, esclarecendo que a aplicação do direito estrangeiro designado pela regra de conflito alemã sujeitava-se, também, aos imperativos da Constituição. Houve, como se vê, interferência direta do texto constitucional, especialmente dos direitos constitucionalmente assegurados, no momento da aplicação da regra conflitual de DIPr alemão, consagrando-se, naquele caso, o *efeito horizontal* dos direitos fundamentais (*Drittwirkung*).[14] Em virtude dessa jurisprudência, o Parlamento Federal alemão alterou a Lei de Introdução ao Código Civil em 1986.

É evidente que a supremacia constitucional (e internacional) que se acabou de referir terá lugar apenas quando *mais benéfica* à proteção apresentada. Para chegar a essa constatação e compreender corretamente o fenômeno, deve o juiz do foro, sobretudo, aplicar "diálogo das fontes" para a solução adequada da questão *sub judice*, como se verá adiante (*v.* item 5.1, *infra*).

2.2 Costume nacional

Também não se descarta o *costume nacional* como fonte interna do DIPr, utilizado, em sistemas como o nosso, especialmente quando o juiz do foro não encontra norma escrita a resolver a questão entre normas interconectadas. De fato, em muitos países, além das normas *escritas* há também *costumes* nacionais a reger as relações jurídicas de DIPr. Os elementos de conexão *lex rei sitae, mobilia sequuntur personam* e *locus regit actum* são, *v.g.*, de caráter costumeiro em vários países.[15] No Brasil, em razão do disposto no art. 4º da LINDB, os costumes apenas serão utilizados em caso de omissão legislativa: "Quando a lei for *omissa*, o juiz decidirá o caso de acordo com a analogia, *os costumes* e os princípios gerais de direito".

Nos países que fazem parte da *common law* há regras de DIPr que provêm dos precedentes jurisprudenciais, que também formam certo tipo de costume.[16] Também na França, que, não obstante ter grande codificação civil, dispõe de pou-

---

[14] V. ARAUJO, Nadia de. *Direito internacional privado...*, cit., p. 114; e FRIEDRICH, Tatyana Scheila. A proteção dos direitos humanos nas relações privadas internacionais. In: RAMINA, Larissa & FRIEDRICH, Tatyana Scheila (Coord.). *Direitos humanos*: evolução, complexidades e paradoxos. Curitiba: Juruá, 2014, p. 175-178. Sobre o efeito horizontal dos direitos fundamentais, *v.* especialmente SILVA, Virgílio Afonso da. *A constitucionalização do direito*: os direitos fundamentais nas relações entre particulares. São Paulo: Malheiros, 2008.

[15] Cf. WOLFF, Martin. Derecho internacional privado, cit., p. 21; e TENÓRIO, Oscar. *Direito internacional privado*, vol. I, cit., p. 89. Sobre o princípio *locus regit actum*, *v.* especialmente SAVIGNY, Friedrich Carl von. *Traité de droit romain*, t. 8, cit., p. 344-362.

[16] Cf. JAYME, Erik. Identité culturelle et intégration..., cit., p. 59.

quíssimas e incompletas regras de DIPr, estas têm sido ditadas constantemente pela Corte de Cassação, formando um sólido costume interno relativo à matéria.[17]

Uma disposição como a do art. 17 da LINDB, que retira a eficácia interna das leis, atos e sentenças de outro país que violem, *v.g.*, a ordem pública brasileira, há de ser compreendida também à luz do que os costumes nacionais entendem por "ordem pública". Quanto à referência que o mesmo art. 17 da LINDB faz aos "bons costumes", sequer paira dúvidas da importância de conhecer os costumes locais para fins de aplicação de quaisquer leis, atos ou sentenças de outros Estados. Ainda que essa concepção de *costume* (como fonte *geral* do Direito interno) seja um pouco diferente daquela em que o costume nacional *é fonte direta* do DIPr, o certo é que se trata de compreensões interligadas, em que uma praticamente depende da outra (especialmente no que tange às normas de DIPr provindas do Direito interno, não de tratados ou costumes internacionais etc.). *Stricto sensu*, porém, o que se está aqui a demonstrar é que o costume nacional também é fonte formal do DIPr, capaz de estabelecer, *v.g.*, um elemento de conexão válido para a interconexão entre duas legislações estrangeiras, como o citado princípio *locus regit actum*.

Outro exemplo concreto de elemento de conexão costumeiro no DIPr é a *autonomia da vontade*, por meio da qual faculta-se às partes derrogar (expressa ou tacitamente) as normas de conflito e definir, elas próprias, o direito aplicável em certos casos, quando não houver violação à soberania ou à ordem pública do país. No Brasil, cuja legislação não prevê para todos os casos a autonomia da vontade como elemento de conexão posto, fica ela autorizada, por se tratar de costume nacional sedimentado (*v.* Cap. V, item 4.4, *infra*). São, portanto, estéreis todas as discussões sobre a eventual não aplicação da autonomia da vontade na atual conjuntura do direito positivo brasileiro, dado que a vontade das partes como elemento de conexão válido provém, sobretudo, de costume pátrio há muito reconhecido.

O juiz nacional deve pesquisar o costume nacional estrangeiro e aplicá-lo quando esse for indicado pela norma de DIPr da *lex fori*. Deve o magistrado nacional "pesquisar esse costume em cada caso, ouvindo testemunhas, colhendo indícios, fazendo exame comparativo entre os usos internos e externos e o grau de aceitação no âmbito internacional".[18] Após investigar a vigência e validade do costume nacional estrangeiro, deverá o juiz nacional aplicá-lo internamente, tal como aplica qualquer norma escrita, nacional ou estrangeira.

Por fim, destaque-se não existir no Brasil, diferentemente do que ocorre em outros países, sobretudo nos europeus, nítidos costumes nacionais relativos ao DIPr.

---

[17] Sobre o costume no DIPr francês, *v.* Niboyet, J.-P. *Cours de droit international privé français*, cit., p. 25-26.

[18] Amorim, Edgar Carlos de. *Direito internacional privado*, cit., p. 21.

2.3 Doutrina e jurisprudência interna

É nítido o papel preponderante da *doutrina* e da *jurisprudência interna* no auxílio e determinação do direito aplicável quando presente determinado conflito de leis no espaço com conexão internacional. Tanto uma como outra, porém, *não são fontes* propriamente ditas do DIPr em nosso sistema jurídico.[19] É dizer, da doutrina e da jurisprudência dos tribunais pátrios não *nascem* normas conflituais, senão apenas certo *auxílio* para que o juiz encontre a correta ordem jurídica aplicável ao caso concreto. Tal não lhes retira, contudo, o inegável papel que têm para a resolução de vários conflitos de leis no espaço atualmente existentes. Na Europa, *v.g.*, onde há milhares de relações jurídicas entre pessoas de diversos países e sobre todos os campos do direito, a jurisprudência se desenvolveu de tal maneira que foi capaz (sobretudo na França) de estabelecer princípios norteadores das atividades dos juízes relativamente à aplicação das normas de DIPr. Daí a afirmação de Niboyet de que, no contexto francês, a jurisprudência "tem necessariamente um papel maior no direito internacional privado que em relação a outros ramos do direito".[20]

Em outros sistemas jurídicos, como o dos países da *common law*, é também altamente relevante o papel da jurisprudência interna, pois essa é que determina, de maneira quase absoluta, as regras nacionais aplicáveis aos conflitos de leis estrangeiras interconectadas. Aqui, diferentemente do nosso sistema, em que predominam as normas escritas sobre os conflitos de leis, parece coerente afirmar ser a jurisprudência verdadeira fonte *formal* do DIPr.[21] Tal não significa, contudo, que o papel da jurisprudência interna dos países da *civil law* reste ou continue diminuído. No Brasil, especificamente, porém, não se pode dizer existir verdadeira "jurisprudência" de DIPr, pois as soluções judiciárias (especialmente dos tribunais superiores, como o STJ e o STF) em matéria de conflitos de leis estrangeiras no espaço têm sido raras, não obstante o expressivo aumento das ondas migratórias em nosso país

---

[19] Cf. Tenório, Oscar. *Direito internacional privado*, vol. I, cit., p. 93-94; e Ferraz Jr., Tercio Sampaio. *Introdução ao estudo do direito*: técnica, decisão, dominação. 4. ed. rev. e ampl. São Paulo: Atlas, 2003, p. 245-246. Aceitando a jurisprudência como fonte do direito em geral, *v.* Montoro, André Franco. *Introdução à ciência do direito*. 27. ed. rev. e atual. São Paulo: Revista dos Tribunais, 2008, p. 404-406; e, atribuindo à jurisprudência o caráter específico de fonte do DIPr, *v.* Strenger, Irineu. *Direito internacional privado*, cit., p. 116-119; e Del'Olmo, Florisbal de Souza. *Curso de direito internacional privado*, cit., p. 33.

[20] Niboyet, J.-P. *Cours de droit international privé français*, cit., p. 26. Assim também Arminjon, Pierre. L'objet et la méthode du droit international privé. *Recueil des Cours*, vol. 21 (1928), p. 497, para quem: "(...) em virtude da insuficiência, da obscuridade, da inconsistência das regras de conflito e suas lacunas, os tribunais dispõem, em direito internacional privado, de um poder extremamente amplo". Ainda sobre a influência da jurisprudência no DIPr francês, *v.* Audit, Bernard & d'Avout, Louis. *Droit international privé*. 7. ed. refondue. Paris: Economica, 2013, p. 18-20; e Niboyet, Marie-Laure & Geouffre de la Pradelle, Géraud de. *Droit international privé*. 4. ed. Paris: LGDJ, 2013, p. 30-31.

[21] Cf. Story, Joseph. *Commentaries on the conflict of laws...*, cit., p. 25.

e da intensificação das relações comerciais internacionais.[22] De fato, salvo os casos de homologação de sentenças estrangeiras e de concessão de *exequatur* às cartas rogatórias, nunca houve, entre nós, progresso expressivo na órbita jurisprudencial a envolver o DIPr, bastando, para tanto, passar os olhos na jurisprudência das cortes superiores brasileiras desde o Império.

Relativamente aos países da *civil law*, o argumento de que a jurisprudência seria fonte interna do DIPr pelo fato de se manifestar sobre todas as questões submetidas à sua apreciação não convence, pois os tribunais locais decidem também *todas* as questões de Direito interno (civil, penal, processual, constitucional, administrativo, comercial, trabalhista, tributário etc.) que lhes são submetidas, o que não transforma o seu *decisum* (ainda que reiterado e uniforme) em *fonte* do Direito interno no que tange a todos os conhecidos ramos do Direito. Ora, se a jurisprudência existe é porque, para a sua formação, as decisões judiciárias que para tal contribuíram basearam-se em direitos *já antes* conhecidos; em direitos que *já existiam* ao tempo de sua formação e que se sagraram fundamentais para que um entendimento uniforme sobre eles se fixasse. Não há, portanto, jurisprudência fundada no vazio, no vácuo, no nada, que não levou em conta, para a sua formação, certos *direitos* anteriormente em vigor. Se a jurisprudência é a uniformização das decisões judiciárias após manifestações reiteradas sobre um determinado tema, é porque, evidentemente, um dado *direito* (não o vazio) já existia e vigorava ao tempo da implementação da uniformização jurisprudencial.[23]

Também a doutrina não é propriamente *fonte* do DIPr, uma vez que as proposições teóricas não têm o poder de criar direitos ou impingir obrigações. De fato, nem direitos nem obrigações nascem dos livros, senão a sua interpretação e compreensão, assim como as propostas de implementação de direito novo.[24] Isso não retira da doutrina, contudo, o seu respeito e importância, notadamente porque no âmbito do DIPr as leis nacionais (como também os tratados) não resolvem a contento inúmeros dos problemas apresentados. De fato, o DIPr é matéria ainda carente de aprimoramento, de contornos bem definidos e de precedentes sólidos, o que leva a doutrina a esforços incomuns no encontro das soluções devidas, chegando, até mesmo, a ser "criativa" em muitos casos. Nesse sentido, têm grande valor doutrinário para o DIPr os textos e documentos provindos das entidades científicas internacionais, a exemplo do *Institut de Droit International*, da *International Law Association*, da Conferência da Haia de Direito Internacional Privado, do Unidroit,

---

[22] Criticamente, cf. Basso, Maristela. *Curso de direito internacional privado*, cit., p. 91-92.

[23] Sobre essa problemática, *v.* Souza, Gelson Amaro de. *Processo e jurisprudência no estudo do direito*. Rio de Janeiro: Forense, 1989.

[24] Cf. Niboyet, J.-P. *Cours de droit international privé français*, cit., p. 27; e Reale, Miguel. *Fontes e modelos do direito*: para um novo paradigma hermenêutico. São Paulo: Saraiva, 1994, p. 11-12.

da Câmara de Comércio Internacional, do Comitê Jurídico Interamericano e da Conferência Especializada Interamericana sobre Direito Internacional Privado.[25]

3. Fontes internacionais

São fontes *internacionais* do DIPr aquelas provindas diretamente da ordem internacional, tais os tratados e os costumes internacionais; trata-se das fontes, como se nota, comuns a dois ou mais Estados.[26] Atualmente, tais fontes avultam de importância nessa disciplina, por regularem aspectos específicos do DIPr, às vezes não disciplinados pelas fontes de índole interna. Outras vezes, porém, não obstante haver fontes internas a disciplinar certo problema de DIPr, os tratados ou os costumes internacionais *complementam* a legislação doméstica dos Estados, auxiliando o juiz na resolução do conflito *sub judice*. Nesse papel, portanto, também merecem destaque as fontes internacionais do DIPr, especialmente pelo fato de, atualmente, se buscar (já se disse e se vai complementar à frente) cada vez mais um "diálogo das fontes" na resolução dos conflitos internormativos (*v.* item 5.1, *infra*).[27]

3.1 Tratados internacionais

Ante a impossibilidade de existência de um *Direito Uniforme* para todo o planeta, os Estados têm procurado regular os conflitos de leis estrangeiras no espaço pela conclusão de tratados internacionais específicos. De fato, tais instrumentos têm experimentado enorme proliferação nos últimos tempos, versando temas e assuntos dos mais variados relativos ao DIPr. Sejam bilaterais ou multilaterais, o certo é que os tratados constituem a fonte internacional *mais importante* do contemporâneo DIPr.[28]

A afirmação que se acaba de fazer é curiosa, especialmente pelo fato de atestar que a fonte internacional mais importante do DIPr provém do Direito Internacional *Público*, o que demonstra a primazia deste, enquanto disciplina jurídica, sobre a ciência do conflito de leis. Nesse sentido está a lição de Luís de Lima Pinheiro, para quem "o Direito Internacional Privado tem o seu *fundamento último* no Direito Internacional Público, especialmente no que toca ao Direito de Conflitos".[29] Essa tam-

---

[25]   Cf. Espinola, Eduardo. *Elementos de direito internacional privado*, cit., p. 35-36; Octavio, Rodrigo. *Direito internacional privado...*, cit., p. 210-266; e Dolinger, Jacob. *Direito internacional privado...*, cit., p. 66-67.

[26]   V. Niboyet, J.-P. *Principios de derecho internacional privado*, cit., p. 47.

[27]   *V.* Jayme, Erik. *Identité culturelle et intégration...*, cit., p. 259.

[28]   Não é neste livro, porém, o lugar de estudar a teoria dos atos internacionais e todas as questões que ela suscita, o que já foi realizado com detalhes em obra específica: *v.* Mazzuoli, Valerio de Oliveira. *Direito dos tratados*. 2. ed. rev., atual. e ampl. Rio de Janeiro: Forense, 2014, 638p.

[29]   Pinheiro, Luís de Lima. Relações entre o direito internacional público e o direito internacional privado. In: Ribeiro, Manuel de Almeida, Coutinho, Francisco Pereira & Cabrita,

bém é a opinião de Pontes de Miranda, ao sustentar que a primazia exercida pelo Direito Internacional Público sobre o Direito interno – por delimitar a competência dos Estados em matéria legislativa – se estende às normas de DIPr, que igualmente são normas *internas*.[30] De fato, sendo o DIPr regido, *a priori*, pelo Direito interno do Estado, iguala-se a qualquer outra norma interna,[31] que se subordina ao Direito Internacional Público em vigor no país, nos termos do art. 27, primeira parte, da Convenção de Viena sobre o Direito dos Tratados de 1969: "Uma parte não pode invocar disposições de seu direito interno para justificar o inadimplemento de um tratado". Daí a constatação de que cada Estado "pode ditar a extensão espacial das normas do Direito interno de outros Estados, salvo existindo tratados ou convenções internacionais".[32]

Seria impossível listar aqui todos os tratados de relevo para o DIPr brasileiro. Assim sendo, basta agora saber – devendo o juiz do foro, se necessário, realizar a investigação respectiva – que vários instrumentos internacionais em vigor no Brasil estabelecem as conexões necessárias à determinação da lei aplicável nas situações por eles reguladas. Havendo, então, tratado internacional a regular determinada conexão (*v.g.*, o domicílio, a nacionalidade ou o lugar da realização do ato), deverá o *seu* comando ser levado em conta em detrimento de quaisquer disposições internas em sentido contrário.

É evidente que, para vigorarem no plano interno, devem os tratados ser *ratificados* pelo governo (após referendo do Congresso Nacional) e *já estar* em vigor no plano internacional, quando, então, poderão impor novas regras de DIPr aos Estados-partes, revogando as leis internas que lhe forem contrárias. A autorização parlamentar dá carta branca ao Presidente da República para ratificar tratados, porém não o obriga a tanto; é discricionária a ratificação de tratados em nosso sistema jurídico, podendo ou não ocorrer a partir da aprovação (*referendum*) do Congresso Nacional.[33] Uma vez ratificados, se *já em vigor* externo, passam os tratados a *operar* no Brasil, ampliando a coleção das normas com vigência interna. Todo o processo de celebração de tratados vem previsto pela Constituição Federal de 1988 (arts. 84,

---

Isabel (Coord.). *Enciclopédia de direito internacional*. Coimbra: Almedina, 2011, p. 492. Daí por que não se pode concordar com a opinião de Ferrer Correia, para quem "[a]s convenções internacionais só como fonte *mediata* de DIP podem ser consideradas" [grifo do original] (*Lições de direito internacional privado*, vol. I, cit., p. 29).

[30] Cf. PONTES DE MIRANDA, Francisco Cavalcanti. *Tratado de direito internacional privado*, t. II. Rio de Janeiro: José Olympio, 1935, p. 392-395.

[31] Nesse exato sentido, *v.* a lição de ARAUJO, Nadia de. *Direito internacional privado…*, cit., p. 28-29: "A diferença do DIPr em relação ao direito interno, é, tão somente, a existência de um elemento de estraneidade na relação, quando há um elo com o direito material de um Estado estrangeiro, além daquele no qual a questão está sendo julgada".

[32] BATALHA, Wilson de Souza Campos & RODRIGUES NETTO, Sílvia Marina L. Batalha de. *O direito internacional privado na Organização dos Estados Americanos*, cit., p. 47.

[33] Assim também na Argentina, como se colhe em GOLDSCHMIDT, Werner. *Derecho internacional privado…*, cit., p. 50-51.

VIII, e 49, I) e pela Convenção de Viena sobre o Direito dos Tratados de 1969. Frise-se, contudo, que segundo a jurisprudência atual do STF a hierarquia dos tratados *comuns* (como é o caso dos que versam regras de DIPr) é a mesma das leis ordinárias.[34] Não obstante, à luz da Convenção de Viena sobre o Direito dos Tratados esse entendimento ressente-se de equívoco, pelo fato de não ser internacionalmente lícito que um Estado invoque disposição de seu Direito interno (a rigor, *qualquer* disposição de *todo* o Direito interno) para justificar o inadimplemento de um tratado, o que demonstra haver, sim, *primazia* do Direito Internacional Público sobre o direito interno estatal.[35]

Uma fonte convencional importante para o DIPr brasileiro, embora de alcance limitado, é a Convenção de Direito Internacional Privado (*Código Bustamante*) de 20 de fevereiro de 1928,[36] elaborada pelo jurista cubano Antonio Sánchez de Bustamante y Sirvén. Trata-se de um instrumento com 437 artigos, que versa praticamente todas as questões de DIPr e de direito processual civil internacional, sendo, por isso, considerado a codificação convencional mais completa existente sobre o DIPr. Sua aplicação prática, porém, tem encontrado certa dificuldade entre nós, ainda mais quando se constata que muitas de suas disposições caíram em verdadeiro desuso, não obstante a qualidade de *tratado* de que se revestem. Pontes de Miranda, nesse sentido, afirmava com hostilidade ser o Código de Havana "mero tratado, de quase nenhuma aplicação".[37] Evidentemente que com a primeira assertiva não se pode concordar; primeiro, por ser o instrumento codificação exaustiva de DIPr, não "mero tratado", e, segundo, porque sendo *tratado* prevalece sobre a LINDB naquilo em que houver divergência. Isso é o que nos ensina, aliás, a Convenção de Viena sobre o Direito dos Tratados de 1969 (art. 27). Na prática, porém, é verdade que tem operado certo *desuso* da Convenção de Havana. Outro problema a ela atinente é que a sua aplicação se restringe tão somente às relações que envolvem nacionais ou domiciliados em seus pouquíssimos dezesseis Estados-partes, não às ligadas a nacionais ou domiciliados em terceiros Estados (*v.g.*, na América do Norte

---

[34] *V.* STF, RE 466.343/SP, Tribunal Pleno, Rel. Min. Cezar Peluso, j. 03.12.2008, *DJe* 12.12.2008.

[35] *V.* MAZZUOLI, Valerio de Oliveira. *Direito dos tratados*, cit., p. 219-227. A propósito, *v.* também BATALHA, Wilson de Souza Campos. *Tratado de direito internacional privado*, t. I, cit., p. 56 ("... o direito interno, seja ele mero Direito privado ou propriamente Direito internacional privado, se acha sempre *abaixo* do Direito das gentes, cujas determinações não pode, ou pelo menos não deve, violentar"); e FOCARELLI, Carlo. *Lezioni di diritto internazionale privato*, cit., p. 9 ("Pertanto una convenzione internazionale debitamente resa esecutiva che eventualmente disciplinasse una materia di diritto internazionale privato prevale sulle norme legislative nazionali, comprese quelle contenute nella legge di riforma").

[36] Promulgada no Brasil pelo Decreto nº 18.871, de 13.08.1929 (com reservas aos arts. 52 e 54). Além do Brasil, o *Código Bustamante* foi ratificado apenas por Bahamas, Bolívia, Chile, Costa Rica, Cuba, República Dominicana, Equador, Guatemala, Haiti, Honduras, Nicarágua, Panamá, Peru, El Salvador e Venezuela.

[37] PONTES DE MIRANDA, Francisco Cavalcanti. *Tratado de direito internacional privado*, t. I, cit., p. 131.

ou em toda a Europa).[38] Para as questões de DIPr, *v.g.*, entre Brasil e Chile, Brasil e Equador ou entre Brasil e Honduras, as disposições da Convenção se aplicam; não, porém, às relativas a Brasil e Estados Unidos ou a Brasil e qualquer país europeu, como claramente determina o art. 2º da introdução ao Código de Havana, para o qual as disposições do Código "não serão aplicáveis senão entre as Repúblicas contratantes e entre os demais Estados que a ele aderirem".[39] Alguns autores, contudo, como Jürgen Samtleben, entendem, sem razão, ter o Código Bustamante aplicação universal, é dizer, valor jurídico também para as relações atinentes a Estados-partes com não partes.[40] No Brasil, igualmente, o STF, de forma errônea, já aplicou o mesmo Código em diversos casos envolvendo países europeus (especialmente em matéria de extradição e de homologação de sentenças estrangeiras). Em um desses casos, a Corte decidiu que "[e]mbora Portugal não haja ratificado esse Código, ele foi aprovado por lei no Brasil e assim o critério por ele fixado, quanto ao conceito de lei de ordem pública e nacional...".[41] O próprio Código, repita-se, é claro ao afirmar que apenas *entre* os seus Estados-partes terá valor jurídico vinculante. Seja como for, como lembra Dolinger, nada obsta que se invoque o Código a título de *doutrina*, isto é, como meio auxiliar à atividade prática do juiz para questões envolvendo nacionais ou domiciliados em Estados que não o ratificaram.[42] Por esse motivo, o Código Bustamante vem constantemente citado no decorrer deste livro.

Ainda no que tange ao Brasil, merece destaque a Convenção Interamericana sobre Normas Gerais de Direito Internacional Privado, de 1979, em vigor entre nós desde 27 de dezembro de 1995 (nos termos do seu art. 14).[43] Tal Convenção estabelece, no art. 1º, que "a determinação da norma jurídica aplicável para reger situações vinculadas com o direito estrangeiro ficará sujeita ao disposto nesta Convenção e nas demais convenções internacionais assinadas, ou que venham a ser assinadas no futuro, em caráter bilateral ou multilateral, pelos Estados Partes", complementando que apenas "na falta de norma internacional, os Estados Partes aplicarão as regras de conflito do seu direito interno".

---

[38] Cf. Castro, Amilcar de. *Direito internacional privado*, cit., p. 126; e Dolinger, Jacob. *Direito internacional privado...*, cit., p. 76.

[39] O texto é da versão original em espanhol, que se refere à aplicação do Código "[*entre*] as Repúblicas contratantes e [*entre*] os demais Estados que a ele aderirem..." (a palavra determinante "entre" falta na tradução oficial brasileira).

[40] Samtleben, Jürgen. *Derecho internacional privado en América Latina*: teoría y práctica del Código Bustamante. Buenos Aires: Depalma, 1983, p. 156.

[41] STF, RE 14.658/SP, 1ª Turma, Rel. Min. Luiz Gallotti, j. 03.07.1950. Em vários outros casos referentes a Estados não partes o Código também foi citado pelo Supremo: cf. Ext. 1.407/DF, 2ª Turma, Rel. Min. Celso de Mello, j. 15.12.2015; Ext. 1.384/DF, 2ª Turma, Rel. Min. Celso de Mello, j. 15.12.2015; e Emb. Dec. na Ext. 1293/DF, 1ª Turma, Rel. Min. Luiz Fux, j. 10.09.2013.

[42] Dolinger, Jacob. *Direito internacional privado...*, cit., p. 77-78.

[43] A Convenção está em vigor internacional desde 10.06.1981. No Brasil, foi aprovada pelo Decreto Legislativo nº 36, de 04.04.1995, ratificada em 27.11.1995 e promulgada pelo Decreto nº 1.979, de 09.08.1996.

Existem, atualmente, inúmeras convenções que versam temas estritos ou conexos de DIPr, merecendo destaque as convenções internacionais de *Direito Uniforme* (*v.* Cap. I, item 3, *supra*). Tais convenções, a exemplo das normas internas de DIPr, estabelecem regras de conexão aplicáveis aos conflitos de leis no espaço com conexão internacional que regulamentam. Na Europa, têm destaque as convenções da Haia sobre diversos tipos de conflitos normativos, quer no âmbito do Direito Civil como no do Direito Comercial.

Até mesmo os tratados *não ratificados* têm importância para o DIPr, especialmente os que cristalizam costumes internacionais.[44] Nesses casos, os tratados (ainda não ratificados e, portanto, ainda não em *vigor* no Estado) passam a ter valor *como costume* e, assim, podem (devem) ser aplicados pelo juiz no caso concreto. Tudo estará a depender, porém, do valor que a prática dos Estados e a jurisprudência dos tribunais internacionais atribuem a tais tratados não ratificados, devendo o juiz nacional ficar atento quanto à aplicação desses acordos em outros Estados, para que, assim, esteja assegurado de que a sua aplicação ao caso *sub judice* guarda plena autorização jurídica.

Reitere-se, por fim, que todas as fontes convencionais (tratados) de DIPr *prevalecem* sobre as leis nacionais sobre conflitos de leis, à luz do que dispõe o já citado art. 27 da Convenção de Viena sobre o Direito dos Tratados, pois, como é sabido e consabido, uma "lei posterior ao tratado não o revoga, ao passo que um tratado pode alterar lei anterior, no campo das relações estabelecidas entre os Estados signatários".[45]

3.2 Costume internacional

Embora de rara aplicação se comparado aos tratados, também o costume internacional se constitui em fonte formal do DIPr.

Segundo o conhecido art. 38, § 1º, *b*, do Estatuto da CIJ, entende-se por costume internacional a "prova de uma prática geral aceita como sendo o direito". Daí se percebe haver *dois elementos* para a formação do costume internacional: a *prática* generalizada de atos por parte dos Estados (elemento material ou objetivo) e sua *aceitação* como norma jurídica (elemento psicológico ou subjetivo).[46] Assim, à medida que uma prática relativa a certo conflito de leis passa a ser aceita pela sociedade internacional a título de norma jurídica, tem-se, então, formado um costume internacional sobre esse conflito normativo, caso em que os Estados deverão normalmente observá-lo no plano do seu Direito interno, especialmente na ausência de outras fontes escritas (tais as leis e os tratados internacionais em vigor).

---

44 Sobre o tema, *v.* Mazzuoli, Valerio de Oliveira. *Direito dos tratados*, cit., p. 252-254.

45 Tenório, Oscar. *Direito internacional privado*, vol. I, cit., p. 95. Nesse exato sentido, *v.* Andrade, Agenor Pereira de. *Manual de direito internacional privado*, cit., p. 21.

46 Para detalhes, *v.* Mazzuoli, Valerio de Oliveira. Algumas questões jurídicas sobre a formação e aplicação do costume internacional. *Revista dos Tribunais*, ano 101, vol. 921, São Paulo, jul./2012, p. 259-278; e Mazzuoli, Valerio de Oliveira. *Curso de direito internacional público*, cit., p. 70-82.

A aplicação de um costume internacional pelo Estado há de ser *direta*, isto é, sem necessidade de "transformação" ou "incorporação". Tal como na órbita externa, o costume internacional é também diretamente aplicável no plano interno, não demandando qualquer *ato* estatal para que produza efeitos. Destaque-se que no Brasil essa aplicação direta dos costumes é expressamente consagrada no art. 4º da LINDB, segundo o qual, "quando a lei for omissa, o juiz decidirá o caso de acordo com a analogia, os *costumes* e os princípios gerais de direito".

Alguns dos costumes internacionais aplicados no DIPr foram reduzidos a termo, para maior visibilidade e clareza, sobretudo pela *Câmara de Comércio Internacional* (sediada em Paris). É exemplo dessa regulação a publicação denominada *Incoterms* (*International Commercial Terms/Termos Internacionais de Comércio*).[47] Esses "termos" comerciais internacionais colocam em prática o costume internacional relativo ao comércio internacional e são observados pelos atores que lidam nesse ramo de atividade.[48]

Diferentemente, porém, do que ocorre no plano do Direito Internacional Público, em que os costumes internacionais têm papel preponderante, regulando, ainda hoje, vários aspectos importantes da vida internacional dos Estados, percebe-se que no campo atinente ao DIPr tais costumes não têm logrado a mesma expressão jurídica, o que se deve, em parte, às dificuldades de sua formação no que toca às soluções dos conflitos normativos típicos do DIPr.[49] Daí a constatação de ser o costume internacional "uma forma de coercibilidade ainda em constituição e não desenvolvida o bastante para obrigar efetivamente os Estados particulares, em cada um dos quais prepondera a autoconsciência afetiva da soberania".[50]

Em suma, o costume internacional é fonte precária do DIPr, que não guarda maior expressão como no plano do direito das gentes, por não restar nítida, ainda hoje, a existência de verdadeira prática dos Estados na resolução dos conflitos internormativos.

3.3 Jurisprudência internacional

Apesar de raros os casos de DIPr resolvidos por tribunais internacionais, não se descarta o papel da jurisprudência internacional no auxílio e determinação do direito aplicável em casos de conflitos de leis. É evidente, porém, ser incomparável o

---

[47] Cf. BATALHA, Wilson de Souza Campos & RODRIGUES NETTO, Sílvia Marina L. Batalha de. *O direito internacional privado na Organização dos Estados Americanos*, cit., p. 35-36.

[48] *V.* FIORATI, Jete Jane & MAZZUOLI, Valerio de Oliveira (Org.). *Novas vertentes do direito do comércio internacional*. Barueri: Manole, 2003.

[49] *V.*, a propósito, NIBOYET, J.-P. *Cours de droit international privé français*, cit., p. 51, que leciona: "On peut dire que, sauf de rares exceptions sur quelquer points, la matière des conflits (...) n'a pas de source dans la coutume internationale". No mesmo sentido, *v.* GOLDSCHMIDT, Werner. *Derecho internacional privado...*, cit., p. 33-34.

[50] SOUTO, Cláudio. *Introdução crítica ao direito internacional privado*, cit., p. 186.

papel da jurisprudência interna relativamente à jurisprudência internacional. Além de mais nítida para o juiz do foro, a jurisprudência doméstica resolve problemas sempre mais constantes no plano interno que a jurisprudência internacional. Seja como for, repita-se, o papel da jurisprudência internacional enquanto determinante do direito aplicável a uma relação de DIPr ainda se mantém, não obstante para um número reduzido de questões.

O escasso número de casos de DIPr julgados por tribunais internacionais deve-se ao fato de serem geralmente afetos a particulares, que não podem ingressar – senão por meio de proteção diplomática por parte de um Estado – diretamente em uma corte internacional para vindicar direitos seus, sendo certo que os Estados, também muito raramente, lançam mão da proteção diplomática para vindicar, em nome próprio, perante um tribunal internacional, direitos de particulares lesados por outros Estados.[51]

Os tribunais internacionais, não há dúvidas, podem aplicar o direito interno dos Estados litigantes para decidir, internacionalmente, uma questão de DIPr, firmando, com isso, *jurisprudência internacional* sobre o tema. Diferentemente, porém, do juiz interno, que deve aplicar *ex officio* a norma indicada pela regra de DIPr, não têm os tribunais internacionais obrigação de proceder de ofício. Obrigar um tribunal internacional a proceder *ex officio* na aplicação da lei estrangeira é demasiado exigente para uma jurisdição que, diversamente do Poder Judiciário interno, resolve precipuamente questões *interestatais* (à exceção, evidentemente, das cortes regionais de direitos humanos, cujos temas de DIPr, *a priori*, não lhe são afetos).

Tanto a anterior Corte Permanente de Justiça Internacional (CPJI), criada ao tempo da Liga das Nações, como a atual Corte Internacional de Justiça (CIJ), instituída a partir da criação das Nações Unidas, julgaram pouquíssimos temas de DIPr até hoje.[52] Destaque-se, nesse sentido, o célebre caso *Boll*, entre Suécia e Holanda, julgado pela CIJ em 1958, em que a Corte foi instada a decidir sobre qual lei seria aplicável (se a lei sueca ou a holandesa) no caso da guarda de uma criança holandesa residente na Suécia, de acordo com a Convenção da Haia de 1902 sobre posse e guarda de menores, quando então entendeu ser aplicável a lei sueca em razão, *inter alia*, da norma de ordem pública da melhor proteção da criança (residente na Suécia) e da conformidade com a Lei Sueca de 1924 sobre proteção de crianças menores.[53]

---

[51] V. DOLINGER, Jacob. *Direito internacional privado...*, cit., p. 88.

[52] Cf. VAN LOON, Hans. El derecho internacional privado ante la Corte Internacional de Justicia: mirando hacia atrás y mirando hacia adelante. *Anuario Español de Derecho Internacional Privado*, t. XIII (2013), p. 35-51.

[53] ICJ, *Guardianship of an Infant* (Netherlands vs. Sweden), 28 November 1958 [General List nº 33]. Ainda sobre o caso, *v.* BASSO, Maristela. *Curso de direito internacional privado*, cit., p. 88-89; e BALLARINO, Tito (*et al.*). *Diritto internazionale privato italiano*, cit., p. 14.

Nada de similar é possível dizer no que toca aos tribunais arbitrais, especialmente em matéria de direito comercial internacional, os quais "têm produzido considerável jurisprudência que tem se constituído em importante fonte de direito internacional privado, tanto em sua manifestação de soluções conflituais, como, e principalmente, de soluções de caráter substancial, conhecida como *lex mercatoria* – uma lei não escrita, de caráter uniforme, internacionalmente aceita, para reger as relações comerciais transnacionais".[54]

4. Fontes transnacionais

Atualmente, para além das fontes internas e internacionais do DIPr, fala-se também em fontes de caráter *transnacional*. Tais fontes seriam um *tertium genus* entre as fontes internas e as internacionais, não advindas de atividades tipicamente estatais, senão do labor de organizações ou corporações privadas (ou híbridas) no plano exterior.[55]

No âmbito do Direito Internacional Público, melhor razão assiste aos que não consideram os atos unilaterais transnacionais (*v.g.*, de organizações profissionais, entidades desportivas etc.) como fontes formais dessa disciplina.[56] Restaria, contudo, investigar o seu caráter de *fontes* no plano do contemporâneo DIPr.

Os chamados "códigos de conduta" e as "leis-modelo" – para além da conhecida *lex mercatoria* – são exemplos desses atos transnacionais concluídos por atores não estatais no plano externo, capazes de direcionar as condutas tanto de particulares (*v.g.*, empresas) quanto dos Estados rumo a determinado sentido, interpretativo ou decisório. Bom exemplo desse tipo de norma é a chamada *lex sportiva*, responsável por regular o desporto ao redor do mundo e da qual faz parte um complexo mosaico de normas elaboradas no seio de federações desportivas internacionais e do Comitê Olímpico Internacional.[57]

Atualmente, diversos atos unilaterais transnacionais têm aparecido na arena internacional, notadamente na seara profissional, sendo exemplos – além dos vinculados à *lex sportiva* – os praticados nos domínios aéreo, marítimo e bancário. No

---

[54] DOLINGER, Jacob. *Direito internacional privado...*, cit., p. 88-89. Sobre a nova *lex mercatoria*, *v.* MAZZUOLI, Valerio de Oliveira. A nova *lex mercatoria* como fonte do direito do comércio internacional..., cit., p. 185-223.

[55] Cf. HEIDEMANN, Maren. *Does international trade need a doctrine of transnational law?* Some thoughts at the launch of European Contract Law. Heidelberg: Springer, 2012, p. 27-66; HALLIDAY, Terence C. & SHAFFER, Gregory. Transnational legal orders. In: HALLIDAY, Terence C. & SHAFFER, Gregory (Ed.). *Transnational legal orders*. Cambridge: Cambridge University Press, 2015, p. 18-20; e AVBELJ, Matej. *The European Union under transnational law*: a pluralist appraisal. Oxford: Hart, 2018, p. 7-17.

[56] *V.* MAZZUOLI, Valerio de Oliveira. *Curso de direito internacional público*, cit., p. 105-107.

[57] Sobre o tema, *v.* LATTY, Franck. *La lex sportiva*: recherche sur le droit transnational. Leiden: Martinus Nijhoff, 2007.

plano do Direito Internacional Público, tais manifestações não escapam ao respeito às normas do Direito das Gentes, tanto convencionais como costumeiras e também advindas de princípios gerais. De fato, nada justificaria a validade de regulamentação profissional emanada de certa organização internacional desportiva, aérea, marítima ou bancária que violasse normas de direitos humanos, como, *v.g.*, a que proíbe qualquer tipo de discriminação racial (para ficar apenas com esse exemplo).[58] Tal demonstra a fragilidade e a pouca independência que ainda têm os regulamentos ("normas") provenientes desses atores ou agentes transnacionais, o que não lhes retira, é certo, a missão de melhor esquadrinhar as relações profissionais que pretendem regulamentar, espraiando reflexos no plano do contemporâneo DIPr.

A falta de independência da *lex sportiva* (e retire-se daí o precedente para quaisquer atividades profissionais) foi afirmada pelo Tribunal de Justiça das Comunidades Europeias no conhecido caso *Bosman*, quando entendeu que as normas emanadas de organizações profissionais desportivas – ali estavam em jogo os regulamentos da Federação Belga de Futebol (FBF) e da União das Federações Europeias de Futebol (UEFA) – cedem perante os regulamentos do Direito Comunitário Europeu, especialmente no que tange à livre concorrência e à livre circulação de trabalhadores. Naquela ocasião, decidiu o Tribunal que as "[r]egras que regulam as relações econômicas entre as entidades patronais de um setor de atividade são abrangidas pelo âmbito de aplicação das disposições comunitárias relativas à livre circulação dos trabalhadores, desde que a sua aplicação afete as respectivas condições de emprego", considerando ser esse exatamente "o caso de regras relativas às transferências de jogadores entre clubes de futebol que, embora rejam mais especialmente as relações econômicas entre os clubes do que as relações de trabalho entre clubes e jogadores, afetam, através da obrigação imposta aos clubes de pagarem indenizações pelo recrutamento de um jogador que provenha de outro clube, as possibilidades de os jogadores encontrarem emprego, bem como as condições em que esse emprego é oferecido".[59] Na decisão, portanto, ficou claro que não se pode entender como "fonte" do Direito das Gentes tais normativas entre empresas (clubes de futebol), as quais dependem, para a sua validade, de compatibilização hierárquica para com os comandos maiores advindos das relações interestatais (no caso, os regulamentos comunitários).

Se tal é assim no âmbito do Direito Internacional Público, certo é que no plano do DIPr os regulamentos transnacionais podem auxiliar o julgador na localização da lei aplicável a determinada relação jurídica, especialmente quando se admite a autonomia da vontade das partes como elemento conectivo válido. De fato, ainda que subordinados aos limites (*v.g.*, ordem pública, normas de aplicação imediata, fraude à lei etc.) impostos pela *lex fori*, os atos transnacionais podem compor lacunas legais existentes nas ordens internas dos Estados e servir de guia à decisão do juiz.

---

[58] Cf. CARREAU, Dominique. Mondialisation et transnationalisation du droit international. *Anuário Brasileiro de Direito Internacional*, vol. 1, nº 7, Belo Horizonte, jan. 2012, p. 172-174.

[59] TJCE, *Affaire* C-415/93, j. 15.12.1995, *Recueil*, vol. I (1995), p. 4.921.

Ademais, as relações transnacionais pretendem, cada vez mais, a "estandardização" das regras internas dos Estados sobre determinado assunto, para o fim de uniformizar tais normas em escala global.[60] Assim sendo, ainda que seus preceitos não tenham o poder de *impor* aos Estados o seu comando de maneira imediata, certo é que contribuem para a formação das normas jurídicas no plano do Direito interno, sendo este também um dos escopos do contemporâneo DIPr. Daí a possibilidade, sempre aberta, de o juiz do foro utilizar-se das normas transnacionais (observados, contudo, os limites da *lex fori* ou previstos em tratados) para a devida localização da lei aplicável à questão de DIPr *sub judice*.

Em suma, aqui se está em espaço em que a aplicação desse tipo de normativa é notadamente mais palatável que no plano do Direito Internacional Público, pois em causa relações privadas (*lato* ou *stricto sensu*) que podem, à luz da autonomia da vontade, pretender resolver questões de DIPr como a lei aplicável e a determinação do juízo.

5. Conflitos entre as fontes

A existência de uma pluralidade de fontes do DIPr (leis, tratados, costumes etc.) leva à necessidade de se encontrar meios para resolver os conflitos que podem surgir *entre* essas fontes. Tais conflitos podem ter lugar no que tange às fontes de categorias *distintas* e àquelas de *mesma* categoria.

5.1 Conflitos entre fontes de categorias distintas

Em vários países tem-se utilizado do critério *hierárquico* para a resolução das antinomias entre as fontes do DIPr de categorias distintas (*v.g.*, entre um *tratado* internacional e uma *lei* interna). Nesse sentido, não é incomum alguns ordenamentos internos preverem a prevalência dos tratados sobre a legislação interna em matéria de DIPr. Assim é, *v.g.*, na Alemanha, em que da Lei de Introdução ao Código Civil (art. 3º) determina expressamente que as disposições dos atos jurídicos da União Europeia e dos tratados internacionais diretamente aplicáveis na Alemanha derrogam o seu Direito interno em matéria de DIPr, em seus respectivos âmbitos de aplicação.

Assim também tem sido na jurisprudência de diversos países, sob o entendimento (ainda hermético) de que, em se tratando de normas de categorias distintas, a prevalência será daquela hierarquicamente superior, independentemente do resultado (eventualmente mais apropriado ou mais próximo da relação jurídica) que a norma de caráter inferior vier a trazer. Por se tratar de um critério tradicional, sua aplicação não tem sido contestada na jurisprudência constante desses Estados,

---

[60] Cf. CARREAU, Dominique. Mondialisation et transnationalisation du droit international, cit., p. 198-200.

não obstante o distanciamento das reais finalidades do DIPr que o seu emprego não ponderado acarreta.

Por esse motivo é que, segundo Erik Jayme, tal solução não é aconselhável para o DIPr na pós-modernidade. Segundo Jayme, em vez de simplesmente excluir do sistema certa norma jurídica pela aplicação do critério hierárquico, deve-se buscar a convivência entre essas mesmas fontes por meio de um "diálogo" (*diálogo das fontes*). Assim, na visão de Erik Jayme, a solução para os conflitos normativos que emergem no DIPr pós-moderno há de ser encontrada pela harmonização (coordenação) entre suas fontes heterogêneas, as quais não se excluem mutuamente (normas de direitos humanos, textos constitucionais, tratados internacionais, sistemas nacionais etc.), mas, ao contrário, "falam" umas com as outras. Eis sua lição:

> Desde que evocamos a comunicação em direito internacional privado, o fenômeno mais importante é o fato que a solução dos conflitos de leis emerge como resultado de um diálogo entre as fontes mais heterogêneas. Os direitos humanos, as Constituições, as convenções internacionais, os sistemas nacionais: todas essas fontes não se excluem mutuamente; elas 'falam' uma com a outra. Os juízes devem coordenar essas fontes escutando o que elas dizem.[61]

Essa "conversa" entre fontes de categorias distintas (Constituição, tratados, leis, regulamentos etc.) é que permite encontrar, no DIPr pós-moderno, a verdadeira *ratio* de ambas as normas em prol da proteção da pessoa humana, em geral, e dos menos favorecidos, em especial.[62] Em última análise, esse "diálogo" entre as fontes heterogêneas logra atingir as reais finalidade do DIPr contemporâneo, que vai paulatinamente deixando de ser um "jogo" aleatório de normas, para proteger cada vez mais aquele que está no centro de toda relação jurídica: o ser humano.

5.2 Conflitos entre fontes de mesma categoria

No conflito entre fontes de *mesma* categoria (*v.g.*, entre dois tratados internacionais) a solução contemporânea aponta, relativamente às normas de DIPr, para a aplicação da norma *mais favorável* à pessoa. Anteriormente, porém, a solução adotada baseava-se na aplicação da *lex specialis*, pelo que se cotejavam as fontes em conflito para o fim de verificar qual era *especial* em relação à de caráter *geral*, uma vez que o critério hierárquico (por se tratar de fontes de categoria idêntica) não se fazia aplicável. Em tais casos, contudo, poderia ocorrer de a lei especial ser *injusta* frente à norma geral mais benéfica, razão pela qual o critério anterior não tem merecido acolhida na atualidade.

---

[61] Jayme, Erik. Identité culturelle et intégration..., cit., p. 259.

[62] Para um estudo da aplicação do "diálogo das fontes" nas relações entre o direito internacional dos direitos humanos e o direito interno, *v.* Mazzuoli, Valerio de Oliveira. *Tratados internacionais de direitos humanos e direito interno*, cit., especialmente p. 129-177.

Havendo, portanto, conflito entre normas de DIPr da mesma categoria, deve o juiz verificar qual a *mais benéfica* à pessoa no caso concreto, afastando-se da aplicação do critério da especialidade, que, atualmente, não mais responde às necessidades de justiça da pós-modernidade.

Perceba-se que a hipótese agora colocada, no que tange às normas convencionais, não versa obrigatoriamente o caso do conflito entre tratados sucessivos sobre a mesma matéria, cujo método de resolução encontra suporte no art. 30 da Convenção de Viena sobre o Direito dos Tratados.[63] Aqui se coloca a questão do conflito que pode existir entre duas normas da mesma categoria (*v.g.*, dois tratados) que orbitam em círculos eventualmente distintos, ambas potencialmente aplicáveis a um mesmo caso concreto de DIPr.

Erik Jayme exemplifica com o caso do reconhecimento de uma decisão em matéria de pensão alimentícia, para o qual tanto a Convenção da Haia de 1973 como a Convenção de Bruxelas de 1968 poderiam ser aplicadas; como cada qual, porém, possui cláusula de exclusão de outras normas potencialmente aplicáveis, não se saberia qual delas, efetivamente, haveria de ser aplicada. Assim, os tribunais alemães aplicaram o princípio segundo o qual prevalece a norma *mais favorável* às pessoas em causa.[64]

Esse critério, como se nota, atende com maior justiça aos reclamos do DIPr pós-moderno, pois fixa o foco decisório no que for mais benéfico ao ser humano, contrariamente ao que prega o critério (também hermético) da especialidade, muitas vezes gerador de dificuldades e injustiças quando presente uma questão jurídica multiconectada.

5.3 Conclusão sobre os critérios

Como se viu, os critérios contemporâneos de solução de conflitos entre as fontes (de categorias distintas e de mesma categoria) são, respectivamente, o "diálogo das fontes" e a aplicação da norma mais favorável à pessoa. Cada qual atende, com maior precisão, aos anseios do DIPr pós-moderno, muito mais voltado à solução equânime e justa dos conflitos de leis que ao mero jogo aleatório de normas, muitas vezes causador de injustiças e disparidades.

Quer se aplique um ou outro critério, nos casos que lhe são próprios, certo é que ambos visam alcançar a *melhor* norma no caso concreto, em afastamento dos critérios hierárquico (nos casos de conflitos entre fontes de categorias distintas) e da especialidade (nos casos de conflitos entre fontes de mesma categoria).

O afastamento dos critérios tradicionais de solução de antinomias é meio contemporâneo de resolução de conflitos de normas, pois além de "abrir" o sistema

---

[63] Sobre o art. 30 da Convenção de Viena sobre o Direito dos Tratados, *v.* MAZZUOLI, Valerio de Oliveira. *Direito dos tratados*, cit., p. 281-292.

[64] JAYME, Erik. Identité culturelle et intégration..., cit., p. 83.

jurídico às soluções plúrimas e não herméticas, resguarda a própria coerência do sistema de DIPr, que preza, hodiernamente, por também proteger, nas questões jurídicas pluriconectadas, os direitos humanos (internacionais) e fundamentais (constitucionais).

Há, no entanto, como se nota, grande proximidade entre as duas referidas técnicas de solução de antinomias, dado que ambas não deixam de atender à finalidade de aplicação da *melhor* (mais justa, mais próxima) norma ao caso concreto, alterando-se, tão somente, a "categoria" das normas em causa, isto é, se distintas ou idênticas umas das outras.

Certo, em suma, é que ambas as soluções apontadas tornam o DIPr contemporâneo mais justo e coerente, pois amenizam injustiças, disparidades e logram fazer aplicar a norma mais apropriada ao caso concreto, razão de ser do atual sistema de DIPr.

Capítulo IV

Teoria Geral das Normas do Direito Internacional Privado

1. Normas indicativas

As normas de DIPr têm uma característica própria que as diferencia das demais normas jurídicas: são sempre *indicativas* ou *indiretas*.[1] Tal significa que as normas de DIPr não resolvem a questão de fundo propriamente dita, senão apenas *indicam* qual ordenamento (se o nacional ou o estrangeiro) deverá ser aplicado para a resolução do caso concreto. Esse ordenamento escolhido (nacional ou estrangeiro) é que resolverá a questão de fundo (mérito) conectada com leis divergentes e autônomas posta sob o exame do Poder Judiciário.[2] Assim, as normas de DIPr

---

[1] O uso pioneiro da expressão "norma indireta" é reivindicado por GOLDSCHMIDT, Werner. *Derecho internacional privado...*, cit., p. 73, nestes termos: "Introduzimos a expressão 'norma indireta' na literatura em 1935 (*La norma de colisión como base de la sistemática del DIPr.*, Madrid, 1935, p. 14), a qual teve tal sorte que ganhou carta de cidadania; normalmente até se esquecer a sua origem na história da ciência do DIPr".

[2] Cf. VALLADÃO, Haroldo. *Direito internacional privado...*, cit., p. 217; BALLADORE PALLIERI, Giorgio. *Diritto internazionale privato italiano*, cit., p. 75-76; ANDRADE, Agenor Pereira de. *Manual de direito internacional privado*, cit., p. 49; BATALHA, Wilson de Souza Campos & RODRIGUES NETTO, Sílvia Marina L. Batalha de. *O direito internacional privado na Organização dos Estados Americanos*, cit., p. 44-46; STRENGER, Irineu. *Direito internacional privado*, cit., p. 334-337; RECHSTEINER, Beat Walter. *Direito internacional privado...*, cit., p. 128-130; DINIZ, Maria Helena. *Lei de Introdução ao Código Civil Brasileiro interpretada*, cit., p. 33-34; BASSO, Maristela. *Curso de direito internacional privado*, cit., p. 161; PINHEIRO, Luís de Lima

não atribuem direitos ou deveres às pessoas, apenas designando a ordem jurídica competente em que tais direitos e deveres estão regulados. Ademais, como destaca Amilcar de Castro, sendo o DIPr "direito de sobreposição, ou superdireito, não chega a examinar o conteúdo das ordens jurídicas vigentes nos agrupamentos em conexão, ou referência, com o fato, conteúdo esse de que não depende a essência de sua função".[3] Isso significa que não cabe ao DIPr levar em consideração o *conteúdo* da norma (nacional ou estrangeira) indicada e, menos ainda, as *consequências* advindas de sua aplicação.[4] As normas de DIPr buscam, tão somente, encontrar o "centro de gravidade" (o "ponto de atração") da relação jurídica *sub judice* com conexão internacional, isto é, a ordem jurídica que mais se aproxima (por isso os anglo-saxões falam em *most significant relationship*) do problema em questão, capaz também de resolvê-lo com maior justiça.[5]

1.1 Normas diretas e indiretas

Quando se lê uma norma como a do art. 5º do Código Civil brasileiro, que dispõe que "a menoridade cessa aos dezoito anos completos, quando a pessoa fica habilitada à prática de todos os atos da vida civil", logo se percebe tratar-se de norma do tipo *direta*, que soluciona de plano a questão jurídica. Quando cessa a menoridade para a prática de todos os atos da vida civil? Aos dezoito anos completos. O dispositivo, vê-se, responde à indagação diretamente, trazendo, em si mesmo, a consequência para a hipótese aventada. Diferentemente são as normas indicativas ou indiretas do DIPr, que não respondem à indagação colocada, senão apenas *indicam* qual norma (se nacional ou a estrangeira) a responderá. Tome-se, como exemplo, o art. 7º da LINDB, que não diz quais são as regras relativas ao início ou término da personalidade, ao nome, à capacidade e aos direitos de família, apenas indicando que será "a lei do país em que *domiciliada* a pessoa" a responsável por determiná-las.

A lei (nacional ou estrangeira) que a norma indicativa do DIPr manda aplicar ao caso concreto pode ser, *v.g.*, a lei do lugar da celebração do ato, a do lugar do

---

Direito internacional privado, vol. I, cit., p. 47-48; e BALLARINO, Tito (*et al.*). *Diritto internazionale privato italiano*, cit., p. 71.

[3]   CASTRO, Amilcar de. *Direito internacional privado*, cit., p. 38.

[4]   Cf. Jo, Hee Moon. *Moderno direito internacional privado*, cit., p. 41.

[5]   Cf. LAGARDE, Paul. Le principe de proximité dans le droit international privé contemporain..., cit., p. 9-238; e DOLINGER, Jacob. Evolution of principles for resolving conflicts in the field of contracts and torts, cit., p. 187-512. Destaque-se que a *vontade* também é elemento de conexão reconhecido no DIPr, o que retira, em parte, a ideia de localização do "centro de gravidade" da relação jurídica, pois quando se tem o elemento volitivo na determinação da lei aplicável há *subjetividade* na relação (cf. PINHEIRO, Luís de Lima. *Direito internacional privado*, vol. I, cit., p. 52). Tal não invalida, contudo, dizer que *as normas* indicativas de DIPr (não *as partes* na manifestação de sua vontade) têm por escopo encontrar o centro de gravidade da relação jurídica, a fim de resolver a questão *sub judice* com maior justiça.

Parte I · Cap. IV · TEORIA GERAL DAS NORMAS DO DIREITO INTERNACIONAL PRIVADO | 71

domicílio ou residência da pessoa, a de sua nacionalidade, a da situação dos bens etc. Cada uma dessas leis regerá situações especificadas pelas normas de DIPr da *lex fori*: para uma questão de *capacidade* da pessoa, a lei aplicável será a do lugar de seu domicílio;[6] para uma questão relativa a *bens*, será a do local em que estejam situados (*lex rei sitae*) etc.[7]

1.2 Hipótese e disposição

Como se vê, a norma indicativa ou indireta apresenta sempre uma *hipótese* e uma *disposição*. Tome-se, como exemplo, o art. 10, *caput*, da LINDB, segundo o qual "a sucessão por morte ou por ausência obedece à lei do país em que domiciliado o defunto ou o desaparecido, qualquer que seja a natureza e a situação dos bens". Nesse caso, o fato da morte ou ausência é a *hipótese* normativa, eis que dele poderão decorrer inúmeras consequências jurídicas, pois o *de cujus* terá deixado herdeiros, bens, dívidas etc. A *disposição* da norma, por sua vez, indica que tais fatos (morte ou ausência) serão regulados pela *lei do domicílio* do falecido ou do desaparecido, que poderá ser uma lei nacional ou estrangeira.[8]

Diferentemente, porém, do direito comum, que visa *solucionar* (materialmente) a questão jurídica concreta, no DIPr a norma respectiva apenas *indica* a ordem jurídica adequada à sua resolução. Ademais, enquanto no direito comum há uma hipótese e uma *consequência jurídica* com o efeito de obrigar, proibir ou permitir algo, como é, *v.g.*, a *pena* (consequência) para o cometimento de um *crime* (hipótese), no DIPr há uma hipótese (morte, ausência, obrigação, casamento etc.) e uma *disposição*, que não obriga, proíbe ou permite algo, senão apenas faz subordinar o fato geral por ela previsto (morte, ausência, obrigação, casamento etc.) a um certo ordenamento jurídico.[9]

Nas normas indicativas de DIPr, à *hipótese* corresponde o seu *objeto de conexão*, que identifica um instituto jurídico ou determinada matéria regulada pelo Direito, e à *disposição* corresponde o seu *elemento de conexão*, que indica qual ordem jurídica será competente para resolver (materialmente) a questão jurídica concreta (*v.* Cap. V, *infra*).

1.3 Lex fori e lex causae

Denomina-se a lei nacional de *lex fori*; e a estrangeira de *lex causae* (ou lei *estranha*). Será a *lex fori*, em princípio, salvo a existência de regras de *Direito Uni-*

---

[6] Cf. STORY, Joseph. *Commentaries on the conflict of laws...*, cit., p. 50-51; e SAVIGNY, Friedrich Carl von. *Traité de droit romain*, t. 8, cit., p. 133.

[7] Cf. SAVIGNY, Friedrich Carl von. *Traité de droit romain*, t. 8, cit., p. 168.

[8] V. STRENGER, Irineu. *Direito internacional privado*, cit., p. 335.

[9] Cf. STRENGER, Irineu. Idem, p. 336; e AUDIT, Bernard & d'AVOUT, Louis. *Droit international privé*, cit., p. 145-146.

forme, que estabelecerá a indicação da norma (nacional ou estrangeira) a ser aplicada em um dado caso concreto *sub judice* com conexão internacional, sem violar a soberania de qualquer Estado, mas apenas se desincumbindo da missão que lhe compete, nos termos do seu Direito interno, de definir qual das ordens resolverá (materialmente) a questão. Quando indicada (e, portanto, *escolhida*) a norma estrangeira para resolver o caso concreto, tal norma deve ser aplicada em toda a sua integralidade e *como direito mesmo*, com as respectivas normas de vigência, interpretação, aplicação espacial e temporal, sofrendo apenas as limitações impostas pelas regras de DIPr da *lex fori* ou decorrentes do limite geral da *ordem pública* por elas estabelecido.[10]

1.4 Categorias de normas indicativas

As normas indicativas comportam três categorias distintas – ou são *bilaterais completas (perfeitas)*, ou *bilaterais incompletas (imperfeitas)* ou *unilaterais* – que podem ser assim entendidas:

a) bilaterais completas ou *perfeitas* – são aquelas que não discriminam qual lei, se a nacional ou a estrangeira, deverá reger a situação jurídica. Tome-se, como exemplo, o art. 7º, *caput*, da LINDB, que assim dispõe: "A lei do país em que domiciliada a pessoa determina as regras sobre o começo e o fim da personalidade, o nome, a capacidade e os direitos de família". Perceba-se que a norma se refere à *lei do país em que domiciliada* a pessoa, que poderá ser a lei nacional ou a estrangeira, a depender do caso concreto, sendo, por isso, bilateral completa ou perfeita. Trata-se do modelo normalmente seguido pelas diversas legislações, até hoje adotado como regra.

b) bilaterais incompletas ou *imperfeitas* – são aquelas que determinam a aplicação tanto do direito nacional como do estrangeiro, indistintamente, mas limitam o seu objeto a certos casos relacionados com o país do foro. Por exemplo, o primeiro Código Civil de Portugal (Código Seabra de 1867) disciplinava, no art. 1.107, que "[s]e o casamento for contraído em país estrangeiro entre português e estrangeira, ou entre estrangeiro e portuguesa, e nada declararem nem estipularem os contraentes relativamente a seus bens, entender-se-á que casaram conforme o direito comum do país do cônjuge varão". Nesse caso, como se vê, a relação com o direito do país do foro era a nacionalidade portuguesa de um dos cônjuges, o que tornava a norma em questão em bilateral incompleta ou imperfeita.

c) unilaterais – são as que estabelecem a aplicação exclusiva da lei nacional, sempre, porém, que entre a situação em causa e a ordem jurídica interna exista uma conexão de determinado tipo. Trata-se de normas que estabelecem o seguinte esquema, assim colocado por Ferrer Correia: "as questões jurídicas da categoria *x* serão resolvidas pelo direito local, desde que entre a situação a regular e este orde-

---

[10] V. VALLADÃO, Haroldo. *Direito internacional privado...*, cit., p. 224.

namento exista uma conexão do tipo *y*".[11] Tome-se, como exemplo, o art. 7º, § 1º, da LINDB: "Realizando-se o casamento no Brasil, será aplicada a lei brasileira quanto aos impedimentos dirimentes e às formalidades da celebração". No mesmo sentido está o art. 9º, § 1º, da LINDB: "Destinando-se a obrigação a ser executada no Brasil e dependendo de forma essencial, será esta observada, admitidas as peculiaridades da lei estrangeira quanto aos requisitos extrínsecos do ato". E, ainda, o art. 10, § 1º, da LINDB: "A sucessão de bens de estrangeiros, situados no País, será regulada pela lei brasileira em benefício do cônjuge ou dos filhos brasileiros, ou de quem os represente, sempre que não lhes seja mais favorável a lei pessoal do *de cujus*". Quando em jogo normas unilaterais de DIPr, deve o intérprete aceitar que, nos ordenamentos jurídicos dos demais países, também será o direito *nacional* o competente para reger as mesmas situações, tais como, nos exemplos citados, o matrimônio realizado, a obrigação que ali se executa, a sucessão de bens de estrangeiros ali situados etc.

Evidentemente que a melhor maneira de indicar a lei aplicável (e de ter mais certeza na sua aplicação) é por meio de norma bilateral completa ou perfeita, pois tal "previne a omissão da lei, indica a lei que possui um vínculo mais estreito com a relação jurídica e ainda se aproxima do objetivo fundamental do DIPr".[12] Essa é, a propósito, a tendência do DIPr brasileiro. Efetivamente, como destaca Jacob Dolinger, a norma bilateral completa "está mais voltada para o fato jurídico e o exame de suas particularidades e nuances, observação esta que induz a procurar a lei mais apropriada para a solução, o que leva a maior objetividade e maior capacidade de universalizar".[13]

2. Conflitos das normas de DIPr no espaço

À medida que cada Estado tem suas próprias normas de DIPr, surge o problema – também comum às demais espécies de normas jurídicas – de sua aplicação *no espaço*. Em outros termos, as normas indicativas ou indiretas de DIPr nacionais e estrangeiras podem, entre si, entrar em conflito (positivo ou negativo) no espaço, quando então se diz tratar de um conflito de *segundo grau*.[14] Assim, tais conflitos – a exemplo dos existentes relativamente à legislação civil, penal, tributária, administrativa, empresarial e processual – são também conflitos de *normas* no espaço,

---

[11] Ferrer Correia, A. *Lições de direito internacional privado*, vol. I, cit., p. 169-170.

[12] Jo, Hee Moon. *Moderno direito internacional privado*, cit., p. 138.

[13] Dolinger, Jacob. *Direito internacional privado...*, cit., p. 56.

[14] Cf. Niboyet, J.-P. *Cours de droit international privé français*, cit., p. 351-352; Valladão, Haroldo. Conflitos no espaço de normas de direito internacional privado: renúncia e devolução. In: Baptista, Luiz Olavo & Mazzuoli, Valerio de Oliveira (Org.). *Direito internacional privado*: teoria e prática. São Paulo: Ed. RT, 2012, p. 183-205 (Coleção *Doutrinas essenciais*: direito internacional, vol. IV); e Ferrer Correia, A. *Lições de direito internacional privado*, vol. I, cit., p. 245-264.

porém, de normas *indicativas ou indiretas* de DIPr, ao que se nomina conflito de segundo grau.[15]

Frise-se, desde já, que havendo divergência entre a lei nacional (*lex fori*) e a lei estrangeira (*estranha*) de DIPr deverá o juiz aplicar a que melhor resolva, com justiça, o caso concreto. Segundo Haroldo Valladão, deve-se rechaçar a opinião radical (das escolas aprioristas, logicistas e chauvinistas) de que o juiz do foro deveria aplicar *sempre e exclusivamente* a sua lei de DIPr, que seria de rigorosa ordem pública internacional, de caráter absoluto e universalista, *ignorando*, para todos os efeitos, a lei de DIPr estrangeira, pois esse totalitarismo da *lex fori* vai de encontro à vocação universal do DIPr de considerar e respeitar a lei estrangeira, harmonizando e balanceando, com justiça e equidade, as leis em conflito do foro e de outro sistema jurídico.[16]

Nesse exato sentido está o art. 9º da Convenção Interamericana sobre Normas Gerais de Direito Internacional Privado, de 1979, segundo o qual "as diversas leis que podem ser competentes para regular os diferentes aspectos de uma mesma relação jurídica serão aplicadas de maneira harmônica, procurando-se realizar os fins colimados por cada uma das referidas legislações", complementando que "as dificuldades que forem causadas por sua aplicação simultânea serão resolvidas levando-se em conta as exigências impostas pela equidade no caso concreto".

A um mesmo resultado se chega aplicando o que Erik Jayme chamou de "diálogo das fontes", pelo que, em vez de simplesmente excluir do sistema certa norma jurídica, deve-se buscar a convivência entre essas mesmas normas por meio de um *diálogo*. Como já se falou, segundo Jayme, a solução para os conflitos normativos que emergem no direito pós-moderno há de ser encontrada na harmonização (coordenação) entre fontes heterogêneas que não se excluem mutuamente (normas de direitos humanos, textos constitucionais, tratados internacionais, sistemas nacionais etc.), mas, ao contrário, "falam" umas com as outras.[17] Essa "conversa" entre fontes diversas é que permite encontrar a verdadeira *ratio* de

---

[15] Cf. VALLADÃO, Haroldo. *Direito internacional privado...*, cit., p. 227; e DINIZ, Maria Helena. *Lei de Introdução ao Código Civil Brasileiro interpretada*, cit., p. 33-34.

[16] VALLADÃO, Haroldo. *Direito internacional privado...*, cit., p. 227. Nesse exato sentido, *v.* BATALHA, Wilson de Souza Campos & RODRIGUES NETTO, Sílvia Marina L. Batalha de. *O direito internacional privado na Organização dos Estados Americanos*, cit., p. 106-107: "O concurso de leis aplicáveis a uma mesma relação jurídica deve ser ordenado de forma harmônica, procurando-se, tanto quanto possível, alcançar o objetivo visado pelas diversas leis. Não sendo isso possível, deverá o juiz ou tribunal criar uma solução de equidade, *praeter legem.* (...) Em vez de um *ignorabimus* a respeito do fundamento normativo e de um *non liquet* que tornaria o caso pendente sem solução, deve o juiz ou o tribunal recorrer à equidade como Justiça do caso particular, ou seja, o critério de solução específica, alheio aos preceitos gerais da lei, ou das leis em conflito".

[17] JAYME, Erik. *Identité culturelle et intégration...*, cit., p. 259.

ambas as normas em prol da proteção da pessoa humana (em geral) e dos menos favorecidos (em especial).[18]

Nem sempre, porém, as legislações de DIPr aceitam (ainda) tal construção, arraigando-se em critérios metodológicos muitas vezes rígidos, como ainda ocorre no Brasil, *v.g.*, no caso da proibição do reenvio (*v.* item 2.2, *infra*). Seja como for, ao menos no plano doutrinário já é possível entender que a harmonia das soluções sempre há de prevalecer à rigidez, por ser aquela exatamente a missão que está a perseguir o contemporâneo DIPr.

Os conflitos no espaço das normas de DIPr (ou conflitos de sistemas de DIPr) podem ser de duas ordens: *positivos* e *negativos*. Cada qual apresenta soluções próprias, a merecer aqui análise detida.

2.1 Conflito espacial positivo

Há o conflito espacial *positivo* de normas do DIPr quando cada um dos ordenamentos em causa indica *a sua própria norma* para reger a questão jurídica com conexão internacional. Tal seria o caso, *v.g.*, que ocorre quando um juiz brasileiro tem que decidir questão relativa à capacidade, aos direitos de família e à sucessão de um português domiciliado no Brasil. Nessa hipótese, a norma brasileira (LINDB, art. 7º, *caput*) determina que "a lei do país *em que domiciliada* a pessoa determina as regras sobre o começo e o fim da personalidade, o nome, a capacidade e os direitos de família", enquanto que o direito português (Código Civil de 1966, art. 25) estabelece que o "estado dos indivíduos, a capacidade das pessoas, as relações de família e as sucessões por morte são regulados *pela lei pessoal* dos respectivos sujeitos..."[19] Ou seja, a lei brasileira optou pela lei do domicílio, enquanto a portuguesa preferiu a da nacionalidade da pessoa.

Entre nós, Eduardo Espinola era da opinião de que, havendo conflito espacial positivo de normas do DIPr, deveria a *lex fori* ser exclusivamente aplicada. Segundo o seu entendimento, "[e]stabelecido o conflito nestes termos, a solução que se impõe é que em todos os casos de competência de leis internas de um Estado em virtude de determinação de suas próprias regras de direito internacional privado, somente essas leis serão aplicadas, pouco importando que de acordo com a norma de aplicação vigente em outro Estado interessado na relação jurídica se afirme a competência das leis deste último".[20] Em Portugal, Ferrer Correia seguia o mesmo entendimento, ao lecionar que "toda a solução do conflito *positivo* de sistemas diferente da que se traduz no prevalecimento da *lex fori* aparecerá, *ab initio*, como inviável", pelo que "a circunstância de outra lei haver que se julgue competente para

---

[18] Cf. Mazzuoli, Valerio de Oliveira. *Tratados internacionais de direitos humanos e direito interno*, cit., p. 129-177.

[19] Para o Código Civil português, a "lei pessoal é a da *nacionalidade* do indivíduo" (art. 31, 1).

[20] Espinola, Eduardo. *Elementos de direito internacional privado*, cit., p. 358-359.

regular a espécie jurídica em causa, ou que seja como tal reputada por um terceiro sistema, terá de ser havida como irrelevante: em qualquer caso, haverá que fazer aplicação da lei que para tanto for designada por uma norma do ordenamento jurídico do foro", concluindo, então, que "[q]ualquer exceção a este princípio só a *lex fori* poderá derivar".[21]

Para nós, diferentemente, a resolução da questão pelo juiz do foro, quando não há norma interna ou tratado internacional a desvendar o problema, está na harmonização das duas legislações em conflito, eis que a solução simplista em aplicar exclusivamente a *lex fori* pode não ser justa, especialmente no momento atual, em que o DIPr há de servir como garantia da aplicação do melhor direito (*pro homine*) aos seres humanos no caso concreto.[22] Essa também é a opinião de Agustinho Fernandes Dias da Silva, ao lecionar que para a resolução do conflito espacial positivo "faz-se mister verificar qual o sistema jurídico que tem poder efetivo sobre a relação jurídica em questão, isto é, qual a lei que está em condições de, realmente, se fazer valer com relação ao caso", concluindo que "[s]e esta for a lei estranha, convém que o juiz renuncie à aplicação da sua lei, igualmente competente, para aplicar aquela realmente eficaz".[23] Tal apenas não há de ocorrer, repita-se, quando a própria norma interna ou um tratado internacional resolve a questão, para evitar, sobretudo, a *fraude à lei*, a exemplo da norma prevista no art. 7º, § 6º, da LINDB, segundo a qual o "divórcio realizado no estrangeiro, se um ou ambos os cônjuges forem brasileiros, só será reconhecido no Brasil depois de 1 (um) ano da data da sentença, salvo se houver sido antecedida de separação judicial por igual prazo, caso em que a homologação produzirá efeito imediato, obedecidas as condições estabelecidas para a eficácia das sentenças estrangeiras no país".

Assim, havendo conflito espacial positivo de normas de DIPr, a solução atualmente mais consentânea está na harmonização coerente das normas em conflito para atender à justiça do caso concreto, sem que se imponham soluções rígidas, como, *v.g.*, seria a aplicação exclusiva da *lex fori* ou a renúncia desta em benefício da lei estrangeira. Tudo, nesse campo, deve estar coordenado à luz do critério *pro homine* de solução de antinomias.

---

[21]   FERRER CORREIA, A. *Lições de direito internacional privado*, vol. I, cit., p. 363. O autor parece aceitar, contudo, certa exceção em razão da ideia de *maior proximidade* da lei declarada competente com os fatos, admitindo, *v.g.*, que "a competência atribuída a uma lei (a lei pessoal dos sujeitos da relação jurídica) vá subordinada à condição de outra lei (a *lex rei sitae*) se não julgar, ela própria, aplicável" (Idem, p. 364). Na defesa da aplicação exclusiva da *lex fori* na ausência de tratado uniformizador, *v.* ainda NIBOYET, J.-P. *Principios de derecho internacional privado*, cit., p. 308-313; e BATALHA, Wilson de Souza Campos. *Tratado de direito internacional privado*, t. I, cit., p. 161, nota nº 1.

[22]   Cf. VALLADÃO, Haroldo. *Direito internacional privado...*, cit., p. 231-233; e JAYME, Erik. *Identité culturelle et intégration...*, cit., p. 83.

[23]   SILVA, Agustinho Fernandes Dias da. *Introdução ao direito internacional privado*, cit., p. 64.

2.2 Conflito espacial negativo (teoria do reenvio)

Há o conflito espacial *negativo* de normas do DIPr quando cada um dos ordenamentos em causa *exclui* a aplicação de suas normas internas para a resolução da questão jurídica com conexão internacional, fazendo incumbir a outro sistema jurídico esse mister.[24] É o que ocorria, *v.g.*, nos casos relativos a direitos de família ou de sucessão de brasileiros domiciliados na Itália, eis que a norma brasileira (LINDB, arts. 7º e 10º) manda aplicar a lei do *domicílio* da pessoa, enquanto a norma italiana (Código Civil de 1942, art. 23) ordenava a aplicação da lei de sua *nacionalidade*.[25] Eis aí, tipicamente, o exemplo de conflito espacial negativo de normas do DIPr: enquanto a lei brasileira mandava aplicar a lei italiana, esta devolvia à lei brasileira a competência para resolver a questão.

2.2.1 Entendimento

Havendo conflito negativo de normas do DIPr, qual das leis deverá ser efetivamente aplicada? O juiz do foro, no exemplo colocado acima, aplicaria a lei italiana indicada pela norma brasileira de DIPr, ou a sua própria lei (ou ainda, eventualmente, uma norma de terceiro Estado) "devolvida" pela norma italiana indicada?

Na legislação de quase todos os países resolveu-se a questão pela chamada *teoria do reenvio*, pela qual fica o juiz do foro vinculado à referência que a *lex causae* (lei declarada competente) faça à própria *lex fori* (*retorno; devolução para trás; reenvio de primeiro grau*) ou à outra lei para diante (*devolução à lei estrangeira; reenvio de segundo grau*).[26] Há, assim, duas hipóteses possíveis de reenvio: aquela em que a *lex causae* devolve a questão à *lex fori* (reenvio de primeiro grau) e a em que remete a solução a terceira lei (reenvio de segundo grau). No primeiro caso, devolve-se à lei do foro o direito de ser aplicada, e, no segundo, passa-se à frente, para a lei de terceiro Estado, a regência da questão.[27] Tomando-se como exemplo o caso de um brasileiro e de um francês domiciliados na Itália, a solução seria o juiz brasileiro

---

[24] Sobre o tema, cf. BEVILAQUA, Clovis. *Princípios elementares de direito internacional privado*, cit., p. 95-107; ESPINOLA, Eduardo. *Elementos de direito internacional privado*, cit., p. 357-373; NIBOYET, J.-P. *Principios de derecho internacional privado*, cit., p. 317-343; PONTES DE MIRANDA, Francisco Cavalcanti. *Tratado de direito internacional privado*, t. I, cit., p. 173-186; WOLFF, Martin. *Derecho internacional privado*, cit., p. 119-130; DIAZ LABRANO, Roberto Ruiz. *Derecho internacional privado...*, cit., p. 229-250; RODAS, João Grandino. *Choice of law rules and the major principles of Brazilian private international law*, cit., p. 334-339; e PINHEIRO, Luís de Lima. *Direito internacional privado*, vol. I, cit., p. 532-560.

[25] Cf. VALLADÃO, Haroldo. *Direito internacional privado...*, cit., p. 233.

[26] V. VALLADÃO, Haroldo. Idem, ibidem; e ainda VALLADÃO, Haroldo. *A devolução nos conflictos sobre a lei pessoal*. São Paulo: Revista dos Tribunais, 1929, p. 16-17; DOLINGER, Jacob. *Direito internacional privado...*, cit., p. 331; e FERRER CORREIA, A. *Lições de direito internacional privado*, vol. I, cit., p. 266.

[27] Nos países que admitem o reenvio, pode também ocorrer, para além da devolução (para trás ou para a frente) do elemento de conexão, também a devolução relativa à *qualificação*. Sobre

aplicar a lei brasileira ao brasileiro domiciliado na Itália (*retorno*) e a lei francesa ao francês domiciliado na Itália (*devolução à lei estrangeira*).[28]

O caso célebre que originou o debate sobre o reenvio foi o caso *Forgo*, julgado pela Corte de Cassação francesa em 1882.[29] Forgo era cidadão bávaro e vivia há vários anos na França, país onde faleceu intestado e deixando expressiva fortuna mobiliária. Certos parentes colaterais de sua mãe habilitaram-se na sucessão, pelo que herdariam segundo a lei da Baviera, mas não conforme a lei francesa, para a qual somente irmãos e irmãs em caso de filiação natural herdariam. Como Forgo não havia parentes desse grau, a *Administration des Domaines* francesa reclamou para o seu Tesouro a herança vacante. Decidiu-se, inicialmente, ser a lei do domicílio originário do *de cujus* a competente para resolver a contenda, é dizer, a lei da Baviera, por nunca ter sido Forgo "legalmente" domiciliado na França (não havia adquirido o decreto de admissão exigido pela legislação francesa para tanto, pelo que era apenas *de facto* ali domiciliado). Questionou-se, então, se o ordenamento jurídico bávaro indicado pela regra de DIPr francesa não deveria ser aplicado em sua completude, globalmente, ou seja, inclusive com a indicação que fazia à aplicação de outras leis, pois em matéria de sucessão mobiliária aquela ordem jurídica entendia competente a lei do domicílio *de facto* ou da residência habitual do autor da herança, que, no caso, volvia à própria lei francesa. Percebeu-se, então, que havia *devolução* ou *retorno* da ordem jurídica bávara para o direito francês, de incontestável interesse para o Tesouro francês. A Corte de Cassação, nesse sentido, entendeu que a devolução operada pela lei bávara obrigava à aplicação da própria *lex fori*, pelo que a herança dos colaterais foi negada e os bens, ao final, transferidos para o Estado francês. Daí em diante, em suma, passou a doutrina a dar especial atenção ao tema.[30]

Um argumento de valor prático em favor do reenvio de primeiro grau (retorno) reside no fato de que, por meio dele, o que se irá aplicar será a *lex fori*, com a qual o juiz interno tem maior familiaridade, ficando afastados os perigos em se aplicar uma lei estrangeira que mal se conhece, mesmo que o juiz nacional domine vários idiomas e disponha de todos os meios para investigar o teor e a vigência da norma estrangeira.[31] Por sua vez, no que tange ao reenvio

---

o tema, *v.* Lequette, Yves. Le renvoi de qualifications. In: *Mélanges dédiés à Dominique Holleaux*. Paris: Litec, 1990, p. 249-262.

[28] Cf. Valladão, Haroldo. *Direito internacional privado...*, p. 233. Para vários outros exemplos, cf. Wolff, Martin. *Derecho internacional privado*, cit., p. 119-122.

[29] V. Ancel, Bertrand & Lequette, Yves. *Les grands arrêts de la jurisprudence française de droit international privé*. 5. ed. Paris: Dalloz, 2006, p. 60-69.

[30] V. Francescakis, Phocion. *La théorie du renvoi et les conflits de systèmes en droit international privé*. Paris: Sirey, 1958, p. 226.

[31] Cf. Wolff, Martin. *Derecho internacional privado*, cit., p. 126; Tenório, Oscar. *Direito internacional privado*, vol. I, cit., p. 350; e Jayme, Erik. Identité culturelle et intégration..., cit., p. 96.

de segundo grau, existe a crítica de não ser a indicação (para uma *terceira* lei) favorável ao apego à lei nacional.[32]

Como se nota, o entendimento do tema passa por saber se, quando a norma de DIPr da *lex fori* indica determinado direito estrangeiro, deve esse "direito estrangeiro" ser tido apenas como direito substancial (material) ou se nele também se incluem as suas normas de DIPr (normas de conflito). Se se entender que do conceito de "direito estrangeiro" também fazem parte as suas normas de DIPr, o reenvio será admitido; por outro lado, se se entender que no conceito de "direito estrangeiro" não se incluem as normas conflituais da *lex causae*, o reenvio não será possível. Para que o reenvio seja aceito, portanto, deve o "direito estrangeiro" ser compreendido *em sua totalidade*, isto é, *globalmente*, de forma a abranger tanto o seu direito material quanto as normas de DIPr respectivas (doutrina da *Gesamtverweisung*).[33]

A questão está, também, em aceitar a tese de que, quando houver reenvio, seja de primeiro ou de segundo grau, a lei novamente indicada (*lex fori* ou terceira lei) deve resolver a questão somente pelo seu *direito material*, pois, evidentemente, caso no retorno ou na devolução à terceira lei se aceite aplicar *também* as suas normas conflituais, haverá reenvio do reenvio (retorno do retorno ou devolução da devolução), à guisa de um jogo de espelhos de reflexos infinitos. Por isso é que, aceitando-se o reenvio, será de rigor estancar no ordenamento jurídico indicado (reenviado, para trás ou para frente) a aplicação de suas normas de DIPr, fazendo incidir, dessa vez, apenas a solução *material* dada por tal ordem jurídica.

2.2.2 Posição do direito brasileiro

O legislador brasileiro atual, inspirado no art. 30 das disposições preliminares ao Código Civil italiano de 1942,[34] e contrariando a anterior doutrina e jurisprudência consolidadas, entendeu que no conceito de "direito estrangeiro" não se incluem as normas conflituais da *lex causae*, senão apenas as suas normas de direito mate-

---

[32] Cf. SOUTO, Cláudio. *Introdução crítica ao direito internacional privado*, cit., p. 168.

[33] V. PONTES DE MIRANDA, Francisco Cavalcanti. *Tratado de direito internacional privado*, t. I, cit., p. 178-179; e BATALHA, Wilson de Souza Campos. *Tratado de direito internacional privado*, t. I, cit., p. 162.

[34] *Verbis*: "Quando, nos termos dos artigos precedentes, se houver de aplicar uma lei estrangeira, ter-se-á em vista a disposição desta, sem considerar-se qualquer remissão por ela feita a outra lei". O mesmo princípio havia sido delineado pelo *Institut de Droit International* em sua sessão de Neuchâtel de 1900, de que foram *Rapporteurs* os Srs. Giulio Cesare Buzzati e Jules Armand Lainé, nestes termos: "Quand la loi d'un État règle un conflit de lois en matière de droit privé, il est désirable qu'elle désigne la disposition même qui doit être appliquée à chaque espèce et non la disposition étrangère sur le conflit dont il s'agit". No mesmo sentido estão algumas normas estrangeiras subsequentes, como, *v.g.*, o art. 32 do Código Civil grego (1940) e o art. 27 do Código Civil egípcio (1948). A Itália, contudo, alterou a sua legislação em 1995, permitindo novamente o reenvio (*v. infra*).

rial, pelo que expressamente proibiu o reenvio entre nós. É o que ficou disciplinado no art. 16 da LINDB, assim redigido:

> Quando, nos termos dos artigos precedentes, se houver de aplicar a lei estrangeira, ter-se-á em vista a disposição desta, sem considerar-se qualquer remissão por ela feita a outra lei.

Assim, não obstante todos os esforços doutrinários e jurisprudenciais no sentido de se admitir o *reenvio* no DIPr brasileiro, o certo é que a norma de DIPr brasileira em vigor não o autorizou. Pela regra, ficaram igualmente proibidos os reenvios de primeiro e segundo graus, sem qualquer exceção.[35] Essa orientação do direito brasileiro deve ser seguida, inclusive, nos termos do art. 1º da Convenção Interamericana sobre Normas Gerais de Direito Internacional Privado, de 1979, segundo o qual, na falta de norma internacional, "os Estados Partes aplicarão as regras de conflito *do seu direito interno*". Entendeu-se, em suma, no Brasil, que o direito estrangeiro deve comportar as limitações previstas pela *lex fori*, de que é exemplo a proibição dos reenvios de primeiro e segundo graus.

Desse modo, para o direito brasileiro atual o juiz apenas pode aplicar a norma material (substancial) estrangeira indicada pela norma de DIPr da *lex fori*, estando proibido de aplicar qualquer remissão feita por esta a outra lei. É dizer, não há no sistema de DIPr brasileiro possibilidade de se aplicar a norma *de DIPr* estrangeira (ou seja, a norma *conflitual* estrangeira) indicada pela *lex fori*, senão apenas a norma alienígena material, pois expressamente proibido o reenvio (de qualquer grau) entre nós. Assim, as normas sobre conflitos de leis presentes na ordem jurídica da *lex causae* serão descartadas da aplicação pelo juiz brasileiro, que deve, ante a impossibilidade total do reenvio, localizar somente a norma substancial estrangeira capaz de solucionar o problema *sub judice*.

Para Batalha, dois argumentos fundamentais justificam, doutrinariamente, a orientação adotada pelo direito brasileiro: o primeiro consiste em que, na atualida-

---

[35] Para críticas, *v.* SILVA, Agustinho Fernandes Dias da. Introdução ao direito internacional privado, cit., p. 66; e DEL'OLMO, Florisbal de Souza & ARAÚJO, Luís Ivani de Amorim. *Lei de Introdução ao Código Civil Brasileiro comentada*. 2. ed. rev. e atual. Rio de Janeiro: Forense, 2004, p. 164-166. Outros autores, por sua vez, como Amilcar de Castro, aplaudiram a disposição: "É absurdo que a disposição de direito internacional privado, direito público de uma jurisdição autônoma, tenha seu sentido à mercê de todos os legisladores estrangeiros, menos sob o controle do governo dessa jurisdição. (…) Em boa hora foi promulgada esta norma, que é tradução fiel do art. 30 das disposições preliminares do Código Civil Italiano de 1942, e só merece aplausos" (*Direito internacional privado*, cit., p. 248). No mesmo sentido, também Maristela Basso entende que "a proibição do reenvio coaduna-se com uma preocupação técnica de evitar que o juiz nacional, ao aplicar a lei estrangeira, busque outras normas que não aquelas de direito material indicadas pelas normas de conflito de leis no espaço. (…) Com isso, a regra proibitiva do reenvio vem coerentemente mostrar que a aplicação do direito estrangeiro deve ser alcançada por critérios de preferência e justiça" (*Curso de direito internacional privado*, cit., p. 245).

de, o DIPr é direito interno e o juiz só pode seguir a ordem de seu legislador, vale dizer, só pode decidir segundo os preceitos de seu próprio DIPr; o segundo, por sua vez, consiste na consideração de que, adotado em suas consequências o princípio do reenvio, chegar-se-ia *num perpetuum mobile*, ou numa sala de espelhos, ou, ainda, estar-se-ia jogando tênis internacional. Daí a sua conclusão, na esteira de Roberto Ago, de que "[p]osta essa premissa, parece lógico deduzir que a norma de direito internacional privado, quando quer inserir no ordenamento nacional uma norma estrangeira para a disciplina de um fato ou de uma relação da vida humana, não pode referir-se senão a uma norma substancial e precisamente àquela norma substancial que, no ordenamento jurídico ao qual se fez referência, contempla a particular categoria de relações à qual pertence a de que se trata".[36]

A crítica, porém, que se faz a esse segundo argumento é no sentido de que impor competência a um Estado que não almeja tal competência – tanto é que *devolve* ou *passa adiante* a competência atribuída – é o mesmo que tornar a *lex fori* superior à *lex causae*, em franca violação ao princípio da igualdade soberana dos Estados. Ferrer Correia, no entanto, a rebate, ao afirmar que "o problema a que o DIPr se propõe resolver não é um problema de respeito e coordenação de soberanias, mas sim o de definir para os diferentes tipos de situações do comércio jurídico internacional (melhor: para os diferentes tipos de questões de direito) – em função de interesses que primária e fundamentalmente dizem respeito aos sujeitos dessas situações e não aos Estados considerados como tais – a lei que mais convenha a cada um (a lei da mais forte conexão com os fatos)". Logo, conclui ele, "[n]em há ofensa de soberania no fato da não aplicação de uma lei que se repute aplicável, nem (*a fortiori*) no fato da aplicação de uma lei que se tenha por incompetente".[37]

Contudo, ainda que se aceite o argumento, é inegável que há demasiada prepotência no comando da *lex fori* quando indica norma estrangeira como aplicável, e esta se dá por incompetente, fazendo volver à aplicação da norma do foro (reenvio de primeiro grau) ou enviando a questão à legislação de terceiro Estado (reenvio de segundo grau). Especialmente nessa última hipótese, se a norma indicada pela norma de DIPr da *lex fori* reenvia a questão para a lei de terceiro Estado, concordando esta com a indicação, tem-se duas legislações concordes contra uma (*lex fori*) que, prepotentemente, faz prevalecer a sua vontade contra duas outras legislações entre si concordantes.

2.2.3 Importância prática do reenvio

Institutos internacionais importantes, como o *Institut de Droit International*, têm entendido que a solução adotada pelo direito brasileiro não foi das melhores. De fato, desde a sua sessão de Berlin de 1999, da qual foi *Rapporteur* o Sr. Kurt

---

[36] BATALHA, Wilson de Souza Campos. *Tratado de direito internacional privado*, t. I, cit., p. 174.
[37] FERRER CORREIA, A. *Lições de direito internacional privado*, vol. I, cit., p. 277.

Lipstein, o *Institut* tem recomendado que na aplicação do direito estrangeiro há de se levar em conta também as suas normas de DIPr, mesmo que tal faça aplicar "os reenvios de primeiro ou segundo graus".[38] Para nós, igualmente, o reenvio (em suas duas modalidades) seria importante para uniformizar a aplicação das normas de DIPr e evitar que uma questão multiconectada fique sem solução de mérito, como ocorre nos indesejados casos de *vácuo jurídico* (*v.* itens 4.1.4 e 4.2, *infra*).

A aceitação do reenvio (de primeiro e segundo graus) entre nós fez-se presente em vários debates no Congresso Nacional, desde o Projeto de Lei nº 4.905/95,[39] que o reintroduzia em seu art. 15, até o Projeto de Lei nº 269 do Senado, de 2004,[40] que o alocava em seu art. 16, assim redigido:

> Art. 16. *Reenvio* – Se a lei estrangeira, indicada pelas regras de conexão da presente Lei, determinar a aplicação da lei brasileira, esta será aplicada.
>
> § 1º Se, porém, determinar a aplicação da lei de outro país, esta última prevalecerá caso também estabeleça sua competência.
>
> § 2º Se a lei do terceiro país não estabelecer sua competência, aplicar-se-á a lei estrangeira inicialmente indicada pelas regras de conexão da presente Lei.

Merece ser lida, a propósito, a justificativa da comissão redatora do Projeto de Lei nº 269, acerca do tema: "Até 1942, nossos tribunais aceitavam o reenvio que o direito internacional privado de outro país fizesse à nossa lei. Assim, quando o direito internacional privado brasileiro mandasse aplicar lei de outro país e o direito internacional privado desse outro país remetesse a aplicação às leis brasileiras, aceitava-se tal indicação. A proibição do reenvio por parte do art. 16 da LICC [LINDB] não foi, em geral, bem recebida pelos jusprivatistas brasileiros. Tanto a doutrina (Haroldo Valladão), como a jurisprudência (Luiz Galotti) manifestaram severa crítica ao legislador. A doutrina nacional advoga, inclusive, a aceitação do reenvio feito pela lei indicada por nosso direito internacional privado à lei de um terceiro país – reenvio de segundo grau. A melhor ilustração do reenvio de segundo grau é dada pela hipótese de Ferrer Correia. Pessoa de nacionalidade portuguesa, domiciliada na Espanha, é julgada no Brasil. Segundo o direito internacional privado brasileiro, deve ela ser julgada pela lei de seu domicílio – Espanha. O direito internacional privado espanhol indica a aplicação da lei da nacionalidade da pessoa – Portugal – com o que a lei conflitual portuguesa concorda. Dessa maneira, Portugal e Espanha querem aplicar a lei portuguesa, ao passo que o Brasil deseja a aplicação da lei espanhola. Não faz sentido que a vontade da lei do país do domicílio e do país da nacionalidade da pessoa sejam rejeitadas pela vontade da *lex fori* (*Lições de Direito Internacional Privado*, Coimbra, Universidade, 1963,

---

[38] IDI, *La prise en compte du droit international privé étranger*, Berlin, 1999.

[39] Arquivado em 08.02.1997.

[40] Arquivado em 07.01.2011.

pp. 577-8). Daí propugnar-se pela aceitação do reenvio, inclusive de segundo grau, como estabelecido no projeto".

Como se nota, o art. 16 do Projeto de Lei nº 269 do Senado fazia coro à lição da melhor doutrina e à orientação de instituições especializadas, como o *Institut de Droit International*. Ocorre que o referido Projeto de Lei foi, como se sabe, arquivado em janeiro de 2011, acabando com a esperança da doutrina em ver novamente operando no Brasil os reenvios de primeiro e segundo graus. Assim, continua mantida, entre nós, a proibição completa de qualquer modalidade de reenvio, nos termos do que dispõe o art. 16 da LINDB.

2.2.4 Conclusão

Ainda que como princípio *geral* de DIPr seja o reenvio criticável, o certo é que, como explica Ferrer Correia, seria ele capaz de levar à harmonia das decisões se utilizado como *técnica*, é dizer, como "procedimento complementar de regulamentação da matéria própria deste ramo de direito, como *remate* da disciplina instituída pelas regras de conflitos, como modo de correção dos resultados do jogo normal dessas regras".[41] A solução radical da LINDB, contudo, não entendeu assim; não percebeu, em suma, a importância que teria o reenvio para a harmonização das decisões internacionais. Curioso é que a própria legislação italiana – na qual se abeberou a LINDB para impedir o reenvio entre nós – passou a readmitir o instituto a partir de 1995 na sua *Lei de Reforma* (Lei nº 218, de 31.05.1995).[42] O direito brasileiro, assim, quanto ao tema, parece ter ficado à margem dos significativos avanços do DIPr comparado.

Tout court, o conflito espacial negativo das normas de DIPr revolve-se, no direito brasileiro atual, em favor exclusivamente da *lex fori*.

3. Conflitos das normas de DIPr no tempo

Já se viu (*v.* Cap. I, item 2, *supra*) que o DIPr não se confunde com o *Direito Intertemporal*, pois visa resolver conflitos de leis *no espaço* com conexão inter-

---

[41] FERRER CORREIA, A. *Lições de direito internacional privado*, vol. I, cit., p. 299.

[42] *Verbis*: "Art. 13. *Rinvio*. 1. Quando negli articoli successivi è richiamata la legge straniera, si tiene conto del rinvio operato dal diritto internazionale privato straniero alla legge di un altro Stato: *a*) se il diritto di tale Stato accetta il rinvio; *b*) se si tratta di rinvio alla legge italiana. 2. L'applicazione del comma 1 è tuttavia esclusa: *a*) nei casi in cui le disposizioni della presente legge rendono applicabile la legge straniera sulla base della scelta effettuata in tal senso dalle parti interessate; *b*) riguardo alle disposizioni concernenti la forma degli atti; *c*) in relazione alle disposizioni del Capo XI del presente Titolo. 3. Nei casi di cui agli articoli 33, 34 e 35 si tiene conto del rinvio soltanto se esso conduce all'applicazione di una legge che consente lo stabilimento della filiazione. 4. Quando la presente legge dichiara in ogni caso applicabile una convenzione internazionale si segue sempre, in materia di rinvio, la soluzione adottata dalla convenzione". Sobre o tema no direito italiano, *v.* BALLARINO, Tito (*et al.*). *Diritto internazionale privato italiano*, cit., p. 90-96.

nacional, ao passo que este último soluciona conflitos de leis *no tempo*. Tal não significa, contudo, que entre as *próprias* normas de DIPr de um dado Estado não possam surgir conflitos intertemporais.[43] Trata-se do que se convencionou chamar de *Direito Intertemporal Internacional*, destinado a resolver os conflitos das normas de DIPr no tempo.

O problema aparece quando uma norma interna de DIPr altera a regulação conflitual de uma situação jurídica interconectada, anteriormente disciplinada por outra norma interna de DIPr.[44] Tal ocorre com maior expressividade quando é editada nova lei de DIPr em completa substituição à normativa anterior. Foi o caso, no Brasil, da edição da Lei de Introdução ao Código Civil em 1942, em substituição à anterior Introdução ao Código Civil de 1916. Exemplo de conflito intertemporal aparecia, *v.g.*, no art. 8º da Introdução de 1916 em confronto com o art. 7º da posterior LICC (atualmente denominada LINDB): enquanto em 1916 era a lei da *nacionalidade* que determinava as regras do estatuto pessoal, a partir de 1942 passou a ser a lei do *domicílio* a responsável por regular definitivamente a questão (*v.* Cap. II, item 5.2, *supra*).

À medida que aumentam as disparidades entre a norma nova e a antiga, podem surgir problemas de difícil resolução, a demandar criteriosa intervenção do julgador, mais ainda nas situações jurídicas apenas parcialmente resolvidas pela lei antiga e pela lei nova. Não interessam, porém, ao direito brasileiro, os conflitos no tempo das normas de DIPr estrangeiras, senão apenas os conflitos no tempo das normas de DIPr nacionais, uma vez que, como já se viu, a LINDB veda expressamente o reenvio (art. 16), é dizer, impede ao juiz nacional que aplique o direito conflitual da *lex causae* (obrigando-o a aplicar, tão somente, as normas *substanciais* estrangeiras). Interessa, porém, ao direito pátrio, a sucessão de leis (materiais) na ordem jurídica aplicável, é dizer, quando se altera, no tempo, o conteúdo substancial da norma estrangeira aplicável. O assunto, entretanto, refoge a este tópico. Diga-se, *tout court*, contudo, que a questão se resolve – salvo, evidentemente, afronta à ordem pública do foro – pelas regras da *lex causae* aplicáveis às antinomias de leis materiais no tempo, pois só assim o juiz nacional veria resolvido o problema como se juiz estrangeiro fosse.[45]

Qual norma nacional de DIPr se aplica havendo conflito no tempo? Em matéria de direito adquirido, de ato jurídico perfeito ou de coisa julgada, a regra é que se aplique a legislação *anterior* sobre a matéria em apreço, em detrimento da norma mais recente, tal como prevê o art. 5º, XXXVI, da Constituição Federal, segundo o qual "a lei não prejudicará o direito adquirido, o ato jurídico perfeito e a coisa

---

[43] Sobre o tema, cf. especialmente SAVIGNY, Friedrich Carl von. *Traité de droit romain*, t. 8, cit., p. 363-528; e PONTES DE MIRANDA, Francisco Cavalcanti. *Tratado de direito internacional privado*, t. I, cit., p. 317-340.

[44] Cf. PINHEIRO, Luís de Lima. *Direito internacional privado*, vol. I, cit., p. 467.

[45] Cf. FERRER CORREIA, A. *Lições de direito internacional privado*, vol. I, cit., p. 192-193.

julgada". Assim, havendo modificação nas normas do DIPr brasileiro, devem ser respeitados o direito adquirido, o ato jurídico perfeito e a coisa julgada, nos termos da legislação aplicável *ao tempo* em que o direito, o ato jurídico ou a coisa julgada se constituíram, salvo se se tratar de afronta à ordem pública ou aos bons costumes (LINDB, art. 17).[46] A norma constitucional referida, evidentemente, há de ser indistintamente aplicada a *quaisquer normas* internas, sejam elas materiais ou formais, infraconstitucionais ou constitucionais, ou, ainda, as do próprio DIPr (*v.* Cap. VI, item 5, *infra*).[47]

Veja-se, a propósito, o exemplo trazido por Luís de Lima Pinheiro, a ilustrar a questão.[48] Dois alemães, tio e sobrinha, ao tempo domiciliados no Brasil, celebraram em Portugal o seu casamento, em 1940. A norma de conflito brasileira então em vigor (Introdução ao Código Civil de 1916) mandava regular a questão da capacidade matrimonial pela lei *nacional* dos nubentes; a lei alemã, por sua vez, diferentemente da lei brasileira, não conhecia o impedimento de parentesco colateral em terceiro grau, pelo que o casamento haveria de ser considerado *válido*. Em 1942, a nova lei brasileira de DIPr (Lei de Introdução ao Código Civil) pôs em vigor a norma de conflitos segundo a qual a capacidade matrimonial deve ser apreciada pela lei do *domicílio* (art. 7º). Numa discussão judicial, em 1943, sobre a validade do casamento, deveria o juiz brasileiro entendê-lo válido (aplicando a lei antiga, de 1916) ou inválido (aplicando a nova lei, de 1942)? Para nós, a própria LICC (lei nova) resolveu a questão, ao disciplinar que "[a] Lei em vigor terá efeito imediato e geral, respeitados o *ato jurídico perfeito*, o direito adquirido e a coisa julgada" (art. 6º), entendendo-se por ato jurídico perfeito "o já consumado segundo a lei vigente ao tempo em que se efetuou" (art. 6º, § 1º). Trata-se, para a LICC, também de um *autocomando* normativo, que exclui a própria incidência da Lei de Introdução por razões de segurança jurídica, para o fim de resguardar a validade dos atos constituídos de acordo com a lei anterior. Seja como for, atualmente, como se disse, a questão guarda nível *constitucional* no Brasil, nos termos do art. 5º, XXXVI, da Constituição Federal de 1988, pelo que não caberiam dúvidas, no presente exemplo, sobre a validade no país do casamento dos colaterais alemães (tio e sobrinha) realizado em Portugal.

Problema maior, entretanto, surge quando não há norma específica (como a norma constitucional citada) a resolver a questão conflitual, caso em que caberá às regras do *Direito Intertemporal* comum solucioná-la. O que indicam tais regras? Segundo Batalha, "[a] maioria dos escritores (Habicht, Zitelmann,

---

[46] V. Silva, Agustinho Fernandes Dias da. *Introdução ao direito internacional privado*, cit., p. 67-68; e Batalha, Wilson de Souza Campos & Rodrigues Netto, Sílvia Marina L. Batalha de. *O direito internacional privado na Organização dos Estados Americanos*, cit., p. 58.

[47] A regra em questão já se encontrava presente no direito brasileiro desde a edição da LICC, em 1942 (e mantida pela atual LINDB).

[48] Pinheiro, Luís de Lima. *Direito internacional privado*, vol. I, cit., p. 469. Assim também, Balladore Pallieri, Giorgio. *Diritto internazionale privato italiano*, cit., p. 67.

Diena, Roubier, Batifoll, Yanguas Messía, Christian Gavalda, Niederer, Miaja de la Muela, Aguilar, Lazcano) sustenta que o conflito entre as regras sucessivas de Direito internacional privado deve ser encarado como um conflito entre regras sucessivas de Direito interno, por motivos de analogia evidentes, uma vez que a irretroatividade das leis se impõe tanto num domínio quanto no outro; assim, as novas regras de conflitos devem aplicar-se apenas no caso em que se aplicaria, em Direito interno, a lei nova; ao contrário, todos os casos, que, segundo o Direito interno, recairiam sob a aplicação da lei antiga, seriam tratados segundo as antigas regras de conflito". E arremata: "Roubier, que segue esta última corrente de ideias, pondera que as situações jurídicas de Direito internacional privado são absolutamente idênticas, sob o ponto de vista que nos interessa, às situações jurídicas do Direito interno, porque a presença ou ausência de um elemento estrangeiro em uma situação jurídica, em que consiste a sua diferença, não interessa ao Direito intertemporal, em que se analisam as situações jurídicas unicamente segundo o seu desenvolvimento no tempo".[49] Repita-se, porém, que essa solução somente se aplica quando não há norma específica no foro a solucionar o problema, pois se houver norma como a regra constitucional brasileira, o *Direito Intertemporal* comum *cede* perante o controle de constitucionalidade, pelo que (no caso do direito brasileiro atual) a norma *anterior* é que será aplicada, em respeito aos direitos adquiridos e aos atos já constituídos.

Em suma, por serem as normas de DIPr normas de índole interna, o conflito entre normas sucessivas de DIPr há de se resolver, na falta de disposição específica, segundo as regras comuns de *Direito Intertemporal* em vigor no Estado. Foi o que também decidiu o *Institut de Droit International* na sua sessão de Dijon, de 1981, da qual foi *Rapporteur* o Sr. Ronald Graveson, para o qual: "O efeito no tempo da modificação de uma regra de direito internacional privado é determinado pelo sistema ao qual essa regra pertence".[50] Tal solução, repita-se, baseia-se no fato de pertencerem as regras sobre conflitos de leis no tempo ao ordenamento jurídico (ordem interna) de cada Estado, devendo, portanto, *esse mesmo* ordenamento resolver eventuais questões intertemporais que apareçam.[51]

Havendo conflito no tempo de normas de DIPr de *ordem pública*, este sempre se resolve em favor da norma *mais recente*, é dizer, da existente ao tempo *do processo* (do *exequatur* ou da apreciação dos efeitos jurídicos pelo juiz), salvo regra intertemporal expressa.[52] De fato, não se opõem direitos adquiridos às normas de ordem pública (de DIPr ou não) mais recentes, pelo que estas sempre prevalecerão sobre

---

[49] BATALHA, Wilson de Souza Campos. Tratado de direito internacional privado, t. I, cit., p. 143-144.

[50] IDI, *Le problème intertemporel en droit international privé*, Dijon-1981.

[51] Cf. TENÓRIO, Oscar. *Direito internacional privado*, vol. I, cit., p. 57; e BATALHA, Wilson de Souza Campos. Tratado de direito internacional privado, t. I, cit., p. 149-150.

[52] V. PONTES DE MIRANDA, Francisco Cavalcanti. *Tratado de direito internacional privado*, t. I, cit., p. 336.

aqueles. No plano do direito substancial, cite-se como exemplo o direito adquirido a ter escravos, que não subsiste à norma de ordem pública que rechaça veementemente esse tipo de violação a direitos humanos.

4. Aplicação substancial das normas de DIPr

Verificados o caráter indicativo ou indireto das normas de DIPr (item 1, *supra*), seus conflitos no espaço (item 2, *supra*) e no tempo (item 3, *supra*), cabe agora estudar a sua aplicação *substancial*. Para se chegar, porém, a essa aplicação, deve o juiz seguir uma metodologia que se inicia com a qualificação da relação jurídica, seguindo-se à determinação do elemento de conexão, para chegar, finalmente, à determinação da lei aplicável e sua efetiva aplicação ao caso concreto.

Quando, *v.g.*, uma norma de DIPr da *lex fori*, como a insculpida no art. 7º, *caput*, da LINDB, estabelece que "[a] lei do país em que domiciliada a pessoa determina as regras sobre o começo e o fim da *personalidade*, o *nome*, a *capacidade* e os *direitos de família*", cabe, primeiramente, a indagação *do que se considera* "personalidade", "nome", "capacidade" e "direitos de família" na lei do país em que domiciliada a pessoa (*v.g.*, na França, na Alemanha, na Holanda, na Itália, nos Estados Unidos, no Chile, no Uruguai etc.).

Em razão da formulação e redação *genérica* das normas do DIPr presentes nas legislações estatais, as quais *não definem* o conteúdo daquilo que estão a prever, nasce o problema de saber se a questão que suscita o conflito de leis no espaço *se enquadra ou não* em determinado grupo ou categoria jurídica; nasce a necessidade de saber, *v.g.*, se a doação *causa mortis* constitui tema do "direito das obrigações" ou do "direito sucessório", se o casamento entre pessoas do mesmo sexo pertence às relações de "direito de família" ou "societárias" etc. Para tanto, faz-se necessário, em primeiro lugar, investigar qual o exato enquadramento jurídico da questão posta *sub judice*, ao que se nomina *problema das qualificações*.[53]

4.1 Problema das qualificações

Qualificar significa, em DIPr, determinar a natureza de um fato ou instituto para o fim de enquadrá-lo em uma categoria jurídica existente.[54] Trata-se do exercício que

---

[53] Estamos com Oscar Tenório, para quem não se deve falar, a rigor, em "teoria" ou "doutrina" da qualificação, senão apenas em "problema das qualificações" (cf. seu *Direito internacional privado*, vol. I, cit., p. 314). No mesmo sentido, *v.* DINIZ, Maria Helena. *Lei de Introdução ao Código Civil Brasileiro interpretada*, cit., p. 31-32.

[54] Cf. ESPINOLA, Eduardo. *Elementos de direito internacional privado*, cit., p. 350-351; ARMINJON, Pierre. L'objet et la méthode du droit international privé, cit., p. 442; WOLFF, Martin. *Derecho internacional privado*, cit., p. 88-90; NIBOYET, J.-P. *Cours de droit international privé français*, cit., p. 453; BALLADORE PALLIERI, Giorgio. *Diritto internazionale privato italiano*, cit., p. 76-86; AUDIT, Bernard & d'AVOUT, Louis. *Droit international privé*, cit., p. 235-236; e BALLARINO, Tito (*et al.*). *Diritto internazionale privato italiano*, cit., p. 96-97. O problema

há de fazer o juiz para compreender *em que* âmbito jurídico terá enquadramento o fato ou instituto trazido à questão *sub judice* (se se trata, *v.g.*, de um caso de *direito pessoal*, de *direito das coisas*, de *direito das obrigações*, de *direito de família*, de *direito das sucessões* etc.). Tomem-se, a propósito, os seguintes exemplos trazidos por Irineu Strenger: a doação *causa mortis* é matéria de obrigação ou sucessão? Arrendamento é direito pessoal ou real? Outorga uxória em fiança é problema de capacidade ou corresponde aos efeitos das obrigações? O Estado recolhe a herança jacente a título de herdeiro ou por ocupação? A prescrição é instituto de direito formal ou material?[55]

Como se nota, apenas qualificando corretamente os fatos ou institutos jurídicos alegados *sub judice* é que poderá o juiz encontrar o devido elemento de conexão, localizar o direito aplicável e submetê-lo, finalmente, à decisão de fundo. Disso resulta a necessidade de se compreender o problema das qualificações e todas as suas consequências no DIPr.

4.1.1 Fundamento

A qualificação existe pelo fato de várias questões jurídicas apresentarem intensa controvérsia sobre o seu enquadramento científico na legislação dos diversos países. À medida que cada qual cataloga (classifica, qualifica) um mesmo instituto à sua própria maneira, segundo a sua tradição e a sua cultura jurídica, torna-se necessário verificar, nas questões de DIPr, qual a natureza jurídica do instituto em causa antes da aplicação do elemento de conexão indicado.

Seria, de fato, de todo desnecessário estudar o problema das qualificações se em todas as legislações do mundo as questões jurídicas guardassem idêntico enquadramento, isto é, a mesma classificação. Ocorre que tal uniformidade jamais ocorre, pois todos os Estados, no exercício de sua soberania, classificam os institutos jurídicos à sua livre escolha.

Assim, *v.g.*, enquanto numa dada ordem jurídica a "doação *causa mortis*" poderá ser matéria de "obrigação", noutra poderá enquadrar-se no tema "sucessão"; enquanto num país a instituição "casamento" poderá (como no Brasil) ser matéria de "direito de família", em outro poderá ser tema de "direito obrigacional"; em um país a divisão de bens no divórcio poderá enquadrar-se no "direito de família", enquanto, em outro, estará afeta ao "direito das sucessões" etc.

O juiz, evidentemente, depende desse conhecimento – saber se se está diante de tema *obrigacional*, de *família* ou *sucessório* – para localizar a regra de conexão aplicável ao caso concreto. Somente "caracterizando" ("definindo") o fato ou instituto jurídico em causa é que poderá o juiz localizar o competente elemento de conexão e dar ao caso concreto a solução devida.

---

das qualificações foi proposto, pioneiramente, por Etienne Bartin em 1897, especialmente na análise da jurisprudência francesa relativa ao caso da "viúva maltesa" (*v. infra*).

[55] STRENGER, Irineu. *Direito internacional privado*, cit., p. 374-375.

4.1.2 Conceito e entendimento

A qualificação é o processo técnico-jurídico pelo qual se busca enquadrar os fatos ou institutos jurídicos discutidos no processo relativamente às classificações existentes na lei ou no costume, encontrando-se a solução mais adequada para os diversos conflitos que se apresentam entre as pessoas.[56] Ou para usar a bela analogia de Amilcar de Castro, a qualificação é "como a clave que se coloca no princípio da pauta musical para fixar a posição das notas e lhes determinar a entonação", pelo que, "[a]ssim como as notas musicais podem ser governadas pela clave de sol, de fá, ou de dó, assim também as noções, os conceitos, as instituições jurídicas, de uma para outra jurisdição, podem ser dominados por qualificações diferentes".[57]

Como se nota, a qualificação, para efeito de aplicação substancial das normas de DIPr, tem lugar no que tange ao *objeto de conexão* (*v.g.*, o contrato, o casamento, a doação, a herança etc.) da norma indicativa ou indireta, não no que toca ao elemento de conexão,[58] que será investigado *depois* de qualificado o instituto em apreço.[59] Portanto, a aplicação efetiva do elemento de conexão indicado pela norma indicativa de DIPr implica o exercício *anterior* de qualificar o instituto (objeto) em causa, para saber qual o seu exato enquadramento jurídico, tendo em vista a divergência de categorizações presente nos ordenamentos dos diversos países. Tal como a clave antecede as notas na pauta musical, assim também a qualificação há de ter lugar *antes* de se escolher a norma conflitual (e o consequente elemento de conexão) a reger o caso concreto.[60]

Assim, o primeiro passo a ser realizado pelo juiz do foro é (*a*) *qualificar* (classificar) o instituto jurídico em causa, para somente depois (*b*) *localizar* a sede da questão colocada pela norma de DIPr (encontrando-se o elemento de conexão competente) e, finalmente, (*c*) *determinar* e *aplicar* a norma competente para a resolução do problema.

Tomando-se como exemplo o art. 9º da LINDB (*verbis*: "Para qualificar e reger as obrigações, aplicar-se-á a lei do país em que se constituírem"), tem-se que a *classificação* é a constituição da obrigação, sua *localização* é o país em que a mesma se constituiu e o *direito determinado* é o desse país.[61] Em outro exemplo, se ao qualificar a questão *sub judice* verificou o juiz tratar-se de um caso de *direito das sucessões*, pois relativo a saber se determinada pessoa tem capacidade para herdar e em que ordem herda, o elemento de conexão competente (último domicílio do *de cujus*)

---

[56] V. Dolinger, Jacob. *Direito internacional privado...*, cit., p. 361-361, que utiliza a seguinte fórmula: "conceituar + classificar = qualificar".

[57] Castro, Amilcar de. *Lições de direito processual civil e direito internacional privado*, cit., p. 73.

[58] Cf. Rechsteiner, Beat Walter. *Direito internacional privado...*, cit., p. 136.

[59] Para a qualificação dos elementos de conexão, *v.* Cap. V, item 3, *infra*.

[60] Cf. Castro, Amilcar de. *Lições de direito processual civil e direito internacional privado*, cit., p. 73-74.

[61] V. Dolinger, Jacob. *Direito internacional privado...*, cit., p. 290.

será encontrado no art. 10, *caput*, da LINDB, segundo o qual "[a] sucessão por morte ou por ausência obedece à lei do país em que era domiciliado o defunto ou o desaparecido, qualquer que seja a natureza e a situação dos bens".[62] Nesse exemplo, qualificada a questão *sub judice* (caso de direito das sucessões) e descoberto o competente elemento de conexão (último domicílio do falecido), resta ao juiz efetivamente *aplicar* a lei indicada pela norma de DIPr e *resolver* a questão principal.

O processo de qualificação – que leva ao conhecimento do elemento de conexão – toma em consideração, como explica Jacob Dolinger, um de três diferentes aspectos: o *sujeito*, o *objeto* ou o *ato jurídico*, tudo dependendo da categorização que se tiver estabelecido inicialmente. Aqui, tem-se uma classificação tripartite assim estabelecida: *a)* quando a decisão for relativa a saber por qual direito será regido o estatuto pessoal e a capacidade do sujeito, a localização da sede da relação jurídica se fará em função do seu titular (o sujeito do direito); *b)* no tratamento do estatuto real, há de se localizar a sede jurídica pela situação do bem (móvel ou imóvel); e *c)* no que tange à localização dos atos jurídicos, sua sede se define ou pelo local da constituição da obrigação, ou pelo local da sua execução.[63] *Sujeito*, *objeto* e *ato jurídico* compõem, aqui, as espécies de *objetos de conexão* da norma sobre os quais recai a atividade qualificadora.

Exemplo clássico sobre o problema da qualificação é o sempre lembrado caso da viúva maltesa, relativo a um casamento de casal maltês ocorrido na ilha mediterrânea de Malta, sem pacto antenupcial. No caso, após o casamento o casal transferiu-se para a Argélia, em 1889, tendo ali o esposo feito grande fortuna. Falecido o marido, a viúva vindicou perante o juiz francês, segundo a lei maltesa, o usufruto das propriedades deixadas pelo *de cujus* em território argelino (então administrado pela França). O recurso à lei maltesa deu-se pelo fato de que o direito francês, em vigor na Argélia, não dava à viúva qualquer possibilidade de ficar com os bens do *de cujus*. Assim, viu-se o juiz francês diante do seguinte problema: se enquadrasse a questão no *direito sucessório* à viúva nada caberia, pois, segundo a lei francesa, em matéria de sucessão deveria ser obedecida a *lex sitae* (e a legislação francesa negava qualquer direito sucessório à viúva); se, porém, enquadrasse o problema no *direito matrimonial*, a norma francesa de conflito levaria à aplicação da lei maltesa, permitindo-se à viúva participar dos bens do marido (arts. 17 e 18 do Código de Malta). O tribunal, ao final, qualificou o caso como de *direito matrimonial* e não *direito sucessório*, decidindo, assim, em favor da viúva.[64]

Trata-se de assunto controvertido em DIPr, que não tem levado a doutrina (nacional ou estrangeira) a soluções uniformes. Daí a devida análise que se há de fazer do tema em compêndio dedicado ao DIPr.

---

[62] Cf. BASSO, Maristela. *Curso de direito internacional privado*, cit., p. 162.

[63] DOLINGER, Jacob. *Direito internacional privado...*, cit., p. 290.

[64] Sobre o caso, *v.* STRENGER, Irineu. *Direito internacional privado*, cit., p. 378.

4.1.3 Qualificação por etapas

Como, afinal, se qualificam os objetos de conexão apresentados no processo ao juiz? Colhem-se os conceitos estabelecidos pela *lex fori* ou pela *lex causae*?

Para nós, seguindo a orientação de Haroldo Valladão, a qualificação dos fatos ou institutos jurídicos submetidos ao processo deve realizar-se *por etapas*; em primeiro plano, pelos conceitos do DIPr ou do direito substancial da *lex fori* (qualificação provisória) e, posteriormente, se necessário, pelo que determinar o direito material da *lex causae* (qualificação definitiva).[65] Na *lex fori* se utilizam os conceitos tanto *de DIPr* quanto *de direito material*,[66] e na *lex cause* apenas os conceitos de direito material existentes, dada a impossibilidade de reenvio no direito brasileiro (LINDB, art. 16).

Será a lei *do juízo* (de DIPr ou material) a responsável por determinar, *antes de tudo*, inexistindo divergência com a *lex causae*, a natureza jurídica de tais fatos ou institutos jurídicos. De fato, se para localizar a norma de DIPr aplicável à situação concreta é necessário, antes, qualificar o tema (fato ou instituto) debatido no processo, parece evidente que não há de caber senão à *lex fori* determinar o seu devido enquadramento jurídico. Assim, *v.g.*, se a *lex fori* determina o que se entende por "personalidade", "ato jurídico", "nome", "capacidade" ou "direitos de família", será conforme a sua concepção que deverão ser compreendidas tais categorias. Tal é assim pelo fato de que, nessa fase processual, inexiste ainda direito definido como aplicável pela norma de DIPr; seria, portanto, de todo impossível determinar a norma de DIPr aplicável sem a qualificação provisória levada a efeito pela *lex fori*.[67]

Se, contudo, a lei indicada como competente (*v.g.*, a lei do domicílio da pessoa ou do *de cujus*) divergir sobre a interpretação daquela categoria de normas, adotando qualificação material diversa da encontrada na *lex fori*, será segundo *a sua* qualificação que deverá tal categoria de normas ser interpretada, nos termos dos seus conceitos e classificações (qualificação definitiva).[68] Há, aqui, o que se nomina *conflito de qualificações* (*v.* item 4.2, *infra*).

---

[65] Cf. VALLADÃO, Haroldo. *Direito internacional privado…*, cit., p. 261; no mesmo sentido, cf. SILVA, Agustinho Fernandes Dias da. *Introdução ao direito internacional privado*, cit., p. 70-71. Ainda sobre o tema, cf. CALIXTO, Negi. Interpretação do direito internacional privado. *Revista de Informação Legislativa*, ano 21, nº 83, Brasília, jul./set. 1984, p. 87-104; e DIAZ LABRANO, Roberto Ruiz. *Derecho internacional privado…*, cit., p. 213-223.

[66] Aqui a nossa parcial divergência com Haroldo Valladão e Agustinho Fernandes Dias da Silva, que entendem que a primeira etapa verificadora só pode obedecer aos conceitos *do DIPr* do foro, não aos do *direito material* da *lex fori*. Não vemos motivos, no entanto, para excluir da etapa de verificação preliminar os conceitos do direito material da *lex fori*, notadamente porque a LINDB tem campo conceitual restritíssimo.

[67] Cf. BATALHA, Wilson de Souza Campos. *Tratado de direito internacional privado*, t. I, cit., p. 191-192.

[68] Cf. VALLADÃO, Haroldo. *Direito internacional privado…*, cit., p. 261; e SILVA, Agustinho Fernandes Dias da. *Introdução ao direito internacional privado*, cit., p. 70-71. Frise-se que já se

Tal somente não será assim, ou seja, apenas não se qualificará o instituto em questão pelas etapas inicial (qualificação provisória) e posterior (qualificação definitiva) quando: *a*) houver tratado internacional em vigor no Estado a prever regras para a qualificação (eis que, nesse caso, trata-se de respeitar norma convencional que *prevalece* a todas as normas internas de DIPr);[69] *b*) a *lex fori* expressamente determinar a prevalência exclusiva da *sua* qualificação, como fez o Código Civil egípcio de 1948, ao dispor que, "[e]m caso de conflito entre diversas leis num determinado julgamento, a lei egípcia será competente para qualificar a categoria a que pertence a relação jurídica, a fim de indicar a lei aplicável" (o juiz, aqui, como se vê, vincula-se à *sua* lei de DIPr, não podendo agir de modo contrário); ou *c*) a *lex fori* expressamente estabelecer (sub)qualificação pela *lex causae*, como faz a LINDB relativamente aos *bens* e às *obrigações* (arts. 8º, *caput*, e 9º, *caput* – v. *infra*).[70] Por sua vez, nos sistemas de integração supranacional, como, *v.g.*, o da União Europeia, tem-se ainda outro critério para a qualificação do conteúdo das normas conflituais advindas de atos jurídicos da União, qual seja, o atinente ao que disciplina a jurisprudência do Tribunal de Justiça da União Europeia.[71]

Seja como for, o certo é que enquanto inexistente uma *qualificação-tipo* ou *qualificação universal* dos fatos ou institutos jurídicos submetidos ao processo, a

---

defendeu a qualificação exclusiva pela *lex causae*, como fez DESPAGNET, Frantz. *Des conflits de lois relatifs à la qualification des rapports juridiques*. Paris: Marchal & Billard, 1898, seguido na Alemanha por WOLFF, Martin. *Derecho internacional privado*, cit., p. 95, que assim leciona: "A segunda tese [de Despagnet] é a acertada. É necessário partir do princípio de que uma ordenação de Direito Internacional Privado concebe *todo preceito jurídico estrangeiro* e toda instituição jurídica nele baseada da mesma maneira que o próprio Direito estrangeiro concebe aqueles preceitos e instituições, porque carece de uma qualificação jurídica própria para as criações do Direito estrangeiro e deve submeter-se, portanto, à qualificação que o Direito estrangeiro faça de suas próprias normas. É a única maneira de evitar a aplicação do Direito estrangeiro de modo que repugne ao espírito desse Direito". O Projeto de Lei nº 269 do Senado, de 2004, por sua vez, adotava a qualificação exclusiva pela *lex fori*: "A qualificação destinada à determinação da lei aplicável será feita de acordo com a lei brasileira". Pensamos, contudo, que a qualificação mais precisa é aquela realizada, quando necessário, por etapas (qualificação *provisória* e *definitiva*), tal como proposta por Haroldo Valladão.

[69] Vários tratados internacionais trazem em seu bojo normas qualificadoras. Como exemplo, pode ser citado o Tratado de Direito Comercial Terrestre de Montevidéu, de 1940, que define "domicílio comercial" nos seguintes termos: "Domicílio comercial é o lugar onde o comerciante ou a sociedade comercial têm o seu principal local de negócios" (art. 3º).

[70] O Código Bustamante, também no que tange aos *bens* e às *obrigações*, foge à regra da *lex fori* e estabelece que a (sub)qualificação deve realizar-se pela *lex causae* (arts. 112, 113 e 164). A seguir, explicar-se-á por que, nesses casos, se fala em *(sub)qualificação*, e não propriamente em "qualificação" pela *lex causae*.

[71] V. COACCIOLI, Antonio. *Manuale di diritto internazionale privato e processuale*. vol. 1, cit., p. 95. Cf. também, SAULLE, Maria Rita. *Diritto comunitario e diritto internazionale privato*. Napoli: Giannini, 1983. Sobre as novas tendências do DIPr no âmbito da União Europeia, v. MICHAELS, Ralf. The new European choice-of-law revolution. *Tulane Law Review*, vol. 82, nº 5, may 2008, p. 1607-1644.

natureza jurídica de tais fatos ou institutos há de ser determinada por etapas, iniciando pela *lex fori* e terminando pela *lex causae*, quando os conceitos desta divergirem dos daquela, salvo os casos excepcionais acima referidos. Em última análise, portanto, a qualificação *de fundo* será dada, em caso de dissonância com os preceitos da *lex fori*, pela lei indicada pela norma de DIPr para resolver a lide, pois é nessa que se encontram as características intrínsecas do instituto potencialmente aplicável ao caso concreto. A interpretação, pelo juiz da causa, da norma indicada para solucionar a questão, quando distinto o seu conceito do da *lex fori*, é medida impositiva que brinda a melhor justiça, pois aproxima o ponto de conexão material da questão *sub judice* com aquilo que o próprio ordenamento do juiz do foro entendeu por competente para o deslinde do caso. Em verdade, como se nota, é a vontade da própria *lex fori* que se está a respeitar.[72]

4.1.4 Exceção dos bens e das obrigações

A solução apontada pela LINDB para a qualificação dos *bens* é, como se falou, no sentido aplicar a lei do país *em que estiverem situados* (art. 8º, *caput*); e para a qualificação das *obrigações*, a lei do país *em que se constituírem* (art. 9º, *caput*).[73] Frise-se, contudo, que as "obrigações" referidas pelo *caput* do art. 9º da LINDB são aquelas extracontratuais, diferentemente das referidas no § 2º do mesmo dispositivo, que são obrigações provenientes de contratos (reputando-se constituídas "no lugar em que *residir o proponente*").[74] Seja como for, o que se pretende agora esclarecer é que a LINDB aponta a qualificação dos bens e das obrigações pela lei do local

---

[72] Sem razão, portanto, a lição de Amilcar de Castro, para quem "[n]ão se compreende como, na mesma jurisdição, a mesma instituição possa ter, para a escolha da norma de direito internacional privado, qualificação diferente da que tem para a escolha da norma de direito primário, já que, em cada ordem jurídica, a função específica do direito internacional privado é a de completar ou adequar o direito primário indígena, onde este se mostre, no todo ou em parte, insuficiente ou inamoldável à apreciação dos fatos anormais" (*Direito internacional privado*, cit., p. 219). O argumento não convence, pois não pudesse o juiz do foro qualificar diferentemente da *lex fori* o fato ou instituto em questão, também não poderia aplicar o direito estrangeiro enquanto tal, *como se juiz estrangeiro fosse*; não poderia adaptar a aplicação de instituições desconhecidas do direito doméstico, para o fim de resolver com justiça o caso concreto; não lhe caberia, ademais, aplicar o que determina expressamente a própria LINDB relativamente à qualificação de fundo dos bens (art. 8º) e das obrigações (art. 9º). O DIPr, como se nota, é direito especial, *sobredireito*, cuja aplicação não há de guardar similitude ou paralelismo com a aplicação interna *do direito interno*. Nada de estranho ou de anormal, assim, existe na qualificação *lex causae* (definitiva) de determinado fato ou instituto e sua respectiva utilização no foro para o fim de aplicação (correta) da lei estrangeira indicada pela norma nacional de DIPr. Trata-se, como se disse, da própria vontade da *lex fori* que se está a respeitar neste caso.

[73] Cf. RODAS, João Grandino. Choice of law rules and the major principles of Brazilian private international law, cit., p. 315-331.

[74] *V.* Parte II, Cap. V, item 1, *infra*.

da situação e da constituição, respectivamente. Tal levou a totalidade da doutrina brasileira a afirmar tratar-se de qualificação exclusiva pela *lex causae*.

Para nós, diferentemente, em ambas as hipóteses a LINDB leva à *falsa ideia* de se tratar de qualificação exclusiva pela *lex causae*. Em verdade, nesses casos, o que existe é apenas *subqualificação (qualificação da qualificação)* pela *lex causae*, uma vez que sem *pré*-qualificação (única) pela *lex fori* – para saber se se trata verdadeiramente de "bem" ou de "obrigação" o que se apresenta em juízo – não há como qualificar (subqualificar) o bem em *móvel* ou *imóvel*, *fungível* ou *infungível*, *consumível* ou *inconsumível*, ou a obrigação como de *dar*, de *fazer*, de *não fazer* etc. Tais subqualificações é que são de competência exclusiva da *lex causae*, não a primeira, *única*, levada a efeito pela *lex fori* (daí se tratar, como se disse, de exceção à qualificação por etapas, pois aqui existe *qualificação* única pela *lex fori* e apenas *subqualificação* pela *lex causae*). Se se qualifica, *v.g.*, o rompimento de esponsais (noivado) como tema de direito de família, a conexão aplicável será o domicílio; mas, qualificado (corretamente) o instituto como tema pertencente às obrigações *ex delicto*, a conexão própria será o local da quebra do compromisso, com a (sub) qualificação que lhe dá a lei desse local (*v*. Parte II, Cap. III, item 2.1, *infra*).

Assim, deve-se ler os dispositivos da LINDB (art. 8º, *caput*; art. 9º, *caput*, e § 2º) entendendo tratar-se, em verdade, de *subqualificação* dos bens e das obrigações pela *lex causae*, quando já se sabe ser um "bem" ou uma "obrigação" o que se discute em juízo (o que se realiza, primeiramente, pela *lex fori*).

Bem compreendido esse ponto, o que se pretende aqui deixar claro é que, relativamente à (sub)qualificação dos bens e das obrigações, a norma brasileira adotou a classificação pela *lex causae*, quando, então, o juiz nacional será *obrigado* a assim proceder. Se, porém, a lei do país em que os bens estejam situados ou em que as obrigações se constituíram remeter a sua qualificação à lei diversa, ainda que revolva à *lex fori*, não poderá o juiz brasileiro amparar-se nessa norma (norma de retorno) para qualificar as categorias de bens ou de obrigações referidos, pois o art. 16 da LINDB proíbe expressamente o *reenvio*. Segundo Haroldo Valladão, a lei brasileira da DIPr se contradisse ao condenar, no art. 16, o princípio da devolução, "ao declarar que a lei competente não seria aplicada quando remetesse a outra lei, o que importou em não a aplicar integralmente, em mutilá-la, deformá-la, uma vez que a remissão por ela estabelecida é sua parte constitutiva, inseparável".[75] Certo é que a LINDB, na intenção de evitar incertezas, pretendeu qualificar, expressamente, os fatos e as relações atinentes aos *bens* (art. 8º) e às *obrigações* (art. 9º). Contudo, como assevera Oscar Tenório, em tais casos "ficou o campo legal das qualificações muito restrito, porque, na doutrina e na jurisprudência, muito antes que aflorassem os debates a respeito, os bens têm participado do princípio fundamental da territorialidade; e as obrigações, do lugar de sua constituição".[76]

---

[75]   VALLADÃO, Haroldo. *Direito internacional privado...*, cit., p. 261.

[76]   TENÓRIO, Oscar. *Direito internacional privado*, vol. I, cit., p. 309.

Em todos os demais casos que não envolvam bens ou obrigações, a qualificação poderá ser *ou não* confirmada pela *lex causae* (no caso dos bens e das obrigações não se *confirma* pela *lex causae* se é "bem" ou "obrigação" o que se apresenta ante o foro, senão apenas se *subqualifica* o bem ou a obrigação pela lei da situação ou da constituição, respectivamente). Ou seja, em todos os outros casos não expressamente previstos na LINDB, as qualificações e subqualificações poderão ter início *e fim* pela *lex fori*. Prova disso é o fato de o legislador brasileiro ter excepcionado apenas dois casos em que a (sub)qualificação realiza-se exclusivamente pela *lex causae*.[77]

Frise-se, no entanto, que não obstante ter pretendido evitar incertezas, não foi feliz a LINDB no estabelecimento da regra da (sub)qualificação pela *lex causae* no que tange aos bens e às obrigações. Explica-se. Segundo a LINDB, caberá exclusivamente à *lex causae* (sub)qualificar os bens (em móveis ou imóveis, fungíveis ou infungíveis etc.) e as obrigações (em de dar, fazer, não fazer etc.) já previamente entendidos como "bens" e "obrigações" pela *lex fori*. Ocorre que o "bem" ou a "obrigação" em causa – que levaria, respectivamente, aos elementos de conexão "local da situação" e "local da constituição" – pode não corresponder à qualificação dada ao fato pela lei indicada (*lex causae*). No Brasil, sabe-se já, o rompimento de esponsais se qualifica (assim como na França) como matéria obrigacional, o que faz incidir a lei do local de sua constituição; tendo sido a "obrigação" esponsalícia quebrada na Alemanha, caberia, então, ao direito alemão (sub)qualificar a obrigação e regê-la em sua integralidade. No entanto, no direito alemão os esponsais pertencem ao domínio do direito de família, e seria impossível (sub)qualificar uma "obrigação" que como tal não se apresenta na legislação indicada. Aqui se está diante de hipótese em que a norma de DIPr brasileira determina a aplicação de lei estrangeira que não logrará, jamais, (sub)qualificar a predefinida "obrigação" nas subespécies conhecíveis do direito das obrigações. Trata-se, como se nota, de completo *vácuo jurídico*, apenas preenchido, em nosso direito, dada a impossibilidade de reenvio e, inclusive, de harmonização das soluções respectivas, pela aplicação exclusiva da *lex fori* (voltaremos ao tema quando do estudo do conflito de qualificações – *v.* item 4.2, *infra*). Fosse, no entanto, autorizado o reenvio no Brasil, a questão se resolveria reenviando a qualificação realizada pelo direito alemão (esponsais como matéria de "direito de família") à lei do país em que domiciliada a pessoa.[78]

4.1.5 Regras do Código Bustamante

O Código Bustamante, em regra mais hermética, previu que a qualificação dos institutos jurídicos deve ser realizada apenas nos termos da *lex fori*, salvo as exce-

---

[77] Compreendido o que se entende por subqualificação, no decorrer deste livro as referências ao tema volverão à "qualificação" dos bens e das obrigações, mantendo a uniformidade redacional da LINDB.

[78] Sobre o reenvio de qualificações, *v.* LEQUETTE, Yves. Le renvoi de qualifications. *Mélanges dédiés à Dominique Holleaux*. Paris: Litec, 1990, p. 249-262.

ções expressamente previstas (como, *v.g.*, as relativas também a *bens* e *obrigações*, nos termos dos arts. 112, 113 e 164). Essa regra vem colocada no art. 6º do Código, segundo o qual:

> Em todos os casos não previstos por este Código, cada um dos Estados contratantes aplicará a sua própria definição às instituições ou relações jurídicas que tiverem de corresponder aos grupos de leis mencionadas no art. 3º.

O grupo de leis referido pelo citado art. 3º é o seguinte: *a*) as que se aplicam às pessoas em virtude do seu domicílio e da sua nacionalidade (grupo de ordem pública interna); *b*) as que obrigam por igual a todos os que residem no território, sejam ou não nacionais (grupo de ordem pública internacional); e *c*) as que se aplicam somente mediante a expressão, a interpretação ou a presunção da vontade das partes ou de alguma delas (grupo de ordem privada). Fora esses casos, a *contrario sensu*, deverá o juiz nacional aplicar a definição atinente a determinada instituição ou relação jurídica segundo o entendimento da *lex causae*. Sendo o Código Bustamante um tratado internacional, suas disposições obrigam convencionalmente os seus dezesseis Estados-partes (em suas relações entre si) por prevalecerem sobre as normas de DIPr do direito interno.

4.1.6 Instituições desconhecidas

Por fim, destaque-se que a qualificação realizada pela *lex fori* pode também apresentar problemas quando o direito nacional *desconhece* o instituto jurídico que se pretende qualificar ou em relação ao qual não há regulamentação interna. O direito islâmico, nesse particular, tem suscitado questões desse gênero no mundo ocidental.[79] Também o direito inglês contém institutos desconhecidos do direito brasileiro, de que é exemplo o *trust*. Em casos como tais, ou seja, quando se está diante de uma "instituição desconhecida" do direito interno, surge o problema de saber *como qualificá-lo*.

Deve, aqui, também, haver *dupla qualificação*: a primeira, prejudicial, realizada pela *lex fori*, para saber se o instituto é realmente desconhecido do direito nacional; e a segunda (qualificação propriamente dita) para aferir se a instituição desconhecida pode ou não ser qualificada entre as instituições nacionais análogas.[80] Nesse sentido é a previsão do art. 3º da Convenção Interamericana sobre Normas Gerais de Direito Internacional Privado, de 1979: "Quando a lei de um Estado Parte previr instituições ou procedimentos essenciais para a sua aplicação adequada e que não sejam previstos na legislação de outro Estado Parte, este poderá negar-se a aplicar a referida lei, desde que não tenha instituições ou procedimentos análogos".

---

[79]   Cf. JAYME, Erik. Identité culturelle et intégration…, cit., p. 114.

[80]   V. TENÓRIO, Oscar. *Direito internacional privado*, vol. I, cit., p. 343-344; e BATALHA, Wilson de Souza Campos. *Tratado de direito internacional privado*, t. I, cit., p. 199 (citando lição de Léopold de Vos).

Não sendo possível qualificar a instituição desconhecida entre as instituições nacionais congêneres, caberá, então, às normas da *lex causae* qualificá-la.

4.2 Conflito de qualificações

Caso as duas legislações estrangeiras espacialmente conflitantes, ante a inexistência de tratado internacional uniformizador, atribuírem a um mesmo instituto jurídico concepções em tudo divergentes, cada qual qualificando-o à sua maneira, estar-se-á diante do chamado *conflito de qualificações*.[81] A situação, aqui, contudo, é distinta daquela em que o direito do foro *desconhece* o direito estrangeiro em questão, caso em que não se estará diante de um conflito de qualificações, senão de uma lacuna a ser preenchida.[82] Assim, o conflito de qualificações ocorrerá quando, à luz do segundo exame qualificatório, a *lex causae* classificar diferentemente da *lex fori* o instituto jurídico em questão.

Tome-se o exemplo trazido por Erik Jayme. Imagine-se que um casal de italianos se instale na Alemanha e lá redijam um testamento conjuntivo ou de mão comum, pelo qual o cônjuge sobrevivente será herdeiro do outro. Morrendo o marido, a viúva faz cumprir o testamento. Segundo a lei italiana, esse testamento é totalmente nulo, diferentemente da Alemanha, país em que vale o princípio segundo o qual um testamento feito conjuntamente pelos esposos, num mesmo ato e prevendo disposições recíprocas, tem total valor. Coloca-se, assim, a questão atinente à lei aplicável ao ato. Se se tratar de uma questão *de forma*, a lei alemã será aplicada como a lei do lugar em que o testamento foi redigido, e ele será válido. Se, porém, a proibição do testamento conjuntivo for uma questão *de fundo*, aplica-se a lei da nacionalidade do *de cujus*, e o testamento será nulo.[83] Assim, à medida que uma lei trata a questão como *formal* e a outra como *material*, surge o problema do conflito de qualificações. No caso citado, a jurisprudência alemã entendeu ser a proibição do testamento conjuntivo uma questão *de fundo* prevista pelo ordenamento italiano, levando em conta o fato de que o direito italiano visa garantir a liberdade do testador, para que redija o seu testamento sem qualquer interferência de outra pessoa. Declarou-se, portanto, *nulo* o referido testamento.[84]

---

[81] V. VALLADÃO, Haroldo. *Direito internacional privado...*, cit., p. 257-258; e AUDIT, Bernard & d'AVOUT, Louis. *Droit international privé*, cit., p. 243-249. Na jurisprudência, v. sentença da Corte de Cassação francesa de 22.06.1955 (*Affaire Caraslanis c. Dame Caraslanis*), in ANCEL, Bertrand & LEQUETTE, Yves. *Les grands arrêts de la jurisprudence française de droit international privé*, cit., p. 245-256.

[82] V. JAYME, Erik. Identité culturelle et intégration..., cit., p. 109.

[83] JAYME, Erik. Idem, p. 109-110.

[84] V. OLG Francfort-sur-le-Main, 17 mai. 1985, *IPRax*, 1986, p. 111 e ss.; e JAYME, Erik. Identité culturelle et intégration..., cit., p. 110. Erik Jayme, contudo, critica a decisão e entende que deveria ter sido aplicada a filosofia trazida pela Convenção da Haia de 5 de outubro de 1961, no sentido de favorecer a validade do testamento. Assim, diz ele, "em caso de dúvida, a qua-

O tema do conflito de qualificações, como já se disse, é relevante na medida em que cada ordenamento jurídico pode atribuir a um dado instituto qualificação jurídica distinta, dificultando ao juiz encontrar a solução adequada ao caso concreto. É certo que há algum esforço dos Estados na harmonização das soluções dos conflitos de leis, *v.g.*, no que toca aos *bens* (em todos os países, a lei destinada a regê-los é a da *situação da coisa*) ou à *forma dos atos* em geral (que comumente segue a lei do *local de sua celebração*).[85] O problema, contudo, é que a classificação dos objetos de conexão respectivos (bens, atos jurídicos etc.) não guarda similitude nas diversas legislações; há certa uniformidade nas soluções dos conflitos normativos, mas disparidade no que tange à qualificação dos diversos institutos.[86]

Para a resolução do problema, Ferrer Correia propõe que se defina uma relação de hierarquia entre as qualificações conflitantes, isto é, entre os institutos ou categorias de normas por elas referidas, para se chegar, ao final, ao sacrifício de uma das regras de conflito e à consequente não aplicação do sistema jurídico por ela indicado. Para o autor, o critério que há de servir para que se opte, no caso concreto, por uma das duas qualificações, "será fundamentalmente o dos fins a que as várias normas de conflitos vão apontadas – o dos interesses que elas intentam servir", sendo, segundo ele, "do peso relativo desses interesses que deverá ressaltar a solução do problema".[87] Supondo ser a questão concreta levantada em Portugal, o exemplo trazido por Ferrer Correia é o de dois alemães (*A* e *B*) que se prometem mutuamente em casamento, quando, tempos depois, o nacional *B* – que naquela ocasião se encontrava em França – revoga a sua promessa sem justa causa. Que direitos, pergunta o autor, a outra parte poderá fazer valer? Na Alemanha, já se viu, os esponsais pertencem ao domínio do direito de família, enquanto, na França, integram a categoria dos atos ilícitos. De fato, o *Code Civil* francês (art. 1.382) consagra, em termos gerais, o princípio do *neminem laedere* ("a ninguém ofender"), e, portanto, não contém regulamentação especial em matéria de contrato esponsalício, pelo que a ruptura da promessa de casamento só seria relevante se encarada do ponto de vista da responsabilidade civil por fato ilícito extracontratual, caso em que a conexão decisiva (segundo o DIPr português em vigor) seria a do lugar em que ocorreu a atividade danosa (França). Na hipótese, Ferrer Correia entende que deve prevalecer o direito alemão, por ser *lex specialis* relativamente ao direito genérico francês, transportando para o plano do DIPr a máxima *lex specialis derogat legi generale*.[88] De resto, ainda para o autor, o mesmo tipo de raciocínio (e de solução) seria aplicado na hipótese inversa: esponsais celebrados entre franceses e ruptura da promessa verificada na Alemanha (vácuo jurídico); nesse caso, seria o direito alemão que,

---

lificação como questão *de forma* é que deveria prevalecer. Tal seria uma solução material, e, eu me permito dizer, pós-moderna" (Idem, ibidem).

85   Cf. Niboyet, J.-P. Principios de derecho internacional privado, cit., p. 351.

86   Cf. Niboyet, J.-P. Idem, ibidem.

87   Ferrer Correia, A. Lições de direito internacional privado, vol. I, cit., p. 226.

88   Ferrer Correia, A. Idem, p. 226-227.

segundo ele, teria primazia, por ser tal direito (dado o caráter de *jus speciale* que reveste os seus preceitos) o que presumivelmente melhor se ajustaria à situação.[89]

Como se percebe, Ferrer Correia não leva em conta (como deveria ser) o que dispõe, em primeiro plano, a *lex fori* sobre a qualificação do instituto em causa, raciocinando simultaneamente à luz das duas legislações potencialmente aplicáveis e segundo o que, a depender da generalidade ou especialidade de cada qual, mais pesaria na balança dos interesses que ambas pretendem regular. Sua solução, no afã de aproximar-se do vínculo mais estreito e, consequentemente, mais justo à luz do caso concreto, reflete não mais que operação *contra legem*, notadamente porque – ele próprio está a admitir – "nesta matéria a conexão decisiva, segundo o DIPr português, é o lugar onde decorreu a atividade causadora do prejuízo".[90]

Para nós, já se viu, a solução correta para a questão está em qualificar *por etapas* os fatos ou institutos jurídicos discutidos no processo, iniciando pela *lex fori* (qualificação provisória) e findando pelos conceitos da *lex causae* (qualificação definitiva).[91] Havendo conflito de qualificações, será, portanto, de acordo com a *lex causae* que deverá o fato ou instituto jurídico ser qualificado (à razão *de fundo*) em último plano. Exceção será feita apenas quando (*a*) houver tratado a qualificar diferentemente a questão; (*b*) a *lex fori* determinar a primazia absoluta de si mesma (como fez, *v.g.*, o Código Civil egípcio de 1948, ao dispor que, "[e]m caso de conflito entre diversas leis num determinado julgamento, a lei egípcia será competente para qualificar a categoria a que pertence a relação jurídica, a fim de indicar a lei aplicável"); ou (*c*) a *lex fori* atribuir à *lex causae* competência (sub)qualificadora imediata, como nos casos envolvendo bens ou obrigações. Frise-se, porém, que nessas duas últimas hipóteses (letras *b* e *c*) poderá vir à luz o problema da *lex causae* qualificar em outro âmbito jurídico a questão apresentada no foro, criando a indesejada situação de *vácuo jurídico*. O problema, aqui, como se vê, não provém dos métodos possíveis de solução de antinomias, senão das próprias leis internas de DIPr que preveem qualificação (*v.g.*, a lei egípcia citada) ou pré-qualificação (*v.g.*, a LINDB, no que tange aos bens e às obrigações) unicamente pela *lex fori*.

Fosse o exemplo trazido por Ferrer Correia – dos alemães que se prometem mutuamente em casamento e, depois, um deles (encontrando-se em França) revoga a sua promessa sem justa causa – levantado no Brasil e à luz da solução que entendemos por correta, e imaginando-se não existir tratado internacional a reger a matéria,[92] seria o direito *francês* o aplicado, não o direito alemão, uma vez que o art. 9º da LINDB dispõe que as obrigações (inclusive extracontratuais, como as *ex delicto*) serão regidas e qualificadas pela "lei do país em que se constituírem" (v. Cap. V, item 2.5, *infra*).

---

[89]   FERRER CORREIA, A. Idem, p. 227.

[90]   FERRER CORREIA, A. Idem, ibidem.

[91]   *V.* VALLADÃO, Haroldo. *Direito internacional privado…*, cit., p. 261.

[92]   O Código Bustamante tem regra expressa a respeito, ordenando seja a promessa de casamento não executada regida "pela lei pessoal comum das partes e, na sua falta, pelo direito local" (art. 39).

Evidentemente que, para saber se é verdadeira "obrigação" o que se discute em juízo, deverá o juiz *pré*-qualificar os esponsais pela *lex fori*; qualificando-os o Brasil no plano do direito das obrigações, parte-se, então, para a localização do país em que se constituiu a obrigação *ex delicto* (França) e, naquele país, à análise de como tal obrigação definitivamente se classifica (seu *tipo*, suas *características* etc.). Portanto, a conexão aplicável ao caso proviria da regra *lex loci delicti commissi*. Assim, tendo o rompimento da promessa de casamento (ato ilícito) ocorrido na França, seria o direito francês o aplicado segundo a sua qualificação, por ter sido naquele país constituída a obrigação *ex delicto* (não obstante a obrigação precedente, esponsalícia, ter se constituído na Alemanha). Fossem, porém, os esponsais quebrados na Alemanha, estar-se-ia diante da hipótese de *vácuo jurídico*, resolvível apenas pela aplicação exclusiva da *lex fori*.

O conflito de qualificações não tem merecido resposta satisfatória nas diversas legislações. No Brasil, já se disse, a LINDB não resolveu mais do que parcialmente o problema, e, ainda assim, apenas relativamente aos bens e às obrigações, disciplinando, nos seus arts. 8º e 9º, respectivamente, que "para *qualificar* os bens e regular as relações a eles concernentes, aplicar-se-á a lei do país em que estiverem situados", e que "para *qualificar* e reger as obrigações, aplicar-se-á a lei do país em que se constituírem". Nesses casos, frise-se, a LINDB optou por resolver a questão à luz do *locus* da situação dos bens ou da constituição das obrigações, que poderá ser tanto a *lex fori* quanto a *lex causae*. De fato, enquanto no direito do foro um determinado bem pode ser *imóvel*, nos termos da lei em que se situa poderá ser *móvel*, o mesmo sucedendo com uma dada obrigação, que perante a *lex fori* pode ser de *dar*, enquanto, pela *lex causae*, poderá ser de *fazer*. Em tais hipóteses (e apenas para elas, segundo a LINDB), será a lei da situação da coisa ou da constituição da obrigação a competente para a respectiva qualificação.

Havendo, porém, tratado internacional uniformizador ratificado pelo Estado, deve a interpretação interna (nacional ou estrangeira) atribuída a determinado instituto jurídico ceder perante a que lhe dá a norma internacional em vigor. Em casos tais, a primazia do Direito Internacional Público se impõe, devendo a sua qualificação (do tratado, jamais a do Direito interno) operar no caso concreto antes de localizado o elemento de conexão respectivo.

4.3 Questão prévia

Outro problema relativo à aplicação substancial das normas de DIPr diz respeito à chamada *questão prévia* ou *prejudicial* (ou ainda *incidental*). Trata-se do caso em que o juiz do foro depende, para a solução da questão jurídica principal, do deslinde de outra questão jurídica, que lhe é *preliminar*. Quando tal ocorrer, estar-se-á diante do problema da chamada *questão prévia*.[93] Frise-se, porém, que se considera

---

[93] Cf. MARIDAKIS, Georges S. Introduction au droit international privé, cit., p. 63-64; TENÓRIO, Oscar. *Direito internacional privado*, vol. I, cit., p. 316-317; ANDRADE, Agenor Pereira de. *Manual de direito internacional privado*, cit., p. 57-59; BATALHA, Wilson de Souza Campos. *Tratado de direito internacional privado*, t. I, cit., p. 201-203; JAYME, Erik. Identité culturelle et

questão prévia apenas a relativa à questão substancial *principal*, não a atinente a temas *processuais*. Por exemplo, a validade do casamento é uma questão prévia à decisão sobre o divórcio; e a validade da adoção é uma questão prévia à decisão da sucessão por filho adotado.[94]

Inicialmente, destaque-se que a denominação "questão *prévia*" tem merecido a crítica de não refletir com nitidez o momento cronológico em que tem lugar. De fato, a questão aqui referida não é "prévia" relativamente à *qualificação*, pois sua análise se realiza *depois* ter sido o fato ou instituto qualificado, podendo, também, ter lugar concomitantemente à qualificação. Sempre, porém, indicará a necessidade de decidir algo *anteriormente* ao deslinde da questão jurídica *principal*. Daí ser o mais acertado nominá-la questão *incidental* ou *incidente*, pois sua colocação é cronologicamente *posterior* na investigação, embora logicamente *anterior* à solução final.[95] Como se vê, nada de diferente existe, em termos formais, entre essa questão "prévia" do DIPr daquela "incidental" do direito processual civil, decidida pelo juiz anteriormente ao mérito da causa, sendo a única diferença a de que as questões incidentais do direito processual civil, diferentemente das questões prévias do DIPr, subordinam-se exclusivamente às regras da *lex fori*.[96]

Três são as condições necessárias para que a questão prévia, no DIPr, seja corretamente constituída, quais sejam: *a*) ser a lei aplicável uma lei estrangeira; *b*) ser a questão em causa distinta da questão principal; e *c*) serem necessariamente distintos os resultados obtidos pela aplicação do DIPr do país da lei aplicável à questão principal e do país do foro.[97] Não há, portanto, que se falar em questão prévia quando a questão principal tiver de ser decidida pela aplicação da *lex fori*, pois, nesse caso, não surge qualquer dúvida sobre qual norma jurídica substantiva (nacional ou estrangeira) deva ser aplicada para a resolução da questão prévia.

Exemplo interessante de questão prévia corretamente decidida pode ser colhido na Jurisprudência do STJ, que, no julgamento do Recurso Especial nº 61.434/SP, de 17 de junho de 1997, ao analisar o disposto no art. 10, *caput*[98] e seu § 2º,[99] da LINDB, deixou claro que *capacidade para suceder* não se confunde com *qualida-*

---

intégration..., cit., p. 99-101; DOLINGER, Jacob. *Direito internacional privado...*, cit., p. 437-444; DEL'OLMO, Florisbal de Souza. *Curso de direito internacional privado*, cit., p. 41; PINHEIRO, Luís de Lima. *Direito internacional privado*, vol. I, cit., p. 608-619; e FERRER CORREIA, A. *Lições de direito internacional privado*, vol. I, cit., p. 320-355.

[94] Cf. Jo, Hee Moon. *Moderno direito internacional privado*, cit., p. 195-196.

[95] Cf. BATALHA, Wilson de Souza Campos & RODRIGUES NETTO, Sílvia Marina L. Batalha de. *O direito internacional privado na Organização dos Estados Americanos*, cit., p. 101.

[96] Cf. BATALHA, Wilson de Souza Campos & RODRIGUES NETTO, Sílvia Marina L. Batalha de. Idem, p. 103.

[97] V. Jo, Hee Moon. *Moderno direito internacional privado*, cit., p. 196.

[98] *Verbis*: "A sucessão por morte ou por ausência obedece à lei do país em que era domiciliado o defunto ou o desaparecido, qualquer que seja a natureza e a situação dos bens".

[99] *Verbis*: "A lei do domicílio do herdeiro ou legatário regula a capacidade para suceder".

de de herdeiro, essa última tendo a ver com a ordem da vocação hereditária, que consiste no fato de pertencer, a pessoa que se apresenta como herdeira, a uma das categorias que, de um modo geral, são chamadas pela lei à sucessão, e que, por isso, haveria de ser aferida pela mesma lei competente para reger a sucessão do morto, que, no Brasil, "obedece à lei do país em que era domiciliado o defunto" (LINDB, art. 10, *caput*). O tribunal, então, observou que, uma vez resolvida a questão prejudicial de que determinada pessoa, segundo a lei do domicílio que tinha o *de cujus*, é herdeira, caberia, posteriormente, examinar se a pessoa indicada é ou não capaz para receber a herança, solução fornecida pela lei do domicílio do herdeiro (LINDB, art. 10, § 2º). Como se nota, a questão prévia então debatida consistia em saber se a pessoa detinha a qualidade de *herdeira* segundo a lei do domicílio do *de cujus*, e a principal se era ou não *capaz* de receber a herança, nos termos da lei do domicílio do herdeiro. Naquele caso concreto, a recorrente era filha adotiva do *de cujus*, que era estrangeiro domiciliado em São Paulo quando de seu falecimento. Aplicando a lei do domicílio do *de cujus* (lei brasileira), o tribunal entendeu que a recorrente *era herdeira*, pois no Brasil a adoção também envolve a sucessão hereditária. Eis a questão prévia resolvida. Ato contínuo, o tribunal decidiu a questão principal, relativa à capacidade para receber a herança, tendo entendido não haver no processo qualquer referência à indignidade ou deserdação, ou a qualquer outro instituto que retirasse a capacidade da recorrente para suceder. O recurso foi, ao final, conhecido e provido para reconhecer à recorrente a qualidade de herdeira necessária do *de cujus*, como sua filha adotiva, determinando lhe fosse destinado o percentual de cinquenta por cento dos bens da herança, por conta da legítima, acrescido do legado deixado por testamento.[100]

A lei substancial que deve resolver a questão prévia é a *lex fori* ou a *lex causae*? Nada há na legislação brasileira em vigor (o mesmo se dá no direito comparado) que resolva expressamente a questão. Dispõe, porém, o art. 8º da Convenção Interamericana sobre Normas Gerais de Direito Internacional Privado, de 1979, que "as questões prévias, preliminares ou incidentes que surjam em decorrência de uma questão principal *não devem necessariamente ser resolvidas de acordo com a lei que regula esta última*". Tal significa que a questão prévia, nos termos dessa norma convencional, poderá ser resolvida nos termos de lei *diversa* da que regula a questão principal, podendo ser a *lex fori* ou a *lex causae*, indistintamente, a depender da harmonia necessária à resolução do caso *sub judice*. Deu-se, aqui, total liberdade ao juiz para decidir a questão prévia de acordo com o DIPr do foro ou segundo o DIPr do ordenamento jurídico indicado para resolver a questão principal. Assim, segundo o art. 8º da Convenção, nem a *lex fori* nem a *lex causae* hão de ser rigidamente escolhidas pelo juiz para resolver a questão prévia, mas, sim, uma *ou* outra lei, a depender da melhor solução (da mais justa decisão) a ser encontrada no caso concreto. Tal significa, em outras palavras, que a decisão da questão prévia é *autônoma* em relação à decisão da questão principal,

---

[100] STJ, REsp 61.434/SP, 4ª Turma, Rel. Min. Cesar Asfor Rocha, j. 17.06.1997, *DJ* 08.09.1997.

que depende do comando normativo indicado pela regra de DIPr da *lex fori*; no caso da questão prévia, não fica o juiz preso à aplicação da mesma lei que regula a questão principal, podendo aplicar livremente a *lex fori* ou a *lex causae*, tudo a depender do que for mais harmônico para o deslinde do caso concreto.

Muitos autores, porém, entendem que o mais correto seria decidir a questão prévia nos termos do direito competente para reger a questão principal, sob o argumento de que seria totalmente anormal decidir a questão principal por um dado ordenamento jurídico e a questão que lhe é prévia (e necessária à validade da relação jurídica principal) por ordem jurídica distinta da que disciplina o *meritum causae*.[101] Outros, por sua vez, como Batalha, defendem a aplicação exclusiva da *lex fori* para a regência da questão prévia: "Não vemos como aplicar a norma de Direito Internacional Privado estrangeiro, uma vez firmado o princípio de que o juiz só pode obedecer às normas conflituais de seu próprio ordenamento jurídico. A denominada *questão incidente* ou *preliminar*, embora entrosada com outra questão principal, deve merecer *tratamento autônomo*. Para decidi-la, como para decidir a questão principal, o juiz fica adstrito às normas de Direito Internacional Privado de seu próprio país".[102] Não obstante, porém, tais posições doutrinárias, o certo é que o art. 8º da Convenção Interamericana sobre Normas Gerais de Direito Internacional Privado deixou ao juiz a faculdade de escolher entre a *lex fori* e a *lex causae* para a resolução da questão.

Para nós, na esteira de Ferrer Correia, se do estudo do sistema aplicável à questão de fundo for possível encontrar regra de conflitos *especial* relativa à questão prévia, tal regra deverá ser aplicada; se tal não for possível, pode ocorrer de a resolução da questão pela *lex causae* ser postulada pela justiça material desse sistema, pelas razões que inspiram a própria norma material a ser aplicada ao caso concreto, quando, então, a decisão sobre a questão prévia apresentar-se-á como problema ligado à interpretação e aplicação dos preceitos materiais chamados a resolver a questão principal (nesse caso, como se nota, não está mais em jogo a questão do "conflito" ou da "escolha" da lei aplicável, senão a compreensão da questão prévia à luz dos preceitos materiais responsáveis pela decisão da questão de fundo).[103] Mas é só na medida indicada – explica Ferrer Correia – que o problema se pode definir como problema de interpretação da norma ou normas materiais a que se confiou a decisão da questão de fundo, pois se tais normas se mostrarem indiferentes ao modo como venha a ser resolvido o problema da lei aplicável à questão prévia, volve o tema a ser necessariamente de direito de conflitos.[104] Em tais casos, novamente aparece a indefinição de sua determinação,

---

[101] Para detalhes sobre uma ou outra posição, cf. Maridakis, Georges S. *Introduction au droit international privé*, cit., p. 437-447.

[102] Batalha, Wilson de Souza Campos. *Tratado de direito internacional privado*, t. I, cit., p. 203. Sobre a aplicação da *lex fori* à questão prévia, porém sob o argumento de poder ser mais benéfica que a *lex causae*, v. Ballarino, Tito (*et al.*). *Diritto internazionale privato italiano*, cit., p. 100.

[103] V. Ferrer Correia, A. *Lições de direito internacional privado*, vol. I, cit., p. 350-352.

[104] Ferrer Correia, A. *Idem*, p. 353.

pelo que, à luz do citado art. 8º da Convenção Interamericana sobre Normas Gerais de Direito Internacional Privado, caberá ao juiz a escolha da ordem (*lex fori* ou *lex causae*) que melhor resolva a questão no caso concreto.

4.4 Adaptação ou aproximação

Em princípio, tem-se que a lei indicada pela norma de DIPr da *lex fori* para resolver a questão *sub judice* é certa e determinada. Há casos, porém, em que tal indicação leva à potencial aplicação de várias leis ou, até mesmo, de nenhuma delas. Tome-se, primeiramente, como exemplo, o art. 9º da LINDB, segundo o qual "para qualificar e reger as obrigações, aplicar-se-á a lei do país *em que se constituírem*". Imagine-se, agora, que o país em que contraída a obrigação não tenha lei a respeito daquela modalidade obrigacional, ou, se a tem, apresenta extrema vagueza de conteúdo. O que fazer o juiz em casos tais? A solução encontrada reside na utilização do critério da *adaptação* ou *aproximação*,[105] ajustando a característica da relação jurídica ao caso concreto *sub judice*, considerados, evidentemente, os interesses do DIPr.[106]

Pelo método da adaptação ou aproximação *se adapta* a norma indicada (ou a falta dela) à situação jurídica concreta, com a finalidade de buscar a aplicação do melhor direito ao caso concreto, dando, assim, resposta ao cidadão que busca na Justiça a solução para um problema seu. Por exemplo, quando o direito brasileiro não conhecia o divórcio e o direito japonês só conhecia essa forma de dissolução da sociedade conjugal, concedia-se aos nipo-brasileiros o *desquite*, raciocinando-se no sentido de que se o direito japonês autoriza o divórcio, *plus*, com maior razão deveria admitir o desquite, *minus*.[107]

Destaque-se que a técnica da adaptação ou aproximação diz respeito *à própria norma* indicativa ou indireta de DIPr da *lex fori*, ou seja, àquela determinante de um direito aplicável (no caso em questão, o direito estrangeiro) a uma relação jurídica com conexão internacional, diferentemente dos institutos da *transposição* e da *substituição*, que permanecem diretamente vinculados à aplicação da norma *material* estrangeira indicada pela norma interna de DIPr.[108] Utiliza-se a *transposição* quando a norma *material* (substantiva) estrangeira for desconhecida do Direito interno (*v.* Cap. VII, item 4.7, *infra*) e necessite ser "transposta" para as normas substantivas adequadas do direito nacional.[109] A *substituição*, por sua vez, terá lugar quando for necessário coordenar o direito substantivo nacional (aplicável segundo as normas de DIPr da *lex fori*) a um ato praticado para além do foro, de acordo com o direito

---

[105] Cf. Santos, António Marques dos. *Breves considerações sobre a adaptação em direito internacional privado*. Lisboa: Associação Acadêmica da Faculdade de Direito, 1988.

[106] *V.* Jo, Hee Moon. *Moderno direito internacional privado*, cit., p. 197-198.

[107] *V.* Dolinger, Jacob. *Direito internacional privado...*, cit., p. 286.

[108] *V.* Rechsteiner, Beat Walter. *Direito internacional privado...*, cit., p. 189-190.

[109] *V.* Rechsteiner, Beat Walter. Idem, p. 190.

estrangeiro, quando então buscará o juiz "substituir" o ato praticado alhures por outro equivalente no Direito interno.[110]

O juiz do foro pode adaptar ou aproximar o caso *sub judice* utilizando a comparação com institutos nacionais análogos, bem assim pela aplicação das regras de colmatação de lacunas jurídicas, especialmente na hipótese de a norma indicada prever o instituto jurídico em causa, porém, regulamentá-lo com vagueza ou imprecisão, isto é, para aquém de como regido pela *lex fori*.

5. Remissão a ordenamentos plurilegislativos

Do que se estudou até aqui, imaginava-se que as referências das normas de DIPr da *lex fori* às diversas legislações estrangeiras davam-se relativamente a Estados com ordenamentos jurídicos unitários ou simples, isto é, aqueles que – não obstante federados, confederados etc. – têm um sistema interno *único* de fontes de produção de normas.

Ao lado desses Estados, porém, há aqueles cujos ordenamentos jurídicos são complexos, também chamados *plurilegislativos*. Trata-se de Estados em que, num mesmo território, coexistem *diversos* sistemas jurídicos, cada qual com fonte de produção autônoma e independente, seja no que tange a determinado espaço geográfico, seja no que toca a certo grupo de pessoas. Ora, não há dúvida que as leis desses Estados podem, *entre si*, entrar em conflito (interterritorial ou interpessoal) e, com isso, dificultar o encontro da correta norma a que a regra de DIPr da *lex fori* pretendeu indicar. Quando tal ocorrer – quer dizer, quando houver conflitos legislativos *interterritoriais* (leis diferentes para *cada território* dentro do mesmo Estado) ou *interpessoais* (leis diversas para *distintas categorias de pessoas* dentro do mesmo Estado) – estar-se-á diante de problema mais complexo que aqueles até agora verificados. A questão será saber que norma interna (de que território ou parcela do território, ou destinada a qual grupo de pessoas) deverá o juiz do foro aplicar à resolução da contenda perante ele apresentada.

Nos Estados Unidos, *v.g.*, há leis específicas em cada Estado federado sobre certos temas. Assim, caso a regra de DIPr da *lex fori* remeta a solução do assunto para a *lex loci*, deverá o juiz do foro detectar de que departamento territorial americano se trata para aplicar a lei *daquela* localidade à questão *sub judice* (*v.g.*, o direito de Nova York, do Arizona, do Texas etc.).

O assunto, como é de se inferir, tem relevo não só para os Estados que adotam o critério da nacionalidade como determinador do estatuto pessoal, senão também para os que, como nós, adotam para tal o critério domiciliar. Em ambos os casos, não há dúvida, faz-se necessário compreender as regras definidoras sobre que normas (dos diferentes sistemas legislativos internos, tanto territoriais, como pessoais) hão de ser efetivamente aplicadas à resolução da questão *sub judice*.

---

[110] *V.* Rechsteiner, Beat Walter. Idem, p. 191.

Em Portugal, o Código Civil de 1966 pretendeu resolver o problema no art. 20, ao estabelecer que:

1. Quando, em razão da nacionalidade de certa pessoa, for competente a lei de um Estado em que coexistam diferentes sistemas legislativos locais, é o direito interno desse Estado que fixa em cada caso o sistema aplicável.
2. Na falta de normas de direito interlocal, recorre-se ao direito internacional privado do mesmo Estado; e, se este não bastar, considera-se como lei pessoal do interessado a lei da sua residência habitual.
3. Se a legislação competente constituir uma ordem jurídica territorialmente unitária, mas nela vigorarem diversos sistemas de normas para diferentes categorias de pessoas, observar-se-á sempre o estabelecido nessa legislação quanto ao conflito de sistemas.

Assim, nos termos do direito português em vigor, será, primeiramente, à luz do direito interno do Estado da *lex causae* que se deve fixar, em cada caso, o sistema legislativo aplicável. Faltante naquele Estado normas de direito interlocal a resolver a questão, deve-se recorrer às regras centrais de DIPr; caso não existam ou não bastem à resolução do problema, a lei aplicável será, subsidiariamente, a da residência habitual do indivíduo. Por último, se houver no respectivo Estado diversos sistemas de normas para diferentes categorias de pessoas, é dizer, caso haja conflitos legislativos interpessoais (*v.g.*, coexistência de normas religiosas de grupos confessionais distintos), o juiz do foro há de observar o estabelecido *naquela legislação* quanto ao conflito de sistemas.[111]

Na Itália, por sua vez, a *Lei de Reforma* de 1995 também estabeleceu o princípio geral segundo o qual, "[s]e no ordenamento do Estado invocado pelas disposições da presente lei coexistem mais sistemas normativos de cunho territorial ou pessoal, a lei aplicável é determinada segundo os critérios utilizados por aquele ordenamento" (art. 18, § 1º). No entanto, diferentemente da legislação portuguesa, o direito italiano atual determinou, como regra subsidiária, a da conexão *mais estreita*, ao estabelecer que, se os critérios da *lex causae* "não puderem ser individualizados, aplica-se o sistema normativo com o qual o caso de a espécie apresentar a conexão mais estreita" (art. 18, § 2º).[112]

No que tange, no plano europeu, às obrigações contratuais, a Convenção de Roma sobre a Lei Aplicável às Obrigações Contratuais, de 1980, deixou expresso, no art. 19, § 1º, que "[s]empre que um Estado compreender várias unidades territoriais, tendo cada uma as suas regras próprias em matéria de obrigações contratuais,

---

[111] Para detalhes do sistema português, *v.* Pinheiro, Luís de Lima. *Direito internacional privado*, vol. I, cit., p. 521-529; e Ferrer Correia, A. *Lições de direito internacional privado*, vol. I, cit., p. 399-404.

[112] Assim também a Lei de Introdução ao Código Civil alemão, no art. 4, § 3º, *in fine*: "Fehlt eine solche Regelung, so ist die Teilrechtsordnung anzuwenden, mit welcher der Sachverhalt am engsten verbunden ist".

Parte I • Cap. IV • TEORIA GERAL DAS NORMAS DO DIREITO INTERNACIONAL PRIVADO | 107

cada unidade territorial deve ser considerada como um país, para fins de determinação da lei aplicável por força da presente Convenção".[113]

No caso do Brasil, nem tanto no que tange aos conflitos legislativos interterritoriais – vez que o estatuto pessoal, entre nós, dá-se em razão do domicílio, o que resolve, *a priori*, a localização da lei territorial aplicável –, senão especialmente no que toca aos conflitos interpessoais, o assunto é merecedor de certa análise. Quando em um mesmo Estado houver diferenciação legislativa para distintos grupos de pessoas, será segundo o critério *desse Estado* que deverá o juiz do foro resolver a questão. Tais conflitos ocorrem, *v.g.*, em certos países muçulmanos cujas legislações distinguem os grupos ou camadas de pessoas em razão de sua confessionalidade ou etnia (estabelecendo, ao lado do direito islâmico, sistemas jurídicos próprios às comunidades cristã e judaica ali residentes).[114] Ocorria, também, quando da dominação da Argélia pela França, com os indígenas muçulmanos argelinos, que, não obstante súditos franceses, subordinavam-se aos costumes muçulmanos da época, não ao estatuto real francês.[115]

Se, *v.g.*, no sistema de DIPr da *lex fori* a lei aplicável à relação jurídica for a *lex loci actus*, será fácil saber onde (em que lugar, em que região) o negócio foi celebrado e qual a lei territorial aplicável, se se tratar de sistema plurilegislativo interterritorial; em se tratando, porém, de sistema plurilegislativo interpessoal, a situação muda, pois necessário saber qual direito material (a depender da categoria de pessoas em causa) será aplicado à questão controversa. Nesse último caso, os países que adotam o domicílio para a determinação do estatuto pessoal (*v.g.*, Brasil) sofrerão dificuldades na localização da lei aplicável, só aferível desvendando a que grupo de pessoas (com sua respectiva legislação) pertence o sujeito do processo. *Tout court*, só as normas do direito interpessoal do Estado respectivo poderão dizer, afinal, qual o direito material aplicável àquela relação jurídica. Para Ferrer Correia, quando a regra jurídica do foro designa a lei nacional, o sistema da *lex causae* naturalmente conduzirá à lei da confissão ou do grupo étnico a que pertence o interessado; quando, no entanto, a mesma regra designa a lei do domicílio ou da residência, o sistema interpessoal reenviará provavelmente à *lex fori*, e este reenvio deverá ser aceito.[116] O Brasil, que não aceita o reenvio formal, poderia, nesse caso excepcional, e por medida de justiça, aceitá-lo como única forma de resolver a questão *sub judice*.

Se o ordenamento plurilegislativo de base pessoal não dispuser de critérios para determinar o sistema pessoal aplicável à relação jurídica, a solução será aplicar o sistema com o qual a questão *sub judice* tenha conexão mais estreita.[117]

---

[113] V. também Regulamento Roma I (art. 22, § 1º) e Regulamento Roma II (art. 25, § 1º), este com referência às obrigações extracontratuais.

[114] Cf. FERRER CORREIA, A. *Lições de direito internacional privado*, vol. I, cit., p. 49.

[115] Cf. PONTES DE MIRANDA, Francisco Cavalcanti. *Tratado de direito internacional privado*, t. I, cit., p. 43.

[116] FERRER CORREIA, A. *Lições de direito internacional privado*, vol. I, cit., p. 404.

[117] V. PINHEIRO, Luís de Lima. *Direito internacional privado*, vol. I, cit., p. 527.

Capítulo V

Elementos de Conexão

1. Elemento e objeto de conexão

As normas de DIPr têm uma estrutura característica composta sempre de duas partes bem nítidas: uma contendo o *elemento de conexão* da norma e outra prevendo o(s) *objeto(s) de conexão*.[1] Veja-se, a propósito, o exemplo do art. 8º da LINDB, que dispõe: "Para qualificar os *bens* [objeto de conexão] e regular as relações a eles concernentes, aplicar-se-á *a lei do país em que estiverem situados* [elemento de conexão]". Os "bens" constituem o *objeto de conexão* da norma indicativa; e "a lei do país em que estiverem situados", o seu *elemento de conexão*. Tome-se, também, o exemplo do art. 9º da LINDB, que prevê: "Para qualificar e reger as *obrigações* [objeto de conexão], aplicar-se-á a *lei do país em que se constituírem* [elemento de conexão]". As "obrigações" são o *objeto de conexão* da norma; e "a lei do país em que se constituírem", o seu *elemento de conexão*.

Na falta desses dois pilares presentes na norma, não se estará diante de regra própria do DIPr, pois faltantes os elementos necessários à sua caracterização. Depois de analisadas as diferenças de fundo entre o objeto e o elemento de conexão, necessário será investigar o procedimento de localização e o concurso dos elementos conectivos das normas de DIPr.

---

[1] V. VALLADÃO, Haroldo. *Direito internacional privado...*, cit., p. 266-387; e RECHSTEINER, Beat Walter. *Direito internacional privado...*, cit., p. 132.

1.1 Diferenças de fundo

Os *objetos* de conexão, como se nota, versam a *matéria* regulada pela norma indicativa (*v.g.*, bens, família, sucessão, obrigações etc.) e abordam sempre questões jurídicas vinculadas a *fatos* ou *elementos de fatores sociais* com conexão internacional (*v.g.*, capacidade jurídica, forma de um testamento, nome de uma pessoa física, direitos reais referentes a bens imóveis, pretensões jurídicas decorrentes de um ato ilícito praticado etc.).[2] Por sua vez, os *elementos* de conexão (de ligação, de contato, de vínculo[3]) das normas indicativas são os que *ligam, contatam* ou *vinculam* internacionalmente a questão de DIPr, tornando possível saber qual lei (se a nacional ou a estrangeira) deverá ser efetivamente aplicada ao caso concreto a fim de resolver a questão principal; são os elos ("pontes") existentes entre as normas de um país e as de outro, capazes de fazer descobrir qual ordem jurídica resolverá a questão (material) *sub judice*. Em suma, os elementos de conexão são "elementos de localização" do direito aplicável, isto é, aqueles que a legislação interna de cada Estado toma em consideração e entende como relevantes para a indicação do direito substancial aplicável.[4] Sua determinação, assim, é dada pelas normas de DIPr de cada país, dependendo o seu estabelecimento das tradições (costumes) e da política legislativa de cada qual.[5] Tais tradições e a política legislativa é que irão determinar qual o maior ou menor grau de "proximidade" que teria certo ordenamento jurídico no que tange à solução da questão *sub judice*.[6]

Frise-se, porém, que os elementos de conexão apenas terão lugar quando se tratar de uma relação vinculada a mais de uma ordem jurídica, pois estando o fato ligado a um só ordenamento não haverá razão para operar o DIPr.

1.2 Procedimento de localização

O método pelo qual o juiz verifica se é possível enquadrar o ato ou fato jurídico com conexão internacional no objeto de conexão (direito de família, das obrigações

---

2 V. Rechsteiner, Beat Walter. *Direito internacional privado...*, cit., p. 132.

3 A mesma conotação lhes é atribuída na nomenclatura de diversos países: na Itália, *criteri di collegamento*; na França, *points de rattachement*; na Espanha, *circunstancias de conexión/factores de conexión*; no Reino Unido, *localizer/connecting factors*.

4 Cf. Wolff, Martin. *Derecho internacional privado*, cit., p. 69; Batalha, Wilson de Souza Campos. *Tratado de direito internacional privado*, t. I, cit., p. 128; Strenger, Irineu. *Direito internacional privado*, cit., p. 337; Focarelli, Carlo. *Lezioni di diritto internazionale privato*, cit., p. 46; Diaz Labrano, Roberto Ruiz. *Derecho internacional privado...*, cit., p. 209-210; Pinheiro, Luís de Lima. *Direito internacional privado*, vol. I, cit., p. 446; Ferrer Correia, A. *Lições de direito internacional privado*, vol. I, cit., p. 179; e Ballarino, Tito (*et al.*). *Diritto internazionale privato italiano*, cit., p. 72.

5 Cf. Niboyet, J.-P. *Cours de droit international privé français*, cit., p. 336; e Batalha, Wilson de Souza Campos & Rodrigues Netto, Sílvia Marina L. Batalha de. *O direito internacional privado na Organização dos Estados Americanos*, cit., p. 38.

6 Cf. Ballarino, Tito (*et al.*). *Diritto internazionale privato italiano*, cit., p. 72.

etc.) previsto pela norma de DIPr da *lex fori* é a qualificação (*v.* Cap. IV, item 4.1, *supra*).[7] Qualificada, porém, a relação jurídica, isto é, classificada a questão dentre o rol de institutos jurídicos existentes, caberá, então, ao juiz determinar o *elemento de conexão* da norma indicativa, ou seja, localizar a *sede jurídica* da relação qualificada. Será o elemento de conexão da norma indicativa que possibilitará ao juiz assegurar-se de que esta ou aquela lei (nacional ou estrangeira) deverá ser aplicada ao caso concreto. Somente após todo esse exercício jurídico – depois de qualificado o instituto em causa e encontrado o elemento de conexão – é que, finalmente, poderá o magistrado *determinar* a lei aplicável e, a partir daí, realmente *aplicá-la* à questão decidenda (questão principal).

Para chegar a esse desiderato avulta de importância o estudo dos elementos de conexão das normas indicativas ou indiretas, os quais exercem papel central no DIPr, especialmente por haver disparidade entre os elementos escolhidos pelas diversas legislações, o que efetivamente demonstra que o objeto do DIPr é, *tout court*, o conflito de leis no espaço com conexão internacional.[8]

Frise-se, porém, que a verificação dos elementos de conexão deve andar lado a lado com o princípio da *maior proximidade*, sem o que a ordem jurídica indicada poderá não ser a efetivamente "atrativa" da melhor (mais coerente, mais justa) conexão. É evidente – e nisso a doutrina em geral parece concordar – que a ordem jurídica *mais próxima* da relação jurídica será também aquela que melhores condições terá de resolver a questão *sub judice*, pelo que a investigação dos elementos de conexão deverá operar em conjunto com esse princípio. Essa é a tendência que se vê estampada em várias convenções modernas de *Direito Uniforme*,[9] como também em algumas legislações atuais de DIPr, como, *v.g.*, a Lei de Direito Internacional Privado da Suíça, de 18 de dezembro de 1987, que determina, no art. 15, § 1º, que "[o] direito designado pela presente lei não será excepcionalmente aplicado se, à luz do conjunto de circunstâncias, for manifesto que a causa guarda ligação muito tênue com esta lei e conexão muito mais próxima com outra lei".[10]

1.3 Concurso de elementos de conexão

Não raro acontece de a norma de DIPr da *lex fori* prever mais de um elemento de conexão potencialmente aplicável, quando então surge a questão do concurso de elementos de conexão.

---

[7] *V.* Rechsteiner, Beat Walter. *Direito internacional privado...*, cit., p. 132.

[8] Cf. Parra-Aranguren, Gonzalo. *Curso general de derecho internacional privado...*, cit., p. 24-28.

[9] Como exemplo, cite-se a Convenção Interamericana sobre Direito Aplicável aos Contratos Internacionais, de 1994, que estabelece, no art. 9º, que "[n]ão tendo as partes escolhido o direito aplicável, ou se a escolha do mesmo resultar ineficaz, o contrato reger-se-á pelo direito do Estado com o qual mantenha os vínculos mais estreitos".

[10] Assim também o Projeto de Lei nº 269 do Senado, de 2004, em vários dispositivos (art. 9, § 5º; art. 11, parágrafo único; art. 12, §§ 1º e 2º; e art. 13).

O concurso dos elementos conectivos, como explica Batalha, pode ser *sucessivo* ou *cumulativo*. Será sucessivo quando a norma interna de DIPr indicar um elemento de conexão *principal* e outros *subsidiários* aplicáveis em sua ausência, tal como faz o art. 7º, § 8º, da LINDB, segundo o qual "[q]uando a pessoa não tiver *domicílio*, considerar-se-á domiciliada no lugar de sua *residência* ou naquele *em que se encontre*"; aqui, como se nota, o elemento de conexão principal é o *domicílio*, e os subsidiários são a *residência* e o *lugar em que se encontra a pessoa*. Por sua vez, haverá o concurso cumulativo quando puderem os elementos de conexão funcionar, em cada caso, simultaneamente, a exemplo do que prevê o art. 26 das disposições preliminares ao Código Civil italiano: "A forma dos atos entre vivos e dos atos de última vontade é regulada pela *lei do lugar* em que o ato for realizado *ou daquela que regula a substância do ato*, ou ainda pela *lei nacional* do disponente ou dos contraentes, se for comum"; neste caso, perceba-se, podem os três elementos de conexão elencados ser *simultaneamente* aplicados pelo juiz (lugar da realização do ato, da lei que regula a substância do ato, ou da nacionalidade do disponente ou dos contraentes).[11]

No caso do concurso cumulativo, entende a doutrina que a solução para a espécie está na aplicação do princípio *favor negotii*, pelo qual há de ser aplicada a norma *mais favorável* à validade formal do ato (*v.* Cap. VII, item 4.5, *infra*).[12]

2. Espécies de elementos de conexão

A escolha dos elementos de conexão de uma norma indicativa de DIPr varia de Estado para Estado, não havendo uma regra uniforme para a eleição, nas diversas legislações estrangeiras, de que elemento deverá ser aplicado para cada situação jurídica. Assim, depende das tradições (costumes) e da política legislativa de cada qual a escolha dos elementos de conexão das normas indicativas do DIPr nacional, sendo alguns deles mais correntemente utilizados nas legislações em geral (como, *v.g.*, a *nacionalidade* e o *domicílio*).

As conexões – responsáveis por determinar a competência de uma ou outra ordem jurídica – podem ser *pessoais*, *reais*, *formais*, *voluntárias* ou *delituais*, variando a sua maior ou menor utilização, como se disse, segundo as tradições (costumes) e a política legislativa de cada Estado. Entre tais conexões, evidentemente, pode haver subsidiariedade, a depender do que preveem as normas escritas ou os costumes do DIPr, como, *v.g.*, a utilização da residência habitual na falta de localização do domicílio etc.

---

[11] BATALHA, Wilson de Souza Campos. *Tratado de direito internacional privado*, t. I, cit., p. 129-130.

[12] *V.* BATALHA, Wilson de Souza Campos. Idem, p. 130; e DINIZ, Maria Helena. *Lei de Introdução ao Código Civil Brasileiro interpretada*, cit., p. 268.

2.1 Conexões pessoais

São *pessoais* as conexões relativas à pessoa, tais a *nacionalidade*, o *domicílio*, a *residência*, a *origem* e a *religião*. Trata-se de elementos apenas possíveis havendo uma *pessoa* no centro da conexão (*v.g.*, alguém que nasce, que falece, que é domiciliado ou residente em determinado lugar, que professa certa religião etc.). De todas as conexões pessoais, a nacionalidade e o domicílio são as que resolvem a maioria das questões atuais do DIPr. O domicílio tem sido o elemento de conexão mais utilizado, sobretudo nos países da América Latina (entre eles o Brasil); a residência, por sua vez, aparece como elemento subsidiário, quando não se consegue identificar o domicílio da pessoa. Nos casos de dificuldade de localização da residência, o critério adotado tem sido o do local em que se encontra a pessoa.

2.2 Conexões reais (territoriais)

São *reais* (*territoriais*) as conexões normalmente ligadas às *coisas*, tal a *lex rei sitae* (ou *lex situs*). Relacionam-se à propriedade, aos bens móveis e imóveis. A *lex rei sitae*, *v.g.*, é a conexão quase universalmente adotada no que tange aos bens *imóveis*.[13] Nesse sentido, assim dispõe o art. 8º da LINDB: "Para qualificar os *bens* e regular as relações a eles concernentes, aplicar-se-á a lei do país *em que estiverem situados*". Nesse caso, em nada importa o domicílio ou a nacionalidade do proprietário, sendo competente o foro em que situado o bem (seja móvel ou imóvel). Para os bens *móveis*, há, contudo, exceção da *lex rei sitae* quando estiverem em trânsito, aplicando-se o princípio *mobilia sequuntur personam*, segundo o qual os móveis seguem a pessoa (LINDB, art. 8º, § 1º).[14] O Projeto de Lei nº 269 do Senado, de 2004, por sua vez, dispôs que os bens móveis devem ser regidos "pela lei do país com o qual tenham *vínculos mais estreitos*" (art. 11, parágrafo único).

2.3 Conexões formais

São *formais* as conexões relativas aos atos jurídicos em geral, tais como o *lugar de sua celebração* (*lex loci celebrationis*), o *lugar de sua execução* (*lex loci executionis*) e o *lugar de sua constituição* (*lex loci constitutionis*). Trata-se dos elementos de conexão que vinculam um ato jurídico a determinado sistema normativo: *locus regit actum*. Como diz Beviláqua, o adágio *locus regit actum* representa "a consagração da eficácia internacional das leis referentes à forma dos atos, de todos eles, autênticos ou privados, solenes ou sem forma predeterminada".[15] Em quaisquer

---

[13] Cf. Beviláqua, Clovis. *Princípios elementares de direito internacional privado*, cit., p. 167-168; e Wolff, Martin. *Derecho internacional privado*, cit., p. 264-265.

[14] Cf. Strenger, Irineu. *Direito internacional privado*, cit., p. 342-343.

[15] Beviláqua, Clovis. *Princípios elementares de direito internacional privado*, cit., p. 178.

desses casos, será a lei *do local* – da celebração, execução ou constituição – que regerá o ato jurídico.

O lugar da celebração vem previsto, *v.g.*, no art. 7º, § 1º, da LINDB, segundo o qual, "[r]ealizando-se o casamento *no Brasil*, será aplicada *a lei brasileira* quanto aos impedimentos dirimentes e às formalidades da celebração". Nessa hipótese, como se nota, o local da realização do ato jurídico (casamento celebrado no Brasil) atrai a aplicação do sistema normativo nacional (aplicação da lei brasileira) quanto aos impedimentos dirimentes e às formalidades da celebração do matrimônio. O mesmo se dá com o lugar da execução da obrigação, tal como previsto, *v.g.*, no art. 9º, § 1º, da LINDB: "Destinando-se a obrigação *a ser executada no Brasil* e dependendo de forma essencial, será esta observada, admitidas as peculiaridades da lei estrangeira quanto aos requisitos extrínsecos do ato". Por fim, o lugar da constituição da obrigação aparece nítido no art. 9º, *caput*, da LINDB, segundo o qual "[p]ara qualificar e reger as obrigações, aplicar-se-á *a lei do país em que se constituírem*". Aqui, também, será o *local* (país da constituição da obrigação) que atrairá a *lei* competente para a sua qualificação e regência.

2.4 Conexões voluntárias

São *voluntárias* as conexões que levam em conta a vontade das partes; que resolvem o conflito pela aplicação da lei livremente escolhida pelos interessados (*lex voluntatis*). No Brasil, a dúvida está em saber se a autonomia da vontade das partes encontra autorização em nosso direito interno. Como se verá à frente, conquanto não expressamente prevista na legislação brasileira para todos os casos, a autonomia da vontade das partes é elemento de conexão *costumeiro*, de há muito reconhecido entre nós; é elemento conectivo válido e autorizado pela nossa ordem jurídica (*v.* item 4.4, *infra*).

2.5 Conexões delituais

Por fim, são *delituais* as conexões relativas às obrigações extracontratuais (*ex delicto*) advindas da responsabilidade pela reparação de danos.[16] Trata-se, como se nota, das conexões ligadas à teoria da responsabilidade por danos, responsáveis por reger a obrigação de indenizar.

As conexões delituais mais comuns são a do *local do delito* (*lex loci delicti commissi*) e a do *local do resultado ou prejuízo* (*lex damni*). Cada qual – pela proximidade para com o *ato* ou com o *dano* – indica a lei aplicável para reger a obrigação de indenizar nos casos de responsabilidade extracontratual, ou seja, quando alguém

---

[16] Cf. BEITZKE, G. Les obligations délictuelles en droit international privé. *Recueil des Cours*, vol. 115 (1965-II), p. 63-145.

tenha sido atingido por conduta delitiva de outra parte numa relação jurídica com conexão internacional.

No Brasil, a regra é que as obrigações *ex delicto* são regidas e qualificadas pela lei do local em que se constituíram (LINDB, art. 9º). O Código Bustamante, da mesma forma, adotou para as obrigações que derivem de atos ou omissões, em que intervenha culpa ou negligência não punida pela lei, a regra do "direito do lugar em que tiver ocorrido a negligência ou culpa que as origine" (art. 168).

Exemplo de obrigação extracontratual é o *damnum injuria datum*, normalmente advindo de danos causados por fogo ou por invasão, para o qual se entende ser aplicável a *lex loci delicti commissi* para reger a obrigação de indenizar. Quando, porém, uma fábrica situada numa fronteira entre dois países explode, por negligência ou imprudência, destruindo propriedades situadas para além do Estado onde se situa, utiliza-se como elemento de conexão o lugar do resultado ou dano (*lex damni*).[17]

Caso não se consiga determinar com precisão o país da prática do ilícito, a doutrina tem entendido deva o juiz decidir de ofício segundo a norma mais favorável à vítima. Wolff exemplifica com o caso de um criminoso que cloroformiza alguém num trem que está a atravessar vários países, e, numa de suas paradas, atira o corpo da vítima para fora do vagão; em tal caso, segundo ele, poderá a vítima invocar livremente quaisquer ordens jurídicas pelas quais passou o trem, devendo, porém, o juiz decidir *ex officio* de acordo com a legislação mais favorável à demanda apresentada.[18]

3. Qualificação dos elementos de conexão

Os elementos de conexão (*v.g.*, território, nacionalidade, domicílio etc.) comportam diversos enquadramentos nas várias legislações estrangeiras. Assim, eles também, a exemplo de qualquer instituto jurídico conhecido, necessitam ser *qualificados* (classificados) para que sejam bem aplicados. Tomando-se como exemplo o instituto do *domicílio* da pessoa natural, percebe-se que enquanto no direito brasileiro trata-se do "lugar onde ela estabelece a sua residência com ânimo definitivo" (Código Civil, art. 70), no direito italiano é aquele em que a pessoa "estabelece a sede principal dos seus negócios e interesses" (Código Civil, art. 43) e, no direito francês, o lugar em que a pessoa "tem o seu estabelecimento principal" (Código Civil, art. 102). Portanto, apenas *qualificando* o instituto do "domicílio", ou seja, apagando as incertezas conceituais que sobre ele incidem, é que se poderá saber se a aplicação da lei indicada estará correta; somente assim será possível dizer se certa pessoa está realmente "domiciliada" no exterior etc. A questão está em saber a qual das ordens jurídicas em causa cabe qualificar os elementos de conexão.

---

[17] V. WOLFF, Martin. *Derecho internacional privado*, cit., p. 254.

[18] WOLFF, Martin. Idem, ibidem.

3.1 Qualificação pela lex causae

A qualificação dos elementos de conexão há de ser realizada segundo o sistema jurídico (nacional ou estrangeiro) indicado pela norma interna de DIPr. Assim, uma vez indicado o direito estrangeiro, deverá a qualificação do elemento respectivo (*v.g.*, nacionalidade, domicílio etc.) realizar-se segundo *esse direito*; será a *lex causae*, neste caso, a responsável por fornecer a qualificação do elemento conectivo, não a *lex fori*.[19]

Como se nota, a qualificação dos elementos de conexão é diversa da qualificação dos *objetos* de conexão, cuja classificação há de realizar-se por etapas, iniciando pela *lex fori* e findando pela *lex causae*, caso as caracterizações desta e daquela comportem divergências no que tange ao enquadramento jurídico do tema, como já se estudou (*v.* Cap. IV, item 4.1, *supra*).

A *lex fori*, segundo Haroldo Valladão, só tem condições de qualificar, *v.g.*, a nacionalidade ou o domicílio ou o lugar contratual, respectivamente, *do ou no foro*. Destarte, segundo ele, "para saber se uma pessoa tem a nacionalidade brasileira, ou está domiciliada no Brasil, ou se o contrato se realizou no Brasil, consulta-se a lei brasileira, e, correlativamente, a lei estrangeira se se tratar apenas de nacionalidade, domicílio, contrato – estrangeiro".[20]

Será, portanto, a *lex causae* a responsável por qualificar os elementos de conexão, pois só assim haverá maior precisão no entendimento do elemento em causa. Prova disso, *tout court*, consiste na qualificação da nacionalidade, pois não se pode dizer, *v.g.*, que alguém é francês se a própria França não confere à pessoa a condição de nacional seu.[21] Da mesma forma, para saber se uma pessoa tem a *nacionalidade* brasileira, necessário investigar quais as regras existentes *no Brasil* sobre "nacionalidade", e assim por diante.

3.2 Conflito positivo e negativo

Poderá haver conflito *positivo* ou *negativo* no que tange à qualificação de um dado elemento de conexão. Haverá o conflito positivo quando, *v.g.*, a pessoa for considerada nacional ou domiciliada em mais de um Estado; e o conflito negativo quando, *v.g.*, ambos os Estados considerarem sem nacionalidade ou sem domicílio determinado indivíduo. Como qualificar o elemento de conexão nesses casos? Para Valladão, a

---

[19] V. Batalha, Wilson de Souza Campos & Rodrigues Netto, Sílvia Marina L. Batalha de. *O direito internacional privado na Organização dos Estados Americanos*, cit., p. 75, assim: "Uma vez, porém, localizado o Direito estrangeiro aplicável por força da norma de Direito internacional privado, as qualificações, no âmbito desse Direito estrangeiro, somente por ele poderão ser fornecidas".

[20] Valladão, Haroldo. *Direito internacional privado...*, cit., p. 269.

[21] V. Batalha, Wilson de Souza Campos. *Tratado de direito internacional privado*, t. I, cit., p. 130, que, apesar de aceitar a qualificação pela *lex fori*, excepciona o tema da *nacionalidade*.

questão se resolve aplicando *outro* elemento de conexão, subsidiário, também ligado ao negócio, *v.g.*, para a nacionalidade o domicílio, e para este a residência etc., salvo, habitualmente, a qualificação do foro, se a lei deste se achar em causa.[22]

Ao contrário da orientação geral, não existe, ainda segundo Valladão, qualquer círculo vicioso em o intérprete da norma de DIPr considerar *preliminarmente as diversas leis invocadas*, interessadas, para qualificar o elemento de conexão, e verificar a que se aplica, solucionando, se se apresentar, o respectivo conflito positivo ou negativo com aquelas diretrizes.[23]

Não se descarta, por fim, que tratados internacionais estabeleçam um conceito *geral* sobre os elementos de conexão conhecidos, como *nacionalidade, domicílio* etc.

4. Principais elementos de conexão

São relativamente poucos os elementos de conexão existentes, não obstante haver certa complexidade na exata compreensão de cada um deles. É, outrossim, importante a verificação desses elementos para que tanto quem demanda como quem julga possa corretamente qualificá-los, segundo os preceitos já estudados.

Como se disse, a eleição dos elementos de conexão das normas indicativas ou indiretas depende das tradições (costumes) e da política legislativa de cada Estado, havendo várias espécies de conexões possíveis, variantes de um país para outro. O direito comparado, no entanto, tem demonstrado que alguns elementos de conexão são comuns nas diversas legislações estrangeiras. Cabe, assim, examinar quais os principais elementos de conexão existentes, especialmente à luz de sua previsão no DIPr brasileiro.

Antes desse exame, porém, deve-se consignar que o DIPr contemporâneo tem pugnado pela adoção dos elementos de conexão que *maior proximidade* guardam com a questão jurídica concreta, não aqueles advindos de mero capricho do legislador. Nesse sentido, a melhor doutrina tem entendido que a missão atual do DIPr não é apenas estabelecer friamente (e discricionariamente) as conexões que entende necessárias ao deslinde da questão jurídica, senão localizar perante qual norma a questão *sub judice* encontra o seu verdadeiro "centro de gravidade" ou "ponto de atração", sem o que não haveria harmonia e justiça na solução do conflito.[24] Essa, em suma, a tendência contemporânea do DIPr, a que o legislador e o aplicador do direito devem dispensar atenção.

---

[22] VALLADÃO, Haroldo. *Direito internacional privado...*, cit., p. 269.

[23] VALLADÃO, Haroldo. Idem, p. 270.

[24] Cf. LAGARDE, Paul. Le principe de proximité dans le droit international privé contemporain..., cit., p. 9-238; e DOLINGER, Jacob. Evolution of principles for resolving conflicts in the field of contracts and torts, cit., p. 187-512. Assim, na União Europeia, o art. 4º, 4, do Regulamento Roma I, em matéria de obrigações contratuais: "Caso a lei aplicável não possa ser determinada nem em aplicação do nº 1 nem do nº 2, o contrato é regulado pela lei do país com o qual apresenta uma conexão mais estreita".

4.1 Território

O território é o principal elemento de conexão das normas indicativas ou indiretas de DIPr.[25] É sobre ele, *v.g.*, que se localiza determinado imóvel, que certo ato jurídico é praticado, que ocorre determinado fato, em que se encontram certas pessoas, que se fixa a nacionalidade originária *jus soli* etc.

Como explica Haroldo Valladão, o território do Estado pode ser (*a*) um elemento *próprio* (autônomo) da norma indicativa, quando indica, *v.g.*, a *lex situs*, a lei competente para regular os bens ou a *lex rei sitae*; ou (*b*) um componente básico de *outros* elementos de conexão, como, *v.g.*, da nacionalidade *jus soli*, do domicílio, do lugar da realização ou da execução do ato ou do contrato.[26]

Destaque-se que o conceito de território que interessa ao direito internacional em geral não é absolutamente *geográfico*. Cuida-se, aqui, do seu conceito *jurídico*, que compreende: *a*) o solo ocupado pela massa demográfica de indivíduos que compõem o Estado, com seus limites reconhecidos; *b*) o subsolo e as regiões separadas do solo; *c*) os rios, lagos e mares interiores; *d*) os golfos, as baias e os portos; *e*) a faixa de mar territorial (de 12 milhas marítimas) e a plataforma submarina (para os Estados que têm litoral); e *f*) também o espaço aéreo correspondente ao solo e ao mar territorial.[27]

Assim, quando diz a LINDB, no art. 7º, § 1º, que "[r]ealizando-se o casamento *no Brasil*, será aplicada a lei brasileira quanto aos impedimentos dirimentes e às formalidades da celebração", não pode haver dúvida de que "no Brasil" significa mais que o território (geográfico) brasileiro, conotando também *todos os lugares* em que a República Federativa do Brasil exerce a sua soberania, a exemplo das embaixadas e consulados brasileiros, bem assim dos nossos navios e aeronaves militares.

O critério territorial tem sido historicamente eleito no Brasil como o nosso principal elemento de conexão, com superação do critério da nacionalidade.[28] Tal pode ser comprovado pela leitura da atual LINDB, que seguiu o espírito das normas anteriores. De fato, como se percebe da leitura da LINDB, no que tange (*a*) à personalidade, à capacidade e aos direitos de família incide a lei domiciliar, e, em caso de diversidade de domicílios, a lei do primeiro domicílio conjugal (art. 7º e parágrafos); (*b*) aos bens e direitos reais, incide a *lex rei situs* ou lei da situação dos bens, com exceção dos bens móveis em trânsito, que seguirão a lei do país em que for domiciliado o proprietário (art. 8º e § 1º); (*c*) às obrigações, incide a lei do país em que se constituírem, salvo quanto à forma essencial das obrigações exequíveis no Brasil

---

[25] Cf. SAVIGNY, Friedrich Carl von. *Traité de droit romain*, t. 8, cit., p. 20-22.

[26] VALLADÃO, Haroldo. *Direito internacional privado...*, cit., p. 275.

[27] Para detalhes sobre o conceito de "território" no direito internacional, *v.* MAZZUOLI, Valerio de Oliveira. *Curso de direito internacional público*, cit., p. 381-384.

[28] *V.* BATALHA, Wilson de Souza Campos & RODRIGUES NETTO, Sílvia Marina L. Batalha de. *O direito internacional privado na Organização dos Estados Americanos*, cit., p. 41.

(art. 9º e § 1º); (*d*) à sucessão por morte ou por ausência, incide a lei do domicílio do defunto ou desaparecido, qualquer que seja a natureza ou a situação dos bens (art. 10); (*e*) às pessoas jurídicas, incide a lei do Estado em que se constituírem (art. 11); e (*f*) à competência do foro, incide a lei do país em que o réu seja domiciliado, em que a obrigação deva ser cumprida, ou em que o imóvel esteja situado (art. 12 e § 1º).[29]

O *domicílio* é o elemento territorial que, segundo a legislação brasileira em vigor, rege o estatuto pessoal, razão pela qual merecerá tratamento específico (*v.* item 4.3, *infra*).

4.2 Nacionalidade

O elemento de conexão *nacionalidade*[30] *(lex patriae)* guarda grande relevância para o DIPr em geral, seja para resolver conflitos de leis no espaço relativos ao *gozo*, ao *exercício* ou ao *reconhecimento* de direitos.[31] Trata-se de elemento de conexão bastante utilizado nas legislações de DIPr de vários países da Europa. No Brasil, como se disse, a atual LINDB (seguindo a tendência histórica da legislação brasileira relativa ao tema) superou o elemento de conexão nacionalidade para adotar prioritariamente o critério *territorial*. Isso tem uma explicação lógica, pois, quando o estatuto pessoal se rege pelo critério da *nacionalidade*, os conflitos jurídicos tendem a se multiplicar, especialmente pela maior frequência das mudanças de nacionalidade e de sua pluralidade no seio das famílias, ao passo que quando o estatuto pessoal é regido pelo critério *territorial*, os conflitos em que seja necessário aplicar a lei de outro Estado diminuem consideravelmente.[32]

Cabe à *lex causae*, isto é, à lei de cuja nacionalidade se trata, qualificar o elemento de conexão relativo à nacionalidade, inclusive a interpretação dos termos pela lei respectiva utilizados, devendo, ainda, resolver as eventuais questões prévias,[33] desde que "esteja de acordo com as convenções internacionais, o costume internacional e os princípios de direito geralmente reconhecidos em matéria de

---

[29] V. Batalha, Wilson de Souza Campos & Rodrigues Netto, Sílvia Marina L. Batalha de. Idem, p. 41-42.

[30] Para um estudo aprofundado da nacionalidade no direito internacional, *v.* Mazzuoli, Valerio de Oliveira. *Curso de direito internacional público*, cit., p. 601-646.

[31] V. Savigny, Friedrich Carl von. *Traité de droit romain*, t. 8, cit., p. 18-20; e Valladão, Haroldo. *Direito internacional privado...*, cit., p. 285.

[32] V. Strenger, Irineu. *Direito internacional privado*, cit., p. 477.

[33] V. arts. 9º, 12º e 14º do Código Bustamante: "Art. 9º Cada Estado contratante aplicará o seu direito próprio à determinação da nacionalidade de origem de toda pessoa individual ou jurídica e à sua aquisição, perda ou reaquisição posterior, realizadas dentro ou fora do seu território, quando uma das nacionalidades sujeitas à controvérsia seja a do dito Estado. Os demais casos serão regidos pelas disposições que se acham estabelecidas nos restantes artigos deste capítulo"; "Art. 12. As questões sobre aquisição individual de uma nova nacionalidade serão resolvidas de acordo com a lei da nacionalidade que se suponha adquirida"; "Art. 14. À perda de nacionalidade deve aplicar-se a lei da nacionalidade perdida".

nacionalidade", tal como determina o art. 1º da Convenção da Haia de 1930 sobre conflitos de leis em matéria de nacionalidade.[34]

Quando houver o indivíduo mais de uma nacionalidade, o entendimento corrente é no sentido de tomar como referência aquela com a qual ele mantém a relação mais próxima e estreita de significância (*most significant relationship*). Tome-se, como exemplo, um cidadão brasileiro que também detém nacionalidade italiana, porém é domiciliado no Brasil, trabalha no Brasil, mantém sua família no Brasil e quase não sai do País. Nesse caso, é evidente que *é com o Brasil* que tal indivíduo mantém relações mais estreitas, não com a Itália, país do qual, apesar de também ser nacional, não frequenta constantemente, não tem domicílio ou residência, não exerce qualquer atividade profissional etc.

4.3 Domicílio

A legislação brasileira atual, no que tange às pessoas físicas, atribui total ênfase ao elemento de conexão *domicílio* em vez do elemento *nacionalidade*, o que se comprova facilmente pela leitura dos arts. 7º e seguintes da LINDB. No que toca às pessoas jurídicas, também o elemento territorial é a regra, dispondo o art. 11, *caput*, que a elas se aplica a lei do Estado em que se constituírem.

A opção do legislador brasileiro pelo elemento de conexão domicílio – explica Edgar Carlos de Amorim – deu-se em decorrência da Segunda Guerra mundial e do fato de vários navios brasileiros terem sido torpedeados em nossas costas, levando à necessidade de assegurar a vários súditos dos países do Eixo (Alemanha, Itália e Japão) domiciliados no Brasil, e cujos comércios foram alvo de constantes quebra-quebras, que não tivessem seus direitos violados pela aplicação das leis de sua nacionalidade, em detrimento da legislação do domicílio (legislação brasileira).[35]

Daí em diante, o critério territorial – que guarda o ponto de contato mais corrente de uma pessoa com uma dada ordem jurídica – tem sido historicamente eleito no Brasil como o nosso principal elemento de conexão, superando o da nacionalidade. A isso também se acrescenta o fato de ser o Brasil um país de imigração, interessado em "sujeitar o estrangeiro aqui domiciliado à sua lei, integrando-o à vida nacional, independentemente de sua subordinação política".[36]

Dentre as espécies do critério territorial, o domicílio foi o elemento eleito para as questões envolvendo, *v.g.*, o começo e fim da personalidade, o nome, a capacidade, os direitos de família, a invalidade do matrimônio e seu regime de bens, legal ou convencional. É importante, assim, a compreensão desse elemento de conexão no DIPr brasileiro, notadamente em relação ao estatuto pessoal.

---

[34] A Convenção da Haia de 1930 foi promulgada no Brasil pelo Decreto nº 21.798, de 06.09.1932.

[35] AMORIM, Edgar Carlos de. *Direito internacional privado*, cit., p. 27.

[36] DINIZ, Maria Helena. *Lei de Introdução ao Código Civil Brasileiro interpretada*, cit., p. 215.

O domicílio tem sido entendido como o ponto de contato mais corrente e seguro de uma pessoa com uma dada ordem jurídica, capaz de demonstrar a vontade de fixação do indivíduo em determinado lugar, seja para nele definitivamente residir, centralizar seus negócios ou ter o seu estabelecimento principal. Trata-se do *locus* no qual gravitam as principais atividades da pessoa, por ela determinado para a consecução daquilo que primariamente deseja, e que a vincula à ordem jurídica em que se encontra, independentemente de sua nacionalidade.

O elemento de conexão domicílio, contudo, é bastante controverso no DIPr, eis que as legislações de diversos Estados normatizam o seu conteúdo com enorme disparidade.[37] De fato, enquanto no direito brasileiro, *v.g.*, o domicílio da pessoa natural "é o lugar onde ela estabelece a sua residência com ânimo definitivo" (Código Civil, art. 70), no direito italiano é aquele em que a pessoa "estabelece a sede principal dos seus negócios e interesses" (Código Civil, art. 43), e no direito francês é o lugar em que ela "tem o seu estabelecimento principal" (Código Civil, art. 102).

Por isso, tal leva à necessidade de estudar o domicílio segundo o que sobre ele entende a lei invocada, isto é, a *lex causae*. Assim a opinião de Haroldo Valladão, para quem cabe "a qualificação internacional do domicílio à *lei interessada*, à *lei invocada, à 'lex causae'*, sendo, pois, competente para determiná-lo a lei do *sistema jurídico territorial* (Estado, Estado-membro etc.), *de cujo domicílio se trata*, sendo o domicílio brasileiro fixado pela lei brasileira e o domicílio fora do Brasil pela lei estrangeira de sua constituição".[38]

Nesse sentido, portanto, é que devem ser compreendidos os dispositivos da LINDB que dizem, *v.g.*, que "a lei do país em que *domiciliada* a pessoa determina as regras sobre o começo e o fim da personalidade, o nome, a capacidade e os direitos de família" (art. 7º, *caput*), que "tendo os nubentes *domicílio* diverso, regerá

---

[37] Sobre as origens do conceito de domicílio no direito romano, *v.* SAVIGNY, Friedrich Carl von. *Traité de droit romain*, t. 8, cit., p. 46-107. Sobre as diferentes concepções de domicílio no direito comparado, *v.* JAYME, Erik. *Identité culturelle et intégration...*, cit., p. 204-210.

[38] VALLADÃO, Haroldo. *Direito internacional privado...*, cit., p. 339. No mesmo sentido, *v.* PINHEIRO, Luís de Lima. *Direito internacional privado*, vol. I, cit., p. 518, para quem a qualificação *lex causae* "mostra-se mais favorável à harmonia internacional de soluções", especialmente "em matéria de estatuto pessoal, em que a estabilidade é particularmente importante". Em sentido contrário, mas admitindo exceções, *v.* TENÓRIO, Oscar. *Direito internacional privado*, vol. I, cit., p. 429: "A qualificação do domicílio deve ser dada, em princípio, pela *lex fori*. Como a Lei de Introdução do Código Civil [hoje, LINDB] se limita a falar na 'lei do país em que for domiciliada a pessoa', cabe à doutrina escolher um critério qualificador. Dentre os critérios existentes (lei nacional, lei territorial, autonomia da vontade, lei do foro...), o da *lex fori* é o mais seguido, embora comporte ressalvas. (...) A *lex fori* afasta quaisquer conceitos de domicílio fornecidos pelo direito estrangeiro. Afasta, também, a possibilidade do duplo domicílio decorrente de conceitos diferentes dados por leis de duas ou mais soberanias". Também em sentido contrário, *v.* CASTRO, Amilcar de. *Direito internacional privado*, cit., p. 206: "Como circunstância de conexão, a noção de domicílio e as condições de sua aquisição e perda, no país ou no estrangeiro, devem ser dadas pelo *ius fori*".

os casos de invalidade do matrimônio a lei do primeiro *domicílio* conjugal" (art. 7º, § 3º), que "o regime de bens, legal ou convencional, obedece à lei do país em que tiverem os nubentes *domicílio*, e, se este for diverso, a do primeiro *domicílio* conjugal" (art. 7º, § 4º), que "aplicar-se-á a lei do país em que for *domiciliado* o proprietário, quanto aos bens moveis que ele trouxer ou se destinarem a transporte para outros lugares" (art. 8º, § 1º), que "o penhor regula-se pela lei do *domicílio* que tiver a pessoa, em cuja posse se encontre a coisa apenhada" (art. 8º, § 2º), que "a sucessão por morte ou por ausência obedece à lei do país em que era *domiciliado* o defunto ou o desaparecido, qualquer que seja a natureza e a situação dos bens" (art. 10, *caput*), que "a lei do *domicílio* do herdeiro ou legatário regula a capacidade para suceder" (art. 10, § 2º) etc.

Quando houver pluralidade de domicílios, a preferência é estabelecida pelo domicílio *nacional* da pessoa e, posteriormente, pelo seu domicílio *legal*. Quando a pessoa não tiver domicílio (ou seja, quando for *adômide*), deve-se aplicar, subsidiariamente, a *residência* ou o *lugar* em que se encontra a pessoa como elementos de conexão, tal como dispõe o art. 7º, § 8º, da LINDB: "Quando a pessoa não tiver domicílio, considerar-se-á domiciliada no lugar de sua residência ou naquele em que se encontre".[39] Tendo a pessoa diversas residências, em vários países ao mesmo tempo, aplica-se a lei da última residência estabelecida.[40] No que tange, porém, à parte final do citado art. 7º, § 8º, da LINDB, que diz considerar domiciliada a pessoa no lugar "em que se encontre", nasce o problema relativo à possibilidade de *fraude* por parte daqueles que migram de um lugar a outro com a exclusiva finalidade de manipular esse elemento de conexão, caso em que poderá o juiz, segundo Maristela Basso, optar pela aplicação do princípio do "domicílio originário", que diz respeito àquele primeiro domicílio que teve a pessoa logo após seu nascimento com vida, com base no critério *jus sanguinis*, transmitindo-se de pai para filho e que poderia ser, ao menos teoricamente, conservado por toda a vida.[41]

Por fim, destaque-se que no âmbito de várias convenções internacionais (*v.g.*, Convenção da Haia sobre a Lei Aplicável às Obrigações Alimentares, de 1973; Convenção da Haia relativa à Competência, à Lei Aplicável, ao Reconhecimento, à Execução e à Cooperação em Matéria de Responsabilidade Parental e Medidas de Proteção das Crianças, de 1996) e de diversos regulamentos europeus (*v.g.*, Regulamento Roma III, sobre a lei aplicável em matéria de divórcio e separação judicial, de 2010) o critério da *residência habitual* tem sido preferido ao do domicílio como elemento de conexão territorial, por ser de mais fácil aplicação e menos divergente em relação àquele.[42] Em tais casos, pelo fato de o conceito vir em tratado inter-

---

[39] O Projeto de Lei nº 269 do Senado, de 2004, também acrescentava a "impossibilidade de localização" do domicílio, caso em que, uma vez configurada, haveriam de utilizar-se, sucessivamente, a "lei da residência *habitual*" e a "lei da residência *atual*" (art. 8º, *caput*).

[40] Cf. Jo, Hee Moon. *Moderno direito internacional privado*, cit., p. 159.

[41] Basso, Maristela. *Curso de direito internacional privado*, cit., p. 179.

[42] V. Pinheiro, Luís de Lima. *Direito internacional privado*, vol. I, cit., p. 512-513.

Parte I • Cap. V • ELEMENTOS DE CONEXÃO | 123

nacional, deve-se entender por "residência habitual" aquela na qual o interessado mantém vínculos constantes (frequentes) e efetivos, ainda que outras residências (não habituais) possa ter.

4.4 Vontade das partes

A vontade das partes – decorrente do conhecido *princípio da autonomia da vontade* – é um importante elemento de conexão no DIPr,[43] reconhecido desde as origens do DIPr positivo e mantido até os dias de hoje,[44] tanto em leis internas como em tratados internacionais, bem assim em diversas resoluções das Nações Unidas, como, *v.g.*, a Resolução de Basileia (1991) do *Institut de Droit International* sobre "[a] autonomia da vontade das partes nos contratos internacionais entre pessoas privadas", da qual foi *Rapporteur* o Prof. Erik Jayme.[45]

Por meio da autonomia da vontade, permite-se às partes derrogar (expressa ou tacitamente) as normas de conflito e definir, elas próprias, o direito aplicável em certos casos, como, *v.g.*, nos relativos ao regime de bens do casamento, aos efeitos das obrigações, à sucessão testamentária, à competência do juízo etc.[46] Seu fundamento encontra guarida na *liberdade* que os indivíduos têm de agir como lhes aprouver em questões ligadas à sua pessoa ou ao comércio,[47] não se desconhecendo, porém, haver autores que, indo mais longe, fundamentam a autonomia da vontade também nos *direitos humanos*.[48]

---

[43] Cf. SAVIGNY, Friedrich Carl von. *Traité de droit romain*, t. 8, cit., p. 110-113; PILLET, A. *Principes de droit international privé*, cit., p. 430-467; WOLFF, Martin. *Derecho internacional privado*, cit., p. 211-229; GIALDINO, Agostino Curti. La volonté des parties en droit international privé. *Recueil des Cours*, vol. 137 (1972), p. 743-914; CARDOSO, Fernando. *A autonomia da vontade no direito internacional privado*: a autonomia e o contrato de agência ou de representação comercial. Lisboa: Portugalmundo, 1989; JAYME, Erik. Identité culturelle et intégration…, cit., p. 54-55; e SANTOS, António Marques dos. Algumas considerações sobre a autonomia da vontade no direito internacional privado em Portugal e Brasil. In: MOURA RAMOS, Rui Manuel de et al. (Org.). *Estudos em homenagem à Professora Doutora Isabel de Magalhães Collaço*, vol. I. Coimbra: Almedina, 2002, p. 379-429.

[44] V. MAZZUOLI, Valerio de Oliveira & PRADO, Gabriella Boger. L'autonomie de la volonté dans les contrats commerciaux internationaux au Brésil. *Revue Critique de Droit International Privé*, avril-juin 2019, vol. 2, p. 427-456.

[45] V. *Annuaire de l'Institut de Droit International*, vol. 64, t. II (1992), p. 382 e ss.

[46] V. VALLADÃO, Haroldo. *Direito internacional privado*…, cit., p. 363-364; e SAMTLEBEN, Jürgen. Teixeira de Freitas e a autonomia das partes no direito internacional privado latino-americano. *Revista de Informação Legislativa*, ano 22, nº 85, Brasília, jan./mar. 1985, p. 257-276.

[47] Cf. COSTA, Ligia Maura. *O crédito documentário e as novas regras e usos uniformes da Câmara de Comércio Internacional*. São Paulo: Saraiva, 1994, p. 220-231.

[48] Cf. JAYME, Erik. Identité culturelle et intégration…, cit., p. 148. Ainda sobre o papel da autonomia da vontade no DIPr atual, *v.* JAYME, Erik. Le droit international privé du nouveau millénaire: la protection de la personne humaine face à la globalization. *Recueil des Cours*, vol. 282 (2000), p. 37-38; e JO, Hee Moon. *Moderno direito internacional privado*, cit., p. 448-452.

A manifestação de vontade das partes – que pode ser *expressa* ou *tácita*, a qualquer tempo alterável, respeitados os direitos de terceiros – é hábil para escolher, como lei competente, tanto a *lex fori* como a lei estranha. Esta última, contudo, não necessita ser obrigatoriamente uma norma *estatal*, ou seja, proveniente de um ente pertencente à sociedade internacional, podendo ser a lei de determinada *região, província, cantão, cidade* ou, até mesmo, relativa a certa *religião*.[49]

4.4.1 Autonomia da vontade e ordem pública

De início, cabe investigar a relação entre a escolha da lei aplicável e o instituto da ordem pública, notadamente como justificativa para o exercício livre da autonomia da vontade pelas partes.

Nesse ponto, tem-se como certo que a verificação de eventual violação à ordem pública (ou aos bons costumes, ou aos tratados incorporados, ou à intenção das partes de fraudar a lei) somente pode se dar em momento posterior à escolha da lei aplicável, não havendo porque ser analisada previamente, isto é, quando da realização do ato, do negócio jurídico ou do contrato. Ou seja, será apenas na *execução* da avença que se poderá aferir se a escolha da lei aplicável viola ou não os princípios sensíveis do foro, protegidos pelo manto da ordem pública *lato sensu*.[50]

Assim, é incorreto dizer que as partes não poderão valer-se da autonomia da vontade quando a conexão indicada afrontar a soberania do país, sua ordem pública ou as normas previstas em tratados internacionais dos quais o Estado é parte. Tal é assim pelo fato de a vontade das partes ser *autônoma* à potencial violação da ordem pública *lato sensu*, a qual somente poderá ser aferida, repita-se, em momento posterior (não quando da escolha da lei aplicável). De fato, seria incoerente (e irrelevante) verificar eventual afronta à ordem pública no momento da escolha da lei aplicável, em razão de os motivos presentes para tanto poderem alterar-se no futuro. Poderá, *v.g.*, um motivo justificador da ordem pública (ou a existência de um tratado em vigor etc.) *desaparecer* no futuro, quando da execução da avença, fazendo, assim, com que a lei escolhida pelas partes fique livre de qualquer embaraço. Nesse sentido está a precisa lição de Dolinger, a entender, com total razão, que "[u]ma cláusula atentatória à ordem pública no momento da feitura do contrato, pode deixar de sê-lo no momento de sua execução e, contrariamente, uma cláusula inofensiva à época do compromisso, poderá tornar-se rejeitável posteriormente, quando do cumprimento do compromisso contratual", pelo que, "[n]o momento em que as partes contratam e submetem seu pacto a uma lei estrangeira, o princípio da ordem pública não tem como, nem porque ser examinado".[51]

---

[49] Cf. Valladão, Haroldo. *Direito internacional privado...*, cit., p. 373.

[50] Assim, Dolinger, Jacob. *Contratos e obrigações no direito internacional privado* (Direito civil internacional, vol. II). Rio de Janeiro: Renovar, 2007, p. 466.

[51] Dolinger, Jacob. Idem, ibidem.

Ainda que seja louvável que se recomende – diz também Dolinger – a compatibilização de um contrato com as leis potencialmente aplicáveis no momento da contratação, verdade é que o não atendimento desse cuidado *não invalida,* por qualquer maneira, nem poderia, a cláusula voluntária estabelecida pelas partes, que continua "válida e eficaz até esbarrar com a ordem pública do *forum executionis,* na oportunidade de execução judicial, o que poderá ou não se materializar".[52]

A primeira questão a esclarecer (seguindo a melhor doutrina), portanto, é a de que a autorização que as partes têm para escolher a lei aplicável à avença não tem ligação, *a priori,* com o corte de efeitos que a ordem pública *lato sensu* poderá eventualmente impor, senão apenas *a posteriori,* quando da execução do contrato ou do cumprimento da respectiva obrigação.

4.4.2 Fundamento da autonomia da vontade no direito brasileiro

A vontade das partes, não há dúvidas, é elemento conectivo válido no direito brasileiro em vigor, que segue a nossa tradição na matéria, como, aliás, já indicava Clovis Beviláqua – tirante apenas o trecho inicial relativo aos "naturais limites" em que se há de alocar a *voluntas* – ao dizer que, "[c]olocada nos seus naturais limites e agindo de acordo com a lei, a vontade é a fonte geradora das obrigações convencionais e unilaterais, [e] consequentemente lhe deve ser permitido, nas relações internacionais, escolher a lei a que subordina as obrigações livremente contraídas".[53]

A aceitação da autonomia da vontade (*lex voluntatis*) enquanto elemento de conexão válido, de índole subjetiva, coloca, assim, em segundo plano, a vontade objetiva do legislador, que somente terá lugar subsidiariamente, na ausência de escolha do direito aplicável pelas partes.[54]

A autonomia da vontade é bastante nítida, *v.g.,* na conclusão de contratos internacionais, em que as partes, livremente, escolhem a lei de um determinado Estado para reger os termos do documento assinado, bem assim o foro competente para a resolução das controvérsias a ele relativas.[55] Segundo Hee Moon Jo, os motivos pelos quais essa autonomia é aceita no plano contratual são vários, sendo os principais os seguintes: *a)* existência de previsão (expressa ou tácita) pelas legislações domésticas; *b)* dificuldade de tipificar os elementos de conexão nas obrigações contratuais, em razão dos inúmeros tipos de contratos internacionais existentes; *c)* impossibilidade de generalização desses contratos relativamente a um determinado objeto de conexão, mesmo porque também não há um elemento de conexão que

---

[52] Dolinger, Jacob. Idem, p. 469.

[53] Beviláqua, Clovis. *Princípios elementares de direito internacional privado,* cit., p. 263.

[54] V. Rechsteiner, Beat Walter. *Direito internacional privado...,* cit., p. 149.

[55] Para detalhes, *v.* Niboyet, J.-P. *Cours de droit international privé français,* cit., p. 590-600; e Rodas, João Grandino. Elementos de conexão do direito internacional privado brasileiro relativamente às obrigações contratuais. In: Rodas, João Grandino (Coord.). *Contratos internacionais.* 3. ed. rev., atual. e ampl. São Paulo: Revista dos Tribunais, 2002, p. 43-61.

seja superior aos outros, dentre os vários existentes, tais como o local de celebração, o de execução, a lei nacional, a lei do domicílio etc.; e *d*) diminuição da resistência das partes à sua submissão forçada a alguma esfera judiciária determinada, exatamente em razão do acordo que realizam no que tange à escolha da lei aplicável.[56]

Essa liberdade em matéria de autonomia da vontade das partes sempre foi a regra no direito brasileiro, que jamais desautorizou o seu uso em matéria contratual.[57] Daí a lição de Irineu Strenger de que "a verdade inegável é que a teoria da autonomia da vontade nasceu a propósito dos contratos e até o momento atual esse é o âmbito onde se aloja".[58]

Originariamente, a autonomia da vontade em matéria de obrigações foi prevista no Brasil pelo art. 13, *caput*, da Introdução ao Código Civil de 1916 (*verbis*: "Regulará, *salvo estipulação em contrário*, quanto à substância e aos efeitos das obrigações, a lei do lugar, onde forem contraídas"). Na Lei de Introdução ao Código Civil, de 1942 (atual LINDB), houve, porém, total silêncio do legislador nacional quanto ao tema, o que plantou a dúvida na doutrina em saber se ainda persiste, no direito brasileiro atual, a autonomia da vontade das partes enquanto elemento de conexão válido em matéria de obrigações em geral.[59] De fato, o art. 9º da LINDB ("Para qualificar e reger as obrigações, aplicar-se-á a lei do país em que se constituírem") não se referiu expressamente à autonomia da vontade, como fazia o art. 13, *caput*, da Introdução ao Código Civil de 1916. Boa parte da doutrina, contudo, entende (corretamente) que a "autonomia da vontade como princípio deve ser sustentada não só como elemento da liberdade em geral, mas como suporte também da liberdade jurídica, que é esse poder insuprimível do homem de criar por um ato de vontade uma situação jurídica, desde que esse ato tenha objeto lícito".[60] Nesse sentido, entende-se que o art. 9º da LINDB não exclui a autonomia da vontade se a lei do país em que contraída a obrigação a admitir.

Para nós, da mesma forma, a autonomia da vontade subsiste no direito brasileiro atual, especialmente por quatro motivos: *a*) primeiro, porque o texto constitucional de 1988 estabelece que "ninguém será obrigado a fazer *ou deixar de fazer* alguma coisa *senão em virtude de lei*" (art. 5º, II); *b*) segundo, porque não havendo lei a proibir expressamente a autonomia da vontade entre nós, o seu não reconhecimento e a sua não aceitação violaria o citado art. 5º, II, da Constituição Federal; *c*) terceiro, pelo fato de sua subsistência basear-se num *costume* aceito em vários países

---

[56]   Jo, Hee Moon. *Moderno direito internacional privado*, cit., p. 449.

[57]   Cf. VALLADÃO, Haroldo. *Direito internacional privado…*, cit., p. 370.

[58]   STRENGER, Irineu. *Direito internacional privado*, cit., p. 345. V. ainda, FIORATI, Jete Jane. Inovações no direito internacional privado brasileiro presentes no Projeto de Lei de Aplicação das Normas Jurídicas, cit., p. 257-259.

[59]   Para um inventário das diversas opiniões doutrinárias, *v.* RODAS, João Grandino. *Direito internacional privado brasileiro*. São Paulo: Revista dos Tribunais, 1993, p. 39-53.

[60]   STRENGER, Irineu. *Direito internacional privado*, cit., p. 615.

(não sendo diferente com o Brasil) e, inclusive, pelo *Institut de Droit International*; e *d*) por fim, por ser reconhecida em diversas convenções internacionais.[61]

Apenas a título de exemplo, veja-se o que dispõe o art. 7º da Convenção Interamericana sobre Direito Aplicável aos Contratos Internacionais, de 1994:

> O contrato rege-se pelo direito escolhido pelas partes. O acordo das partes sobre esta escolha deve ser expresso ou, em caso de inexistência de acordo expresso, depreender-se de forma evidente da conduta das partes e das cláusulas contratuais, consideradas em seu conjunto. Essa escolha poderá referir-se à totalidade do contrato ou a uma parte do mesmo.
>
> A eleição de determinado foro pelas partes não implica necessariamente a escolha do direito aplicável.

Frise-se, ademais, que a Lei de Arbitragem brasileira (Lei nº 9.307/96) admitiu expressamente que "poderão as partes escolher, livremente, as regras de direito que serão aplicadas na arbitragem, desde que não haja violação aos bons costumes e à ordem pública" (art. 2º, § 1º), o que autoriza às partes, *a priori*, escolher o direito aplicável quando juridicamente vinculadas a uma convenção de arbitragem.[62]

4.4.3 Autonomia da vontade na eleição de foro

No que tange ao tema da eleição de foro, frise-se ter o Código de Processo Civil de 2015 privilegiado expressamente a autonomia da vontade das partes ao dispor que compete à autoridade judiciária brasileira processar e julgar as ações "em que as partes, expressa ou tacitamente, se submeterem à jurisdição nacional" (art. 22, III), bem assim ao determinar que "não compete à autoridade judiciária brasileira o processamento e o julgamento da ação quando houver cláusula de eleição de foro exclusivo estrangeiro em contrato internacional, arguida pelo réu na contestação" (art. 25).

Destaque-se, contudo, como também deixa entrever a segunda parte do art. 7º da Convenção Interamericana sobre Direito Aplicável aos Contratos Internacionais,

---

[61] Sobre esse último aspecto, *v.* as seguintes convenções: Convenção sobre a Lei Aplicável às Vendas de Caráter Internacional de Objetos Móveis Corpóreos, Haia, 1955 (art. 2º); Convenção Europeia sobre Arbitragem Comercial Internacional, Genebra, 1961 (art. 7º); Lei Uniforme sobre a Venda Internacional de Objetos Móveis Corpóreos, Haia, 1964 (arts. 3º e 4º); Convenção sobre Resolução de Disputas Envolvendo Investimentos entre Estados e Nacionais de outros Estados, Washington, 1966 (art. 42); Convenção Interamericana sobre Arbitragem Comercial Internacional, Panamá, 1975 (art. 3º); Convenção relativa à Lei Aplicável aos Contratos de Intermediários e à Representação, Haia, 1978 (art. 5º); Convenção da Comunidade Econômica Europeia sobre a Lei Aplicável às Obrigações Contratuais, Roma, 1980 (art. 3º); Convenção Sobre Contratos de Venda Internacional de Mercadorias – Uncitral, Viena, 1980 (art. 6º); Convenção sobre a Lei Aplicável aos Contratos de Venda Internacional de Mercadorias, Haia, 1986 (art. 7º); e Convenção Interamericana sobre Direito Aplicável aos Contratos Internacionais, México, 1994 (art. 7º).

[62] *V.* RECHSTEINER, Beat Walter. *Direito internacional privado...*, cit., p. 156.

que a eleição do foro pelas partes *não implica* necessariamente a escolha do direito aplicável. De fato, uma coisa é a eleição *do foro* e outra é a escolha *da lei* aplicável à resolução do mérito. Assim, escolhido, *v.g.*, o foro brasileiro para julgar a causa, a segunda etapa será verificar qual a lei aplicável à questão de fundo, que poderá ser a *lex fori* ou a *lex causae*, indistintamente (a depender do elemento de conexão da norma de DIPr da *lex fori* ou, em se tratando de contrato, de eventual *nova escolha das partes*). Daí se entender, como faz Franceschini, que "não admitindo o Direito brasileiro que uma cláusula de foro de eleição implique automática ou indiciária aplicabilidade da *lex fori* para reger um determinado contrato, os tribunais estrangeiros não devem inferir que pela eleição dos tribunais brasileiros (ou de arbitragem no Brasil) para dirimir questões oriundas de um acordo tiveram as partes a intenção de eleger a lei brasileira como lei aplicável à avença".[63]

4.4.4 Autonomia da vontade e qualificação (do objeto e do elemento de conexão)

A aceitação da autonomia da vontade reflete, como não poderia deixar de ser, na qualificação tanto do *objeto* como do *elemento* de conexão das normas de DIPr.

Se as partes têm autonomia para determinar o direito aplicável ao caso concreto, inclusive o foro perante o qual vai desenrolar a ação, é evidente que terão, igualmente, o direito de decidir sobre a qualificação do objeto de conexão respectivo, excepcionando eventual imposição contrária da *lex fori* (*v.g.*, a lei da situação da coisa ou do lugar da constituição da obrigação).[64]

Por sua vez, no que tange ao elemento de conexão decorrente da vontade, a regra é a de que a sua qualificação deve se dar nos termos da lei invocada ou interessada, ou seja, da *lex causae*. É dizer, a lei *escolhida* pela vontade (*lex voluntatis*) é que será a responsável por *qualificar* essa mesma vontade.[65]

4.4.5 Autonomia da vontade na jurisprudência brasileira

Como se viu, tanto o direito brasileiro não proíbe a autonomia da vontade das partes quanto a ordem internacional expressamente a admite, o que induz à conclusão única de estar admitida essa autonomia entre nós. A regra, portanto, nesse campo, é que a autonomia da vontade está autorizada (pois não expressamente proibida) no direito brasileiro como elemento conectivo válido e eficaz. Essa também tem sido a posição da jurisprudência pátria, em especial do Superior Tribunal

---

[63] FRANCESCHINI, José Inácio Gonzaga. A lei e o foro de eleição em tema de contratos internacionais. In: RODAS, João Grandino (Coord.). *Contratos internacionais*. 3. ed. rev., atual. e ampl. São Paulo: Revista dos Tribunais, 2002, p. 68.

[64] Cf. NIBOYET, J.-P. *Principios de derecho internacional privado*, cit., p. 363.

[65] *V.* VALLADÃO, Haroldo. *Direito internacional privado...*, cit., p. 372.

de Justiça, a entender como lícita a escolha, pelas partes, da lei aplicável em contratos internacionais.

Nesse sentido, o STJ – em caso envolvendo litígio entre o Banco do Brasil S/A e empresa de *holding* Mendes Júnior Participações S/A – reconheceu, nos termos do voto vencedor do Min. Marco Aurélio Bellizze, que "a possibilidade de livre escolha ou mesmo de combinação de leis vem sendo admitida com tranquilidade pela doutrina e jurisprudência nacionais", deixando expresso que, se "as partes livremente optaram pela formalização da transação por meio de um contrato internacional, acertando de comum acordo o afastamento da legislação brasileira e a eleição das leis do estado de Nova York para regerem o contrato, admitir-se, em execução, o argumento de inaplicabilidade da lei eleita configura manifesto *venire contra factum proprium*, com o qual a ordem pública não se compatibiliza".[66]

Assim, também em âmbito jurisprudencial, está definitivamente consagrada, no Brasil, a autonomia da vontade das partes como elemento conectivo válido em matéria obrigacional no DIPr.

4.4.6 Autonomia da vontade no Projeto de Lei nº 269 do Senado Federal

Destaque-se, por derradeiro, que o Projeto de Lei nº 269 do Senado, de 2004, seguia expressamente a orientação aqui desenvolvida, ao dispor, no art. 12, *caput*, que "as obrigações contratuais são regidas pela lei *escolhida pelas partes*", podendo tal escolha ser "expressa ou tácita, sendo alterável a qualquer tempo, respeitados os direitos de terceiros". A redação do dispositivo levava em conta a aceitação já consagrada da autonomia da vontade por diversos tratados internacionais de DIPr, especialmente o estipulado no art. 7º da Convenção Interamericana sobre Direito Aplicável aos Contratos Internacionais.[67]

Leia-se, a propósito, a justificativa da comissão de redação: "No mundo contemporâneo, a liberdade das partes para fixar a lei aplicável está consagrada nas mais importantes convenções de direito internacional privado – Convenção de Roma sobre Lei Aplicável às Obrigações Contratuais, de 1980 (art. 3º), Convenção da Haia sobre a Lei Aplicável à Compra e Venda de Mercadoria, de 1986 (art. 7º), e Convenção Interamericana sobre Direito Aplicável às Obrigações Contratuais, México, 1994 (art. 7º), esta assinada pelo Brasil. Mario Giuliano e Paul Lagarde, falando sobre o art. 3º da Convenção de Roma, assinalam que a norma consoante a qual o contrato é regido segundo a lei escolhida pelas partes constitui 'uma reafirmação

---

[66] STJ, REsp. 1.280.218/MG, 3ª Turma, Rel. Min. Paulo de Tarso Sanseverino, Rel. p/Ac. Min. Marco Aurélio Bellizze, j. 21.06.2016, *DJe* 12.08.2016. Destaque-se o seguinte item da Ementa: "Em contratos internacionais, é admitida a eleição de legislação aplicável, inclusive no que tange à regulação do prazo prescricional aplicável".

[67] *V.* citação *supra*.

da regra consagrada atualmente no direito internacional privado de todos os Estados membros da Comunidade, bem assim da maioria dos direitos dos outros países' (*Journal Officiel des Communautés Européennes*, 31.10.80, C 282, p. 15). Resolução do *Institut de Droit International* (Basileia, 1991) acolheu a autonomia da vontade das partes em contratos internacionais firmados entre pessoas privadas (*Revue Critique de Droit International Privé*, 1992, p. 198). O projeto seguiu basicamente a ideia contida na Convenção do México de 1994, assinada pelo Brasil, cujo art. 7º dispõe: 'O contrato rege-se pelo direito escolhido pelas partes. O acordo das partes sobre esta escolha deve ser expresso ou, em caso de inexistência de acordo expresso, depreender-se de forma evidente da conduta das partes e das cláusulas contratuais, consideradas em seu conjunto. Essa escolha poderá referir-se à totalidade do contrato, ou a uma parte do mesmo. A eleição de determinado foro pelas partes não implica necessariamente a escolha do direito aplicável'".

4.4.7 Conclusão

Em vista do exposto, não há dúvidas de que a vontade das partes é elemento conectivo válido e eficaz no direito brasileiro, seguindo a nossa longa tradição na matéria, uma vez autorizada pelas normas jurídicas (nacionais e internacionais) em vigor e reconhecida pela melhor doutrina e jurisprudência.

4.5 *Lugar do contrato*

O *lugar* em que se celebra o contrato é um elemento de conexão tradicional no DIPr, além de um dos mais antigos. Nem todas as legislações, porém, o adotam para aferir em que lugar se constitui a obrigação contratual.

No Brasil, a LINDB, *v.g.*, não seguiu o lugar da celebração do contrato como elemento de conexão a ele relativo, mas, sim, o lugar de *residência* do proponente, tal como estabelecido no art. 9º, § 2º, assim redigido: "A obrigação resultante do contrato reputa-se constituída no lugar em que residir o proponente". Tal mereceu aguda crítica da doutrina, em especial de Haroldo Valladão, para quem seria absurda a ideia de reputar, *v.g., concluído na Argentina* um contrato *celebrado no Rio de Janeiro*, apenas porque proposto por cidadão argentino, *lá residente*, que no Brasil estava apenas acidentalmente, de passagem, por alguns dias... Ademais, ainda segundo Valladão, outra crítica a ser levada em consideração é que se a pessoa não tiver residência alguma a norma brasileira deixa insolúvel a questão.[68] Agustinho Fernandes Dias da Silva, igualmente, critica a disposição da LINDB por entender ser contrária aos interesses brasileiros, "pois, nos casos em questão, os proponentes geralmente residem no estrangeiro, em países mais desenvolvidos".[69]

---

[68] VALLADÃO, Haroldo. *Direito internacional privado...*, cit., p. 379.

[69] SILVA, Agustinho Fernandes Dias da. *Introdução ao direito internacional privado*, cit., p. 98.

Os problemas advindos do art. 9º, § 2º, da LINDB, porém, minimizam-se quando se pode lançar mão da autonomia da vontade (nem sempre, contudo, tal será possível) para estabelecer onde se reputará constituída a obrigação resultante do contrato.

4.6 A lex fori

A *lex fori* é um elemento de conexão tradicional (e talvez um dos mais antigos) no DIPr. Conota a *lei do foro* ou a *lei do juiz* perante o qual são apreciadas as questões jurídicas e seus incidentes.[70] Sua vantagem está no fato de o juiz do foro melhor conhecer as normas internas de seu Estado que eventualmente uma determinada norma estrangeira, cuja pesquisa do teor e vigência demandaria muito mais trabalho e tempo. É, de fato, mais prático aplicar a lei que se conhece que aquela desconhecida, proveniente de outro sistema normativo, muitas vezes de difícil localização e compreensão.

Cada Estado possui suas próprias normas de DIPr, as quais deve o juiz do foro aplicar em primeiro plano. Seu estabelecimento, como já se falou, depende das tradições (costumes) e da política legislativa de cada país, motivo pelo qual são variantes de um país a outro. Com o passar do tempo, contudo, várias situações passaram a afastar o primado da *lex fori*, atribuindo à *lex causae* a solução da matéria.

4.7 Religião e costumes tribais

Em alguns países existem ainda outros elementos de conexão conhecidos, tais a *religião* (*v.g.*, no Irã) e os *costumes tribais* (*v.g.*, em alguns países da África). No Irã, *v.g.*, os direitos e as obrigações das pessoas estão ligados à *religião* de cada qual, o que pode gerar dificuldades para o juiz nacional na aplicação da norma iraniana indicada pela regra de DIPr da *lex fori*. Em Israel e nos países árabes, *v.g.*, o direito matrimonial é de competência das respectivas religiões, motivo também de complicações em sua aplicação.

Segundo Jacob Dolinger, quando "a regra de conexão do DIPr brasileiro indicar a aplicação da lei de um destes países para questões de estatuto e capacidade, aplicar-se-á a lei religiosa que o regime jurídico estrangeiro determine, assim como se homologarão as sentenças estrangeiras oriundas dos seus tribunais eclesiásticos".[71] O mesmo raciocínio se aplica quando a regra de DIPr da *lex fori* indicar ordenamento regido por costumes tribais, caso em que deverá o juiz do foro investigar tais costumes para o fim de aplicá-los internamente na resolução da questão *sub judice*.

---

[70] V. VALLADÃO, Haroldo. *Direito internacional privado…*, cit., p. 385.

[71] DOLINGER, Jacob. *Direito internacional privado…*, cit., p. 325. Sobre a homologação de sentenças estrangeiras de tribunais eclesiásticos, *v.* MAURICIO, Ubiratan de Couto. Eficácia jurídica brasileira de julgados de tribunais eclesiásticos sobre direito matrimonial: um ensaio introdutório. *Revista Forense*, vol. 422, Rio de Janeiro, jul./dez. 2015, p. 331-359.

132 | CURSO DE DIREITO INTERNACIONAL PRIVADO – *Valerio de Oliveira Mazzuoli*

Caso interessante trazido por Dolinger (relativo ao direito de família) diz respeito à decisão do STF que julgou hipótese de casamento realizado na Síria em 1902, em que se verificou divergência sobre o regime de bens vigorante à época naquele país.[72] Ao passo que uma parte pretendeu que todo casamento realizado na Síria teria de obedecer ao rito muçulmano (e, portanto, seria regido pela separação de bens), a outra entendia devesse ser aplicada a lei religiosa em matéria de direito de família (pelo que o regime seria o da comunhão de bens). O STF manteve o acórdão do Tribunal de Justiça do (então) Estado da Guanabara que reconheceu, na hipótese, que os cônjuges pertenciam ao *rito melkita* dos católicos orientais, aceitando como prova da lei religiosa estrangeira o documento passado pelo Monsenhor Pro Vigário Geral Melkita do Rio de Janeiro, com o seguinte teor:

> Em aditamento ao certificado feito em 18.03.53 por Mons. Elias Couester, Vigário Geral dos Católicos Melkitas no Brasil, hoje Bispo Auxiliar do Rio de Janeiro, no tocante ao casamento realizado na Síria, na cidade de Maloula, em 05.02.1902, de Rattar Salomão Cury e Afife Chaer, declaro, para os devidos fins que na Síria os casamentos realizados pelo rito Melkita dos Católicos Orientais têm todos os efeitos de casamento civil e o único regime vigorante é o da comunhão de bens.

Aplicou-se, ali, portanto, corretamente a lei religiosa estrangeira designada pela regra de DIPr da *lex fori*, delegação esta, segundo Dolinger, "nunca rejeitada com base na vedação ao reenvio, mesmo depois de 1942, por se tratar de uma incorporação ao direito da nacionalidade da disposição de direito religioso das diversas fés acreditadas no país em questão".[73]

Em suma, todos os sistemas jurídicos que mantêm certos institutos sob a ordenação de uma religião (ou costume tribal etc.) criam elementos de conexão potencialmente aplicáveis às relações privadas com conexão internacional, devendo a resolução das questões surgidas serem também resolvidas pelo DIPr.

Registre-se, por fim, que o *Institut de Droit International*, na sua sessão de Cracóvia de 2005, de que foi *Rapporteur* o Sr. Paul Lagarde, sugeriu expressamente aos Estados que "evitem a utilização da religião como elemento de conexão para determinar o direito aplicável ao estatuto pessoal dos estrangeiros", devendo, para tanto, "possibilitar a essas pessoas uma faculdade de opção entre a sua lei nacional e a lei do seu domicílio caso o Estado nacional seja diferente do Estado em que se situa o domicílio".[74]

---

[72] STF, RE 63.055, *RTJ* 46/410, p. 416.

[73] DOLINGER, Jacob. *A família no direito internacional privado* (Direito civil internacional, vol. I, t. 1 – Casamento e divórcio no direito internacional privado). Rio de Janeiro: Renovar, 1997, p. 196-197.

[74] IDI, *Différences culturelles et ordre public en droit international privé de la famille*, Cracovie-2005.

Parte I • Cap. V • ELEMENTOS DE CONEXÃO | **133**

Também em matéria de divórcio entende-se que a conexão de relações jurídicas à religião é incompatível com a liberdade de consciência assegurada aos cidadãos, dada a impossibilidade de conciliar a liberdade individual de manter a fé em segredo ou de mudá-la com a conexão do *status* da pessoa à sua religião.[75] Dolinger, citando Gaudemet Tallon, observa que a conexão do fator religioso ainda mais se agrava "quando ele pretende determinar as relações pecuniárias entre os cônjuges, bem como as questões sucessórias, como no Líbano, onde o direito civil e os direitos eclesiásticos reivindicam sua competência sobre certas matérias, como por exemplo os efeitos patrimoniais do divórcio".[76]

5. Conflitos móveis (sucessão de estatutos)

Estudados os elementos de conexão do DIPr, cabe agora investigar como a alteração do seu núcleo fático poderá influenciar na correta designação da lei aplicável pelo juiz.

O tema que aqui se vai estudar diz respeito à alteração no tempo de certas circunstâncias componentes dos elementos de conexão em razão da vontade das partes, o que faz surgir o fenômeno conhecido por *conflito móvel* (ou *sucessão de estatutos*).[77] Assim, a mudança do domicílio ou da nacionalidade (alteração do estatuto pessoal) ou do lugar de certa coisa móvel (alteração do estatuto real) durante o julgamento da lide poderá conectar, no tempo, a questão de DIPr a vários ordenamentos jurídicos distintos, plantando a dúvida em saber qual norma deverá ser aplicada pelo juiz na resolução do caso concreto, se a antiga ou a nova.

O problema, aqui, como se vê, não é da sucessão no tempo das normas de conflito, senão da sucessão no tempo *do sistema jurídico* destinado a reger a questão concreta *sub judice*, em razão da alteração (voluntária) de um elemento componente do elemento de conexão. É dizer, a norma de DIPr da *lex fori* (que determina, *v.g.*, a regência do estatuto pessoal em razão do domicílio) permanece a mesma, sem qualquer alteração, deslocando-se no tempo apenas a situação fática (mudança do domicílio de um país para outro, mudança de nacionalidade etc.) que integra o conteúdo da regra conflitual. Em outros termos: a regra conflitual de DIPr permanece intacta, inalterável, variando apenas o seu núcleo fático, em razão da vontade das partes. Assim, se durante o curso do processo alguém domiciliado na França passa a domiciliar-se nos Estados Unidos, a questão colocada será determinar *qual* legislação, se a anterior (francesa) ou a posterior (norte-americana) determinará, *v.g.*, a capacidade da pessoa para casar, para contratar, e assim por diante. Da mesma forma, se alguém com 19 anos de idade, nacional de um Estado que admite a

---

[75] V. DOLINGER, Jacob. *A família no direito internacional privado*, t. 1, cit., p. 324-325.

[76] DOLINGER, Jacob. Idem, p. 325.

[77] Cf. RIGAUX, François. Le conflit mobile en droit international privé. *Recueil des Cours*, vol. 117 (1966-I), p. 346.

maioridade apenas aos 21 anos, naturaliza-se em Estado que a admite aos 18 anos, põe-se a questão de saber se a lei antiga (pela qual a pessoa é *menor*) ou a nova (pela qual ela é *maior*) deverá reger, *v.g.*, eventual responsabilidade pela prática de ato ilícito (sendo, também, a recíproca verdadeira). A mesma questão se põe no que tange ao estatuto real, em que um bem (móvel) adquirido num país é transportado a outro, alterando, como consequência, a legislação estrangeira aplicável à sua qualificação e regência (*v*. Parte II, Cap. II, item 5, *infra*). Em todos esses casos a dúvida é, repita-se, saber se a lei antiga ou a lei nova deverá ser aplicada para a resolução do caso concreto.

No que tange ao estatuto pessoal, a questão foi decidida na Alemanha em favor do direito *anterior*. Assim, nos termos do art. 7º, § 2º, da Lei de Introdução ao Código Civil alemão, "[u]ma vez adquirida a capacidade jurídica ou a capacidade para contratar, a mesma não será afetada ou restringida pela aquisição ou perda da nacionalidade alemã". Seguiu o mesmo caminho, no que tange à maioridade, o Código Civil português, tendo o art. 29 determinado que "[a] mudança da lei pessoal não prejudica a maioridade adquirida segundo a lei pessoal anterior". O Código Civil peruano, por sua vez, após dizer, no art. 2.070, que "[o] estado e a capacidade da pessoa natural regem-se pela lei do seu domicílio", determina, no mesmo dispositivo, que "[a] mudança de domicílio não altera o estado nem restringe a capacidade adquirida em virtude da lei do domicílio anterior". Assim, quando se trata de determinar o estado ou a capacidade das pessoas, a tendência legislativa é no sentido de fazer prevalecer a lei antiga (do domicílio ou da nacionalidade, a depender do critério utilizado), e não a nova. Portanto, os atos praticados serão válidos ou inválidos a depender se era a pessoa capaz ou incapaz nos termos do seu estatuto anterior.[78]

Nos casos relativos a elementos de conexão variáveis – evidentemente que os elementos *fixos*, a exemplo dos bens *imóveis*, não necessitam de determinação do momento temporal em que devam ser considerados – é de se esperar que a *lex fori* diga expressamente, como fizeram as legislações estrangeiras citadas, o tempo em que o fato fundante do elemento de conexão há de ser aplicado.[79] Tais elementos *variáveis* são aqueles que podem se "movimentar" em razão da vontade das partes, como as mudanças de domicílio e de nacionalidade (alteração do estatuto pessoal) ou do lugar da localização de um bem (alteração do estatuto real). Naquelas legislações, como se nota, o tempo escolhido tem sido sempre o anterior (do momento da aquisição da capacidade, do atingimento da maioridade, do domicílio originário etc.). Na falta de determinação expressa, nada impede, porém, que o juiz entenda ser a lei posterior a mais próxima da relação jurídica, além de a mais benéfica para ambas as partes.

No que toca ao estatuto real, isto é, pertinente aos bens, François Rigaux entende que "é a segurança do comércio imobiliário no interior do último Estado

---

[78]   Cf. Espinola, Eduardo. *Elementos de direito internacional privado*, cit., p. 585.

[79]   Cf. Ballarino, Tito (*et al.*). *Diritto internazionale privato italiano*, cit., p. 73.

em que se encontra o imóvel, que justifica que a lei desse Estado exclua todas as outras leis que permitam aplicar um direito concorrente".[80] Como se disse acima, no entanto, nas hipóteses dos elementos de conexão *fixos* (como nos casos dos bens *imóveis*) não se cogita da determinação do momento temporal em que devam ser considerados. Ocorre que um bem *móvel* transportado a outro país poderá se tornar, ali, bem *imóvel* (*v.g.*, por determinação legal). Assim, faz sentido a observação de Rigaux de que a segurança do comércio imobiliário no interior do último Estado em que se encontra o imóvel justifica que a lei *desse Estado* (última lei, portanto) exclua todas as outras leis que permitam aplicar um direito concorrente. Já no que tange ao estatuto pessoal, o mesmo autor leciona ser "o caráter voluntário de adesão a uma nova comunidade nacional (que se dá pelo efeito da mudança da nacionalidade ou do domicílio) que justifica a aplicação imediata da lei dessa comunidade à constituição das novas relações pessoais (casamento, divórcio) e à determinação dos efeitos ligados a uma situação já adquirida conforme a lei antiga".[81]

No Brasil, a situação é especialmente delicada em razão da falta de previsão geral sobre o tema na LINDB, o que não exclui existirem tratados internacionais de DIPr em vigor no Estado a apresentar respostas específicas para determinados casos. A LINDB limita-se a dizer, para os casos de matrimônio, que "[t]endo os nubentes domicílio diverso, regerá os casos de invalidade do matrimônio a lei do primeiro domicílio conjugal" (art. 7º, § 3º), e que "[o] regime de bens, legal ou convencional, obedece à lei do país em que tiverem os nubentes domicílio, e, se este for diverso, a do primeiro domicílio conjugal" (art. 7º, § 4º). Mesmo assim, esse parece ser um tema ainda nebuloso no DIPr atual, o que reforça ser o DIPr matéria imperfeita, inacabada e incapaz de criar modelos de soluções *gerais*. De fato, compulsando a mínima doutrina que versou o tema no Brasil, nota-se de imediato a dificuldade (e, talvez, o receio) em apontar soluções de contornos bem definidos.[82] Tudo, portanto, nesse campo, não tem passado do plano da especulação.

Para nós, havendo sucessão de estatuto (pessoal ou real) durante o curso do processo, e não estando o tema regulado por norma específica, somente poderá o juiz aplicar a lei da nova situação jurídica (do novo domicílio, da nova nacionali-

---

[80] RIGAUX, François. Le conflit mobile en droit international privé, p. 368. Nesse exato sentido, *v.* FERRER CORREIA, A. *Lições de direito internacional privado*, vol. I, cit., p. 197, que leciona: "Nestes termos, se dado objeto é em certo momento transportado de A para B, importa submetê-lo ao mesmo regime a que se encontram sujeitas as coisas de igual categoria existentes neste segundo país. Assim o requer a necessária certeza das transações que sobre ele venham a realizar-se – assim o reclamam os interesses gerais do comércio jurídico que em B se desenvolve. Há, portanto, que preferir a lei da situação atual da coisa".

[81] RIGAUX, François. Le conflit mobile en droit international privé, cit., p. 369. Também nesse sentido, *v.* FERRER CORREIA, A. *Lições de direito internacional privado*, vol. I, cit., p. 196-197.

[82] Sobre o tema, mas sem qualquer resposta satisfatória, cf. VALLADÃO, Haroldo. *Direito internacional privado...*, cit., p. 271-272; BATALHA, Wilson de Souza Campos. *Tratado de direito internacional privado*, t. I, cit., p. 153-159; DOLINGER, Jacob. *Direito internacional privado...*, cit., p. 310-312; e RECHSTEINER, Beat Walter. *Direito internacional privado...*, cit., p. 192-195.

dade, do novo local onde se encontra a coisa etc.) caso não sejam violados direitos legalmente adquiridos ou não presencie qualquer situação de *fraude à lei*. No que tange à proteção dos direitos adquiridos, recorde-se tratar de garantia constitucional no Brasil (*v.* Cap. VI, item 5, *infra*). E, no que toca à vontade das partes, é evidente não poderem, a seu alvedrio e a seu talante, alterar fraudulentamente o elemento conectivo para o fim de prejudicar direitos de outrem (*v.* Cap. VII, item 4.4, *infra*). Esses são limites que restringem a possibilidade de aplicação da lei nova em detrimento da lei da época da constituição do fato.

Assim, *v.g.*, se um casal contrai matrimônio em país onde o divórcio é proibido e, posteriormente, se naturaliza em país que o admite, será a *nova* lei pessoal a responsável por reger eventual pretensão dissolutória do vínculo conjugal, caso inexistam violação a direitos adquiridos ou fraude à lei. Diverso, contudo, é o caso de alguém maior que se naturaliza em país no qual passa a ser menor, para o fim de escapar à responsabilidade imputada, *v.g.*, pela prática de ato ilícito. Aqui, como se percebe, houve *fraude* por parte do agente, o que obriga o juiz a aplicar a lei *anterior* à luz da qual a maioridade se constituiu.

Capítulo VI

Direitos Adquiridos no Direito Internacional Privado

1. Entendimento

Atualmente já não cabem dúvidas de que as situações legalmente constituídas à luz do direito estrangeiro poderão, *a priori*, ser invocadas e produzir efeitos em outro país.[1] A regra, aqui, portanto, é a de que um direito legalmente adquirido no estrangeiro há de ser reconhecido pela ordem interna, tal como se constituiu nos termos da legislação estrangeira, salvo se importar ofensa à soberania nacional, à ordem pública ou aos bons costumes.[2]

---

[1] A questão foi bem colocada por PILLET, A. *Principes de droit international privé*, cit., p. 496, nestes termos: "Comment se formule cette question, nous le savons déjà. Un droit étant supposé acquis régulièrement dans un pays, c'est-à-dire conformément à la loi en vigueur dans ce pays, on se demande si l'on peut invoquer l'existence de ce droit et lui faire produire ses effets dans un autre pays. (...) Tels sont les termes exacts de cette nouvelle question". V. ainda, PILLET, A. La théorie générale des droits acquis. *Recueil des Cours*, vol. 8 (1925), p. 489-538.

[2] Cf. BEVILÁQUA, Clovis. *Princípios elementares de direito internacional privado*, cit., p. 341-343; WOLFF, Martin. *Derecho internacional privado*, cit., p. 28-30; MOURA RAMOS, Rui Manuel Gens de. Dos direitos adquiridos em direito internacional privado. *Boletim da Faculdade de Direito da Universidade de Coimbra*, vol. 50 (1974), p. 175-217; TENÓRIO, Oscar. *Direito internacional privado*, vol. I, cit., p. 377-378; VALLADÃO, Haroldo. *Direito internacional privado...*, cit., p. 484-491; e BOUCAULT, Carlos Eduardo de Abreu. *Direitos adquiridos no direito internacional privado*. Porto Alegre: Sergio Antonio Fabris, 1996, 118p.

Referida teoria remonta ao século XVII com os autores estatutários holandeses, mais precisamente no último dos três axiomas de Ulrich Huber, baseado na territorialidade e fundado na cortesia entre os Estados, tendo depois alcançado o mundo anglo-norte-americano com Dicey, na Inglaterra, e com o *Restatement* de Beale, nos Estados Unidos, sob a rubrica dos *vested rights*.[3]

Para a devida compreensão da matéria deve-se, de início, relembrar a clássica lição de Pillet, segundo a qual não se confunde a teoria dos direitos adquiridos com o conflito de leis propriamente dito, pois, enquanto este supõe haver "dúvida sobre a lei competente e, por conseguinte, sobre a regularidade do direito posto à apreciação dos juízes", aquela, desde já, *conhece* a norma à luz da qual referido direito se constituiu, operando a dúvida apenas no que concerne ao reconhecimento desse direito perante a ordem jurídica estranha.[4] Ou, para falar como Niboyet, o estudo dos direitos adquiridos (também chamado "problema da importação dos direitos") não averigua qual lei criará ou extinguirá um direito, senão apenas busca saber "o efeito que esse direito produzirá em um país distinto daquele onde foi criado, o que é coisa muito diferente".[5] De fato, para que dois estrangeiros demonstrem no Brasil a sua qualidade de casados, não se faz necessária, *a priori*, a existência de qualquer conflito internormativo, o que, por si só, bem demonstra a distinção da teoria dos direitos adquiridos relativamente à ciência do conflito de leis.

São incontáveis as situações capazes de ilustrar a teoria dos direitos adquiridos. Assim, *v.g.*, um casal que se casa na França e vem residir no Brasil, será aqui tratado com o mesmo *status* das pessoas casadas, eis que essa condição *já adquiriram* no estrangeiro antes da vinda ao Brasil, não cabendo aos tribunais brasileiros indagar sobre a invalidade desse matrimônio realizado alhures; também o padre que se casou validamente em seu país e vem residir com sua esposa em país que não admite o casamento de clérigos católicos terá reconhecido, neste último, o *status* de casado para todos os efeitos legais; um turista que vai ao exterior com seus bens pessoais (*v.g.*, um relógio de pulso, uma máquina fotográfica, um telefone celular etc.) não terá a sua propriedade contestada ao ultrapassar a fronteira; uma pessoa que ingressa em outro Estado não perde, *v.g.*, a sua qualidade de filho, de esposo ou de pai de família que tenha regu-

---

[3] Cf. Maridakis, Georges S. Introduction au droit international privé, cit., p. 391-392; Pereira, José Edgard Amorim. *Dos direitos adquiridos em direito internacional privado*. Belo Horizonte: Imprensa da Universidade de Minas Gerais, 1965, p. 37-39; e Parra-Aranguren, Gonzalo. *Curso general de derecho internacional privado...*, cit., p. 187-204.

[4] Pillet, A. *Principes de droit international privé*, cit., p. 497. Para críticas, *v.* Arminjon, Pierre. La notion des droits acquis en droit international privé. *Recueil des Cours*, vol. 44 (1933-II), p. 5-105; e, entre nós, Pontes de Miranda, Francisco Cavalcanti. *Tratado de direito internacional privado*, t. I, cit., p. 261-265; e Pereira, José Edgard Amorim. *Dos direitos adquiridos em direito internacional privado*, cit., p. 69-81.

[5] Niboyet, J.-P. *Principios de derecho internacional privado*, cit., p. 258.

larmente adquirido no exterior.[6] Da mesma forma, o casamento de brasileiros em segundas núpcias realizado no exterior, por se tratar de direito legalmente adquirido alhures, será aceito no Brasil independentemente da prévia homologação da sentença estrangeira de divórcio pelo Superior Tribunal de Justiça, se teve o casal residência ou domicílio no país estrangeiro à época do divórcio e do segundo casamento.[7]

Como destaca Niboyet, o "princípio do *respeito internacional dos direitos adquiridos* é absolutamente necessário para que as leis produzam *no espaço* todo o seu efeito útil; nenhum comércio internacional seria possível, nem qualquer relação de direito privado poderia existir na sociedade se os direitos adquiridos em um país não fossem respeitados nos demais".[8]

É o respeito recíproco pela soberania dos Estados, segundo Jacob Dolinger, que os leva a respeitar a validade conferida a um ato praticado em outra jurisdição, o que não implica renúncia a qualquer parcela de sua soberania, pois não se pode pretender que ato realizado e já consolidado no exterior se sujeite à lei do foro.[9] Atente-se, porém, ainda segundo Dolinger, que se a aquisição do direito no estrangeiro tiver obedecido à regra de conexão estabelecida pelo DIPr do Estado de reconhecimento, não haverá necessidade de se recorrer ao princípio dos direitos adquiridos, pois as regras de conexão do Estado de reconhecimento levariam à mesma conclusão.[10] De fato, apenas se vai cogitar de reconhecer efeitos a direitos adquiridos no exterior quando as regras de conexão do DIPr da *lex fori* não estiverem em questão, bem assim quando em relação a elas houver divergência, pois, em caso de concordância, não teria sentido cogitar de direitos

---

[6]   Cf. PILLET, A. La théorie générale des droits acquis, cit., p. 489-492; BEVILÁQUA, Clovis. *Princípios elementares de direito internacional privado*, cit., p. 342-343; e DOLINGER, Jacob. *Direito internacional privado...*, cit., p. 451-453.

[7]   V. RECHSTEINER, Beat Walter. *Direito internacional privado...*, cit., p. 198; e DEL'OLMO, Florisbal de Souza. *Curso de direito internacional privado*, cit., p. 5.

[8]   NIBOYET, J.-P. *Principios de derecho internacional privado*, cit., p. 261.

[9]   DOLINGER, Jacob. *Direito internacional privado...*, cit., p. 453. Beat Walter Rechsteiner, por sua vez, entende que os "direitos adquiridos no estrangeiro estão protegidos pelo direito internacional privado, basicamente, por duas razões, a saber: pelo interesse da continuidade e pela garantia da certeza de direito (*sécurité de droit*)" (*Direito internacional privado...*, cit., p. 196).

[10] DOLINGER, Jacob. *Direito internacional privado...*, cit., p. 458. Nesse exato sentido, *v.* PARRA--ARANGUREN, Gonzalo. *Curso general de derecho internacional privado...*, cit., p. 188-189, que leciona: "La doctrina de los derechos adquiridos no puede desempeñar un papel importante cuando los problemas son resueltos exclusivamente a través de normas bilaterales de Derecho Internacional Privado, porque si este método es seguido en forma estricta, un derecho subjetivo sólo puede considerarse debidamente adquirido cuando ha sido creado por el ordenamiento jurídico competente por mandato de la norma de conflicto. Por tanto, hablar de derechos adquiridos en semejante caso sería un simple truísmo, porque el derecho no tiene existencia por sí y sólo nace como consecuencia del funcionamiento de la regla de conflicto del *forum*".

adquiridos no estrangeiro. Estar-se-ia, nesse caso, diante de autorização expressa do DIPr da *lex fori* para que se reconheçam efeitos aos atos ou fatos realizados no estrangeiro, dada a concordância com os elementos de conexão do Estado de reconhecimento. Exemplo desse tipo de autorização expressa encontra-se no Código Civil da Holanda de 2011, ao dispor que "[s]empre que um fato produzir determinados efeitos jurídicos segundo a lei aplicável de acordo com o Direito Internacional Privado de um Estado estrangeiro envolvido, um tribunal holandês pode, mesmo quando a lei desse Estado estrangeiro não for aplicável segundo o Direito Internacional Privado holandês, atribuir os mesmos efeitos jurídicos a esse fato, na medida em que a não atribuição desses efeitos constitua uma inaceitável violação da confiança justificada das partes ou da segurança jurídica" (art. 10:9). No que tange ao reconhecimento de matrimônios celebrados no exterior, o mesmo Código estabelece: "Um casamento celebrado fora da Holanda e que seja válido segundo a lei do Estado onde ocorreu ou tenha se tornado válido posteriormente de acordo com a legislação desse Estado, é reconhecido na Holanda como um casamento válido" (art. 10:31, 1). Nesses casos, por ter a aquisição do direito no estrangeiro obedecido à regra de conexão do DIPr do Estado de reconhecimento, não se cogita de qualquer recurso ao princípio dos direitos adquiridos.

Ferrer Correia, por sua vez, entende não ser o respeito à soberania dos Estados estrangeiros o fundamento dos direitos adquiridos, pois, segundo ele, todo o ato de aplicação de preceitos jurídicos – quer se trate de direito nacional, quer de direito estrangeiro – estaria a depender unicamente (e sempre) da soberania do Estado territorial, pelo que a "decisão de reconhecer o direito invocado só pode fundar-se aí, manifestamente, num preceito do ordenamento local – preceito que proclame a competência da lei estrangeira em causa –, e não num qualquer princípio de reconhecimento dos direitos validamente adquiridos em país estrangeiro".[11] Para o autor, é especialmente a ideia de inadmissibilidade de denegação da justiça que estaria a fundamentar, no Estado do foro, o reconhecimento das situações jurídicas estrangeiras de conexão única, pois, relativamente às mesmas, haveria "uma *lacuna* no sistema jurídico do foro – já que as regras de conflitos existentes se dirigem apenas à hipótese das relações plurilocalizadas –, lacuna essa que se faz mister preencher com uma norma que determine a aplicação nesses casos da lei estrangeira da qual a relação *sub judice* exclusivamente dependa". E conclui: "Decorre do exposto que é de uma regra *específica* ínsita no sistema de DIPr, regra cujo preciso conteúdo é o que deixamos apontado e a cuja formulação se chega através do processo normal de preenchimento de lacunas – não de uma suposta regra básica ou de um suposto princípio universal de direito radicado na natureza das coisas – de que deriva o reconhecimento, no Estado do foro, das situações jurídicas criadas no estrangeiro de conformidade com as normas do

---

[11] Ferrer Correia, A. *Lições de direito internacional privado*, vol. I, cit., p. 366.

Parte I · Cap. VI · DIREITOS ADQUIRIDOS NO DIREITO INTERNACIONAL PRIVADO | 141

único ordenamento estatal de que elas dependem ou com o qual se acham em conexão".[12] Como se nota, em suma, o entendimento de Ferrer Correia propugna que em todo o sistema de DIPr há duas espécies de preceitos atributivos de competência: as normas de conflitos, de um lado, e, de outro, a norma que prescreve, relativamente ao caso das situações puramente internas (embora estrangeiras), a aplicação da lei a que as mesmas situações se encontrem vinculadas.[13]

Seja como for, certo é que devem os direitos legalmente constituídos no estrangeiro ser reconhecidos *para fora* de sua ordem jurídica, sob pena de inviabilização da convivência humana no plano internacional. De fato, como diz Pontes de Miranda, "[s]e, a cada fronteira, o conjunto de direitos de cada indivíduo tivesse de sofrer revisão, peneiramento, reexame, podendo ser deles, ou em parte deles, despojado, o intercâmbio, a própria interpenetração das populações, fato normal da vida dos povos civilizados, seria impossível".[14] Por essa razão é que todo Estado deve, *a priori*, assegurar sobre o seu território o respeito e a observância dos direitos legalmente adquiridos no exterior.[15]

2. Efeitos dos direitos adquiridos

Os direitos legalmente adquiridos no estrangeiro devem produzir, nos demais países, os *mesmos efeitos* apresentados no país de origem. Assim, se duas pessoas se casam no exterior (cumprindo todas as formalidades para o matrimônio estabelecidas pelo direito local) e decidem residir em outro país, deverão, neste último, ter assegurados todos os direitos decorrentes da condição de *casados*.[16] Reconhecem-se, portanto, no Estado do foro, os mesmos efeitos que o direito guarda no país em que se constituiu, sem mais nem menos.

Destaque-se, contudo, que aqui se está a falar em *direito* adquirido no exterior, não em *obrigação* adquirida alhures. A confusão, portanto, há de ser evitada. Se dois cônjuges, *v.g.*, mudam de nacionalidade, mas o Estado da nacionalidade originária proíbe o divórcio, ao passo que o Estado da nova nacionalidade o admite, não poderia o casal divorciar-se segundo a legislação deste último, caso ali se aplique a lei nacional para a regência do estado e da capacidade das pessoas? Nes-

---

[12] Ferrer Correia, A. Idem, p. 369.

[13] Ferrer Correia, A. Idem, p. 370.

[14] Pontes de Miranda, Francisco Cavalcanti. *Tratado de direito internacional privado*, t. I, cit., p. 257.

[15] V. Pillet, A. *Principes de droit international privé*, cit., p. 515, assim: "Cette loi peut se formuler ainsi: tout État doit, en règle générale, assurer sur son territoire le respect el l'observation des droits acquis à l'étranger. Cette loi peut être qualifiée l'un des fondements du droit international privé".

[16] V. Pillet, A. *Principes de droit international privé*, cit., p. 496-497; Beviláqua, Clovis. *Princípios elementares de direito internacional privado*, cit., p. 341-343; e Niboyet, J.-P. *Principios de derecho internacional privado*, cit., p. 286.

ta hipótese, entendia Niboyet (sem razão) que o divórcio não poderia ser outorgado, pelo fato de existir "um direito adquirido à indissolubilidade do matrimônio em virtude da lei anterior", lamentando a atitude da jurisprudência francesa que decidia diversamente.[17] Para nós, o raciocínio é equivocado por ser impróprio falar em "direito" a não se divorciar, mais ainda em "direito adquirido" a se manter casado. Evidentemente que não há que se cogitar de exportação de efeitos quando o conteúdo da norma anterior é *obrigacional*, senão apenas quando se tratar de verdadeiro *direito* adquirido no exterior. Assim, não haveria qualquer motivo para denegar um direito novo à determinada pessoa por conta de norma anterior obrigacional, de cunho negativo e impeditiva da realização de conduta legalmente permissiva à luz da norma de DIPr da *lex fori*.

Quando se disse, porém, que não há que se "importar" efeitos quando o conteúdo da norma pretérita for obrigacional, não se está querendo afirmar que os direitos adquiridos no exterior não gerem quaisquer obrigações no plano interno, como, *v.g.*, no caso do matrimônio realizado alhures, a de os cônjuges não contraírem novo matrimônio na vigência do casamento anterior. Tal obrigação matrimonial, porém, não foi autonomamente importada para o país da *lex fori*, porque naturalmente já acompanhava o direito adquirido no exterior, sendo, portanto, consequência imanente deste. Diferente é o caso de se pretender que uma obrigação (autônoma, independente) existente anteriormente nos termos da *lex causae* seja eternamente aplicada à pessoa quando esta já não guarda qualquer vínculo conectivo com a norma anterior, como na hipótese acima referida, dos cônjuges que mudaram de nacionalidade (sem propósitos fraudulentos) e se divorciaram nos termos da lei da nacionalidade nova.

3. Limites da *lex fori*

A norma de DIPr da *lex fori* pode estabelecer limites ao reconhecimento dos direitos adquiridos no estrangeiro, como, *v.g.*, quando houver violação da soberania, da ordem pública e dos bons costumes. Assim, o direito adquirido a manter determinada pessoa em situação de escravidão ou o direito adquirido à poligamia não poderão ter reconhecimento no Brasil, por violarem frontalmente a nossa ordem pública.[18] Dessa forma, não se admitirá, *v.g.*, a um cidadão árabe que aqui aporte já casado, que contraia novas núpcias no Brasil, sob a alegação de que beneficiário desse direito adquirido segundo o seu estatuto pessoal.

Exemplo interessante de direito adquirido no exterior, que durante algum tempo causou dúvidas sobre sua potencial ofensa à soberania nacional, à ordem pública e aos bons costumes, é o relativo ao chamado *jogo de azar*. Este, como se sabe, é proibido no Brasil e admitido em vários países do mundo. Ser, porém, o jogo de azar proibido no

---

[17] NIBOYET, J.-P. *Principios de derecho internacional privado*, cit., p. 264.

[18] V. TENÓRIO, Oscar. *Direito internacional privado*, vol. I, cit., p. 379.

Brasil não impede que um brasileiro possa aqui cobrar dívida contraída, *v.g.*, em cassino estrangeiro, exatamente por ter sido o direito (ao crédito) legalmente constituído em país onde o jogo é legalizado. Nesse exato sentido tem decidindo o STJ, ao aduzir que "não ofende a soberania nacional, a ordem pública e os bons costumes a cobrança de dívida de jogo contraída em país onde a prática é legal".[19]

Como se nota, a relação entre o princípio da *ordem pública* e do *direito adquirido* é menos rigorosa que no caso da aplicação *direta* da norma estrangeira.[20] De fato, a ordem pública, como limite à aplicação direta da norma estrangeira (como se estudará no Cap. VII, item 4.2, *infra*) é *mais gravosa* que no caso do reconhecimento dos direitos adquiridos no exterior, os quais podem ser aceitos, em certas circunstâncias e sob determinadas condições, perante a jurisdição do Estado do foro, ainda que violadores da ordem pública local, por terem sido validamente constituídos segundo as regras da *lex causae*. Assim, uma união poligâmica legalmente constituída em país cujo estatuto pessoal a admite, não poderá ser oficializada, *v.g.*, no Brasil, que não a aceita em razão da violação da ordem pública nacional, o que não significa que os tribunais pátrios deixarão de conceder pensão alimentícia aos filhos menores ou, ainda, de reconhecer direitos sucessórios decorrentes dessa união.[21]

A ordem pública, como limite ao reconhecimento dos direitos adquiridos no exterior, vem também prevista no art. 7º da Convenção Interamericana sobre Normas Gerais de Direito Internacional Privado, de 1979, que dispõe:

> As situações jurídicas validamente constituídas em um Estado-Parte, de acordo com todas as leis com as quais tenham conexão no momento de sua constituição, serão reconhecidas nos demais Estados-Partes, desde que não sejam contrárias aos princípios da sua ordem pública.[22]

---

[19] STJ, Ag. 751.600, 4ª Turma, Rel. Min. Fernando Gonçalves, j. 27.08.2009, *DJe* 01.09.2009. Assim também, STJ, AgRg na CR 3.198/US, Corte Especial, Rel. Min. Humberto Gomes de Barros, j. 30.06.2008, *DJe* 11.09.2008, *verbis*: "Não ofende a soberania do Brasil ou a ordem pública conceder *exequatur* para citar alguém a se defender contra cobrança de dívida de jogo contraída e exigida em Estado estrangeiro, onde tais pretensões são lícitas".

[20] V. DOLINGER, Jacob. *Direito internacional privado...*, cit., p. 463.

[21] V. BEVILÁQUA, Clovis. *Princípios elementares de direito internacional privado*, cit., p. 94; e DOLINGER, Jacob. *Direito internacional privado...*, cit., p. 466.

[22] Outras normas internacionais têm redação semelhante, a exemplo da prevista no art. 8º do Código Bustamante: "Os direitos adquiridos segundo as regras deste Código têm plena eficácia extraterritorial nos Estados contratantes, salvo se se opuser a algum dos seus efeitos ou consequências uma regra de ordem pública internacional". Jacob Dolinger, porém, critica essa disposição por entendê-la supérflua e contrária ao princípio filosófico imanente na teoria dos direitos adquiridos: supérflua, pois se os direitos se adquiriram segundo as regras "deste Código", seria desnecessário o recurso aos direitos adquiridos para que tenham eficácia extraterritorial; e contrário à filosofia dos direitos adquiridos, pois esta comanda o respeito a direitos adquiridos por outras regras que não as do foro e, consequentemente, também não necessariamente de acordo com as regras "deste Código" (*Direito internacional privado...*, cit., p. 461).

Perceba-se que a Convenção Interamericana refere-se às "situações jurídicas" validamente constituídas em um Estado-Parte, conceito que é *mais amplo* que o de *direito adquirido* e o de *relação jurídica*.[23] Este último, *v.g.*, conota a relação entre, no mínimo, duas pessoas, ao passo que o de "situação jurídica" independe dessa ligação, podendo haver situações jurídicas que são puramente individuais (*v.g.*, as situações de *maioridade, menoridade* etc.).[24] Assim, se um indivíduo "atinge a maioridade e a plena capacidade de acordo com a *lex domicilii*, não deixa de ser maior e não deixa de ser capaz pelo fato de haver transferido o domicílio para país que tenha diversos pressupostos de maioridade e capacidade. O *status*, a situação de maior e capaz, não constitui, no conceito próprio, direito adquirido, mas configura situação jurídica concreta que, uma vez caracterizada, passa a integrar a personalidade, escapando à influência de novas leis no tempo e no espaço".[25] Tal demonstra, em suma, que as situações jurídicas validamente constituídas num Estado estrangeiro, não podem deixar de ser reconhecidas pelo Estado do foro, salvo se contrárias à ordem pública nacional. Essa regra mais ampla, contudo, somente tem aplicação para os Estados que ratificaram a Convenção Interamericana sobre Normas Gerais de Direito Internacional Privado.

Uma crítica, contudo, que se faz ao art. 7º da Convenção Interamericana de 1979, diz respeito à exigência de que as situações jurídicas tenham sido constituídas conforme "todas as leis com as quais tenham conexão no momento de sua constituição", o que, segundo Dolinger, "estabelece uma condição paradoxal, pois geralmente as situações jurídicas se criam de acordo com uma determinada lei ordenada pelas regras conflituais da jurisdição onde ocorrem", razão pela qual "exigir que uma situação se consolide de acordo com todas as leis com as quais tenha conexão é admitir uma impossibilidade da hipótese de conflito entre as mesmas".[26] Por outro lado, os autores que defendem a disposição lecionam no sentido de que "tal fórmula de compromisso permitiria resolver os casos nos quais uma das leis é favorável à criação da situação jurídica e as outras se neguem a reconhecê-la", razão pela qual a Convenção "não consagrou a doutrina dos direitos adquiridos segundo 'o' ordenamento jurídico competente, senão de acordo com 'todas' as leis competentes; solução esta particularmente satisfatória para os casos 'nacionais' que posteriormente são convertidos em 'internacionais'".[27] Parra-Aranguren, contudo, lembra a *ampla* interpretação realizada por Paul Heinrich Neuhaus, para quem não se deve exigir que a criação da situação jurídica se ajuste ao mandamento da lei interna de *todos* os

---

[23]   Cf. Parra-Aranguren, Gonzalo. *Curso general de derecho internacional privado...*, cit., p. 201-202; e Dolinger, Jacob. *Direito internacional privado...*, cit., p. 463.

[24]   *V.* Batalha, Wilson de Souza Campos & Rodrigues Netto, Sílvia Marina L. Batalha de. *O direito internacional privado na Organização dos Estados Americanos*, cit., p. 59.

[25]   Batalha, Wilson de Souza Campos & Rodrigues Netto, Sílvia Marina L. Batalha de. Idem, p. 60.

[26]   Dolinger, Jacob. *Direito internacional privado...*, cit., p. 463.

[27]   Parra-Aranguren, Gonzalo. *Curso general de derecho internacional privado...*, cit., p. 202.

Estados conectados com o suposto de fato, sendo suficiente sua conformidade com a legislação declarada aplicável pelas respectivas normas de conflito; o exemplo para tanto seria o do matrimônio válido de acordo com a lei do domicílio e da legislação declarada aplicável pela lei da nacionalidade dos cônjuges ao tempo da celebração, entendendo que, nesse caso, a validade do casamento deveria ser mantida ainda que o casal transferisse o domicílio conjugal para um terceiro Estado e que o matrimônio não satisfaça os requisitos exigidos pela lei da nacionalidade dos cônjuges ao tempo da celebração.[28]

Por fim, outro limite sempre lembrado ao reconhecimento dos direitos adquiridos no estrangeiro diz respeito às "instituições desconhecidas" (*v.* Cap. VII, item 4.7, *infra*). *Desconhecida* é a instituição inexistente na legislação do Estado do foro, aquela que não guarda qualquer correspondência com as leis em vigor no país. Como exemplifica Niboyet, para "poder invocar um direito na Espanha, é necessário que tal direito seja reconhecido nesse país aos espanhóis; em outros termos, que a instituição jurídica mesma, destinada a lhe servir de base, exista tanto na Espanha como no estrangeiro".[29] Parece claro, nesse caso, que não haverá como o direito adquirido no estrangeiro galgar reconhecimento no Estado do foro, por inexistir neste último o direito em causa (e, eventualmente, sequer instituição análoga).[30]

4. Elementos para o reconhecimento

Apesar das divergências que recaem sobre o tema, especialmente decorrentes da dificuldade de compatibilizá-lo com o princípio da ordem pública, pode-se dizer que para que se reconheça um direito adquirido no estrangeiro deve: *a*) o direito em questão ser *verdadeiro direito*, não mera expectativa; e *b*) ter sido *validamente adquirido* no exterior, isto é, nascido de acordo com a lei competente para presidir a sua formação (ainda que contrário às regras de conexão do DIPr da *lex fori*).[31] O direito obtido mediante *fraude* não passa incólume, como se nota, a esse segundo elemento, por faltar-lhe *validade* jurídica, sem a qual perde a condição de "adquirido".

Portanto, para além de *verdadeiro* direito, ou seja, de direito concretamente existente, há de ter sido a sua formação *validamente* concretizada segundo a lei estrangeira de regência, sem o que não poderá ser reconhecido no plano interno de outra potência estrangeira. Efetivamente, um fato só se considera *completo* nos termos da ordem jurídica em que se constituiu, aquela que determina a maneira pela qual o direito terá condições idôneas de surtir todos os seus efeitos, não segundo qualquer previsão de outra ordem jurídica.

---

[28] Parra-Aranguren, Gonzalo. Idem, p. 203.
[29] Niboyet, J.-P. *Principios de derecho internacional privado*, cit., p. 294.
[30] Cf. Pillet, A. *Principes de droit international privé*, cit., p. 516.
[31] Cf. Tenório, Oscar. *Direito internacional privado*, vol. I, cit., p. 385-386; e Amorim, Edgar Carlos de. *Direito internacional privado*, cit., p. 49-50.

Tratando-se, portanto, de verdadeiro direito (não de mera expectativa) e tendo este sido validamente concretizado nos termos da ordem jurídica que lhe dá roupagem, não poderá o juiz do foro, salvo quebra dos princípios da soberania ou da ordem pública, deixar de reconhecer eficácia interna a um direito legalmente constituído no exterior.

5. Direitos adquiridos no DIPr brasileiro

Na história do DIPr brasileiro, a primeira referência ao tema dos direitos adquiridos apareceu no Projeto de Código Civil de Clovis Beviláqua, cujo art. 17 de sua *Introdução* assim estabelecia:

> São reconhecidos no Brasil os direitos adquiridos no estrangeiro, em virtude de um ato praticado no estrangeiro, segundo a lei estrangeira, contanto que o seu exercício não importe ofensa à soberania nacional brasileira, à ordem pública e aos bons costumes.

Beviláqua, ao tempo da redação desse dispositivo, acompanhava de perto a doutrina de Pillet, como nitidamente se verifica da leitura dos seus *Princípios elementares de direito internacional privado*.[32] O art. 17 proposto, porém, não se incorporou por completo à Introdução do Código Civil de 1916, tendo a sua redação final (também seguida pela LICC de 1942) estabelecido apenas que "[a]s leis, atos, sentenças de outro país, bem como as disposições e convenções particulares, não terão eficácia, quando ofenderem a soberania nacional, a ordem pública e os bons costumes".[33] De lá para cá, certo é que nunca houve no direito brasileiro norma *expressa* sobre o reconhecimento dos direitos adquirido no exterior, ressalvado o procedimento de homologação de sentenças estrangeiras.[34]

No entanto, a Constituição Federal de 1988 estabeleceu, no art. 5º, XXXVI, que "a lei não prejudicará o *direito adquirido*, o ato jurídico perfeito e a coisa jul-

---

[32] BEVILÁQUA, Clovis. *Princípios elementares de direito internacional privado*, cit., p. 342: "Em primeiro lugar, como doutrina Pillet, nos conflitos de leis o direito está em seu período de formação ou no momento de sua aquisição. Tratando-se de direitos adquiridos, o que temos de examinar são os seus efeitos, porque a existência da relação de direito já está definitivamente estabelecida".

[33] A LICC de 1942 seguiu esse dispositivo, com pequena variação: "As leis, atos e sentenças de outro país, bem como quaisquer declarações de vontade, não terão eficácia no Brasil, quando ofenderem a soberania nacional, a ordem pública e os bons costumes". Anos mais tarde, o art. 19 do Projeto de Lei nº 269 do Senado Federal, de 2004, pretendeu novamente reinserir a teoria dos direitos adquiridos no DIPr brasileiro, ao estabelecer expressamente que: "Os direitos adquiridos na conformidade de sistema jurídico estrangeiro serão reconhecidos no Brasil com as ressalvas decorrentes dos artigos 17 [qualificação], 18 [fraude à lei] e 20 [ordem pública]". O Projeto, contudo, foi arquivado em janeiro de 2011.

[34] Cf. BOUCAULT, Carlos Eduardo de Abreu. *Direitos adquiridos no direito internacional privado*, cit., p. 91.

gada". Apesar de não ter feito referência expressa aos direitos adquiridos no estrangeiro, parece evidente que a norma constitucional os atinge (*Ubi lex non distinguir, nec nos distinguere debemus*). Assim, a *lei* referida pelo art. 5º, XXXVI, é *toda* lei, inclusive a de DIPr da *lex fori* e a por ela indicada (nacional ou estrangeira) para resolver a questão jurídica interconectada. Tratando-se de norma constitucional, sua prevalência dá-se relativamente a todas as regras nacionais de DIPr.

Frise-se, ademais, que o art. 5º, XXXVI, da Constituição é norma de *ordem pública* internacional, a teor do art. 4º do Código Bustamante, que determina que "[o]s preceitos constitucionais são de ordem pública internacional".[35] Sendo assim, o respeito aos direitos legalmente adquiridos no estrangeiro se impõe no Brasil, por determinação expressa da Constituição, guardadas, evidentemente, as limitações decorrentes do próprio texto constitucional (*v.g.*, dos direitos fundamentais) ou dos tratados internacionais de direitos humanos em vigor no Estado. Nesses casos, a exemplo do relativo ao direito adquirido de manter escravos em território nacional, os princípios maiores da justiça – fundados na proteção constitucional e internacional dos direitos fundamentais e dos direitos humanos – informarão ao juiz a necessidade de se rechaçar o direito adquirido no estrangeiro (ainda que legalmente constituído) em razão da ordem pública local.

Em suma, salvo as hipóteses de afronta aos princípios constitucionais e internacionais referidos, a previsão constitucional de respeito aos direitos adquiridos (inclusive *no estrangeiro*) tem valor imperativo a demandar reconhecimento interno das situações legalmente constituídas no exterior.

---

[35] Mais técnico, porém, seria falar em *ordem pública interna de relevância internacional*, como pretendeu Emilio Betti (cf. BATALHA, Wilson de Souza Campos. *Tratado de direito internacional privado*, t. I, cit., p. 269).

Capítulo VII

Aplicação do Direito Estrangeiro pelo Juiz Nacional

1. Dever de aplicação do direito estrangeiro indicado

Não há dúvidas sobre o dever que tem o juiz, num dado caso *sub judice*, de aplicar a coleção de leis nacionais, as quais tem ele a obrigação de conhecer (*jura novit curia*). No que tange, porém, à aplicação do direito estrangeiro, podem algumas dúvidas surgir, merecendo o devido esclarecimento.

Adiante-se, desde já, que o juiz nacional *deve* aplicar o direito estrangeiro, não em razão desse próprio direito, mas em virtude de determinação expressa da *lex fori*, quando aquele for o direito indicado pela norma interna de DIPr.[1] Tal obrigação, como explica Oscar Tenório, resulta da própria natureza do DIPr, que consagra, entre os seus princípios fundamentais, a regra de que a lei estrangeira competente se reputa igual à lei indígena.[2] Por isso, resulta possível afirmar que a lei estrangeira, quando aplicada na ordem jurídica brasileira, passa a também compor a coleção de leis nacionais *lato sensu*, ainda que de modo temporário e em razão de destinação específica (é dizer, *ad hoc*). Importante, contudo, é frisar mais uma vez que a lei estrangeira não se aplica no Brasil por autoridade própria, senão em respeito a comando *nacional* expresso que autoriza a sua utilização no foro.

---

[1] Cf. OCTAVIO, Rodrigo. *Direito internacional privado...*, cit., p. 137-138; e ESPINOLA, Eduardo. *Elementos de direito internacional privado*, cit., p. 303.

[2] TENÓRIO, Oscar. *Direito internacional privado*, vol. I, cit., p. 145.

Não há, assim, ao contrário do que se poderia pensar, afronta à soberania nacional na aplicação do direito estrangeiro, uma vez que a determinação para que se o aplique em nossa ordem jurídica provém de lei brasileira devidamente aprovada pelo Parlamento e sancionada pelo Governo.

1.1 A questão da competência

Antes, porém, de se iniciar o estudo da aplicação do direito estrangeiro pelo juiz nacional, cabe lembrar que a Justiça brasileira deve, antes de qualquer análise do teor e da aplicação da norma estrangeira, ser *competente* para resolver a demanda.[3] Em outros termos, antes de *aplicar* a norma material indicada pela regra de DIPr da *lex fori*, deve o juiz nacional ter *competência* para o julgamento da ação proposta,[4] segundo as regras de competência internacional previstas na nossa legislação processual civil.[5] Disso se conclui que a competência internacional do juiz doméstico é um *pressuposto* de aplicabilidade do DIPr no Estado, sem o que se torna inútil investigar a regra de conflito e localizar o direito aplicável.[6] *Tout court*, primeiro se determina a competência do Judiciário pátrio, e, depois, se verifica qual lei (nacional ou estrangeira) será aplicada à resolução da questão à luz das regras nacionais de DIPr.

---

[3] Sobre o assunto no Brasil, cf. LIEBMAN, Enrico Tullio. Os limites da jurisdição brasileira. *Revista Forense*, vol. 92, Rio de Janeiro, dez. 1942, p. 647-650; BATALHA, Wilson de Souza Campos. *Tratado de direito internacional privado*, t. II. 2. ed. rev. e aum. São Paulo: Revista dos Tribunais, 1977, p. 353-392; MESQUITA, Jose Ignácio Botelho de. Da competência internacional e dos princípios que a informam. *Revista de Processo*, vol. 13, nº 50, São Paulo, abr./jun. 1988, p. 51-71; BARBOSA MOREIRA, José Carlos. Problemas relativos a litígios internacionais. *Temas de Direito Processual*, 5ª série. São Paulo: Saraiva, 1994, p. 140-145; JATAHY, Vera Maria Barrera. *Do conflito de jurisdições*: a competência internacional da justiça brasileira. Rio de Janeiro: Forense, 2003, p. 99-210; STRENGER, Irineu. *Direito processual internacional*. São Paulo: LTr, 2003, p. 53-68; ARAUJO, Nadia de. *Direito internacional privado...*, cit., p. 203-221; RECHSTEINER, Beat Walter. *Direito internacional privado...*, cit., p. 243-265; MARQUES, Sergio André Laclau Sarmento. *A jurisdição internacional dos tribunais brasileiros*. Rio de Janeiro: Renovar, 2007; TIBURCIO, Carmen. *Extensão e limites da jurisdição brasileira*: competência internacional e imunidade de jurisdição. Salvador: JusPodivm, 2016, p. 38-135; e ZANETI, Graziela Argenta. *Jurisdição adequada para os processos coletivos transnacionais*. São Paulo: Revista dos Tribunais, 2020, p. 113-160

[4] A "competência" referida, a rigor, relaciona-se à *jurisdição* internacional do Brasil, que é questão tecnicamente distinta. De fato, enquanto o CPC/1973 utilizava o termo "competência internacional", o CPC/2015 refere-se, mais propriamente, aos "limites da *jurisdição nacional*", não obstante a expressão "limites" (também criticável) dar a falsa ideia de não haver jurisdição para além das hipóteses ali previstas. A prática corrente e vários autores contemporâneos, contudo, continuam a falar em "competência internacional" e em "jurisdição internacional", indistintamente. A propósito, *v.* TIBURCIO, Carmen. *Extensão e limites da jurisdição brasileira...*, cit., p. 21-24 (que também cede à prática no uso indiferente das expressões). Neste *Curso*, de igual forma, utilizaremos indistintamente ambas as expressões.

[5] Sobre a competência internacional da Justiça do Trabalho, *v.* art. 651 da CLT (que versa hipótese de competência absoluta).

[6] Cf. PINHEIRO, Luís de Lima. *Direito internacional privado*, vol. I, cit., p. 171.

Parte I · Cap. VII · APLICAÇÃO DO DIREITO ESTRANGEIRO PELO JUIZ NACIONAL · 151

Ser competente o Judiciário brasileiro não conota, pois, a aplicação exclusiva da legislação brasileira ao *meritum causae*. Determinada a competência do Judiciário pátrio, o passo seguinte é investigar a lei aplicável à questão de DIPr, que poderá ser a lei nacional ou a estrangeira, a depender da regra de conflito aplicável à espécie. A competência internacional do Judiciário brasileiro é, repita-se, pressuposto de aplicabilidade do DIPr no Estado, sem o que não faz sentido indagar qual norma (nacional ou estrangeira) será aplicada à questão. Fixada, porém, a competência do juiz nacional para o deslinde da questão *sub judice*, ato contínuo será localizar a lei (nacional ou estrangeira) aplicável à resolução do mérito, seguindo as regras conflituais de DIPr em vigor no Estado (normas internas, tratados internacionais, costumes etc.).

Deve-se, portanto, iniciar o estudo da aplicação do direito estrangeiro pelo juiz nacional investigando a questão da *competência* para a apreciação da demanda, que é condição antecedente à análise que posteriormente se levará a cabo.

No Código de Processo Civil de 2015, as regras de competência internacional vêm expressas nos arts. 21 a 25, que estabelecem os limites da jurisdição nacional. Em tais dispositivos, o Código pretendeu resolver questões controversas de há muito debatidas no Direito brasileiro, privilegiando o mais amplo acesso à justiça.

Os arts. 21 e 22 enumeram as hipóteses de competência *concorrente* (relativa) da Justiça brasileira, aquelas que admitem possa a questão ser também julgada pela Justiça estrangeira; e o art. 23 enumera as hipóteses de competência *exclusiva* (absoluta) do Judiciário pátrio, que excluem a possibilidade de atribuição de efeitos a qualquer decisão de tribunal estrangeiro sobre a mesma lide. Todas essas disposições são normas unilaterais que preveem a competência da *nossa* Justiça sobre determinado assunto, sem se importar se a justiça estrangeira será *também* competente (atributo da soberania) para a sua análise, nos termos de suas regras processuais. Se o for, mas se se tratar de competência exclusiva da Justiça brasileira, não terá chance de operar efeitos no Brasil qualquer decisão ali proferida.

Tais dispositivos atendem ao princípio da não cumulatividade, segundo o qual basta a presença de *uma* das hipóteses previstas em lei (cada uma delas, portanto, é bastante *per se*) para que se determine a competência internacional do juiz brasileiro.[7] Ademais, as normas sobre limites da jurisdição nacional são incontestavelmente de ordem pública, pois excluem os interesses puramente privados do seu âmbito de aplicação, mesmo quando admitem a autonomia da vontade, pois a condicionam às determinações expressamente estabelecidas (em lei ou em tratados) e, ainda assim, na estrita circunscrição da competência concorrente.[8]

Frise-se, por fim, que os fatos ocorridos no estrangeiro não enquadráveis nas hipóteses dos arts. 21 a 25 do CPC/2015, impedem a autoridade judiciária

---

[7] Cf. BARBOSA MOREIRA, José Carlos. Problemas relativos a litígios internacionais, cit., p. 140.

[8] V. JATAHY, Vera Maria Barrera. *Do conflito de jurisdições...*, cit., p. 18.

brasileira de conhecer da ação, por ausência absoluta de jurisdição.[9] Tal é assim dado o referido caráter de ordem pública dessas normas, a transformar o rol de hipóteses estabelecido pelo CPC em *numerus clausus*, só passível de ampliação havendo norma especial (lei ou tratado) a excepcioná-lo. Assim, *v.g.*, está a previsão (norma especial) do art. 11 do Código de Direito Internacional Privado da Bélgica,[10] a dispor que "[n]ão obstante as outras disposições da presente Lei, as jurisdições belgas serão excepcionalmente competentes quando a causa guardar fortes ligações com a Bélgica e um processo no estrangeiro revelar-se impossível ou o pedido não puder ser razoavelmente realizado no exterior". Perceba-se que, mesmo assim, a lei belga exige que a causa guarde "fortes ligações" com a Bélgica para poder o juiz nacional dar-se por competente no julgamento da lide.[11] No sistema interamericano, por sua vez, há tratado sobre competência na esfera internacional para a eficácia extraterritorial das sentenças estrangeiras (CIDIP-III, La Paz, 1984) a prever, igualmente, que "[t]ambém se considerará satisfeito o requisito da competência na esfera internacional quando, a critério do órgão jurisdicional do Estado-Parte onde a sentença deva ter efeitos, o órgão jurisdicio-

---

[9] Assim já decidiu o STJ: "A competência da autoridade judiciária brasileira firma-se quando verificada alguma das hipóteses previstas nos artigos 88 e 89 do C.P.C. [hoje, arts. 21, 22 e 23 do CPC/2015]. O direito brasileiro não elegeu a conexão como critério de fixação da competência internacional que não se prorrogará, por conseguinte, em função dela" (STJ, REsp. 2.170/SP, 3ª Turma, Rel. Min. Eduardo Ribeiro, j. 07.08.1990, *DJ* 03.09.1990). Na doutrina, nesse sentido, *v.* Mesquita, Jose Ignácio Botelho de. Da competência internacional e dos princípios que a informam, cit., p. 54; Barbi, Celso Agrícola. *Comentários ao Código de Processo Civil*, vol. 1 (arts. 1º a 153). 13. ed. rev. e atual. Rio de Janeiro: Forense, 2008, p. 302; Theodoro Júnior, Humberto. *Curso de direito processual civil*, vol. I. 57. ed. rev., atual. e ampl. Rio de Janeiro: Forense, 2016, p. 195-196; e Dinamarco, Cândido Rangel. *Comentários ao Código de Processo Civil*: das normas processuais civis e da função jurisdicional (arts. 1º a 69). São Paulo: Saraiva, 2018, p. 217 (este último a dizer que "[f]ora das hipóteses dos arts. 21 a 23 do Código de Processo Civil o legislador brasileiro não quis atribuir competência internacional aos juízes deste país"). Em sentido contrário, aceitando a não taxatividade de tais hipóteses, cf. Zaneti, Graziela Argenta. *Jurisdição adequada para os processos coletivos transnacionais*, cit., p. 141-142.

[10] Lei de 16 de julho de 2004, em vigor desde 01.10.2004.

[11] As demais leis estrangeiras que preveem a hipótese seguem a mesma regra: sem *fortes* ou *suficientes* ligações com o direito local não poderá o juiz interno conhecer da causa nas hipóteses não previstas em lei. Assim, a redação do art. 3136 do Código Civil do Quebec de 1991, segundo o qual "[a]inda que uma autoridade do Quebec não seja competente para conhecer de um litígio, ela pode, no entanto, se uma ação no exterior se revelar impossível ou a instauração de um procedimento externo não puder ser razoavelmente exigida, conhecer da causa *se existir uma ligação suficiente com o Quebec*". No mesmo sentido, *v.* o art. 2602 do Código Civil e Comercial da Argentina de 2015, para o qual "[m]esmo que as regras deste Código não atribuam jurisdição internacional aos juízes argentinos, estes podem intervir, excepcionalmente, com a finalidade de evitar a denegação de justiça, sempre que não seja razoável exigir que se inicie uma demanda no estrangeiro *e desde que a situação privada apresente contato suficiente com o país*, garantindo-se o direito de defesa em juízo e atendendo-se à conveniência de lograr uma sentença eficaz".

nal que proferiu a sentença tenha assumido jurisdição *para evitar denegação de justiça por não existir órgão jurisdicional competente*" (art. 2º).[12] Trata-se de hipótese de *forum necessitatis*, a permitir o julgamento da causa quando, para além da justiça local, não houver outra com competência para o deslinde da questão. No Brasil, à falta de disposições semelhantes a preverem a hipótese, mantém-se o rol taxativo do CPC/2015 a impedir a ampliação da jurisdição nacional fora dos casos ali expressamente previstos.

1.1.1 Competência concorrente

O art. 21 do CPC/2015 apresenta, em linhas gerais, regras já conhecidas tanto da LICC de 1942 (art. 12) quanto do CPC/1973 (art. 88) no estabelecimento da competência internacional do Poder Judiciário brasileiro, assim dispondo:

> Art. 21. Compete à autoridade judiciária brasileira processar e julgar as ações em que:
>
> I – o réu, qualquer que seja a sua nacionalidade, estiver domiciliado no Brasil;
>
> II – no Brasil tiver de ser cumprida a obrigação;
>
> III – o fundamento seja fato ocorrido ou ato praticado no Brasil.
>
> Parágrafo único. Para o fim do disposto no inciso I, considera-se domiciliada no Brasil a pessoa jurídica estrangeira que nele tiver agência, filial ou sucursal.

Em ambas essas hipóteses pode o autor *escolher* perante qual foro será ajuizada a ação, se o estrangeiro ou o nacional, pois, como se disse, a competência da autoridade judiciária brasileira é, aqui, *concorrente*.[13] A possibilidade de escolha do foro perante o qual se pretende ver julgada ação é o que se denomina *forum shopping*.[14] Trata-se de direito *potestativo* do autor, fundado na autonomia da vontade e baseado na expectativa de que o foro eleito é o que melhor atende os seus interesses (o que é absolutamente legítimo quando exercido de boa-fé, é dizer, sem abuso de direito ou fraude à lei). Facilidade probatória, dispensa de honorários sucumbenciais e majoração dos valores indenizatórios são alguns dos fatores que levam as partes a escolher essa ou aquela Justiça para a resolução da lide. Para nós, a possibilidade de escolha da jurisdição mais apropriada à propositura da ação é

---

[12]   Instrumento assinado pelo Brasil em 24.05.84, mas ainda não ratificado (novembro de 2018).

[13]   Correto, portanto, o STF ao entender que "[s]e as partes, uma domiciliada no Uruguai, outra domiciliada no Brasil, contrataram que suas divergências pertinentes ao contrato a que se vincularam seriam solvidas no foro da comarca de São Paulo, Brasil, esse é o foro competente, e não o do Uruguai" (AgR na Carta Rogatória nº 3.166 da República Oriental do Uruguai, Tribunal Pleno, Rel. Min. Antônio Neder, j. 18.06.1980, *DJ* 15.08.1980).

[14]   Não haverá essa possibilidade nas hipóteses de competência *exclusiva* da autoridade judiciária brasileira.

medida, antes de tudo, aconselhável às partes.[15] Daí o acionamento constante da Justiça norte-americana em ações de reparação de danos, em razão das indenizações elevadas e da facilitação dos meios de prova ali autorizados (*v.g.*, a chamada *discovery*).[16] A questão que se coloca, contudo, é se poderia o juiz internacionalmente competente – em casos tais de jurisdição concorrente – *declinar* da prestação jurisdicional por entender ser mais conveniente para o deslinde da causa a Justiça estrangeira, quando verificar, *v.g.*, ter aquela conhecido da causa em primeiro lugar ou ter o autor agido com abuso de direito ou com má-fé em prejuízo da defesa do réu. A esse expediente dá-se o nome de *forum non conveniens*, seguindo a tradição dos países anglo-saxões.[17] Entre nós, tem-se entendido que, por estarem as regras de competência internacional delimitadas em lei, ou seja, no Código de Processo Civil, não cabe qualquer margem de discricionariedade ao juiz relativamente ao seu cumprimento,[18] especialmente porque uma tal postura conflitaria com o princípio constitucional do acesso à justiça, segundo o qual "a lei não excluirá da apreciação do Poder Judiciário lesão ou ameaça a direito" (CF, art. 5º, XXXV).[19] Essa também tem sido, a propósito, a posição da nossa jurisprudência.[20] Aliás, mesmo que o CPC/2015 previsse expressamente a possibilidade do *forum non conveniens*, como

---

[15] Assim também, TIBURCIO, Carmen. *Extensão e limites da jurisdição brasileira...*, cit., p. 145, que leciona: "Esta possibilidade de os autores escolherem a jurisdição mais apropriada para a propositura da sua demanda não é coibida, e é até mesmo recomendável que assim procedam".

[16] V. JATAHY, Vera Maria Barrera. *Do conflito de jurisdições...*, cit., p. 37, nota nº 71.

[17] Sobre o tema, *v.* BORN, Gary B. *International civil litigation in United States courts*. 3. ed. The Hague: Kluwer Law International, 1996, p. 358-366; e BRAND, Ronald A. & JABLONSKI, Scott R. *Forum non conveniens*: history, global practice, and future under the Hague Convention on Choice of Court Agreements. Oxford: Oxford University Press, 2007, 358p.

[18] Cf. MARQUES, Sergio André Laclau Sarmento. *A jurisdição internacional dos tribunais brasileiros*, cit., p. 206.

[19] Nesse exato sentido, *v.* RECHSTEINER, Beat Walter. *Direito internacional privado...*, cit., p. 247-248; e MARTINS, Ives Gandra da Silva. Jurisdição internacional. Ajuizamento de ação no Brasil por força da aplicação da teoria do *forum non conveniens* por parte da Justiça americana. In: BAPTISTA, Luiz Olavo & MAZZUOLI, Valerio de Oliveira (Org.). *Direito internacional privado*: teoria e prática. São Paulo: Revista dos Tribunais, 2012, p. 1.207 (Coleção *Doutrinas essenciais*: direito internacional, vol. IV). Ainda sobre o tema, mas sem conclusão pessoal aparente, cf. TIBURCIO, Carmen. *Extensão e limites da jurisdição brasileira...*, cit., p. 193-205 e 208-212, respectivamente.

[20] V., assim, STJ, REsp. 1.633.275/SC, 3ª Turma, Rel. Min. Ricardo Villas Bôas Cueva, j. 08.11.2016, *DJe* 14.11.2016, com deliberação na Ementa: "Restrita aceitação da doutrina do *forum non conveniens* pelos países que adotam o sistema do *civil-law*, não havendo no ordenamento jurídico brasileiro norma específica capaz de permitir tal prática". No mesmo sentido, TJRS, ApCív. 70073732927, 12ª Câmara Cível, Rel. Des. Umberto Guaspari Sudbrack, j. 12.12.2017, reconhecendo que o exercício da jurisdição brasileira "tampouco se descaracteriza pela eventual maior conveniência do julgamento do litígio com conexão internacional por tribunal estrangeiro – dada a não recepção, pelo Direito brasileiro, do instituto do 'forum non conveniens', também suscitado pela ré".

fazem algumas legislações estrangeiras,[21] tal esbarraria no citado princípio constitucional do acesso à justiça, eivando a regra, portanto, de inconstitucionalidade.

Como decorrência do princípio da não cumulatividade, já se viu, as três competências elencadas no art. 21 (e também as do art. 22) do CPC/2015 são *opcionais entre si*, é dizer, não se chocam,[22] podendo o autor demandar perante a Justiça brasileira, *indistintamente*, se qualquer das hipóteses ali previstas se fizer presente, é dizer, ou quando (*a*) o réu, qualquer que seja a sua nacionalidade, estiver domiciliado no Brasil, ou (*b*) no Brasil tiver de ser cumprida a obrigação, ou ainda (*c*) o fundamento seja fato ocorrido ou ato praticado no Brasil.[23] Essa regra, contudo, não exclui os eventuais casos de *imunidade de jurisdição* de Estado estrangeiro ou de seus agentes à luz tanto da Convenção de Viena sobre Relações Diplomáticas (1961) quanto da Convenção de Viena sobre Relações Consulares (1963), ambas em vigor no Brasil.[24]

As demais hipóteses de competência concorrente do CPC/2015 vêm expressas no art. 22, que estabelece:

> Art. 22. Compete, ainda, à autoridade judiciária brasileira processar e julgar as ações:
>
> I – de alimentos, quando:
>
> *a*) o credor tiver domicílio ou residência no Brasil;
>
> *b*) o réu mantiver vínculos no Brasil, tais como posse ou propriedade de bens, recebimento de renda ou obtenção de benefícios econômicos;
>
> II – decorrentes de relações de consumo, quando o consumidor tiver domicílio ou residência no Brasil;
>
> III – em que as partes, expressa ou tacitamente, se submeterem à jurisdição nacional;

Na hipótese do inciso I, a competência da autoridade judiciária brasileira é atraída quando (*a*) o credor da ação de alimentos tiver domicílio ou residência no Brasil, ou (*b*) o réu da mesma ação mantiver vínculos no Brasil, tais como a posse ou a propriedade de bens, o recebimento de renda ou a obtenção de lucros. Perceba-se, nessa segunda hipótese, que o uso pela lei da expressão "tais como" induz ser a norma meramente *exemplificativa*, podendo o réu, portanto, manter diversas outras

---

[21] Cite-se, *v.g.*, o art. 3135 do Código Civil do Quebec de 1991, segundo o qual "[e]mbora seja competente para conhecer de um litígio, uma autoridade do Quebec pode, excepcionalmente e à requerimento de uma das partes, declinar da competência se estimar que as autoridades de outro Estado têm melhor aptidão para resolver o litígio".

[22] Cf. JATAHY, Vera Maria Barrera. *Do conflito de jurisdições...*, cit., p. 97.

[23] Cf. BARBOSA MOREIRA, José Carlos. Problemas relativos a litígios internacionais, cit., p. 140.

[24] Para um estudo detalhado da teoria das imunidades (diplomáticas e consulares) no Direito Internacional Público, *v.* MAZZUOLI, Valerio de Oliveira. *Curso de direito internacional público*, cit., p. 462-494.

espécies de vínculos no Brasil para que seja reconhecida a competência do Poder Judiciário brasileiro. As hipóteses do art. 22, I, do CPC exigem que o alimentando (credor hipossuficiente) tenha domicílio ou residência no Brasil e que o alimentante (devedor) aqui mantenha certos vínculos. No caso de o credor ser domiciliado ou residente no exterior ou de o réu não manter quaisquer vínculos com o país, a autoridade judiciária brasileira deve julgar extinto o processo sem resolução do mérito, por ausência dos elementos de conexão que atraem a competência da Justiça brasileira para o processamento e julgamento da ação.[25]

Por sua vez, nos termos do art. 22, II, tem a autoridade judiciária brasileira competência para processar e julgar as ações decorrentes de relações de consumo, quando o consumidor tiver domicílio ou residência no Brasil. Tal norma veio resolver o problema de inúmeras pessoas (*v.g.*, turistas, investidores etc.) que, comprando bens ou contratando serviços no exterior, não viam a possibilidade de provocar o Poder Judiciário pátrio para escaparem dos prejuízos advindos da relação de consumo, dado que o nosso direito anterior não continha regra a prever a possibilidade de se reclamar, no Brasil, matéria afeta a direito do consumidor, mesmo tendo o autor da ação domicílio ou residência no país. Têm sido comuns, *v.g.*, casos de pessoas domiciliadas ou residentes no Brasil que contratam serviços financeiros no exterior e obtêm prejuízos de grande monta. Na ADIn 2.591 (07.06.2006) o Plenário do STF considerou constitucional o art. 3º, § 2º, do Código de Defesa do Consumidor, segundo o qual "[s]erviço é qualquer atividade fornecida no mercado de consumo, mediante remuneração, *inclusive as de natureza bancária, financeira, de crédito e securitária*, salvo as decorrentes das relações de caráter trabalhista".[26] A partir desse julgamento fixou-se o entendimento de que o CDC tem aplicação a todas as operações bancárias, financeiras, de crédito e securitárias, internas ou internacionais, atraindo, por conseguinte, a competência da autoridade judiciária brasileira para o processamento e julgamento da ação, com todas as garantias previstas em lei aos consumidores. Casos de atraso de voos internacionais ou de extravio de bagagens também têm sido resolvidos no Brasil à luz da competência do juiz nacional quando têm os consumidores domicílio ou residência no país.[27]

Por fim, merece destaque o inciso III do art. 22, que atribui à autoridade judiciária brasileira competência para processar e julgar as ações "em que as partes, expressa ou ta-

---

[25] TJSP, ApCív. 1102638-27.2019.8.26.0100, 7ª Câmara de Direito Privado, Rel. Desa. Mary Grün, j. 04.08.2021.

[26] STF, ADI 2.591, Rel. Min. Carlos Velloso, Rel. p/ acórdão Min. Eros Grau, Tribunal Pleno, j. 07.06.2006, *DJ* 29.09.2006.

[27] Como exemplo, cf. TJRJ, ApCív. 0016029-16.2016.8.19.0211, 26ª Câmara Cível do Consumidor, Rel. Desa. Natacha Nascimento Gomes Tostes Gonçalves de Oliveira, j. 03.08.2017. Relativamente à ação de consumo com autores domiciliados no exterior, *v.* TJSP, ApCív. 1007783-32.2019.8.26.0011, 37ª Câmara de Direito Privado, Rel. Des. José Wagner de Oliveira Melatto Peixoto, j. 18.11.2019, reconhecendo (corretamente) a incompetência da Justiça brasileira para o julgamento da ação.

Parte I · Cap. VII · APLICAÇÃO DO DIREITO ESTRANGEIRO PELO JUIZ NACIONAL | 157

citamente, se submeterem à jurisdição nacional" (princípio da submissão). Aqui, como se percebe, o Código abre as portas da Justiça brasileira à discussão de todos os litígios em que as partes pretendam, expressa ou tacitamente, encontrar solução no Judiciário pátrio, ainda que as questões debatidas não guardem qualquer contato com a nossa ordem jurídica. A autoridade judiciária brasileira, nesses casos, não poderá, por expressa determinação legal, declarar-se incompetente para o exame da matéria, especialmente à luz da *ratio* do dispositivo em causa, que é a de transformar o país em novo foro internacional de solução de controvérsias. Certa ou errada a solução, o fato é que se está diante de norma imperativa ao juiz, que não poderá declinar da apreciação da lide pela aplicação do *forum non conveniens*; aqui, perceba-se, foram "as partes" que escolheram, conjuntamente, submeter-se à jurisdição nacional, não uma em detrimento ou em prejuízo da outra, pelo que não há falar em *fraude* na escolha da nossa jurisdição.

A regra em análise, para nós, é salutar e insere o país (e seu Poder Judiciário) em uma nova era de acesso à justiça, a permitir a eleição, pelas partes, da jurisdição nacional para o deslinde da lide, ainda que esta não apresente qualquer ligação com a ordem jurídica brasileira. E, ainda, segundo o art. 22, III, do CPC/2015, não só expressa, mas também *tacitamente* podem as partes submeter-se à jurisdição nacional, fato que alarga sobremaneira as hipóteses de abertura da jurisdição brasileira para o deslinde de lides transnacionais. Em suma, o *Codex* processual brasileiro lega um voto de confiança ao Judiciário pátrio para servir de foro internacional de solução de litígios, se as partes assim o desejarem.

Escolher a jurisdição *nacional* para o deslinde da causa não induz, contudo, a aplicação obrigatória da *lei brasileira* para a resolução do mérito, como já se falou. Trata-se de questões absolutamente distintas, não obstante, na prática, o próprio Poder Judiciário se confundir a respeito. Verdade é que a eleição *do foro* nada tem que ver com a escolha *da lei* aplicável à resolução da lide.[28] Assim, escolhido o foro brasileiro para o deslinde do caso concreto, resta ainda ao juiz nacional localizar a lei aplicável (nacional ou estrangeira) para a resolução do mérito, seguindo as conexões estabelecidas pelas regras nacionais de DIPr.

Faltou, contudo, às normas processuais brasileiras relativas à competência concorrente, dispositivo como o art. 62, *c*, do Código de Processo Civil português,[29] que

---

[28] Com acerto, *v.* STJ, Resp. 325.587/RJ, 4ª Turma, Rel. Min. Hélio Quaglia Barbosa, j. 06.09.2007, *DJ* 24.09.2007, ao afirmar que o art. 7º da LINDB – que tem por objetivo determinar a norma de regência aplicada, se o nacional ou a alienígena – é "inservível, pois, para definir a competência, ou não, da Justiça brasileira". Na doutrina, *v.* FRANCESCHINI, José Inácio Gonzaga. A lei e o foro de eleição em tema de contratos internacionais, cit., p. 67-68; DINAMARCO, Cândido Rangel. *Instituições de direito processual civil*, vol. I. 6. ed. rev. e atual. São Paulo: Malheiros, 2009, p. 359; e TIBURCIO, Carmen. *Extensão e limites da jurisdição brasileira...*, cit., p. 176-177.

[29] Lei nº 41, de 26.06.2013, com as alterações da Lei nº 122, de 01.09.2015. Outras legislações, já se viu, seguem a mesma tendência, como, *v.g.*, o Código Civil do Quebec de 1991 (art. 3136), o Código de Direito Internacional Privado da Bélgica de 2004 (art. 11) e o Código Civil e Comercial da Argentina de 2015 (art. 2602).

assegura a competência internacional da justiça portuguesa "[q]uando o direito invocado não possa tornar-se efetivo senão por meio de ação proposta em território português ou se verifique para o autor dificuldade apreciável na propositura da ação no estrangeiro, desde que entre o objeto do litígio e a ordem jurídica portuguesa haja um elemento ponderoso de conexão, pessoal ou real". Trata-se da já referida hipótese de *forum necessitatis*, que autoriza seja a causa julgada internamente quando, para além do Judiciário do Estado, não haja outro tribunal (estrangeiro) com competência para o deslinde do caso concreto. Mas, mesmo em casos tais, como se nota, exige-se que entre o objeto do litígio e a ordem jurídica local "haja um *elemento ponderoso* [*de peso, relevante*] de conexão, pessoal ou real". Para nós, à falta de norma semelhante, certo é que, no direito brasileiro atual, o princípio constitucional da inafastabilidade do controle jurisdicional – que impede *o juiz* de entender não conveniente o foro doméstico – não retira das hipóteses legais (regras de competência expressamente previstas no CPC) a possibilidade de limitação da atividade jurisdicional do Estado, em razão, notadamente, de a garantia do acesso à justiça não conotar (*a*) que a decisão judicial será capaz de resolver o *meritum causae*, ou (*b*) que será possível a sua execução forçada, para o fim de torná-la realmente *efetiva*.[30] Portanto, como já se falou, para além das hipóteses *expressamente previstas* no CPC (vontade imperativa da lei, do poder soberano do Estado) não poderá o Poder Judiciário dar-se por competente para o deslinde de um caso multiconectado, dada a ausência absoluta de jurisdição.[31]

1.1.2 Competência exclusiva

O art. 23 do CPC/2015 prevê as hipóteses de competência *exclusiva* (absoluta) da autoridade judiciária brasileira, aquelas que excluem a possibilidade de atribuição de efeitos a qualquer decisão de tribunal estrangeiro sobre a mesma lide, nestes termos:

> Art. 23. Compete à autoridade judiciária brasileira, com exclusão de qualquer outra:
>
> I – conhecer de ações relativas a imóveis situados no Brasil;
>
> II – em matéria de sucessão hereditária, proceder à confirmação de testamento particular e ao inventário e à partilha de bens situados no Brasil, ainda que o

---

[30] V. Marques, Sergio André Laclau Sarmento. *A jurisdição internacional dos tribunais brasileiros*, cit., p. 80-81. Este autor complementa: "Sem estes dois fatores, de nada adiantaria garantir à parte o mero acesso às autoridades judiciárias. É preciso a ação de uma força capaz de modificar legitimamente a situação concreta, por meio de uma *tutela jurisdicional efetiva*. Portanto, o direito à tutela jurisdicional efetiva deve estar sempre presente na leitura do dispositivo constitucional".

[31] Cf. Mesquita, Jose Ignácio Botelho de. Da competência internacional e dos princípios que a informam, cit., p. 54; Theodoro Júnior, Humberto. *Curso de direito processual civil*, cit., p. 195-196; e Dinamarco, Cândido Rangel. *Comentários ao Código de Processo Civil...*, cit., p. 217.

autor da herança seja de nacionalidade estrangeira ou tenha domicílio fora do território nacional;

III – em divórcio, separação judicial ou dissolução de união estável, proceder à partilha de bens situados no Brasil, ainda que o titular seja de nacionalidade estrangeira ou tenha domicílio fora do território nacional.

Em todos esses casos, proíbe-se que surtam efeitos no Brasil quaisquer decisões de tribunais estrangeiros sobre a questão *sub judice*, não propriamente que tais tribunais *decidam* sobre os temas ali referidos; seria disparate pretender a legislação brasileira que outra soberania (que também conta com legislação processual própria) ficasse *impedida* de agir como lhe aprouvesse em matéria jurisdicional. O que se tem, portanto, de fato, nas hipóteses de competência exclusiva previstas no art. 23 do CPC/2015, é atribuição de efeitos *exclusivos* às decisões do Judiciário pátrio, ainda que existam decisões de tribunais estrangeiros sobre o conflito de interesse em questão; havendo decisões de tribunais estrangeiros sobre a mesma lide, tais decisões serão *válidas* conforme o direito local, mas *inaplicáveis* no Brasil, por não serem passíveis de homologação pelo STJ.[32]

A priori, poderia se pensar que, em razão do princípio da igualdade soberana dos Estados, dever-se-ia interpretar o art. 23 do CPC/2015 também *a contrario sensu*, pelo que as ações relativas a imóveis situados *fora* do Brasil, a confirmação de testamento particular e o inventário e a partilha de bens situados em *outros* países fugiriam, igualmente, da alçada da Justiça brasileira. Por esse raciocínio, não caberia à autoridade judiciária brasileira conhecer, *v.g.*, de qualquer ação relativa a imóvel situado na Itália ou na França. A questão, porém, não é tão simples como pode parecer à primeira vista, notadamente porque a bilateralização do art. 23 do CPC/2015 (também da regra do art. 12, § 1º, da LINDB) cria hipótese de competência absoluta a Estado estrangeiro que, eventualmente, não a reconhece como tal. De fato, não cabe ao legislador nacional dizer se pode ou não o Judiciário estrangeiro julgar determinada demanda, devendo limitar-se a estabelecer (como fez o legislador brasileiro) o que compete e o que não compete com exclusividade ao Judiciário nacional. A regra do art. 23, I, do CPC/2015, segundo a qual "[c]ompete à autoridade judiciária brasileira, com exclusão de qualquer outra, conhecer de ações relativas a imóveis situados no Brasil", não resulta, conforme já decidiu o STF, "na consequência de só à autoridade judiciária de outro país caber o conhecimento de ação relativa a imóvel nele situado", pois "[p]ode ser que, ali, a regra de direito internacional privado seja outra, incoincidente com a da lei brasileira, e em certos casos se preveja que, mesmo ali situado o imóvel, a competência judiciária para determinada ação a ele relativa seja de outro país".[33] Tal está a demonstrar que *pode* a Justiça brasileira decidir sobre imóvel sito em

---

[32] Cf. TIBURCIO, Carmen. *Extensão e limites da jurisdição brasileira...*, cit., p. 79.

[33] STF, RE 90.961/PR, 2ª Turma, Rel. Min. Décio Miranda, j. 29.05.1979, *DJ* 03.07.1979. Nesse mesmo julgado o STF entendeu que a expressão "ações relativas a imóveis" empregada pelo

Estado estrangeiro, desde que, porém, presente alguma das hipóteses de exercício da jurisdição nacional (*v.g.*, quando o réu for domiciliado no Brasil ou quando o fundamento seja fato ocorrido ou ato praticado no Brasil) e que a decisão aqui proferida possa ser devidamente reconhecida no estrangeiro, especialmente se a demanda se fundar em direito pessoal.[34] Para a compreensão do tema, Carmen Tiburcio exemplifica com o caso em que *A* doa a *B*, sua amante, um apartamento situado na França, e a esposa, ao descobrir a doação, propõe no Brasil (onde todos são domiciliados) ação anulatória. O direito francês admite que se discuta, no domicílio do réu, é dizer, no Brasil, questão relativa a imóvel situado na França (no direito francês somente ações *reais* relativas a imóveis situados na França são da competência exclusiva da Justiça francesa). No exemplo, as duas condições referidas estão presentes: o réu é domiciliado no Brasil e a decisão aqui proferida pode ser plenamente reconhecida no estrangeiro.[35] Em suma, nessas hipóteses, passa a competir *também* à autoridade judiciária brasileira a decisão sobre imóveis situados *fora* do Brasil, devendo o juiz, antes da declaração de incompetência, verificar o teor do direito estrangeiro para aferir se eventual sentença proferida será ou não reconhecida naquela soberania; apenas na hipótese negativa é que poderá declinar da competência, não em razão da bilateralização da norma brasileira, mas sob o fundamento de que sua a decisão será *inefetiva*.[36] Tal raciocínio, frise-se, não invalida aquele (*v. supra*) segundo o qual as regras de competência internacional previstas no CPC são *numerus clausus*.

Por fim, dispõe o art. 24, *caput*, do CPC/2015, que a "ação proposta perante tribunal estrangeiro não induz litispendência e não obsta a que a autoridade judiciária brasileira conheça da mesma causa e das que lhe são conexas, ressalvadas as disposições em contrário de tratados internacionais e acordos bilaterais em vigor no Brasil", complementando seu parágrafo único que "[a] pendência de causa perante a jurisdição brasileira não impede a homologação de sentença judicial estrangeira quando exigida para produzir efeitos no Brasil".[37] Assim, mesmo havendo duplicidade de ações (no Brasil e no estrangeiro) sobre a mesma causa ou das que lhe são conexas, não haverá litispendência a justificar a extinção de qualquer delas em se tratando de jurisdição internacional concorrente; e poderão ser homologadas no Brasil as sentenças estrangeiras, quando assim se exigir para que aqui produzam

---

CPC deve ser interpretada restritivamente, limitando-se àquelas atinentes a direitos reais ou à posse (sem ampliação, portanto, para questões fundadas, *v.g.*, no direito obrigacional).

[34] Assim, a conclusão de Tiburcio, Carmen. *Extensão e limites da jurisdição brasileira...*, cit., p. 87. Cf. ainda, Araujo, Nadia de. *Direito internacional privado...*, cit., p. 219; e Marques, Sergio André Laclau Sarmento. *A jurisdição internacional dos tribunais brasileiros*, cit., p. 191-194.

[35] Tiburcio, Carmen. *Extensão e limites da jurisdição brasileira...*, cit., p. 86.

[36] V. Tiburcio, Carmen. Idem, p. 89.

[37] A homologação de sentenças estrangeiras compete ao Superior Tribunal de Justiça, conforme o art. 105, I, *i*, da Constituição.

efeitos, mesmo se pendente causa perante a jurisdição brasileira.[38] Nesses casos, conforme já decidiu o STJ, será a *primeira* (mais antiga) coisa julgada – se se tratar da decisão estrangeira, considera-se, para esse efeito, o trânsito em julgado da decisão do STJ que a homologa – que se levará em conta para o fim de atribuir efetividade ao *decisum*.[39] Havendo, porém, tratados ou acordos internacionais a determinar regra diversa sobre competência, é evidente que suas disposições terão prevalência às nossas leis internas (CPC, LINDB e demais normas domésticas).

1.1.3 Afastamento da competência

O art. 25, *caput*, do CPC/2015, prevê uma hipótese em que *não competirá* à autoridade judiciária brasileira o processamento e julgamento da ação, qual seja: quando houver cláusula de eleição de foro exclusivo estrangeiro em contrato internacional, arguida pelo réu na contestação. Nesse caso, mesmo tendo a Justiça brasileira competência (concorrente) para o julgamento da causa, esta há de ser afastada em razão do *pacta sunt servanda* e da autonomia da vontade das partes. Em outros termos, as hipóteses previstas nos arts. 21 e 22 do CPC não sobrevivem em face da aplicação do art. 25 do mesmo código (o que também se abstrai da interpretação *a contrario* do art. 25, § 1º, que diz não se aplicar o *caput* apenas às hipóteses de competência internacional *exclusiva – v. infra*).

O CPC/2015, de uma vez por todas, aboliu as incertezas doutrinárias e jurisprudenciais que antes recaíam sobre o tema, ao admitir expressamente o desligamento da jurisdição nacional – no âmbito de incidência da competência concorrente – quando houver cláusula de eleição de foro exclusivo estrangeiro inserta em contrato internacional, se arguida pelo réu na contestação. Em casos tais, o processo será extinto sem resolução de mérito em reconhecimento à competência do foro estrangeiro para o deslinde da questão. Não havendo, porém, arguição do réu na contestação, a cláusula eletiva não opera, caso em que o acordo prévio das partes não terá efeito e a prevalência será da vontade atual (é dizer, da competência da jurisdição nacional).[40] Assim, a falta de arguição do réu na contestação faz operar o

---

[38] V. STJ, SEC 14.914/Espanha, Corte Especial, v.u., Rel. Min. Maria Thereza de Assis Moura, j. 07.06.2017, *DJe* 14.06.2017, com ênfase ao seguinte trecho do voto da Relatora: "Ratifico meu posicionamento quanto ao tema, asseverando que a pendência de ação perante o Poder Judiciário brasileiro envolvendo as mesmas partes e sobre o mesmo objeto não impede a homologação da sentença estrangeira já transitada em julgado na origem. Não havendo coisa julgada sobre a questão no Brasil, não há óbice à homologação da sentença alienígena".

[39] STJ, SEC 14.914/Espanha, Corte Especial, v.u., Rel. Min. Maria Thereza de Assis Moura, j. 07.06.2017, *DJe* 14.06.2017; e SEC 5.736/Estados Unidos da América, Corte Especial, v.u., Rel. Min. Teori Albino Zavascki, j. 24.11.2011, *DJe* 19.12.2011.

[40] V. MESQUITA, Jose Ignácio Botelho de. *Da competência internacional e dos princípios que a informam*, cit., p. 55; e JATAHY, Vera Maria Barrera. *Do conflito de jurisdições...*, cit., p. 173-174.

instituto da preclusão, pois demonstra o seu desejo tácito de ver operante a competência da jurisdição local.

Há, como se nota, dois requisitos para que a jurisdição brasileira seja afastada pela vontade das partes nos termos da regra em exame: o foro estrangeiro deve ser *exclusivo* (sem a abertura de outra possibilidade para tanto) e sua previsão há de constar de *contrato internacional* (excluindo-se a extensão de efeitos às situações que não sejam contratáveis e aos ajustes de direito interno).[41] Presentes, portanto, a exclusividade e o caráter contratual internacional do instrumento, poderão as partes abrir mão da jurisdição brasileira para a resolução de sua contenda. O que fez o CPC foi valorizar e reconhecer a real liberdade das partes na escolha de foro exclusivo estrangeiro para a resolução de demandas – no âmbito de incidência da competência concorrente – nos casos em que não se faz presente uma relação abusiva (*v.g.*, presunção de vulnerabilidade de uma das partes).[42]

A disposição do art. 25, *caput*, é extremamente salutar no direito brasileiro atual, pois, como lembra Carmen Tiburcio, "atende a interesses econômicos não só dos empresários brasileiros individualmente, mas também do comércio internacional brasileiro em geral, porque reduz o custo de transação em negócios internacionais, tornando as empresas nacionais mais competitivas", além do que "diminui, dentre outros, os custos relacionados ao risco jurisdicional, porque as partes já saberão de antemão qual foro será internacionalmente competente para apreciar eventual controvérsia que surja entre si em razão dos negócios firmados".[43]

A esse respeito, o STJ, em 2016, ao julgar processo iniciado à égide do CPC/1973, entendeu válida a eleição de foro estrangeiro (foro holandês) para resolver relação contratual entre as partes, à base da autonomia da vontade. Naquele caso concreto, discutia-se a validade da eleição do foro estrangeiro caso uma das partes (o jogador de futebol Robson de Souza e a sociedade empresária Robinho Marketing Esportes Ltda.) fosse considerada "consumidora" relativamente à outra (a empresa Nike Brasil Comércio Participações Ltda.). Se se tratasse de relação de consumo, a eleição do foro holandês não seria válida, pois em jogo a aplicação das normas do Código de Defesa do Consumidor. Se, por sua vez, a relação das partes fosse alheia a uma "relação de consumo", a eleição do foro seria plenamente eficaz. O tribunal superior, no acórdão, entendeu corretamente que "[e]m sendo paritária e, assim, simétrica a relação negocial estabelecida entre conhecido jogador de futebol e empresa multinacional do ramo dos artigos esportivos, contrato cujo objeto,

---

[41]   V. COSTA, José Augusto Fontoura & SANTOS, Ramon Alberto dos. Contratos internacionais e a eleição de foro estrangeiro no novo Código de Processo Civil. *Revista de Processo*, vol. 253, São Paulo, mar. 2016, p. 109.

[42]   Cf. TJPR, AI 0069667-23.2021.8.16.0000, 17ª Câmara Cível, Rel. Des. Mário Luiz Ramidoff, j. 15.08.2022; TJSP, ApCív. 1001854-09.2022.8.26.0562, 24ª Câmara de Direito Privado, Rel. Des. Walter Barone, j. 31.08.2022; e TJSP, ApCív. 1063016-77.2015.8.26.0100, 12ª Câmara de Direito Privado, Rel. Des. Cerqueira Leite, j. 09.03.2022.

[43]   TIBURCIO, Carmen. *Extensão e limites da jurisdição brasileira...*, cit., p. 164.

ademais, relaciona-se à cessão dos direitos de uso de imagem do atleta, não é possível qualificá-la como relação de consumo para efeito de incidência das normas do Código de Defesa do Consumidor".[44] Privilegiou-se, assim, a autonomia da vontade das partes na escolha do foro estrangeiro para o julgamento da lide, em caso não envolvendo relação de consumo.

Em outro caso, também julgado em 2016 e iniciado na vigência do *Codex* anterior, o STJ entendeu correta a decisão do Tribunal de Justiça do Estado do Rio de Janeiro que "afastou a jurisdição do Poder Judiciário brasileiro, tendo em vista que contratantes e contratadas ajuizaram demandas no foro inglês e, somente depois de sentenciados os respectivos processos, a empresa cessionária dos supostos direitos das partes sucumbentes propôs ação declaratória no Brasil com o propósito de rediscutir questões decididas pela Justiça alienígena", utilizando, *inter alia*, como fundamentos da decisão os "princípios da boa-fé objetiva e da segurança jurídica", além da "impossibilidade legal de a parte se beneficiar da própria torpeza", por entender descaber à recorrente "alegar a existência de fraude vinculada à cláusula de eleição de foro e da legislação inglesa ao contrato assinado em território inglês".[45] Com esses argumentos, o tribunal superior garantiu eficácia à avença negociada alhures, em razão de as partes terem aberto mão da atuação do nosso Poder Judiciário na escolha de outro foro para a discussão de eventual litígio.

Atualmente, à luz do art. 25 do CPC/2015, não mais se discute esse poder que as partes têm de se desligarem da jurisdição nacional no estabelecimento de foro exclusivo estrangeiro em contrato internacional, devendo os tribunais pátrios, sem titubeio, seguir firmes nesse reconhecimento. No entanto, frise-se que o foro exclusivo estrangeiro deve vir previsto em contrato *internacional* para que tenha validade, sem o que poderá a Justiça brasileira conhecer da ação no âmbito de sua competência concorrente. Em um caso julgado pelo Tribunal de Justiça do Estado do Paraná, a alegação dos réus arguindo a incompetência absoluta da Justiça brasileira em razão de cláusula de eleição de foro estrangeiro foi rejeitada, dado que, não obstante haver no ajuste cláusula elegendo a jurisdição dos tribunais de outro país, o instrumento apresentado não foi considerado verdadeiro contrato *internacional*, senão apenas um pacto de direito interno firmado no Paraguai.[46]

O § 1º do art. 25, por sua vez, deixa claro que "[n]ão se aplica o disposto no *caput* às hipóteses de competência internacional *exclusiva* previstas neste Capítulo", complementando o § 2º que "[a]plica-se à hipótese do *caput* o art. 63, §§ 1º a 4º [regras sobre eleição de foro]". Portanto, a vontade das partes não é apta a derrogar as hipóteses de

---

[44] STJ, REsp. 1.518.604/SP, 3ª Turma, v.u., Rel. Min. Paulo de Tarso Sanseverino, j. 15.03.2016, *DJe* 29.03.2016.

[45] STJ, REsp. 1.090.720/RJ, 4ª Turma, v.u., Rel. Min. Antonio Carlos Ferreira, j. 14.06.2016, *DJe* 23.08.2016.

[46] TJPR, Ag.Inst. 0046844-26.2019.8.16.0000, 18ª Câmara Cível, Rel. Des. Péricles Bellusci de Batista Pereira, j. 11.12.2019.

competência exclusiva previstas pela lei adjetiva, senão apenas as hipóteses de competência *concorrente* (arts. 21 e 22 do *Codex*).[47] No que tange ao art. 63 do CPC (a que faz referência o art. 25, § 2º), merecem destaque os seus §§ 3º e 4º, que dispõem, respectivamente, que "[a]ntes da citação, a cláusula de eleição de foro, se abusiva, pode ser reputada ineficaz de ofício pelo juiz, que determinará a remessa dos autos ao juízo do foro de domicílio do réu", e que "[c]itado, incumbe ao réu alegar abusividade da cláusula de eleição de foro na contestação, sob pena de preclusão". Tais disposições, como aduz o § 2º do art. 25, aplicam-se "à hipótese do *caput* [do art. 25]". Assim, poderá haver *abusividade* na cláusula de eleição do foro estrangeiro prevista em contrato internacional, como, *v.g.*, quando não há "paridade de armas" entre as partes contratantes, caso em que será reputada ineficaz.

Por fim, também não se aplicará o art. 25 do CPC/2015 quando em causa normas de aplicação imediata, como são as de proteção do consumidor, pelos motivos que veremos oportunamente (*v.* item 4.3, *infra*).

1.1.4 Ainda sobre a (não) exaustividade dos arts. 21 a 25 do CPC/2015

Já se disse (*v.* item 1.1, *supra*) serem as normas dos arts. 21 a 25 do CPC/2015 *exaustivas*, dado o seu caráter de normas de ordem pública. Nesse sentido, a ampliação da jurisdição nacional para hipóteses não previstas no rol dos arts. 21 a 25 do *Codex* processual só seria possível havendo normas especiais (leis ou tratados) a prever exceções.

O STJ, em julgado paradigma, já decidiu que "[a] competência da autoridade judiciária brasileira firma-se quando verificada alguma das hipóteses previstas nos artigos 88 e 89 do C.P.C. [hoje, arts. 21, 22 e 23 do CPC/2015]", complementando que "[o] direito brasileiro não elegeu a conexão como critério de fixação da competência internacional que não se prorrogará, por conseguinte, em função dela".[48] Assim também tem sido a posição da nossa melhor doutrina, como também já se viu.[49]

Ocorre que no julgamento do Recurso Ordinário nº 64-SP, relativo ao *Caso Frydman*, a 3ª Turma do STJ entendeu, diversamente, que as disposições do CPC relativas aos limites da jurisdição nacional (arts. 88 e 89, CPC/1973; arts. 21 a 23, CPC/2015) não seriam exaustivas, senão meramente exemplificativas.[50]

Naquele caso, tratava-se de brasileiro naturalizado, nascido na França em 1931, pouco antes da eclosão da Segunda Guerra Mundial, que alegava ter sofrido,

---

[47] Não se poderá, *v.g.*, escolher foro estrangeiro para decidir sobre imóvel situado no Brasil, por se tratar de competência exclusiva da autoridade judiciária brasileira (CPC, art. 23, I).

[48] STJ, REsp. 2.170/SP, 3ª Turma, Rel. Min. Eduardo Ribeiro, j. 07.08.1990, *DJ* 03.09.1990.

[49] *V.* MESQUITA, Jose Ignácio Botelho de. Da competência internacional e dos princípios que a informam, cit., p. 54; THEODORO JÚNIOR, Humberto. *Curso de direito processual civil*, vol. I, cit., p. 195-196; e DINAMARCO, Cândido Rangel. *Comentários ao Código de Processo Civil...*, cit., p. 217.

[50] STJ, RO 64/SP, 3ª Turma, Rel. Min. Nancy Andrighi, j. 13.05.2008, *DJe* 23.06.2008.

Parte I · Cap. VII · APLICAÇÃO DO DIREITO ESTRANGEIRO PELO JUIZ NACIONAL · 165

com a ocupação da França pelas tropas nazistas e por força de sua etnia judaica, toda sorte de perseguições e humilhações na cidade de Paris, onde habitava, pelo que pleiteava, da República Federal da Alemanha, indenização por dano material e reparação dos danos morais sofridos.

A sentença recorrida estabeleceu como único fundamento para a extinção do processo, sem resolução do mérito, o fato de a matéria discutida não se encontrar entre as hipóteses contempladas pelas regras de competência internacional previstas no Código de Processo Civil. Segundo o posicionamento do STJ, contudo, para definir a jurisdição internacional brasileira "deve-se analisar se haveria, em tese, algum elemento que justifique o *interesse* da autoridade judiciária brasileira em julgar, no Brasil, a causa ora discutida".

A Corte Superior entendeu que, sendo um dos pilares da República Federativa do Brasil, conforme expressamente mencionado no art. 1º, III, da Constituição, o princípio da dignidade da pessoa humana, além de outros corolários seus, como o estabelecimento de uma "sociedade livre, justa e solidária" (art. 3º, I), a erradicação "da pobreza e da marginalização" e "reduzir as desigualdades sociais e regionais" (art. 3º, III), para além das previsões do art. 4º, II, III e VIII, relativas à "prevalência dos direitos humanos", à "autodeterminação dos povos" e ao "repúdio ao terrorismo e ao racismo", restaria claro que "o Brasil se compromete, no plano internacional, a tomar todas as medidas possíveis de repúdio a atos como os que são discutidos no processo *sub judice*", pelo que "decorre que não há razão para que, ao menos *prima facie*, se afirme o desinteresse da autoridade judiciária brasileira em semelhantes questões no plano cível".

Assim, concluiu o STJ que seria *possível* enquadrar questões como a acima referida no âmbito do art. 21, I, do CPC/2015 (art. 88, I, do CPC/1973), segundo o qual compete à autoridade judiciária brasileira processar e julgar as ações em que "o réu, qualquer que seja a sua nacionalidade, estiver domiciliado no Brasil", considerando-se, para fins de domicílio no País, por analogia, a existência de representação oficial da nação estrangeira, por seus consulados e por sua embaixada.

Numa leitura mais fina do julgado, porém, percebe-se que o STJ não "ampliou" propriamente a jurisdição brasileira para hipóteses não previstas no CPC. O que fez o tribunal foi "enquadrar", por analogia, o caso concreto a uma das hipóteses expressamente contempladas no *Codex* processual, em especial a relativa ao domicílio da ré (República Federal da Alemanha) em território brasileiro, por suas representações oficiais no Brasil. Ocorre, no entanto, que os Estados estrangeiros têm imunidade à jurisdição local à luz da Convenção de Viena sobre Relações Diplomáticas de 1961. Exatamente por esse motivo é que o STJ determinou, *in casu*, a citação da República Federal da Alemanha para que, pretendendo, opusesse resistência à sua submissão à autoridade judiciária brasileira.

Portanto, é incorreto entender – mesmo com a posição exarada pelo STJ no *Caso Frydman* – que as normas sobre limites da jurisdição nacional não são exaustivas. Tanto são *numerus clausus* que a Corte Superior fez força para enquadrar o caso, ainda que por analogia, em uma das hipóteses expressamente previstas nas normas processuais. O que não deveria ter o STJ estabelecido, mesmo que como elemento retórico no julgado, é a possibilidade de o juiz verificar se há, em tese, algum elemento que justifique o interesse da autoridade judiciária brasileira em julgar outras questões com conexão internacional, uma vez que, na própria decisão, o tribunal "enquadrou" forçosamente o fato à regra do CPC relativa ao domicílio do réu no Brasil. Ou seja, não se "ampliou" a jurisdição nacional apenas à luz do princípio de "soberania", senão encontrou-se uma forma de subsumir o fato a uma (expressa) regra processual em vigor.

Daí a conclusão, já antes referida, de que não se enquadrando a hipótese dos autos em uma das regras expressamente estabelecidas pelo CPC, não pode o magistrado conhecer da ação por ausência absoluta de jurisdição.

1.2 Imposição legal de aplicação do direito estrangeiro

Superado o estudo da competência internacional da Justiça brasileira, e supondo-se ter o juiz interno competência para a análise do pleito conforme as regras processuais já estudadas, questiona-se se é ou não dever do magistrado aplicar a lei estrangeira indicada pela norma de DIPr da *lex fori*.

Não há dúvida de que, quando o direito estrangeiro é o indicado pela norma interna de DIPr, *deve* o juiz nacional aplicá-lo e, para tanto, há de pesquisar e conhecer o seu conteúdo. O Código de Processo Civil é norma imperativa que *exige* do juiz uma postura ideal na aplicação da norma estrangeira indicada, não podendo ficar a critério do magistrado aplicá-la ou não. A vinculação do juiz à lei estrangeira indicada dá-se não por simples "tolerância", "reciprocidade" ou como "fato" invocado no processo, mas em razão de a lei estranha criar e extinguir direitos subjetivos das pessoas, inclusive intrínsecos, como os direitos da personalidade.[51]

Esse princípio é aceito de modo generalizado pela grande maioria dos Estados, seja por meio de leis ou em razão da incorporação de tratados. Os Estados, *de facto*, não se furtam em aceitar a aplicação interna de leis estrangeiras quando tais são chamadas a resolver determinada questão jurídica. Tal provém, antes de qualquer norma escrita, de costume internacional sedimentado, que de há muito reconhece a necessidade de se atribuir, no foro, valor jurídico às normas estrangeiras conflitualmente designadas, e, como decorrência, a premência de os Estados terem bem fixados os princípios norteadores da ciência do conflito de leis.[52]

É evidente, porém, que como a indicação da norma estrangeira fica ao sabor do acaso, não sendo, *a priori*, identificável senão a partir do caso concreto, o juiz do foro pode ter sérias dificuldades na aplicação de tal direito, especialmente quando aquele soa como exótico à luz das normas nacionais. A

---

[51] V. Basso, Maristela. *Curso de direito internacional privado*, cit., p. 239.

[52] Cf. Espinola, Eduardo. *Elementos de direito internacional privado*, cit., p. 251.

única vantagem para o juiz, nesse campo, é o fato de que não aparecem diuturnamente questões de DIPr em causas *sub judice*, senão apenas esporadicamente. Basta verificar no foro em geral quantas questões de DIPr são julgadas pelo Poder Judiciário pátrio diuturnamente; tal possibilita dar uma atenção a mais ao problema quando, eventualmente, ele aparece. Por outro lado, não é menos certo que o juiz nacional tem, atualmente, vários meios postos à sua disposição (especialmente na era da comunicação, da *Internet* etc.) para conhecer o direito estrangeiro indicado.

Seja como for, o que se pretende deixar claro é que é *obrigação* do juiz aplicar a norma estrangeira indicada pela norma de DIPr da *lex fori*, não podendo dela o magistrado se escusar.

1.3 Norma estrangeira como direito (não como fato)

Uma vez conhecida a norma estrangeira indicada, deve o juiz nacional agir como ordinariamente procede relativamente à aplicação de quaisquer leis domésticas, eis que não há qualquer diferença entre a norma nacional e a estrangeira relativamente à sua condição de *lei*.[53] Em outros termos, deve o juiz nacional aplicar o direito estrangeiro *como direito mesmo*, não como simples *fato*.[54] Fosse o direito estrangeiro um *fato*, dependeria sempre de alegação das partes, não ensejando sua violação recurso aos tribunais superiores; tratando-se de *direito*, há de ser diretamente aplicado (*ex officio*) pelo juiz, independentemente de manifestação das partes, cabendo, outrossim, recurso para as instâncias superiores em caso de violação ou negativa de vigência de seu conteúdo.[55] Nesse

---

[53] Essa é a posição uniforme dos países latino-americanos, como demonstrado por BERGMAN, Eduardo Tellechea. Aplicación e información del derecho extranjero en el ámbito interamericano, regional y en el Uruguay. *Revista de la Secretaría del Tribunal Permanente de Revisión*, ano 2, n° 3, 2014, p. 35-40. Sobre a posição especialmente dos países europeus, *v.* DOLINGER, Jacob. Application, proof and interpretation of foreign law: a comparative study in private international law. *Arizona Journal of International and Comparative Law*, vol. 12 (1995), p. 225-276.

[54] Cf. WOLFF, Martin. *Derecho internacional privado*, cit., p. 139-140; GOLDSCHMIDT, Werner. *Derecho internacional privado...*, cit., p. 123; SILVA, Agustinho Fernandes Dias da. *Introdução ao direito internacional privado*, cit., p. 124; e FERRER CORREIA, A. *Lições de direito internacional privado*, vol. I, cit., p. 427.

[55] A propósito, *v.* a lição de VALLADÃO, Haroldo. *Direito internacional privado...*, cit., p. 471: "Na fase moderna do DIPr, com a promulgação de textos internacionais e internos, de *natureza obrigatória* para o juiz, *impondo-lhe a aplicação da lei estrangeira*, não tinha mais sentido considerá-la simples fato, dependente do querer das partes: seria esvaziar, completamente, as normas de DIPr. Se estas prescrevem, p. ex., que a capacidade se determina pela *lei* do domicílio e este é no estrangeiro, exigem que o juiz aplique a respectiva lei estrangeira; considerá-la não uma lei, mas um fato, que o juiz deve ignorar, sujeito apenas à vontade dos interessados, é *violar* flagrantemente a letra e o espírito do texto de DIPr. É a completa negação da eficiência das normas imperativas de DIPr. Não é possível transformar uma lei imperativa

exato sentido, aliás, está a redação do art. 2º da Convenção Interamericana sobre Normas Gerais de Direito Internacional Privado, de 1979, segundo a qual "os juízes e as autoridades dos Estados Partes ficarão obrigados a aplicar o direito estrangeiro *tal como o fariam os juízes do Estado cujo direito seja aplicável*, sem prejuízo de que as partes possam alegar e provar a existência e o conteúdo da lei estrangeira invocada".[56] Ora, se o princípio a ser aplicado é o *jura novit curia*, e se a norma indicativa do DIPr da *lex fori* remete a solução da questão *sub judice* ao direito estrangeiro, nada mais claro do que a obrigação do juiz em aplicar a norma estranha com a sua roupagem de *lei* propriamente dita. Assim, a lei estrangeira indicada pela norma interna de DIPr há de ser aplicada pelo juiz do foro com a mesma roupagem e com o mesmo valor que lhe atribui o sistema jurídico em que foi editada. Esse direito invocado é, evidentemente, o direito *substancial* (não conflitual) declarado competente em função do elemento de conexão da norma de DIPr da *lex fori*, não o conjunto do Direito estrangeiro competente (direito substancial + direito conflitual).[57]

Poder-se-ia argumentar que a lei do foro é decisiva quanto ao destino do direito estrangeiro, pelo que a aplicação da lei estranha na ordem jurídica interna não se daria da mesma maneira pela qual ocorreria se a aplicação fosse feita pelo próprio juiz ou tribunal estrangeiro.[58] O raciocínio, porém, ressente-se de equívoco. Se, eventualmente, a *lex fori* corta efeitos ao direito estrangeiro indicado, *v.g.*, pelo recurso à ordem pública, às *lois de police* ou à fraude à lei, assim o faz em razão de princípios maiores que impedem a execução da norma estranha na ordem jurídica interna, não lhe retirando, em absoluto, o caráter de lei propriamente dita, que, se aplicada fosse, haveria de ser tal e qual o juiz estrangeiro o faria (*v.* item 2.4, *infra*).

Em suma, o que se pode concluir é que o direito estrangeiro está em *pé de igualdade* com o direito interno, valendo no plano doméstico como direito mesmo, não como simples fato. Deve, por isso, como leciona Beviláqua, "ser

---

em permissiva pelo comodismo da parte ou do juiz em cumpri-la ou fazê-la cumprir. Aliás, o problema é análogo quando o juiz tem de aplicar uma lei de um sistema irmão, de um Estado-membro, de uma província ou região, ou uma lei particular (canônica, rabínica, desportiva etc.). E atualmente o mundo é um só, não há terras nem leis desconhecidas, havendo grandes, numerosas e eficazes fontes de informações para que o Tribunal conheça outros direitos além do seu próprio. (...)" [grifos do original].

[56]   Nesse sentido, *v.* também a Regra 44.1 (emendada em 1º.03.2011) introduzida no processo civil americano, que trata o direito estrangeiro como questão *jurídica*, não como simples *fato*: "In determining foreign law, the court may consider any relevant material or source, including testimony, whether or not submitted by a party or admissible under the Rules of Evidence. The court's determination must be treated as a ruling on a question of law".

[57]   V. Batalha, Wilson de Souza Campos & Rodrigues Netto, Sílvia Marina L. Batalha de. *O direito internacional privado na Organização dos Estados Americanos*, cit., p. 63.

[58]   V. Batalha, Wilson de Souza Campos. *Tratado de direito internacional privado*, t. I, cit., p. 229.

aplicado à relação de direito sempre que ela tiver nascido sob os seus auspícios e se mantiver por força dele, salvo os casos de ofensa à ordem pública do Estado ou aos bons costumes".[59]

2. Aplicação direta da lei estrangeira

Já se falou que o juiz nacional *deve* aplicar a norma estrangeira indicada pela regra de DIPr da *lex fori*. Também já se disse que tal "norma estrangeira" há de ser compreendida em sentido amplo, abrangendo todas as espécies de normas jurídicas presentes na coleção legislativa estrangeira (Constituição, leis, decretos, regulamentos, costume interno etc.). Cabe, então, estudar quais as questões jurídicas suscitadas por essa aplicação direta, bem assim as consequências dela advindas.

2.1 *Aplicação* ex officio

Sendo o direito estrangeiro verdadeiro *direito*, não simples *fato*, a consequência é que sua aplicação deve ser realizada diretamente, *ex officio*, independentemente de requerimento das partes: *jura novit curia*.[60] Sendo essa aplicação direta função do juiz, o seu não exercício poderá implicar, inclusive, responsabilidade funcional do julgador.[61] Tal procedimento, como se nota, é extremamente benéfico para as partes, que não terão qualquer ônus em provar o direito estrangeiro indicado pela norma de DIPr da *lex fori*. De fato, tendo por obrigação aplicar *ex officio* a norma estrangeira indicada pela lei do foro, o juiz, de modo algum, poderá impor a qualquer das partes o ônus de provar o teor e a vigência da norma em questão, salvo quando por elas alegado.[62] Não havendo violação da soberania brasileira e da nossa ordem pública, fraude à lei ou qualquer impossibilidade técnica, a aplicação direta (*ex officio*) da norma estrangeira indicada se impõe, não podendo o juiz deixar de aplicá-la sob a alegação de *non liquet*.[63]

---

[59]   BEVILÁQUA, Clovis. *Princípios elementares de direito internacional privado*, cit., p. 59.

[60]   Cf. VALLADÃO, Haroldo. *Direito internacional privado...*, cit., p. 474-475; SILVA, Agustinho Fernandes Dias da. *Introdução ao direito internacional privado*, cit., p. 123-124; e BATALHA, Wilson de Souza Campos. *Tratado de direito internacional privado*, t. I, cit., p. 239-243. Essa também a orientação do direito italiano atual (art. 14 da Lei nº 218, de 31.05.1995, que reformou o sistema italiano de DIPr). A propósito, cf. VILLATA, Stefano Alberto. *Diritto straniero e processo*: premessa storica ad uno studio della "prova" del diritto straniero. Roma: Aracne, 2012, p. 11.

[61]   Assim, Jo, Hee Moon. *Moderno direito internacional privado*, cit., p. 172.

[62]   V. BARBOSA MOREIRA, José Carlos. Garantia constitucional do direito à jurisdição – competência internacional da justiça brasileira – prova do direito estrangeiro. *Revista Forense*, vol. 343, Rio de Janeiro, jul./ago./set. 1998, p. 281.

[63]   V. BATALHA, Wilson de Souza Campos & RODRIGUES NETTO, Sílvia Marina L. Batalha de. *O direito internacional privado na Organização dos Estados Americanos*, cit., p. 61; AMORIM, Edgar Carlos de. *Direito internacional privado*, cit., p. 40; e RECHSTEINER, Beat Walter. *Direito internacional privado...*, cit., p. 235.

A posição da jurisprudência brasileira é pacífica a respeito da obrigatoriedade de aplicação *ex officio* do direito estrangeiro, sem que possa o juiz impor às partes o ônus de prová-lo, salvo quando por elas alegado. A esse respeito, pode ser citada, a título de exemplo, decisão do STJ de 18 de maio de 2000, que assim estabeleceu:

> Sendo caso de aplicação de direito estrangeiro, consoante as normas do Direito Internacional Privado, caberá ao Juiz fazê-lo, ainda de ofício. Não se poderá, entretanto, carregar à parte o ônus de trazer a prova de seu teor e vigência, salvo quando por ela invocado.[64]

O Projeto de Lei nº 269 do Senado, de 2004, da mesma forma, seguia idêntica orientação, ao dispor, no art. 15, primeira parte, que "a lei estrangeira indicada pelo Direito Internacional Privado brasileiro será aplicada de ofício". A comissão de redação justificou o dispositivo nos seguintes termos: "O art. 15, ao tratar da aplicação do Direito Estrangeiro, leva em consideração que 'a doutrina pátria aceita pacificamente que as regras de conexão indicadoras de aplicação de leis estrangeiras constituem direito positivo brasileiro a que o julgador está adstrito'. Como diz Oscar Tenório (*ob. cit.*, vol. I, p. 145): 'o juiz tem o dever de aplicar o direito estrangeiro em virtude de determinação da *lex fori*. No sistema anglo-americano, o direito estrangeiro é considerado como fato e não como lei. Consoante jurisprudência majoritária da Corte de Cassação francesa, o juiz tem a opção de aplicar ou não a lei estrangeira, quando as partes não a invocam. Como afirma Valladão, diverso é o sistema brasileiro: 'a lei estrangeira é lei, é direito e não fato, estando superada a antiga posição discriminatória, de sua inferioridade à *lex fori*, de que somente esta seria direito, seria lei. É o princípio da equiparação dos direitos, da igualdade entre o direito estrangeiro e o nacional...' (*ob. cit.*, vol. I, p. 465). No sistema interamericano, seguindo o art. 408 do Código Bustamante, a Convenção sobre Normas Gerais de Direito Internacional Privado, Montevidéu, 1979, em seu art. 1º, estabeleceu a obrigatoriedade da aplicação da norma estrangeira determinada pela regra de conexão do direito conflitual. O projeto estabelece a mesma norma ao determinar a aplicação *ex officio* da lei estrangeira indicada pelas regras do Direito Internacional Privado".

A norma de DIPr da *lex fori*, que indica a lei estrangeira a ser aplicada no caso concreto, é imperativa em face do juiz,[65] que não pode escusar-se em aplicá-la, sob pena de denegação de justiça. Não fosse assim, haveria total incerteza de se seria a norma indicada pela *lex fori* efetivamente aplicada pelo Poder Judiciário como ela própria ordena,[66] o que traria nítidos prejuízos às partes em razão da denegação de um direito seu. A inaplicação *ex officio* da norma estrangeira indicada pela regra interna de conflito implica ofensa (negativa de vigência) à própria norma conflitual, que é norma de cumprimento obrigatório. Como se viu, a

---

[64] STJ, REsp. 254.544/MG, 3ª Turma, Rel. Min. Eduardo Ribeiro, j. 18.05.2000, *DJ* 14.08.2000.

[65] *V.* Jo, Hee Moon. *Moderno direito internacional privado*, cit., p. 169.

[66] Cf. RECHSTEINER, Beat Walter. *Direito internacional privado...*, cit., p. 235.

norma estrangeira indicada pela regra de DIPr da *lex fori* é, em nosso país, *direito* propriamente dito, não simples *fato*, o que demanda, em suma, a sua aplicação *ex officio* pelo magistrado do foro.[67]

O direito estrangeiro a ser aplicado pelo juiz nacional é o *material, substancial,* podendo ser de direito privado ou público. Nada há, *v.g.*, de impedir a aplicação de norma material (substancial) estrangeira de direito constitucional ou administrativo. Exclui-se, portanto, a aplicação das normas processuais estrangeiras e, inclusive, as do DIPr estrangeiro, que, se levadas em consideração, poderiam indicar regra de outro país a resolver a questão (relembre-se de que o Direito brasileiro proibiu expressamente o reenvio no art. 16 da LINDB). Por sua vez, o argumento de que a lei estrangeira a ser aplicada deve ser a de índole *privada*, não tem mais qualquer razão de ser nos dias atuais, em que se presencia uma cada vez maior "publicização" da vida privada, especialmente no Brasil, desde a promulgação da Constituição Federal de 1988. Hoje, portanto, é pacificamente aceita a tese de que "o foro não deve se preocupar com a característica da lei aplicável, mas sim deve cuidar para que a lei escolhida contribua para os objetivos do DIPr e para a realização da justiça internacional no caso concreto".[68]

A aplicação *ex officio* também se dá, evidentemente, no que tange ao *costume interno* estrangeiro, que, como se falou, está compreendido na expressão "lei estrangeira" *lato sensu*. Ou seja, o juiz do foro deve aplicar o costume interno estrangeiro da mesma forma que aplica o costume interno nacional, tal como previsto pelo art. 4º da LINDB: "Quando a lei for omissa, o juiz decidirá o caso de acordo com a analogia, *os costumes* e os princípios gerais de direito". Tais *costumes* são aqueles constituídos no Brasil, evidentemente. Tal não significa, contudo, que não deva o juiz nacional aplicar o costume interno estrangeiro se houver regra de igual teor na legislação estrangeira indicada pelo DIPr da *lex fori*.[69] Também a *jurisprudência* dos tribunais estrangeiros há de ser aplicada pelo juiz foro como se jurisprudência pátria fosse, sem distinção.

A lei estrangeira (*lato sensu*) a ser diretamente aplicada pelo juiz do foro é, evidentemente, a "lei" (lei *stricto sensu*, costume internacional ou interno, juris-

---

[67] Assim, *v.g.*, o art. 60 da Lei de Direito Internacional Privado da Venezuela: "O direito estrangeiro será aplicado de ofício. As partes poderão trazer informações relativas ao direito estrangeiro aplicável e os tribunais e autoridades poderão tomar providências tendentes ao melhor conhecimento do mesmo".

[68] Jo, Hee Moon. *Moderno direito internacional privado*, cit., p. 181.

[69] Nesse exato sentido, a lição de Oscar Tenório: "O costume e os usos fazem parte, no Brasil, do direito. Tem o costume, conforme o art. 4º da Lei de Introdução [LINDB], o papel de suprir as lacunas da lei. E nesta função supletiva o costume se transforma em direito. Mas a regra é de direito interno, para o juiz brasileiro, em face do costume constituído no Brasil. Sê-lo-á de direito internacional privado? Sim, se houver concordância com regra de igual teor do sistema estrangeiro. Ao aplicar o direito estrangeiro, o juiz brasileiro poderá aplicar o costume admitido pela ordem jurídica estrangeira" (*Direito internacional privado*, vol. I, cit., p. 153).

prudência internacional ou interna, tratado internacional incorporado na ordem jurídica estrangeira etc.) em *vigor* no Estado, jamais a *revogada*. Tanto a lei *stricto sensu* como o costume (internacional ou interno) e a jurisprudência (internacional ou interna) em vigor no Estado estrangeiro (nesses dois últimos casos fala-se em *desuso*) e os tratados internacionais ali em vigor têm de estar *operando* normalmente para que possam ser diretamente aplicados. Tendo a lei ou as normas internacionais sido revogadas (não mais abrangendo a situação jurídica *sub judice*), ou o costume e a jurisprudência caído em *desuso*, não poderá o juiz nacional aplicá-los, dada a impossibilidade de se chegar à solução justa e harmônica desejada pela norma de DIPr da *lex fori*. Daí a dificuldade redobrada que recai sobre a atividade do julgador de verificar *em que estado* (de vigência, validade ou eficácia) se encontra o direito estrangeiro indicado pela norma de DIPr da *lex fori*, bem assim de interpretá-lo conforme as nuances (de hierarquia, de entendimento jurisprudencial ou, até mesmo, doutrinário) que sobre ele operam na ordem jurídica estranha. Em suma, o juiz do foro há de aplicar a "lei" estrangeira *em vigor* no Estado estrangeiro, aí compreendidos os costumes e jurisprudência operantes no Estado estrangeiro (internacionais ou internos) e os tratados internacionais ali devidamente incorporados, segundo a ótica empregada nessa ordem jurídica para a sua vigência, validade e eficácia.

Para conhecer e aplicar *ex officio* o direito estrangeiro, poderá o juiz se utilizar de todos os meios de prova postos à sua disposição.[70] Não havendo alegação do direito estrangeiro pelas partes, deverá o juiz, *motu proprio*, investigar a norma estranha em questão, seu teor e vigência.[71] Poderá, também, apoiar-se na ajuda de *experts*, de juristas renomados ou especializados e também das partes (*v. infra*). Os meios tecnológicos hoje existentes (*Internet* etc.) têm facilitado em muito o conhecimento, pelo juiz, do conteúdo e vigência do direito estrangeiro. Frustrados esses meios, o Código Bustamante admite, ainda, que se prove o direito estrangeiro "mediante certidão, devidamente legalizada, de dois advogados em exercício no país de cuja legislação se trate" (art. 409). Apenas não se admitem as provas que repousam na vontade das partes, como as simples presunções e a prova testemunhal, pois sabe-se já que o direito estrangeiro não é simples *fato* perante o direito local, senão *direito mesmo*.[72]

Não há dúvida de que a imposição de aplicação da norma estrangeira *ex officio* pelo juiz gera ao magistrado ônus incomum no processo, especialmente por demandar aguçada investigação do teor e da vigência da norma estrangeira aplicável, bem assim habilidade em idiomas diversos. Esse, porém, é encargo que o magistrado não pode se escusar de cumprir por qualquer pretexto, sob pena, inclusive, de

---

[70] *V.* Jayme, Erik. *Identité culturelle et intégration...*, cit., p. 123-124.

[71] *V.* Batalha, Wilson de Souza Campos & Rodrigues Netto, Sílvia Marina L. Batalha de. *O direito internacional privado na Organização dos Estados Americanos*, cit., p. 61.

[72] Cf. Castro, Amilcar de. *Direito internacional privado*, cit., p. 264; Strenger, Irineu. *Direito processual internacional*, cit., p. 39; e Amorim, Edgar Carlos de. *Direito internacional privado*, cit., p. 41.

responsabilidade funcional. Tal é assim em todos os países do mundo que adotam o mesmo sistema de DIPr.

Destaque-se, porém, que pelo fato de ser o Brasil um país que inadmite os reenvios de primeiro e segundo graus, dando prevalência às qualificações da *lex fori*, a aplicação do direito estrangeiro pelo juiz nacional talvez não se dê exatamente como levada a cabo pelo juiz da *lex causae*, vinculado às suas próprias normas conflituais e sobre qualificação.[73]

Por fim, frise-se não poderem as partes renunciar ao *império* da lei estrangeira indicada pela norma de DIPr e aplicada *ex officio* pelo juiz, porque tal lei se incorpora ao Direito interno com a *mesma força* das leis nacionais, não por vontade própria, como se disse, mas em virtude de determinação da própria *lex fori*.[74] Tal significa que o juiz nacional *deve* aplicar *ex officio* o direito estrangeiro, ainda que contra a vontade das partes.[75]

2.2 Prova do direito estrangeiro

No que tange à aplicação do direito estrangeiro pelo juiz nacional há, porém, uma exceção ao princípio *jura novit curia*: quando o direito estrangeiro for invocado *pelas partes* no processo, poderá o juiz a elas determinar que *provem* o teor e a vigência da norma alegada. Ainda aqui, ou seja, mesmo no caso de o direito estrangeiro ter sido alegado pelas partes, repousa como *faculdade* (não como obrigatoriedade) do juiz a determinação da prova do seu teor e vigência. De fato, conhecendo o juiz a norma estrangeira invocada, não haveria motivos para que fosse determinada às partes a sua prova.[76]

Não há dúvidas de que o juiz conhece melhor o *seu* direito (direito interno; direito nacional) e que há certa dificuldade de investigar direito estranho, ainda quando domine vários idiomas e tenha às mãos legislação, jurisprudência e bibliografia estrangeiras; é sempre mais difícil, senão mais duvidoso, para o magistrado, o conhecimento profundo de ordem jurídica que não a sua, com a qual lida diuturnamente e acompanha as alterações legislativas. Tal, como se nota, pode levar o juiz à sensação de nunca haver dado sentença justa, perfeita, estritamente conforme a legislação estrangeira de que se trata,[77] especialmente em razão da falta "de um conhecimento razoável do espírito, dos princípios gerais, do próprio temperamento do direito estrangeiro em questão, que impediria sua adequada aplicação ainda que

---

[73] V. BATALHA, Wilson de Souza Campos & RODRIGUES NETTO, Sílvia Marina L. Batalha de. *O direito internacional privado na Organização dos Estados Americanos*, cit., p. 62.

[74] Cf. TENÓRIO, Oscar. *Direito internacional privado*, vol. I, cit., p. 146.

[75] Cf. DINIZ, Maria Helena. *Lei de Introdução ao Código Civil Brasileiro interpretada*, cit., p. 373.

[76] Cf. AMORIM, Edgar Carlos de. *Direito internacional privado*, cit., p. 40; e RECHSTEINER, Beat Walter. *Direito internacional privado...*, cit., p. 235-236.

[77] Cf. CASTRO, Amilcar de. *Direito internacional privado*, cit., p. 262-263.

o próprio texto de lei pertinente seja conhecido diretamente ou através da mais fiel tradução".[78] Em razão disso, ainda que a aplicação do direito estrangeiro deva ser realizada pelo juiz tal como se dá com o direito nacional, não fica o magistrado impedido de determinar às partes que provem o teor e a vigência do direito estrangeiro, quando por elas invocado no processo. É exatamente o que dispõe, no Brasil, o art. 376 do CPC: "A parte que alegar direito municipal, estadual, *estrangeiro* ou consuetudinário provar-lhe-á o *teor e a vigência*, se assim o juiz determinar".[79] Trata-se, como se disse, de uma *faculdade* do juiz autorizada pela lei, que objetiva auxiliá-lo na descoberta do teor e da vigência do direito estrangeiro invocado, não de uma *obrigatoriedade* em assim proceder, eis que conhecendo o direito estrangeiro alegado poderá aplicá-lo *ex officio*, sem que seja determinada às partes a prova do seu teor e vigência.

Destaque-se que a aplicação *ex officio* do direito estrangeiro apareceu no direito brasileiro a partir da segunda década do século XX, quando os Códigos estaduais de processo civil (*v.g.*, o Código de Processo Civil do Estado de São Paulo, art. 274) modificaram a tendência legislativa anterior, proveniente das antigas Ordenações portuguesas, pela qual a aplicação do direito estrangeiro dependia da prova da parte que o alegasse. A unificação processual brasileira (a partir do Código de Processo Civil de 1939, que substituiu os vários Códigos estaduais) firmou, depois, definitivamente, a tendência aparecida com Códigos estaduais, igualando a lei estrangeira às leis de outros Estados da Federação, tanto que o art. 212 dispunha que "aquele que alegar direito estadual, municipal, singular ou estrangeiro, deverá provar-lhe o teor e a vigência, salvo se o juiz dispensar a prova". Em 1942, seguiu-se a Lei de Introdução ao Código Civil – LICC, para a qual, desconhecendo a lei estrangeira, poderia o juiz exigir de quem a invoca prova do seu texto e da sua vigência (art. 14).[80] Finalmente, tanto o Código de Processo Civil de 1973 (art. 337) quanto o atual (art. 376) prescreveram que as partes apenas deverão provar o teor e a vigência do direito estrangeiro "se assim o juiz determinar". Portanto, no nosso sistema processual civil vigente, repita-se mais uma vez, as partes não têm a obrigação primária de provar o teor e a vigência do direito estrangeiro alegado, sendo uma *faculdade* do juiz a determinação dessa prova.

---

[78] CINTRA, Antônio Carlos de Araújo. Prova do direito estrangeiro. In: BAPTISTA, Luiz Olavo & MAZZUOLI, Valerio de Oliveira (Org.). *Direito internacional privado*: teoria e prática. São Paulo: Revista dos Tribunais, 2012, p. 872 (Coleção *Doutrinas essenciais*: direito internacional, vol. IV).

[79] Assim também o art. 14 da LINDB: "Não conhecendo a lei estrangeira, poderá o juiz exigir de quem a invoca prova do texto e da vigência". O Projeto de Lei nº 269 do Senado, de 2004, por sua vez, trazia a seguinte redação, no seu art. 15, parágrafo único: "O juiz poderá determinar à parte interessada que colabore na comprovação do texto, da vigência e do sentido da lei estrangeira aplicável".

[80] Para esse histórico legislativo, *v.* CINTRA, Antônio Carlos de Araújo. Prova do direito estrangeiro, cit., p. 873-876.

Perceba-se que o art. 376 do CPC faculta ao juiz que determine às partes que provem "o teor e a vigência" da norma estrangeira invocada, não que as partes transcrevam, pura e simplesmente, perante o juízo, o *texto frio* da norma estranha, nem sempre, aliás, fielmente traduzido para o nosso idioma, ainda que por tradutor juramentado.[81] Requer-se das partes, quando assim determinado pelo juiz, que provem o *teor* da norma alegada, ou seja, o seu conteúdo, bem assim a sua *vigência*, isto é, a sua potencialidade de gerar efeitos concretos naquela dada ordem jurídica.

Aplica-se, aqui, perfeitamente, o que dispõe o art. 369 do CPC: "As partes têm o direito de empregar todos os meios legais, bem como os moralmente legítimos, ainda que não especificados neste Código, para provar a verdade dos fatos em que se funda o pedido ou a defesa e influir eficazmente na convicção do juiz". Perceba-se que o CPC admite, inclusive, meios probatórios nele "não especificados", o que tem especial relevo para o DIPr. Ainda que não se trate de provar a verdade de *fatos*, como pretende o art. 369 do CPC, senão o teor e a vigência de *direito* estrangeiro, é evidente que a regra, sem dúvida, pode ser aplicada por analogia.[82]

Há dúvida, porém, sobre o que fazer o juiz se a prova oferecida pela parte, nos termos do art. 376 do CPC, não for *cabal*. Nesse caso, como destaca Oscar Tenório, o juiz, por não ser uma figura indiferente no processo, deverá "promover de ofício a investigação da lei estrangeira invocada".[83] Também Beviláqua, da mesma forma, entende que faltando a prova da lei estrangeira "devem os tribunais suprir a insuficiência das partes".[84] Outros autores, contudo, entendem que se "as partes não puderem fornecer elementos de convicção sobre a existência, o sentido e a vigência da lei estrangeira, o juiz deverá julgar a ação contra a parte que invocou a lei e não conseguiu fornecer-lhe a prova", não sendo lícito, nesse caso, "presumir que o Direito estrangeiro seja idêntico ao Direito do foro".[85] Para nós, melhor razão assiste à primeira posição, segundo a qual, mesmo havendo falha na determinação e prova do direito estrangeiro, deve o juiz promover *ex officio* a investigação, interpretação e aplicação da lei estrangeira invocada. Em outros termos, "apesar de a parte assumir o ônus da prova por determinação do juiz, tal ônus se refere exclusivamente à

---

[81] V. BAPTISTA, Luiz Olavo. Aplicação do direito estrangeiro pelo juiz nacional. In: BAPTISTA, Luiz Olavo & MAZZUOLI, Valerio de Oliveira (Org.). *Direito internacional privado*: teoria e prática. São Paulo: Revista dos Tribunais, 2012, p. 1353 (Coleção *Doutrinas essenciais*: direito internacional, vol. IV).

[82] V. BARBOSA MOREIRA, José Carlos. Garantia constitucional do direito à jurisdição – competência internacional da justiça brasileira – prova do direito estrangeiro, cit., p. 283.

[83] TENÓRIO, Oscar. *Direito internacional privado*, vol. I, cit., p. 148. Cf. ainda, Jo, Hee Moon. *Moderno direito internacional privado*, cit., p. 174; e DEL'OLMO, Florisbal de Souza & ARAÚJO, Luís Ivani de Amorim. *Lei de Introdução ao Código Civil Brasileiro comentada*, cit., p. 147-151.

[84] BEVILÁQUA, Clovis. *Princípios elementares de direito internacional privado*, cit., p. 74.

[85] BATALHA, Wilson de Souza Campos & RODRIGUES NETTO, Sílvia Marina L. Batalha de. *O direito internacional privado na Organização dos Estados Americanos*, cit., p. 62.

obrigação desta em colaborar para com as atividades judiciárias, não cabendo falar aqui em perda da ação pela não prova do direito alegado", eis que "para a doutrina da lei estrangeira como lei, o juiz será sempre o último responsável pela prova da lei estrangeira".[86]

Como há de ser provado o direito estrangeiro, quando assim determinado às partes pelo juiz? Não há no Código de Processo Civil brasileiro, sequer na LINDB, qualquer norma a esse respeito. Há, porém, no Código Bustamante, alguns meios de prova possíveis. Assim, segundo o Código Bustamante, poderá ser provado o teor e vigência do direito estrangeiro "mediante certidão, devidamente legalizada, de dois advogados em exercício no país de cuja legislação se trate" (art. 409). Na falta de prova, ou se, por qualquer motivo, o juiz ou o tribunal julgá-la insuficiente, "um ou outro poderá solicitar de ofício pela via diplomática, antes de decidir, que o Estado, de cuja legislação se trate, forneça um relatório sobre o texto, vigência e sentido do direito aplicável" (art. 410), obrigando-se cada Estado contratante "a ministrar aos outros, no mais breve prazo possível, a informação a que o artigo anterior se refere e que deverá proceder de seu mais alto tribunal, ou de qualquer de suas câmaras ou seções, ou da Procuradoria-Geral ou da Secretaria ou Ministério da Justiça" (art. 411). Para além disso, será também possível juntar aos autos cópia de compêndio doutrinário ou de repertório de jurisprudência atualizados sobre o tema em causa, autenticados (*v.g.*, por agentes consulares no país) e traduzidos por tradutor público juramentado.[87]

Lembre-se, ainda, de que o Brasil é parte na Convenção Interamericana sobre Prova e Informação Acerca do Direito Estrangeiro (CIDIP II, Montevidéu, 1979).[88] Segundo essa Convenção, são meios idôneos para a comprovação do direito estrangeiro: *a)* a prova documental, consistente em cópias autenticadas de textos legais com indicação de sua vigência, ou precedentes judiciais; *b)* a prova pericial, consistente em pareceres de advogados ou de técnicos na matéria (método conhecido como *affidavit* nos países da *common law*); e *c)* as informações do Estado requerido sobre o texto, vigência, sentido e alcance legal do seu direito acerca de

---

[86]   Jo, Hee Moon. *Moderno direito internacional privado*, cit., p. 174.

[87]   V. Batalha, Wilson de Souza Campos & Rodrigues Netto, Sílvia Marina L. Batalha de. *O direito internacional privado na Organização dos Estados Americanos*, cit., p. 85. Destaque-se que não necessitam ser registrados no Registro de Títulos e Documentos, para surtir efeitos em relação a terceiros, quaisquer "documentos de procedência estrangeira, acompanhados das respectivas traduções, para produzirem efeitos em repartições da União, dos Estados, do Distrito Federal, dos Territórios e dos Municípios ou *em qualquer instância, juízo ou tribunal*" (Lei de Registros Públicos – Lei nº 6.015/73, art. 129, item 6º). V. também a Súmula 259 do STF (de 13.12.1963, confirmada pela Corte após a entrada em vigor da Lei de Registros Públicos): "Para produzir efeito em juízo não é necessária a inscrição, no registro público, de documentos de procedência estrangeira, autenticados por via consular".

[88]   Aprovada pelo Decreto Legislativo nº 46, de 10.04.1995, ratificada em 27.11.1995 (passando a vigorar no Brasil em 26.12.1995, na forma do seu art. 15) e promulgada pelo Decreto nº 1.925, de 10.06.1996.

aspectos determinados (art. 3º). Sobre esse último meio de prova, consistente em *informações* prestadas pelo Estado requerido, diz a Convenção poderem todos os juízes dos seus Estados-partes solicitá-las (art. 4º). Das solicitações referidas pela Convenção deverá sempre constar: *a*) a autoridade da qual provém e a natureza do assunto; *b*) a indicação precisa dos elementos de prova que são solicitados; e *c*) a determinação de cada um dos pontos a que se referir a consulta, com indicação do seu sentido e do seu alcance, acompanhada de uma exposição dos fatos pertinentes para sua devida compreensão (art. 5º). Tais solicitações poderão ser dirigidas diretamente pelas autoridades jurisdicionais ou por intermédio da autoridade central do Estado requerente à correspondente autoridade central do Estado requerido, sem necessidade de legalização (art. 7º).

No que diz respeito à prova pericial, referida pelo art. 3º, *b*, da Convenção Interamericana sobre Prova e Informação Acerca do Direito Estrangeiro de 1979, perceba-se que fica autorizada a solicitação de "pareceres de advogados ou de técnicos na matéria", não exigindo a Convenção que tais profissionais *atuem* no país de cuja legislação se trate (como exige o art. 409 do Código Bustamante). No caso da Convenção de 1979, tais advogados ou técnicos podem ser, até mesmo, brasileiros notoriamente conhecedores do direito estrangeiro em causa.[89] Ademais, a alusão da Convenção aos "técnicos" (*experts*) teve por finalidade permitir que juristas radicados no exterior, que ali não exercem propriamente a "advocacia", por falta de revalidação do diploma ou de inscrição no respectivo órgão profissional, também atuem como peritos em questões de DIPr.[90]

Nos países anglo-saxões, lembra Jacob Dolinger, outros meios de prova são também admitidos, como a apresentação de profissionais diretamente ao tribunal, para deporem a respeito da legislação de seu país, sendo as suas informações colhidas da mesma forma como as dos profissionais da medicina, da psiquiatria, de balística etc.[91] Nos países pertencentes ao sistema romano-germânico, a exemplo do Brasil, porém, tem-se que nem a confissão, nem a prova testemunhal, são meios adequados para a comprovação do direito estrangeiro.[92]

Atualmente, o auxílio da *Internet* tem sido fundamental para o conhecimento do direito estrangeiro e sua prova, facilitando sobremaneira a atividade das partes e do juiz. Um juiz estrangeiro, *v.g.*, que necessite conhecer o teor e a vigência do direito brasileiro, para aplicá-lo em seu país, seguramente encontrará no *link* sobre

---

[89] *V.* BASSO, Maristela. *Curso de direito internacional privado*, cit., p. 255.

[90] *V.* BERGMAN, Eduardo Tellechea. Aplicación e información del derecho extranjero en el ámbito interamericano, regional y en el Uruguay, cit., p. 48.

[91] DOLINGER, Jacob. *Direito internacional privado...*, cit., p. 279.

[92] Cf. CINTRA, Antônio Carlos de Araújo. Prova do direito estrangeiro, cit., p. 880. Assim também Beviláqua, para quem os meios de prova do direito estrangeiro "são os de direito comum, *excetuados naturalmente o juramento* que, aliás, é incompatível com a atualidade de nosso direito e as presunções" [grifo nosso] (*Princípios elementares de direito internacional privado*, cit., p. 69).

legislação brasileira do *site* do Planalto (www.planalto.gov.br) e de jurisprudência dos *sites* dos tribunais superiores (www.stf.jus.br e www.stj.jus.br) a resposta que persegue. Especialmente às partes o auxílio da *Internet* tem sido providencial, eis que antigamente chegava a ser praticamente inacessível aos menos favorecidos a comprovação do direito estrangeiro, especialmente quando se fazia necessário contratar um advogado no exterior para tanto, o que, muitas vezes, desencorajava os interessados em continuar num processo demorado e dispendioso.

Frise-se que mesmo no caso de as partes não *alegarem* o direito estrangeiro, mas sendo este o *indicado* pela norma de DIPr da *lex fori*, não poderá o juiz ignorá-lo e aplicar tão somente o direito interno, pois é *obrigação* do julgador aplicar *ex officio* a norma estranha quando indicada pela regra interna de DIPr.[93] Na falta de alegação, o juiz não está autorizado pelo art. 376 a exigir a colaboração da parte; não poderá contar – como leciona Barbosa Moreira – senão com os seus próprios recursos e com aqueles que os litigantes se disponham, *espontaneamente*, a lhe proporcionar.[94] Tal é assim até mesmo pelo motivo de que a *não alegação* das partes da lei estrangeira pode ter por efeito *fraudar* essa lei, eventualmente a elas mais gravosa do que a lei nacional.[95] Mesmo, porém, havendo *alegação* do direito estrangeiro pelas partes, poderá o juiz nacional, como se disse, *abrir mão* da comprovação do seu teor e vigência, caso conheça (ou pretenda, de per si, conhecer) o direito estrangeiro em questão. Perceba-se que o art. 376 do CPC diz que "a parte que alegar direito municipal, estadual, estrangeiro ou consuetudinário provar-lhe-á o teor e a vigência, *se assim o juiz determinar*". Dessa feita, pode perfeitamente o magistrado

---

[93] Assim, PILLET, A. *Principes de droit international privé*, cit., p. 83: "Toutes les fois qu'une définition de droit international privé faite soit par un traité, soit par la loi intérieure, soit par une coutume bien établie, conclut à l'application de la loi étrangère, le juge devra faire lui-même cette application, même dans le cas où les parties ne la réclameraient pas. Obligé d'appliquer le droit consenti par l'État il est, à plus forte raison, obligé d'appliquer le droit qui s'impose à l'État". No mesmo sentido, *v.* SEVERO DA COSTA, Luiz Antônio. *Da aplicação do direito estrangeiro pelo juiz nacional*. Rio de Janeiro: Freitas Bastos, 1968, p. 25; e BASSO, Maristela. *Curso de direito internacional privado*, cit., p. 249-250.

[94] BARBOSA MOREIRA, José Carlos. Garantia constitucional do direito à jurisdição – competência internacional da justiça brasileira – prova do direito estrangeiro, cit., p. 281. Na jurisprudência, *v.* STJ, REsp. 254.544/MG, 3ª Turma, Rel. Min. Eduardo Ribeiro, j. 18.05.2000, *DJ* 14.08.2000.

[95] Nesse exato sentido, a lição de Oscar Tenório: "O juiz do foro aplica, *ex officio*, o direito estrangeiro. Haverá denegação de justiça se ele se recusar a aplicá-lo sob pretexto de que o ignora, ou de que suas disposições escapam ao seu entendimento. Desde que a *lex fori* determina que a lei estrangeira é a competente, o juiz tem o dever de aplicá-la. Não poderá desprezá-la para acolher o direito interno. Se as partes não invocam no pleito a lei estrangeira, nem por isto o magistrado se não deve esquivar à sua aplicação. (...) A lei alienígena é obrigatória graças às disposições da lei do foro. Deixar de aplicar aquela é renunciar à aplicação desta. O silêncio dos litigantes, por outro lado, pode ter como objetivo fraudar a lei competente, às vezes mais rigorosa. A renúncia tácita ou expressa preponderaria sobre a vontade do legislador, da qual o juiz é intérprete" (*Direito internacional privado*, vol. I, cit., p. 147).

dispensar a prova do teor e da vigência da lei estrangeira, ainda que alegada pelas partes, caso pretenda investigá-la por si próprio. De fato, o art. 376 do CPC "parece supor que o juiz, se não conhece, tem meios para conhecer, de iniciativa própria, o direito estrangeiro, de modo que as partes não serão chamadas a comprová-lo senão quando o juiz, por encontrar dificuldades especiais em sua pesquisa, o exigir".[96]

Para a prova do direito estrangeiro, inclusive do costume interno estrangeiro, merece destaque o papel da doutrina estrangeira, embora quando se trate de *costume* interno tal prova seja mais difícil de realizar, exigindo um trabalho preliminar de qualificação.[97] Transcreva-se novamente o art. 376 do CPC: "A parte que alegar direito municipal, estadual, estrangeiro *ou consuetudinário* provar-lhe-á o teor e a vigência, se assim o juiz determinar". Assim, pode o juiz conhecer o costume estrangeiro alegado, e já aplicá-lo, ou pretender investigar sozinho o seu teor e vigência, ou, ainda, não o conhecer e não pretender investigá-lo *de per si*, caso em que determinará às partes a sua prova. Pelo fato, porém, de as instituições (sobretudo costumeiras) estrangeiras poderem ser absolutamente diversas das nacionais, lançar mão da doutrina estrangeira especializada é medida que se impõe. Como esclarece Oscar Tenório, "ainda que as partes forneçam a prova do direito estrangeiro, a pesquisa do magistrado deve ser feita".[98]

Dificuldades maiores podem surgir quando o *costume* interno estrangeiro em vigor houver revogado norma *escrita* anterior (quando se diz que a norma escrita respectiva caiu em *desuso*). No Brasil, *v.g.*, o costume interno do "cheque pós-datado", largamente utilizado até os dias atuais, revogou (fez cair em desuso) a Lei de Cheques[99] naquilo que entende ser o *cheque* um título de crédito para pagamento *à vista* (art. 32). Referida norma, que continua perambulando nos compêndios legislativos publicados, caiu nitidamente em desuso em razão do costume interno posterior, relativo ao citado cheque pós-datado. Exemplos como esse podem ocorrer no que tange à lei estrangeira indicada pela norma de DIPr da *lex fori*, levando o juiz, e também as partes, a grandes dificuldades na compreensão daquilo que *está posto* numa determinada lei, mas que se encontra revogado por norma *costumeira* posterior, a partir de então vigente e válida no país respectivo. Devem, portanto, o juiz e as partes ter especial atenção quando da pesquisa da lei estrangeira indicada, que pode não ter sido revogada por outra *lei* interna, senão por *costume* posterior, caso em que será este último a norma estrangeira a ser efetivamente aplicada ao caso *sub judice*.

2.3 Lei estrangeira como paradigma para recursos excepcionais

Destaque-se que, sendo o direito estrangeiro verdadeiro *direito*, não simples *fato*, que deve ser internamente aplicado como se direito nacional fosse, pode per-

---

[96] CINTRA, Antônio Carlos de Araújo. Prova do direito estrangeiro, cit., p. 885.
[97] Cf. TENÓRIO, Oscar. *Direito internacional privado*, vol. I, cit., p. 150.
[98] TENÓRIO, Oscar. Idem, p. 156.
[99] Lei nº 7.357, de 02.09.1985.

feitamente servir como fundamento à interposição dos recursos excepcionais previstos na Constituição Federal, a exemplo do Recurso Especial (ao STJ) e do Recurso Extraordinário (ao STF).[100]

No direito comparado, a situação é idêntica, lembrando Wolff que, "como a aplicação do Direito estrangeiro não é apreciação de fatos, senão aplicação de direito, a jurisprudência de vários países (Áustria, Itália) tem decidido que o mais alto tribunal do país, que não pode proceder a uma revisão das questões de fato, poderá ser invocado quando se sustente que um tribunal inferior tenha interpretado equivocadamente uma norma estrangeira".[101]

No Brasil, a Constituição de 1988 estabelece que compete ao Supremo Tribunal Federal, precipuamente, a guarda da Constituição, cabendo-lhe julgar, mediante recurso extraordinário, as causas decididas em única ou última instância, quando a decisão recorrida "declarar a inconstitucionalidade de tratado *ou lei federal*" (art. 102, III, *b*); diz também competir ao Superior Tribunal de Justiça julgar, mediante recurso especial, as causas decididas, em única ou última instância, pelos Tribunais Regionais Federais ou pelos tribunais dos Estados, do Distrito Federal e Territórios quando a decisão recorrida "contrariar tratado *ou lei federal*, ou negar-lhes vigência" (art. 105, III, *a*). Da expressão "lei federal" utilizada pela Constituição também fazem parte as leis estrangeiras indicadas pela norma de DIPr da *lex fori*, as quais hão de ser aplicadas como verdadeiro *direito* perante a ordem jurídica nacional.[102]

Nesse sentido, a 2ª Turma do STF, no julgamento do Recurso Extraordinário 93.131/MG (Banco do Brasil S/A e outros *vs*. Antônio Champalimaud) relatado pelo Min. Moreira Alves, decidiu, em 17 de dezembro de 1981, que a lei estrangeira, aplicada por força da norma de DIPr brasileira, "se equipara à legislação federal brasileira, para efeito de admissibilidade de Recurso Extraordinário".[103] O STF entendeu, naquela oportunidade, que o Tribunal de Justiça de Minas Gerais negara

---

[100] Para o direito brasileiro anterior, cf. VALLADÃO, Haroldo. *Direito internacional privado...*, cit., p. 475; e BATALHA, Wilson de Souza Campos. *Tratado de direito internacional privado*, t. I, cit., p. 238.

[101] WOLFF, Martin. *Derecho internacional privado*, cit., p. 141.

[102] *V.* NUNES, Castro. *Teoria e prática do poder judiciário*. Rio de Janeiro: Forense, 1943, p. 321. A propósito, *v.* a lição de Oscar Tenório: "No domínio da interpretação divergente não há dúvida que se enquadra no recurso extraordinário a *lei federal*. Mas fica a controvérsia: é lei federal a norma estrangeira indicada? A jurisprudência comparada responde pela negativa, porque não cabe à justiça territorial o papel de uniformizar os arestos dos tribunais estrangeiros. Há um equívoco neste argumento. Não se trata de uniformizar jurisprudência estrangeira, mas de uniformizar a jurisprudência territorial ou local na aplicação da lei estrangeira competente" (*Direito internacional privado*, vol. I, cit., p. 163).

[103] Frise-se que, à época desse julgamento, o STF detinha competência para uniformizar a interpretação das leis federais no Brasil, o que posteriormente (pós-Constituição de 1988) passou a competir com exclusividade ao STJ (CF, art. 105, III, *a*).

vigência aos arts. 592, 593 e 837 do Código Civil português, motivo pelo qual conheceu e proveu o referido Recurso Extraordinário.[104]

Atualmente, certo é que o raciocínio desenvolvido pelo STF na década de 1980 continua plenamente válido, devendo ser aplicado, de igual forma, nos casos de interposição de Recurso Especial perante o Superior Tribunal de Justiça, quando a decisão recorrida "contrariar tratado *ou lei federal*, ou negar-lhes vigência" (art. 105, III, *a*). Assim, não há dúvidas de que a "lei federal" referida pelo texto constitucional é, além da lei nacional, também a estrangeira indicada pela norma de DIPr da *lex fori*, segundo orientação já pacificada no próprio STJ.[105] Inclusive, também não se descarta a interposição do Recurso Especial com fundamento no art. 105, III, *c*, da Constituição, quando a decisão do tribunal local que aplicou o direito estrangeiro o fez em divergência à aplicação do mesmo direito estrangeiro realizada por outros tribunais pátrios. Tendo em vista, porém, a escassez de decisões dos tribunais nacionais a envolver questões de DIPr no Brasil, parece que essa última hipótese será raríssima de ocorrer na prática. Uma pesquisa no foro em geral demonstrará, talvez, a inexistência de exemplos concretos de interposição de Recursos Especiais fundados no art. 105, III, *c*, em que se tenha alegado divergência de interpretação do tribunal local relativa à aplicação de determinado direito estrangeiro feita por outros tribunais nacionais.

2.4 Análise e interpretação da lei estrangeira

Tudo o que for *relativo* a lei estrangeira, tais suas regras de vigência (espacial, pessoal e temporal) e de revogação, deve ser analisado de acordo *com as suas próprias normas*, não com as da *lex fori*. Também, tudo o que disser respeito à *interpretação* da lei estrangeira há de ser aferido segundo os critérios determinados pelo sistema jurídico a que pertence, não segundo as orientações interpretativas do *forum*.[106] A jurisprudência

---

[104] STF, RE 93.131/MG, 2ª Turma, Rel. Min. Moreira Alves, j. 17.12.1981, *DJ* 23.04.1982 (com a ressalva, apenas, de que o Relator, Min. Moreira Alves, entendeu ser o direito estrangeiro simples *fato* perante a ordem jurídica doméstica, o que não está correto, tendo em vista ser o direito estrangeiro *direito mesmo* perante a nossa ordem interna, devendo, como tal, ser interpretado e aplicado pelo Poder Judiciário).

[105] STJ, Ag.Reg. no AI 23.715-6/DF, 1ª Turma, Rel. Min. Garcia Vieira, j. 21.09.1992, *DJ* 23.11.1992. O tribunal, contudo, entendeu na Ementa que "[n]a expressão 'lei federal' estão compreendidos apenas a lei, o decreto, o regulamento e o direito estrangeiro, [e que] não se incluem a portaria, a resolução, a instrução normativa, a circular, o ato normativo, o regimento interno dos tribunais e o provimento da OAB".

[106] *V.* Pontes de Miranda, Francisco Cavalcanti. *Tratado de direito internacional privado*, t. I, cit., p. 359 e 367; Parra-Aranguren, Gonzalo. *Curso general de derecho internacional privado...*, cit., p. 100-101; Valladão, Haroldo. *Direito internacional privado...*, cit., p. 480-481; Baptista, Luiz Olavo. Aplicação do direito estrangeiro pelo juiz nacional, cit., p. 1353; Basso, Maristela. *Curso de direito internacional privado*, cit., p. 283; Pinheiro, Luís de Lima. *Direito internacional privado*, vol. I, cit., p. 647-648; Mayer, Pierre & Heuzé, Vincent. *Droit international privé.* 11. ed. Paris: LGDJ, 2014, p. 147-150; e Ballarino, Tito (*et al.*). *Diritto internazionale privato italiano*, cit., p. 101.

e, inclusive, a doutrina ali pacificadas deverão ser levadas em conta para fins de interpretação. Como afirma Severo da Costa, a interpretação da norma estrangeira "deve ser feita no estado de espírito dessa legislação, pois os termos, os conceitos e os institutos jurídicos têm o sentido e conteúdo que ali lhe são dados".[107] Tal é assim para que não se desvirtue a própria natureza do DIPr, tornando-o um direito *interno* limitado em seus próprios muros; se o DIPr visa fazer aplicar internamente o direito estrangeiro indicado, será segundo este último que devem ser analisadas a interpretadas todas as questões a ele relativas. A *Lei de Reforma* italiana, de 1995, foi expressa a respeito: "A lei estrangeira é aplicada segundo os próprios critérios de interpretação e de aplicação no tempo" (art. 15). No Brasil, a mesma orientação foi seguida pelo Projeto de Lei nº 269 do Senado, de 2004, que previa, no art. 15, *in fine*, que a aplicação, prova e interpretação da lei estrangeira "far-se-ão em conformidade com o direito estrangeiro".[108]

A referência ao direito estrangeiro feita pela regra de DIPr da *lex fori* envolve, portanto, não só a localização da *norma* estranha, senão também a análise e interpretação de toda a *ambiência* em que ela se enquadra na ordem jurídica estrangeira; envolve a remissão a *todas* as fontes de produção jurídica (tratados, costumes, princípios etc.) presentes naquele ordenamento, sem o que não se dará ao preceito localizado o seu real e efetivo alcance.[109] Como arremata Pontes de Miranda, a lei estrangeira aplicada pelo juiz é "lei que se *deve* interpretar pelos processos interpretativos do direito a que pertence, lei que perde a vigência conforme os preceitos do seu sistema jurídico, lei que atua, intertemporalmente, segundo o direito transitório do Estado que a ditou".[110]

Assim, o juiz do foro, ao analisar e interpretar a lei estrangeira indicada, deverá fazê-lo *como se juiz estrangeiro fosse*; deverá aplicar as normas estranhas de acordo com o sistema jurídico a que pertencem, nos termos da metodologia ali dominante, inclusive conforme a jurisprudência, a doutrina e, até mesmo, eventuais costumes locais,[111] para que não haja discordância da sua decisão com o sistema jurídico da *lex causae*.[112] Já dizia Pontes de Miranda, a propósito, que "o foco ejetor

---

[107] Severo da Costa, Luiz Antônio. *Da aplicação do direito estrangeiro pelo juiz nacional*, cit., p. 35.

[108] Segundo a justificativa da comissão de redação: "A segunda parte do dispositivo consagra a orientação de que o direito estrangeiro deve ser aplicado, provado e interpretado como no país de origem, coincidindo com o disposto no Código Bustamante, arts. 409 a 411".

[109] V. Batalha, Wilson de Souza Campos. *Tratado de direito internacional privado*, t. I, cit., p. 231.

[110] Pontes de Miranda, Francisco Cavalcanti. *Tratado de direito internacional privado*, t. I, cit., p. 359.

[111] Exceção é feita apenas no que tange à aplicação das regras *conflituais* do Estado estrangeiro, pois o direito brasileiro atual não admite o reenvio (LINDB, art. 16).

[112] Cf. Wolff, Martin. *Derecho internacional privado*, cit., p. 138-139; Parra-Aranguren, Gonzalo. *Curso general de derecho internacional privado...*, cit., p. 96-98; Rechsteiner, Beat Walter. *Direito internacional privado...*, cit., p. 237; Basso, Maristela. *Curso de direito internacional privado*, cit., p. 283; e Ferrer Correia, A. *Lições de direito internacional privado*, vol. I, cit., p. 434-435.

da lei é também competente para dizer como deve ser entendida", pelo que "[n]ão só os métodos de interpretação, como os de suprimento de lacunas, têm de pertencer ao mesmo órgão que fez a regra, ou o conjunto de regras jurídicas".[113] Nesse exato sentido, aliás, é que as normas de DIPr de diversos países têm disciplinado o tema, podendo ser citado, *v.g.*, o art. 23, § 1º, do Código Civil de Portugal, que assim dispõe: "A lei estrangeira é interpretada dentro do sistema a que pertence e de acordo com as regras interpretativas nele fixadas". Ainda, porém, que não expressamente previsto na legislação de DIPr de vários países, o princípio segundo o qual a análise e interpretação da lei estrangeira deve ocorrer de acordo com as suas próprias normas é um *princípio geral* desse ramo das Ciências Jurídicas. Trata-se de um princípio geral pelo fato de ser o único meio para os juízes de distintos Estados, ao aplicarem determinada norma estrangeira, de lograrem a *mesma solução* para o caso concreto, garantindo-se, assim, a uniformidade internacional das soluções.[114]

O que se acabou de dizer significa, como explica Jacob Dolinger, que o juiz nacional "deverá atentar para a lei estrangeira na sua totalidade, seguindo todas as suas remissões, incluídas suas regras de direito intertemporal, normas relativas à hierarquia das leis, seu direito convencional, seu direito estadual, municipal, cantonal, zonal, seu direito religioso, suas leis constitucionais, ordinárias, decretos etc.".[115] Seria como se o juiz nacional, ao aplicar uma norma estrangeira, estivesse aplicando (materialmente) a referida norma como se juiz do Estado estrangeiro fosse, seguindo os princípios e regras por ela elencados, suas normas de interpretação, sua posição hierárquica naquele ordenamento, a interpretação que dela faz a jurisprudência e a doutrina alienígenas etc. Assim, *v.g.*, quando em questão a aplicação do direito anglo-americano, deve o juiz nacional aceitar a obrigatoriedade dos precedentes judiciais respectivos, mesmo que no Estado do foro a jurisprudência não vincule formalmente o juiz.[116] Também quando a norma de DIPr da *lex fori* indicar ordenamento jurídico plurilegislativo (em que há conflitos legislativos interterritoriais, interpessoais etc.), ter-se-á a mesma solução: serão os preceitos *ali presentes* de solução de controvérsias que deverão ser aplicados pelo juiz do foro para a resolução dos conflitos.[117]

Frise-se, novamente, que a lei estrangeira a ser analisada e interpretada pelo juiz do foro é a *substancial, material* (civil, comercial etc.), não a adjetiva ou processual ou as do DIPr estrangeiro. As normas de processo aplicadas se-

---

[113] PONTES DE MIRANDA, Francisco Cavalcanti. *Tratado de direito internacional privado*, t. I, cit., p. 11.

[114] V. PARRA-ARANGUREN, Gonzalo. *Curso general de derecho internacional privado...*, cit., p. 96.

[115] DOLINGER, Jacob. *Direito internacional privado...*, cit., p. 277.

[116] V. PARRA-ARANGUREN, Gonzalo. *Curso general de derecho internacional privado...*, cit., p. 99.

[117] V. BATALHA, Wilson de Souza Campos. *Tratado de direito internacional privado*, t. I, cit., p. 234.

guirão sempre a *lex fori*,[118] tal como dispõe o art. 4º da Convenção Interamericana sobre Normas Gerais de Direito Internacional Privado, de 1979: "Todos os recursos previstos na lei processual *do lugar do processo* [ou seja, *do foro*] serão igualmente admitidos para os casos de aplicação da lei de qualquer dos outros Estados Partes que seja aplicável". A expressão "recursos", constante do art. 4º da Convenção Interamericana, destaque-se, não tem a conotação de *recursos* para novo julgamento ou para instâncias superiores, estando ali empregada em sentido amplo, conotando todas as "medidas de caráter processual, contestações, réplicas, impugnações, recursos propriamente ditos e medidas adequadas no processo de execução".[119] Também o *Institut de Droit International*, desde a sua sessão de Zurich de 1877, tem entendido que as questões processuais devem ser regidas pela lei do lugar em que o processo é instruído.[120] Claríssimo, igualmente, o art. 27 das disposições preliminares ao Código Civil italiano: "La competenza e la forma del processo sono regolate dalla legge del luogo in cui il processo si svolge". Em suma, como leciona Batalha, "[p]rocesso é forma conducente à prestação jurisdicional por órgão do Estado e órgão estatal só pode atuar de acordo com as normas do próprio Estado".[121]

Deve o juiz interpretar, evidentemente, o direito estrangeiro *vigente*, não o *revogado*. Há, contudo, situações excepcionais em que o direito está *revogado*, porém é "vigente", quando a relação jurídica se constituiu anteriormente à revogação da lei e continua a produzir efeitos para o futuro (efeito *ultra-ativo* da lei revogada); em tais casos, deve o juiz aplicar o direito *anterior* (revogado) ainda *vigente* para regulação da situação jurídica àquele tempo constituída.[122] A dificuldade maior, porém, está na interpretação do direito proveniente dos países cujas regras jurídicas baseiam-se em costumes e em precedentes judiciais (*v.g.*, os países da *common law*). Relativamente à interpretação do direito desses países, deve o juiz levar em consideração tanto a jurisprudência como as suas regras de interpretação (descritas, *v.g.*, no *Restatement of the Law of Conflict of Laws*), para que só

---

[118] Cf. Jo, Hee Moon. *Moderno direito internacional privado*, cit., p. 208; DOLINGER, Jacob. *Direito internacional privado...*, cit., p. 327; e STRENGER, Irineu. *Direito processual internacional*, cit., p. 26-28.

[119] BATALHA, Wilson de Souza Campos & RODRIGUES NETTO, Sílvia Marina L. Batalha de. *O direito internacional privado na Organização dos Estados Americanos*, cit., p. 104.

[120] IDI, *Capacité de l'étranger d'ester en justice: formes de la procédure*, Zurich-1877 (art. 2º, primeira parte): "Les formes ordinatoires de l'instruction et de la procédure seront régies par la loi du lieu où le procès est instruit. Seront considérées comme telles, les prescriptions relatives aux formes de l'assignation (sauf ce qui est proposé ci-dessous, 2e al.), aux délais de comparution, à la natureet à la forme de la procuration *ad litem*, au mode de recueillir les preuves, à la rédaction et au prononcé du jugement, à la passation en force de chose jugée, aux délais et aux formalités de l'appel et autres voies de recours, à la péremption de l'instance".

[121] BATALHA, Wilson de Souza Campos. *Tratado de direito internacional privado*, t. II, cit., p. 398.

[122] Cf. WOLFF, Martin. *Derecho internacional privado*, cit., p. 137.

assim tenha maior certeza de que está interpretando o direito estrangeiro tal qual é interpretado em seu país de origem.[123]

Perceba-se que a questão da análise e interpretação da lei estrangeira torna complexa a solução final a ser dada no caso *sub judice*, pois além de conhecer o direito estrangeiro indicado pela norma de DIPr da *lex fori*, deve ainda o juiz interpretá-la de acordo com o sistema ao qual pertence, o que o obriga a também conhecer eventual *jurisprudência* que sobre a norma indicada recai. Nesse sentido, a Corte Permanente de Justiça Internacional, em 1929, num dos raros casos em que um tribunal internacional examinou um problema de DIPr,[124] entendeu que o juiz nacional deve interpretar a lei estrangeira indicada *de acordo* também com a jurisprudência que sobre ela se formou no Estado de origem.[125]

Pode acontecer, inclusive, de o direito nacional ter em sua coleção de leis norma *idêntica* ao direito estrangeiro aplicável, mas com interpretação jurisprudencial diferente da que lhe dá a jurisprudência estrangeira, o que obriga o juiz nacional a bem conhecer a jurisprudência alheia para que aplique a norma estrangeira em causa *tal qual interpretada* pelos tribunais de origem, ainda que essa interpretação seja contrária àquela sedimentada no plano interno relativamente à norma idêntica existente. Na Bélgica, como lembra Jacob Dolinger, a Corte de Cassação decidiu que ao aplicar a lei francesa deve aceitar a interpretação que lhe é dada pela jurisprudência daquele país, mesmo em se tratando da aplicação de um dispositivo comum ao Código Civil da França e ao Código Civil da Bélgica, que tem sido interpretado diversamente pelos tribunais dos dois países.[126]

Nos termos do art. 5º da LINDB, na aplicação da lei "o juiz atentará aos fins sociais a que ela se dirige e às exigências do bem comum". Da mesma forma, no exercício de aplicação de uma lei estrangeira deverá o juiz atentar para os fins aos quais ela foi editada e que inspiraram o legislador estrangeiro à sua elaboração, a menos que detecte violação da ordem pública, da moral e dos bons costumes locais.[127]

No Brasil, em última análise, incumbe ao STF dar a palavra final sobre a aplicação e interpretação do direito estrangeiro indicado pela norma brasileira de DIPr, dizendo, *v.g.*, se o tribunal ou o juiz inferior aplicou ou interpretou corretamente a norma estrangeira, ou se a aplicou ou interpretou em desacordo, *v.g.*, com a jurisprudência sobre ela formada no país de origem. Trata-se, como se vê, de função complexa a ser desempenhada na prática, pois além da dificuldade de se conhecer a norma estrangeira (efetivamente) indicada pela norma de DIPr da *lex fori*, ainda se faz presente a questão da investigação da eventual jurisprudência estrangeira formada ao redor dessa norma.

---

[123] *V.* Jo, Hee Moon. *Moderno direito internacional privado*, cit., p. 175.

[124] CPJI, *Affaire Concernant le Paiement de Divers Emprunts Serbes émis en France*, Série A, nº 20/21, Arrêt nº 14, p. 46 e ss.

[125] Cf. STRENGER, Irineu. *Direito internacional privado*, cit., p. 459-460.

[126] DOLINGER, Jacob. *Direito internacional privado...*, cit., p. 284.

[127] Cf. DOLINGER, Jacob. Idem, p. 285.

2.5 Aplicação errônea da lei estrangeira e recursos cabíveis

O juiz, como todo ser humano, é passível de erros. Pode, portanto, erroneamente, deixar de aplicar o direito estrangeiro indicado pela norma de DIPr da *lex fori*, aplicar direito estrangeiro outro que não o verdadeiramente indicado ou, ainda, aplicar o direito estrangeiro indicado, porém de modo indevido ou mal interpretado. Em todos esses casos, cabe a indagação sobre quais recursos podem as partes manejar, a fim de reverter a decisão judicial equivocada.[128]

O Código Bustamante, a esse respeito, apregoa que "em todo Estado contratante onde existir o recurso de cassação, ou instituição correspondente, poderá ele interpor-se, por infração, interpretação errônea ou aplicação indevida de uma lei de outro Estado contratante, nas mesmas condições e casos em que o possa quanto ao direito nacional" (art. 412). O recurso de cassação, referido pelo Código Bustamante, corresponde, no direito brasileiro, à *apelação cível* prevista no Código de Processo Civil.[129] Não somente, porém, o recurso de apelação, senão *todos* os recursos previstos na legislação processual civil brasileira são cabíveis, eis que o ato do juiz que aplica erroneamente o direito estrangeiro (ou aplica direito outro que não o verdadeiramente indicado) não difere, à luz do processo civil brasileiro, daqueles proferidos em quaisquer causas judiciais. Processualmente, portanto, um equívoco judicial relativo a uma causa de DIPr ou a uma questão típica de direito interno não guarda qualquer dessemelhança.[130]

No Brasil, dadas todas as garantias dos cidadãos previstas na Constituição Federal, bem assim no Código de Processo Civil, não há qualquer dúvida que podem (devem) as partes recorrer para a instância superior, a fim de reverter a decisão judicial que equivocadamente (*a*) deixou de aplicar o direito estrangeiro indicado pela norma de DIPr da *lex fori*, (*b*) aplicou norma estrangeira outra que não a verdadeiramente indicada, ou (*c*) aplicou o direito estrangeiro indicado de modo incorreto ou mal interpretado.

---

[128] Cf. PONTES DE MIRANDA, Francisco Cavalcanti. *Tratado de direito internacional privado*, t. I, cit., p. 367-371.

[129] Para o direito italiano, *v.* Sentença nº 8.360, de 21.04.2005, da Corte de Cassação, admitindo o recurso de cassação por violação da lei estrangeira competente: "Ai sensi dell'articolo 3 della Convenzione di Roma del 1980, il contratto é regolato dalla legge scelta dalle parti. Qualora il rapporto controverso sia regolato da legge straniera, é ammissibile in Italia il ricorso per Cassazione per violazione di detta legge, la cui interpretazione, al pari della legge nazionale, appartiene alla competenza istituzionale della Corte di cassazione".

[130] Assim, BEVILÁQUA, Clovis. *Princípios elementares de direito internacional privado*, cit., p. 70, que leciona: "Desta proposição ressalta uma consequência e é que a inobservância da lei estrangeira, ou a sua má interpretação, deve dar motivo para a promoção dos recursos que o direito faculta à parte prejudicada, quando há inobservância ou má interpretação do direito pátrio. (...) Ou o princípio de direito internacional privado se ache expressamente consagrado em um texto de lei pátria ou apenas seja dele uma dedução lógica ou faça parte das normas geralmente aceitas, o juiz deve-lhe obediência, e os particulares podem usar dos remédios legais para alcançar o reconhecimento do seu direito".

Mantido o equívoco na aplicação da norma estranha pela instância superior, passam a ser cabíveis todos os recursos excepcionais previstos pela Constituição Federal, notadamente o Recurso Especial, para o STJ, e o Recurso Extraordinário, para o STF, como já se verificou (*v.* item 2.3, *supra*).

2.6 Controle de constitucionalidade da lei estrangeira (conforme a Constituição do Estado estrangeiro)

Não há dúvida poder (dever) o juiz do foro controlar a constitucionalidade da lei estrangeira tendo como paradigma a *sua* Constituição (controle *intrínseco* de constitucionalidade). De fato, tanto a norma de DIPr da *lex fori* quanto a lei estrangeira por ela indicada são passíveis de controle de constitucionalidade, à luz da Constituição do Estado do foro.[131] Sobre esse ponto não há qualquer divergência (*v.* Cap. III, item 2.1, *supra*).

A questão que agora se coloca é diversa, pois diz respeito à possibilidade de o juiz do foro, *antes*, controlar a constitucionalidade da lei estrangeira segundo a Constituição *do Estado estrangeiro* (controle *extrínseco* de constitucionalidade). Se tal lei já foi declarada inconstitucional (inválida) no Estado estrangeiro, nenhum problema terá o juiz, pois, aplicando a lei estrangeira como se juiz estrangeiro fosse, reconhecerá *in foro domestico* a mesma inconstitucionalidade (invalidade) da lei já declarada alhures (pelo que será inútil perquirir da inconstitucionalidade *intrínseca* da mesma lei, isto é, de sua compatibilidade ou não com a Constituição do foro). Se, porém, a lei estrangeira tiver sido declarada constitucional (válida) perante a ordem jurídica a que pertence, sobrará ainda o exame da inconstitucionalidade intrínseca (nacional) da norma; não havendo inconstitucionalidade intrínseca, ou, eventualmente, corte de efeitos por motivo de ordem pública ou em razão de norma de aplicação imediata, deverá o juiz nacional aplicá-la nos termos em que é aplicada no ordenamento jurídico de origem, não podendo entendê-la inaceitável.[132] Se, no entanto, a análise sobre a constitucionalidade da lei não foi ainda realizada no Estado estrangeiro, estando, *v.g.*, pendente de decisão perante os seus tribunais, ou, mais ainda, se não foi proposta a ação de inconstitucionalidade respectiva, questiona-se poder o juiz do foro realizar dito controle de constitucionalidade *per se*, para o fim de solucionar a questão *sub judice*.[133]

---

[131] Cf. HERZOG, Peter E. Constitutional limits on choice of law, cit., p. 251; GANNAGÉ, Léna. *La hiérarchie des normes et les méthodes du droit international privé...*, cit., p. 5; e MUNAGORRI, Rafael Encinas de. Droit international privé et hiérarchie des normes, cit., p. 71-89.

[132] Cf. ANDRADE, Agenor Pereira de. *Manual de direito internacional privado*, cit., p. 124.

[133] Cf. PONTES DE MIRANDA, Francisco Cavalcanti. *Tratado de direito internacional privado*, t. I, cit., p. 366-367; DE NOVA, Rodolfo. Legge straniera e controllo di costituzionalità. *Il Foro Padano*, vol. IV, 1955, p. 1-12; MORELLI, Gaetano. Controllo della costituzionalità di norme straniere. *Scritti di diritto internazionale in onore di Tomaso Perassi*, vol. II. Milano: Giuffrè, 1957, p. 171-183; VALLADÃO, Haroldo. *Direito internacional privado...*, cit., p. 480; BATALHA,

Ora, se o juiz do foro, já se disse, deve agir como se juiz estrangeiro fosse, aplicando as normas estranhas de acordo com o sistema jurídico a que pertencem, inclusive de acordo com a jurisprudência, a doutrina e, até mesmo, eventuais costumes locais, não há razão para impedir-lhe de realizar o controle de constitucionalidade da lei em causa segundo o que dispõe a Constituição (e a jurisprudência constitucional respectiva) do Estado estrangeiro, se nesse Estado *há controle* de constitucionalidade difuso exercível pelos órgãos do Poder Judiciário.[134] Mesmo que não haja manifestação da jurisprudência estrangeira acerca da interpretação da norma em causa, poderá o juiz nacional controlar a sua constitucionalidade tal como a controlaria o juiz estrangeiro diante do silêncio de seus tribunais superiores.[135] Em suma, como diz Pontes de Miranda, "[o] exame especificamente judicial, o *judicial control*, é sempre possível ao juiz de um Estado, como extraterritorialidade do direito público estrangeiro, nos limites que tal direito mesmo fixa e só ele pode fixar".[136]

De fato, se o DIPr nacional *indica* uma dada lei *estrangeira* para reger a solução do caso concreto debatido em juízo, é evidente que tal lei só poderá *introduzir-se* na ordem jurídica pátria se for, antes de tudo, *válida* nos termos do ordenamento a que pertence. Daí a necessidade do exame judicial da *constitucionalidade* da lei estrangeira indicada, segundo a sua própria ordem jurídica, para fins de inserção válida em nosso sistema jurídico e, consequentemente, aplicação devida à questão *sub judice*.

Apenas quando no Estado estrangeiro *não tiverem* os órgãos do Poder Judiciário competência para controlar a constitucionalidade das leis (como, *v.g.*, ocorre na Suíça, onde os tribunais não controlam a constitucionalidade das leis ordinárias) é que o juiz do foro, igualmente, não poderá levar a cabo o controle da constitucionalidade da lei estrangeira segundo a Constituição do Estado a que a lei pertence.[137] Também, evidentemente, em relação aos países que reservam o controle de consti-

---

Wilson de Souza Campos. *Tratado de direito internacional privado*, t. I, cit., p. 232-233; PARRA-ARANGUREN, Gonzalo. *Curso general de derecho internacional privado...*, cit., p. 100; BARROSO, Luís Roberto. *Interpretação e aplicação da Constituição...*, cit., p. 34-50; FERRER CORREIA, A. *Lições de direito internacional privado*, vol. I, cit., p. 61-62; e MONACO, Gustavo Ferraz de Campos. *Controle de constitucionalidade da lei estrangeira*, cit., p. 109-136.

[134] *V.* BALLARINO, Tito (*et al.*). *Diritto internazionale privato italiano*, cit., p. 102. Em sentido diverso, cf. SEVERO DA COSTA, Luiz Antônio. *Da aplicação do direito estrangeiro pelo juiz nacional*, cit., p. 40; e TIBURCIO, Carmen. Controle de constitucionalidade das leis pelo árbitro: notas de direito internacional privado e arbitragem. *Revista de Direito Administrativo*, vol. 266, maio/ago. 2014, p. 179 (referindo-se, porém, não ao juiz, mas ao *árbitro*).

[135] *V.* BATALHA, Wilson de Souza Campos. *Tratado de direito internacional privado*, t. I, cit., p. 233; e FERRER CORREIA, A. *Lições de direito internacional privado*, vol. I, cit., p. 435.

[136] PONTES DE MIRANDA, Francisco Cavalcanti. *Tratado de direito internacional privado*, t. I, cit., p. 366.

[137] *V.* BARROSO, Luís Roberto. *Interpretação e aplicação da Constituição...*, cit., p. 37-38; MIRANDA, Jorge. *Manual de direito constitucional*, t. VI (Inconstitucionalidade e garantia da Constituição). 4. ed. rev. e atual. Coimbra: Coimbra Editora, 2013, p. 216; e PINHEIRO, Luís de Lima. *Direito internacional privado*, vol. I, cit., p. 643-644.

tucionalidade somente aos tribunais *superiores* (controle concentrado) haverá igual impedimento dos juízes ordinários do foro em controlar a constitucionalidade das leis estrangeiras segundo a sua Constituição, uma vez não poderem os próprios juízes inferiores desses países proceder nessa modalidade de controle.[138]

O juiz brasileiro, em especial, por ter competência para realizar o controle difuso de constitucionalidade das leis, também está legitimado a controlar a constitucionalidade da lei estrangeira, tanto à luz da Constituição do Estado a que pertence a lei (primeiro exame de compatibilidade, realizado quando da determinação do direito aplicável, se o direito estrangeiro admitir a modalidade *difusa* de controle) quanto da Constituição brasileira (segundo exame de compatibilidade, verificável quando a norma estrangeira indicada tenha passado incólume ao crivo de *sua* constitucionalidade). Repita-se, porém, que para o juiz do foro poder controlar a constitucionalidade de norma alienígena há de ter o Poder Judiciário estrangeiro *competência* para o controle de constitucionalidade das leis; caso contrário, não poderá o juiz doméstico, mesmo sendo competente para o controle de constitucionalidade segundo o *seu* ordenamento interno, controlar a constitucionalidade da lei estrangeira nos termos *do direito estrangeiro*.

A competência do Judiciário brasileiro para controlar a constitucionalidade de norma estrangeira nos termos da Constituição estrangeira foi expressamente reconhecida pelo Plenário do STF no julgamento da Extradição nº 541-3/DF, de 7 de novembro de 1992. Naquela ocasião, decidiu o STF (o tema constou da Ementa do acórdão) que tem a Suprema Corte competência para declarar a inconstitucionalidade (invalidade) de promessa de reciprocidade do Estado italiano à luz da Constituição da Itália, nestes termos:

> Inquestionáveis o teor e a vigência do preceito constitucional italiano (art. 26, l), que só admite a extradição de nacionais, por força de convenção internacional, compete exclusivamente ao Supremo Tribunal Federal, juiz da extradição passiva, no Brasil, *julgar da invalidade, perante a ordem jurídica do Estado requerente*, da promessa de reciprocidade em que baseado o pedido, a fim de negar-lhe a eficácia extradicional pretendida (...) [grifo nosso].[139]

---

[138] *V.* PONTES DE MIRANDA, Francisco Cavalcanti. *Tratado de direito internacional privado*, t. I, cit., p. 366; BATALHA, Wilson de Souza Campos. *Tratado de direito internacional privado*, t. I, cit., p. 233; e BALLARINO, Tito (*et al.*). *Diritto internazionale privato italiano*, cit., p. 102 (para quem "se il controllo è accentrato ed affidato a un organo *ad hoc*, come in Italia la Corte costituzionale, non si può pensare che possa esercitarlo il giudice ordinario di un altro Stato"). Em sentido contrário e isoladamente, *v.* MONACO, Gustavo Ferraz de Campos. *Controle de constitucionalidade da lei estrangeira*, cit., p. 134-135, sob o argumento de que tal controle há de realizar-se "já agora não como controle de constitucionalidade em sentido estrito, mas um controle com recurso aos conceitos e modos de atuação da teoria geral do Direito" (que seria, em suma, um tipo controle de "eliminação de antinomias").

[139] STF, Ext. 541-3/DF, Tribunal Pleno, Rel. Min. Néri da Silveira, Rel. p. acórdão Min. Sepúlveda Pertence, j. 07.11.1992, *DJ* 18.12.1992.

O trabalho do juiz do foro no controle da constitucionalidade da lei estrangeira conforme a Constituição estrangeira é, evidentemente, muito mais árduo do que quando controla a constitucionalidade da lei (nacional ou estrangeira) à luz do texto constitucional de seu próprio Estado, que melhor conhece e aplica com maior frequência. No controle de constitucionalidade da lei estrangeira conforme a Constituição estrangeira deve o juiz nacional, portanto, agir com cuidado redobrado; há de conhecer, sobretudo, a jurisprudência constitucional respectiva, que pode, *v.g.*, ter dado interpretação diversa à lei daquela que daria o juiz. Tome-se, como exemplo, na Constituição brasileira, o direito à "união estável", entendida pelo texto constitucional como a união "entre o *homem* e a *mulher* como entidade familiar...". Fosse, porém, o juiz estrangeiro a aplicar tal norma, deveria conhecer a jurisprudência pacificada na nossa Suprema Corte que interpretou o instituto em questão como a união familiar entre *duas pessoas*, independentemente de ser um homem e uma mulher, dois homens ou duas mulheres.[140]

Eis aí, então, a dificuldade de o juiz do foro controlar a constitucionalidade da lei estrangeira segundo a Constituição estrangeira, uma vez que a falta de conhecimento de todo o complexo jurídico estrangeiro (normas escritas, costumes, jurisprudência constitucional etc.) poderá ocasionar prejuízos seríssimos à parte, denegando-lhe, assim, a devida justiça. Acrescente-se a isso a observação de Parra-Aranguren, para quem, nesses casos, deve o juiz "atuar com grande prudência, porque em muitas ocasiões o pronunciamento pode ter implicações de caráter político e o tribunal de outro Estado não é o *foro* mais adequado para uma avaliação razoável de todas as circunstâncias".[141]

Declarada, em suma, pelo juiz do foro, a inconstitucionalidade da lei estrangeira por incompatibilidade material com a Constituição do Estado estrangeiro, outra opção não resta senão aplicar exclusivamente a *lex fori* para a solução do caso concreto.

O que se acabou de dizer não significa, porém, que declarada a *constitucionalidade* da norma estrangeira nos termos da ordem jurídica alienígena *deve* o juiz do foro obrigatoriamente proceder à sua aplicação. Há ainda, como se verá, o crivo da *ordem pública* pelo qual tem de passar a norma estrangeira para que seja internamente aplicada, sem o que, igualmente, volve-se à utilização exclusiva da *lex fori* para a solução da lide (*v.* item 4.2, *infra*).

2.7 Controle de convencionalidade da lei estrangeira (conforme as normas internacionais em vigor no Estado estrangeiro)

Também não há dúvida quanto a poder (dever) o juiz do foro controlar a convencionalidade das leis estrangeiras tendo como paradigmas as normas internacio-

---

[140] STF, ADIn 4.277/DF, Tribunal Pleno, Rel. Min. Ayres Britto, j. 05.05.2011, *DJe* 14.10.2011.

[141] Parra-Aranguren, Gonzalo. *Curso general de derecho internacional privado...*, cit., p. 100.

nais em vigor no *seu* Estado, sobretudo as de direitos humanos, que têm primazia hierárquica sobre todas as normas menos benéficas do Direito interno.[142] Resta saber se pode o juiz do foro controlar a convencionalidade da lei estrangeira conforme as normas internacionais em vigor *no Estado estrangeiro*.

Para nós, da mesma forma que deve o juiz do foro controlar a constitucionalidade da lei estrangeira tendo como paradigma a própria Constituição estrangeira, deve, também, controlar a convencionalidade da lei estrangeira tendo como paradigmas os tratados internacionais (especialmente os de direitos humanos) ratificados e em vigor no Estado estrangeiro, os quais, na grande maioria dos países, guardam nível hierárquico superior ao das leis.[143] Assim, à medida que tais tratados compõem a coleção das normas de determinado Estado com *status* diferenciado, servem evidentemente de método de controle de sua legislação interna, pelo que, nas relações de DIPr desse Estado com outros, passam a ter idêntica importância para a boa aplicação do direito estrangeiro indicado. Uma lei holandesa, *v.g.*, indicada pela norma brasileira de DIPr como competente a regular determinada questão jurídica poderá ser, na Holanda, inconvencional à luz de certa disposição da Convenção Europeia de Direitos Humanos de 1950, ao que deverá o juiz brasileiro atentar-se.[144] Nesse exato sentido, no julgamento do *Caso Wagner* a Corte Europeia de Direitos Humanos decidiu que uma lei de Luxemburgo (aplicável em razão de suas regras de DIPr) que proibia a adoção por pessoas solteiras violava o art. 8º da Convenção Europeia de Direitos Humanos, que garante às pessoas o direito a que se respeite a sua vida familiar.[145] Esse mesmo exercício, portanto, há de fazer o juiz do foro quando da aplicação da lei estrangeira indicada pela regra de DIPr da *lex fori*.

Se o juiz nacional deve aplicar a lei estrangeira como se juiz estrangeiro fosse, é evidente que poderá (deverá) controlar a sua constitucionalidade (nos termos da Constituição estrangeira) *e* a sua convencionalidade (à luz dos instrumentos internacionais em vigor no Estado estrangeiro). É dizer: todo o mosaico normativo (coleção de normas) em vigor no Estado estrangeiro há de servir de paradigma ao juiz do foro quando da aplicação da lei estrangeira indicada pela regra de DIPr da *lex fori*, inclusive, como já se disse, suas normas de índole costumeira.

Certo é que deverá o juiz do foro controlar a constitucionalidade e a convencionalidade da lei estrangeira indicada (lembre-se que "lei estrangeira" conota, para

---

[142] Para o estudo do controle de convencionalidade das leis no Brasil, *v.* Mazzuoli, Valerio de Oliveira. *Controle jurisdicional da convencionalidade das leis.* 5. ed. rev., atual. e ampl. Rio de Janeiro: Forense, 2018.

[143] No Brasil, *v.* decisão do STF no RE 466.343-1/SP, Tribunal Pleno, Rel. Min. Cezar Peluso, j. 03.12.2008, *DJe* 12.12.2008, que reconheceu *status* supralegal aos tratados de direitos humanos em vigor no Estado.

[144] A Constituição da Holanda, a esse respeito, dispõe que "[a]s disposições legais em vigor no Reino deixarão de se aplicar quando colidirem com disposições de tratados obrigatórias para todas as pessoas ou com decisões de organizações internacionais" (art. 94).

[145] CEDH, *Wagner et J.M.W.L. vs. Luxembourg*, Req. 76240/01, 28 Juin 2007 [*D.* 2007].

os fins do DIPr, *todas* as normas em vigor no Estado estrangeiro, tais os costumes e outros tratados ali em vigor) tal como faria o juiz competente do Estado de origem da norma.[146] Assim, a *ambiência* em que vigora o tratado paradigma de controle (*v.g.*, o contexto regional de que faz parte, a hierarquia que detém na ordem jurídica estrangeira e a interpretação que dele faz eventual órgão supranacional de monitoramento) deve ser levada em conta pelo juiz do foro tal como faria o juiz estrangeiro originariamente competente para a sua aplicação.[147]

Frise-se que o exame da convencionalidade (e da constitucionalidade) da lei estrangeira conforme os tratados (e a Constituição) em vigor em seu Estado de origem dá-se sempre em primeiro lugar, isto é, *antes* de qualquer análise de compatibilização da lei estrangeira com a Constituição brasileira ou com os tratados em vigor no Brasil (aferição *secundária*). Se a lei estrangeira indicada pela norma de DIPr da *lex fori* não passar incólume ao exame de convencionalidade (ou de constitucionalidade) levado a efeito em sua própria ordem jurídica, jamais surtirá efeitos no Brasil, pelo que se torna inútil o exame de sua compatibilidade com os tratados aqui em vigor ou com a nossa Constituição.

Em suma, na "era dos direitos humanos" não faltam razões para que o juiz do foro controle a constitucionalidade *e também* a convencionalidade das leis estrangeiras, como se juiz estrangeiro fosse. No caso do controle de convencionalidade das leis estrangeiras, contudo, observe-se o papel ainda mais complexo do juiz do foro em conhecer, além dos tratados em vigor no Estado estrangeiro, o contexto em que se situam, sua hierarquia naquele sistema jurídico a jurisprudência internacional a eles relativa (*v.g.*, a jurisprudência da Corte Europeia de Direitos Humanos, "intérprete última" da Convenção Europeia de Direitos Humanos).

Não passando a lei estrangeira incólume também ao controle de convencionalidade extrínseco, deverá o juiz do foro aplicar, assim como no caso do controle de constitucionalidade, exclusivamente a *lex fori* na resolução da questão *sub judice*.

3. Impossibilidade de conhecimento da lei estrangeira

Não há dúvida de que, em alguns casos, o juiz nacional ver-se-á impossibilitado de conhecer a lei estrangeira indicada pela norma interna de DIPr. Mesmo determinando às partes a prova do teor e da vigência da norma estrangeira indicada, tal como autoriza o art. 376 do CPC, parece evidente que o juiz, também nesse caso, poderá desconhecer por completo o direito estrangeiro indicado quando as partes não lograrem, por quaisquer meios, conseguir tal prova. Imagine-se, por

---

[146] Cf. VALLADÃO, Haroldo. *Direito internacional privado...*, cit., p. 480.

[147] Sobre as dificuldades dessa aplicação, cf. CERQUEIRA, Gustavo. A conformidade do direito estrangeiro com a ordem constitucional e convencional do Estado de origem: fundamentos e desafios do duplo controle no Brasil. *Revista dos Tribunais*, ano 106, vol. 982, São Paulo, ago. 2017, p. 237-282.

exemplo, o caso de um juiz brasileiro que não logre conhecer, por forma alguma, o conteúdo do direito de pequeno país dos Bálcãs ou da Ásia. Surge, nesse caso, a questão de saber quais as consequências da impossibilidade de conhecimento da lei estrangeira aplicável.

3.1 Rejeição da demanda ou aplicação da lex fori?

Segundo Erik Jayme, nos sistemas que obrigam o juiz a proceder *ex officio* a pesquisa do conteúdo da lei estrangeira, a impossibilidade de conhecê-la abre uma lacuna que deve ser colmatada por uma lei que substitua a lei estrangeira aplicável; caso seja ordenada à parte a demonstração da prova do teor e da vigência da lei estrangeira e não se consiga lograr êxito, a consequência seria a rejeição da demanda pelo juiz.[148] Jayme reconhece, porém, que uma solução brutal como essa raramente é aplicada pelos juízes, que têm preferido aplicar a lei do foro com "vocação universal" ou "subsidiária", como ocorre, *v.g.*, na França; na Itália, por sua vez, parte-se do princípio de que a ordem jurídica deve ser completa ("princípio da completude do ordenamento jurídico").[149] Na Alemanha, tal como na França, vários julgados da Suprema Corte (*Bundesgerichtshof*) decidiram que na impossibilidade de conhecer o teor da norma estrangeira, deve o Judiciário aplicar a sua própria lei; na lei de DIPr da Suíça, por sua vez, está disciplinado que "a lei helvética será aplicada se for impossível averiguar o conteúdo do direito estrangeiro".[150]

3.2 Solução do direito brasileiro

Para nós, não conhecendo o juiz nacional (depois de esgotados todos os meios) o conteúdo da norma estrangeira, poderá decidir aplicando (*a*) ou uma norma estrangeira comparada que se aproxima da situação *sub judice*, (*b*) ou uma norma do foro de vocação universal ou subsidiária. Se ainda assim não houver solução à vista, seria ainda possível ao juiz brasileiro aplicar a norma prevista no art. 4º da LINDB, segundo a qual "quando a lei for omissa, o juiz decidirá o caso de acordo com a analogia, os costumes e os princípios gerais de direito". Ainda que não se trate propriamente de lei *omissa*, senão de *falta de conhecimento* do seu teor, pensamos, mesmo assim, ser possível ao juiz, decidir, em última análise, com os elementos de que dispõe segundo o nosso Direito interno, certificando-se ser essa uma solução justa e harmônica para o caso concreto. Mantém-se, assim, o espírito da norma conflitual, que é fazer chegar à melhor solução no caso concreto. Em suma, quando ficar o juiz realmente impossibilitado de conhecer a norma estrangeira em causa, poderá deslindar a questão pela aplicação das soluções apontadas pela *lex fori*, como, *v.g.*,

---

[148] JAYME, Erik. Identité culturelle et intégration..., cit., p. 125.
[149] JAYME, Erik. Idem, p. 125.
[150] *V.* DOLINGER, Jacob. *Direito internacional privado...*, cit., p. 281.

aplicando o art. 4º da LINDB, dispositivo que o auxilia a colmatar a lacuna aberta pela falta de conhecimento da norma estrangeira em questão.[151]

Tudo o que não pode o magistrado fazer é *deixar de decidir* a questão jurídica *sub judice* sob o argumento da impossibilidade de conhecimento da lei estrangeira, mesmo porque, como se acabou de ver, a legislação brasileira (*lex fori*) prevê alternativas capazes de guiar o magistrado ruma a uma solução harmônica; o pronunciamento judicial de *non liquet* não se coaduna, ademais, com o objetivo primordial do DIPr, que é promover a justiça e a harmonia das decisões. Para falar como Rodrigo Octavio, não podem os juízes "cruzar os braços e, sob o pretexto de que a lei é insuficiente e a tradição falha, deixar tais problemas sem solução legal".[152] Tal conotaria nítida denegação de justiça, inadmissível em qualquer caso.[153] Tanto a aplicação analógica de lei estrangeira similar ao caso concreto quanto a aplicação da norma do foro de vocação universal ou subsidiária, porém, requerem do juiz alto nível de especialização e de conhecimento, notadamente no que tange ao direito comparado e seus institutos.[154]

4. Limites à aplicação do direito estrangeiro

A aplicação, direta ou indireta, do direito estrangeiro poderá ser afastada pelo julgador se presentes alguns dos motivos excepcionais estabelecidos pela *lex fori*. Tais motivos (limites) são aqueles que *rompem* com a ordem jurídica estranha, autorizando o juiz do foro a aplicar apenas e tão somente a legislação local. Trata-se de motivos ligados à salvaguarda dos interesses fundamentais do Estado do foro e de seus cidadãos.[155] Enquanto os elementos de conexão são aqueles que *ligam* as normas de um país com as de outro, o que se vai estudar doravante são os fatos que *interrompem* essa ligação, desautorizando a aplicação do direito estrangeiro no foro doméstico. Esses *elementos de interrupção* são importantes na medida em que a boa resolução do caso concreto depende da perfeita harmonia daquilo que é estranho (estrangeiro) com as concepções fundamentais do Estado do foro.

---

[151] O STJ, nesse sentido, assim já decidiu: "Sendo caso de aplicação de direito estrangeiro, consoante as normas do Direito Internacional Privado, caberá ao Juiz fazê-lo, ainda de ofício. (…) Não sendo viável produzir-se essa prova, como não pode o litígio ficar sem solução, o Juiz aplicará o direito nacional" (REsp. 254.544/MG, 3ª Turma, Rel. Min. Eduardo Ribeiro, j. 18.05.2000, *DJ* 14.08.2000).

[152] Octavio, Rodrigo. *Direito internacional privado*…, cit., p. 16. A propósito, *v.* crítica semelhante de Werner Goldschmidt sobre a aplicação judicial do DIPr na Argentina (*Derecho internacional privado*…, cit., p. 20-21).

[153] *V.* Ferrer Correia, A. *Lições de direito internacional privado*, vol. I, cit., p. 428.

[154] Cf. Jo, Hee Moon. *Moderno direito internacional privado*, cit., p. 179.

[155] *V.* Savigny, Friedrich Carl von. *Traité de droit romain*, t. 8, cit., p. 35-41; e Valladão, Haroldo. *Direito internacional privado*…, cit., p. 492.

Limites à aplicação do direito estrangeiro existem em praticamente todas as legislações do mundo, pois se entende que o juiz do foro não pode aplicar às cegas uma norma estrangeira apenas porque indicada pela regra de DIPr da *lex fori*, sem realizar uma análise de sua potencial afronta aos princípios norteadores do sistema jurídico interno, e, também, sem perquirir em qual contexto tal norma foi editada, bem assim no que o seu comando poderia violar interesses fundamentais do Estado. Em outros contextos, o direito estrangeiro sequer concorre com o direito do foro, por ser a competência deste *exclusiva* em razão da matéria. Daí temas como, *v.g.*, funcionamento dos serviços públicos, política fiscal e tributária e afetos ao direito penal não poderem senão ser regulados pelo direito *do foro*.[156]

Há uma hipótese, porém, em que o juiz do foro poderá deixar de aplicar o seu próprio direito interno, buscando no direito estrangeiro a solução para a questão *sub judice*: quando o direito indicado pela regra de DIPr da *lex fori*, em razão da alteração fraudulenta do elemento de conexão, for justamente o direito nacional. Trata-se do caso de *fraude à lei*, que se estudará adiante (*v.* item 4.4, *infra*).

Ressalvada essa hipótese, cabe agora verificar quais os *limites* à aplicação do direito estrangeiro pelo juiz nacional.

4.1 Direitos fundamentais e humanos

Os *direitos fundamentais* (internos) e *humanos* (internacionais) são atualmente os limites mais importantes à aplicação do direito estrangeiro pelo juiz nacional. Assim, tudo o que se há de fazer no plano doméstico relativamente ao DIPr (proferir uma sentença, aplicar uma norma de colisão, qualificar um instituto jurídico etc.) deve respeitar os direitos fundamentais (consagrados na Constituição) e os direitos humanos (previstos nos tratados internacionais respectivos de que o Estado é parte) das pessoas envolvidas na questão *sub judice.*

Deve o juiz conhecer todos os direitos fundamentais consagrados na Constituição, bem assim os decorrentes de tratados internacionais em que o Estado é parte, para que solucione com justiça e harmonia o caso concreto. Ademais, ambos esses direitos (fundamentais e humanos) têm primazia hierárquica na ordem jurídica doméstica, impedindo a validade (e a consequente eficácia) das normas nacionais e estrangeiras com eles incompatíveis.[157]

A partir do surgimento da Organização das Nações Unidas, em 1945, e da aprovação da Declaração Universal dos Direitos Humanos, em 1948, deu-se ensejo à produção de inúmeros tratados internacionais destinados a proteger os direitos básicos das pessoas (*standard* mínimo) em nível global. Não tardou muito tempo, porém, para co-

---

[156] Cf. Niboyet, Marie-Laure & Geouffre de la Pradelle, Géraud de. *Droit international privé*, cit., p. 135.

[157] *V.* Mazzuoli, Valerio de Oliveira. *Tratados internacionais de direitos humanos e direito interno*, cit., p. 178-222.

meçarem a aparecer tratados versando direitos humanos específicos, como os das pessoas com deficiência, das mulheres, crianças, idosos, refugiados, populações indígenas e comunidades tradicionais. Todos esses instrumentos, uma vez ratificados pelo Estado, passam a servir de *limites* à aplicação do direito estrangeiro com eles incompatível.

Todos os sistemas de direitos humanos (global e regionais) de que o Estado é parte são coexistentes e complementares um dos outros, uma vez que direitos idênticos têm encontrado proteção em vários desses sistemas concomitantemente. Cabe, assim, ao juiz, escutar o "diálogo das fontes" e coordená-las, aplicando ao caso *sub judice* a norma que melhor ampara o indivíduo sujeito de direitos, em detrimento da norma estrangeira que o protege menos.[158]

4.2 Ordem pública

A *ordem pública* é um dos mais conhecidos limites à aplicação da lei estrangeira, constando da legislação de DIPr de quase todos os países. Opera rechaçando a aplicação de leis, costumes ou instituições estrangeiras, bem assim de quaisquer declarações de vontade que violem os direitos fundamentais, a moral, a justiça ou as instituições democráticas do foro, apesar da indicação de sua competência pelas regras de conexão do DIPr.[159] Tal é assim para que não se dê carta branca a todas

---

[158] Cf. JAYME, Erik. Identité culturelle et intégration..., cit., p. 259. Nesse exato sentido, *v.* ARAUJO, Nadia de. *Direito internacional privado...*, cit., p. 20 e 25: "O desenvolvimento da teoria dos direitos fundamentais, cuja universalização encontrou eco nos planos interno e internacional, interfere na metodologia do DIPr, que não pode ficar alheia à sua disseminação. É preciso adequar a sua utilização ao paradigma dos direitos humanos. A ordem pública tem papel fundamental para equilibrar a aplicação do método conflitual, especialmente se for dado ao aplicador da lei parâmetros para fazê-lo, o que só é possível se for utilizada a perspectiva retórico-argumentativa, estribada no desejo de encontrar a solução justa, a partir da lógica do razoável, e não mais apenas através das razões de Estado. (...) O DIPr – ao utilizar o método conflitual para determinar a lei aplicável a uma situação plurilocalizada – precisa legitimar suas escolhas, seus preceitos e suas soluções com o respeito aos direitos humanos. A inexauribilidade dos direitos humanos como vetor de conduta tem aparecido cada vez mais no dia a dia dos *hard cases* de DIPr".

[159] Sobre o tema, cf. SAVIGNY, Friedrich Carl von. *Traité de droit romain*, t. 8, cit., p. 38-40; NIBOYET, J.-P. *Cours de droit international privé français*, cit., p. 484-505; BUCHER, Andreas. L'ordre public et le but social des lois en droit international privé. *Recueil des Cours*, vol. 239 (1993), p. 9-116; JAYME, Erik. Identité culturelle et intégration..., cit., p. 223-245; e BODEN, Didier. *L'ordre public, limite et condition de la tolérance*: recherches sur le pluralisme juridique. Thèse de Doctorat en Droit International. Paris 1: Université Panthéon-Sorbonne, 2002 (policopiada). No Brasil, *v.* PONTES DE MIRANDA, Francisco Cavalcanti. *Tratado de direito internacional privado*, t. I, cit., p. 271-292; ARANHA, Adalberto José de Camargo. Rejeição da norma estrangeira. *Justitia*, vol. 32, nº 71, São Paulo, out./dez. 1970, p. 225-227; BATALHA, Wilson de Souza Campos. *Tratado de direito internacional privado*, t. I, cit., p. 257-281; DOLINGER, Jacob. *A evolução da ordem pública no direito internacional privado*. Tese de Cátedra em Direito Internacional Privado. Rio de Janeiro: [s.n.], 1979; DOLINGER, Jacob. Ordem pública mundial: ordem pública verdadeiramente internacional no direito internacional privado. *Revista de Informação Legislativa*, ano 23,

as legislações do mundo potencialmente aplicáveis à jurisdição do foro, evitando-se, com isso, que os Estados deem *passos no escuro* relativamente à aplicação dessas normas, o que geraria efeitos manifestamente intoleráveis aos preceitos ético-jurídicos da ordem doméstica.[160] Assim, uma norma ou sentença estrangeira que reconheça, *v.g.*, a *escravidão*, a *morte civil* ou a *poligamia* não pode ser aplicada em nossa ordem jurídica, violadora que é dos direitos fundamentais consagrados na Constituição (bem assim dos tratados de direitos humanos de que o Brasil é parte) ou das normas penais locais.[161] Por esses três exemplos citados, porém, já se percebe que a exceção de ordem pública há de ter lugar apenas excepcionalmente, nos casos em que realmente haja afronta à soberania, aos direitos fundamentais, à moral, ao sentimento religioso, à justiça ou às instituições democráticas do foro.[162]

Destaque-se o papel cada vez mais crescente dos tratados de direitos humanos (*v.g.*, no nosso entorno geográfico, a Convenção Americana sobre Direitos Humanos de 1969) para a concretização do conceito de ordem pública. De fato, à medida que tais tratados são *internalizados* na nossa ordem jurídica, tudo quanto dispõem sobre a proteção dos direitos humanos há de servir, também, como *limite* à aplicação de leis, costumes e instituições de outro Estado que os afronte.

Também o costume internacional (relativo ou não a direitos humanos) representa um limite à aplicação de leis, costumes e instituições de um Estado estrangeiro. De fato, o costume internacional é fonte formal do Direito Internacional Público, segundo a norma contida no art. 38, § 1º, *b*, do Estatuto da Corte Internacional de Justiça, sendo certo que *vincula* os Estados-membros da sociedade internacional à sua aplicação, razão pela qual é também capaz de limitar as leis, costumes e instituições de um Estado estrangeiro que o contradigam. Nesse ponto, cabe destacar a grande importância das normas internacionais de *jus cogens* (também provenientes do costume internacional) como limites à aplicação interna de leis, costumes ou instituições de Estado estrangeiro. Trata-se daquelas normas imperativas de direito internacional geral que não aceitam qualquer der-

---

nº 90, Brasília, abr./jun. 1986, p. 205-232; CASTRO, Amilcar de. *Direito internacional privado*, cit., p. 273-292; ARAUJO, Nadia de. *Direito internacional privado…*, cit., p. 95-100; STRENGER, Irineu. *Direito internacional privado*, cit., p. 415-425; RECHSTEINER, Beat Walter. *Direito internacional privado…*, cit., p. 171-176; BASSO, Maristela. *Curso de direito internacional privado*, cit., p. 287-300; BAPTISTA, Luiz Olavo. Aplicação do direito estrangeiro pelo juiz nacional, cit., p. 1357-1359; e TIBURCIO, Carmen & BARROSO, Luís Roberto. Recognition of foreign judgments in Brazil: notes on Brazilian substantive and procedural public policy. *Panorama of Brazilian Law*, vol. 2, nº 2, 2014, p. 36-41.

[160] Cf. FERRER CORREIA, A. *Lições de direito internacional privado*, vol. I, cit., p. 406-407.

[161] No Brasil, *v.g.*, cujo direito matrimonial é culturalmente monogâmico, a bigamia é crime tipificado no art. 235 do Código Penal, não o sendo, porém, em vários outros países (especialmente da África).

[162] Sobre o caráter excepcional da ordem pública, cf. BATALHA, Wilson de Souza Campos. *Tratado de direito internacional privado*, t. I, cit., p. 270-272.

rogação, senão apenas por outras normas de *jus cogens* da mesma natureza.[163] Assim sendo, à evidência, mais do que qualquer outra norma, devem as normas de *jus cogens* ser observadas pelo juiz do foro quando da aplicação de leis, costumes ou instituições de Estado estrangeiro que as contradigam.

Repita-se, porém, que o traço marcante da exceção de ordem pública é a *excepcionalidade*, a significar que a sua utilização terá somente lugar nos casos em que houver *real afronta* (sem virtualidade, portanto) à soberania, aos direitos fundamentais, à moral, à religião, à justiça ou às instituições democráticas do foro. O certo, porém, é que tal excepcionalidade está cada vez mais ampliada no mundo contemporâneo, não faltando, por isso, os que há tempos já previam "a diminuição crescente das aplicações da ordem pública, por tenderem os povos a maior simetria de costumes e de moral".[164]

No DIPr, a exceção de ordem pública baseia-se nas *razões de Estado*, segundo as quais faz-se necessário proteger os interesses soberanos do Estado do foro, seus direitos e garantias fundamentais, bem assim sua ordem política, social, moral, religiosa ou econômica, quando em jogo a aplicação de determinada norma estrangeira.[165] O conceito, vê-se, ultrapassa o universo meramente *jurídico* e atinge toda a ordem *social* do Estado, seu resguardo e sua proteção; abrange, para falar como Amilcar de Castro, os preconceitos informativos do viver de um grupo, ou patrimônio espiritual inquebrantável de um povo, como reflexo de seus costumes e suas tradições, de suas ideias políticas, econômicas, morais, religiosas, jurídicas, em determinada época.[166] Assim, quando houver confronto entre a norma estrangeira indicada pela regra de DIPr da *lex fori* e os interesses do Estado relativos à soberania, direitos e garantias fundamentais, ordem política, social, moral, religiosa ou econômica, rechaça-se a aplicação da norma estranha em benefício da utilização exclusiva das normas domésticas (ou também, como se disse, das normas do Direito Internacional Público, convencionais ou costumeiras, em vigor no plano interno). A fórmula de Pontes de Miranda é precisa: "Sois competente para dizer qual a lei que deve reger; mas esse *efeito*, que pretendeis, não se pode *produzir* no ambiente da vida jurídica do meu círculo social".[167] *Tout court*, as normas que compõem a ordem jurídica estatal (leis internas ou normas in-

---

[163] V. arts. 53 e 64 da Convenção de Viena sobre o Direito dos Tratados de 1969. Para um estudo das normas de *jus cogens* na Convenção de Viena de 1969, *v*. MAZZUOLI, Valerio de Oliveira. *Direito dos tratados*, cit., p. 312-325.

[164] PONTES DE MIRANDA, Francisco Cavalcanti. *Tratado de direito internacional privado*, t. I, cit., p. 284-285.

[165] Nesse sentido, *v*. BEVILÁQUA, Clovis. *Princípios elementares de direito internacional privado*, cit., p. 79, ao lembrar a célebre decisão da Corte de Veneza que definiu as normas de ordem pública como "as que concernem diretamente à proteção da organização do Estado, considerado sob o ponto de vista político, econômico e moral".

[166] CASTRO, Amilcar de. *Lições de direito processual civil e direito internacional privado*, cit., p. 160.

[167] PONTES DE MIRANDA, Francisco Cavalcanti. *Tratado de direito internacional privado*, t. I, cit., p. 279.

ternacionais, convencionais ou costumeiras, em vigor) terão, em tais casos, aplicação *exclusiva* em detrimento da norma estrangeira indicada pela regra de DIPr da *lex fori*.

A exceção de ordem pública é sempre aplicada à luz do direito do foro, da *lex fori*, jamais da ordem jurídica estrangeira.[168] Seu caráter é, assim, eminentemente *nacional*, no sentido de que o juiz deve aplicar o *seu* ordenamento (é dizer, a *sua* ordem pública) como obstáculo à aplicação da lei estrangeira indicada pela norma nacional de DIPr.[169]

Frise-se, porém, que a exceção de ordem pública não *discrimina* o direito estrangeiro enquanto tal, para o qual o resultado determinado pela norma é, *a priori*, lícito e moral, permitindo apenas que o Poder Judiciário local o *desaplique* (não lhe dê *efeitos*) por violação da ordem pública, ou seja, por não ter logrado compatibilidade com os princípios fundamentais vigentes no Estado do foro. A questão, aqui, é, como se vê, de *(in)aplicação* de uma norma estrangeira em descompasso com a ordem pública local, jamais de discriminação do Estado estrangeiro; trata-se somente de não atribuição *de efeitos* às leis estrangeiras, que, entretanto, continuam subsistindo (e, portanto, *válidas*) segundo a ordem jurídica que as emancipou. Daí Pontes de Miranda falar em "corte" de efeitos da lei competente no âmbito do Estado onde se querem tais efeitos, por não se tratar "de patologia do direito, mas de diferença de grau, demasiado viva, entre o direito que entra e a ambiência jurídica do Estado onde ele entra".[170]

A atividade do juiz para aferir eventual violação à ordem pública opera em duas etapas: primeiro, aprecia o fato, aplicando a norma de DIPr da *lex fori* para encontrar o direito aplicável; depois, qualifica o direito indicado e verifica se a sua aplicação é capaz de ofender a soberania, os direitos e garantias fundamentais, a ordem política, social, religiosa ou econômica, bem assim a moral, a justiça ou as instituições democráticas do Estado do foro. A norma estrangeira indicada pela regra de DIPr da *lex fori*, chega, portanto, a ser *encontrada* pelo juiz no exercício regular de localização da lei (diferentemente do que ocorre com as normas de aplicação imediata, como se verá); o julgador, contudo, não a *transporta* para o processo, por se tratar de norma insuportável, isto é, totalmente inconveniente ao meio

---

[168] Tal é assim desde a edição do Decreto imperial nº 6.982, de 27 de julho de 1878, que por vez primeiro referiu-se à "ordem pública" como razão impeditiva da aplicação de leis estrangeiras no Brasil, ao determinar que as sentenças estrangeiras "não serão executadas se contiverem decisão contrária (...) às leis rigorosamente obrigatórias, *fundadas em motivos de ordem pública...*" (art. 2º, § 2º).

[169] *V.* BRITO, Luiz Araújo Corrêa. *Do limite à extraterritorialidade do direito estrangeiro no Código Civil brasileiro*. São Paulo: Escolas Profissionais Salesianas, 1952, p. 118-119; BATALHA, Wilson de Souza Campos. *Tratado de direito internacional privado*, t. I, cit., p. 273; e CASTRO, Amilcar de. *Lições de direito processual civil e direito internacional privado*, cit., p. 170.

[170] PONTES DE MIRANDA, Francisco Cavalcanti. *Tratado de direito internacional privado*, t. II, cit., p. 386. No mesmo sentido, *v.* FERRER CORREIA, A. *Lições de direito internacional privado*, vol. I, cit., p. 418, ao falar em *não reconhecimento* e em *impossibilidade* (não em *nulidade*) de realização do ato para que se requer a tutela jurídica.

social nacional.[171] Nesses casos, rechaça-se o direito estrangeiro, que seria aplicável, para aplicar-se exclusivamente as normas em vigor no Estado do foro (a *lex fori* ou as normas do Direito das Gentes incorporadas). Destaque-se que o juiz deve buscar, fundamentalmente, na Constituição Federal e nos tratados de direitos humanos dos quais o seu Estado é parte os princípios fundamentais capazes de rechaçar a aplicação do direito estrangeiro perante a ordem jurídica interna, exercendo os controles de constitucionalidade e de convencionalidade da norma. A decisão judicial de afastar o direito estrangeiro indicado pela norma de DIPr da *lex fori* deve, evidentemente, ser fundamentada.

No Brasil, a ordem pública, como limite à aplicação da lei estrangeira, foi consagrada no art. 17 da LINDB, que assim dispõe:

> As leis, atos e sentenças de outro país, bem como quaisquer declarações de vontade, não terão eficácia no Brasil, quando ofenderem a soberania nacional, a *ordem pública* e os bons costumes.[172]

Bastaria, porém, ter o art. 17 da LINDB feito menção apenas à "ordem pública", que já abrange a soberania nacional e os bons costumes. A "ordem pública" é o gênero do qual a "soberania nacional" e os "bons costumes" são espécies.[173] Andou bem, assim, o art. 5º da Convenção Interamericana sobre Normas Gerais de Direito Internacional Privado, de 1979, que não se refere a outra matéria que não a "ordem pública". Veja-se:

> A lei declarada aplicável por uma convenção de Direito Internacional Privado poderá não ser aplicada no território do Estado Parte que a considerar manifestamente contraria aos princípios da sua ordem pública.[174]

---

[171] Cf. Castro, Amilcar de. *Lições de direito processual civil e direito internacional privado*, cit., p. 164.

[172] Assim também o Projeto de Lei nº 269 do Senado, de 2004: "As leis, atos públicos e privados, bem como as sentenças de outro país, não terão eficácia no Brasil se forem contrários à ordem pública brasileira" (art. 20). Eis a justificativa da comissão de redação: "O art. 20 do projeto impede que as leis, atos públicos e privados, bem como as sentenças de outro país, tenham eficácia no Brasil, se forem contrários à ordem pública brasileira, visto que o mais importante princípio do direito internacional privado, tanto nas fontes internas, como nos diplomas internacionais, é a ordem pública: regra de controle que impede a aplicação de leis, atos e sentenças estrangeiras, se ferirem a sensibilidade jurídica ou moral ou ainda os interesses econômicos do País. Qualquer lei que deva ser aplicada, qualquer sentença que deva ser homologada, qualquer ato jurídico que deva ser reconhecido, deixarão de sê-lo se repugnarem os princípios fundamentais do direito, da moral e da economia do foro".

[173] Cf. Espinola, Eduardo. *Elementos de direito internacional privado*, cit., p. 341; Brito, Luiz Araújo Corrêa. *Do limite à extraterritorialidade do direito estrangeiro no Código Civil brasileiro*, cit., p. 100; Aranha, Adalberto José de Camargo. Rejeição da norma estrangeira, cit., p. 227; e Batalha, Wilson de Souza Campos. *Tratado de direito internacional privado*, t. I, cit., p. 264-265.

[174] Várias outras normas internacionais têm disposição semelhante, permitindo que não sejam aplicadas as leis estrangeiras que violem a ordem pública doméstica. Tome-se, como exemplo,

Seja como for, o certo é que a ordem pública (que abrange a soberania nacional e os bons costumes) é um limite expresso à aplicação das leis, atos e sentenças de outro país, reconhecido tanto por normas internas quanto por tratados internacionais.

Frise-se, porém, mais uma vez, que somente não serão aplicados no Brasil as leis, atos e sentenças de outro país que ofendam *a nossa* soberania, ordem política, social, religiosa, econômica etc. Há, nesse caso, uma exceção ao princípio segundo o qual o juiz do foro deve aplicar o direito estrangeiro como se juiz estrangeiro fosse, uma vez que os direitos consagrados na *lex fori* se sobrepõem às normas estranhas ofensivas exclusivamente à *lex causae*. Assim, *v.g.*, não se deixará de reconhecer, no Brasil, o direito a alimentos aos filhos de uma relação incestuosa realizada no estrangeiro, ainda que segundo a *lex causae* tais filhos não disponham de quaisquer direitos.[175] Daí se dizer, repita-se mais uma vez, que a exceção de ordem pública tem caráter eminentemente *nacional*, não estrangeiro. Exceção somente haverá ser houver tratado internacional disciplinando de modo contrário o tema, eis que, nesse caso, a norma convencional estaria a estabelecer um conceito de ordem pública (internacional) a ser observado *incontinenti* pelo juiz do foro.

Baseado no conceito de ordem pública, o STF, por vezes, negou homologação a sentenças exaradas de países muçulmanos que admitiam o chamado "repúdio" (*talak*), instituto pelo qual o marido *repudia* a mulher quando entende ter nela encontrado "algo torpe".[176] Em tais casos, quando o Poder Judiciário nacional rechaça a aplicação da norma estrangeira por contrariedade à ordem pública, a solução é resolver a questão *sub judice* aplicando as normas substanciais da *lex fori*. Contudo, observe-se que "o juiz deve prestar muita atenção para não exagerar na aplicação da ordem pública e do direito nacional, devendo ter sempre em vista os objetivos do DIPr, mesmo porque o direito nacional que substitui o direito estrangeiro somente encontra sua exata aplicação no ponto onde este foi recusado".[177] Em outras palavras, o juiz nacional deve agir com total parcimônia relativamente à aplicação da

---

o art. 6º da Convenção da Haia de 1955 sobre os Conflitos entre a Lei Nacional e a Lei do Domicílio, que dispõe: "Em cada um dos Estados contratantes a aplicação da lei determinada pela presente Convenção pode ser evitada por um motivo de ordem pública".

[175] Cf. VALLADÃO, Haroldo. *Direito internacional privado...*, cit., p. 504.

[176] V. STF, Sentença Estrangeira nº 1.914/Líbano, Tribunal Pleno, Rel. Min. Themístocles Cavalvanti, j. 13.12.1967, *DJ* 15.03.1968. Sobre o tema, v. CALIXTO, Negi. O "repúdio" das mulheres pelo marido no direito muçulmano, visto pelo Supremo Tribunal Federal. *Revista de Informação Legislativa*, ano 20, nº 77, Brasília, jan./mar. 1983, p. 279-296; DOLINGER, Jacob. *A família no direito internacional privado*, t. 1, cit., p. 253-254 e 318-324; e VALLADÃO, Haroldo. Reconhecimento de divórcio decretado pela justiça muçulmana com base no repúdio. In: BAPTISTA, Luiz Olavo & MAZZUOLI, Valerio de Oliveira (Org.). *Direito internacional privado*: teoria e prática. São Paulo: Revista dos Tribunais, 2012, p. 549-554 (Coleção *Doutrinas essenciais*: direito internacional, vol. IV). Lembre-se que após a Emenda Constitucional 45/2004, a competência para homologar sentenças estrangeiras passou a ser do STJ (CF, art. 105, I, *i*).

[177] Jo, Hee Moon. *Moderno direito internacional privado*, cit., p. 193.

exceção de ordem pública, devendo sopesar coerentemente os valores envolvidos e utilizar a exceção apenas quando a lei estrangeira indicada for manifestamente incompatível com as bases fundamentais do Estado.

A recusa em aplicar-se o direito estrangeiro indicado e sua substituição pela *lex fori* poderá, a depender do caso, ter efeito *negativo* (impeditivo) ou *positivo* (permissivo).[178] Terá efeito *negativo* quando a lei local *impedir* o que a lei estrangeira autoriza (*v.g.*, a poligamia, a escravidão, o *talak* a uma mulher separada, a obrigação de casar em decorrência de contrato esponsalício etc.); não se admite, nesses casos, aplicar a lei estrangeira permissiva ante o obstáculo colocado pela norma interna. Terá efeito *positivo* quando a lei do foro *permitir* o que a norma estrangeira proíbe (*v.g.*, o divórcio, o casamento de pessoas do mesmo sexo, o direito a alimentos para filhos tidos fora do casamento etc.); a ordem pública vigente, em tais hipóteses, além de rechaçar a aplicação da lei estrangeira, opera para *exigir* que se conceda o direito ou a faculdade proibidos ou desconhecidos pela *lex causae*.[179] Como se nota, quando a lei do foro *proíbe* algo que a norma estrangeira permite, não há mais que um efeito *negativo* na desaplicação da lei estrangeira, ao passo que, quando a lei do foro *permite* algo que a lei estrangeira desautoriza, há *duplo efeito* a operar concomitantemente: primeiro, um efeito *negativo* em sua não aplicação, e, depois, um efeito *positivo* na concessão do direito ou faculdade proibidos ou desconhecidos pela *lex causae*.[180]

Destaque-se que o conceito de ordem pública pode ser (e efetivamente tem sido) modificado com o passar do tempo, variando de acordo com as mudanças (especialmente jurisprudenciais) ocorridas num dado ordenamento jurídico.[181] Daí se entender ser o conceito de ordem pública um conceito *instável*, *não absoluto*, pois se modifica em razão de eventuais novos valores que certa ordem jurídica passa a consagrar; depende, ademais, das relações entre dois sistemas jurídicos e de certas variáveis que se alteram (ou se podem alterar) com o passar do tempo.[182] Essa característica, explica Ferrer Correia, se depreende "da própria noção de ordem pública: se por ela se trata de defender valores precípuos do direito nacional, não se compreenderia que o juiz fosse autorizado a pôr em xeque a justiça do DIPr em nome de

---

[178] Cf. ESPINOLA, Eduardo. *Elementos de direito internacional privado*, cit., p. 344-345; NIBOYET, J.-P. *Principios de derecho internacional privado*, cit., p. 413-414; DOLINGER, Jacob. *Direito internacional privado...*, cit., p. 402; FERRER CORREIA, A. *Lições de direito internacional privado*, vol. I, cit., p. 417-418; e CASTRO, Amilcar de. *Lições de direito processual civil e direito internacional privado*, cit., p. 171-172.

[179] *V.* DOLINGER, Jacob. *Direito internacional privado...*, cit., p. 402.

[180] *V.* NIBOYET, J.-P. *Principios de derecho internacional privado*, cit., p. 414.

[181] Cf. ANDRADE, Agenor Pereira de. *Manual de direito internacional privado*, cit., p. 131; DOLINGER, Jacob. Ordem pública mundial..., cit., p. 208; e BALLARINO, Tito (*et al.*). *Diritto internazionale privato italiano*, cit., p. 110.

[182] Cf. PONTES DE MIRANDA, Francisco Cavalcanti. *Tratado de direito internacional privado*, t. I, cit., p. 275.

concepções já abandonadas e peremptas; como, ao contrário, se compreenderia mal que não estivesse em sua mão fazê-lo se a situação *sub judice*, inócua ao tempo da sua constituição, se encontra *agora*, à data do reconhecimento, em manifesta contradição com princípios essenciais do ordenamento do foro".[183] Em suma, a ordem pública é instituto jurídico de conceito *relativo*, é dizer, que se modifica ao longo do tempo, mudando de feição com a alteração dos valores impregnados em cada sociedade em dado momento histórico. Nesse sentido, já lecionava Beviláqua que a feição agressiva que outrora se notava à ordem pública "desapareceu para dar espaço a sentimentos mais brandos e ideias mais razoáveis".[184] De fato, aquilo que no passado poderia ofender a ordem pública nacional – *v.g.*, a dissolubilidade do matrimônio ou, ainda mais grave à época, o casamento de pessoas do mesmo sexo – deixa de causar ofensa ao direito interno a partir do advento de uma nova Constituição ou do reconhecimento da questão em causa pela Suprema Corte do Estado.[185] Em tais casos, cumpre indagar qual conceito de ordem pública deve ser aplicado pelo juiz, se o *anterior* (ao tempo dos fatos) ou o *atual* (ao tempo do processo). Pelos exemplos citados parece evidente que a noção de ordem pública a ser considerada é a vigorante ao tempo *do processo*, não a existente ao tempo dos fatos, pois logicamente "não seria possível afastar a competência de lei estrangeira com fundamento em uma noção de ordem pública que não mais existe no foro ao tempo do litígio".[186]

Por fim, desnecessário dizer que a falta de contornos bem definidos sobre o conceito de ordem pública não leva senão à conclusão de que sua utilização no pro-

---

[183] FERRER CORREIA, A. *Lições de direito internacional privado*, vol. I, cit., p. 411.

[184] BEVILÁQUA, Clovis. *Princípios elementares de direito internacional privado*, cit., p. 80. Assim também a lição de Rodrigo Octavio: "(…) a *ordem pública* não corresponde a um conceito absoluto e idêntico no tempo e no espaço, mas a uma noção móvel de país a país e ainda no mesmo país de tempos a tempos. Isso explica as transformações que se têm operado no modo prático de se considerar as relações de *ordem pública*, sentimento que se vai abrandando de modo sensível à proporção que internamente, dentro de certos países, se modifica o sentimento em relação a determinados institutos jurídicos" (*Direito internacional privado…*, cit., p. 148).

[185] Sobre a união homoafetiva na jurisprudência do STF, *v.* MAZZUOLI, Valerio de Oliveira. *Curso de direitos humanos*, cit., p. 264-265.

[186] BATALHA, Wilson de Souza Campos & RODRIGUES NETTO, Sílvia Marina L. Batalha de. *O direito internacional privado na Organização dos Estados Americanos*, cit., p. 93. Assim também DOLINGER, Jacob. *Direito internacional privado…*, cit., p. 390: "A instabilidade do que possa ofender a ordem pública obriga o aplicador da lei a atentar para o estado da situação à época em que vai julgar a questão, sem considerar a mentalidade prevalente à época da ocorrência do fato ou ato jurídico. Assim, só se negará aplicação de uma lei estrangeira se esta for ofensiva à ordem pública do foro à época em que se vai decidir a questão, sem indagar qual teria sido a reação da ordem pública do foro à época em que se deu o ato jurídico ou a ocorrência *sub judice*". Na jurisprudência, *v.* sentença da Corte de Cassação francesa de 23.11.1976 (*Affaire Marret c. Office de la Jeunesse de Starnberg*), in ANCEL, Bertrand & LEQUETTE, Yves. *Les grands arrêts de la jurisprudence française de droit international privé*, cit., p. 533-538.

cesso deve cercar-se de toda a prudência por parte do julgador,[187] sem que reacione desproporcionalmente contra a aplicação da lei estranha cuja discordância com a ordem jurídica do foro não seja suficientemente grande.[188]

4.3 Normas de aplicação imediata (lois de police)

Não há que se confundir a exceção de ordem pública, que se acabou de estudar, com as chamadas normas de aplicação imediata (ou imperativas),[189] também conhecidas pela expressão francesa *lois de police*.[190] Apesar de tênue a distinção, entende-se que a exceção de ordem pública opera *depois* de ter o juiz nacional encontrado a norma estrangeira indicada pelo DIPr da *lex fori*, quando então rechaça a aplicação da lei estranha "descoberta" pelo método conflitual, ao passo que as normas de aplicação imediata operam *antes* de qualquer indagação sobre qual norma será aplicada ao caso concreto, se a nacional ou a estrangeira, caso em que o juiz do foro sequer utiliza o método conflitual estabelecido pela regra de DIPr nacional.[191] Nesse último caso, o juiz do foro aplica, de plano, ou seja,

---

[187] Cf. Parra-Aranguren, Gonzalo. *Curso general de derecho internacional privado…*, cit., p. 131.

[188] Cf. Pontes de Miranda, Francisco Cavalcanti. *Tratado de direito internacional privado*, t. II, cit., p. 388-389.

[189] Sobre o tema, *v.* o estudo aprofundado de Santos, António Marques dos. *As normas de aplicação imediata no direito internacional privado*: esboço de uma teoria geral. Coimbra: Almedina, 1991 (2 vols.). Cf. ainda, Eek, Hilding. Peremptory norms and private international law. *Recueil des Cours*, vol. 139 (1973-II), p. 9-73; Parra-Aranguren, Gonzalo. *Curso general de derecho internacional privado…*, cit., p. 161-186; Araujo, Nadia de. *Direito internacional privado…*, cit., p. 95-100; Friedrich, Tatyana Scheila. *Normas imperativas de direito internacional privado*: lois de police. Belo Horizonte: Fórum, 2007, p. 25-141; Audit, Bernard & D'Avout, Louis. *Droit international privé*, cit., p. 161-171; e Symeonides, Symeon C. *Codifying choice of law around the world*: an international comparative analysis. Oxford: Oxford University Press, 2014, p. 299-311.

[190] Para o desenvolvimento pioneiro do tema, *v.* os estudos de Francescakis, Phocion. Quelques précisions sur les "lois d'application immédiate" et leurs rapports avec les règles de conflits de lois. *Revue Critique de Droit International Privé*, vol. 55 (1966), p. 1-18; Lois d'application immédiate et règles de conflit. *Rivista di Diritto Internazionale Privato e Processuale*, vol. 3 (1967), p. 691-698; e Lois d'application immédiate et droit du travail. *Revue Critique de Droit International Privé*, vol. 63 (1974), p. 273-296. Foram os estudos de Francescakis que incorporaram ao DIPr, definitivamente, as normas de aplicação imediata, demonstrando a sua importância para as questões que envolvem a teoria do conflito de leis.

[191] Nesse sentido, *v.* Parra-Aranguren, Gonzalo. *Curso general de derecho internacional privado …*, cit., p. 120; Kassis, Antoine. *Le nouveau droit européen des contrats internationaux*. Paris: LGDJ, 1993, p. 180-181; Bucher, Andreas. *L'ordre public et le but social des lois en droit international privé*, cit., p. 39; Araujo, Nadia de. *Direito internacional privado…*, cit., p. 98; Friedrich, Tatyana Scheila. *Normas imperativas de direito internacional privado…*, cit., p. 25 e 87; Audit, Bernard & d'Avout, Louis. *Droit international privé*, cit., p. 163; e Ballarino, Tito (*et al.*). *Diritto internazionale privato italiano*, cit., p. 78.

Parte I · Cap. VII · APLICAÇÃO DO DIREITO ESTRANGEIRO PELO JUIZ NACIONAL | 205

imediatamente, a norma imperativa prevista em seu ordenamento jurídico,[192] em razão da constatação de que os interesses em jogo são de grande relevância para o deslinde do caso concreto.

No Brasil, a disposição que se reporta às normas de aplicação imediata (normas imperativas/*lois de police*) encontra-se no art. 166, VI, do Código Civil de 2002, inserido no capítulo relativo à invalidade do negócio jurídico, que diz ser "nulo o negócio jurídico quando tiver por objetivo *fraudar lei imperativa*".[193] Tal disposição concretiza, entre nós, a aceitação das normas de aplicação imediata como limites à validade dos negócios jurídicos, inclusive em sede de conflitos de leis no espaço com conexão internacional. O Código, porém, não definiu o que vêm a ser tais *leis imperativas*, deixando para a doutrina e para a jurisprudência esse mister.

Para nós, as normas de aplicação imediata são aquelas que visam preservar direitos tidos como *essenciais* a uma comunidade de pessoas no âmbito de um determinado Estado, a exemplo dos ligados às relações de trabalho e consumo.[194] Trata-se de normas que comportam questões de *grande relevância* nacional, tidas como extremamente importantes à garantia dos direitos dos cidadãos e do próprio Estado, não obrigatoriamente com assento constitucional. Por esse exato motivo, são automaticamente (imediatamente) aplicáveis; obrigam – para falar como o art. 3º, § 1º, do Código Civil francês – "todos os que habitam o território".[195] Daí ser a superioridade em relação às demais normas componentes da coleção de leis

---

[192] Essa também a lição de Bucher, Andreas. L'ordre public et le but social des lois en droit international privé, cit., p. 39: "Elles s'appliquent directement et impérativement à certaines situations internationals, sans qu'il y ait lieu de se référer à une regle bilatérale de conflit, susceptible de designer une loi étrangère".

[193] Nada a respeito das normas imperativas se encontra na LINDB.

[194] Sobre as normas consumeristas, *v*. o estudo de Marques, Claudia Lima & Jacques, Daniela Corrêa. Normas de aplicação imediata como um método para o direito internacional privado de proteção do consumidor no Brasil. In: Miranda, Jorge, Pinheiro, Luís de Lima & Vicente, Dário Moura (Coord.). *Estudos em memória do Professor Doutor António Marques dos Santos*, vol. I. Coimbra: Almedina, 2005, p. 95-133.

[195] *Verbis*: "Art. 3º, § 1º. Les lois de police et de sûreté obligent tous ceux qui habitent le territoire". Trata-se, como se nota, de regra *unilateral* francesa, mas que a jurisprudência daquele país vem interpretando como norma *mista*, assim entendida: "Les lois de police et de sûreté en vigueur dans un pays quelconque obligent tous ceux qui se trouvent sur un territoire déterminé". Para detalhes, *v*. Niboyet, J.-P. *Cours de droit international privé français*, cit., p. 378. Na Suíça, a Lei Federal de Direito Internacional Privado, de 18.12.1987, estabeleceu, no art. 18, que "ficam reservadas as disposições imperativas do direito suíço que, em razão de seu objetivo particular, são aplicáveis independentemente do direito designado pela presente lei". Na Itália, a Lei nº 218, de 31.05.1995, que reformou o sistema italiano de DIPr, da mesma forma, dispôs que o sistema interno de DIPr não será aplicado quando presentes "normas italianas que, em consideração ao seu objeto e ao seu escopo, devem ser aplicadas independentemente da competência da lei estrangeira" (art. 17). Sobre essa norma, *v*. Ballarino, Tito (*et al.*). *Diritto internazionale privato italiano*, cit., p. 78-79.

nacionais a sua marca fundamental.[196] Sem que haja tais características, não será possível dizer estar diante de *verdadeira* norma de aplicação imediata, caso em que a busca pela norma indicada pela regra de DIPr da *lex fori* se impõe.

Como se percebe, as normas imperativas são, por natureza, sempre *unilaterais*, vez que impõem a aplicação de uma *única norma* em detrimento de eventual lei estrangeira aplicável. A opção pelo unilateralismo, nesse caso, vem demonstrar nitidamente a superioridade do interesse estatal ligado a um determinado assunto, tido como *essencial* à sua população em geral, capaz de afastar a aplicação de quaisquer ordens potencialmente aplicáveis. Frise-se que essa concepção foi aceita pela Corte Internacional de Justiça desde 1958, quando do julgamento envolvendo os Países Baixos contra a Suécia, com fundamento nas violações impostas pela Convenção da Haia de 1902 relativamente à tutela de menores.[197]

Em suma, fazendo-se presente na relação *sub judice* uma questão jurídica de DIPr, interconectada, portanto, com mais de uma ordem estatal, aplicam-se as normas imperativas para afastar a busca da norma indicada pelo elemento de conexão, impedindo, assim, qualquer possibilidade de aplicação do direito estrangeiro para a resolução do caso concreto. Nessa hipótese, como já se disse, sequer indaga o juiz sobre qual norma será aplicada à questão *sub judice*, se a nacional ou a estrangeira, eis que a norma de aplicação imediata *afasta* (antes de tudo) a busca pela lei aplicável.[198]

Não apenas, porém, o afastamento da busca pela lei aplicável é efeito que decorre das normas imperativas, delas também advindo outras consequências jurídicas importantes, tais o impedimento de homologação de sentenças estrangeiras e a concessão de *exequatur* a cartas rogatórias que as contrariam, bem assim a negação à autonomia da vontade das partes na livre escolha do foro ou da lei aplicável à relação jurídica.[199]

No que tange à eleição de foro em contratos atinentes a relações de consumo, relembre-se ter o CPC/2015 expressamente determinado competir à autoridade judiciária brasileira o processo e julgamento das ações respectivas quando tiver

---

[196] Assim, *v.* FRIEDRICH, Tatyana Scheila. *Normas imperativas de direito internacional privado...*, cit., p. 26 e 47, que leciona: "Nesse sentido, para que uma norma possa ser alçada à categoria de norma imperativa, ela deve ter sido acolhida pelo país a cujo ordenamento jurídico pertence e ter dele recebido uma valoração superior às demais normas, sobrepondo-se a elas. (...) A certeza nesse assunto está no fato de que o conteúdo da norma estará inevitavelmente vinculado à política estatal que opta, de forma vinculada ou discricionária, por atribuir superioridade a regulamentações de determinados assuntos em detrimento de outras".

[197] Cf. PARRA-ARANGUREN, Gonzalo. *Curso general de derecho internacional privado...*, cit., p. 172-175.

[198] *V.* KASSIS, Antoine. *Le nouveau droit européen des contrats internationaux*, cit., p. 181; e BUCHER, Andreas. L'ordre public et le but social des lois en droit international privé, cit., p. 39.

[199] *V.* FRIEDRICH, Tatyana Scheila. *Normas imperativas de direito internacional privado...*, cit., p. 29.

o consumidor domicílio ou residência no Brasil (art. 22, II). Tal foi assim estabelecido, não há dúvidas, em razão do caráter imperativo das normas de proteção do consumidor no país, tanto por guardarem assento constitucional, como por refletirem o dever do Estado na sua implementação (CF, art. 5º, XXXII). Portanto, o caráter de *loi de police* da proteção ao consumidor excepciona a norma do art. 25 do CPC/2015, segundo a qual "[n]ão compete à autoridade judiciária brasileira o processamento e o julgamento da ação quando houver cláusula de eleição de foro exclusivo estrangeiro em contrato internacional, arguida pelo réu na contestação".[200]

Qual a índole das normas de aplicação imediata? Tais normas podem ser: *a) internas*, a exemplo de todas as normas de direitos fundamentais expressas na Constituição; ou *b) internacionais*, constantes especialmente dos tratados de direitos humanos (mas não só deles) ratificados e em vigor no Estado. Tanto uma quanto outra categoria *prevalecem*, em razão de sua superioridade hierárquica, às normas conflituais presentes no Direito interno (constantes, *v.g.*, na LINDB). Ambas formam um complexo mosaico protetivo, assegurador de interesses caros (essenciais) à comunidade de cidadãos do Estado do foro, que bloqueia qualquer iniciativa de busca da ordem jurídica indicada pela regra interna de DIPr. No que tange especificamente aos tratados de direitos humanos, cabe lembrar que tais instrumentos versam, em larga escala, também de direitos *privados*. À medida que tais tratados se incorporam à ordem nacional, seus preceitos protetivos passam a atuar – a título de *superdireito* – como também limitadores das normas estrangeiras que os contradigam.[201]

Não se descarta, também, a existência de normas imperativas (internas ou internacionais) decorrentes do *costume*. Tanto o costume interno quanto o costume internacional são aptos a inserir na ordem doméstica normas de aplicação imediata, quando reconhecidas pelo Estado em questão. Assim, não somente as normas escritas (internas ou internacionais) têm aptidão para estabelecer normas imperativas no âmbito de um determinado Estado, podendo tais normas provir do costume. Efetivamente, como explica Tatyana Friedrich, pouco importa a fonte ou a designação formal que determinado ordenamento jurídico vincula à norma imperativa, interessando, sim, o seu valor perante todo o restante do ordenamento jurídico.[202]

---

[200] Assim, TJRS, ApCív. 70073732927, 12ª Câmara Cível, Rel. Des. Umberto Guaspari Sudbrack, j. 12.12.2017, nestes termos: "1. Ausência de jurisdição brasileira. Deve ser rejeitada a preliminar, porque a cláusula contratual de jurisdição exclusiva dos tribunais da República Dominicana qualifica-se como nula de pleno direito, do ponto de vista do Direito do Consumidor (art. 6º, VII, e art. 51, IV e XV, e § 1º, III, CDC), e como ineficaz, do ponto de vista do Direito Internacional Privado, cuja abordagem axiológica – em busca de uma legitimação material eivada de valores sociais – não permite que se insira a cláusula em tela no âmbito de alcance da regra do art. 63, 'caput', do CPC/2015. (...)".

[201] *V.* Eek, Hilding. Peremptory norms and private international law, cit., p. 48, nota 19.

[202] Friedrich, Tatyana Scheila. *Normas imperativas de direito internacional privado...*, cit., p. 27.

Exemplos de normas imperativas são encontrados nas legislações trabalhista (que favorece o trabalhador e limita os poderes do empregador), consumerista (pelo reconhecimento do caráter vulnerável do consumidor face à relação mercantilista com o fornecedor)[203] e relativa a bens culturais (fundamentais ao avanço civilizatório e cultural de um determinado povo, bem assim determinantes para a consolidação da identidade nacional).[204] No que tange à legislação trabalhista, destaque-se que a antiga Súmula nº 207 do TST (2003) – segundo a qual "[a] relação jurídica trabalhista é regida pelas leis vigentes no país da prestação de serviço e não por aquelas do local da contratação" (princípio da *lex loci executionis*) – foi cancelada pela Corte Trabalhista em abril de 2012,[205] pelo que as relações envolvendo trabalhadores contratados no Brasil para prestação de serviços no exterior serão regidas (salvo norma mais favorável) pelas leis brasileiras, em reforço ao caráter imperativo dessa categoria de normas. Por exemplo, a Lei nº 7.064/82, alterada pela Lei nº 11.962/2009, dispõe, no art. 3º, parágrafo único, que, nos casos de trabalhadores contratados no Brasil ou transferidos para prestar serviços no exterior, "aplicar-se-á [em detrimento de qualquer outra lei] a legislação brasileira sobre Previdência Social, Fundo de Garantia por Tempo de Serviço – FGTS e Programa de Integração Social – PIS/PASEP". Nesses casos, o direito brasileiro (nota-se claramente) não abre mão de tais garantias para a aplicação de qualquer legislação estrangeira.

---

[203] Assim, TJRS, ApCív. 70073732927, 12ª Câmara Cível, Rel. Des. Umberto Guaspari Sudbrack, j. 12.12.2017, nestes termos: "4. Direito aplicável ao exame do mérito. Questão prejudicial que deve ser rejeitada, porque descabido aplicar as leis da República Dominicana, tal como pactuado em cláusula contratual. Ajuste que se define como nulo de pleno direito, para o Direito do Consumidor, nos moldes do art. 51, XV, do CDC, e como ineficaz, para o Direito Internacional Privado, cuja abordagem eivada de valores sociais – muito embora reconheça a escolha de lei aplicável a contratos internacionais como modo de exercício da autonomia da vontade – não admite que, com isso, se fragilize a proteção ao consumidor conferida pela lei a cuja aplicação as partes hajam renunciado. Inviabilidade da aplicação das leis da República Dominicana ao deslinde do mérito que se coloca, ainda, pelo fato de que a norma do art. 9º, 'caput', da LINDB assim não opera, no caso concreto. Por um lado, por força da interpretação dada a essa regra, restritiva quanto ao âmbito do seu alcance, no sentido de excepcionar os contratos de consumo internacionais do alcance do método conflitual clássico, resolvendo-se o conflito de leis no espaço, nessa hipótese, simplesmente por meio da escolha da lei mais favorável ao consumidor. Por outro, porque, mesmo no cenário de aplicação do método conflitual, ou seja, com a incidência do elemento de conexão 'locus regit actum' ou 'ius loci celebrationis', a exceção de ordem pública dada pelo art. 17 da LINDB [*rectius*: a exceção relativa às normas de aplicação imediata] assegura a rejeição do Direito estrangeiro, cujos parâmetros protetivos ao consumidor não se equiparam aos previstos no CDC. (…)".

[204] Cf. FRIEDRICH, Tatyana Scheila. *Normas imperativas de direito internacional privado...*, cit., p. 62-70.

[205] Res. 181/2012, *DEJT* divulgado em 19, 20 e 23.04.2012. Nesse sentido, há tempos já advertia a doutrina de que "[n]ão se deve, portanto, desavisadamente aconselhar, para o contrato de trabalho, o direito do lugar da execução do serviço, que conduz, como ficou visto, a inúmeras perplexões" (CASTRO, Amilcar de. *Lições de direito processual civil e direito internacional privado*, cit., p. 207).

Parte I · Cap. VII · APLICAÇÃO DO DIREITO ESTRANGEIRO PELO JUIZ NACIONAL | **209**

No Brasil, como se disse, a previsão que autoriza o juiz a aplicar as normas imperativas consta do art. 166, VI, do Código Civil de 2002, segundo o qual "[é] nulo o negócio jurídico quando tiver por objetivo fraudar lei imperativa". Mesmo, porém, nos Estados cujas legislações silenciam a respeito do tema, o entendimento corrente é no sentido de poderem os juízes, *per se*, atribuir a certas normas internas a qualidade de imperativas, aplicando-as independentemente dos elementos estrangeiros do suposto fato e não obstante a regra de DIPr da *lex fori* ter indicado como competente para a resolução da questão outra ordem jurídica.[206]

Em conclusão, quando em jogo na questão *sub judice* de DIPr certa norma de aplicação imediata, sequer irá o juiz investigar qual a lei indicada pela regra conflitual doméstica, se a nacional ou a estrangeira, devendo aplicar automaticamente a norma imperativa em questão, em razão dos interesses maiores que comporta.

Frise-se, contudo, que esse procedimento há de ter lugar senão excepcionalmente, quando efetivamente houver norma imperativa a preservar valores importantes (essenciais) à comunidade dos cidadãos do Estado e ao próprio Estado, a fim de se evitar a utilização indiscriminada desse expediente, que poderia, inclusive, fragmentar a própria existência do DIPr. Seria fácil ao juiz do foro entender todas as normas internas como de "aplicação imediata" para se furtar à pesquisa e investigação do direito aplicável quando presente uma questão típica de DIPr.[207] Assim, repita-se, a aplicação das normas imperativas deve ser realizada com cautela, e apenas quando tiver o julgador completa certeza de que se trata de norma cujos valores que comporta são notoriamente essenciais à comunidade dos cidadãos do Estado do foro.

4.4 Fraude à lei

Outro limite à aplicação da lei estrangeira pelo juiz nacional é a exceção de *fraude à lei*, que ocorre quando a pessoa pratica atos tendentes a escapar (dolosamente) da aplicação de uma norma *imperativa* ou *proibitiva* que lhe prejudica, por meio da alteração fraudulenta do elemento de conexão competente.[208] Assim, a

---

[206] *V.* PARRA-ARANGUREN, Gonzalo. *Curso general de derecho internacional privado...*, cit., p. 177.

[207] *V.* FRIEDRICH, Tatyana Scheila. *Normas imperativas de direito internacional privado...*, cit., p. 238, que leciona: "Para evitar a natural tendência de se utilizar o caminho mais fácil e aplicar sempre a norma local, alegando ser imperativa, a esta deve-se recorrer em casos excepcionais, ou seja, quando realmente se tratar de um assunto que foi merecedor de regulamentação peremptória do Estado".

[208] *V.* WOLFF, Martin. *Derecho internacional privado*, cit., p. 82-88; NIBOYET, J.-P. *Cours de droit international privé français*, cit., p. 512-519; PONTES DE MIRANDA, Francisco Cavalcanti. *Tratado de direito internacional privado*, t. I, cit., p. 293-314; PARRA-ARANGUREN, Gonzalo. *Curso general de derecho internacional privado...*, cit., p. 137-159; ARANHA, Adalberto José de Camargo. Rejeição da norma estrangeira, cit., p. 227-228; CASTRO, Amilcar de. *Direito internacional privado*, cit., p. 210-215; DOLINGER, Jacob. *Direito internacional privado...*, cit.,

pessoa, ao se furtar deliberadamente do império de uma legislação gravosa aos seus interesses, para submeter-se à regra de outro sistema jurídico mais benevolente, pratica uma *fraude* à aplicação do bom direito, a qual não pode ser tolerada.[209]

O expediente consiste em a pessoa alterar dolosamente o elemento de conexão, criando artificiosa vinculação a direito que *não seria* o competente para reger a sua situação, porém, lhe é *mais benéfico* que o direito imperativo verdadeiramente indicado (*v.g.*, alterando deliberadamente o seu domicílio para escapar ao império de determinado direito, em prejuízo do direito de outrem).[210] Com essa atitude, o agente ardilosamente desloca o centro de gravidade da relação jurídica para direito outro, que não o legalmente competente para o deslinde do caso concreto, fraudando a lei verdadeiramente aplicável, causando prejuízos ao Estado (*v.g.*, não pagando tributos) ou a terceiros (*v.g.*, não saldando uma dívida). Trata-se, em suma, dos casos em que se tem um elemento de conexão "arranjado", isto é, *fraudulento*.

Sobre o tema, assim disciplina o art. 6º da Convenção Interamericana sobre Normas Gerais de Direito Internacional Privado, de 1979:

> Não se aplicará como direito estrangeiro o direito de um Estado Parte quando artificiosamente se tenham burlado os princípios fundamentais da lei de outro Estado Parte.
>
> Ficará a juízo das autoridades competentes do Estado receptor determinar a intenção fraudulenta das partes interessadas.

Nesse exato sentido também estava o art. 18 do Projeto de Lei nº 269 do Senado, de 2004, segundo o qual "não será aplicada a lei de um país cuja conexão resultar de vínculo fraudulentamente estabelecido".[211]

---

p. 421-436; STRENGER, Irineu. *Direito internacional privado*, cit., p. 425-428; BAPTISTA, Luiz Olavo. Aplicação do direito estrangeiro pelo juiz nacional, cit., p. 1.359-1.361; e AUDIT, Bernard & d'AVOUT, Louis. *Droit international privé*, cit., p. 266-278.

[209] Cf. TENÓRIO, Oscar. *Direito internacional privado*, vol. I, cit., p. 364. Há exceções, evidentemente, em que mesmo havendo intenção deliberada de alteração do elemento de conexão, não se cogitará de fraude à lei, a exemplo dos casos de mudança de estatuto para a garantia de direito (*v.g.*, de se casar, se divorciar etc.) não existente no regime anterior (*v. infra*).

[210] Muitas legislações internas dispõem expressamente sobre a exceção de fraude à lei, tal como fez o art. 21 do Código Civil português de 1966, nestes termos: "Na aplicação das normas de conflitos são irrelevantes as situações de fato ou de direito criadas com o intuito fraudulento de evitar a aplicabilidade da lei que, noutras circunstâncias, seria competente". No Brasil, o Projeto de Lei nº 4.905/95, estabeleceu que "não será aplicada a lei de um país cuja conexão resultar de vínculo fraudulentamente estabelecido" (art. 17).

[211] Destaque-se, a propósito, que não há na LINDB norma expressa sobre a exceção de *fraude à lei*. No Brasil, contudo, está em vigor a citada Convenção Interamericana sobre Normas Gerais de Direito Internacional Privado, de 1979, que versa expressamente o tema no referido art. 6º.

Em suma, a fraude à lei torna inoponível a conexão fraudulentamente estabelecida, levando o juiz a aplicar exatamente a conexão que se pretendeu burlar (*v. infra*).[212]

Perceba-se que a exceção em causa, para além de servir como limite à aplicação do direito *estrangeiro* pelo juiz nacional, pode também limitar a aplicação *do próprio direito nacional* do juiz do foro, quando a alteração fraudulenta do elemento de conexão levar justamente à indicação *do seu direito interno*. Nesse caso, o juiz doméstico será levado a aplicar *outro direito* (o direito estrangeiro, verdadeiramente competente para a resolução da questão *sub judice*) em vez do seu próprio direito nacional, indicado pela regra de DIPr mediante deslocamento fraudulento do centro de gravidade da relação jurídica.

O fundamento da exceção de fraude à lei é o princípio geral de direito segundo o qual o direito não tolera atos *ilícitos* ou *imorais*. Perceba-se, porém, que o ilícito de que se trata não consiste no fato de a pessoa "escolher" uma lei que a beneficia, o que pode ser entendido até mesmo como um gesto natural dos seres humanos, mas sim na intenção de *fraudar* norma imperativa que deveria cumprir, levada a efeito pela alteração dolosa do elemento de conexão que indicaria a lei corretamente aplicável. Também, na fraude à lei, como explica Irineu Strenger, não é o *conteúdo* da lei escolhida que é considerado inconveniente, podendo ser perfeitamente aceito pelo juiz nacional; é apenas desprezada, nesse caso, a *aplicação* do direito em causa, pelo fato de estar ele servindo como capa para a obtenção de fins ilícitos, vedados pela lei nacional, ainda que esta não os considere condenáveis intrinsecamente.[213]

A exceção de fraude à lei, como leciona Haroldo Valladão, é um modo *indireto* de violação da lei que desde há muito perdura nos ramos do Direito, especialmente no direito público (*v.g.*, nacionalidade e serviço militar), fiscal, eleitoral, civil (*v.g.*, família, bens móveis, contratos, sucessões), trabalhista etc.[214] Aduz ainda Valladão que a fraude à lei tem papel destacado no DIPr, "pois a fuga da lei indesejável, a sua substituição por outra mais conveniente, é facilitada em face da reconhecida voluntariedade na escolha do elemento de conexão, da nacionalidade, do domicílio, da residência habitual, do lugar da situação da coisa móvel, do ato ou do contrato etc.".[215]

São frequentes, *v.g.*, os casos de mudança de nacionalidade com o fito de fazer escapar a pessoa às exigências impostas por leis imperativas do Estado (*v.g.*, sobre o cumprimento de serviço militar obrigatório). Daí muitos juristas entenderem ser tal hipótese um caso de fraude à lei.[216] O exemplo clássico é o da Princesa de Beau-

---

[212]   Cf. WOLFF, Martin. *Derecho internacional privado*, cit., p. 85.

[213]   STRENGER, Irineu. *Direito internacional privado*, cit., p. 426.

[214]   VALLADÃO, Haroldo. *Direito internacional privado...*, cit., p. 509.

[215]   VALLADÃO, Haroldo. Idem, p. 480-481.

[216]   Cf. TENÓRIO, Oscar. *Direito internacional privado*, vol. I, cit., p. 371.

ffremont, que era casada e tinha nacionalidade francesa, ao tempo em que o direito francês (anterior a 1884) inadmitia o divórcio, quando então naturalizou-se alemã para obter dito divórcio e se casar novamente com o Príncipe Bibesco, de nacionalidade romena, tendo a jurisprudência francesa considerado sem efeito o divórcio e o novo casamento em decorrência da fraude.[217] Para nós, contudo, a mudança de nacionalidade, por si só, não pode ser atualmente entendida como fraude à lei, especialmente pelo fato de que o *direito* de mudar de nacionalidade (independentemente de justificação da pessoa) é um *direito humano* consagrado em vários instrumentos internacionais,[218] os quais, no Brasil, têm (no mínimo) *status* supralegal, segundo o entendimento do STF.[219]

Jacob Dolinger exemplifica casos de fraude à lei quando a pessoa muda de nacionalidade para, *v.g.*, escapar do rigor de sua lei pessoal que proíbe o *divórcio*, a *investigação de paternidade* e a *deserdação de filhos*, concluindo que, nesses casos, estará a pessoa abusando do direito de mudar de nacionalidade.[220] Parece, porém, que nos dois primeiros casos a pessoa manipula o elemento de conexão para buscar a realização de um direito maior que entende ter, como o de novamente se casar e o de recorrer à investigação de paternidade. Se um desses direitos for reconhecido por tratados internacionais de direitos humanos, a "fraude" à lei haveria de ceder perante as garantias elencadas nos instrumentos internacionais de proteção de que o Estado é parte, pois a lei interna (eventualmente fraudada) estaria em desacordo com aquilo que o próprio Estado do foro se comprometeu a cumprir no plano internacional, caso em que será tida como inconvencional (e, portanto, *inválida*).[221] Como, então, falar em *fraude* quando normas internacionais de direitos humanos *garantem* aos indivíduos certos direitos ou condições? São evidentemente distintos os casos de mudança de nacionalidade para escapar a uma *obrigação* (*v.g.*, do serviço militar) daqueles em que deseja a pessoa perseguir

---

[217] Para detalhes, *v*. GABBA, Carlo Francesco. *Le second mariage de la Princesse de Beauffremont et le droit international*. Paris: [s.n.], 1877. Ainda sobre o caso, cf. NIBOYET, J.-P. *Cours de droit international privé français*, cit., p. 513; ARANHA, Adalberto José de Camargo. Rejeição da norma estrangeira, cit., p. 228; BATALHA, Wilson de Souza Campos. *Tratado de direito internacional privado*, t. I, cit., p. 247-248; PARRA-ARANGUREN, Gonzalo. *Curso general de derecho internacional privado...*, cit., p. 138-140; e PINHEIRO, Luís de Lima. *Direito internacional privado*, vol. I, cit., p. 562.

[218] Tome-se, como exemplo, o art. 20, § 3º, da Convenção Americana sobre Direitos Humanos de 1969: "A ninguém se deve privar arbitrariamente de sua nacionalidade, *nem do direito de mudá-la*".

[219] STF, RE 466.343/SP, Tribunal Pleno, Rel. Min. Cezar Peluso, j. 03.12.2008, *DJe* 12.12.2008.

[220] DOLINGER, Jacob. *Direito internacional privado...*, cit., p. 423.

[221] Sobre o controle de convencionalidade das leis, *v*. MAZZUOLI, Valerio de Oliveira. *Controle jurisdicional da convencionalidade das leis*. 5. ed. rev., atual. e ampl. Rio de Janeiro: Forense, 2018. Para um estudo comparado do controle de convencionalidade na América Latina, *v*. MARINONI, Luiz Guilherme & MAZZUOLI, Valerio de Oliveira (Coord.). *Controle de convencionalidade*: um panorama latino-americano (Brasil, Argentina, Chile, México, Peru, Uruguai). Brasília: Gazeta Jurídica, 2013.

um *direito* maior ou mais amplo (*v.g.*, de se casar, se divorciar etc.). Ademais, se os Estados estabelecem determinados elementos de conexão, entre eles a nacionalidade, e, ao mesmo tempo, aceitam que um cidadão se naturalize em outro país, devem, por coerência, arcar com as consequências de eventual modificação do elemento conectivo quando o fim desejado pela pessoa é perseguir direitos *mais amplos* que os reconhecidos pela *lex fori*, pois é da natureza humana galgar sempre mais benefícios que os até então reconhecidos.[222] Assim, parece certo que os casos de mudança de nacionalidade devem ser analisados com total parcimônia pelos juízes, visto que nem sempre podem ser tidos como fraudulentos à luz das garantias hoje postas pelo Direito Internacional dos Direitos Humanos, ainda que o sejam nos termos de leis internas (as quais têm que se adaptar a todas as normas internacionais de direitos humanos ratificadas e em vigor no Estado, sob pena de inconvencionalidade/invalidade). Daí alguns autores, como Luís de Lima Pinheiro, entenderem não haver fraude no caso de mudança de nacionalidade se o naturalizado integrar-se seriamente à sua nova comunidade nacional, quando então o elemento "fraude" desapareceria.[223] Outros, por sua vez, como Daniel de Folleville, são mais radicais e entendem que "a *fraus legis* não pode, em caso algum e sob nenhum pretexto, ser alegada em razão de uma naturalização adquirida por um francês em país estrangeiro".[224]

O assunto também é complexo em matéria de mudança de religião nos países em que o estatuto pessoal é regido por lei religiosa, pois conquanto tal mudança seja um direito humano internacionalmente reconhecido,[225] o seu abuso há de ser condenado, não se admitindo, assim, que um cristão que se converte, *v.g.*, para o islamismo, deixe de saldar os alimentos a que fora condenado pagar à sua esposa, eis que sua mudança de religião teria visado apenas fazê-lo escapar dessa obrigação.[226]

Também nos casos de *forum shopping* o assunto deve ser versado com total parcimônia, pois a eleição do foro pelas partes pode ser um *direito* assegurado até mesmo por instrumentos internacionais, não se podendo dizer, nesses casos, existir

---

[222] Cf. Balladore Pallieri, Giorgio. *Diritto internazionale privato italiano*, cit., p. 94; e Parra-Aranguren, Gonzalo. *Curso general de derecho internacional privado...*, cit., p. 146-147.

[223] Pinheiro, Luís de Lima. *Direito internacional privado*, vol. I, cit., p. 565.

[224] Folleville, Daniel de. *Traité théorique et pratique de la naturalisation*: études de droit international privé. Paris: Marescq Ainé, 1880, p. 291: "Quant à nous, notre opinion n'est ni équivoque ni ambigue. Nous penson fermement que la *fraus legis* ne peut, en aucun cas et sous aucun prétexte, être alléguée à l'encontre d'une naturalisation acquise, par un Français, en pays étranger".

[225] A Declaração Universal dos Direitos Humanos de 1948, assim estabelece no seu art. XVIII: "Toda pessoa tem direito à liberdade de pensamento, consciência e religião; este direito inclui *a liberdade de mudar de religião ou crença* e a liberdade de manifestar essa religião ou crença, pelo ensino, pela prática, pelo culto e pela observância, isolada ou coletivamente, em público ou em particular".

[226] O exemplo é de Batiffol & Lagarde (referindo-se à decisão de tribunal sírio) citado por Dolinger, Jacob. *Direito internacional privado...*, cit., p. 427.

fraude pelo fato de se escolher *locus* decisório mais benéfico aos interesses em causa. É evidente, contudo, que a situação mudaria se o *forum shopping* fosse utilizado para prejudicar terceiros, bem assim o Estado, como, *v.g.*, para deixar de recolher tributos, legalizar dinheiro produto de crime, entre tantas outras hipóteses.

Oscar Tenório exemplifica, dentre outros, um caso de fraude à lei relativo à substância dos contratos, pois em alguns países há cláusulas que são proibidas nos contratos, ao passo que em outros são permissivas; como, em regra, o contrato se rege pela lei do lugar de sua conclusão, as partes procuram países onde certas cláusulas são válidas, a fim de se libertarem do rigor imposto pela lei que, normalmente, haveria de ser respeitada.[227]

Em casos de mudança de domicílio, algumas legislações têm estabelecido certo *prazo* para que a sua alteração produza efeitos e, consequentemente, não configure fraude. Assim faz o art. 23 da Lei de Direito Internacional Privado da Venezuela, de 1998, que, depois de determinar que "[o] divórcio e a separação de corpos regem-se pelo direito do domicílio do cônjuge que intenta a demanda", esclarece que "[a] mudança de domicílio do cônjuge demandante só produz efeitos *após um ano* de ter ingressado no território de um Estado com o propósito de nele fixar residência habitual".

Quando, afinal, se configura a *fraude à lei* no DIPr brasileiro atual? Apesar de não haver regra expressa na LINDB sobre a questão, está em vigor entre nós, porém, o já citado art. 6º da Convenção Interamericana sobre Normas Gerais de Direito Internacional Privado, que, em sua segunda parte, prevê que "[f]icará a juízo das autoridades competentes do Estado receptor determinar a intenção fraudulenta das partes interessadas". Quais os critérios para tanto? Para nós, a fraude à lei apenas se concretiza quando houver a conjugação de dois elementos: *a)* o uso exitoso de um direito primário que não seria o normalmente aplicável, em razão de uma conexão fraudulenta manejada pelo agente (elemento objetivo ou *corpus*); e *b)* a vontade intencional (dolosa) de lesar interesse particular ou interesse social relevante (elemento subjetivo ou *animus*).[228] Em outros termos, para a caracterização da fraude à lei seria necessária (*a*) a prática de um ato concreto (e, sobretudo, *exitoso*) capaz de fraudar a lei competente e (*b*) a vontade direcionada a lesionar interesse alheio, sem a qual não há falar-se em verdadeira *fraude*. O *dolo*, portanto, é sempre necessário para caracterizar a fraude à lei, pois não há fraude por negligência.[229] Assim, somente se poderá falar "na existência de fraude à lei ocorrendo as duas hipóteses: por primeiro, o agente procura

---

[227] TENÓRIO, Oscar. *Direito internacional privado*, vol. I, cit., p. 375.

[228] Cf. NIBOYET, J.-P. *Cours de droit international privé français*, cit., p. 515-518; ARANHA, Adalberto José de Camargo. Rejeição da norma estrangeira, cit., p. 229; PARRA-ARANGUREN, Gonzalo. *Curso general de derecho internacional privado...*, cit., p. 141-142; CASTRO, Amilcar de. *Direito internacional privado*, cit., p. 214; STRENGER, Irineu. *Direito internacional privado*, cit., p. 426; AMORIM, Edgar Carlos de. *Direito internacional privado*, cit., p. 58; PINHEIRO, Luís de Lima. *Direito internacional privado*, vol. I, cit., p. 564-567; e MAYER, Pierre & HEUZÉ, Vincent. *Droit international privé*, cit., p. 193-194.

[229] V. PINHEIRO, Luís de Lima. *Direito internacional privado*, vol. I, cit., p. 566.

Parte I • Cap. VII • APLICAÇÃO DO DIREITO ESTRANGEIRO PELO JUIZ NACIONAL | **215**

arranjar uma conexão que se coloque em situação mais vantajosa, com a aplicação de outra lei que seria a aplicável; depois, é preciso que a malícia usada cause uma lesão a um interesse particular ou social".[230] Não haverá fraude se a mudança intencional do elemento de conexão se der em razão do exercício de um direito, como, *v.g.*, adquirir nova nacionalidade para obter a separação ou o divórcio.[231]

Destaque-se que, na prática, tem sido bastante difícil a *prova* da fraude à lei, uma vez que requer a certeza sobre a intenção dolosa do indivíduo, sem a qual não há o elemento subjetivo caracterizador da *fraude*. Daí a crítica de boa parte da doutrina relativamente ao instituto em questão, ao argumento de que, além de insegurança, gera enorme dificuldade em saber-se quando efetivamente a lei foi fraudada.[232] Assim, pode-se dizer que a dificuldade na aplicação da teoria da fraude à lei decorre do fato de envolver "a análise da intenção do pretenso fraudador, que para certos autores representa uma intromissão do Judiciário no campo da consciência humana, o que lhe é defeso fazer".[233] Ademais, representa também, em muitos casos, intromissão injustificada na autonomia da vontade das pessoas, especialmente quando normas *mais benéficas* (*v.g.*, de direitos humanos) autorizam que se altere o elemento de conexão para a garantia de um *direito* seu (como é o caso da mudança de nacionalidade para a garantia de direitos inexistentes perante a ordem nacional anterior). Não se conseguindo, portanto, provar a fraude real à lei, parece certo que a vinculação ao direito mais benéfico, que, *a priori*, não seria o competente para reger a situação em causa, torna-se completa e juridicamente eficaz.[234]

A fraude à lei *existe*, de fato, não há dúvidas, quando se intenciona, dolosamente, manipular o elemento de conexão para obter vantagem indevida nos termos da legislação fraudulentamente indicada. Esse fato, porém, não encobre outro: o de que muitos dos exemplos já citados de fraude não seriam, hoje em dia, aceitos como tal, especialmente à luz do sistema internacional de proteção dos direitos humanos (e de todas as garantias dele decorrentes). Daí a necessidade de verificação criteriosa, por parte do julgador, dos elementos citados de caracterização da fraude, sem o que a legislação indicada (se não ofender a ordem pública nacional ou não tiver seus efeitos cortados por outros motivos) deverá ser aplicada, garantindo à pessoa os benefícios daí decorrentes.

---

[230] ARANHA, Adalberto José de Camargo. Rejeição da norma estrangeira, cit., p. 229.

[231] Cf. BALLADORE PALLIERI, Giorgio. *Diritto internazionale privato italiano*, cit., p. 94; e PARRA-ARANGUREN, Gonzalo. *Curso general de derecho internacional privado...*, cit., p. 146-147.

[232] Cf. BATALHA, Wilson de Souza Campos. *Tratado de direito internacional privado*, t. I, cit., p. 248 (colhendo as opiniões de Niederer, Anzilotti, Pacchioni e Quadri).

[233] DOLINGER, Jacob. *Direito internacional privado...*, cit., p. 429.

[234] V. Acórdão do Tribunal de Relação do Porto (Portugal) – "Revisão de sentença estrangeira", Processo nº 5948/08-3, Rel. Des. Carlos Portela, j. 07.05.2009, assim: "Por outro lado, não há indícios de que a competência do Tribunal que proferiu a sentença revidenda tenha sido provocada em fraude à lei. (...) Em suma e pelo conjunto de razões acabadas de expor, não se vislumbram obstáculos à revisão e confirmação, que aqui foram requeridas".

Por último, cabe indagar quais os *efeitos* da fraude à lei. Que efeitos teriam, *v.g.*, uma mudança fraudulenta de domicílio com o fito de beneficiar-se o agente da aplicação de uma lei mais benéfica? Nessa hipótese, como explica Jacob Dolinger, os efeitos do ato praticado em outra jurisdição serão apenas *inoponíveis* no Estado do foro, pois não tem este o poder de anular ato ou negócio jurídico concluído em outra jurisdição; a fraude terá repercussão apenas no que tange à ineficácia *local* dos atos praticados sob o império da lei do novo estatuto pessoal com base no domicílio adquirido.[235] O direito português, *v.g.*, é claro ao afirmar que "[n]a aplicação das normas de conflitos são irrelevantes as situações de fato ou de direito criadas com o intuito fraudulento de evitar a aplicabilidade da lei que, noutras circunstâncias, seria competente" (art. 21 do Código Civil); como se percebe, não se contesta, na lei portuguesa, a validade das situações (de fato ou de direito) criadas alhures com intuito fraudulento, dirigindo-se a sanção da fraude à lei apenas à "aplicação das normas de conflitos".[236] Isso quer dizer que as situações constituídas no exterior decorrentes de fraude à lei apenas *não surtirão efeitos* (serão inoponíveis) no Estado do foro, em nada significando que no Estado sob cuja jurisdição a situação se concretizou esta não tenha validade jurídica.[237] Portanto, como destaca Luiz Olavo Baptista, tem-se que "os efeitos da fraude à lei *não são bilaterais*, mas vinculam-se ao sistema jurídico do juiz".[238] Esse magistrado, porém, no caso concreto, poderá ponderar os interesses em conflito e não desconsiderar totalmente a atribuição de efeitos da situação constituída no exterior na ordem doméstica.[239]

4.5 Prélèvement *(favor negotii)*

O princípio do melhor interesse ao negócio – também conhecido como *prélèvement* (na expressão francesa) ou do *favor negotii* (no latim) – surgiu para beneficiar o interesse nacional em detrimento do interesse estrangeiro. Sua origem está ligada à jurisprudência francesa, que visava proteger os interesses do país na realização de negócios com estrangeiros; dava-se prevalência à lei francesa sempre que um estrangeiro, *menor* segundo a sua lei de origem, fosse *maior* segundo as leis francesas, e, pelo fato da menoridade originária, pretendesse dolosamente prejudicar terceiros nas relações de comércio.[240] Daí a nomenclatura também utilizada,

---

[235] Dolinger, Jacob. *Direito internacional privado...*, cit., p. 426.

[236] Cf. Pinheiro, Luís de Lima. *Direito internacional privado*, vol. I, cit., p. 568.

[237] Assim também a lição de Niboyet: "Quelle est la nature exacte de la sanction? *C'est une inopposabilité*. Le résultat illicite escompté, même obtenu, a été inopposable en France" (*Cours de droit international privé français*, cit., p. 518).

[238] Baptista, Luiz Olavo. Aplicação do direito estrangeiro pelo juiz nacional, cit., p. 1361.

[239] Cf. Rechsteiner, Beat Walter. *Direito internacional privado...*, cit., p. 177.

[240] Cf. Batalha, Wilson de Souza Campos. *Tratado de direito internacional privado*, t. I, cit., p. 252-253.

proveniente do latim, *favor negotii*, que conota a norma mais favorável à validade do negócio jurídico em benefício exclusivo da *lex fori*.

Atualmente, ambas as expressões (*prélèvement* e *favor negotii*) se equivalem. A rigor, porém, o *prélèvement* seria aplicado tanto para o direito civil como para o direito comercial/empresarial, e o *favor negotii* apenas para o direito comercial/empresarial.[241]

O caso célebre, sempre lembrado, foi do cidadão mexicano Lizardi, que, aos 23 anos, emitiu uma nota promissória para pagamento de joias compradas de um comerciante parisiense, o qual aceitou a referida nota. Recusando-se, posteriormente, a saldar a nota promissória, Lizardi foi executado perante a Justiça francesa, quando então alegou que, segundo a lei mexicana, somente aos 25 anos de idade atingiria a maioridade e a capacidade para os atos da vida civil. A Corte de Cassação francesa, em 1861, aplicando o princípio do *prélèvement* ou *favor negotii*, reconheceu que se deveria ignorar a norma mexicana, porque não seria aceitável que os cidadãos franceses conhecessem todas as leis do mundo, e assim considerou válida a transação comercial realizada, em benefício do negócio jurídico e dos interesses do comerciante francês.[242]

No Brasil, o Decreto nº 2.044, de 31 de dezembro de 1908, que define a letra de câmbio e a nota promissória e regula as operações cambiais, adotou o *favor negotii* em seu art. 42, parágrafo único, ao aduzir que "[t]endo capacidade pela lei brasileira, o estrangeiro fica obrigado pela declaração, que firmar, sem embargo de sua incapacidade, pela lei do Estado a que pertencer". De lembrar-se que o Brasil, à época, adotava o critério da nacionalidade como definidor do estatuto pessoal. Atualmente, a partir da adoção do critério domiciliar no Brasil, a interpretação do dispositivo passa a ser no sentido de reputar-se responsável cambiariamente a pessoa segundo a lei brasileira, ainda que nos termos da *lex domicilii* seja considerada incapaz.[243]

O princípio do *favor negotii* não se confunde, porém, com o da *norma mais favorável à pessoa*, pois, enquanto aquele procura beneficiar *o negócio jurídico*, este visa à satisfação *do ser humano* (*v.* item 4.8, *infra*).

4.6 Reciprocidade

A exceção de reciprocidade é também um limite à aplicação do direito estrangeiro pelo juiz nacional, porém, raramente utilizada nos dias atuais. Ocorre quando o juiz do foro deixa de aplicar o direito estrangeiro indicado quando percebe que a ordem jurídica a que pertence esse direito também rechaçaria, nas mesmas circunstâncias, a aplicação da lei nacional.

---

[241] Cf. AMORIM, Edgar Carlos de. *Direito internacional privado*, cit., p. 61.

[242] V. ANCEL, Bertrand & LEQUETTE, Yves. *Les grands arrêts de la jurisprudence française de droit international privé*, cit., p. 39-46.

[243] Cf. BATALHA, Wilson de Souza Campos. *Tratado de direito internacional privado*, t. I, cit., p. 254.

Como se nota, a teoria da reciprocidade tem, no plano das relações de DIPr, fundamento na absoluta territorialidade das leis, pelo que "a tolerância do efeito territorial da lei estrangeira fica subordinada ao fato de admitir o Estado, de cuja lei se cogita, que se aplique em seu território a lei dos outros Estados ou, pelo menos, do Estado que tolera aquele efeito".[244]

Contudo, diferentemente de outrora, o que atualmente se presencia é certa indiferença das ordens jurídicas com o papel da reciprocidade no papel de fonte limitadora da aplicação de normas estrangeiras no Estado. De fato, as legislações atuais não têm impedido a aplicação, pelo juiz nacional, da lei estrangeira pelo só fato de aquela impedir a aplicação da lei doméstica em condições idênticas.

No direito brasileiro atual não há uma cláusula *geral* que impeça o juiz nacional de aplicar o direito estrangeiro não recíproco, à exceção *(a)* do caso específico dos direitos dos portugueses com residência permanente no país *(v. infra)*, de quando *(b)* houver tratado internacional que regule diferentemente o tema (como, *v.g.*, nos casos de extradição) ou *(c)* não existir, na ausência de tratado, promessa diplomática de reciprocidade a autorizar pedido de cooperação jurídica internacional.[245] As demais normas brasileiras que se referem à reciprocidade não dizem respeito propriamente ao DIPr e à aplicação do direito estrangeiro, como, *v.g.*, as disposições da Lei de Migração (Lei nº 13.445/2017) relativas à transferência da execução da pena (art. 100, parágrafo único, V), transferência da pessoa condenada (art. 103) e aos valores das taxas e emolumentos consulares (art. 113, § 1º e § 2º, II).

No Império brasileiro, o princípio da reciprocidade aparecia com mais rigidez nos regulamentos e decretos editados pelo Imperador, como fazia, *v.g.*, o Decreto nº 855, de 8 de novembro de 1851, que regulamentava, *inter alia*, o modo pelo qual os agentes consulares estrangeiros podiam intervir na arrecadação e administração das heranças dos súditos de seus respectivos Estados, à condição de reciprocidade. Pelo Decreto, ordenava o Imperador a execução "[d]o Regulamento que com este baixa, regulando as isenções e atribuições dos Agentes Consulares estrangeiros no Império, e o modo por que se hão de haver na arrecadação e administração das heranças de súditos de suas Nações, *dado a caso de reciprocidade...*". Também o Decreto imperial nº 6.982, de 27 de julho de 1878, que regulava a execução das sentenças, cíveis ou comerciais, de tribunais estrangeiros, aludia à reciprocidade no art. 1º, § 1º, ao estabelecer como um dos requisitos para a execução das sentenças estrangeiras no Brasil, "[q]ue a nação, a que pertencem os Juízes ou Tribunais que as proferiram, *admita o princípio da reciprocidade*". Também àquela época, contudo, não havia qualquer cláusula geral que impedisse o julgador de aplicar o direito estrangeiro não recíproco, à exceção das disposições (normas especiais) referidas.

---

[244] ESPINOLA, Eduardo. *Elementos de direito internacional privado*, cit., p. 290.

[245] *V.* CPC/2015, art. 26, § 1º, *verbis*: "Na ausência de tratado, a cooperação jurídica internacional poderá realizar-se com base em reciprocidade, manifestada por via diplomática".

Outra forma pela qual a exceção de reciprocidade aparece diz respeito ao gozo de direitos, pelos estrangeiros, em território nacional. Nesse sentido, a *lex fori* pode prever que não se atribuirão aos estrangeiros no país direitos que os nossos nacionais não teriam naquele Estado. Strenger exemplifica com o direito mexicano, que não admite a propriedade de bens imóveis por parte de estrangeiros. Assim, se um mexicano pretendesse adquirir bem imóvel no Brasil, seria o caso de negar-lhe tal direito à luz da reciprocidade, eis que um brasileiro não poderia ser proprietário de bem imóvel no México.[246]

A reciprocidade, em matéria de gozo de direitos por estrangeiros, vem prevista no art. 16 das disposições preliminares ao Código Civil italiano de 1942, segundo o qual "o estrangeiro pode gozar dos direitos civis atribuídos ao cidadão sob condição de reciprocidade, salvo as disposições contidas em leis especiais".[247] No mesmo sentido, a Constituição brasileira de 1988 estabelece, no art. 12, § 1º, que "aos portugueses com residência permanente no País, se houver reciprocidade em favor de brasileiros, serão atribuídos os direitos inerentes ao brasileiro, salvo os casos previstos nesta Constituição".

A face negativa da reciprocidade é a *retorsão*, que tem lugar quando um Estado se recusa a aplicar a lei estrangeira porque o Estado, a que pertence a lei, não aplica as leis do primeiro.[248] Aqui, como se vê, não se trata de deixar de aplicar a lei estrangeira pelo fato de aquela impedir, em idênticas circunstâncias, a aplicação da lei doméstica, mas de inaplicar a lei estrangeira em razão do rechaço – sem motivo justificável que importe em reciprocidade – da lei nacional pelo Estado estrangeiro. Trata-se de medida, atualmente, injustificável, especialmente por não levar em conta que, no centro da relação jurídica, há sempre uma *pessoa* que necessita, para galgar seu direito, da aplicação da lei que se pretende retaliar.

1.7 Instituições desconhecidas

Há casos em que a instituição jurídica prevista pela lei estrangeira é totalmente desconhecida do direito pátrio, quando, então, o seu reconhecimento pelo juiz nacional pode apresentar limites. Muitos institutos previstos no direito islâmico são, *v.g.*, totalmente desconhecidos da legislação brasileira (bem assim de vários países do mundo); também o direito inglês contém institutos não encontráveis no direito brasileiro, de que é exemplo o *trust*. Nesses casos, o juiz nacional pode ficar impossibilitado de aplicar, na ordem interna, a instituição estrangeira tal qual conhecida perante a *lex causae*, tendo em vista a inexistência do instituto em questão no direito do foro. Há casos, porém, em que será possível ao juiz nacional atribuir

---

[246] STRENGER, Irineu. *Direito internacional privado*, cit., p. 428-429.

[247] Caso típico, na Itália, diz respeito à aquisição de bens imóveis situados no país. *v.* BALLARINO, Tito (*et al.*). *Diritto internazionale privato italiano*, cit., p. 104-105.

[248] Cf. BATALHA, Wilson de Souza Campos. *Tratado de direito internacional privado*, t. I, cit., p. 255.

efeitos internos à instituição estrangeira desconhecida, se houver no direito interno instituição jurídica *análoga* em condições de ser aplicada.

Já se falou (*v.* Cap. IV, item 4.1, *supra*) que deve haver dupla qualificação quando se está diante de instituto jurídico desconhecido: a primeira (prejudicial), realizada pela *lex fori* (visando saber se o instituto é realmente desconhecido do direito nacional); e a segunda (qualificação propriamente dita), para aferir se a instituição desconhecida pode ou não ser qualificada entre as instituições nacionais análogas.[249]

Tal demonstra que o simples desconhecimento de certa instituição estrangeira pela ordem doméstica não é óbice a que o juiz do foro a conheça e dela tire consequências jurídicas, caso não haja, evidentemente, violação da soberania ou da ordem pública do Estado do foro.[250] O divórcio, *v.g.*, era instituto desconhecido do direito brasileiro até a promulgação da Lei nº 6.515, de 26 de dezembro de 1977, e, ainda assim, o STF homologava sentenças estrangeiras de divórcio, equiparando-as às sentenças de *desquite* (esse era o instituto de dissolução da sociedade conjugal até então conhecido no Brasil) para fins de divisão patrimonial. Entendia-se que se o direito estrangeiro admite o divórcio, *plus*, razão não haveria para inadmitir o desquite, *minus*.[251] O STF também já homologou, em 1933, decreto de divórcio proferido pelo Rei da Dinamarca,[252] entendendo-o como "sentença" emanada de "tribunal" estrangeiro para fins de homologação, eis que o Rei, nesse caso, estava a praticar atos equiparados aos de um órgão judicante quando decretava o divórcio.[253] Tal significa, repita-se, que o desconhecimento do instituto estrangeiro pelo direito pátrio não impede o juiz do foro de conhecê-lo e dele extrair efeitos jurídicos.

É evidente, porém, que nem sempre é fácil resolver, na prática, todos os problemas apresentados. Veja-se, a propósito, o exemplo de Strenger: "Certos ordenamentos jurídicos, por exemplo, preveem a hipoteca sobre coisa móvel. Ainda que se admitisse em tese não ferir a ordem pública a existência de uma hipoteca sobre bem móvel no Brasil, haveria a impossibilidade de sua inscrição, porque não há previsão para este tipo de registro. Neste caso, a solução melhor seria afastar totalmente a aplicação dessa legislação estrangeira".[254] Tal demonstra que, ainda que o instituto estrangeiro não fira a ordem pública nacional, imperativos de índole legislativa podem impedir que se conheça da questão *sub judice*, especialmente se não restar autorizada a subsunção a instituições ou a procedimentos análogos. Cada caso concreto, contudo, deve ser analisado de per si pelo juiz.

---

[249]   *V.* TENÓRIO, Oscar. *Direito internacional privado*, vol. I, cit., p. 343-344.

[250]   Cf. STRENGER, Irineu. *Direito internacional privado*, cit., p. 431.

[251]   *V.* DOLINGER, Jacob. *Direito internacional privado...*, cit., p. 286.

[252]   Sentença Estrangeira nº 912, j. 31.01.1933, *Arquivo Judiciário*, vol. 29, p. 248-261.

[253]   *V.* BARBOSA MOREIRA, José Carlos. *Comentários ao Código de Processo Civil*, vol. V (arts. 476 a 565). 7. ed. rev. e atual. Rio de Janeiro: Forense, 1998, p. 71-72; e JATAHY, Vera Maria Barrera. *Do conflito de jurisdições...*, cit., p. 206-210.

[254]   STRENGER, Irineu. *Direito internacional privado*, cit., p. 431.

Cite-se, mais uma vez, a respeito do tema da instituição desconhecida, o disposto no art. 3º da Convenção Interamericana sobre Normas Gerais de Direito Internacional Privado, de 1979:

> Quando a lei de um Estado Parte previr instituições ou procedimentos essenciais para a sua aplicação adequada e que não sejam previstos na legislação de outro Estado Parte, este poderá negar-se a aplicar a referida lei, desde que não tenha instituições ou procedimentos análogos.

Tais procedimentos análogos referidos pela norma citada são aqueles encontráveis pelos métodos da adaptação ou aproximação, já estudados (*v.* Cap. IV, item 4.4, *supra*). Daí o motivo pelo qual muitos autores entenderem que a lacuna no tratamento do tema nas normas de direito internacional positivo – à exceção do citado art. 3º da Convenção Interamericana sobre Normas Gerais de Direito Internacional Privado – é decorrência do fato de estar ele integrado à questão da ordem pública e da qualificação.[255] De fato, há íntimas ligações do tema da instituição desconhecida com os da ordem pública e da qualificação; pode-se perfeitamente utilizar da técnica da qualificação para adaptar ou aproximar a instituição desconhecida à ordem jurídica do foro, para que nela seja aplicada.

Sendo, contudo, verdadeiramente impossível ao juiz do foro adaptar ou aproximar a questão jurídica por meio de instituições ou procedimentos análogos, a única alternativa viável será a negativa de aplicação da lei estrangeira indicada.

4.8 *Norma mais favorável à pessoa*

As normas contemporâneas de DIPr têm privilegiado cada vez mais os interesses dos seres humanos (princípio *pro homine*) na aplicação das regras de conflito, antes frio e caprichoso jogo de leis, hoje sistema voltado à proteção da pessoa (*v.* Cap. VIII, item 3, *infra*). Daí a sua diferença com o princípio *favor negotii* já analisado (*v.* item 4.5, *supra*). Assim, quando atualmente se fala em norma *mais favorável*, se está a levar em conta que existe, no centro da relação jurídica, um *sujeito* de direitos a merecer devida atenção do Estado, inclusive no sentido de serem as regras de conexão pertinentes coerentemente aplicadas; somente depois, então, se vai perquirir da validade e eventual *negócio jurídico* e de sua salvaguarda. Há, aqui, como se nota, um problema de sopesamento a cargo do julgador, a envolver interesses pessoais e negociais distintos no bojo de uma questão jurídica interconectada.

O princípio da norma mais favorável à pessoa pode vir, não raro, expressamente estabelecido em norma de DIPr da *lex fori*, tal como fez a Constituição brasileira de 1988, no art. 5º, XXXI, segundo o qual "a sucessão de bens de estrangeiros situados no País será regulada pela lei brasileira em benefício do cônjuge ou dos filhos brasileiros, sempre que não lhes seja mais favorável a lei pessoal do *de cujus*".

---

[255] Cf. DOLINGER, Jacob. *Direito internacional privado...*, cit., p. 446.

A mesma regra foi repetida pelo art. 10, § 1º, da LINDB.[256] Em tais casos, como se percebe, o princípio é via de mão dupla, pois beneficia a aplicação de qualquer lei (a nacional ou a estrangeira) mais favorável à pessoa.[257]

Certo é que o princípio da norma mais favorável à pessoa excepciona a lei indicada pela norma conflitual para o fim de criar conexão *nova* à questão *sub judice*, vindo ao encontro do espírito do DIPr pós-moderno de buscar soluções cada vez mais próximas *à pessoa* do que propriamente ao frígido jogo legislativo. Daí tudo o que for *menos benéfico* à pessoa há de ceder em razão da norma a ela mais favorável, sobretudo nas relações familiares, nas que envolvem incapazes e nas atinentes a minorias ou grupos vulneráveis.

Em suma, o princípio da norma mais favorável é elemento de conexão original no DIPr, voltado à melhor proteção da pessoa em todos os âmbitos. Seu melhor fundamento é, sem dúvida, a dignidade da pessoa humana, que serve como *força de atração* para a aplicação da norma (nacional ou estrangeira) que mais beneficia o sujeito de direitos em determinado caso concreto.[258]

5. Cooperação jurídica internacional

Estudados a aplicação do direito estrangeiro pelo juiz nacional e os limites à aplicação do direito estrangeiro, cabe agora verificar como devem cooperar as autoridades judiciárias estrangeiras para que o DIPr logre completa efetivação. É dizer, mister verificar como se dá o cumprimento além-fronteiras de decisões tomadas pelo Poder Judiciário de determinado Estado. A importância do tema, como se nota, decorre da cada vez mais crescente internacionalização da vida privada, a demandar o cumprimento efetivo das decisões estrangeiras no Brasil e das brasileiras no exterior. De fato, sem a cooperação jurídica entre os Estados o DIPr não atingiria sequer parcela de seu desiderato, tornando-se ainda mais imperfeito e inoperante. Em suma, para falar como Haroldo Valladão, "[a] cooperação internacional, hoje mais do que nunca é um imperativo da vida humana, *e a cooperação interjudicial dos Estados é uma necessidade indeclinável*" (grifo do original).[259]

Certo é que, dada a limitação territorial do Poder Judiciário de cada Estado, a cooperação jurídica internacional há de reger-se, *a priori*, por tratados internacionais específicos, nada impedindo, porém, que também se operacionalize à base de

---

[256] Redação dada pela Lei nº 9.047/95. Para uma visão anterior da regra, *v.* VALLADÃO, Haroldo. O princípio da lei mais favorável no DIP. *Revista da Faculdade de Direito da Universidade de São Paulo*, vol. 76 (1981), p. 58-59.

[257] Para detalhes, *v.* Parte II, Cap. IV, item 3, *infra*.

[258] Cf. JAYME, Erik. Identité culturelle et intégration..., cit., p. 83.

[259] VALLADÃO, Haroldo. *Direito internacional privado*, vol. III (Parte Especial: conflitos de leis comerciais, cambiais, falimentares, marítimas, aeroespaciais, industriais, trabalhistas, processuais, penais, administrativas, fiscais e eclesiásticas). Rio de Janeiro: Freitas Bastos, 1978, p. 172.

promessa de reciprocidade, manifestada pela via diplomática (CPC, art. 26, *caput* e § 1º). Tal reciprocidade, contudo, não é exigida para a homologação de sentenças estrangeiras, ficando os Estados livres para lidar com o tema segundo o que dispuser a sua legislação interna (art. 26, § 2º).

No Brasil, a cooperação jurídica internacional deve observar as seguintes condições, segundo o CPC: (i) respeito às garantias do devido processo legal no Estado requerente; (ii) igualdade de tratamento entre nacionais e estrangeiros, residentes ou não no Brasil, em relação ao acesso à justiça e à tramitação dos processos, assegurando-se assistência judiciária aos necessitados; (iii) publicidade processual, exceto nas hipóteses de sigilo previstas na legislação brasileira ou na do Estado requerente; (iv) existência de autoridade central para recepção e transmissão dos pedidos de cooperação; e (v) espontaneidade na transmissão de informações a autoridades estrangeiras (art. 26, I a V).

Fica, de qualquer sorte, vedada na cooperação jurídica internacional a prática de atos que *contrariem* ou que produzam *resultados incompatíveis* com as normas fundamentais que regem o Estado brasileiro (art. 26, § 3º). É dizer, todos os atos jurídicos que pretendam cumprimento extraterritorial, mas que vão de encontro às normas fundamentais que regem o nosso Estado, terão efeitos cortados perante a ordem jurídica local. Dentre as normas fundamentais que regem o Estado brasileiro encontram-se, à evidência, todas as provindas de tratados internacionais de direitos humanos em vigor no Brasil. As normas internacionais de direitos humanos, não há dúvidas, são *balizas* que também cortam efeitos às medidas de cooperação quando afrontadas, garantindo ao DIPr aplicação equânime à base de valores maiores que a sociedade internacional entendeu por bem preservar.

Nos termos do art. 27, I a VI, do CPC, são *objetos* da cooperação jurídica internacional: (i) a citação, intimação e notificação judicial e extrajudicial;[260] (ii) a colheita de provas e obtenção de informações; (iii) a homologação e cumprimento de decisão; (iv) a concessão de medida judicial de urgência; (v) a assistência jurídica internacional; e (vi) qualquer outra medida judicial ou extrajudicial não proibida pela lei brasileira (este último é considerado um objeto amplo, que vai ao encontro de um Estado que se pretende cada vez mais *cooperativo*). Na ausência de designação específica, caberá ao Ministério da Justiça exercer as funções de autoridade central no Brasil (art. 26, § 4º).

Neste tópico, merecem ser estudadas as três mais importantes medidas de cooperação jurídica internacional em matéria cível, quais sejam: a homologação de sentenças estrangeiras, o auxílio direto e as cartas rogatórias.

---

[260] O Brasil é parte (com reserva aos arts. 8º e 10) da Convenção Relativa à Citação, Intimação e Notificação no Estrangeiro de Documentos Judiciais e Extrajudiciais em Matéria Civil e Comercial, firmada na Haia em 15 de novembro de 1965 (promulgada pelo Decreto nº 9.734, de 20.03.2019). O instrumento viabiliza que os documentos judiciais e extrajudiciais que devam ser objetos de citação, intimação ou notificação no estrangeiro sejam levados ao conhecimento do destinatário em tempo hábil.

5.1 Homologação de sentenças estrangeiras

Haveria completa incoerência se a ordem jurídica doméstica autorizasse a aplicação do direito estrangeiro pelo juiz nacional e não permitisse que as sentenças proferidas alhures lograssem quaisquer efeitos no Estado do foro. Se determinada relação jurídica já foi objeto de decisão em país estrangeiro, e se, no Estado do foro, tal relação se repete, não haveria qualquer razão (até por questão de economia processual) para deixar de reconhecer eficácia interna ao que ali se decidiu, guardados, evidentemente, os requisitos de admissibilidade estabelecidos pela *lex fori*.[261] É dizer, se é certo que nenhum Estado distribui justiça para fora de sua jurisdição, não é menos verdade que – como afirma Amilcar de Castro – "nada impede, e tudo aconselha, que no *forum* se atribua validade a atos judiciais emanados de países estrangeiros, assim como se atribui valor a atos praticados pelos particulares".[262] De fato, a completude do sistema de DIPr restaria prejudicada se apenas as *normas* estrangeiras pudessem ser aplicadas no foro, não as *sentenças* prolatadas além-fronteiras, dados os casos em que os tribunais estrangeiros concorrem com os nacionais para a aplicação da justiça. Daí o motivo pelo qual tanto a Constituição (art. 105, I, *i*), quanto a LINDB (art. 15) e o Código de Processo Civil (arts. 960 a 965) autorizam a *homologação* de decisões proferidas no estrangeiro para que surtam os devidos efeitos no Brasil.

As razões para que se reconheçam efeitos no foro às sentenças proferidas por tribunais estrangeiros são *práticas*. A primeira decorre da garantia de preservação dos direitos adquiridos no exterior, e, a segunda, da asseguração às partes de que incertezas não serão reinstaladas à custa do que já deliberado alhures, em homenagem à harmonia e uniformidade do sistema geral de DIPr.[263]

Entre nós, salvo disposição especial prevista em tratado, a homologação de decisão estrangeira há de ser requerida ao Superior Tribunal de Justiça por ação de homologação de decisão estrangeira (CPC, art. 960).[264] Trata-se da aplicação do sistema de *delibazione* do direito italiano pós-1942 (hoje alterado pela *Lei de Reforma* de 1995, que reintroduziu na Itália o sistema de eficácia automática das sentenças estrangeiras, guardadas certas condições).[265] Somente após a homologação pelo STJ – a qual poderá, inclusive, ser *parcial* – é que terá a sentença estrangeira *eficácia* no Brasil (CPC, art. 961, *caput* e § 2º). Havendo, porém, tratado internacional entre o Brasil e o Estado

---

[261]   Cf. FERRER CORREIA, A. *Lições de direito internacional privado*, vol. I, cit., p. 453-454.

[262]   CASTRO, Amilcar de. *Direito internacional privado*, cit., p. 551.

[263]   V. FERRER CORREIA, A. *Lições de direito internacional privado*, vol. I, cit., p. 460-461.

[264]   O mesmo vale para as sentenças *arbitrais* estrangeiras, nos termos dos arts. 34 e 35 da Lei nº 9.307/96, *verbis*: "Art. 34. A sentença arbitral estrangeira será reconhecida ou executada no Brasil de conformidade com os tratados internacionais com eficácia no ordenamento interno e, na sua ausência, estritamente de acordo com os termos desta Lei"; "Art. 35. Para ser reconhecida ou executada no Brasil, a sentença arbitral estrangeira está sujeita, unicamente, à homologação do Superior Tribunal de Justiça".

[265]   V. BALLARINO, Tito (*et al.*). *Diritto internazionale privato italiano*, cit., p. 113-122.

Parte I • Cap. VII • APLICAÇÃO DO DIREITO ESTRANGEIRO PELO JUIZ NACIONAL | **225**

de onde proveio a sentença, não há dúvida que a convenção entre as partes prevalecerá às leis nacionais, podendo, *v.g.*, dispensar a homologação nacional e prever a aplicação direta das decisões respectivas em ambos os territórios.[266]

Homologar significa tornar a sentença estrangeira semelhante (em seus efeitos) às sentenças aqui proferidas, utilizando-se como parâmetro as decisões do Judiciário pátrio. Trata-se, portanto, de ato formal que recepciona a sentença alienígena na ordem jurídica nacional, apoiado, contudo, em mero juízo delibatório, pelo qual não se analisa *in foro domestico* senão o preenchimento dos requisitos formais previstos tanto no CPC (art. 963) como na LINDB (art. 15).[267] Significa que o STJ não entra no *mérito* da decisão estrangeira, apenas verificando se os requisitos formais de admissibilidade estão preenchidos (assim também na Alemanha, França, Itália e Portugal).[268] A homologação, ademais, não *cria* eficácia interna às sentenças estrangeiras, senão *autoriza* que tenham efeitos estendidos ao território do Estado onde se pretende que operem (ao que se nomina *importação de eficácia*). Em outros termos, "[r]econhecer uma sentença estrangeira é atribuir-lhe no Estado do foro (Estado requerido, Estado *ad quem*) os efeitos que lhe competem segundo a lei do Estado onde foi proferida (Estado de origem, Estado *a quo*), ou pelo menos alguns desses efeitos".[269] Além disso, não se exige para a homologação qualquer reciprocidade, pois se a admite para as sentenças de todos os Estados, quer com eles se mantenha ou não relações diplomáticas.[270] As decisões interlocutórias (*v.g.*, citações, produção de provas, oitiva de testemunhas, exceções processuais etc.) não são, por sua vez, homologáveis; serão objeto, contudo, de carta rogatória, cuja concessão do *exequatur* também compete ao STJ (CF, art. 105, I, *i*).

Para fins de homologação, "sentença estrangeira" é todo ato jurídico decisório emanado de autoridade estrangeira com *efeitos* de sentença interna, ainda que não se trate, propriamente, do tradicional ato do juiz que "põe fim à fase cognitiva de procedimento comum, bem como extingue a execução" (CPC, art. 203, § 1º). No contexto homologatório, quando se fala em "*sentença* estrangeira" se pretende indicar todo ato proveniente do estrangeiro que, à luz do nosso direito interno, tem as mesmas características e surte os mesmos efeitos das sentenças nacionais, em nada importando se, nos termos da ordem jurídica de origem, não se trata tecnicamente de *sentença* ou não proveio de autoridade propriamente *judiciária*.[271] Há, nesse sentido, exemplos

---

[266] Assim ocorre, *v.g.*, com as adoções de menores certificadas de acordo com a Convenção Relativa à Proteção das Crianças e à Cooperação em Matéria de Adoção Internacional, de 1993 (art. 23, § 1º).

[267] Para o procedimento ante o STJ, *v.* Regimento Interno do tribunal (arts. 216-A a 216-N).

[268] *V.* STJ, SEC 8.847/EX, Corte Especial, Rel. Min. João Otávio de Noronha, j. 20.11.2013, DJe 28.11.2013, *verbis*: "O ato homologatório da sentença estrangeira limita-se à análise dos requisitos formais. Questões de mérito não podem ser examinadas pelo STJ em juízo de delibação, pois ultrapassam os limites fixados pelo art. 9º, *caput*, da Resolução STJ nº 9 de 4/5/2005".

[269] Ferrer Correia, A. *Lições de direito internacional privado*, vol. I, cit., p. 454.

[270] *V.* Valladão, Haroldo. *Direito internacional privado*, vol. III, cit., p. 188.

[271] Cf. Barbosa Moreira, José Carlos. *Comentários ao Código de Processo Civil*, vol. V, cit., p. 71-72; e Ferrer Correia, A. *Lições de direito internacional privado*, vol. I, cit., p. 455-456.

dos mais variados, que vão desde o decreto de divórcio do Rei da Dinamarca (já citado), até decisões proferidas por autoridades administrativas norueguesas e dinamarquesas; por tribunal rabínico israelense; pela Câmara dos Lordes na Inglaterra; e por prefeito de cidade do Japão.[272] Assim, não obstante tais atos não serem eventualmente "sentenças" em seus países de origem, certo é que o STJ os poderá homologar se, pela lei brasileira, tiverem *natureza* de sentença.[273]

Constituem requisitos indispensáveis à homologação da decisão estrangeira: *a*) haver sido proferida por autoridade competente (e ter vindo à luz sem fraude ou qualquer outra mácula capaz de viciar a decisão); *b*) ter sido precedida da regular citação das partes, ainda que verificada a revelia; *c*) ser eficaz (com trânsito em julgado) no país em que proferida; *d*) não ofender a coisa julgada brasileira; *e*) estar acompanhada de tradução oficial ou juramentada, salvo disposição que a dispense prevista em tratado; e *f*) não conter manifesta ofensa à nossa ordem pública[274] (CPC, art. 963, I a VI). Pode-se agregar, também, a não existência de *fraude à lei* como limite autônomo à homologação de sentenças estrangeiras, como ocorre nos divórcios havidos em alguns Estados mexicanos (*v.g.*, divórcios por correspondência e *mills of divorce*).[275] Ainda segundo o CPC, não se homologará a decisão estrangeira na hipótese de competência *exclusiva* da autoridade judiciária brasileira (art. 964). No que tange às hipóteses de competência concorrente, previstas nos arts. 21 e 22 do CPC, há de se configurar a submissão (expressa ou tácita) à jurisdição estrangeira conforme os critérios de apreciação da lei brasileira.[276] Haverá submissão *tácita* do autor, nos termos do art. 322 do Código Bustamante, quando este comparece em juízo para propor a demanda, e do réu, quando este pratica, depois de chamado a juízo, qualquer ato que não seja a apresentação formal de declinatória. O mesmo dispositivo afirma que "[n]ão se entenderá que há submissão tácita se o processo correr à revelia". Por fim, frise-se também que para a homologação nacional de decisão estrangeira será necessário um mínimo de interesse jurídico ao país, sem o que faltará interesse processual à homologação.[277]

---

[272] Cf. Valladão, Haroldo. *Direito internacional privado*, vol. III, cit., p. 196-197; Barbosa Moreira, José Carlos. *Comentários ao Código de Processo Civil*, vol. V, cit., p. 64; Dolinger, Jacob. *A família no direito internacional privado*, t. 1, cit., p. 248-253; Araujo, Nadia de. *Direito internacional privado...*, cit., p. 273-274; e Ferrer Correia, A. *Lições de direito internacional privado*, vol. I, cit., p. 456-460.

[273] *V.* art. 216-A, § 1º, do Regimento Interno do STJ: "Serão homologados os provimentos não judiciais que, pela lei brasileira, tiverem natureza de sentença".

[274] *V.* art. 216-F do Regimento Interno do STJ: "Não será homologada a decisão estrangeira que ofender a soberania nacional, a dignidade da pessoa humana e/ou a ordem pública". Esse o motivo, *v.g.*, pelo qual não se vai homologar sentença de divórcio do direito muçulmano com repúdio (*talak*) imposto à mulher (*v.* STF, Sentença Estrangeira nº 1.914/Líbano, Tribunal Pleno, Rel. Min. Themístocles Cavalcanti, j. 13.12.1967, *DJ* 15.03.1968).

[275] *V.* Valladão, Haroldo. *Direito internacional privado*, vol. III, cit., p. 203.

[276] Cf. Jatahy, Vera Maria Barrera. *Do conflito de jurisdições...*, cit., p. 161.

[277] Com esse fundamento, o STJ deixou de homologar sentença do Equador que condenou a empresa Chevron-Texaco ao pagamento de US$ 18,2 bilhões por danos ambientais causados na Amazônia equatoriana. Na ocasião, entendeu o STJ ser incontroverso que o caso em julga-

Em regra, só se homologam no Brasil sentenças estrangeiras cíveis, não se podendo homologar sentenças penais para fins propriamente *criminais*. O que se permite é que seja homologada sentença penal estrangeira para que da homologação surtam efeitos *civis*, como autoriza o art. 790 do Código de Processo Penal, pelo qual "[o] interessado na execução de sentença penal estrangeira, para a reparação do dano, restituição e outros efeitos civis, poderá requerer ao Supremo Tribunal Federal [hoje, Superior Tribunal de Justiça] a sua homologação, observando-se o que a respeito prescreve o Código de Processo Civil". Na Lei de Migração (Lei nº 13.445/2017) há, contudo, hipótese de homologação pelo STJ de sentença estrangeira criminal para fins de transferência de execução da pena, havendo, para tanto, solicitação de Estado estrangeiro nesse sentido dirigida ao Ministério da Justiça e Segurança Pública. Este órgão, após o exame da presença dos pressupostos formais de admissibilidade exigidos em lei ou em tratado, é responsável pelo encaminhamento do pleito ao STJ para a decisão quanto à homologação (art. 101, § 1); sendo positiva a decisão, transfere-se para o Brasil a execução da pena a que foi condenada a pessoa no exterior.[278]

Destaque-se que o CPC autorizou expressamente a dispensa do procedimento homologatório quando assim previr lei ou tratado (art. 961, *in fine*) e, também, no que tange às sentenças estrangeiras de divórcio *consensual* (art. 961, § 5º).[279] Salvo em tais casos, *todas* as demais sentenças estrangeiras devem ser homologadas pelo STJ para que surtam efeitos no Brasil. Relativamente, porém, às sentenças estrangeiras de divórcio consensual, observe-se o entendimento do STJ de que a dispensa homologatória somente terá lugar quando se tratar de divórcios consensuais *puros*, é dizer, quando na sentença respectiva não se discutirem outras questões para além da mera dissolução do vínculo conjugal. Assim, quando na sentença estrangeira de divórcio consensual forem discutidos assuntos tais como guarda de filhos, alimentos ou partilha de bens, a homologação perante o STJ far-se-á necessária (aqui se está diante do que o STJ qualifica como sentença de divórcio consensual

---

mento não envolve partes brasileiras ou domiciliadas no país ou fatos ocorridos aqui ou que a sentença impôs qualquer obrigação a ser cumprida no Brasil, bem como que o ordenamento jurídico brasileiro não autoriza ajuizamento de ação executória contra quem não integrou o polo passivo da ação ou quem não é responsável pela execução, sob pena de violação à coisa julgada, ao contraditório e devido processo legal (STJ, SEC 8542/EC, Corte Especial, v.u., Rel. Min. Luis Felipe Salomão, j. 29.11.2017).

[278] Frise-se que o instituto da transferência da execução da pena *não* se aplica aos brasileiros natos, apenas aos estrangeiros e brasileiros naturalizados (estes nas hipóteses do permissivo constitucional do art. 5º, LI, CF). Sobre o tema, *v.* Mazzuoli, Valerio de Oliveira. Transferência da execução da pena a brasileiros natos: o "Caso Robinho" e as relações de cooperação judiciária penal entre Brasil e Itália. *Revista Magister de Direito Penal e Processual Penal*, ano XVIII, nº 108, Porto Alegre, jun./jul. 2022, p. 68-78.

[279] Havia, também, no Brasil, permissivo legal dispensando a homologação das sentenças "meramente declaratórias do estado das pessoas" (LINDB, art. 15, parágrafo único). Tal norma, contudo, foi revogada pela Lei nº 12.036/2009.

qualificada).[280] Em tais casos, portanto, será premente analisar se o divórcio consensual realizado no exterior é *puro* (caso em que se dispensa a homologação) ou é *qualificado* (quando a homologação passa a ser de rigor). Sendo qualificado, não poderá a sentença respectiva ser, *ipsis tantum*, averbada no Registro Civil das Pessoas Naturais antes de devidamente homologada pelo STJ, diferentemente de quando se tratar de divórcio consensual puro.

Homologada pelo STJ a sentença estrangeira, ela passará a valer no Brasil como título executivo judicial (CPC, art. 515, VIII) e poderá, a partir daí, ser executada perante o juízo cível competente (CPC, art. 516, III). A execução da decisão estrangeira homologada faz-se por carta de sentença no juízo federal respectivo, a requerimento da parte, conforme as normas estabelecidas para o cumprimento de decisão nacional (CPC, art. 965; RISTJ, art. 216-N). Nos termos da Instrução Normativa STJ/GP nº 11, de 11 de abril de 2019, a expedição de carta de sentença para cumprimento de decisão estrangeira homologada pelo STJ dar-se-á de forma eletrônica, após o trânsito em julgado da decisão homologatória (art. 1º). Conforme a normativa, a carta será autuada em ordem numérica sequencial de cada exercício, cujo termo será lavrado pela Coordenadoria de Execução Judicial e terá a assinatura eletrônica do presidente do Tribunal (art. 2º, *caput*). Após a assinatura do termo, a carta de sentença será disponibilizada eletronicamente nos autos para os seguintes fins: *a)* cumprimento de decisão estrangeira perante o juízo federal competente, nos termos do art. 965 do CPC; *b)* averbação de divórcio ou separação judicial perante os Cartórios de Registros Civis de Pessoas Naturais; e *c)* para outros interesses da parte no cumprimento da decisão homologatória no âmbito judicial, administrativo ou extrajudicial (art. 3º, I a III).

Por fim, frise-se que a existência de demanda – com as mesmas partes e o mesmo objeto – perante a justiça brasileira não impede a homologação de decisão estrangeira sobre a mesma lide. Havendo processo em curso no Brasil sobre a mesma lide, a homologação da sentença estrangeira pelo STJ dá causa à extinção do processo brasileiro sem resolução de mérito, pelo reconhecimento da existência de coisa julgada (CPC, art. 485, V). Se, porém, concorrerem a coisa julgada estrangeira (materializada internamente a partir da decisão homologatória do STJ) e a coisa julgada brasileira, terá prevalência a que primeiro transitar em julgado.[281]

---

[280] V. STJ, SE 15.079/ES, Decisão Monocrática, Rel. Min. Francisco Falcão, j. 05.04.2016: "O presente caso versa sobre sentença estrangeira relativa a divórcio consensual qualificado, que, além da dissolução do matrimônio, compreende disposição sobre guarda de filhos menores. Tendo em vista o início de vigência do novo Código de Processo Civil no dia 18.3.2016, de acordo com o qual esse tipo de sentença estrangeira continua exigindo homologação do Superior Tribunal de Justiça, cite-se a parte requerida, por carta de ordem, no endereço indicado na inicial". No mesmo sentido, *v.* STJ, SE 15.204/DE, Decisão Monocrática, Rel. Min. Francisco Falcão, j. 21.03.2016; e STJ, SE 15.181/DE, Decisão Monocrática, Rel. Min. Francisco Falcão, j. 05.04.2016.

[281] V. STJ, SEC 14.518-IE, Corte Especial, Rel. Min. Og Fernandes, j. 29.03.2017, *DJ* 04.04.2017.

5.2 Auxílio direto

O auxílio direto tem lugar quando a medida exterior não decorrer diretamente de decisão de autoridade jurisdicional estrangeira a ser submetida a juízo de delibação no Brasil (CPC, art. 28).[282] Isto é, caberá a solicitação de auxílio direto ao Brasil quando desnecessária qualquer análise delibatória pelo STJ, quer relativa ao *exequatur* às cartas rogatórias ou à homologação de sentenças estrangeiras.[283] Assim, no auxílio direto, diferentemente das demais medidas de cooperação jurídica internacional, não há ordem de execução a ser submetida a juízo prévio de delibação nacional. Sua solicitação se efetiva com o simples encaminhamento pelo órgão estrangeiro interessado à autoridade central brasileira, cabendo ao Estado requerente assegurar a autenticidade e a clareza do pedido (CPC, art. 29).

A finalidade do auxílio direto é, como se nota, simplificar e agilizar a cooperação jurídica entre Estados, dada a morosidade dos procedimentos cooperativos ainda presentes nas ordens jurídicas de diversos países. Por meio dele, as autoridades centrais colaboram, umas com as outras, relativamente à solicitação do auxílio direto em causa, sem a necessidade de ordem de execução interna levada a efeito por juízo delibatório, guardadas, porém, as particularidades de cada ordenamento jurídico. No Brasil, cabe ao Ministério da Justiça as funções de autoridade central, por meio do Departamento de Recuperação de Ativos e Cooperação Jurídica Internacional.[284] Havendo, contudo, previsão específica em lei ou em tratado poderão outros órgãos servir de autoridade central brasileira (como, *v.g.*, a Procuradoria--Geral da República nos casos de prestação de alimentos no estrangeiro).

O auxílio direto poderá ser *ativo* ou *passivo*. No primeiro caso, tem-se a solicitação de auxílio direto pelo Brasil a outro Estado estrangeiro, e, no segundo, o requerimento de auxílio realizado por Estado estrangeiro ao Brasil.

O objeto de cada auxílio direto vem definido em tratados internacionais de que o Brasil é parte, os quais especificam o seu âmbito de aplicação, as condições do auxílio e as funções (gerais e específicas) das autoridades centrais.[285] O CPC, porém, elenca os objetos *mínimos* do auxílio direto, para além dos casos previstos em tratados, quais sejam: (i) a obtenção e prestação de informações sobre o ordenamento jurídico e sobre processos administrativos ou jurisdicionais findos ou em curso; (ii) a colheita

---

[282] Sobre o tema à égide do CPC/1973, *v.* LOULA, Maria Rosa Guimarães. *Auxílio direto*: novo instrumento de cooperação jurídica internacional civil. Belo Horizonte: Forum, 2010.

[283] No âmbito do STJ, a referência ao "auxílio direto" encontrou lugar, pela primeira vez, na Resolução nº 9, de 04.05.2005, que dispunha, em caráter transitório, sobre a competência acrescida ao tribunal pela EC 45/2004 (art. 7º, parágrafo único). A matéria, depois, foi devidamente incorporada ao RISTJ (art. 216-O, § 2º).

[284] *V.* Decreto nº 9.360/2018, art. 12, IV.

[285] A título exemplificativo, *v.* a Convenção sobre os Aspectos Civis do Sequestro Internacional de Crianças (Haia, 1980), promulgada pelo Decreto nº 3.413/2000, e a Convenção sobre Cobrança Internacional de Alimentos para Crianças e Outros Membros da Família (Haia, 2007), promulgada pelo Decreto nº 9.176/2017.

de provas, salvo se a medida for adotada em processo, em curso no estrangeiro, de competência exclusiva de autoridade judiciária brasileira; ou (iii) qualquer outra medida judicial ou extrajudicial não proibida pela lei brasileira (art. 30, I a III).

Cabe à autoridade central brasileira comunicar-se diretamente com suas congêneres estrangeiras e, se necessário, com outros órgãos estrangeiros responsáveis pela tramitação e pela execução de pedidos de cooperação enviados e recebidos pelo Brasil, respeitadas as disposições específicas constantes de tratados internacionais (art. 31).

Caso o auxílio direto seja requerido para a prática de atos que, segundo a lei brasileira, não necessitem de prestação jurisdicional, deverá a autoridade central brasileira, independentemente de qualquer outra condição, adotar as providências necessárias para o seu cumprimento (art. 32). Assim, *v.g.*, é a solicitação de auxílio direto para o fim de conhecer a localização e a quantidade de bens imóveis de propriedade de um indivíduo no Brasil, podendo a autoridade central brasileira requerer junto aos órgãos competentes (ofícios registrais) as informações requeridas e enviá-las diretamente à autoridade central do Estado requerente. Nessa hipótese, como a pesquisa sobre a propriedade de bens imóveis no Brasil é pública, independendo de prestação jurisdicional, deverá a autoridade central brasileira adotar diretamente as providências necessárias para o seu efetivo cumprimento.

Quando, porém, a solicitação de auxílio direto passivo depender de prestação jurisdicional, deverá a autoridade central brasileira (receptora do pedido) encaminhá-la à Advocacia-Geral da União, que requererá em juízo a medida solicitada (art. 33). Nos casos, contudo, em que a autoridade central brasileira for o Ministério Público, este próprio requererá em juízo a medida pleiteada, sem a participação da AGU (art. 33, parágrafo único). Assim é o caso, *v.g.*, de o Estado estrangeiro pretender informações fiscais ou bancárias de certo indivíduo no Brasil. Não havendo sentença sobre a quebra do sigilo fiscal ou bancário no Estado de origem – a qual demandaria homologação pelo STJ –, competirá às autoridades centrais brasileiras (AGU ou MPF, a depender do caso) deflagrar pedido judicial para a efetivação da medida.

A competência para apreciar o pedido de auxílio direto passivo que demande prestação de atividade jurisdicional é do juízo federal do lugar em que deva ser executada a medida (art. 34).

5.3 Cartas rogatórias

As cartas rogatórias, tradicionais em nosso sistema processual civil, têm por objeto o cumprimento, em país estrangeiro, de atos jurisdicionais tanto *ordinários* (*v.g.*, citações, intimações e notificações), como *instrutórios* (*v.g.* oitiva de testemunhas e realização de perícias) e *executórios* (*v.g.*, cumprimento de sentenças, cautelares e medidas restritivas).[286] Trata-se de ato de cooperação jurídica internacional sem o qual o DIPr seguramente não lograria os resultados pretendidos *sub judice*.

---

[286] Seus requisitos formais vêm expressos no art. 260 do CPC, quais sejam: I – a indicação dos juízes de origem e de cumprimento do ato; II – o inteiro teor da petição, do despacho judicial e

Parte I • Cap. VII • APLICAÇÃO DO DIREITO ESTRANGEIRO PELO JUIZ NACIONAL | **231**

Assim como o auxílio direto, as cartas rogatórias podem ser *ativas* ou *passivas*. Serão ativas quando solicitadas por órgão jurisdicional brasileiro (num processo em curso) a um órgão jurisdicional estrangeiro,[287] e passivas quando solicitadas por órgão jurisdicional estrangeiro a um órgão jurisdicional brasileiro. Nesse último caso, para que surtam efeitos no Brasil, dependerão de *exequatur* (o "cumpra-se") de competência do Superior Tribunal de Justiça, conforme determina a Constituição (art. 105, I, *i*).

O trâmite de cada qual (das cartas rogatórias *ativas* e *passivas*) guarda diferenças singulares, reguladas pelo CPC/2015. Assim, no que tange às cartas rogatórias ativas, deverá a autoridade judiciária brasileira (autoridade rogante) encaminhar o pedido de cooperação jurídica internacional à autoridade central (Ministério da Justiça ou Ministério Público Federal, conforme o caso) para que esta a envie ao Estado requerido para dar-lhe andamento (CPC, art. 37).[288] O pedido de cooperação oriundo de autoridade brasileira competente e os documentos anexos que o instruem serão encaminhados à autoridade central, acompanhados de tradução para a língua oficial do Estado requerido (art. 38).

O procedimento do *exequatur* perante o STJ – no caso das cartas rogatórias passivas – é de jurisdição contenciosa, nele se assegurando às partes todas as garantias do devido processo legal. Em tal caso, caberá à autoridade central estrangeira encaminhar a rogatória à autoridade central brasileira, a qual a remeterá ao STJ para a concessão do *exequatur*. Havendo manifesta ofensa à ordem pública brasileira, deverá o *exequatur* ser, evidentemente, recusado pelo tribunal (CPC, art. 39). Exemplo de ofensa à ordem pública colhe-se no julgamento de carta rogatória em que a República Argentina solicitava fosse uma testemunha ouvida em sua embaixada no Brasil, por juiz argentino para tal designado, tendo o *exequatur* sido negado ao argumento de que viola a soberania nacional autorizar que juiz estrangeiro ouça testemunha no Brasil, pois a Constituição de 1988 atribui apenas à magistratura federal de primeira instância a competência para promover, em território brasileiro, a execução de carta rogatória após o *exequatur* (art. 109, X).[289]

Nada impede, contudo, que a parte apresente *diretamente* a carta rogatória no Protocolo do STJ para o devido *exequatur*, vez que não há proibição para tanto nas normas do CPC.[290] Tal se abstrai, inclusive, do próprio Código de Processo em seu art.

---

do instrumento do mandato conferido ao advogado; III – a menção do ato processual que lhe constitui o objeto; e IV – o encerramento com a assinatura do juiz. Nos termos do art. 263 do CPC, "[a]s cartas deverão, preferencialmente, ser expedidas por meio eletrônico, caso em que a assinatura do juiz deverá ser eletrônica, na forma da lei".

[287] *V.* art. 237, II, do CPC.

[288] A designação de autoridades centrais (como, *v.g.*, o Ministério Público Federal) pode provir de autorização dos tratados internacionais em vigor no Brasil.

[289] STF, CR 8.577/República Argentina, Rel. Min. Celso de Mello, j. 19.02.1999, *DJ* 01.03.1999.

[290] Assim, no direito anterior, VALLADÃO, Haroldo. *Direito internacional privado*, vol. III, cit., p. 177.

41, que considera "*autêntico* o documento que instruir pedido de cooperação jurídica internacional, inclusive tradução para a língua portuguesa, *quando encaminhado ao Estado brasileiro por meio de autoridade central ou por via diplomática*, dispensando--se ajuramentação, autenticação ou qualquer procedimento de legalização". Assim, como se nota, fica aberta, pela norma do *Codex*, a possibilidade de os pedidos *não serem encaminhados* por meio de autoridade central ou por via diplomática, caso em que, no entanto, os procedimentos de legalização documental far-se-ão necessários, por não serem os atos respectivos considerados autênticos *ipsis juris*.

Segundo o Regimento Interno do STJ, compete ao Presidente da corte conceder *exequatur* às cartas rogatórias, tenham elas por objeto atos decisórios ou não decisórios (RISTJ, art. 216-O e § 1º). Se o pedido de cooperação jurídica internacional tiver por objeto ato que não enseja juízo delibatório do STJ, ainda que denominado carta rogatória, será encaminhado ou devolvido ao Ministério da Justiça para as providências necessárias ao cumprimento por auxílio direto (RISTJ, art. 216-O, § 2º).

No procedimento de *exequatur* de cartas rogatórias perante o STJ a defesa deve restringir-se à discussão quanto ao atendimento dos requisitos para que o pronunciamento judicial estrangeiro produza efeitos no Brasil, vedando-se a revisão de mérito do pronunciamento judicial estrangeiro pela autoridade judiciária brasileira (CPC, art. 36, *caput*, §§ 1º e 2º).

O cumprimento das cartas rogatórias, após o *exequatur* do STJ, é de competência do juiz federal do local em que deverão ser cumpridas, conforme o art. 109, X, da Constituição. O modo para tanto vem previsto no art. 12, § 2º, da LINDB, segundo o qual "[a] autoridade judiciária brasileira cumprirá, concedido o *exequatur* e segundo a forma estabelecida pela lei brasileira, as diligências deprecadas por autoridade estrangeira competente, observando a lei desta, quanto ao objeto das diligências".

Cumprida a carta rogatória ou verificada a impossibilidade de seu cumprimento, será devolvida ao Presidente do STJ no prazo de dez dias, o qual a remeterá, em igual prazo, por meio do Ministério da Justiça ou do Ministério das Relações Exteriores, à autoridade estrangeira de origem (RISTJ, art. 216-X).

Havendo tratados (normas especiais) sobre cartas rogatórias, suas disposições prevalecem às nossas leis internas. Destaque-se, a esse respeito, a Convenção Interamericana sobre Cartas Rogatórias de 1975,[291] aplicável às cartas rogatórias expedidas em processos relativos a matéria civil ou comercial pelas autoridades judiciárias de um dos Estados-partes e que tenham por objeto (*a*) a realização de atos processuais de mera tramitação, tais como notificações, citações ou emprazamentos no exterior, e (*b*) o recebimento e obtenção de provas e informações no exterior, salvo reserva expressa a tal respeito (art. 2º). Em 8 de maio de 1979, aprovou-se um Protocolo Adicional

---

[291] Promulgada no Brasil pelo Decreto nº 1.899, de 09.05.1996.

à Convenção Interamericana sobre Cartas Rogatórias,[292] para o fim de (*a*) obrigar os Estados-partes na Convenção a designar as respectivas autoridades centrais, (*b*) padronizar as solicitações de assistência judicial, por meio de formulários-padrão impressos nos quatro idiomas oficiais da OEA, bem assim (*c*) definir os procedimentos de transmissão e diligenciamento das cartas.

6. Conclusão

Ao longo deste Capítulo foi possível perceber quanta dificuldade há para o juiz na aplicação do direito estrangeiro, a começar pela sua pesquisa e exata compreensão, cercadas, quase sempre, de grandes desafios. Dificuldades linguísticas, de interpretação e de conhecimento do verdadeiro significado de uma norma estranha são apenas alguns pontos que demonstram os problemas que pode ter o juiz, na prática, para a aplicação escorreita da norma estrangeira indicada pela regra de DIPr da *lex fori*. Tais dificuldades, no entanto, não podem servir de argumento para que não se aplique (bem aplique) o direito estrangeiro indicado.

Ainda que não alegada pelas partes, como já se verificou, é obrigação do juiz aplicar *ex officio* a norma estrangeira indicada, não em razão desta própria, mas em observância a uma norma interna de ordem pública (a norma de DIPr da *lex fori*) que exige sejam atribuídos, no foro, efeitos concretos à norma estranha indicada, como direito mesmo, não como simples fato, quando então a ordem estrangeira passa a compor (integrar) o direito nacional na resolução do problema jurídico interconectado que *sub judice* se apresenta.

Enquanto o *Direito Uniforme* não logra a missão (talvez impossível) de uniformizar as regras conflituais relativas a todos os ramos do Direito, o certo é que o preparo dos juízes nacionais em matéria de direito internacional (privado ou público) se impõe. Cada vez mais deve o magistrado especializar-se em matéria de DIPr, sobretudo no atual momento histórico, em que se vive intensa internacionalização das relações humanas.

Não há de ser admitida, pelo argumento que se pretenda, a rejeição de uma demanda por não ter o juiz logrado encontrar (inclusive com o auxílio das partes) o direito estrangeiro aplicável, até mesmo porque, já se viu, o direito brasileiro prevê alternativas capazes de levar o magistrado – no caso extremo de terem sido esgotadas todas as alternativas possíveis para o conhecimento do teor e da vigência da norma estrangeira – a uma solução final que seja, no mínimo, *coerente*.

---

[292] Promulgado no Brasil pelo Decreto nº 2.022, de 07.10.1996.

Capítulo VIII

Direito Internacional Privado Pós-Moderno

1. Introdução

É chegado o momento de investigar as novas tendências do DIPr, responsáveis por direcionar as medidas legislativas e as decisões judiciárias em matéria de conflitos de leis doravante.

De fato, o DIPr atual vem passando por transformações jamais sentidas, que estão a demandar detida análise e compreensão. A principal delas liga-se à influência que os valores pós-modernos[1] têm exercido sobre as ciências jurídicas em geral,[2] e sobre o DIPr, em especial.[3]

Somente a compreensão desse *novo DIPr* – ou *DIPr pós-moderno* – e de seus valores fundamentais será capaz de conduzir as decisões judiciárias à desejada jus-

---
[1] Sobre a influência desses valores na mudança de estatuto do saber, *v.* LYOTARD, Jean-François. *A condição pós-moderna*. 10. ed. Trad. Ricardo Corrêa Barbosa. Rio de Janeiro: José Olympio, 2008, p. 3-9.
[2] Para uma análise da influência da pós-modernidade no direito em geral, *v.* GHERSI, Carlos Alberto. *La posmodernidad jurídica*: una discusión abierta. Buenos Aires: Gowa, 1999; e BITTAR, Eduardo C. B. *O direito na pós-modernidade (e reflexões frankfurtianas)*. 2. ed. rev., atual. e ampl. Rio de Janeiro: Forense Universitária, 2009.
[3] Sobre a influência da pós-modernidade no DIPr em particular, *v.* especialmente JAYME, Erik. Identité culturelle et intégration..., cit., p. 246-264 (em quem iremos nos fundamentar).

tiça material (retórico-argumentativa, não mais lógico-sistemática ou formalista) fundada no valor da *pessoa* enquanto sujeito de direitos.[4]

2. Diálogo com Erik Jayme

Já se disse (*v.* Cap. I, item 1.3, *supra*) que uma das principais características do DIPr na pós-modernidade é a recepção dos valores dos direitos fundamentais (constitucionais) e dos direitos humanos (decorrentes de tratados internacionais) na técnica habitual de solução dos conflitos de leis estrangeiras no espaço, cujo principal impacto se faz sentir na ampliação da missão tradicional da disciplina rumo à maior "humanização" do método conflitual.

Não apenas, porém, a influência das normas sobre direitos fundamentais e direitos humanos constitui a marca única da pós-modernidade a recair sobre o DIPr, senão também sobre ele operando outros fatores, como bem percebido por Erik Jayme no seu Curso da Haia de 1995.

Nas linhas abaixo pretendeu-se verificar quais esses fatores (valores) contemporâneos a influenciar o DIPr no momento atual, sobretudo o DIPr brasileiro. Em outras palavras, buscou-se compreender os valores elencados pelo mestre de Heidelberg com o fim de aplicá-los ao nosso DIPr.

3. O novo DIPr e os valores pós-modernos

Para falar como Erik Jayme, o DIPr, atualmente, não obstante preservar a sua estrutura tradicional, relativa à resolução dos conflitos de leis no espaço, está, ao mesmo tempo, aberto à realização de novos e importantes valores.[5] Tal significa que o DIPr não deixou de ser a tradicional "ciência dos conflitos de leis", cuja prioridade é resolver conflitos de leis no espaço com conexão internacional, senão que atualmente tem recebido a influência de novos valores, tornando-o mais apto para resolver os problemas típicos da pós-modernidade.

De fato, o DIPr tradicional (savignyano) era, como explica Fernández Rozas, mero "direito de conexão", excessivamente formalista e caprichoso, com regras de conexão predeterminadas, que começaram a sentir certa flexibilização a partir do direito norte-americano (e posteriormente europeu); na doutrina, da mesma forma, foi-se pretendendo cada vez mais superar a função localizadora da norma conflitual à luz de novos *topoi* (linhas de raciocínio; argumentos) centrados na superação do formalismo e da retórica que inspiraram o modelo tradicional.[6] Do método frio

---

[4]   V. Fernández Rozas, José Carlos. Orientaciones del derecho internacional privado en el umbral del siglo XXI, cit., p. 7-10.

[5]   Jayme, Erik. Identité culturelle et intégration…, cit., p. 246.

[6]   Fernández Rozas, José Carlos. Orientaciones del derecho internacional privado en el umbral del siglo XXI, cit., p. 7. Assim também é a tendência do direito argentino atual, como demonstra Dreyzin de Klor, Adriana. A propósito de los principios y las fuentes de las nor-

de localização do direito aplicável, passou-se à busca de um resultado materialmente justo, quer pela escolha do elemento de conexão adequado, quer pelo controle e modelagem da solução material do caso.[7] Essa nova orientação metodológica "está comprometida com uma jurisprudência de interesses e valores, em favor de decisões que, ao solucionar o conflito de leis, não ignorem as consequências do caminho encontrado".[8]

Esses novos valores, que também representam os traços da cultura contemporânea, são, segundo Erik Jayme, essencialmente quatro: o *pluralismo*, a *comunicação*, a *narração* e o *retorno dos sentimentos*.[9] Cada qual há de ser compreendido à luz de sua influência no DIPr atual.

3.1 Pluralismo (diversidade cultural)

O primeiro grande traço da cultura pós-moderna, segundo Erik Jayme, é o *pluralismo*, representado, entre outros, pelo "direito à diferença".[10] De fato, tanto na Europa como em outros continentes se tem notado, com frequência cada vez maior, a aparição de normas internacionais destinadas à garantia da *diversidade cultural*. Essa diversidade não contradiz o ideal maior da proteção dos direitos humanos de *igualdade* entre as pessoas, sem distinção de sexo, raça, língua ou religião, senão apenas acentuando que as situações diferentes devem ser também tratadas diferentemente.[11]

Se é certo que os "diferentes" obtiveram consideráveis vitórias desde o final da Segunda Guerra, não é menos verdadeiro que os seus problemas ainda persistem, principalmente quando se sabe que os *conflitos* surgidos entre essas "diferenças" ainda têm sido resolvidos de modo a não as respeitar (ou, melhor diríamos, de modo a não compreender que a "diferença" exige métodos também "desiguais" de solução de conflitos). Ao menos os sistemas (global e regionais) de proteção dos direitos humanos têm feito a sua parte, podendo-se mesmo dizer que se a igualdade internacionalmente postulada – sobretudo pelas convenções da ONU – ainda não é real, ao menos ela "existe *de jure* em quase todos os países".[12]

---

mas de derecho internacional privado en el Código Civil y Comercial. *Revista de la Facultad*, vol. VI, nº 1, Córdoba, 2015, p. 3-4.

[7] V. Pinheiro, Luís de Lima. *Direito internacional privado*, vol. I, cit., p. 326 (citando Neuhaus); Díaz Labrano, Roberto Ruiz. *Derecho internacional privado...*, cit., p. 202; e Ferrer Correia, A. *Lições de direito internacional privado*, vol. I, cit., p. 133-134.

[8] Araujo, Nadia de. *Direito internacional privado...*, cit., p. 14.

[9] Jayme, Erik. Identité culturelle et intégration..., cit., p. 246-247. Aceitando também esses valores como traços da cultura pós-moderna, v. Casella, Paulo Borba. *Fundamentos do direito internacional pós-moderno*. São Paulo: Quartier Latin, 2008, p. 70-72.

[10] Sobre essa expressão, cf. Dupuy, René-Jean. *La clôture du système international*: la cité terrestre (Grand Prix de Philosophie de l'Académie Française). Paris: PUF, 1989, p. 115.

[11] V. Jayme, Erik. Identité culturelle et intégration..., cit., p. 251.

[12] Lindgren Alves, José Augusto. *Os direitos humanos na pós-modernidade*. São Paulo: Perspectiva, 2005, p. 12.

238 | CURSO DE DIREITO INTERNACIONAL PRIVADO – *Valerio de Oliveira Mazzuoli*

A diversidade cultural, cuja visualização tem se mostrado mais nítida a partir da revolução nas comunicações, tem causado grande impacto no direito em geral e no direito internacional em especial, que têm buscado certa adaptação a tais "diferenças" e procurado "resolver" (sem muita metodologia, é certo, ainda que com boa vontade) os conflitos que entre elas estão a surgir. É nítida, portanto, a conexão entre *cultura* e *direito*, dado que "os aspectos culturais influem decisivamente na validade e eficácia das normas jurídicas", além de reforçarem ou diminuírem "o grau de comprometimento em face dos três complexos de normas que constituem o direito internacional: as regras constitucionais ou princípios normativos fundamentais da política mundial; as regras de coexistência e as regras de cooperação".[13] Nesse sentido, *v.g.*, a Declaração e Programa de Ação de Viena (1993) determina que os Estados levem em consideração, para a proteção dos direitos humanos, as "particularidades nacionais e regionais", assim como "diversos contextos históricos, culturais e religiosos" (item 5). De qualquer sorte, parece certo que o Direito Internacional (notadamente o Direito Internacional dos Direitos Humanos) não tem restado inerte em face dessas transformações. A meta do direito contemporâneo, contudo, é avançar no tema (esse também o papel da doutrina) e transformar a proteção *de jure* presente nas normas internacionais de direitos humanos também em proteção *de facto*, para, somente assim, efetivamente garantir o direito ao pluralismo e à diferença.

Essa constatação, perceba-se, tem notória importância no que tange ao *estatuto pessoal* em DIPr. De fato, como observado por Erik Jayme, a ideia de identidade cultural atribui ao princípio da nacionalidade melhor aptidão para ligar culturalmente uma pessoa a dada ordem jurídica que um vínculo meramente local. Assim, se todas as partes no processo "possuírem a mesma nacionalidade, a aplicação da sua lei nacional parece mais apropriada para salvaguardar a sua identidade cultural".[14]

Em outras situações, a lei nacional que protege a identidade cultural não é levada em consideração, mas, nem por isso, deve ser afastada. A solução mais justa, que garante a identidade cultural nesses casos, seria aplicar a teoria das "duas fases" (*Zweistufentheorie*). Jayme exemplifica a aplicação dessa teoria com um caso julgado pelo tribunal de Hidelberg, que, segundo ele, constituiu "uma decisão exemplar".[15] Tratava-se de ação relativa à validade de um casamento de um homem alemão casado nos Camarões com uma mulher cameronense. À época do casamento, contudo, o homem ainda mantinha vínculo conjugal com uma cidadã do Quênia, posteriormente dissolvido por tribunal alemão. Após a morte do marido, e já instalada na Alemanha, a viúva cameronense pretendeu receber sua pensão por

---

[13] AMARAL JÚNIOR, Alberto do. Entre ordem e desordem: o direito internacional em face da multiplicidade de culturas. *Revista de Direito Constitucional e Internacional*, ano 8, nº 31, São Paulo, abr./jun. 2000, p. 31.

[14] JAYME, Erik. Identité culturelle et intégration..., cit., p. 253.

[15] JAYME, Erik. Idem, p. 254. O caso foi julgado em 15.01.1985 e confirmado pelo Tribunal Superior Regional de Karlsruhe em 12.07.1985 (*v. IPRax*, 1986, p. 165-166).

morte. O Ministério Público ingressou no tribunal com um pedido de nulidade do casamento invocando o instituto da bigamia como causa da nulidade. O tribunal rejeitou a demanda. Não obstante a lei aplicável ser a alemã, que proíbe a poligamia, o tribunal baseou sua decisão na existência de um abuso de direito, levando em conta que a viúva cameronense provinha de uma cultura diferente da alemã, que a fazia crer na validade do matrimônio. Ademais, o tribunal também considerou os fatos de que a viúva sequer falava alemão e vivia num restrito círculo cultural, o que a descontextualizava da ordem cultural alemã. Eis, então, a teoria das "duas fases". O tribunal submeteu a validade do casamento de um alemão com uma cameronense às leis nacionais alemãs (primeira fase da solução do conflito de leis) para, depois, decidir a questão à luz da lei cameronense (segunda fase da solução conflitual). Aplicou-se uma lei interna cameronense que, em princípio, seria proibida sob a ótica estritamente nacional alemã, porém levando em consideração elementos *culturais* de estraneidade, o que possibilitou um resultado final sobretudo *justo*.

Se a ação tivesse de ser julgada no Brasil, a um mesmo resultado se chegaria aplicando o princípio da *boa-fé objetiva*, previsto, *inter alia*, pelo art. 113 do Código Civil de 2002: "Os negócios jurídicos devem ser interpretados conforme a boa-fé e os usos do lugar de sua celebração".[16] Perceba-se que além da *boa-fé* (que a cidadã cameronense, no exemplo dado, efetivamente tinha, pois se casou acreditando na validade do matrimônio) o Código Civil brasileiro exige que o negócio jurídico seja interpretado segundo *os usos do lugar de sua celebração* (no caso, os usos, inclusive matrimoniais, da República dos Camarões). Na hipótese, seria de todo injusto desprestigiar a boa-fé – baseada também no *princípio da confiança* entre as partes – da cidadã cameronense, que se casou em seu país segundo as suas leis e costumes, para aplicar exclusivamente a lei de outro Estado, que lhe retirava direitos expectados. Transportada, portanto, a questão para o DIPr brasileiro, percebe-se nitidamente que o Código Civil de 2002 também garante o direito à identidade cultural das partes no processo, à medida que impõe, para os negócios jurídicos em geral, a observância dos *usos do lugar de sua celebração*, com notória importância para a solução dos conflitos de DIPr. Essa constatação representa nítida "abertura" do sis-

---

[16]   V. também os arts. 187 e 422 do mesmo Código, respectivamente: "Também comete ato ilícito o titular de um direito que, ao exercê-lo, excede manifestamente os limites impostos pelo seu fim econômico ou social, pela *boa-fé* ou pelos bons costumes"; "Os contratantes são obrigados a guardar, assim na conclusão do contrato, como em sua execução, os princípios de probidade e *boa-fé*". Destaque-se que o STJ, em diversos julgamentos, tem aplicado o princípio da boa-fé objetiva, especialmente no que tange às relações de consumo. Dentre tantos outros, cf. REsp. 1.411.431/RS, 3ª Turma, Rel. Min. Paulo de Tarso Sanseverino, j. 04.11.2014, *DJe* 10.11.2014; AgRg no AREsp. 171.661/SP, 3ª Turma, Rel. Min. Ricardo Villas Bôas Cueva, j. 18.11.2014, *DJe* 28.11.2014; AgRg no AREsp. 590.529/PB, 4ª Turma, Rel. Min. Luis Felipe Salomão, j. 20.11.2014, *DJe* 26.11.2014; e AgRg no AREsp. 416.164/PE, 4ª Turma, Rel. Min. Antonio Carlos Ferreira, j. 02.12.2014, *DJe* 10.12.2014. Para um estudo pioneiro do tema, *v.* MARTINS-COSTA, Judith. *A boa-fé no direito privado*: sistema e tópica no processo obrigacional. São Paulo: Ed. RT, 2000.

tema jurídico pátrio à aceitação da identidade cultural como fator de sopesamento (e de conexão) da norma interna sobre conflito de leis, reconhecendo – para fazer alusão a Coulanges, no seu *A cidade antiga* – que os estrangeiros não comungam dos mesmos deuses que os nacionais.[17]

Destaque-se, por fim, que o *Institut de Droit International*, na sua sessão de Cracóvia, em 2005, da qual foi *Rapporteur* o Sr. Paul Lagarde, reconheceu expressamente que "o respeito às identidades culturais tornou-se um objetivo do direito internacional que deve ser aplicado no direito internacional privado".[18]

Em suma, o respeito à identidade cultural passa a ter cada vez mais lugar (e reconhecimento) no âmbito da ciência do conflito de leis, sendo perfeitamente capaz de moldar as regras conflituais tradicionais em razão da garantia desse valor maior. Para tanto, como diz Fernández Rozas, as regras do DIPr precisam obedecer ao sistema de regra/exceção, tomando os direitos humanos como paradigma argumentativo e retórico (em abandono ao critério tradicional lógico-sistemático ou formalista) para a resolução dos conflitos normativos atuais.[19]

3.2 Comunicação

Outro fenômeno que se constata com nitidez na era atual, capaz de influenciar o DIPr do nosso tempo, é a *comunicação intercultural*. Não se trata, segundo Erik Jayme, apenas da rapidez dos meios de comunicação em geral (como o rádio, a televisão, a *Internet* etc.), senão também da própria vontade das pessoas em se contatar umas com as outras "se integrando numa sociedade mundial sem fronteiras".[20]

Tal comunicação impactua no DIPr em diversos contextos: facilita a colaboração entre juízes de diferentes países; coordena a comunicação das partes no do processo (na Alemanha, *v.g.*, um esposo pode solicitar ao tribunal que ordene ao outro que o comunique sobre a extensão do seu patrimônio); e permite, sobretudo, o "diálogo das fontes" (Constituição, leis, tratados etc.) como método mais consentâneo à solução dos conflitos de leis atuais.[21]

---

[17] Cf. COULANGES, Fustel de. *La cité antique*: étude sur le culte, le droit, les institutions de la Grèce et de Rome. 2. ed. Paris: L. Hachette, 1866, p. 246-251.

[18] IDI, 9ᵉ Commission – "Différences culturelles et ordre public en droit international privé de la famille" (2005).

[19] Cf. FERNÁNDEZ ROZAS, José Carlos. Orientaciones del derecho internacional privado en el umbral del siglo XXI, cit., p. 10. Assim também ARAUJO, Nadia de. *Direito internacional privado...*, cit., p. 15, para quem as regras do DIPr "precisam obedecer ao sistema de regra/ exceção, tendo os direitos humanos como baliza das soluções encontradas pelo método conflitual, agora não mais vista a lei encontrada como a única solução possível para um problema plurilocalizado".

[20] JAYME, Erik. Identité culturelle et intégration..., cit., p. 257.

[21] *V.* JAYME, Erik. Idem. p. 257-259.

3.3 Narração

O terceiro elemento da cultura pós-moderna, também segundo Erik Jayme, é a *narração*. No universo jurídico, a narração se faz nítida a partir da emergência das chamadas "normas narrativas", que não obrigam as partes, mas descrevem *valores* que devem ser levados em conta quando da resolução, pelo Poder Judiciário, do conflito normativo *sub judice*.[22]

Destaque-se que em 1983 o *Institut de Droit International*, sob a relatoria de Michel Virally, dedicou expressiva parte de sua sessão de Cambridge à análise da distinção entre "textos internacionais de caráter jurídico nas relações mútuas entre seus autores" e "textos internacionais desprovidos desse caráter". Os membros do *Institut* constataram que os Estados frequentemente adotam textos dos mais variados e sob diversas denominações, os quais, pela vontade expressa ou tácita das partes, são desprovidos de caráter propriamente *jurídico*. Naquela ocasião também se constatou que, ainda que a vontade dos Estados não esteja clara quanto à criação de efeitos jurídicos por parte desses textos, fica muito difícil determinar o caráter jurídico ou não dos mesmos, por apresentarem todos uma certa *zona cinzenta* entre o universo do direito e do não direito.[23] Tal constatação implica a existência de normas (arranjos, ajustes, declarações, diretrizes, programas de ação etc.) não obrigatórias segundo o Direito Internacional Público, bem assim de diretivas que deixam aos seus destinatários certa *margem de apreciação* no que toca ao seu cumprimento.[24]

Um dos fatores da proliferação de tais arranjos, segundo Virally, certamente encontra raízes na flutuação da atual conjuntura econômica internacional, que demanda flexibilidade na aplicação de seus acordos, e no progresso técnico galopante, cujos efeitos se fazem sentir de forma imediata nas relações internacionais.[25] Além do mais, as transformações da sociedade internacional nos últimos tempos foram tantas que se tornou difícil saber apropriadamente a natureza e o

---

[22] JAYME, Erik. Idem, p. 259. Para detalhes, *v.* ainda JAYME, Erik. *Narrative Normen im Internationalen Privat und Verfahrensrecht*, Tübingen: Eberhard-Karls-Universität, 1993.

[23] Cf. *Annuaire de l'Institut de Droit International*, vol. 60, t. I (1984), p. 166-374; vol. 60, t. II (1984), p. 116-153 e p. 284-291. *v.* ainda, DUPUY, Pierre-Marie. *Soft law* and the international law of the environment. *Michigan Journal of International Law*, vol. 12 (Winter 1991), p. 420-435.

[24] *V.* THIERRY, Hubert. L'évolution du droit international: cours général de droit international public. *Recueil des Cours*, vol. 222 (1990-III), p. 70-71; e SHELTON, Dinah Shelton. Normative hierarchy in international law. *American Journal of International Law*, vol. 100, nº 2 (April 2006), p. 319. No que toca à proteção dos direitos humanos, a doutrina da *margem de apreciação* tem merecido críticas por dar espaço a um relativismo que afronta a universalidade dos direitos humanos. Sobre o tema, *v.* DELMAS-MARTY, Mireille. *Le relatif et l'universel*: les forces imaginantes du droit. Paris: Seuil, 2004, p. 64-74.

[25] Cf. *Annuaire de l'Institut de Droit International*, vol. 60, t. I, cit., p. 191.

caráter jurídico desses vários novos instrumentos que aparecem diuturnamente, especialmente os acima citados, relativos à conjuntura econômica internacional e também a alguns diretamente ligados à proteção internacional dos direitos humanos e do meio ambiente.[26]

A necessidade de adaptação da ordem internacional a essas novas temáticas emergentes no Direito Internacional em geral, ligada à flexibilidade que a regulação e a acomodação dos interesses ali presentes demandam, faz com que surjam inúmeras dúvidas em relação ao caráter jurídico desses textos, emergidos da prática da diplomacia multilateral no século XX.[27] Muitos desses arranjos pertencem à categoria das chamadas normas de *soft law*, que não contêm sanções propriamente *jurídicas* para o caso de seu descumprimento, podendo impor, porém, sanções de índole *moral* aos Estados que as violem.[28]

Outra categoria de normas emergida desse fenômeno é a que Erik Jayme nomina de "narrativas".[29] Ainda que também não criem obrigações estritamente jurídicas, tais normas comportam certos *valores* que podem (devem) ser levados em consideração pelos juízes quando pertinentes à resolução de determinado conflito de leis. Trata-se de normas, como se vê, que não resolvem propriamente a questão de DIPr *sub judice*, mas auxiliam o julgador na tarefa decisória, possibilitando que encontre o "centro de gravidade" da relação jurídica.

As normas narrativas, apesar de semelhantes, não se confundem, contudo, com as conhecidas normas de *soft law*, típicas do Direito Internacional Público. As normas narrativas têm lugar no plano do DIPr com um *plus* relativamente às normas de *soft law*: descrevem *valores* e têm poder de *persuasão*. São normas que auxiliam nas soluções dos conflitos interespaciais, também influenciando os Estados quanto à ação a ser tomada em eventual codificação legislativa (podendo-se constituir em recomendações, leis-modelos, códigos de conduta ou, até mesmo, em tratados não ratificados).

Os juízes, em suma, diante de um caso *sub judice* de conflito interespacial têm ao seu dispor as chamadas "normas narrativas" como auxílio para a determinação do direito aplicável. Tais normas, apesar de não imporem obrigações diretas, têm a potencialidade de conduzir o entendimento do julgador rumo a uma decisão final sempre mais coerente.

---

[26] Cf. DUPUY, Pierre-Marie. *Soft law* and the international law of the environment, cit., p. 420-422.

[27] V. BILDER, Richard B. Beyond compliance: helping nations to cooperate. In: SHELTON, Dinah (Ed.). *Commitment and compliance*: the role of non-binding norms in the international legal system. Oxford: Oxford University Press, 2000, p. 71-72.

[28] Sobre as normas de *soft law*, v. MAZZUOLI, Valerio de Oliveira. *Curso de direito internacional público*, cit., p. 116-119.

[29] V. JAYME, Erik. Identité culturelle et intégration..., cit., p. 259.

3.4 Retorno dos sentimentos

Por fim, a quarta característica da cultura pós-moderna, capaz de influenciar a aplicação do DIPr no momento atual, é, segundo Erik Jayme, o *retorno dos sentimentos*, de que é exemplo a proteção da identidade cultural, já referida.[30]

No Brasil, *v.g.*, discute-se se tem assento constitucional o chamado "direito à felicidade".[31] Pode-se indagar, nesse sentido, se o mesmo não conotaria certa forma de *retorno dos sentimentos*.

No âmbito do STF, foi pioneiro no uso da expressão "direito à busca da felicidade" o Min. Carlos Velloso, no ano de 2005.[32] Foi, contudo, pouco mais tarde, com as manifestações do Min. Celso de Mello, especialmente no voto relativo às uniões homoafetivas, que a Suprema Corte passou a firmar definitivamente o princípio entre nós. Eis um trecho do voto do Min. Celso de Mello:

> Nesse contexto, o postulado constitucional da busca da felicidade, que decorre, por implicitude, do núcleo de que se irradia o princípio da dignidade da pessoa humana, assume papel de extremo relevo no processo de afirmação, gozo e expansão dos direitos fundamentais, qualificando-se, em função de sua própria teleologia, como fator de neutralização de práticas ou de omissões lesivas cuja

---

[30] *V.* Jayme, Erik. Idem, p. 261.

[31] A Constituição Federal de 1988 se refere, em vários momentos, à garantia do *bem-estar* das pessoas, no que se poderia entender ser a *felicidade* integrante do seu núcleo conceitual. Desde o seu *Preâmbulo*, diz o texto constitucional que o Estado Democrático destina-se a garantir, *inter alia*, o "bem-estar"; no art. 23, parágrafo único, diz que "leis complementares fixarão normas para a cooperação entre a União e os Estados, o Distrito Federal e os Municípios, tendo em vista o equilíbrio do desenvolvimento e do *bem-estar* em âmbito nacional"; no art. 186, IV, diz que a exploração da propriedade rural deve favorecer "o *bem-estar* dos proprietários e dos trabalhadores"; no art. 193 entende que a ordem social há de ter "como base o primado do trabalho, e como objetivo o *bem--estar* e a justiça sociais"; no art. 219 incentiva o mercado interno "de modo a viabilizar o desenvolvimento cultural e socioeconômico, o *bem-estar* da população e a autonomia tecnológica do País"; no art. 230 exige da família, da sociedade e do Estado que amparem "as pessoas idosas, assegurando sua participação na comunidade, defendendo sua dignidade e *bem-estar* e garantindo-lhes o direito à vida"; por fim, no art. 231, § 1º, diz serem "terras tradicionalmente ocupadas pelos índios as por eles habitadas em caráter permanente, as utilizadas para suas atividades produtivas, as imprescindíveis à preservação dos recursos ambientais necessários a seu *bem-estar* e as necessárias à sua reprodução física e cultural, segundo seus usos, costumes e tradições".

[32] STF, *RE* 328.232/AM, Tribunal Pleno, Rel. Min. Carlos Velloso, j. 07.04.2005, *DJ* 20.04.2005. Também o Min. Marco Aurélio, no julgamento da Sentença Estrangeira nº 6.467, dos Estados Unidos da América, j. 22.05.2000 (*DJ* 30.05.2000), referiu-se "à constante busca da felicidade". Na doutrina, *v.* Tomaz, Carlos Alberto Simões de. *Direito à felicidade*. Belo Horizonte: Folium, 2010; e Leal, Saul Tourinho. *Direito à felicidade*: história, teoria, positivação e jurisdição Tese (Doutorado em Direito Constitucional). São Paulo: Pontifícia Universidade Católica, 2013.

ocorrência possa comprometer, afetar ou, até mesmo, esterilizar direitos e franquias individuais.[33]

Destaque-se que a ideia do direito à felicidade, tal como expressa na jurisprudência do STF, provém da Declaração de Independência dos Estados Unidos, de 4 de julho de 1776, que, logo em sua abertura, assim dispõe:

> Consideramos essas verdades como evidentes por si mesmas, que todos os homens são criados iguais, dotados pelo Criador de certos direitos inalienáveis, entre os quais estão a vida, a liberdade e a busca da felicidade.

Indaga-se, assim, se o "direito à felicidade" – independentemente das discussões que sobre o tema se colocam – poderia ser também uma forma de *retorno dos sentimentos*, para falar como Erik Jayme.[34] Trata-se de complexa questão a ser (doravante) discutida. De fato, se o direito à felicidade, em última análise, decorre da dignidade da pessoa humana, seria possível questionar se não teria aptidão para também balizar as decisões judiciárias em matéria de DIPr.

Para nós, seguindo a tendência atual do DIPr de superação cada vez mais crescente da mera função localizadora das normas de conflito, é possível fazer operar o direito à felicidade como parâmetro retórico-argumentativo à aplicação dos (predefinidos e herméticos) elementos de conexão existentes, o que vem consagrar, de uma só vez, a abertura do DIPr aos valores contemporâneos e seu ingresso na pós-modernidade jurídica.

4. Conclusão

O DIPr pós-moderno, foi possível perceber, pauta-se em valores universalmente reconhecidos (tais a diversidade cultural, a comunicação, a narração e o retorno dos sentimentos) para impregnar nas regras conflituais dos diversos Estados verdadeira *axiologia de proteção*. Tais valores representam a baliza atual para a aplicação das regras conflituais de DIPr, as quais, não obstante ainda operarem tal como originalmente concebidas, têm experimentado enorme oxigenação retórico-argumentativa, afastando-se cada vez mais o sistema lógico-sistemático (formalista) ainda presente no jogo conflitual.[35]

A função do juiz nesse novo complexo metodológico é, como se nota, de importância fundamental. Requer sensibilidade, para lidar com seres humanos

---

[33] STF, ADI 4.277/DF, Tribunal Pleno, Rel. Min. Ayres Britto, j. 05.05.2011, *DJ* 14.10.2011; voto do Min. Celso de Mello, p. 37.

[34] JAYME, Erik. Identité culturelle et intégration..., cit., p. 261-262.

[35] *V.* FERNÁNDEZ ROZAS, José Carlos. Orientaciones del derecho internacional privado en el umbral del siglo XXI, cit., p. 7-8; e ARAUJO, Nadia de. *Direito internacional privado...*, cit., p. 14-15.

de origens e costumes em nada semelhantes, e astúcia, para compreender a missão do DIPr no mundo globalizado e não se deixar enganar pelas armadilhas das regras conflituais.

O juiz formalista, insensível, que não se preocupa com o resultado da decisão, senão apenas friamente aplica as regras conflituais positivas, não tem lugar (qualquer lugar) nesse novo cenário, eis que não responde aos anseios de justiça que a pós-modernidade requer.

À luz desses valores pós-modernos é que se deve, então, compreender a Parte Especial do DIPr brasileiro, que agora se estudará.

Parte II

Parte Especial

Capítulo I

Direito Civil Internacional

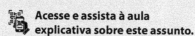

Acesse e assista à aula explicativa sobre este assunto.
> http://uqr.to/drja

1. Leis aplicáveis

Estudada a Parte Geral do DIPr, cumpre agora investigar as leis aplicáveis aos principais institutos do Direito Civil Internacional – é dizer, aos bens, ao direito de família, ao direito das sucessões, às obrigações e contratos e às pessoas jurídicas – quando plantada no Brasil certa demanda a envolver quaisquer deles.

Os conhecimentos adquiridos no estudo da Parte Geral do DIPr fizeram compreender como se operacionalizam as normas de conflito e o modo pelo qual deve o juiz do foro aplicá-las nas questões *sub judice*, especialmente se estrangeira a lei indicada pela regra de DIPr da *lex fori*.

Agora, caberá à nossa investigação *determinar* a lei aplicável a situações jurídicas *específicas* interconectadas aos referidos institutos do Direito Civil Internacional, com suas nuances e peculiaridades.

Se já se *sabe* aplicar a regra conflitual e a norma por ela indicada, bastará à completude da investigação determinar *quais* leis terão lugar quando em causa temas concretos das matérias referidas ante o juiz do foro.

Esse, portanto, o estudo da Parte Especial do DIPr brasileiro que agora se inicia, para o fim de esclarecer como se interpretam as normas da LINDB a ele atinentes.

2. Orientação legislativa

A LINDB superou a nossa antiga orientação, provinda da escola europeia do vínculo nacional, para adotar o critério *domiciliar* na regência do estatuto pessoal; para o estatuto real, manteve a tradicional orientação da *lex rei sitae*, com exceção dos bens móveis em trânsito. Fez permanecer, porém, a nacionalidade a título excepcional, como critério determinante (e único) aos casamentos consulares, tanto de brasileiros no exterior quanto de estrangeiros no Brasil, como se verá.

Essa é a nossa orientação legislativa na matéria, que há de guiar o investigador em toda a Parte Especial do DIPr. Evidentemente que se há de ter cuidado redobrado na interpretação da doutrina e jurisprudência brasileiras anteriores a 1942, quando em vigor o critério *nacional* de aferição do estatuto pessoal. As orientações, portanto, favoráveis ao que hoje se tem por certo em sede de determinação da lei aplicável aos institutos do Direito Civil Internacional hão de ser, pelo leitor, interpretadas à luz da regra (atualmente vigente) do *domicílio* ou, em última análise, da *residência habitual* da pessoa.

Não obstante as prescrições da LINDB sobre o direito aplicável a tais institutos, certo é que há, na doutrina, um celeiro de opiniões quase sempre díspares e, muitas vezes, desconexas. Não se desconhece que a LINDB passou ao largo da resolução de inúmeros problemas que as relações humanas hoje apresentam, tendo já havido, por isso, vários projetos de reforma (nenhum deles, porém, levado a cabo até o momento pelo Parlamento). Não se poderá, contudo, fugir à orientação legislativa expressa no direito brasileiro (quando existente) para propor orientações *contra legem*, se destituídas de suporte normativo sólido.

O que, em suma, se está a afirmar é que a orientação legislativa brasileira na matéria *será seguida* no estudo desta Parte Especial do DIPr, como não poderia deixar de ser, porém com dose de dialogismo e à luz do princípio da maior proximidade, quando assim necessário. Não se pode, enfim, descurar que *há* normatização jurídica em nosso direito interno a solucionar as questões básicas do DIPr brasileiro, devendo eventual excepcionalidade encontrar suporte *também* nas regras de direito, ainda que extraterritoriais.

3. Plano da Parte Especial

A Parte Especial que será investigada agora – é dizer, os conflitos de leis civis *in concreto* – não seguirá a ordem temática estabelecida pela LINDB, não obstante suas regras conflituais terem sido completamente estudadas. Em vez de se investigar o direito de família (art. 7º), os bens (art. 8º), as obrigações (art. 9º), o direito das sucessões (art. 10) e o estatuto das pessoas jurídicas (art. 11), nessa exata ordem, optou-se por iniciar o percurso analisando os *bens* (Cap. II), posteriormente o *direito de família* (Cap. III) e *das sucessões* (Cap. IV), passando pelas *obrigações e contratos* (Cap. V) e findando com o *estatuto das pessoas jurídicas* (Cap. VI). Esta, para nós, a correta ordem do caminho a seguir, não a da LINDB, menos exata e precisa do que deveria ser.

Reitere-se, aqui, a observação que já se fez no prólogo deste livro, de que não se fará estudo histórico dos institutos investigados, pois, à evidência, interessa mais ao profissional do direito (advogado, juiz ou membro do Ministério Público) conhecer a lei efetivamente aplicável e não propriamente a origem do tema que se está a tratar. Não que a história da disciplina não tenha qualquer valor, entenda-se bem; apenas não foi a opção que se escolheu para levar a cabo esta obra.

Por fim, destaque-se que muitas das soluções propostas – à falta de norma expressa na LINDB ou em tratados internacionais dos quais o Brasil seja parte – agregam doutrina à jurisprudência, bem assim ao direito comparado, constantemente à luz do diálogo das fontes e do princípio da maior proximidade, responsáveis por reger grande parte das relações pós-modernas de DIPr.

Capítulo II

Dos Bens

1. Introdução

A aquisição e a disponibilidade de bens em diversos países e sob distintas legislações suscitam inúmeras questões de DIPr a cargo do juiz nacional. Se é móvel ou imóvel, público ou privado, fungível ou infungível, em comércio ou fora do comércio o bem, tudo está a depender da qualificação que se lhe aplica, regulada pela lei indicada na norma interna de DIPr. Também a sua *regência* há de ser determinada, para o que deve o juiz do foro, igualmente, buscar a competente legislação aplicável.

No DIPr brasileiro, a regra unitária sobre a qualificação e regência dos bens (móveis e imóveis) guarda apenas duas exceções relativamente aos bens móveis *em trânsito* (*v.* item 4, *infra*). Fora disso, a lei aplicável à qualificação e regência dos bens será *una*, e qualquer dificuldade de determinação não passará de saber qual o *locus* em que se encontra o bem: se em um país, um estado, uma província ou um território (no caso dos ordenamentos plurilegislativos).

A lei a qualificar e a regular as relações concernentes aos bens, frise-se desde já, é a *lex rei sitae*, universalmente reconhecida, desde o tempo dos estatutários, pelas diversas legislações de DIPr. Ela, portanto, é que será estudada aqui, bem assim as exceções que a norma brasileira de DIPr vem elencar.

2. Regra *lex rei sitae*

A LINDB dispõe, no art. 8º, *caput*, que "[p]ara qualificar os bens e regular as relações a eles concernentes, aplicar-se-á a lei do país em que estiverem situados". Trata-se de regra clássica de DIPr, influenciada por Savigny e adotada uniformemente pelas legislações de todos os países: *lex rei sitae*.[1] Por ela, não importa o domicílio ou a nacionalidade do proprietário do bem, senão apenas o *local* (país, estado, província ou território) em que o bem está situado. Será, portanto, a lei da situação do bem a competente para qualificá-lo e regular as relações a ele concernentes. Tais relações dizem respeito, *v.g.*, a que direitos reais sobre as coisas podem ser criados, se sobre elas se transmite, extingue ou modifica certo direito, qual o conteúdo de um direito real, como este deve ser protegido e quais efeitos é capaz de produzir.[2] Verdade é que *tudo* o que envolve os bens e sua posse ou propriedade (*v.g.*, ações possessórias, usucapião etc.) tem a regência determinada pela *lex rei sitae*.[3] A *capacidade*, porém, para dispor dos bens (comprar, vender, doar etc.) é determinada pela lei domiciliar da pessoa, nos termos do art. 7º, *caput*, da LINDB.

A regra prevista no art. 8º, *caput*, da LINDB é *unitária*, é dizer, vale igualmente para os bens móveis (em situação permanente) e imóveis individualmente considerados, *uti singuli*, sem qualquer distinção (salvo as exceções do § 1º relativas aos bens móveis *em trânsito*, como se verá).[4] Idêntica é a disposição do Código Bustamante a esse respeito, para o qual "[o]s bens, seja qual for a sua classe, ficam submetidos à lei do lugar" (art. 105). Trata-se do sistema presente na legislação da totalidade dos países, pelo qual a regência dos bens (móveis ou imóveis) há de ser única pela *lex rei sitae*, à exceção dos bens móveis em situação não permanente.[5] A consequência desse método de escolha legislativa (salvo, como já referido, as exceções relativas aos bens móveis em trânsito) está em o Estado aplicar a *sua* lei aos bens que estejam em seu território, ao tempo que abre mão da qualificação e regência daqueles assentes em *outras* circunscrições.

---

[1] V. Niboyet, J.-P. *Principios de derecho internacional privado*, cit., p. 484; Tenório, Oscar. *Direito internacional privado*, vol. II. 9. ed. rev. e atual. Rio de Janeiro: Freitas Bastos, 1970, p. 158-159; Balladore Pallieri, Giorgio. *Diritto internazionale privato italiano*, cit., p. 239-240; Espinola, Eduardo & Espinola Filho, Eduardo. *A Lei de Introdução ao Código Civil Brasileiro*, vol. 2 (atual. por Silva Pacheco). Rio de Janeiro: Renovar, 1995, p. 329-332; Audit, Bernard & d'Avout, Louis. *Droit international privé*, cit., p. 739-740; Niboyet, Marie-Laure & Geouffre de la Pradelle, Géraud de. *Droit international privé*, cit., p. 68-69; e Mayer, Pierre & Heuzé, Vincent. *Droit international privé*, cit., p. 475-478. Cf. ainda, sentença da Corte de Cassação francesa de 14.03.1837 (*Affaire Stewart c. Marteau*), in Ancel, Bertrand & Lequette, Yves. *Les grands arrêts de la jurisprudence française de droit international privé*, cit., p. 22-29.

[2] Cf. Niboyet, J.-P. *Principios de derecho internacional privado*, cit., p. 488-489; e Wolff, Martin. *Derecho internacional privado*, cit., p. 270-282.

[3] V. Espinola, Eduardo & Espinola Filho, Eduardo. *A Lei de Introdução ao Código Civil Brasileiro*, vol. 2, cit., p. 350-359.

[4] Assim também em nosso direito anterior, como se pode verificar em Espinola, Eduardo. *Elementos de direito internacional privado*, cit., p. 594.

[5] Cf. Valladão, Haroldo. *Direito internacional privado*, vol. II (Parte Especial: conflitos de leis civis). Rio de Janeiro: Freitas Bastos, 1973, p. 157-158.

Os bens imóveis são fixos por natureza, e os móveis tornam-se permanentes (fixados) por convenção do proprietário (*v.g.*, o mobiliário de uma residência, uma biblioteca, as obras de arte em museus etc.). Quanto aos bens incorpóreos, como, *v.g.*, os direitos reais e as ações que os asseguram, os direitos autorais e os direitos de propriedade intelectual, há de se localizar, primeiramente, o seu *situs*; este será, não há dúvida, aquele da situação da coisa, no que tange aos direitos reais e às ações que os asseguram, ou o lugar do registro, no que toca aos direitos autorais e aos direitos de propriedade intelectual (patentes, marcas, invenções, desenhos industriais etc.).[6] Alguns autores, como Valladão, consideram os bens incorpóreos, créditos, títulos nominativos, inclusive à ordem, ações e obrigações situados no lugar onde devem ser liquidados ou transferidos, à exceção dos títulos ao portador, tidos por situados no lugar de sua situação material ao tempo da respectiva negociação.[7] Encontrado o *situs* do bem incorpóreo, a lei aplicável à sua qualificação e regência, salvo disposição contrária prevista em tratado,[8] será a desse lugar (*v.g.*, aplica-se a lei brasileira para reger os direitos autorais de obra publicada no Brasil; e a lei holandesa para a proteção de direitos autorais de obra publicada na Holanda etc.). A lei do *situs*, salvo, repita-se, exceção prevista em tratado, é a mais próxima à proteção do bem incorpóreo, devendo, por isso, ser aplicada em detrimento tanto da lei do local em que plantada a demanda quanto da nacionalidade do autor da obra. De atentar-se, porém, a importante detalhe: o *situs* não conota, aqui, exclusivamente, a situação *da coisa* (como se dá no caso dos direitos reais) no momento em que plantada a demanda, senão também *outras* localidades a depender do bem incorpóreo de que se trata, como, *v.g.*, o local de *registro* quanto aos direitos autorais e aos direitos de propriedade intelectual. Trata-se, como se vê, de *lex rei "sitae"*: lei da "situação" do bem, assim entendido o *situs* para fins de aplicação da lei competente.

Frise-se que a *lex rei sitae* guarda unanimidade nas legislações de DIPr dos Estados, tanto por ser expressão do princípio da soberania quanto, também, por ser a regra que maior proximidade tem com as diversas categorias de bens, especialmente os imóveis (e dos móveis reputados tais). Assim, se se pretende saber, *v.g.*, como se adquire um imóvel na França ou na Itália, quer em relação à forma como em relação ao conteúdo, apenas o direito francês ou o italiano poderá responder, e mais nenhum outro, porque *ali* se situa o bem sobre o qual o interesse recai.[9] Nada importa, nesses casos, onde se domicilia ou qual seja a nacionalidade do seu proprietário.

---

[6] V. BATALHA, Wilson de Souza Campos. *Tratado de direito internacional privado*, t. II, cit., p. 194-195.

[7] VALLADÃO, Haroldo. *Direito internacional privado*, vol. II, cit., p. 165-166 (com referência ao seu Anteprojeto de Lei Geral, art. 47, parágrafo único).

[8] A Convenção de Berna para a Proteção das Obras Literárias e Artísticas, de 09.09.1886, revista em Paris em 24.07.1977 (promulgada no Brasil pelo Decreto nº 75.699, de 06.05.1975), determina, *v.g.*, no art. 5º (2), que "afora as estipulações da presente Convenção, a extensão da proteção e os meios processuais garantidos ao autor para salvaguardar os seus direitos *regulam-se exclusivamente pela legislação do País onde a proteção é reclamada*".

[9] V. PONTES DE MIRANDA, Francisco Cavalcanti. *Tratado de direito internacional privado*, t. II, cit., p. 123.

Ademais, a escolha da *lex rei sitae* para a qualificação e regência dos bens tem nítido fundamento na garantia da ordem social e no interesse público, dada especialmente sua ligação a fatores econômicos, políticos, de transação, de confiança e de estabilidade do negócio, tratando-se, portanto, de lei *territorial*.[10] De fato, como destaca Amilcar de Castro, "o interesse particular não teria nenhum lucro e sofreria a coletividade interna se a regra não fosse adotada; é o que dizem os tratadistas, acrescentando que a maior incerteza reinaria quanto à propriedade se pela observância de um só direito não fosse regulada".[11] Assim também a opinião de Tito Ballarino, para quem "[a] aplicação da lei do lugar da situação da coisa (*lex rei sitae*) à matéria dos direitos reais garante segurança às relações jurídicas, sobretudo do ponto de vista de terceiros".[12]

Esclareça-se, mais uma vez, que o art. 8º, *caput*, da LINDB refere-se somente aos bens singularmente considerados, isto é, *uti singuli*, não àqueles componentes de um todo maior, coletivo, universal, é dizer, *uti universitas*.[13] Individualizado o bem, contudo, vários serão os direitos potencialmente contemplados, como "o da situação para o *ius in re*; o do lugar da constituição do contrato para o *ius ad rem*; o do domicílio para a capacidade das partes; o do lugar do ato para a forma respectiva; o do domicílio de *de cujus* para a sucessão; o do domicílio conjugal para o regime matrimonial; e o do lugar do principal estabelecimento para a falência".[14]

Exceção, portanto, à aplicação da *lex rei sitae* aparece quando não se tratar de bens (móveis ou imóveis) individualmente considerados. Se tais bens forem componentes de uma universalidade, como, *v.g.*, do espólio, da massa falida ou do patrimônio conjugal, sua lei de regência será aquela a que deve obediência o todo, o conjunto maior das coisas, a universalidade a que os bens individuais pertencem, em suma, ao instituto jurídico de que fazem parte.[15] Assim é que a sucessão por morte ou por

---

[10] Cf. BEVILÁQUA, Clovis. *Princípios elementares de direito internacional privado*, cit., p. 168; Jo, Hee Moon. *Moderno direito internacional privado*, cit., p. 479; e DINIZ, Maria Helena. *Lei de Introdução ao Código Civil Brasileiro interpretada*, cit., p. 293. Osiris Rocha, por seu turno, opta pela fundamentação política, nestes termos: "Assim, o critério legal de aplicação aos imóveis da lei do lugar de sua situação (*lex rei sitae*), universalmente observada, desde os tempos estatutários, é facilmente explicada pela Ciência Política: nenhum país admitirá qualquer dúvida a propósito da competência legislativa e do poder diretivo sobre a propriedade real, em razão de sua visceral inserção no território, um dos elementos fundamentais do Estado" (*Curso de direito internacional privado*, cit., p. 135).

[11] CASTRO, Amilcar de. *Direito internacional privado*, cit., p. 429.

[12] BALLARINO, Tito (*et al.*). *Diritto internazionale privato italiano*, cit., p. 251.

[13] Os bens que são parte de uma *universalidade* são regulados não pelo direito das coisas, senão pelo direito das obrigações, pelo direito empresarial ou pelo direito das sucessões.

[14] CASTRO, Amilcar de. *Direito internacional privado*, cit., p. 425.

[15] V. TENÓRIO, Oscar. *Direito internacional privado*, vol. II, cit., p. 169-170; ESPINOLA, Eduardo & ESPINOLA FILHO, Eduardo. *A Lei de Introdução ao Código Civil Brasileiro*, vol. 2, cit., p. 341; e DINIZ, Maria Helena. *Lei de Introdução ao Código Civil Brasileiro interpretada*, cit., p. 290-

ausência obedece à lei em que *domiciliado* o defunto ou o desaparecido, qualquer que seja a natureza e a situação dos bens (LINDB, art. 10, *caput*); e o patrimônio conjugal rege-se pela lei reguladora da sociedade conjugal, que também é *domiciliar* (LINDB, art. 7º, *caput*) etc.

3. Qualificação dos bens

Os bens, qualquer que seja a sua categoria, devem ser qualificados, conforme a LINDB, pela lei do local *em que estiverem situados* (art. 8º, *caput*).[16] Tal é assim para que se evite o chamado conflito de qualificações, já oportunamente estudado (*v.* Parte I, Cap. IV, item 4.2, *supra*). Ainda que a LINDB não tenha resolvido por completo o problema, ao menos no que tange aos bens e às obrigações (extracontratuais) determinou sejam qualificados pela *lex rei sitae*.

Contudo, destaque-se (como também já se viu na Parte I, Cap. IV, item 4.1.4, *supra*) que, no que tange à qualificação dos *bens* (assim como das *obrigações*), a LINDB leva à falsa ideia de se tratar de qualificação exclusiva pela *lex causae*. O que a LINDB deixa entrever é, no entanto, ilusão de ótica, pois em casos tais o que há é apenas *subqualificação* (*qualificação da qualificação*) pela *lex causae*, uma vez que sem a *pré*-qualificação (única) pela *lex fori* não se poderá jamais saber se o objeto da discussão é, efetivamente, algo que se possa ter como um "bem" (ou uma "obrigação"). De fato, sem essa classificação prévia (pré-qualificação pela lex fori) jamais se poderá qualificar o "bem" (agora descoberto, visível) em *móvel* ou *imóvel*, *fungível* ou *infungível, consumível* ou *inconsumível* etc. Apenas, portanto, a *subqualificação* do bem é que será de competência exclusiva da *lex causae*, não a primeira, *única*, levada a efeito pela *lex fori*. Assim, então, é que se há de interpretar o art. 8º da LINDB: "Para (*sub*)qualificar os bens e regular as relações a eles concernentes, aplicar-se-á a lei do país em que estiverem situados".

Bem compreendido esse ponto, que tem passado ao largo da doutrina, pode--se, doravante, compreender a regra da "qualificação" (subqualificação) dos bens pela *lex causae*, nos termos do que dispõe a LINDB.

Segundo Irineu Strenger, o motivo de a (sub)qualificação das coisas depender exclusivamente da lei territorial se dá "porque na realidade o legislador, assim dispondo, não se preocupa em saber se elas pertencem a tal ou qual pessoa, a um

---

291. Essa última autora, contudo, observa: "Todavia, sob determinados aspectos, os bens *uti universitas* também poderão disciplinar-se pela *lex rei sitae*, como, p. ex., a desapropriação de imóvel de tutelado ou da massa falida" (Idem, p. 291).

[16] O art. 10, *caput*, da antiga Introdução ao Código Civil de 1916 era omisso quanto à qualificação. Dizia: "Os bens, móveis, ou imóveis, estão sob a lei do lugar onde situados; ficando, porém, sob a lei pessoal do proprietário os móveis de seu uso pessoal, ou os que ele consiga tiver sempre, bem como os destinados a transporte para outros lugares". Nada sobre qualificação se encontra na regra, como se nota.

cidadão nacional ou estrangeiro, mas, considerando essas coisas como objetos do direito, determina-lhes a qualidade das condições jurídicas de que são dotadas".[17]

De fato, estando os bens situados em determinado país ou território, nada mais coerente que atribuir à lei desse lugar (local da situação) a competência para a sua (sub)qualificação, independentemente de onde se domicilia ou de qual seja a nacionalidade do proprietário. A proximidade do bem é, assim, com o *locus* em que se situa, não com quaisquer fatores relativos ao proprietário (domicílio ou nacionalidade). Daí dizer-se, corretamente, que "[a] competência da *lex rei sitae* é técnica, uma vez que a sede das relações jurídicas está no local da situação da coisa como limite imposto pela ordem pública".[18]

Em suma, a (sub)qualificação de um bem como *móvel* ou *imóvel*, *público* ou *particular*, *fungível* ou *infungível*, *consumível* ou *inconsumível*, *divisível* ou *indivisível*, *singular* ou *coletivo*, *principal* ou *acessório*, *em comércio* ou *fora do comércio* está a depender do que discipline a lei do local de sua situação (que poderá ser tanto a *lex fori* quanto a *lex causae*).[19] Exceção será feita, evidentemente, quando houver *tratado* a qualificar expressamente determinado bem; se assim for, a qualificação internacional terá prevalência sobre a *lex rei sitae*.

4. Bens em trânsito

Regra geral, os bens móveis são qualificados e regidos pela lei do local em que estiverem situados (*lex rei sitae*). É o que disciplina o art. 8º, *caput*, da LINDB, que, como se viu, é regra *unitária* e tem valor para quaisquer tipos de bens (móveis ou imóveis). Contudo, a regra do art. 8º, *caput*, da LINDB, fica excepcionada no caso dos bens móveis sem localização permanente, isto é, *em trânsito*. A exceção vem presente no § 1º do mesmo dispositivo, segundo o qual "[a]plicar-se-á a lei do país em que for domiciliado o proprietário, quanto aos bens móveis que ele trouxer ou se destinarem a transporte para outros lugares". Nesses casos, abre-se mão da regra *lex rei sitae* em razão, excepcionalmente, do princípio *mobilia sequuntur personam*,

---

[17] STRENGER, Irineu. *Direito internacional privado*, cit., p. 593-594. Sem fundamento, portanto, a opinião de Osiris Rocha, ao concordar com "a crítica de que o dispositivo mande fazer qualificação por direito estrangeiro" (*Curso de direito internacional privado*, cit., p. 137).

[18] DINIZ, Maria Helena. *Lei de Introdução ao Código Civil Brasileiro interpretada*, cit., p. 290. A competência técnica da *lex rei sitae* foi afirmada, nesse exato sentido, por autores como Diena e Niboyet, "porque a sede das relações jurídicas está incontestavelmente no lugar onde as coisas se encontram" (ESPINOLA, Eduardo. *Elementos de direito internacional privado*, cit., p. 597).

[19] Cf. PONTES DE MIRANDA, Francisco Cavalcanti. *Tratado de direito internacional privado*, t. II, cit., p. 121-122; WOLFF, Martin. *Derecho internacional privado*, cit., p. 262-264; VALLADÃO, Haroldo. *Direito internacional privado*, vol. II, cit., p. 160; BATALHA, Wilson de Souza Campos. *Tratado de direito internacional privado*, t. II, cit., p. 193-194; ESPINOLA, Eduardo & ESPINOLA FILHO, Eduardo. *A Lei de Introdução ao Código Civil Brasileiro*, vol. 2, cit., p. 337-339; e JO, Hee Moon. *Moderno direito internacional privado*, cit., p. 480.

segundo o qual "a mobília segue o proprietário", pois trata-se de bens que não encontram fixação de certa duração em determinado *locus*.

Para a LINDB, bens *em trânsito* são os que se deslocam junto ao proprietário ("...bens móveis que ele trouxer...") ou que tenham por destinação outras localidades ("...se destinarem a transporte para outros lugares..."). Sobre a primeira hipótese, exemplifique-se com a bagagem que o viajante leva consigo para onde vai, atravessando vários países em um ou poucos dias; sobre a segunda, exemplifique-se com o carregamento de um navio, de um trem ou de uma aeronave em que as cargas (bens móveis) transportadas atravessam várias fronteiras até o destino final.[20] Neste segundo caso, frise-se que a expressão "bens móveis que se destinarem a transporte para outros lugares" deve dar sempre a ideia de *movimento*, não podendo compreender – segundo Amilcar de Castro – "senão coisas que, por virtude de transação comercial, já estejam, ou enquanto estejam, em viagem, ou pelo menos já tenham o destino de ser transportadas".[21] Certo é que em ambos os casos se aplicará como regra de conexão o *domicílio* do proprietário, independentemente de onde se encontre o bem.

A lógica dessa regra, presente desde o tempo dos autores estatutários, decorre do fato de ser difícil determinar a lei aplicável em situação de trânsito mobiliário, dada a incerteza da localização do bem no momento de eventual litígio, pois são fugazes as passagens de um bem móvel de um país para outro. Daí, então, a escolha do estatuto pessoal do proprietário para a qualificação e regência desses bens, diante tanto da instabilidade de sua localização[22] quanto por ser o domicílio do proprietário o mais próximo de sua titularidade.[23] Sendo incerto, porém, o domicílio do proprietário, aplica-se, subsidiariamente, a lei do local de sua residência habitual ou do local em que ele se encontre (LINDB, art. 7º, § 8º).

O critério escolhido pela LINDB – lei do domicílio do proprietário dos bens em trânsito – é melhor que o adotado, *v.g.*, pela legislação italiana em vigor, que manda aplicar aos direitos reais sobre os bens em trânsito a lei do lugar de sua *destinação*.[24]

Não sendo, porém, os bens móveis *levados* pelo proprietário ou *destinados a transporte* para outros lugares, isto é, se estiverem fixados em local certo, sem movimentação, volve-se à aplicação da regra geral *lex rei sitae*. Tome-se como exemplo o piano da sala de concertos, fixado permanentemente no mesmo palco,

---

[20] Cf. Beviláqua, Clovis. *Princípios elementares de direito internacional privado*, cit., p. 169; Espinola, Eduardo. *Elementos de direito internacional privado*, cit., p. 608; Tenório, Oscar. *Direito internacional privado*, vol. II, cit., p. 166; e Castro, Amilcar de. *Direito internacional privado*, cit., p. 428.

[21] Castro, Amilcar de. *Direito internacional privado*, cit., p. 428.

[22] V. Diniz, Maria Helena. *Lei de Introdução ao Código Civil Brasileiro interpretada*, cit., p. 293.

[23] V. Basso, Maristela. *Curso de direito internacional privado*, cit., p. 193.

[24] Lei de 31 de maio de 1995, art. 52.

até mesmo por convenção (estatuto) local, sem destinação, portanto, a transporte para outros lugares, não obstante as constantes alterações das empresas administradoras (proprietárias). Sem precisar ir longe, são fixos e com certa duração o mobiliário doméstico, os quadros e adornos da casa, a biblioteca e tantos outros bens assim estabelecidos. Se alguém com residência em Cuiabá mantém dentro de casa certa obra de arte, mas passa a domiciliar-se no exterior, certo é que a peça de arte em causa será regida pela *lex situs* (é dizer, pela lei brasileira, em razão de se manter fixa na residência), enquanto todos os demais bens móveis levados pelo proprietário (*v.g.*, o relógio de pulso ou as joias pessoais) serão regidos pela lei do novo domicílio. Há, portanto, um *único* proprietário, porém sujeito a leis *distintas* de regência: para os móveis permanentes, a *lex situs*, e, para os móveis em trânsito, a lei domiciliar.

Destaque-se, por fim, que o Projeto de Lei nº 269 do Senado, de 2004, estabeleceu para os bens móveis a regra única segundo a qual devem ser regidos "pela lei do país com o qual tenham *vínculos mais estreitos*" (art. 11, parágrafo único).[25]

5. Conflitos móveis

Qual a lei competente para qualificar um bem móvel que, na pendência de ação real a seu respeito, mude de qualificação em razão do deslocamento de um país a outro? É dizer, o que fazer em caso de alteração do estatuto real? A resposta vinha expressa no art. 10, parágrafo único, da antiga Introdução ao Código Civil de 1916, que assim estabelecia:

> Os móveis, cuja situação se mudar na pendência de ação real a seu respeito, continuam sujeitos à lei da situação, que tinham no começo da lide.

Contra esse entendimento, Maria Helena Diniz leciona, *tout court*, que "[s] e houver mudança de situação de um bem móvel, a lei da nova situação (*lex rei sitae*) aplicar-se-á, respeitando-se os direitos adquiridos".[26] Irineu Strenger, por sua vez, entende que "a transposição de princípios recebidos em matéria de conflitos de leis no tempo conduz a não aplicar a lei antiga senão pelos modos de aquisição dos direitos sobre o bem e os efeitos correspondentes, ao passo que o conteúdo dos

---

[25]   Essa também era, desde muito tempo, a opinião de Martin Wolff, para quem "[o] mais acertado, tratando-se de coisas que carecem de uma situação fixa (seja conhecido ou desconhecido o lugar em que eventualmente se encontre), seria determinar o centro de gravidade da relação jurídica, não de um modo geral, senão em atenção *às circunstâncias do caso concreto*" [grifo do original] (*Derecho internacional privado*, cit., p. 267).

[26]   DINIZ, Maria Helena. *Lei de Introdução ao Código Civil Brasileiro interpretada*, cit., p. 291. Assim também, ANDRADE, Agenor Pereira de. *Manual de direito internacional privado*, cit., p. 192; e ESPINOLA, Eduardo & ESPINOLA FILHO, Eduardo. *A Lei de Introdução ao Código Civil Brasileiro*, vol. 2, cit., p. 348.

direitos e seus efeitos vindouros serão imediatamente submetidos à lei da situação atual".[27] Essa é exatamente a opinião de Tito Ballarino, que leciona:

> Para o conteúdo e os efeitos do direito real se reconhece competência exclusiva à lei do lugar da nova situação da coisa, enquanto que para a disciplina da situação aquisitiva (isto é, do conjunto de atos e fatos necessários para a aquisição do direito real) a solução preferível consiste na aplicação da lei do lugar em que as coisas se encontram no momento em que se aperfeiçoa a situação aquisitiva do direito real. Na prática, tal impõe a aplicação sucessiva das leis que vêm em consideração. A questão relativa ao aperfeiçoamento da situação aquisitiva deve ser examinada, num primeiro momento, à luz da lei do *situs* originário. Apenas no caso de não se lograr êxito, a valoração dos atos e fatos jurídicos já realizados será remetida à lei do novo *situs*.[28]

Por sua vez, o *Institut de Droit International*, na sua sessão de Madri de 1911, de que foi *Rapporteur* o Sr. Giulio Diena, recomendou que "[n]o caso de mudança de um móvel para outro país, os direitos reais validamente adquiridos, segundo as regras estabelecidas, enquanto o móvel se encontrava num território determinado, devem ser respeitados, quando ele se encontre em território diferente", complementando que "[a] lei da nova situação poderá, contudo, exigir, por considerações de tutela social e de ordem pública, o cumprimento das condições prescritas para que possa o direito real produzir efeitos em relação a terceiros" (art. 5º, *in fine*).

Para nós, de igual forma, havendo sucessão de estatuto real durante a lide, e não estando o tema regulado por norma específica, poderá o juiz aplicar a lei da nova situação jurídica (do novo local em que se encontra a coisa) caso não sejam violados direitos legalmente adquiridos ou não haja qualquer situação de *fraude à lei* (v. Parte I, Cap. V, item 5, *supra*). A lei nova também pode (faculdade) ser aplicada caso seja a mais próxima da relação jurídica ou sobrevenha como resultado do diálogo das fontes.

Contudo, nada há de impedir que, na falta de critérios a justificar a aplicação da lei nova, possa o juiz seguir o disposto no art. 10, parágrafo único, da antiga Introdução ao Código Civil e sujeitar o bem móvel em apreço à lei da situação havida no início da lide. Não só o respeito aos direitos adquiridos, senão também a *fraude à lei* há de ser verificada pelo juiz quando da aplicação de uma ou outra lei.

6. Navios e aeronaves

Os navios e aeronaves são normalmente compreendidos como bens *imóveis*, dado especialmente o seu valor e a dificuldade de se estabelecer qualquer conexão prática, por razões evidentes. De fato, seriam insuficientes para a regência das relações a eles

---

[27] STRENGER, Irineu. *Direito internacional privado*, cit., p. 592.

[28] BALLARINO, Tito (*et al.*). *Diritto internazionale privato italiano*, cit., p. 256-257.

concernentes tanto a *lex rei sitae* (em razão de se movimentarem constantemente, pelo que uma multiplicidade de leis estaria sempre em causa) quanto a lei do domicílio do proprietário (devido à não permanência desses bens no *locus* de paragem de seu detentor). É dizer, não pode a lei aplicável aos navios e aeronaves variar tão fugazmente de um momento a outro, o que levaria a incertezas e a dificuldades de toda ordem.

Assim, é princípio corrente que os navios e as aeronaves devam submeter-se a uma mesma lei, ou seja, a uma ordem jurídica *una* que responda pela regência de suas contendas.[29] Em razão dessas dificuldades é que a doutrina (à unanimidade) estabeleceu a aplicação da lei do país de *registro* ou *matrícula* do navio ou da aeronave (princípio do pavilhão ou da bandeira, respectivamente) como competente para a regência de sua situação jurídica.[30] Tal tem significativa importância porque o local de registro ou da matrícula de navios e aeronaves *vincula* esses bens a uma dada ordem jurídica, que será a responsável por regular as relações a eles concernentes.

Ressalve-se, contudo, a existência de tratado específico a estabelecer critério diverso sobre a lei aplicável aos navios e aeronaves. Havendo tratado específico sobre o tema, este há de prevalecer sobre as disposições internas (inclusive costumeiras) em sentido contrário. Nesse sentido, *v.g.*, cite-se a Convenção das Nações Unidas sobre o Direito do Mar (*Convenção de Montego Bay*) de 1982, ratificada pelo Brasil em 22 de dezembro de 1988, que estabelece um critério de nacionalidade de navios que, não obstante aceite o local de *registro* como o legítimo, entendendo que "[o]s navios possuem a nacionalidade do Estado cuja bandeira estejam autorizados a arvorar", demanda, no entanto, a existência de "um *vínculo substancial* entre o Estado e o navio" (art. 91, § 1º).[31] A razão de ser assim – necessidade do vínculo subs-

---

[29]   Cf. Niboyet, J.-P. *Principios de derecho internacional privado*, cit., p. 502.

[30]   *V.* Espinola, Eduardo. *Elementos de direito internacional privado*, cit., p. 612; Niboyet, J.-P. *Principios de derecho internacional privado*, cit., p. 502-509; Tenório, Oscar. *Direito internacional privado*, vol. II, cit., p. 299; Valladão, Haroldo. *Direito internacional privado*, vol. II, cit., p. 164-165; Balladore Pallieri, Giorgio. *Diritto internazionale privato italiano*, cit., p. 242; Batalha, Wilson de Souza Campos. *Tratado de direito internacional privado*, t. II, cit., p. 212; Rocha, Osiris. *Curso de direito internacional privado*, cit., p. 136; Espinola, Eduardo & Espinola Filho, Eduardo. *A Lei de Introdução ao Código Civil Brasileiro*, vol. 2, cit., p. 349-350; Castro, Amilcar de. *Direito internacional privado*, cit., p. 429-430; Strenger, Irineu. *Direito internacional privado*, cit., p. 591; Diniz, Maria Helena. *Lei de Introdução ao Código Civil Brasileiro interpretada*, cit., p. 291; Basso, Maristela. *Curso de direito internacional privado*, cit., p. 194; e Niboyet, Marie-Laure & Geouffre de la Pradelle, Géraud de. *Droit international privé*, cit., p. 69.

[31]   Tal *vínculo substancial* é entendido como "o efetivo exercício das funções jurisdicionais e administrativas do Estado da bandeira sobre o navio, consubstanciado em ações de fiscalização, controle, exigência da prática de determinados atos previstos normativamente e eventual punição dos responsáveis pela violação das obrigações jurídicas nacionais e internacionais válidas para aquele Estado da bandeira determinado" (Silva, Marcos Edmar Ramos Alvares da & Toledo, André de Paiva. Vínculo substancial e as bandeiras de conveniência: consequências ambientais dos navios com registros abertos. *Revista de Direito Internacional*, vol. 13, nº 2, Brasília, 2016, p. 170).

tancial entre o Estado de registro e a embarcação – está em impedir a proliferação das "bandeiras de conveniência" ou "bandeiras de necessidade", que são concedidas por Estados com sistema de registro aberto, com pouca (ou quase nenhuma) fiscalização e monitoramento das embarcações registradas, por liberarem os armadores, *v.g.*, do recolhimento de tributos e do cumprimento de importantes normas regulatórias (empresariais, trabalhistas, ambientais etc.) que seriam exigidas no país de vinculação substancial do navio.[32]

Ressalte-se que a submissão de navios e aeronaves à lei única, do registro ou da matrícula, visa impedir as situações de *fraude à lei* no DIPr marítimo e aeronáutico, dificultando a manipulação ardilosa do local de registro em prejuízo dos direitos de terceiros.

7. Lei aplicável ao penhor

Segundo o Código Civil, "[c]onstitui-se o penhor pela transferência efetiva da posse que, em garantia do débito ao credor ou a quem o represente, faz o devedor, ou alguém por ele, de uma coisa móvel, suscetível de alienação" (art. 1.431). Há exceções, contudo, em que o bem dado em garantia não sai da esfera dominial do proprietário, como, *v.g.*, no penhor rural (agrícola e pecuário), no industrial, no mercantil, no de direitos e títulos de crédito e no de veículos, por efeito de cláusula *constituti* (CC, arts. 1.438 a 1.466). A razão de ser assim é evidente, pois a transferência da coisa empenhada ao credor pignoratício obstaria o devedor de auferir lucro em seu ramo de atividade e, consequentemente, saldar com a obrigação principal.

Presente o elemento estrangeiro (domicílio distinto do devedor, credor ou possuidor) na relação pignoratícia, indaga-se qual lei há de ser aplicada à regência do penhor. A LINDB resolveu a questão determinando ser competente a "lei do *domicílio* que tiver a pessoa, *em cuja posse* se encontre a coisa apenhada" (art. 8º, § 2º). Excepcionou-se, aqui, como se vê, a regra *lex rei sitae* (regra geral) para o fim de privilegiar a conexão domiciliar do possuidor da coisa apenhada no momento da constituição da garantia real.

Haroldo Valladão reputou a regra "absurda", pois decorrente de "uma verdadeira desnaturação em cascata da ideia savignyana, chegando à amplitude desse § 2º, significando que uma coisa móvel, dada em penhor, pode estar situada perma-

---

[32] Cf. Lacerda, J. C. Sampaio de. *Curso de direito comercial marítimo e aeronáutico*: direito privado da navegação. 6. ed. melhorada e atual. Rio de Janeiro: Freitas Bastos, 1963, p. 54-55; Mello, Celso D. de Albuquerque. *Alto-mar*. Rio de Janeiro: Renovar, 2001, p. 221-222; Gibertoni, Carla Adriana Comitre. *Teoria e prática do direito marítimo*. 2. ed rev. e atual. Rio de Janeiro: Renovar, 2004, p. 60-63; Gomes, Manuel Januário da Costa. *O ensino do direito marítimo*: o soltar das amarras do direito da navegação marítima. Coimbra: Almedina, 2005, p. 65; e Martins, Eliane Maria Octaviano. *Curso de direito marítimo*, 3. ed. rev., ampl. e atual. Barueri: Manole, 2008, vol. 1., p. 171-172.

nentemente no Brasil, mas será regida pela lei estrangeira do domicílio da pessoa que tenha a posse da mesma coisa, habitualmente – o que é mais grave – do domicílio do *credor* pignoratício". Em sua crítica à regra, Valladão exemplifica:

> Assim uma pessoa domiciliada na França, que está no Brasil, de passagem ou aqui residindo, p. ex., um turista, um bolsista, etc., se receber em penhor no Brasil um relógio ou outra coisa móvel, aqui situada, *tal coisa será regida pela lei francesa* (!). Tinha tal regra de desaparecer, como desapareceu, no Antepr. L. Geral.[33]

Para nós, contudo, a intenção da regra foi garantir a segurança do negócio jurídico perante terceiros, dados os casos em que desnecessária a tradição da coisa para a constituição do penhor. Haroldo Valladão, parece claro, não entreviu – o seu próprio exemplo está a confirmar – que a coisa apenhada pode não sofrer *traditio*, ficando nas mãos do próprio proprietário, como se dá, *v.g.*, no penhor rural (agrícola e pecuário), no industrial, no mercantil, no de direitos e títulos de crédito e no de veículos. Exatamente por isso, *fictio juris*, a LINDB mandou aplicar ao instituto (independentemente da localização do bem) a lei do domicílio do possuidor da coisa (credor ou devedor) quando da constituição do ônus real.[34]

Portanto, havendo tradição efetiva da coisa, regerá o penhor a lei do domicílio do credor pignoratício ao tempo da constituição da garantia; se não houver, a lei de regência será a do domicílio do devedor (independentemente de onde se domicilie o credor) por efeito de cláusula *constituti*, pela qual a coisa apenhada permanece na posse do devedor em nome e por conta do credor.[35]

A guarda da coisa, como se nota, não é sempre determinante para a aplicação de determinada lei à regência do penhor; sua *posse* é que determina a lei (nacional ou estrangeira) a ser aplicável. Assim, o domicílio de quem *possuir* a coisa apenhada *no momento da constituição da garantia* é que determina a lei aplicável ao penhor, independentemente da tradição efetiva do bem. Independe para a determinação da lei aplicável eventual *mudança* de lugar da coisa na pendência da lide, pois a competência legislativa já foi determinada *a priori*.[36]

Frise-se, porém, que a obrigação *principal* (*v.g.*, mútuo) – da qual o penhor é garantia real e *acessória* – será regida e qualificada pela lei do lugar em que se constituir, seguindo a regra geral sobre as obrigações prevista no art. 9º da LINDB: "Para qualificar e reger as obrigações, aplicar-se-á a lei do país em que se constituírem" (*v.* Cap. V, *infra*). Assim, parece certo que a lei-regente da obrigação principal e a relativa à situação do bem penhorado hão de reconhecer, em primeiro plano, tal modalida-

---

[33] VALLADÃO, Haroldo. *Direito internacional privado*, vol. II, cit., p. 161-162.

[34] Cf. CASTRO, Amilcar de. *Direito internacional privado*, cit., p. 430; e DINIZ, Maria Helena. *Lei de Introdução ao Código Civil Brasileiro interpretada*, cit., p. 294.

[35] *V.* DEL'OLMO, Florisbal de Souza & ARAÚJO, Luís Ivani de Amorim. *Lei de Introdução ao Código Civil Brasileiro comentada*, cit., p. 118.

[36] Cf. TENÓRIO, Oscar. *Direito internacional privado*, vol. II, cit., p. 168.

Parte II · Cap. II · DOS BENS **265**

de de garantia real para que a relação pignoratícia possa validamente se concretizar, pouco importando, na análise dessa questão prévia, o que dispõe a lei domiciliar do possuidor da coisa.[37]

Por derradeiro, destaque-se que no Código Bustamante há regra diversa, que manda aplicar ao penhor a lei territorial, isto é, a *lex rei sitae*. Pela norma convencional, são territoriais "os preceitos que determinam os requisitos essenciais do contrato de penhor, e eles devem vigorar quando o objeto penhorado se transfira a outro lugar onde as regras sejam diferentes das exigidas ao celebrar-se o contrato" (art. 215). O art. 216 complementa que "[s]ão igualmente territoriais as prescrições em virtude das quais o penhor deva ficar em poder do credor ou de um terceiro, as que exijam, para valer contra terceiros, que conste, por instrumento público, a data certa e as que fixem o processo para a sua alienação". Na aplicação, portanto, do Código Bustamante às relações do Brasil com as demais quinze repúblicas americanas que dele são partes, haverá prevalência das disposições convencionais sobre o que determina a LINDB. Não se aplicará, em tais casos, a lei do domicílio que tiver a pessoa em cuja posse se encontre a coisa apenhada, senão apenas a *lex rei sitae*, tal como determina a Convenção de Havana.[38]

8. Tráfico ilícito de bens culturais

O tráfico de bens culturais (*v.g.*, obras de arte, peças históricas, manuscritos raros etc.) tem se tornado preocupação constante do DIPr nos últimos tempos, notadamente em face de sua cada vez mais crescente importação ou exportação ilícitas. Perquire-se, basicamente, qual a lei aplicável ao retorno dos bens ilegalmente transferidos (por furto, roubo etc.) de seu *locus* originário, notadamente à falta de convenção internacional uniformizadora.

A questão, aqui, como se vê, vai além da relativa à lei aplicável a meros *objetos* transferidos ilicitamente de um país a outro, que poderá resolver-se nos termos da lei do local em que o atual possuidor os adquiriu.[39] Tais bens podem ser *quaisquer* bens, públicos ou privados, mas sem conexão com a cultura de determinado Estado ou com a identidade das pessoas que neles se representam. Os bens que versaremos aqui, portanto, têm um *plus*, pois componentes do patrimônio cultural de determinado Estado, e que, só por isso, estão a merecer proteção também diferenciada por parte do contemporâneo DIPr.

---

[37] *V.* Jo, Hee Moon. *Moderno direito internacional privado*, cit., p. 485.

[38] Nesse exato sentido, *v.* ANDRADE, Agenor Pereira de. *Manual de direito internacional privado*, cit., p. 198; ESPINOLA, Eduardo & ESPINOLA FILHO, Eduardo. *A Lei de Introdução ao Código Civil Brasileiro*, vol. 2, cit., p. 377-378; e DINIZ, Maria Helena. *Lei de Introdução ao Código Civil Brasileiro interpretada*, cit., p. 295.

[39] *V.* ESPINOLA, Eduardo & ESPINOLA FILHO, Eduardo. *A Lei de Introdução ao Código Civil Brasileiro*, vol. 2, cit., p. 347, citando a lição de Pillet.

Importa, primeiramente, conceituar "bens culturais" para, depois, investigar a norma mais apropriada aplicável ao caso de seu tráfico ilícito. Merecerão ainda análise as questões do possuidor de boa-fé e das normas de aplicação imediata.

8.1 Conceito

A definição de "bens culturais" vem expressa no art. 1º da Convenção sobre as Medidas a serem Adotadas para Proibir e Impedir a Importação, Exportação e Transposição e Transferência de Propriedade Ilícitas dos Bens Culturais, de 1970,[40] que assim dispõe:

> Para os fins da presente Convenção, a expressão "bens culturais" significa quaisquer bens que, por motivos religiosos ou profanos, tenham sido expressamente designados por cada Estado como de importância para a arqueologia, a pré-história, a história, a literatura, a arte ou a ciência, e que pertençam às seguintes categorias:
>
> *a*) as coleções e exemplares raros de zoologia, botânica, mineralogia e anatomia, e objeto de interesse paleontológico;
>
> *b*) os bens relacionados com a história, inclusive a história da ciência e da tecnologia, com a história militar e social, com a vida dos grandes estadistas, pensadores, cientistas e artistas nacionais e com os acontecimentos de importância nacional;
>
> *c*) o produto de escavações arqueológicas (tanto as autorizadas quanto as clandestinas) ou de descobertas arqueológicas;
>
> *d*) elementos procedentes do desmembramento de monumentos artísticos ou históricos e de lugares de interesse arqueológico;
>
> *e*) antiguidade de mais de cem anos, tais como inscrições, moedas e selos gravados;
>
> *f*) objetos de interesse etnológico;
>
> *g*) os bens de interesse artístico, tais como:
>
> i) quadros, pinturas e desenhos feitos inteiramente a mão sobre qualquer suporte e em qualquer material (com exclusão dos desenhos industriais e dos artigos manufaturados decorados a mão);
>
> ii) produções originais de arte estatuária e de escultura em qualquer material;
>
> iii) gravuras, estampas e litografias originais;
>
> iv) conjuntos e montagens artísticas em qualquer material;
>
> *h*) manuscritos raros e incunábulos, livros, documentos e publicações antigos de interesse especial (histórico, artístico, científico, literário etc.), isolados ou em coleções;
>
> *i*) selos postais, fiscais ou análogos, isoladas ou em coleções;
>
> *j*) arquivos, inclusive os fonográficos, fotográficos e cinematográficos;
>
> *k*) peças de mobília de mais de cem anos e instrumentos musicais antigos.

---

[40] Aprovada pelo Decreto Legislativo nº 71, de 28.11.1972, em vigor interno desde 06.05.1973, e promulgada pelo Decreto nº 72.312/73, de 31.05.1973.

Todas essas espécies de bens culturais podem ser – e não raramente são, atualmente, com métodos cada vez mais sofisticados – ilicitamente transferidos de seu local de origem para outros países, nascendo a questão de DIPr sobre a lei aplicável ao seu retorno ao *locus* originário. Tal retorno é meta fundamental da Convenção da Unesco de 1970, que obriga os Estados-partes a "tomar as medidas apropriadas, mediante solicitação do Estado-Parte de origem, para recuperar e restituir quaisquer bens culturais roubados e importados após a entrada em vigor da presente Convenção para ambos os Estados interessados..." (art. 7º, *b*, ii).

8.2 Lei aplicável

No DIPr brasileiro, a questão do retorno ao local de origem dos bens culturais ilicitamente transferidos se resolveria, *a priori*, pela aplicação da *lex situs*, nos termos do art. 8º, *caput*, da LINDB, segundo o qual "[p]ara qualificar os bens e regular as relações a eles concernentes, aplicar-se-á a lei do país em que estiverem situados". Assim, tendo sido o bem cultural ilicitamente transferido para o Brasil, de aplicar-se a lei brasileira para a qualificação e regência das relações a ele atinentes.

Atualmente, porém, já se pretende aplicar a lei do local de *origem* do bem (*lex origins*) para o caso de bens culturais pertencentes ao patrimônio de determinado Estado, por terem significação especial à identidade cultural das pessoas componentes da Nação.[41] Ficaria, nestes casos, excepcionada a *lex situs* para o fim de prestigiar a conexão *mais estreita* do bem com o *locus* de situação originária. Nesse sentido está, *v.g.*, a *Recomendação de Nova Delhi* (da Unesco) de 1956, que prevê diretrizes para as pesquisas arqueológicas com o fim de garantir a conservação de monumentos e obras do passado, prevendo, *inter alia*, colaboração internacional para a repressão de pesquisas arqueológicas clandestinas e repatriação dos objetos arqueológicos ao país de origem, tanto no caso de pesquisas clandestinas como no de pesquisas autorizadas, mas com transferência de objetos ao exterior sem a devida autorização do Estado. Ao mesmo entendimento chegou o *Institut de Droit International*, na sua sessão de Basileia de 1991, de que foi *Rapporteur* o Sr. Antonio de Arruda Ferrer-Correia, ao determinar que "[a] transferência da propriedade dos objetos de arte pertencentes ao patrimônio cultural do país de origem do bem submete-se à lei desse país" (art. 2º).

Entre as opções da *lex situs* e da *lex origins*, porém, não se tem cogitado da aplicação da norma *mais favorável* à guarda e à proteção do bem, como deveria ser. Assim, num primeiro momento, caberia ao juiz do foro verificar, dentre as opções citadas, qual a norma *mais benéfica* à guarda e à proteção do bem, para o fim de aplicá-la ao caso concreto. Ocorre, porém, que os bens em causa podem restar guardados e protegidos em Estado terceiro, *v.g.*, em museus oficiais proprietários de obras de arte. Nesses casos, nota-se, há *outra* lei (terceira lei) potencialmente

---

[41] *V.* Jayme, Erik. Identité culturelle et intégration..., cit., p. 195-198.

aplicável, qual seja, a *lei do país de guarda e proteção* do bem, que pode não coincidir com a *lex origins* ou com a *lex situs*. Daí o nosso entendimento de que se leve em consideração, para efeito de aplicação da norma mais favorável ao bem cultural, *também* a lei do país de sua guarda e proteção.

Se é certo que na maioria das vezes a *lex origins* é a mais próxima do *locus* cultural do bem, não é menos verdade que há casos em que nem a *lex situs*, nem a *lex origins* se aproxima da identidade cultural das pessoas ligadas ao bem, notadamente quando este pertence à humanidade ou quando, em razão do seu lugar de guarda e proteção, for *ali* (naquele lugar) conhecido do público em geral. A doutrina sobre patrimônio cultural brasileiro tem se posicionado nesse sentido, defendendo que a movimentação internacional dos bens culturais presentes no território brasileiro deve depender da vontade dos detentores do bem e do Estado, que zela pela diversidade cultural e pelo acesso e fruição dos bens culturais pelos residentes no país.[42]

Pense-se, *v.g.*, no furto da *Santa Maria* da Igreja Matriz, um objeto de arte sacra italiana do século XVIII, e sua comercialização para os Estados Unidos. A *Santa* que fora furtada era integrante da coleção da Igreja Matriz de São Cristóvão, em Sergipe, uma cidade brasileira declarada patrimônio mundial pela Unesco e que tem no turismo religioso importante fonte de renda. Nesse caso, parece certo que a lei *brasileira* (lei do lugar de guarda e proteção do bem) será *mais favorável* à coisa – inclusive à identidade cultural daqueles que se veem nela representados – que a *lex origins* (lei italiana) ou a *lex situs* (lei norte-americana). Daí, em suma, ter o juiz do foro que sopesar qual seria, dentre as opções possíveis, a norma mais benéfica à guarda e à proteção do bem, que pode ser terceira lei distinta da *lex origins* ou da *lex situs*. Essa, *tout court*, a solução mais adequada à resolução da questão do tráfico ilícito de bens culturais.

8.3 A questão do possuidor de boa-fé

Há dúvida no que tange ao possuidor de boa-fé, que não encontra proteção específica em diversas legislações. Nos termos, porém, da Convenção Unidroit sobre Bens Culturais Furtados ou Ilicitamente Exportados, de 1995, de que o Brasil é parte,[43] o "possuidor de um bem cultural furtado, *que deve restituí-lo*, tem direito ao pagamento, no momento de sua restituição, de uma *indenização equitativa*, desde que não tenha sabido, ou devido razoavelmente saber, que o bem era furtado, e que possa provar ter procedido às diligências cabíveis no momento da aquisição" (art. 4º, 1). Portanto, segundo a Convenção, o possuidor de boa-fé *deve* restituir o bem, tendo, porém, direito ao pagamento de *indenização equitativa* se comprovar desconhecer a sua origem ilícita.

---

[42] A propósito, cf. SOARES, Inês Virgínia Prado. *Direito ao (do) patrimônio cultural brasileiro*. Belo Horizonte: Fórum, 2009; e MIRANDA, Marcos Paulo de Souza. *Tutela do patrimônio cultural brasileiro*: doutrina, jurisprudência, legislação. Belo Horizonte: Del Rey, 2006.

[43] Aprovada pelo Decreto Legislativo nº 4, de 21.01.1995, com adesão do Brasil em 23.03.1999 e promulgada pelo Decreto nº 3.166, de 14.09.1999.

Nesse caso, dada a especialidade da norma convencional, haverá substituição da regra do art. 8º da LINDB no que tange à lei aplicável à propriedade móvel.[44]

Também a Convenção sobre as Medidas a serem Adotadas para Proibir e Impedir a Importação, Exportação e Transposição e Transferência de Propriedade Ilícitas dos Bens Culturais, de 1970, posiciona-se no mesmo sentido, ao obrigar o Estado solicitante que "pague justa compensação a qualquer comprador de boa-fé ou a qualquer pessoa que detenha a propriedade legal daqueles bens" (art. 7º, *b*, ii).

Relativamente ao possuidor de boa-fé, merece destaque o julgamento do caso *Winkworth vs. Cristine, Manson & Woods Ltd. and Another*, sobre a coleção japonesa de *netsuke* roubada e vendida para um colecionador da Inglaterra e posteriormente transferida para a Itália, tendo o comprador italiano volvido a coleção à Londres para leiloá-la na *Christie's*. Reconhecido o produto do roubo, houve demanda judicial contra a *Christie's* e o colecionador italiano, pelo que coube ao juiz inglês decidir se aplicaria a lei italiana (que garantia a posse do adquirente de boa-fé) ou a lei inglesa (favorável ao proprietário originário). A decisão entendeu pela aplicação da lei do local da coisa no momento da venda, isto é, a lei italiana, que garantia ao comprador "a propriedade pela posse, desde que de boa-fé no momento da entrega..." (Codice Civile, art. 1.153).[45]

8.4 *Normas de aplicação imediata*

As normas de aplicação imediata (*lois de police*) eventualmente existentes na legislação do Estado são de utilização prioritária pelo juiz do foro, pelo que sequer há investigação da norma potencialmente indicada pela regra de DIPr da *lex fori*. As leis protetivas dos bens culturais são exemplo fértil dessa categoria de normas, ao lado das normas trabalhistas e consumeristas, como já se viu (*v*. Parte I, Cap. VII, item 4.3, *supra*).[46]

Os exemplos no direito brasileiro são vários, a iniciar pelo art. 14 do Decreto-lei nº 25/37, que prevê que o bem tombado "não poderá sair do país, senão por curto prazo, sem transferência de domínio e para fim de intercâmbio cultural, a juízo do Conselho Consultivo do Serviço do Patrimônio Histórico e Artístico Nacional". O mesmo Decreto-lei também pune a tentativa de exportação sem autorização do Conselho Consultivo, determinando que "[a] pessoa que tentar a exportação de coisa tombada, além de incidir na multa a que se referem os parágrafos anteriores, incorrerá nas penas cominadas no Código Penal para o crime de contrabando"

---

[44] Cf. LIXINSKI, Lucas. Direito internacional da arte e do patrimônio cultural: estratégias de exclusão e inclusão. In: MAMEDE, Gladston, FRANCA FILHO, Marcílio Toscano & RODRIGUES JUNIOR, Otavio Luiz (Org.). *Direito da arte*. São Paulo: Atlas, 2015, p. 226.

[45] *Winkworth vs. Christie Manson and Woods Ltd. and Another*, [1980] 1 ER (Ch) 496, [1980] 1 All ER 1121.

[46] Cf. FRIEDRICH, Tatyana Scheila. *Normas imperativas de direito internacional privado...*, cit., p. 62-70.

(art. 15, § 3º). A normativa não inclui, contudo, no patrimônio histórico e artístico nacional as obras de origem estrangeira: 1) que pertençam às representações diplomáticas ou consulares acreditadas no país; 2) que adornem quaisquer veículos pertencentes a empresas estrangeiras, que façam carreira no país; 3) que se incluam entre os bens referidos no art. 10 da Introdução do Código Civil,[47] e que continuam sujeitas à lei pessoal do proprietário; 4) que pertençam a casas de comércio de objetos históricos ou artísticos; 5) que sejam trazidas para exposições comemorativas, educativas ou comerciais; e 6) que sejam importadas por empresas estrangeiras expressamente para adorno dos respectivos estabelecimentos (art. 3º).

O art. 1º da Lei nº 3.924/61, por sua vez, prevê que "[o]s monumentos arqueológicos ou pré-históricos de qualquer natureza existentes no território nacional e todos os elementos que neles se encontram ficam sob a guarda e proteção do Poder Público...". A Lei nº 4.845/65, por seu turno, proíbe a saída para o exterior "de quaisquer obras de artes e ofícios tradicionais, produzidas no Brasil até o fim do período monárquico, abrangendo não só pinturas, desenhos, esculturas, gravuras e elementos de arquitetura, como também obra de talha, imaginária, ourivesaria, mobiliário e outras modalidades (art. 1º). De igual forma, a Lei nº 5.471/68, regulamentada pelo Decreto nº 65.347/69, proíbe a exportação de bibliotecas e acervos documentais de autores ou editores brasileiros ou sobre o Brasil, editados entre os séculos XVI a XIX (art. 1º).

A Constituição Federal de 1988, de sua parte, diz competir igualmente à União, aos Estados, ao Distrito Federal e aos Municípios "proteger os documentos, as obras e outros bens de valor histórico, artístico e cultural, os monumentos, as paisagens naturais notáveis e os sítios arqueológicos", bem assim "impedir a evasão, a destruição e a descaracterização de obras de arte e de outros bens de valor histórico, artístico ou cultural" (art. 23, III e IV).

Normas brasileiras posteriores (pós-1988) também proíbem o envio de coleções ao exterior sem autorização do órgão público competente. É o caso do art. 13 da Lei nº 8.159/91 (Lei dos Arquivos), do inc. II do art. 3º da Lei nº 8.394/91 (que dispõe sobre a preservação, organização e proteção dos acervos documentais privados dos presidentes da República) e do art. 40, incs. IV e V, do Decreto nº 8.124/13, que prevê o direito de preferência do Estado para aquisição de coleções particulares, proibindo sua saída definitiva ao exterior (venda) sem observância do direito de preferência ao Instituto Brasileiro de Museus (nos termos do art. 63 da Lei nº 11.904/09).

Todo esse mosaico normativo opera imediatamente na ordem jurídica brasileira, sequer suscitando qual seria eventual lei (estrangeira) aplicável. Não se perquire, assim, o que dispõe a lei da situação da coisa (*v.g.*, a lei do país em que a obra de arte roubada se encontra) em razão da aplicação *imediata* das normas brasileiras em causa.

---

[47] O dispositivo (relativo aos bens móveis em trânsito) corresponde, hoje, ao art. 8º, § 1º, da LINDB (*v.* item 4, *supra*).

Capítulo III

Direito de Família

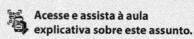

1. Normas gerais

No DIPr brasileiro, as regras sobre direito de família são determinadas pela lei domiciliar da pessoa (LINDB, art. 7º, *caput*).[1] Havendo, contudo, previsão diversa em tratado internacional, esta é que deverá prevalecer entre os Estados-partes, dada a supremacia das normas do Direito Internacional Público às do Direito interno. Se estiver, porém, em jogo somente a LINDB, será a lei do *domicílio* da pessoa que determinará as regras sobre direito de família a ela aplicáveis, nos termos da tradição brasileira nessa matéria. Também segundo a LINDB, porém, se "a pessoa não tiver domicílio, considerar-se-á domiciliada no lugar de sua residência ou naquele em que se encontre" (art. 7º, § 8º). Trata-se de critério supletivo conhecido e aceito pelas legislações de diversos países, que facilita a indicação da lei aplicável à relação jurídica. Pessoas sem domicílio conhecido são *adômides*, e, assim, a lei, para solucionar a questão, adotou *dois* critérios suplementares: o da *residência* e o do *lugar em que as pessoas se encontrem*.[2]

---

[1] Para críticas, v. VALLADÃO, Haroldo. *Direito internacional privado*, vol. II, cit., p. 41, ao entender que "o assunto fora regulado mal na Introdução [ao Código Civil de 1916] e, pior, na Lei de Introdução", pois esta deveria ter dado "aos direitos de família um conteúdo humano e social, coibindo os abusos, igualando direitos e deveres entre os cônjuges, entre pais e filhos e dando preferência aos interesses destes últimos, adotando, assim, regras analíticas, específicas, superadas as leis de nacionalidade e do domicílio, e apresentando outros critérios, lugar do ato, residência habitual, leis mais favorável, autonomia sem abuso, situação dos bens, *lex fori*, etc.".

[2] Cf. DINIZ, Maria Helena. *Lei de Introdução ao Código Civil Brasileiro interpretada*, cit., p. 267.

272 | CURSO DE DIREITO INTERNACIONAL PRIVADO – *Valerio de Oliveira Mazzuoli*

Nada do que se acabou de dizer, porém, impede o juiz de escutar o "diálogo das fontes" (internacionais e internas) e de aplicar o que elas dizem.[3] A solução do caso concreto, assim, poderá ser *moderna* (desde que materialmente justa) ou *pós-moderna*, levando em conta fatores exógenos às regras de conflito, como, *v.g.*, a *cultura* das partes ou a *proximidade* com a relação jurídica (como no caso da aplicação da lei da "residência habitual" do menor na adoção, em detrimento da regra domiciliar, sempre mais rígida e inflexível).

Nos itens a seguir estudaremos quatro institutos afetos ao direito de família conectados ao DIPr brasileiro, com suas respectivas peculiaridades: o casamento, o divórcio, as relações parentais e a adoção internacional de menores. Antes, porém, aqui será estudado (por questão didática) também o instituto dos esponsais, que, não obstante alheio ao direito de família no Brasil, é contrato preliminar ao casamento.

2. Esponsais

A omissão dos Códigos Civis de 1916 e 2002 sobre o contrato esponsalício – o tema esteve presente entre nós apenas na Lei de 6 de outubro de 1784 e na Consolidação das Leis Civis de 1858, da lavra do ilustre Teixeira de Freitas – não fez desaparecerem as questões que sobre ele ainda recaem no Brasil, sobretudo no âmbito do DIPr. Duas questões sobre os esponsais merecem especial destaque, quais sejam, as atinentes à sua qualificação e à lei aplicável, nos termos tanto da LINDB como do Código Bustamante.[4]

Os esponsais correspondem a uma das fases preparatórias ao casamento, de origem mais remota que a habilitação, conhecidos popularmente por *noivado*.[5] Trata-se do momento em que os nubentes assumem a vontade de contrair futuras núpcias,[6] o que, em muitos países, vem seguido de comemorações e festejos diversos. Seu rompimento, contudo, pode levar a certa complexidade jurídica, sobretudo no plano do DIPr, quando ocorrido no estrangeiro e à luz de legislações díspares. Busca-se saber se há obrigação de levar a cabo o contrato esponsalício (e, portanto, fazer casar os nubentes), ou se apenas será possível ao consorte prejudicado vindicar eventual indenização pelos prejuízos decorrentes da quebra do compromisso.

---

[3] *V.* JAYME, Erik. Identité culturelle et intégration…, cit., p. 259.

[4] *V.* MAZZUOLI, Valerio de Oliveira. Lei aplicável ao rompimento de esponsais no direito internacional privado brasileiro. *Revista de Direito Civil Contemporâneo*, ano 4, vol. 11, São Paulo, abr./jun. 2017, p. 143-158.

[5] Para a história do instituto, da época colonial ao direito brasileiro em vigor, *v.* VELASCO, Ignacio M. Poveda. *Os esponsais no direito luso-brasileiro*. São Paulo: Quartier Latin, 2007, 272p.

[6] Não obstante, porém, tratar-se de *promessa* de casamento, os esponsais, no Brasil, não se qualificam no âmbito do direito de família (*v. infra*).

2.1 Qualificação dos esponsais

A primeira certeza que se tem sobre os esponsais diz respeito à sua qualificação *lex fori*, à exceção (se verá) dos instrumentos internacionais de *Direito Uniforme* em vigor no Estado. Faltante no Código Civil brasileiro previsão sobre os contratos esponsalícios, sua regência caberá, entre nós, não ao direito de família, senão ao estatuto das obrigações *ex delicto*.[7] No DIPr, tais obrigações são também *conexões* capazes de ligar o fato delituoso a mais de uma ordem jurídica, dando ensejo à investigação do direito aplicável pelo juiz. De fato, os esponsais não comportam, à luz do direito infraconvencional brasileiro, nenhum efeito sobre o matrimônio em si, bem assim sobre o direito de família em geral; nada além de anseio por eventual indenização (decorrente da quebra do noivado) existe *de fundo* no instituto, sem repercussão capaz de atingir o âmbito propriamente *familiar*. Tanto é assim – leciona Irineu Strenger – que o direito brasileiro "não permite, por *vacatio legis*, pensar em qualquer vínculo obrigacional de contratar casamento, e a promessa de casamento não cria qualquer embrião familiar de molde a justificar a assimilação ao estatuto pessoal".[8] Portanto, a localização da ordem jurídica apta a resolver a questão posta em juízo determina-se pela *lex loci delicti commissi*, uma vez qualificada a relação esponsalícia no plano do direito das obrigações no Brasil.[9]

Como, no entanto, se dará eventual indenização é matéria a ser analisada no processo, e são variados os motivos que a podem ensejar: compra antecipada de imóveis ou veículos, despesas com *buffet* e festa, aquisição de enxoval, demissão do emprego, entre tantos outros. Certo é que, à luz do direito brasileiro atual, se não há execução forçada da obrigação esponsalícia, ao menos "[a]quele que, por ato ilícito (arts. 186 e 187), causar dano a outrem, fica obrigado a repará-lo" (CC, art. 927). Em suma, para falar como Eduardo Espinola, "[é] conforme a equidade e aos princípios gerais de direito que a parte de boa-fé, prejudicada com o procedimento injusto da outra, seja indenizada dos prejuízos que efetivamente se verifiquem por haver acreditado que o contrato se realizaria".[10]

A qualificação *nacional* dos esponsais, é verdade, não impede qualquer legislação estrangeira de classificá-los diversamente, como, *v.g.*, faz o direito alemão, que os aloca no plano do direito de família (§ 1.298 do BGB). Mais: a teor do art. 30 da Lei de Introdução ao Código Civil alemão os esponsais são matéria de *ordem públi-*

---

[7] Cf. Pontes de Miranda, Francisco Cavalcanti. *Tratado de direito internacional privado*, t. II, cit., p. 4; e Rocha, Osiris. *Curso de direito internacional privado*, cit., p. 120-121. Assim também, expressamente, o Código Civil austríaco de 1811, que negava aos esponsais qualquer obrigação jurídica de concluir a união ou de cumprir o previsto para o caso de ruptura (art. 45), dando, porém, à parte lesada, indenização pelo prejuízo sofrido (art. 46) (*v.* Valladão, Haroldo. *Direito internacional privado*, vol. II, cit., p. 59).

[8] Strenger, Irineu. *Direito internacional privado*, cit., p. 515.

[9] Cf. Valladão, Haroldo. *Direito internacional privado*, vol. II, cit., p. 60.

[10] Espinola, Eduardo. *Elementos de direito internacional privado*, cit., p. 417.

ca, por não poder o juiz alemão aplicar a lei estrangeira se houver maior restrição à liberdade de contrair matrimônio do que permitido pela lei alemã.[11] É o caso, *v.g.*, do direito estrangeiro que *obriga* à realização do casamento contra disposição em contrário da *lex fori*. No direito brasileiro e no de diversos outros países (*v.g.*, da Itália) não há qualquer obrigação de levar a cabo a relação esponsalícia para que se obrigue o consorte a casar.[12] A mesma orientação, de há muito, tem sido seguida pelo direito canônico.[13] Em todos esses casos, a ordem pública passará a operar e a cortar efeitos à lei estrangeira; esta não será aplicada *in foro domestico* e não se homologará qualquer sentença dela proveniente.[14]

Atente-se bem, contudo, ao que revela (com razão) Pontes de Miranda: se se tratar de pena contratual imposta pela lei estrangeira, a ordem pública nacional opera; se se tratar apenas de indenização por quebra do compromisso, não.[15]

2.2 Lei aplicável segundo a LINDB

Segundo o direito brasileiro atual, as obrigações (inclusive extracontratuais, como as *ex delicto*) serão regidas e *qualificadas* pela "lei do país em que se constituírem" (LINDB, art. 9º). Para saber, contudo, se se trata de verdadeira "obrigação" a relação apresentada ante o foro, deve o juiz, já se disse, proceder à *pré*-qualificação do instituto pela *lex fori* (*v.* Parte I, Cap. IV, item 4.1, *supra*); certo de que se trata de "obrigação" a relação esponsalícia, a sua classificação – saber o *tipo* ou a *espécie* obrigacional em causa, bem assim as consequências jurídicas daí decorrentes – caberá, nos termos do art. 9º da LINDB, à *lex causae*. No caso dos esponsais, portanto, a conexão aplicável à quebra da obrigação provém da regra *lex loci delicti commissi*,

---

[11] Cf. Wolff, Martin. *Derecho internacional privado*, cit., p. 287. À luz desse entendimento, Batalha entende (sua opinião é radical) que também "em nosso Direito, seria contrária à ordem pública a aplicabilidade de *qualquer* lei estrangeira sobre esponsais, por violentar o conceito brasileiro de liberdade do casamento" [grifo nosso] (*Tratado de direito internacional privado*, t. II, cit., p. 92).

[12] Para o direito italiano, *v.* De Nova, Rodolfo. Gli sponsali in diritto internazionale privato. *Il Foro Italiano*, vol. 78, nº 2 (1955), p. 25-38; Balladore Pallieri, Giorgio. *Diritto internazionale privato italiano*, cit., p. 173-174; e, com maior profundidade, Oberto, Giacomo. La promessa di matrimonio. In: Zatti, Paolo (Dir.); Ferrando, Gilda; Fortino, Marcella & Ruscello, Francesco (Org.). *Trattato di diritto di famiglia*, vol. I (Famiglia e Matrimonio), 2. ed. Milano: Giuffrè, 2011, p. 325-365.

[13] No *Codex Iuris Canonice* de 1917 a regra era a mesma: "At ex matrimonii promissione, licet valida sit nec ulla iusta causa ab eadem implenda excuset, non datur actio ad petendam matrimonii celebrationem; datur tamen ad reparationem damnorum, si qua debeatur" (*Canon* 1017, § 3º). Por sua vez, a atual legislação canônica (de 1983) objetiva a norma no *Canon* 1062, § 2º, nestes termos: "Ex matrimonii promissione non datur actio ad petendam matrimonii celebrationem; datur tamen ad reparationem damnorum, si qua debeatur".

[14] *V.* Pontes de Miranda, Francisco Cavalcanti. *Tratado de direito internacional privado*, t. II, cit., p. 7.

[15] Pontes de Miranda, Francisco Cavalcanti. Idem, ibidem.

uma vez alocada (pela via da *pré-qualificação*) a relação esponsalícia no plano do direito obrigacional. Assim, tendo o rompimento da promessa de casamento (ato ilícito) ocorrido, *v.g.*, na França, seria o direito francês o aplicado segundo a *sua* qualificação de fundo, por ter sido naquele país constituída a obrigação *ex delicto* (não obstante a obrigação precedente, esponsalícia, ter se constituído, *v.g.*, na Alemanha). A legislação francesa, a esse respeito, adotou a regra geral *neminem laedere* ("a ninguém lesar"), pelo que na França só se analisa a ruptura da promessa de casamento à luz da responsabilidade civil extracontratual,[16] diferentemente da Alemanha, que a submete, como se disse, ao direito de família.[17] Ainda que desnecessária, mas a título de argumentação, a qualificação de fundo da obrigação (verificação de suas características, consequências etc.) pela *lex fori* levaria ao mesmo entendimento, uma vez que, no Brasil, com a vigência do Código Civil de 2002, o rompimento da promessa de casamento foi alocado entre a prática dos atos ilícitos, passível, guardadas as circunstâncias, de indenização por danos morais (arts. 186 e 927). Assim, não sendo os contratos esponsalícios reconhecidos na França, haveria de se analisar os requisitos das normas francesas sobre responsabilidade civil extracontratual para fins de, eventualmente, enquadrar o rompimento da promessa de casamento a título de *ato ilícito*.

Como se vê, não se aplica ao rompimento de esponsais a lei pessoal, mas a do lugar em que quebrado o compromisso de noivado, isto é, onde a obrigação por ato ilícito se constituiu. Tratando-se, no exemplo citado, de responsabilidade civil extracontratual, não de direito de família, afasta-se a regra contida no art. 7º, *caput*, da LINDB, segundo a qual "[a] lei do país em que domiciliada a pessoa determina as regras sobre (…) os direitos de família", por não ter relevância o *locus* domiciliar de qualquer das partes, senão onde o ato danoso efetivamente ocorreu. A lei do local do dano regerá, também, a *prova* do ato ilícito.

Fossem, porém, os esponsais quebrados em país que os qualifica no plano do direito de família, e, para além disso, que *obriga* o causador do dano a casar, o juiz brasileiro, fazendo operar a ordem pública, haveria de cortar efeitos à norma estranha para aplicar exclusivamente a *lex fori*, resolvendo-se a questão, aqui também, no plano da responsabilidade civil extracontratual (pela via dos ressarcimentos, indenizações etc.). Se a quebra se der em país que não obriga o causador do dano a casar, mas aloca (como faz o direito alemão) os esponsais no plano do direito de família, estar-se-á diante da hipótese de *vácuo jurídico*, dada a impossibilidade de regras sobre família (sub)qualificarem o que a *lex fori* entendeu por "obrigação". Nessa hipótese, à luz da impossibilidade do reenvio da qualificação, que faria apli-

---

[16] A regra *neminem laedere* também se faz presente em diversos dispositivos constitucionais no Brasil, como, *v.g.*, no que assegura o direito de resposta, proporcional ao agravo, além de indenização por dano material, moral ou à imagem (art. 5º, V), e no que diz serem invioláveis a intimidade, a vida privada, a honra e a imagem das pessoas, assegurado o direito a indenização pelo dano material ou moral decorrente de sua violação (art. 5º, X).

[17] Cf. FERRER CORREIA, A. *Lições de direito internacional privado*, vol. I, cit., p. 226-227.

car (por se tratar de matéria afeta ao "direito de família") a lei domiciliar da pessoa, a outra solução não se chega senão na aplicação exclusiva da *lex fori*.

2.3 Regra do Código Bustamante

O Código Bustamante contém regra expressa sobre o rompimento da promessa de casamento, dispondo que "[r]ege-se pela *lei pessoal comum das partes* e, na sua falta, pelo direito local, a obrigação, ou não, de indenização em consequência de *promessa de casamento não executada* ou de publicação de proclamas, em igual caso" (art. 39).[18]

A "lei pessoal" referida pode ser, segundo o mesmo Código, a do domicílio, da nacionalidade ou a que tenha adotado ou adote no futuro a legislação interna do Estado-contratante (art. 7º). Assim, no caso em apreço, a lei pessoal comum das partes será a lei do *domicílio* de ambos os nubentes (critério utilizado pelo DIPr brasileiro para a determinação do estatuto pessoal). Desse modo, necessário saber onde se domiciliam os nubentes para a localização da referida lei; sendo diversos os domicílios, deve ser aplicada, supletivamente, a *lex fori*.[19]

O Código Bustamante, como se vê, excepcionou a regra geral *lex loci delicti commissi* da LINDB para o caso do rompimento de esponsais. Assim, a *lex loci* prevista pela LINDB para a regência e qualificação das obrigações (art. 9º) cede ante a regra do Código de Havana, que conecta a obrigação de indenizar em decorrência da quebra de esponsais à lei pessoal comum das partes ou, em sua falta, à *lex fori* (art. 39). O juiz brasileiro, nas relações a envolver os Estados-partes do Código, deverá aplicar a regra convencional em detrimento da solução apresentada na LINDB. Se, porém, o rompimento de esponsais deu-se em Estado não parte do Código, a solução prevista na LINDB se impõe.

Frise-se que o art. 39 do Código Bustamante pertence ao capítulo intitulado "Do Matrimônio e do Divórcio", na seção relativa às "Condições Jurídicas que Devem Preceder a Celebração do Matrimônio". Portanto, não obstante ter o direito brasileiro infraconvencional qualificado os esponsais no plano da responsabilidade civil por ato ilícito extracontratual, certo que o Código Bustamante os qualificou à luz do direito de família. É exatamente o caso, *a priori*, de dar prevalência a essa última qualificação em detrimento daquela nas relações jurídicas entre os Estados-partes do Código, havendo os nubentes lei pessoal comum (tendo os nubentes lei pessoal diversa, a aplicação da *lex fori* com a sua qualificação se impõe – *v. infra*).

---

[18] O direito italiano (Lei de 31 de maio de 1995) dispõe, por sua vez, que "[a] promessa de matrimônio e as consequências de sua violação são reguladas pela lei nacional comum dos nubentes ou, em sua falta, pela lei italiana" (art. 26). Sobre essa regra, *v.* OBERTO, Giacomo. La promessa di matrimonio, cit., p. 361-364.

[19] Cf. CASTRO, Amilcar de. *Direito internacional privado*, cit., p. 368; ROCHA, Osiris. *Curso de direito internacional privado*, cit., p. 122; e STRENGER, Irineu. *Direito internacional privado*, cit., p. 515.

Há discussão acerca de saber se o Código Bustamante tem eficácia apenas para os seus Estados-partes (são apenas *dezesseis* os Estados-partes do Código) ou se deve ser aplicado como norma componente da coleção nacional das regras de DIPr. Se se entender da primeira maneira, somente *entre* os Estados que o ratificaram teria valor a regra sobre rompimento de esponsais; se da segunda forma, o Código integraria a coleção de normas domésticas de DIPr e, como tal, deveria ser aplicado no Brasil independentemente de qual seja o Estado em que a obrigação esponsalícia tenha sido quebrada. Correta, já se viu, é a primeira solução, à luz da regra expressa no art. 2º da introdução ao Código de Havana, para o qual apenas *entre* os Estados contratantes têm valor jurídico as disposições do Código.[20]

Portanto, entre os dezesseis Estados-partes do Código, assim se resolve a *quaestio* sobre a lei aplicável à ruptura dos esponsais quando ambos os nubentes têm a mesma lei domiciliar, se plantada a demanda no Brasil: aplica-se a lei domiciliar de ambos os nubentes (*v.g.*, a lei chilena, a cubana ou a hondurenha, com a *sua* subqualificação) sem qualquer exceção. Se, porém, a lei domiciliar dos nubentes for diversa, a aplicação da *lex fori* (com a *nossa* qualificação) se impõe, nos termos do art. 39 do Código, caso em que eventual indenização se resolverá no plano do direito das obrigações, mesmo tendo o Código qualificado o tema no âmbito do direito de família, pois *não há* no direito de família brasileiro previsão expressa relativa aos contratos esponsalícios. Trata-se de lacuna na legislação doméstica que corta efeitos à qualificação internacional por autorização da própria normativa exterior, que determinou, supletivamente, a aplicação da *lex fori* – com a *sua* (nossa) qualificação pertinente – para o caso de nubentes com lei pessoal diversa.

3. Casamento

É enorme a constância com que pessoas de nacionalidade ou domicílios distintos casam-se ao redor do mundo todos os dias. Há, *v.g.*, casamentos no estrangeiro de pessoas domiciliadas no Brasil, e casamentos no Brasil de pessoas domiciliadas no exterior. Quando tal ocorre, necessário saber qual a lei aplicável a essa relação jurídica, tanto para as questões de *fundo* (*v.g.*, capacidade dos nubentes para contrair matrimônio) quanto para as questões de *forma* (*v.g.*, formalidades habilitantes e celebrantes).[21] Em suma, as normas de DIPr sobre casamento servem, para falar como Osiris Rocha, para permitir "a apreciação da validade dos casamentos que constituíram fatos interjurisdicionais, isto é, que, por qualquer dos seus elementos, se ligaram a mais de uma jurisdição independente".[22]

Destaque-se, desde já, que as regras da LINDB sobre casamento também hão de ser aplicadas à união estável, salvo, evidentemente, as atinentes às formalidades

---

[20] Na doutrina, *v.* VALLADÃO, Haroldo. *Direito internacional privado*, vol. II, cit., p. 64.

[21] Cf. DOLINGER, Jacob. *A família no direito internacional privado*, t. 1, cit., p. 5.

[22] ROCHA, Osiris. *Curso de direito internacional privado*, cit., p. 116.

habilitantes e celebrantes. Todo o mais, contudo, lhe aproveita, pelo que tudo o que se disser sobre *casamento* deverá se aplicar também à *união estável*, até mesmo, *v.g.*, as regras sobre impedimentos. Evidentemente que também se aplicam às uniões homoafetivas e sua convolação em matrimônio, como já sedimentado no direito brasileiro atual.[23]

Para a realização do casamento devem ser plenamente esgotadas as chamadas formalidades habilitantes e celebrantes; as primeiras são as que antecedem as núpcias, e as segundas as que presidem sua própria celebração.[24] Questão, preliminar, contudo, diz respeito à capacidade para casar. Havendo-a, analisam-se, então, as regras sobre casamento realizado no Brasil e no exterior, o casamento consular, o casamento por procuração, a lei aplicável ao regime de bens e a invalidade matrimonial.

3.1 Capacidade para casar

A capacidade para casar é aferida pela lei pessoal de cada um dos nubentes, isto é, pela lei do domicílio (LINDB, art. 7º, *caput*).[25] Independe, à evidência, do local da celebração do casamento e da nacionalidade das partes. A *forma* do casamento segue a lei do local de sua celebração (art. 7º, § 1º, *in fine*), enquanto a *capacidade* para contrair matrimônio obedece à lei pessoal de cada qual dos nubentes (art. 7º, *caput*).[26] Ao contrário do que às vezes se aprega, não houve qualquer unificação, pelo § 1º do art. 7º, das regras sobre *forma* e *substância* sob a mesma lei.[27] Dolinger, *v.g.*, critica os autores que assim pensam, dizendo, com razão, não

---

[23] A ampliação dos conceitos de "família" e "sociedade conjugal" para as uniões homoafetivas deu-se em 5 de maio de 2011, quando do julgamento, pelo STF, da ADI 4.277/DF, na qual se reconheceu que "a Constituição não interdita a formação de família por pessoas do mesmo sexo" (STF, ADI 4.277/DF, Tribunal Pleno, Rel. Min. Ayres Britto, j. 05.05.2011, *DJe* 14.10.2011). Ato contínuo, o Conselho Nacional de Justiça (CNJ) baixou a Resolução nº 175, de 14.05.2013, determinando que os Cartórios de todo o Brasil não podem recusar a celebração de casamentos civis de casais do mesmo sexo ou deixar de converter em casamento união estável homoafetiva (art. 1º).

[24] Cf. DOLINGER, Jacob. *A família no direito internacional privado*, t. 1, cit., p. 5.

[25] V. TENÓRIO, Oscar. *Direito internacional privado*, vol. II, cit., p. 54. Para o direito anterior, cf. BEVILÁQUA, Clovis. *Princípios elementares de direito internacional privado*, cit., p. 203-208; e ESPINOLA, Eduardo. *Elementos de direito internacional privado*, cit., p. 424-426.

[26] Assim também na França, como se vê em NIBOYET, J.-P. *Principios de derecho internacional privado*, cit., p. 703-704.

[27] Equivocado, nesse sentido, o entendimento de Amilcar de Castro, para quem o direito brasileiro "restabeleceu o sistema do *ius loci celebrationis*, por força do disposto no art. 7º, § 1º, da Lei de Introdução ao Código Civil, que manda observar o direito brasileiro quanto aos impedimentos dirimentes, sem fazer distinção entre dirimentes absolutos ou relativos, e portanto abrangendo todos, inclusive a capacidade para casar mencionada entre os dirimentes relativos no art. 183, nº XII, combinado com o art. 189 do Código Civil [de 1916]" (*Direito internacional privado*, cit., p. 371). Sem razão, também, Nadia de Araujo, quando afirma que

Parte II · Cap. III · DIREITO DE FAMÍLIA | 279

ser esse "o melhor entendimento, pois, basicamente, enquanto a forma segue a lei do local da celebração, as questões relativas à capacidade nupcial devem obedecer ao disposto na lei pessoal dos nubentes, o que nem sempre coincidirá com a lei do local da celebração".[28]

Assim, pretendendo um brasileiro casar-se no Brasil com consorte (independentemente da nacionalidade) domiciliada no Paraguai, deverá verificar se está a noiva habilitada pela lei paraguaia a se casar (no Paraguai, a maioridade se atinge aos 20 anos de idade, conforme o art. 36 de seu Código Civil). Alguém com dezoito anos de idade (idade plenamente núbil no Brasil) poderá, *v.g.*, ser ainda menor (e, portanto, incapaz) para contrair matrimônio pela lei de seu domicílio (*v.g.*, o Paraguai). Será, por consequência, a lei do *domicílio* da pessoa que determinará a *capacidade* para contrair matrimônio. Não só, porém, a idade, senão também outros fatores podem retirar a capacidade de uma pessoa para casar, como, *v.g.*, doenças mentais, loucura ou o exercício de determinadas funções públicas ou cargos.[29] Havendo, contudo, violação da nossa ordem pública, os efeitos da lei estrangeira indicada serão cortados no País. Se a lei estrangeira, *v.g.*, habilita o poligâmico a casar, considerando-o apto a contrair nova núpcia com casamento anterior em vigor, é certo que é *capaz* de contrair matrimônio segundo a sua lei domiciliar, mas não no Brasil, que é país de tradição monogâmica (e em que a poligamia é, por isso mesmo, *crime*).[30]

Qual a lei a reger os *impedimentos* matrimoniais? Havendo algum impedimento à vista, será este verificado nos termos estritos da lei do *local da celebração* do matrimônio. Os impedimentos para o casamento não devem ser aferidos nos termos da lei domiciliar, senão *apenas* nos termos da *lex loci celebrationis*. No exemplo da noiva domiciliada no Paraguai cujo casamento se realizou no Brasil, não se há de verificar se a lei paraguaia impõe algum impedimento para o matrimônio, mas somente se a lei *brasileira* os estabelece.[31] A lei estrangeira poderá

"[o] parágrafo 1º da LICC [LINDB] unificou forma e fundo sob a mesma lei" (*Direito internacional privado...*, cit., p. 369).

[28] DOLINGER, Jacob. *A família no direito internacional privado*, t. 1, cit., p. 67.

[29] Cf. PONTES DE MIRANDA, Francisco Cavalcanti. *Tratado de direito internacional privado*, t. II, cit., p. 12-13.

[30] Tal não significa, contudo, que o casamento poligâmico realizado em país que o admite não seja reconhecido no Brasil, por se tratar de direito legalmente adquirido no exterior. Em paralelo, sobre a mesma questão na França, cf. MAYER, Pierre & HEUZÉ, Vincent. *Droit international privé*, cit., p. 403 e 418-419.

[31] Contra, *v.* DOLINGER, Jacob. *A família no direito internacional privado*, t. 1, cit., p. 72-73, para quem "o legislador de 1942 seguiu a orientação da Haia e de Bustamante (este, direito positivo brasileiro), que determinam a cumulação do direito pessoal com o direito do local da celebração, o que é um critério que faz muito sentido e mantém coerência dogmática. Aplica-se para a específica capacidade nupcial a lei pessoal, a mesma que rege a capacidade genérica e, somada a esta observância da regra geral, deverão ser também respeitadas as normas brasileiras sobre impedimento, porque choca à nossa ordem pública consorciar

dizer, *v.g.*, que está impedido de casar um parente colateral de quarto grau. Esse impedimento, à evidência, não será levado em consideração no Brasil, pois o Código Civil brasileiro proíbe colaterais de se casarem apenas até o *terceiro* grau (art. 1.521, IV).[32] Poderá também a lei estrangeira impedir o casamento entre pessoas do mesmo sexo, mas, sendo este autorizado no Brasil, a sua realização e efetivação se impõem para as uniões dessa ordem aqui estabelecidas. O mesmo se diga quanto aos impedimentos de ordem puramente religiosa, como os que proíbem o casamento de padres, de monges ou de ministros protestantes; por violarem a nossa ordem pública, não terão eficácia extraterritorial.[33]

3.2 Casamento realizado no Brasil

Realizando-se o casamento no Brasil, todas as formalidades habilitantes e celebrantes serão exclusivamente regidas pela lei brasileira (LINDB, art. 7º, § 1º). Tal é assim por ser o casamento ato estritamente formal, revestido de requisitos muito específicos a serem observados por cada legislação. Por isso é que cada ordem jurídica chama para si a competência para reger as formalidades habilitantes e celebrantes do matrimônio, não deixando margem a que outra legislação estrangeira as conteste. Sendo assim, aqueles (nacionais ou estrangeiros, domiciliados ou não no País) que pretenderem se casar no Brasil deverão fazer prova de que cumprem com as formalidades estabelecidas pela legislação brasileira (Código Civil) para tanto, de que não há impedimentos para as núpcias e de que estão em condições de contraí--las, tudo para o fim de evitar a realização de casamentos com afronta às leis locais.[34]

O Código Bustamante, por sua vez, determina que "[o]s estrangeiros devem provar, antes de casar, que preencheram as condições exigidas pelas suas leis pessoais, no que se refere ao artigo precedente", podendo "fazê-lo mediante certidão dos respectivos funcionários diplomáticos ou agentes consulares ou por outros meios julgados suficientes pela autoridade local, que terá em todo caso completa liberdade de apreciação" (art. 37). O artigo precedente (art. 36) dispõe, por seu turno, que "[o]s

---

pessoas impedidas por nossa lei. (…) Nosso entendimento é o de que quando o legislador de 1942 introduziu o dispositivo do § 1º no artigo 7º – inexistente em 1916 –, nada mais fez do que consagrar esta doutrina: estrangeiros que casam no Brasil obedecerão sua lei domiciliar sobre capacidade, inclusive os impedimentos nela estabelecidos e, além disso, respeitarão também os impedimentos dirimentes da nossa legislação, ou seja, os primeiros oito impedimentos, dirimentes absolutos [no Código Civil de 2002 há *sete* impedimentos que, se violados, nulificam o casamento – *v.* art. 1.521, I a VII; no art. 1.523, I a IV, há causas suspensivas que tornam *anulável* o casamento caso descumpridas]".

[32] *V.*, ainda, o que dispõe o Decreto-lei nº 3.200, de 19.04.1941, que atenuou o casamento de colaterais até o 3º grau (*v.g.*, de tio com sobrinha) quando não houver prejuízo genético à prole, constatado por perícia.

[33] V. Beviláqua, Clovis. *Princípios elementares de direito internacional privado*, cit., p. 204; e Tenório, Oscar. *Direito internacional privado*, vol. II, cit., p. 62.

[34] Cf. Diniz, Maria Helena. *Lei de Introdução ao Código Civil Brasileiro interpretada*, cit., p. 249.

nubentes estarão sujeitos à sua lei pessoal, em tudo quanto se refira à capacidade para celebrar o matrimônio, ao consentimento ou conselhos paternos, aos impedimentos e à sua dispensa". Vê-se que o Código determina que os estrangeiros devem fazer prova de que preenchem as condições para casar "exigidas pelas suas leis pessoais", é dizer, pelas leis dos respectivos domicílios.[35] Essa obrigatoriedade, contudo, não há de se fazer presente para além das relações *entre* os Estados que ratificaram a Convenção de Havana, pois tal norma convencional não tem valor para fora do círculo restrito dos seus dezesseis Estados-partes. À exceção da capacidade matrimonial, que é questão *substancial*, não *formal*, parece irrazoável exigir do estrangeiro que faça prova de que, segundo a sua lei pessoal, está habilitado a se consorciar no Brasil; que comprove presentes todas as formalidades (habilitantes e celebrantes) exigidas pelo país de domicílio para que o casamento se realize. As condições necessárias para o matrimônio, em face da regra unilateral do art. 7º, § 1º, são apenas as exigidas pela lei *brasileira*, não pela norma estrangeira domiciliar, que poderá impor outras formalidades celebrantes e habilitantes desconhecidas e mais gravosas que as previstas pela lei nacional.[36]

A norma do art. 7º, § 1º, da LINDB é corolária da regra *locus regit actum*, sem, contudo, autorizar qualquer flexibilização, dado o seu caráter (especificamente nesse caso) não facultativo.[37] Sua intenção foi preservar a instituição *casamento* de qualquer tipo de fraude ou ato que a desvirtue, pelo que a lei brasileira passa a ter exclusividade na regulação (forma, validade extrínseca) de sua celebração, independentemente de onde sejam os nubentes domiciliados ou de qual seja a sua nacionalidade. Assim, *todos* os que se casam no Brasil devem respeitar as normas do direito brasileiro (Código Civil) sobre casamento; devem observância às normas imperativas da *lex fori* sobre o tema. Tirante, porém, a necessidade de seguir as determinações das normas brasileiras de regência, nada de problemático, ou de dificultoso, há na interpretação da regra, notadamente em razão de sua unilateralidade, que não deixa margem à aplicação senão da lei nacional ao caso. Não haverá, em

---

[35] Assim também na Itália, à diferença de que ali a prova é tomada segundo a lei *nacional* do nubente ou segundo a lei para a qual a norma nacional *reenviou*; o interessado deverá, segundo o art. 116, primeira parte, do Código Civil italiano, apresentar "uma declaração da autoridade competente do próprio país, no sentido de que nos termos das leis a que ele se submete nada obsta o matrimônio". O sentido da expressão "leis a que ele se submete", como explica Ballarino, foi modificado a partir do acolhimento, naquele país, do instituto do *reenvio*: não se trata mais necessariamente da lei nacional, podendo ser também o ordenamento terceiro a que a lei nacional reenvia, sempre que este se considere aplicável (cf. *Diritto internazionale privato italiano*, cit., p. 176).

[36] Assim, VALLADÃO, Haroldo. *Direito internacional privado*, vol. II, cit., p. 64; e ESPINOLA, Eduardo & ESPINOLA FILHO, Eduardo. *A Lei de Introdução ao Código Civil Brasileiro*, vol. 2, cit., p. 148.

[37] Nesse exato sentido, *v.* WOLFF, Martin. *Derecho internacional privado*, cit., p. 297, para quem "a regra *locus regit actum* tem, por exceção, neste caso, caráter imperativo". Em vários outros casos, como se verá, a regra será *dispositiva*.

razão disso, qualquer problema de ordem pública, pois não se aplica a lei estrangeira, quer direta ou indiretamente.[38]

Obedecidas as formalidades da lei brasileira, será o casamento, quanto à forma, *válido* no Brasil e em todos os demais países, que o deverão aceitar a título de direito legalmente adquirido no exterior. Nenhum valor terá, no Brasil e em outros países, eventual declaração de nulidade do casamento segundo a lei do domicílio (estrangeiro) das partes ou de sua nacionalidade.[39]

3.3 Casamento realizado no exterior

Realizando-se no exterior o casamento de pessoas (brasileiras ou estrangeiras) domiciliadas no Brasil, resta saber qual lei será competente para reger as formalidades habilitantes e celebrantes.[40] A resposta provém da bilateralização da regra do art. 7º, § 1º, da LINDB: se a lei brasileira deve ser aplicada para o casamento realizado no Brasil, é evidente que para os casamentos celebrados no exterior há de se aplicar a lei do local de sua celebração. As formalidades habilitantes e celebrantes do casamento serão regidas, portanto, em tais casos, pela *lex loci celebrationis*; cada país tem regras específicas sobre tais formalidades, que deverão ser observadas pelos nubentes. Como explica Dolinger, essa regra "deriva da noção de que a lei do local da celebração é a mais bem conhecida pelas partes contratantes, e mesmo que assim não seja, presume-se que as partes se sujeitam às regras formais do local da celebração do ato".[41] Essa lei poderá ser, inclusive, menos exigente que a lei brasileira relativamente a tais formalidades, no que será plenamente válida, pouco importando "que o processo ou a solenidade que o objetivou segundo o direito local constitua, ou não, casamento no país de domicílio de ambos, ou de um dos cônjuges".[42] Assim é o casamento de brasileiro celebrado conforme as leis de países que admitem a constituição de sociedade conjugal *per verba de praesenti*, é dizer, em razão do simples consentimento dos noivos, sem a interferência de qualquer autoridade.[43]

São bem conhecidos, *v.g.*, os casamentos celebrados em *Las Vegas*, nos Estados Unidos, com pouquíssimas formalidades habilitantes ou celebrantes. Também há casamentos tribais em que toda a celebração é revestida de formalidades apenas religiosas, desconhecidas pela *lex fori*. Respeitada a lei local, será, repita-se, plenamente válido no Brasil o matrimônio contraído no estrangeiro, seja qual for

---

[38] V. VALLADÃO, Haroldo. *Direito internacional privado*, vol. II, cit., p. 60.

[39] Cf. NIBOYET, J.-P. *Principios de derecho internacional privado*, cit., p. 714-715.

[40] O casamento no exterior de pessoas não domiciliadas no Brasil não é assunto que compete à nossa soberania, devendo esta, apenas, *reconhecê-lo* a título de direito legalmente adquirido no exterior.

[41] DOLINGER, Jacob. *A família no direito internacional privado*, t. 1, cit., p. 5-6.

[42] CASTRO, Amilcar de. *Direito internacional privado*, cit., p. 376. Sobre o tema, *v.* também BALLADORE PALLIERI, Giorgio. *Diritto internazionale privato italiano*, cit., p. 189-190.

[43] V. ESPINOLA, Eduardo. *Elementos de direito internacional privado*, cit., p. 458.

a modalidade de sua celebração.[44] A esse respeito a jurisprudência é farta, tendo sido já reconhecidos, como informa Valladão, o casamento consensual (decisões da Inglaterra, Bélgica, França, Alemanha e Itália; para os Estados Unidos, *v. Restatement*, § 123, inclusive o casamento por correspondência), o casamento informal (decisão da Argentina sobre casamento de chineses sem registro, segundo os usos), o do cacique Coliqueo (chefe índio) segundo o costume da tribo (Canadá, caso *Connolly vs. Woabrick & Johnson*, de 1867, conforme os usos dos índios *Cree*, de uma índia e um branco), o casamento realizado em tribo nômade, da América do Norte, da África e dos Esquimós, com cerimônias tribais de acordo com o direito tribal, dentre tantos outros.[45] Trata-se, em suma, de reconhecer em território nacional a competência da lei estrangeira para a regência da celebração do matrimônio, salvo o caso de comprovada fraude à lei. A recíproca é também verdadeira, pois "se o consórcio não for casamento no lugar onde foi celebrado, em regra, não o será também no estrangeiro".[46]

Anteriormente, se se pretendesse apenas *provar* o casamento realizado no exterior, havia autorização para que fosse o matrimônio registrado no Brasil (Lei de Registros Públicos, art. 32, § 1º); não se *exigia* o registro para que se *reconhecesse* o casamento no Brasil, pois entendia-se tratar de direito legalmente adquirido alhures. Comentando o direito anterior, Dolinger afirmava que o registro no Brasil "não torna eficaz o casamento celebrado no exterior, pois, para todos os efeitos de direito, ele é eficaz no Brasil a partir do momento em que efetuado validamente no exterior, na conformidade das leis do local de sua celebração", complementando que "[o] registro é necessário tão somente para fazer prova" e que "[a] facultatividade do registro foi confirmada pelo legislador de 1975 [*rectius*, 1973], pois enquanto as leis anteriores enunciavam que o casamento *'deverá ser registrado'*, dando um prazo de três meses para esta providência, a lei atual só diz que os assentos *'serão trasladados quando tiverem de produzir efeito no País...'".[47]

Contudo, com o advento do Código Civil de 2002, a regra, ao que parece, passou a ser a da *obrigatoriedade* do registro no Brasil dos assentos de casamento de brasileiros celebrados no estrangeiro, quer perante as autoridades respectivas, quer perante autoridades consulares brasileiras, nos termos do art. 1.544, segundo o qual, "[o] casamento de brasileiro, celebrado no estrangeiro, perante as respectivas autoridades ou os cônsules brasileiros, deverá ser registrado em cento e oitenta dias, a contar da volta de um ou de ambos os cônjuges ao Brasil, no cartório do respectivo domicílio, ou, em sua falta, no 1º Ofício da Capital do Estado em que passarem a residir". Nesse exato sentido, o Projeto de Lei nº 269 do Senado previa que "[a]s pessoas domiciliadas no Brasil, que se casarem no exterior, atenderão, antes ou depois

---

[44] Cf. Tenório, Oscar. *Direito internacional privado*, vol. II, cit., p. 67.

[45] Valladão, Haroldo. *Direito internacional privado*, vol. II, cit., p. 73-74.

[46] Castro, Amilcar de. *Direito internacional privado*, cit., p. 376.

[47] Dolinger, Jacob. *A família no direito internacional privado*, t. 1, cit., p. 50.

do casamento, as formalidades para habilitação reguladas no Código Civil Brasileiro, registrando o casamento na forma prevista no seu art. 1.544" (art. 9°, § 1°).

Perceba-se que o atual Código Civil dispõe que o casamento de brasileiro, celebrado no estrangeiro, "*deverá* ser registrado em cento e oitenta dias, a contar da volta de um ou de ambos os cônjuges ao Brasil…". Assim, enquanto no direito brasileiro anterior a regra era a da facultatividade do registro, quer parecer que, atualmente, há *obrigatoriedade* do registro no Brasil das núpcias convoladas no exterior, no prazo estabelecido em lei.

O STJ, no entanto, ao apreciar o tema, entendeu que "o casamento celebrado no exterior seguindo todo o rito necessário condizente com a lei do país em que foi realizado, constitui ato jurídico perfeito e por isso já possui existência e validade, sendo o seu registro no Cartório de Registro Civil apenas meio de se dar publicidade ao ato", complementando ser esse registro "ato de natureza meramente declaratória e não constitutiva, não sendo, dessa feita, indispensável para a validação do casamento".[48] Assim, não obstante o Código Civil determinar que, sendo pelo menos um dos cônjuges brasileiros, deva o casamento realizado no exterior ser registrado em cento e oitenta dias contados da volta de um ou de ambos ao Brasil, certo é que a jurisprudência mais recente não entende ser o registro requisito indispensável à validação do casamento. De fato, inexiste previsão legal de sanção jurídica aos nubentes que não procederam ao registro do matrimônio no prazo de cento e oitenta dias a contar do retorno ao Brasil.

No entanto, na prática, a falta de registro no Brasil das núpcias convoladas no exterior pode acarretar prejuízos às partes em negócios realizados em território nacional (como na compra ou venda de bens imóveis) ou perante repartições públicas brasileiras e órgãos do Poder Judiciário. Daí ser prudente que os casamentos de brasileiros realizados no estrangeiro sejam legalizados na repartição brasileira competente no exterior e, posteriormente, com o retorno de um ou de ambos os cônjuges ao Brasil, sejam também registrados, em cento e oitenta dias, no cartório do respectivo domicílio, ou, em sua falta, no 1° Ofício da Capital do Estado em que passarem a residir, tudo nos termos do art. 1.544 do Código Civil.

3.4 Casamento consular

Tanto brasileiros no exterior quanto estrangeiros no Brasil podem casar perante as autoridades consulares de seus respectivos países. Será, nesses casos, aplicada a lei *nacional* dos nubentes, em exceção à regra geral *lex loci celebrationis*. Tal é assim para que não se criem situações injustas ou desconfortáveis a estrangeiros que pretendam casar fora de seus países. Imagine-se, *v.g.*, que um casal de brasileiros esteja em país que só admite o casamento religioso e que, para a realização do matrimônio, devam comprovar que pertencem à religião oficial do Estado. Parece

---

[48] STJ, SEC 10.411/EX, Corte Especial, Rel. Min. Og Fernandes, j. 05.11.2014, *DJe* 16.12.2014.

Parte II · Cap. III · DIREITO DE FAMÍLIA | **285**

certo, em tal caso, que a aplicação rígida da *lex loci celebrationis* causaria a injustiça de impedir um casal estrangeiro de convolar núpcias no exterior.[49] Daí, então, a oportunidade que as legislações de DIPr concedem aos noivos de casar perante as autoridades consulares de seus respectivos países, aplicando-se, para tanto, a lei de sua nacionalidade.

A autorização para que cônsules celebrem casamentos no Estado acreditado provém do art. 5º, *f*, da Convenção de Viena sobre Relações Diplomáticas de 1963,[50] que atribui competência a tais agentes para "agir na qualidade de notário e oficial de registro civil, exercer funções similares, assim como outras de caráter administrativo, sempre que não contrariem as leis e regulamentos do Estado receptor".

Para a exata compreensão da matéria serão analisados (*a*) os casamentos consulares de brasileiros no exterior e (*b*) os casamentos consulares de estrangeiros no Brasil, verificando as regras a cada caso pertinentes.

3.4.1 Casamento consular de brasileiros no exterior

A LINDB dispõe, em seu art. 18, que, "[t]ratando-se de brasileiros, são competentes as autoridades consulares brasileiras para lhes celebrar o casamento e os mais atos de Registro Civil e de tabelionato, inclusive o registro de nascimento e de óbito dos filhos de brasileiro ou brasileira nascido no país da sede do Consulado".[51] Assim, os cônsules de carreira legalmente acreditados em país estrangeiro são competentes, segundo a nossa legislação, para celebrar casamentos de brasileiros no exterior.[52] Para tal independe se os nubentes são ou não domiciliados no Brasil, importando apenas que tenham nacionalidade *brasileira*.

Devem *ambos* os nubentes ter a nacionalidade brasileira (seja originária ou derivada) para que as nossas autoridades consulares possam celebrar o matrimônio alhures.[53] De fato, o art. 7º, § 2º, da LINDB, quando versa o casamento de estrangeiros no Brasil, dispõe que o mesmo só poderá ser celebrado "perante autoridades diplomáticas ou consulares do país de *ambos os nubentes*". Tal referência, não há dú-

---

[49] Cf. Jo, Hee Moon. *Moderno direito internacional privado*, cit., p. 497-498.

[50] Em vigor no Brasil desde 10.06.1967 (publicada no *DOU* de 28.07.1967).

[51] Redação dada pela Lei nº 3.238/57. O texto original, de 1942, restringia tal competência consular aos "brasileiros ausentes de seu domicílio no país", o que era extremamente injusto por excluir do benefício exatamente os que dele mais precisavam: os brasileiros *domiciliados no estrangeiro*. Daí a alteração legislativa decorrente de severa crítica doutrinária (cf. VALLADÃO, Haroldo. *Direito internacional privado*, vol. II, cit., p. 11).

[52] Tal é assim, no Brasil, desde a edição do Decreto nº 24.113, de 12.04.1934, segundo o qual "[o]s Consulados de carreira só poderão celebrar casamentos quando ambos os nubentes forem brasileiros e a legislação local reconhecer efeitos civis aos casamentos assim celebrados" (art. 13, parágrafo único). O art. 15, *b*, V, do mesmo Decreto, proíbe sejam tais casamentos celebrados por consulados que não sejam *de carreira*.

[53] Assim também em nosso direito anterior, como se verifica em ESPINOLA, Eduardo. *Elementos de direito internacional privado*, cit., p. 462-463.

vidas, está a indicar que as autoridades diplomáticas ou consulares estrangeiras só podem celebrar matrimônios de seus *nacionais*; não poderão celebrar casamento de um nacional com um estrangeiro, pois o critério adotado para os casamentos consulares é o da *nacionalidade* de ambos os nubentes.[54] Assim, por questão de soberania, representantes diplomáticos ou consulares só podem celebrar matrimônio de pessoas de sua nacionalidade, não de estrangeiros; a regra do art. 18 da LINDB ("[t] ratando-se de brasileiros…") também leva a esse entendimento, qual seja, o de que *ambos* os nubentes devem ser brasileiros (natos ou naturalizados) para que a autoridade consular brasileira acreditada no estrangeiro possa celebrar o matrimônio. Se, *v.g.*, uma brasileira e um italiano pretenderem se casar no exterior, o casamento deverá ser celebrado pela autoridade local nos termos da *lex loci celebrationis*, não podendo, em tal caso, realizar-se perante autoridades diplomáticas ou consulares brasileiras ou italianas.[55]

Como leciona Dolinger, "[s]e um representante estrangeiro consorciar na sede da representação um brasileiro com um estrangeiro, ou mesmo dois estrangeiros que não sejam ambos nacionais de seu país, terá desrespeitado nossa soberania e não reconheceremos a validade deste casamento". E arremata: "A nós parece que se deve seguir em matéria de casamento consular a regra da reciprocidade: assim como condicionamos a competência do cônsul estrangeiro para celebrar casamentos em nosso território a que ambos os nubentes sejam nacionais do país que o cônsul representa, também nossas autoridades consulares só têm competência para celebrar núpcias de dois brasileiros, mas não de brasileiro com estrangeiro".[56]

Não tendo ambos os nubentes a mesma nacionalidade, só lhes resta convolar núpcias segundo as normas ordinárias estabelecidas pela *lex loci*. Esta, porém, já se disse, poderá impor condições impossíveis de serem cumpridas pelos nubentes, como, *v.g.*, a comprovação de prática religiosa que não professam. Em tal caso, ainda que lamentável, não haverá base jurídica para a celebração do matrimônio no exterior, quer por faltar às autoridades diplomáticas ou consulares estrangeiras competência para realizar casamento de apenas *um* nacional seu, quer pelo fato de as regras matrimoniais do Estado em causa serem de impossível cumprimento pelos nubentes.

Sendo ambos os nubentes brasileiros, deverá a autoridade consular brasileira atentar, também, para o local de *domicílio* de cada qual, para fins de aferição de sua *capacidade* para contrair núpcias. Tal é assim pelo fato de a regra do art. 18 da LINDB não excepcionar a norma sobre capacidade insculpida no art. 7º do mesmo

---

[54] Cf. TENÓRIO, Oscar. *Direito internacional privado*, vol. II, cit., p. 68-69; VALLADÃO, Haroldo. *Direito internacional privado*, vol. II, cit., p. 70; DOLINGER, Jacob. *A família no direito internacional privado*, t. 1, cit., p. 31-32; ARAUJO, Nadia de. *Direito internacional privado…*, cit., p. 374; DINIZ, Maria Helena. *Lei de Introdução ao Código Civil Brasileiro interpretada*, cit., p. 252; e BASSO, Maristela. *Curso de direito internacional privado*, cit., p. 183.

[55] Cf. DINIZ, Maria Helena. *Lei de Introdução ao Código Civil Brasileiro interpretada*, cit., p. 252.

[56] DOLINGER, Jacob. *A família no direito internacional privado*, t. 1, cit., p. 32 e 35.

diploma legal. De fato, se um dos nubentes for domiciliado em país que exige para a convolação de núpcias idade superior àquela havida na ocasião, não poderá a autoridade consular brasileira realizar o matrimônio, por falta de capacidade de uma das partes para a união. Em outros termos, ainda que ambos os nubentes sejam brasileiros, certo é que esse fato não exclui – também no âmbito dos casamentos consulares no exterior – a aplicação da norma sobre capacidade prevista no art. 7º da LINDB, determinada pela lei do país em que domiciliada a pessoa. Portanto, em casos tais, além de ambos os nubentes serem brasileiros, também deverão ser *capazes* de contrair matrimônio perante a autoridade consular brasileira conforme a norma domiciliar de cada qual, exatamente como se daria se o matrimônio fosse realizado no Brasil, com aferição pelo cartório local da capacidade das partes segundo a lei do domicílio.

Realizado o casamento consular no exterior, o Código Civil exige (art. 1.544) seja o mesmo "registrado em cento e oitenta dias, a contar da volta de um ou de ambos os cônjuges ao Brasil, no cartório do respectivo domicílio, ou, em sua falta, no 1º Ofício da Capital do Estado em que passarem a residir". A regra, portanto, é imperativa ("*deverá* ser registrado em cento e oitenta dias...) e não admite exceções.

Por fim, destaque-se não poderem os brasileiros contrair núpcias no Brasil, em repartição ou consulado estrangeiro, ainda que domiciliados no país a que pertença a autoridade celebrante.[57]

3.4.2 Casamento consular de estrangeiros no Brasil

Da mesma forma que se faculta aos brasileiros casar no exterior perante as autoridades brasileiras, podem os estrangeiros convolar núpcias no Brasil perante as autoridades diplomáticas ou consulares de seus respectivos países (art. 7º, § 2º). Para tanto, igualmente, devem ambos os nubentes ter *idêntica* nacionalidade estrangeira, sem o que as autoridades diplomáticas ou consulares acreditadas no Brasil não poderão celebrar o matrimônio (*v.g.*, o casamento de um alemão com uma brasileira, perante a autoridade consular alemã no Brasil). A qualificação da nacionalidade (dos que são *estrangeiros*) para efeito de aplicação do art. 7º, § 2º, dá-se à luz da legislação do país da autoridade celebrante, não da do direito brasileiro. Como destaca Oscar Tenório, "[n]ão interfere o Brasil na controvérsia, pois nenhum interesse tem nela, embora em outro país a questão possa ser apreciada".[58]

A autorização para que estrangeiros (de mesma nacionalidade) contraiam núpcias no Brasil perante autoridades diplomáticas ou consulares de seus países excepciona a regra *lex loci celebrationis*, uma vez que as autoridades diplomáticas ou consulares estrangeiras acreditadas no Brasil devem respeito às leis de *seu* Estado de origem, não às *nossas* leis. Daí a precisa observação de Amilcar de Castro de

---

[57] V. DINIZ, Maria Helena. *Lei de Introdução ao Código Civil Brasileiro interpretada*, cit., p. 253.

[58] TENÓRIO, Oscar. *Direito internacional privado*, vol. II, cit., p. 73.

que "[n]o Brasil, portanto, podem ser feitos casamentos por forma diversa da que é mantida pelo direito brasileiro".[59]

Cada Estado estrangeiro pode estabelecer requisitos para a validade dos casamentos realizados no exterior perante as suas autoridades diplomáticas ou consulares, como, *v.g.*, o registro do ato matrimonial em cartório ou a transcrição do termo consular perante órgão executivo ou, até mesmo, judiciário. Tais condições variam de país a país. No Brasil, já se viu, a única exigência para a validade interna dos casamentos consulares é ser o ato nupcial registrado em cento e oitenta dias, a contar da volta de um ou de ambos os cônjuges ao Brasil, no cartório do respectivo domicílio, ou, em sua falta, no 1º Ofício da Capital do Estado em que passarem a residir (CC, art. 1.544). Na Itália, sendo um dos cônjuges italianos, mesmo os matrimônios ordinariamente celebrados no exterior (pela *lex loci celebrationis*) devem ser transcritos no país; tal transcrição, contudo, diferentemente da relativa ao matrimônio canônico-concordatário,[60] não tem natureza constitutiva, senão meramente declaratória.[61]

As autoridades diplomáticas ou consulares estrangeiras acreditadas no Brasil seguirão a *sua* legislação de origem sobre a capacidade matrimonial dos nubentes, os diversos tipos de impedimento e o regime de bens.

Poderiam, contudo, dois *italianos* (que são *também* brasileiros em razão de dupla nacionalidade) casar-se perante autoridade consular italiana no Brasil? A resposta é negativa. Já em 1908, a Diretoria-Geral do Ministério das Relações Exteriores advertia aos consulados estrangeiros no Brasil que não realizassem casamentos consulares de seus nacionais quando um dos nubentes fosse também nacional brasileiro.[62] Havendo, portanto, hipótese de dupla nacionalidade, ainda que ambos os nubentes sejam nacionais do Estado a que pertence a autoridade consular, não será reconhecido no Brasil o matrimônio respectivo se um dos consortes for *também* brasileiro.

3.5 Casamento por procuração

No que tange ao casamento *por procuração*, há certa divergência sobre sua qualificação. Se alguém, domiciliado em país que impede tal modalidade matrimonial, passa uma procuração para outrem a fim de casar-se com consorte domiciliada no Brasil, qual a lei aplicável ao casamento assim celebrado? Como explica Dolinger, tudo está a depender de como se qualifica a questão. Se se entender tratar-se de questão *substancial*, ligada à capacidade, à manifestação da vontade para

---

[59]   Castro, Amilcar de. *Direito internacional privado*, cit., p. 371.

[60]   Sobre essa modalidade matrimonial, *v.* Balladore Pallieri, Giorgio. *Diritto internazionale privato italiano*, cit., p. 191-195.

[61]   *V.* Ballarino, Tito (*et al.*). *Diritto internazionale privato italiano*, cit., p. 180.

[62]   *V.* Tenório, Oscar. *Direito internacional privado*, vol. II, cit., p. 68.

casar, de aplicar-se a *lex causae* e considerar que o casamento não foi regularmente celebrado, devendo ser invalidado; se, por outro lado, for a questão qualificada como de *forma* de celebração do matrimônio, de aplicar-se a *lex loci celebrationis*, lei brasileira, para a qual é plenamente válida a forma da celebração matrimonial por procurador.[63]

Para nós, levando em conta que a qualificação há de ser realizada por etapas, iniciando pela *lex fori* e findando pela *lex causae*, parece certo que mesmo permitindo a legislação brasileira o casamento por procuração, este não poderá realizar-se no Brasil (salvo se houver tratado internacional em sentido contrário) se a *lex causae* (qualificação definitiva) alocá-lo no plano substancial. Segundo a doutrina que defendemos, a qualificação definitiva é determinada pela *lex causae*; se a procuração foi outorgada em país (domicílio) que não admite o casamento por procuração para surtir efeitos em país que o admite, não caberá à lei deste último (*lex fori*) determinar a sua validade, senão à do país (domicílio) em que foi a procuração outorgada (*lex causae*). Ademais, o impedimento da *lex causae* de haver casamento por procuração não viola a nossa ordem pública, devendo, por isso, a autoridade brasileira observá-la.[64]

Ainda que o direito brasileiro qualifique, *a priori*, o casamento por procuração como questão de forma, alocando-o na seção do direito de família atinente à *celebração* do matrimônio, certo é que a *lex causae* poderá qualificá-lo como questão de *fundo*, relativa à capacidade ou manifestação de vontade para casar, pelo que a *sua* qualificação há de prevalecer, por ser definitiva quando em confronto com a da *lex fori*. Nada está a impedir, porém, que *já* se qualifique a questão como substancial (qualificação provisória pela *lex fori*) e, assim, apenas se *confirme* pela *lex causae* o impedimento. Observe-se, nesse sentido, que a maioria da doutrina entende versar o casamento por procuração questão substancial, ligada à capacidade, à manifestação da vontade para casar, pelo que, para ser válido no Brasil, deve a lei pessoal (domiciliar) do outorgante expressamente o permitir.[65]

---

[63]   DOLINGER, Jacob. *A família no direito internacional privado*, t. 1, cit., p. 21.

[64]   V. AMORIM, Edgar Carlos de. *Direito internacional privado*, cit., p. 123, assim: "Trata-se de uma norma que não fere a nossa ordem pública e, portanto, o juiz brasileiro deve observá-la, mesmo porque um casamento realizado em tais circunstâncias não tem o necessário efeito no país de origem do nubente".

[65]   Assim, TENÓRIO, Oscar. *Direito internacional privado*, vol. II, cit., p. 65-66; e ESPINOLA, Eduardo & ESPINOLA FILHO, Eduardo. *A Lei de Introdução ao Código Civil Brasileiro*, vol. 2, cit., p. 205: "É que a faculdade de casar por procuração está incluída entre os pressupostos materiais da celebração do casamento, e não entre os requisitos puramente formais". Contra, v. VALLADÃO, Haroldo. *Direito internacional privado*, vol. II, cit., p. 72, para quem era "praticamente universal (...) a qualificação do casamento por procuração como matéria de forma, inclusive nos Estados que adotam como lei pessoal a da nacionalidade..." (*Direito internacional privado*, vol. II, cit., p. 72).

Dolinger, em sentido contrário, entende que a qualificação da questão faz-se exclusivamente pela *lex fori*, pelo que o casamento no Brasil por procuração outorgada no estrangeiro seria válido, aduzindo que "mesmo que se argumente que as legislações que vedam o casamento por procuração qualificam esta matéria como substancial, considerada a representação por terceiro no ato nupcial como inexistente ou falha manifestação de vontade, esta é seguramente matéria atinente à qualificação, e no Brasil entendemos que a qualificação se faz na conformidade dos conceitos da *lex fori*".[66]

Ainda, porém, que assim fosse, já se disse entender a doutrina majoritária que o casamento por procuração versa questão substancial, ligada à capacidade para casar, pelo que à luz da própria *lex fori* se resolveria a questão (impedindo-se, portanto, a realização do ato); diferentemente seria se a *lex causae* (qualificação definitiva) classificasse o instituto como questão de *forma*, caso em que, no Brasil, deveria tal qualificação ser observada (e o casamento por procuração seria, então, *permitido*).

3.6 Lei aplicável ao regime de bens

No que tange ao regime de bens no casamento, legal ou convencional, determina a LINDB que este deve obedecer à lei do país em que tiverem os nubentes domicílio, e, se o domicílio for diverso, à lei do primeiro domicílio conjugal (art. 7º, § 4º).[67] Assim também o art. 187 do Código Bustamante: "Os contratos matrimoniais regem-se pela lei pessoal comum aos contratantes e, na sua falta, pela do primeiro domicílio matrimonial". A regra, portanto, é a de que a lei do país do domicílio *de ambos* os nubentes é que regula o regime de bens no casamento, salvo se o domicílio for diverso, quando então se aplicará a lei do primeiro domicílio conjugal, é dizer, daquele "escolhido por ambos os cônjuges" após as núpcias (Código Civil, art. 1.569). Evidentemente que o direito do país do domicílio dos nubentes ou do primeiro domicílio conjugal é o *da época* de sua celebração ou estabelecimento. Se está o casal domiciliado no Brasil, aplica-se o direito brasileiro vigente *na data* da celebração do matrimônio, não o direito brasileiro atual (que poderá ter sido alterado, modificado etc.).[68]

Assim, se *até* o casamento (isto é, se até o momento da cerimônia nupcial) o domicílio dos nubentes era comum, é a lei desse país (e ao seu tempo) que regerá o regime de bens, na falta de pacto antenupcial, independentemente de virem a mudar de domicílio posteriormente; há presunção legal de que os nubentes permaneceram com esse mesmo domicílio até se casarem. Se, porém, o domicílio dos nubentes era diverso ao tempo do casamento, é a lei do primeiro domicílio conjugal

---

[66] DOLINGER, Jacob. *A família no direito internacional privado*, t. 1, cit., p. 26.

[67] Para um estudo comparado do tema, *v.* BATEMAN, Henri. *O regime matrimonial no direito internacional privado*. Trad. Fernando de Miranda. São Paulo: Saraiva, 1941.

[68] STJ, REsp 275.985/SP, 4ª Turma, Rel. Min. Sálvio de Figueiredo Teixeira, j. 17.06.2003, *DJ* 13.10.2003.

(ou seja, do primeiro estabelecimento dessa recém-nascida sociedade conjugal) que regulará o respectivo regime de bens, independentemente de mudarem de domicílio depois.[69] Aqui, também, aplica-se a lei do primeiro domicílio conjugal tal como *ao tempo* em que vigorava quando do estabelecimento domiciliar, sem levar em conta eventual lei *nova* a respeito. Assim, se um italiano se casa com uma brasileira, em São Paulo, ele domiciliado na Itália, e ela, no Brasil, seu casamento, celebrado perante autoridade brasileira, será, no entanto, regido pela lei do primeiro domicílio conjugal à época (a saber, na França).[70] Neste caso, aplicar-se-á a lei *francesa* sobre regime de bens para esse casamento de italiano e brasileira realizado no Brasil; frise-se que na "lei francesa" se incluem, evidentemente, todas as regras previstas em tratados sobre a matéria em vigor na França (*v.g.*, na Convenção da Haia sobre a Lei Aplicável aos Regimes Matrimoniais de 1978). Nenhuma influência, repita-se, terá eventual *mudança posterior* de domicílio, se já determinada a lei reguladora do regime de bens em razão do domicílio comum dos cônjuges ou do local do primeiro domicílio conjugal.[71]

Destaque-se que Haroldo Valladão considerou a regra do art. 7º, § 4º, da LIN-DB "deficiente, sem qualquer sentido técnico ou social, no adotar a lei do domicílio dos noivos, em vez da do primeiro domicílio conjugal (que só surge ali se o deles for diverso) que é o princípio universal e clássico (…) e corresponde à sede da sociedade conjugal escolhida não pelos noivos, mas pelos cônjuges".[72] Preferia Valladão, assim, a lei do primeiro domicílio conjugal como regra, não a do domicílio comum dos noivos, tampouco a *lex loci celebrationis*. Por sua vez, Edgar Carlos de Amorim, conquanto também entenda falho o dispositivo, o fez por fundamento diverso, notadamente em razão da possibilidade de fraude, pelo que, segundo ele, em caso de diversidade de domicílios, melhor seria ter a lei estabelecido que o regime de bens no casamento segue a *lex loci celebrationis*. Eis sua lição: "Aqui, mais uma vez o nosso legislador falhou. O regime de bens é sempre fixado na fase preliminar do casamento, e não *a posteriori*. Realizado o casamento, o regime já está consagrado no termo. Assim sendo, o domicílio conjugal será sempre ato subsequente. É claro que os nubentes podem dizer que irão fixar domicílio nesse ou naquele país e, no final, não irem. Trata-se de uma porta aberta à fraude. Melhor seria que, em caso de diversidade de domicílios, o regime de casamento seria aquele determinado pela

---

[69] Nesse sentido, *v.* ESPINOLA, Eduardo & ESPINOLA FILHO, Eduardo. *A Lei de Introdução ao Código Civil Brasileiro*, vol. 2, cit., p. 279-285; DOLINGER, Jacob. *A família no direito internacional privado*, t. 1, cit., p. 175; ARAUJO, Nadia de. *Direito internacional privado…*, cit., p. 393; e DINIZ, Maria Helena. *Lei de Introdução ao Código Civil Brasileiro interpretada*, cit., p. 258-259. Parece chegar à mesma conclusão, não obstante o laconismo do texto, BATALHA, Wilson de Souza Campos. *Tratado de direito internacional privado*, t. II, cit., p. 129.

[70] Cf. ROCHA, Osiris. *Curso de direito internacional privado*, cit., p. 117.

[71] Cf. ESPINOLA, Eduardo & ESPINOLA FILHO, Eduardo. *A Lei de Introdução ao Código Civil Brasileiro*, vol. 2, cit., p. 284-285.

[72] VALLADÃO, Haroldo. *Direito internacional privado*, vol. II, cit., p. 94.

lei do lugar da celebração do ato".[73] Assim, enquanto um autor (Haroldo Valladão) entende que melhor seria a lei do primeiro domicílio conjugal para a regência do regime de bens no casamento, outro (Edgar Carlos de Amorim) reputa melhor a aplicação da lei do país em que tiverem os nubentes domicílio e, subsidiariamente, não a lei do primeiro domicílio conjugal, como pretende a LINDB, mas a *lex loci celebrationis*, sobretudo para o fim de evitar fraudes. A norma brasileira de DIPr, no entanto, preferiu que o regime de bens no casamento, legal ou convencional, obedeça (regra) à lei do país em que tiverem os nubentes domicílio e, sendo este diverso, (exceção) à lei do primeiro domicílio conjugal.

Por outro lado, frise-se haver no Brasil total liberdade de convenção, pelos cônjuges, do regime de bens, seguindo-se regra universalmente aceita. De fato, o Código Civil diz que "[é] lícito aos nubentes, antes de celebrado o casamento, *estipular*, quanto aos seus bens, *o que lhes aprouver*". Daí terem os cônjuges total autonomia para determinar o regime de bens aplicável no Brasil, à luz da tradição brasileira na matéria.[74]

Questão importante relativamente à regra supletiva do art. 7º, § 4º, da LINDB – que adota o critério do "domicílio conjugal" para fins de determinação do regime de bens no casamento – diz respeito à sua *prova*. O tema vem resolvido pelo Código Civil, que, depois de dizer que "[m]uda-se o domicílio, transferindo a residência, com a intenção manifesta de o mudar" (CC, art. 74), complementa afirmando que "[a] prova da intenção resultará do que declarar a pessoa às municipalidades dos lugares, que deixa, e para onde vai, ou, se tais declarações não fizer, da própria mudança, com as circunstâncias que a acompanharem" (CC, art. 74, parágrafo único). A *declaração* respectiva se afere do requerimento de habilitação para o casamento firmado por ambos os nubentes, a ser instruído, dentre outros, com a "declaração do estado civil, *do domicílio e da residência atual dos contraentes* e de seus pais, se forem conhecidos" (CC, art. 1.525, IV). Essa declaração de domicílio no processo de habilitação (que vai também informada na certidão de casamento) é que fará prova do domicílio dos consortes no momento do matrimônio. Sendo comum o domicílio, será a lei desse local (país, estado federado, província, território etc.) que definirá o regime de bens do casal; não sendo comum, poderão os cônjuges declarar às autoridades o primeiro domicílio conjugal *a posteriori*, a partir de quando ficará definido o regime de bens.[75]

---

[73] AMORIM, Edgar Carlos de. *Direito internacional privado*, cit., p. 125. No mesmo sentido, *v.* DEL'OLMO, Florisbal de Souza & ARAÚJO, Luís Ivani de Amorim. *Lei de Introdução ao Código Civil Brasileiro comentada*, cit., p. 112.

[74] Cf. VALLADÃO, Haroldo. *Direito internacional privado*, vol. II, cit., p. 84.

[75] *V.* ARAUJO, Nadia de. *Direito internacional privado...*, cit., p. 386. Essa também é a posição do STF, no RE 86.787/RS, 2ª Turma, Rel. Min. Leitão de Abreu, j. 20.10.1978, *DJ* 04.05.1979, assim ementado: "Casamento. Regime de bens. Interpretação dos art. 7º, § 4º, da Lei de Introdução ao Código Civil Brasileiro. 1) Nubentes que, sem impedimento para casar, contraem matrimônio no Uruguai, depois de preencher, pela lei uruguaia, os requisitos exigidos para a

A LINDB, por fim, possibilita ao estrangeiro casado, que se naturalizar brasileiro, mediante expressa anuência de seu cônjuge, que requeira ao juiz, no ato de entrega do decreto de naturalização, que se apostile ao mesmo "a adoção do regime de *comunhão parcial* de bens, respeitados os direitos de terceiros e dada esta adoção ao competente registro" (art. 7º, § 5º). A redação anterior (antes da Lei nº 6.515/77, que alterou o dispositivo para a sua redação atual) referia-se ao apostilamento "do regime de comunhão *universal* de bens", seguindo o que estabelecia o antigo art. 23 do Decreto-lei nº 389, de 25 de abril de 1938.[76] Hoje, diferentemente, a possibilidade garantida ao estrangeiro naturalizado é de apostilamento, no decreto de naturalização, da adoção do regime de comunhão parcial de bens. Sempre, porém, hão de ser "respeitados os direitos de terceiros" anteriores à modificação desse regime de bens. Tal é decorrência da irretroatividade dessa modificação,[77] conforme já determinava o art. 4º, *in fine*, da Convenção concernente aos Conflitos de Leis Relativos aos Efeitos do Casamento sobre os Direitos e Deveres dos Cônjuges nas suas Relações Pessoais e sobre os Bens dos Cônjuges, concluída na Haia em 17 de julho de 1905, segundo o qual "[a] alteração de que for objeto o regime dos bens não pode ter efeito retroativo em prejuízo de terceiros". Nada de relativo ao DIPr há, contudo, na norma brasileira (e na internacional) referida.[78] Trata-se de regra que, sem regular qualquer conflito internormativo, pretende apenas preservar, como não poderia deixar de ser, os direitos anteriores de terceiros.

3.7 Efeitos pessoais do casamento

A LINDB não contém disposição expressa sobre os efeitos pessoais do casamento, ou seja, sobre as relações dos cônjuges, que incluem, entre outras, questões

---

fixação de domicílio nesse país. Decisão onde se reconhece que o domicílio se estabeleceu no lugar do casamento também segundo a lei brasileira. Conclusão que assentou, neste ponto, o exame da prova, sendo, pois, irrevisível em sede de recurso extraordinário (Súmula 279). Inexistência, pois, de ofensa ao artigo 7º, § 4º, da Lei de Introdução ao Código Civil Brasileiro. 2) Dá interpretação razoável, por outro lado, a esse dispositivo legal, o arresto impugnado, quando sustenta que não importa ofensa ao aludido preceito da Lei de Introdução, no que toca ao regime de bens, casamento efetuado no estrangeiro, segundo a lei local, para que incida determinado regime de bens, quando este é admitido, também, pela lei brasileira. No caso, o matrimônio efetuou-se no Uruguai, onde o regime comum é o da separação de bens, para que este fosse o regime do casamento, regime também admitido pelo nosso direito. 3) Infração ao princípio geral de direito segundo o qual não pode a parte *venire contra factum proprium*. Recurso extraordinário não conhecido".

[76] *Verbis*: "Se o naturalizado for casado, poderá, mediante aquiescência expressa do outro cônjuge, requerer ao juiz, no ato de entrega do decreto de naturalização, seja apostilada no mesmo a adoção do regime de comunhão universal de bens, respeitados os direitos de terceiro e atendidos os preceitos relativos à publicidade desse ato nos registros competentes".

[77] V. Batalha, Wilson de Souza Campos. *Tratado de direito internacional privado*, t. II, cit., p. 133-134.

[78] Cf. Castro, Amilcar de. *Direito internacional privado*, cit., p. 381.

como fidelidade recíproca, de coabitação no domicílio conjugal, de mútua assistência, de consentimento para certos atos, de sustento e educação dos filhos, de respeito e consideração mútuos, bem assim de sobrenome comum.[79] Tais efeitos distinguem-se daqueles patrimoniais, relativos ao regime de bens do matrimônio, estes expressamente regulados na LINDB (art. 7º, § 4º).

Não obstante a falta de disposição expressa da LINDB sobre os efeitos pessoais do casamento, certo é que pela regra geral da mesma LINDB deveriam submeter-se à lei domiciliar comum dos cônjuges (art. 7º, *caput*). Tal é assim porque, à evidência, os efeitos pessoais do casamento qualificam-se no plano do direito de família, devendo, portanto, seguir a mesma regra a este destinada.[80] O raciocínio, ademais, se reforça pela redação do art. 8º da antiga Introdução ao Código Civil de 1916, que, *expressamente*, declarava que "[a] lei nacional [hoje, domiciliar] da pessoa determina (…) as relações pessoais dos cônjuges (…)". Se o domicílio conjugal for diverso, a lei aplicável seria, tomando por base a regra do art. 7º, § 3º, da LINDB, a do primeiro domicílio conjugal (notadamente porque os efeitos pessoais do matrimônio têm lugar sempre *depois* de sua realização). Dada, porém, a inflexibilidade da regra do primeiro domicílio conjugal, seria também possível propor, na esteira do art. 8º, § 5º, do Projeto de Lei nº 269 do Senado, que, em caso de domicílios ou residências diversos, seja aplicada aos efeitos pessoais do casamento a lei que com eles tiver vínculos mais estreitos.[81]

Seja como for, certo é que tudo deve estar de acordo com o princípio constitucional da igualdade de direitos entre os cônjuges (seja hétero ou homoafetiva a relação conjugal).[82] Daí se notar que o tema dos efeitos pessoais do casamento (relações pessoais dos consortes) guarda forte e intrínseca relação com o princípio da ordem pública, por não poder, *v.g.*, o juiz do foro aplicar qualquer norma estrangeira discriminatória aos membros da união conjugal.[83]

Frise-se, por fim, serem raros os casos em que há diversidade de domicílio dos cônjuges após o casamento. De ordinário, os consortes recém-casados mantêm o mesmo domicílio comum desde o matrimônio.

---

[79] Cf. GOLDSCHMIDT, Werner. *Derecho internacional privado…*, cit., p. 276.

[80] V. ESPINOLA, Eduardo & ESPINOLA FILHO, Eduardo. *A Lei de Introdução ao Código Civil Brasileiro*, vol. 2, cit., p. 268. Daí a conclusão dos mesmos autores de que "[a] lei pessoal comum dos dois cônjuges é, em regra, a chamada para regular as relações pessoais entre eles" (Idem, ibidem).

[81] Cf. Jo, Hee Moon. *Moderno direito internacional privado*, cit., p. 500.

[82] Constituição Federal, art. 5º, *caput* ("Todos são iguais perante a lei, sem distinção de qualquer natureza…") e art. 226, § 5º ("Os direitos e deveres referentes à sociedade conjugal são exercidos igualmente pelo homem e pela mulher" [estendendo-se às relações homoafetivas, nos termos da jurisprudência consolidada no STF desde o julgamento da ADI 4.277/DF, em 05.05.2011]).

[83] Cf. VALLADÃO, Haroldo. *Direito internacional privado*, vol. II, cit., p. 77.

3.8 Invalidade do casamento

No que tange à invalidade do casamento, estabelece a LINDB – no criticável § 3º do art. 7º – que a sua regência dar-se-á à luz da lei do primeiro domicílio conjugal, se tiverem os nubentes domicílio diverso.[84] A norma se afastou da boa regra do Código Bustamante, segundo a qual "[a] nulidade do matrimônio deve regular-se pela mesma lei a que estiver submetida a condição intrínseca ou extrínseca que a tiver motivado" (art. 47). Portanto, segundo a norma conflitual brasileira, se tiverem os nubentes mesmo domicílio, será a lei do domicílio comum a competente por reger a invalidade matrimonial, independentemente de onde foi o casamento celebrado; sendo diversos os domicílios, de aplicar-se a lei do primeiro domicílio conjugal, também independentemente de onde foram celebradas as núpcias.

Na prática, o que o dispositivo deixa entrever (incongruentemente) é o seguinte: um casal contrai núpcias num país (*v.g.*, no Brasil) à luz de suas regras jurídicas e, tão logo se casam, fixam domicílio em outro (*v.g.*, na Itália), só podendo pela lei deste último – que é país totalmente estranho ao lugar da celebração do matrimônio – discutir a validade do casamento realizado alhures. Trata-se, efetivamente, de norma incongruente, notadamente porque "não é lógico, tampouco aceitável, alguém se casar em certo Estado sob as determinações de suas regras legais e, ao retirar-se imediatamente para morar em território de outro, como é possível acontecer, só possa discutir a invalidade do ato com fulcro na lei do país de sua nova moradia".[85]

Haroldo Valladão criticou severamente a regra, porque a Lei de Introdução "adotou, absurdamente, para reger *invalidade* de matrimônio de nubentes de domicílio diverso uma lei *estranha…* ao ato e da livre *escolha* pelos interessados, a lei do primeiro *domicílio conjugal*, ficando, pois, a validade de um ato da importância do casamento dependente de lei que não presidiu a ele, *doutra lei*, posterior, adrede procurada para o anular…" [excerto idêntico ao original].[86] Nesse sentido, também, a lição de Eduardo Espinola e Eduardo Espinola Filho, para quem "bem se compreende que um dos cônjuges, ou ambos, de má-fé, poderão concorrer para o estabelecimento do primeiro domicílio conjugal em Estado, adrede procurado, e que nem é o em que foi efetuado o matrimônio, nem os em que cada um dos noivos tinha o seu domicílio diferente, com o intuito de evitar que uma inobservância de requisito, ou condição intrínsecos, reclamados pela lei de um daqueles domicílios anteriores, ou o desrespeito a formalidade extrínseca, posta pela lei do lugar de celebração, atuem no sentido de invalidar o casamento, por inexistente a exigência na lei do domicílio conjugal pro-

---

[84] *Verbis*: "Tendo os nubentes domicílio diverso, regerá os casos de invalidade do matrimônio a lei do primeiro domicílio conjugal".

[85] AMORIM, Edgar Carlos de. *Direito internacional privado*, cit., p. 124. Nesse exato sentido, v. DEL'OLMO, Florisbal de Souza & ARAÚJO, Luís Ivani de Amorim. *Lei de Introdução ao Código Civil Brasileiro comentada*, cit., p. 111.

[86] VALLADÃO, Haroldo. *Direito internacional privado*, vol. II, cit., p. 123-133.

curado; ou então, que esta última lei, acrescentando exigência de fundo, não satisfeita por estranha ao direito dos Estados, em que cada noivo era domiciliado, ou requisito de forma, alheio à lei do lugar do ato, influam para a nulidade, ou invalidação de um casamento, perfeitamente bom e válido, de acordo com as leis, que lhe regulam a validade, na consonância dos bons ensinamentos universalmente admitidos em doutrina".[87] Amilcar de Castro, por sua vez, indo mais a fundo, se insurgiu à "redação infeliz" do dispositivo – que cuida, segundo ele, de invalidade do casamento quando devia tratar de validade – sob quatro aspectos substanciais, a saber:

> Em primeiro lugar, porque nenhum casamento pode ser celebrado num país... para valer apenas fora desse país; em toda parte o legislador cuida da apreciação jurídica dos atos realizados no país, para aí serem válidos; e para que o casamento realizado no Brasil seja válido aqui mesmo, basta seja feito de acordo com o direito brasileiro. Em segundo lugar, porque a resolução de fixar domicílio conjugal no estrangeiro pode surgir logo após a celebração do matrimônio. Em terceiro lugar, porque não se encontra justificativa para a distinção entre cônjuges que tenham o mesmo domicílio e que tenham domicílios internacionais diversos. Em quarto lugar, porque não se pode realizar o casamento por um direito, e anulá--lo por outro: se a nulidade, ou a anulação, é sanção aplicável por inobservância de certo direito, parece claro que não pode um ato ser praticado validamente de acordo com uma ordem jurídica, e depois ser anulado, porque não foi observada outra, diferente, inaplicável por ocasião de sua realização; e deste princípio firme, e irrecusável, de jurisprudência não pode afastar-se o § 3º do art. 7º da Lei de Introdução ao Código Civil.[88]

O argumento mais forte apresentado (que bastaria para demonstrar a incongruência da regra da LINDB) é no sentido de não ser possível *transferir* para outro ordenamento jurídico, com o qual não teve o matrimônio mínima relação de proximidade, a competência legislativa para a invalidação *ab initio* de casamentos realizados em outro país, pois tal viola os princípios norteadores do DIPr contemporâneo que prezam pela *proximidade* das relações jurídicas às respectivas normas de regência, não pela distância e pelo alheamento do ato para com determinada lei. Daí, como observa Dolinger, a incongruência de ter a LINDB determinado a aplicação da lei do país *B* para uma falha formal ou substancial prevista na sua legislação que tenha ocorrido em um casamento celebrado quando os nubentes ainda não eram domiciliados neste país *B*.[89]

Ora, se o casamento foi validamente realizado à luz de certa ordem jurídica, não poderá a lei de terceiro Estado determinar a regência de sua possível invalidade, que poderá ter lugar em situações adversas às estabelecidas pela *lex loci celebrationis*.

---

[87] ESPINOLA, Eduardo & ESPINOLA FILHO, Eduardo. *A Lei de Introdução ao Código Civil Brasileiro*, vol. 2, cit., p. 208.

[88] CASTRO, Amilcar de. *Direito internacional privado*, cit., p. 373-374.

[89] DOLINGER, Jacob. *A família no direito internacional privado*, t. 1, cit., p. 82.

Por todos esses motivos é que o STF, em 1972, declarou como não escrita a regra do art. 7º, § 3º, da LINDB, ao entender que a lei-regente da invalidade do casamento só poderá ser a *lex loci celebrationis*, mesmo para eventos ocorridos depois das núpcias, nestes termos:

> Tendo a nova lei adotado o princípio domiciliar para reger, entre outros, os direitos de família (art. 7º), ao contrário da antiga, para quem a lei pessoal era, não a do domicílio, mas a da nacionalidade, o legislador resolveu estender o princípio domiciliar aos casos de invalidade do matrimônio (art. 7º, § 3º), esquecido de que, enquanto a lógica não for sepultada, a validade ou invalidade de um ato só pode ser aferida em face da lei a que ele obedeceu. (...) Que fazer então? Ter o preceito como inaplicável, por impossibilidade lógica, e, assim, como não escrito.[90]

É importante, porém, a observação de Dolinger de que esse caso julgado pelo STF (que negou homologação à sentença norte-americana que anulara casamento celebrado no Brasil, em que o cônjuge varão sustentou perante corte da Califórnia que, antes das núpcias, a ré lhe prometera viver junto e ter com ele filhos, o que não se concretizou) não versa a mesma matéria a que se refere a doutrina em sua crítica ao art. 7º, § 3º, da LINDB, pois as críticas doutrinárias têm em mente a anulação de casamento baseada em erro extrínseco ou intrínseco das núpcias, contemporâneo, portanto, ao momento da celebração do casamento. No caso julgado pelo STF, o motivo da invalidade foi *posterior* às núpcias: a esposa se recusou a viver com o varão no local combinado e com ele ter filhos, o que não se equipara a um erro ou falha ocorrida por ocasião do casamento. Tal significa que o STF foi além das críticas doutrinárias, para entender que nem sequer eventos posteriores às núpcias podem ser regidos pela lei do domicílio fixado após o casamento.[91]

Destaque-se que alguns autores, como Amilcar de Castro, interpretam o art. 7º, § 3º, *a contrario*, entendendo que a norma visa "exclusivamente a hipótese de ser o casamento realizado no estrangeiro, tendo os desposados domicílios internacionais diversos e a intenção de estabelecer o primeiro domicílio conjugal no Brasil", assim exemplificando: "o direito argentino admite casar a mulher maior de 12 anos, e pode acontecer que, em Buenos Aires, se realize casamento de uma menor de 16 anos, ali domiciliada, com uruguaio domiciliado em Montevidéu, e pretendem os nubentes estabelecer o primeiro domicílio conjugal no Rio de Janeiro. Neste caso, a jurisdição brasileira pode recusar validade a esse casamento, porque, em regra, só admitimos sejam casadas mulheres maiores de 16 anos; mas, ainda assim limitada, a disposição não deixa de ser infeliz, porque a esse mesmo resultado se poderia chegar por meio da disposição geral do art. 17 da mesma Lei de Introdução ao Código Civil. Mas, ao que parece, o intuito do legislador foi mesmo esse de visar apenas casamentos realizados no

---

[90] STF, SE 2.085/Estados Unidos da América (segundo julgamento), Tribunal Pleno, Rel. Min. Luiz Gallotti, j. 13.09.1972, *DJ* 10.11.1972.

[91] DOLINGER, Jacob. *A família no direito internacional privado*, t. 1, cit., p. 82.

estrangeiro, estabelecendo-se no Brasil o primeiro domicílio conjugal".[92] Maria Helena Diniz, de igual maneira, acompanha o entendimento de que "[o] art. 7º, § 3º, somente poderá estar se referindo a casamento realizado no exterior, tendo os nubentes domicílio diferente e a intenção de estabelecer no Brasil o primeiro domicílio conjugal".[93]

Opinião contrária às acima exaradas, no entanto, encontramos em Osiris Rocha, que, depois de dizer que "[e]m 1973 [*rectius*: 1972], o Supremo Tribunal Federal negou aplicação a essa norma, sob o fundamento de que ela seja contraditória", assevera (sem fundamentar o seu posicionamento) que "[o] que houve, porém, e na verdade, foi simples golpe doutrinário em norma claríssima, positiva e lógica porque, de fato, a lei do lugar da celebração não pode e nem deve determinar, por si própria o critério para determinação da validade do matrimônio".[94] O autor, contudo, não logra demonstrar por qual razão "não pode e nem deve" a lei do lugar da celebração reger os casos de invalidade matrimonial, tampouco porque seria a lei domiciliar a melhor para a gerência das invalidades.

Qual, em suma, a lei aplicável à invalidade matrimonial?

Dolinger, depois de reconhecer que o entendimento atual tem sido "o de que a lei que rege o casamento determina as regras sobre sua eventual nulidade ou anulação", diferencia os casos de invalidade *formal* e de invalidade *substancial* do casamento, para o fim de determinar a lei aplicável às respectivas invalidades, assim:

> Do que ficou acima assentado, concluímos que se o casamento tiver sido celebrado no exterior e uma parte, com legítimo interesse, pleitear a invalidade do casamento em foro brasileiro, teríamos que atentar para a lei do local de celebração em tudo o que diz respeito à forma de celebração do matrimônio em conformidade com a regra *locus regit actum*, de aceitação universal. Se a pretensão à invalidade se referir a aspectos substanciais do casamento, o mais apropriado será aplicar as regras da lei indicada pelo sistema conflitual do local em que o casamento foi celebrado.[95]

Com a primeira solução proposta se há de concordar plenamente, pelo que deve a lei do local da celebração do casamento ser aplicada para a regência de sua invalidade formal. A segunda solução que o autor propõe, porém, é totalmente injurídica à luz do direito brasileiro em vigor, pois estabelece para a invalidade substancial do casamento a aplicação das "regras da lei indicada pelo sistema conflitual do local em que o casamento foi celebrado". Como aplicar a *lei indicada pelo sistema conflitual* do local da celebração do casamento se o direito brasileiro proíbe o reenvio? Fosse assim, um casamento realizado na Itália (que adota o critério da *nacionalidade* para a determinação do estatuto pessoal) poderia ter sua invalidade regida por lei chinesa (lei de nacionalidade dos nubentes) uma vez plantada a ques-

---

[92] CASTRO, Amilcar de. *Direito internacional privado*, cit., p. 374.

[93] DINIZ, Maria Helena. *Lei de Introdução ao Código Civil Brasileiro interpretada*, cit., p. 255.

[94] ROCHA, Osiris. *Curso de direito internacional privado*, cit., p. 117, nota nº 40.

[95] DOLINGER, Jacob. *A família no direito internacional privado*, t. 1, cit., p. 350.

tão perante o Judiciário brasileiro. Se se critica o dispositivo por distanciar a regra de regência do local da celebração do matrimônio, imagine-se, então, as críticas cabíveis quando se pretendesse aplicar, para a invalidade matrimonial, as regras da lei indicada pela norma de DIPr do local da celebração do casamento...

Para nós, não há dúvida de que a lei competente para reger a invalidade matrimonial (formal ou substancial) é tão somente a do lugar da celebração do casamento, nos termos do que decidido pelo STF na Homologação de Sentença Estrangeira nº 2.085, em 1972, não cabendo, por isso, estender a adoção do princípio domiciliar aos casos de invalidade do matrimônio, como desavisadamente fez a LINDB no art. 7º, § 3º. Aqui, excepcionalmente, se justifica o exercício *a contrario* a cargo do julgador de aplicação da lei do local da celebração em detrimento da lei domiciliar comum das partes ou da do primeiro domicílio conjugal.

4. Divórcio

Os casais (nacionais ou estrangeiros) que contraíram núpcias no Brasil e aqui se domiciliam terão – salvo eleição de foro estrangeiro, com a anuência de ambos – de submeter-se à competência da autoridade brasileira para aqui se divorciar. Se, *v.g.*, um cônjuge norte-americano, casado e domiciliado no Brasil, pretender se divorciar de sua consorte brasileira, também daqui domiciliada, não poderá (salvo eleição de foro estrangeiro, com a anuência de *ambos*) fazê-lo perante a Justiça de outro país, devendo estabelecer a Justiça brasileira para o respectivo divórcio.[96]

A questão em tela foi decidida pelo STF (em 1996) no julgamento da Sentença Estrangeira Contestada nº 5.066-9, dos Estados Unidos da América, assim ementada:

> Homologação de sentença estrangeira de divórcio. Contestação: sentença proferida por juiz incompetente, citação nula e não comprovação do trânsito em julgado. art. 217, I a III, do Regimento Interno.
>
> 1. Casamento realizado no Brasil e aqui domiciliado o casal desde antes da união até a presente data, e não tendo havido eleição de foro estrangeiro, com a concordância de ambos, é incompetente para decretar o divórcio perante as leis brasileiras o juiz norte-americano, ainda que desta nacionalidade seja um dos cônjuges.
>
> 2. É nula a citação realizada no Brasil de acordo com as leis norte-americanas, mediante notificação remetida por cartório de registro de títulos e documentos, redigida em língua estrangeira.
>
> 3. Não se homologa sentença estrangeira sem prova do seu trânsito em julgado: Súmula 420.
>
> 4. Homologação indeferida.

O caso em apreço versava pedido de nacional estadunidense, residente em Aracaju, Estado de Sergipe, que requeria a homologação da sentença estrangeira de divórcio

---

[96] V. Jo, Hee Moon. *Moderno direito internacional privado*, cit., p. 504.

de sua consorte, residente na mesma cidade, processado e julgado nos Estados Unidos. Um dos argumentos levantados na contestação foi o de que o casamento se realizou no Brasil, país de residência contínua do casal desde antes da união. A Procuradoria-Geral da República, em parecer, reconheceu "que as partes são residentes e domiciliadas no Brasil, onde se casaram, tendo o marido ido aos Estados Unidos para propor a ação de divórcio, eleição de foro admissível em nosso sistema jurídico, mas, que não teve a submissão da outra parte", destacando, ainda, que a citação da requerida feita mediante carta do próprio requerente, por meio do Cartório de Títulos e Documentos de Aracaju, apesar de "prevista no processo norte-americano, não encontra respaldo em nossa ordem pública". O STF, por sua vez, baseado em tais elementos, entendeu ser a Justiça norte-americana incompetente para a prolação da sentença de divórcio, vez que era o casal domiciliado no Brasil, pelo que somente a Justiça *brasileira* teria competência para conhecer da ação; entendeu o tribunal, além do mais, não ter havido foro de eleição, por faltar a concordância da esposa. À conta disso, negou-se a homologação da sentença norte-americana de divórcio em razão, entre outras, da incompetência do juízo.[97]

Por sua vez, casais domiciliados no Brasil cujo casamento tenha sido realizado no exterior *podem* eleger a autoridade brasileira como competente para decidir sobre a separação ou o divórcio. Em tais casos, *aceita-se* a competência da autoridade brasileira para tanto, à luz da regra domiciliar prevista no art. 7º da LINDB. Evidentemente que poderá o casal optar pela realização do divórcio no país em que celebrado o casamento, em razão da *lex loci celebrationis* (especialmente se o Estado em causa adota o critério da nacionalidade como determinante do estatuto pessoal). Optando, porém, por divorciar-se no Brasil, nada há que impeça o conhecimento da demanda perante a Justiça brasileira, bastando, para tanto, que apenas *um* dos cônjuges seja domiciliado no Brasil.[98] Ao juiz, porém, poderão aparecer duas questões de DIPr a serem, de plano, verificadas: a relativa à validade do ato realizado no estrangeiro (à luz da regra *locus regit actum*) e a relativa à regra aplicável ao regime de bens (LINDB, art. 7º, § 5º).[99]

Se o divórcio realizou-se no estrangeiro, sendo um ou ambos os cônjuges brasileiros, dispõe o art. 7º, § 6º, da LINDB, que o "só será reconhecido no Brasil *depois de 1 (um) ano* da data da sentença, salvo se houver sido antecedida de separação judicial por igual prazo, caso em que a homologação produzirá efeito imediato, obedecidas as condições estabelecidas para a eficácia das sentenças estrangeiras no país", complementando que "[o] Superior Tribunal de Justiça, na forma de seu regimento interno, poderá reexaminar, a requerimento do interessado, decisões já proferidas em pedidos de homologação de sentenças estrangeiras de divórcio de brasileiros, a fim de que passem a produzir todos os efeitos legais".[100] Ocorre que o art. 226, § 6º, da Constituição Federal

---

[97] STF, SEC 5.066-9/Estados Unidos da América, Tribunal Pleno, Rel. Min. Maurício Corrêa, j. 19.06.1996, *DJ* 27.09.1996.

[98] Cf. Jo, Hee Moon. *Moderno direito internacional privado*, cit., p. 505.

[99] Cf. Araujo, Nadia de. *Direito internacional privado...*, cit., p. 408.

[100] A redação do dispositivo foi dada pela Lei nº 12.036, de 01.10.2009.

Parte II • Cap. III • DIREITO DE FAMÍLIA | **301**

de 1988, cuja redação original dispunha que "[o] casamento civil pode ser dissolvido pelo divórcio, após prévia separação judicial *por mais de um ano* nos casos expressos em lei, ou comprovada separação de fato *por mais de dois anos*", foi posteriormente alterado (em 13.07.2010) pela Emenda Constitucional nº 66, passando a dizer, simplesmente, que "[o] casamento civil pode ser dissolvido pelo divórcio", sem qualquer referência a *prazo* para a dissolução. Assim, não há dúvida de que a interpretação da LINDB deve amoldar-se ao comando constitucional em vigor, para entender-se que *não há prazo* para que o divórcio realizado no estrangeiro seja reconhecido no Brasil. Daí a atual jurisprudência do STJ afirmar (corretamente) que "[a] nova redação dada pela EC 66, de 2010, ao § 6º do art. 226 da CF/88 tornou prescindível a comprovação do preenchimento do requisito temporal outrora previsto para fins de obtenção do divórcio".[101]

Em suma, o divórcio realizado no exterior, quando forem um ou ambos os cônjuges brasileiros, é plenamente reconhecido no Brasil, tendo a respectiva homologação efeitos imediatos, obedecidas as condições para a sua eficácia no país. O divórcio realizado alhures somente não produzirá efeitos perante a nossa ordem jurídica se houver violação à ordem pública, a teor do que dispõe o art. 17 da LINDB, segundo o qual "[a]s leis, atos e sentenças de outro país, bem como quaisquer declarações de vontade, não terão eficácia no Brasil, quando ofenderem a soberania nacional, a ordem pública e os bons costumes".[102]

4.1 Divórcio consensual consular

A partir da entrada em vigor da Lei nº 11.441/2007, possibilitou-se no Brasil a realização de inventário, partilha, separação consensual e divórcio consensual pela via administrativa (extrajudicial). À vista dessa inovação legislativa, a Lei nº 12.874/2013 incluiu os §§ 1º e 2º ao art. 18 da LINDB, para o fim de autorizar às autoridades consulares brasileiras que também celebrem a separação e o divórcio consensuais de brasileiros no exterior, nestes termos:

> § 1º As autoridades consulares brasileiras também poderão celebrar a separação consensual e o divórcio consensual de brasileiros, não havendo filhos menores ou incapazes do casal e observados os requisitos legais quanto aos prazos, devendo constar da respectiva escritura pública as disposições relativas à descrição e à partilha dos bens comuns e à pensão alimentícia e, ainda, ao acordo quanto à retomada pelo cônjuge de seu nome de solteiro ou à manutenção do nome adotado quando se deu o casamento.

---

[101] STJ, SEC 5.302/EX, Corte Especial, Rel. Min. Nancy Andrighi, j. 12.05.2011, *DJe* 07.06.2011. Assim também, *v.* STJ, SEC 5.736/US, Corte Especial, Rel. Min. Teori Albino Zavascki, j. 24.11.2011, *DJe* 19.12.2011: "A regra do art. 226, § 6º, da CF/88 prevalece sobre o comando do art. 7º, § 6º, da LICC [destaque-se, apenas, que a referência deveria ser à LINDB, pois na data do julgamento (24.11.2011) já estava em vigor a Lei nº 12.376/2010, que alterou a nomenclatura da Lei]".

[102] Cf. STRENGER, Irineu. *Direito internacional privado*, cit., p. 557.

§ 2º É indispensável a assistência de advogado, devidamente constituído, que se dará mediante a subscrição de petição, juntamente com ambas as partes, ou com apenas uma delas, caso a outra constitua advogado próprio, não se fazendo necessário que a assinatura do advogado conste da escritura pública.

Certa crítica está a merecer o § 2º do art. 18, ao entender indispensável a assistência de advogado devidamente constituído, isto é, de profissional do direito com registro na *Ordem dos Advogados*, no procedimento de separação e divórcio consensuais de brasileiros perante autoridades consulares acreditadas no exterior. De fato, exigir a constituição de advogado para tanto poderá dificultar sobremaneira às partes a obtenção do divórcio consensual no exterior, notadamente por duas razões: primeiro, porque já estão os consortes diante de autoridade consular legalmente habilitada, que age com fé pública em nome do Estado; depois, porque mais coerente seria ter a lei permitido que os patronos devidamente constituídos pudessem, mediante poderes específicos, agir diretamente no Brasil para o fim de separar ou divorciar, em cartório, os consortes. Seja como for, a regra atual que há de ser seguida é firme no sentido de ser *indispensável* a assistência de advogado para os casos de separação e divórcio consensuais de brasileiros perante autoridades consulares acreditadas no exterior.

4.2 Divórcio consensual puro e qualificado

Há muito se discutia sobre a necessidade de homologação no Brasil das sentenças estrangeiras de divórcio consensual, para o fim de operar efeitos em território nacional.

Atualmente, não há dúvidas de que o divórcio consensual realizado no exterior *independe* de homologação pelo STJ para valer no Brasil, a teor do que expressamente dispõe o art. 961, § 5º, do CPC/2015:

A sentença estrangeira de divórcio consensual produz efeitos no Brasil, independentemente de homologação pelo Superior Tribunal de Justiça.

Assim, aqueles que se divorciaram consensualmente no exterior e pretendem contrair novas núpcias no Brasil estão dispensados da prévia homologação da sentença para fins de habilitação em novo matrimônio.

Porém, já se viu (Parte I, Cap. VII, item 5, *supra*) que, relativamente às sentenças estrangeiras de divórcio consensual, há entendimento do STJ no sentido de ser a dispensa homologatória somente aplicável aos divórcios consensuais *puros*, isto é, quando na sentença respectiva não se discutam *outras questões* para além da mera dissolução do vínculo conjugal.[103]

---

[103] STJ, SE 15.079/ES, Decisão Monocrática, Rel. Min. Francisco Falcão, j. 05.04.2016. No mesmo sentido, *v.* STJ, SE 15.204/DE, Decisão Monocrática, Rel. Min. Francisco Falcão, j. 21.03.2016; e STJ, SE 15.181/DE, Decisão Monocrática, Rel. Min. Francisco Falcão, j. 05.04.2016.

Se o divórcio consensual em causa for do tipo *qualificado*, ou seja, se na sentença foram discutidas outras questões como guarda de filhos, alimentos ou partilha de bens, será necessária a prévia homologação da sentença pelo STJ para que possa operar efeitos no Brasil.

5. Relações parentais

As relações parentais preocupam também ao DIPr quando presente determinado elemento estrangeiro que conecta a mais de um ordenamento jurídico questões de filiação, como guarda de filhos, direito de visita, obrigação alimentar e, também, a subtração de menores. Deve-se, portanto, investigar esses institutos para o fim de definir, à luz do DIPr brasileiro, o direito aplicável às respectivas relações jurídicas.

5.1 Filiação

Filiação é a relação entre duas pessoas em que uma é pai ou mãe da outra. No direito brasileiro atual, o tema é regido pela lei do domicílio, por se tratar de questão ínsita aos "direitos de família" (LINDB, art. 7º, *caput*). Tal lei domiciliar, à evidência, é a do filho, pois são *seus* os interesses primordiais consagrados no instituto.[104] Para conhecer o domicílio do filho, deve-se, contudo, aplicar a regra do art. 7º, § 7º, da LINDB, que estende aos filhos o domicílio dos pais (abstraindo-se o conceito, hoje inconstitucional, de "chefe da família") e aos incapazes o domicílio do tutor ou curador que os têm sob guarda. Será, assim, a lei do domicílio familiar a responsável por regular os temas afetos à filiação (*v.g.*, atribuição do nome, exercício do pátrio poder e causas de extensão).[105]

Dúvida sobre a lei aplicável surge quando se pretende discutir a paternidade e autor e investigado têm domicílios diversos, pois não há como atribuir ao filho o domicílio de pai que ainda não se sabe ser seu. Em casos tais, o melhor critério a

---

[104] Diferente era a opinião de Oscar Tenório, para quem, "[e]m face da orientação seguida pela antiga jurisprudência brasileira, ao aplicar o art. 8º da revogada Introdução ao Código Civil (1916), coerente seria que prevalecesse a lei do pai, pois a sociedade familiar tem um chefe e a lei deste deve merecer aplicação todas as vezes que ocorrer divergência de legislações e surgir a necessidade de aplicação de uma lei coordenadora" (*Direito internacional privado*, vol. II, cit., p. 146). Não se acredita, porém, que Tenório defenderia (tampouco poderia fazê-lo) o mesmo ponto de vista à égide da Constituição de 1988 (art. 227, § 6º).

[105] V. STRENGER, Irineu. *Direito internacional privado*, cit., p. 566-567. Na jurisprudência, *v.* STJ, Resp. 512.401/SP, 4ª Turma, Rel. Min. Cesar Asfor Rocha, j. 14.10.2003, *DJ* 15.12.2003, adotando a mesma regra (não obstante sem referência expressa a "domicílio familiar"). No voto do Relator, lê-se: "Na espécie, a autora foi registrada na República de Portugal, pelo marido de sua mãe, que, após seu nascimento, emigrou para o Brasil, onde são hoje domiciliados tanto a recorrida como o recorrente. (...) Com efeito, ainda que a lide seja entre estrangeiros ou que a concepção, o nascimento e o registro tenham ocorrido alhures, tratando-se de direito de família e estando a autora domiciliada no Brasil, é o ordenamento nacional que deve ser considerado na solução da lide, haja vista a *lex fori* sobre conflito de leis no espaço".

aplicar-se é seguramente o da *residência habitual* do interessado (pretenso filho).[106] *Quid juris*, porém, se a lei do país de residência habitual do interessado proibir a ação de investigação de paternidade? Em tal hipótese, seguindo a solução do DIPr atual, impõe-se a aplicação da norma *mais favorável* à pessoa (no caso, a *lex fori*, lei brasileira, que autoriza seja a paternidade investigada).[107]

Essa, frise-se, já era a tendência da jurisprudência brasileira anterior (quando se adotava a nacionalidade como determinante do estatuto pessoal) e que se manteve após o novo regime instituído a partir de 1942, com a Lei de Introdução ao Código Civil. Tal levou Haroldo Valladão a concluir, corretamente, que "[a] etapa a que chegamos, pois, desenvolvimento natural dos ideais modernos de proteção à criança e de resguardo dos direitos dos filhos, é a da *lei mais favorável ao filho*".[108]

Poderá, contudo, a lei de residência habitual do filho ou, inclusive, a mais favorável ofender a ordem pública do foro (em raríssimos casos, é certo). Já se pensou, *v.g.*, que ofenderia a ordem pública do foro a lei do país que autoriza a investigação de paternidade, quando esta é inadmitida pela *lex fori*. Não há de ser esse, contudo, o melhor entendimento, notadamente porque a maioria dos países hoje equipara, em igualdade de direitos, os filhos havidos dentro e fora do matrimônio, razão pela qual a autorização de investigação de paternidade não há de ser tida como atentatória à ordem pública de países que não a admitem. Daí a conclusão de Valladão de que "[o] conceito tradicional de só se dar a investigação de paternidade *se for admitida pela* lex fori *e nos precisos termos de tal admissão*, na tradição napoleônica (Código francês 1804), de condenação irrefragável da filiação natural, não pode medrar quando ela está hoje admitida e justificada e até equiparada à filiação legítima, não subindo, pois, as atuais e restritas divergências legislativas existentes nos casos e condições de sua concessão, ao grau de um atentado à ordem pública, à moral ou aos bons costumes".[109]

Assim, para as questões relativas à filiação, sendo comum o domicílio (ou residência habitual) de pais e filhos, aplica-se a norma prevista pela lei desse espaço de convivência comum; sendo, porém, diferentes os domicílios (ou residências ha-

---

[106] Para os fins do DIPr, deve-se entender como "residência habitual" aquela em que o interessado guarda vínculos efetivos e constantes, ainda que outras residências (não habituais) possa ter. Não se exige, à evidência, que a pessoa ali estabeleça "a sua residência com ânimo definitivo" (como no conceito de *domicílio* do art. 70 do Código Civil). Basta, assim, que na respectiva morada se viva em constância, com permanência frequente e regular, para que se qualifique uma residência como *habitual*. Se é certo que pode uma pessoa ter várias residências num país ou ao redor do mundo, não é menos verdade que em apenas *uma delas* mantém morada mais durável, sendo essa a sua "residência habitual" para os fins que interessam ao DIPr.

[107] Cf. VALLADÃO, Haroldo. *Direito internacional privado*, vol. II, cit., p. 137; e DOLINGER, Jacob. *A família no direito internacional privado* (Direito civil internacional, vol. I, t. 2 – A criança no direito internacional). Rio de Janeiro: Renovar, 2003, p. 66-67.

[108] VALLADÃO, Haroldo. *Direito internacional privado*, vol. II, cit., p. 139.

[109] VALLADÃO, Haroldo. Idem, p. 142.

bituais) de ambos, aplica-se, *a priori*, a lei do local de residência habitual do filho, se não lhe for mais favorável a lei pessoal de cada qual dos pais. Em caso de conflito móvel, porém, preservam-se os direitos adquiridos à luz da lei do domicílio ou da residência habitual do interessado vigente no momento do seu nascimento (não da propositura da ação).

Na França, diferentemente do Brasil, a filiação é regida pela lei pessoal (nacionalidade) da mãe no dia do nascimento da criança; caso seja desconhecida a mãe, rege-se pela lei pessoal (nacionalidade) da criança (Code Civil, art. 311-14). À luz dessa regra, a Corte de Cassação, em 4 de março de 2020, decidiu se seria possível o *reenvio* em matéria de filiação.[110] No caso, contestava-se a paternidade de criança nascida em Göttingen (Alemanha) filha de pai de nacionalidade italiana e australiana e de mãe alemã, todos com residência habitual na França. Conforme o art. 311-14, primeira parte, do Código Civil francês, "[a] paternidade é regida pela lei pessoal da mãe no dia do nascimento da criança", que, no caso, era a lei *alemã*. Para o autor da ação, tal regra seria verdadeira *loi de police* (norma imperativa) e, portanto, impeditiva de eventual reenvio estabelecido pelo direito alemão. Contudo, em análise dos arts. 14, § 1º, 19 e 20 da Lei de Introdução ao Código Civil alemão, a Corte de Cassação entendeu (mantendo a decisão anterior do Tribunal de Grande Instance de Paris) que a solução adotada pela norma alemã – pela qual, tendo os pais nacionalidade diversa, aplica-se a lei da residência habitual do casal para a regência dos efeitos do casamento – deveria ser a aplicada, por garantir coerência entre as decisões de ambas as jurisdições escolhidas para a aplicação da teoria do reenvio. Decidiu-se, então, utilizando o reenvio em matéria de filiação, pela aplicação da lei francesa no que tange à investigação de paternidade.

Por fim, destaque-se que nas relações entre os dezesseis Estados-partes do Código Bustamante hão de ser aplicadas – naquilo que não violarem outros direitos da pessoa, notadamente à luz das regras internacionais de proteção dos direitos humanos, como, *v.g.*, as impeditivas de discriminação de filhos não havidos da relação conjugal – as disposições contidas nos arts. 57 a 66 do Código, atinentes à paternidade e à filiação.

5.2 *Guarda de filhos*

A guarda dos filhos – unilateral ou compartilhada – pode ser requerida, por consenso, pelo pai e pela mãe, ou por qualquer deles, em ação autônoma de separação, de divórcio, de dissolução de união estável ou em medida cautelar, ou decretada pelo juiz em atenção às necessidades específicas do filho, ou em razão da distribuição de tempo necessário ao convívio deste com o pai e com a mãe (CC, art. 1.584, I e II).

Estando pais e filhos domiciliados no Brasil, será a lei brasileira a competente para determinar a atribuição da guarda (lei do domicílio familiar). Nada importa, à

---

[110] Arrêt nº 178 (18-26.661), Première Chambre Civile, 04.03.2020.

luz do direito brasileiro, a nacionalidade de pais e filhos, senão apenas o seu *domicílio no País*. Tal se abstrai do art. 7º, *caput*, da LINDB, que prevê que "[a] lei do país em que domiciliada a pessoa determina as regras sobre (...) os direitos de família". Frise-se que o *domicílio* aqui referido é compreendido não no sentido de "residência com ânimo definitivo", tal como define o art. 70 do Código Civil, mas como o país (ou estado, província, território etc.) em que se encontra a família, ainda que seus membros residam separadamente.[111] Certo é que se havia conformação familiar tripartite antes da separação ou do divórcio, isto é, se havia família formada por (dois) pais e os filhos, o domicílio familiar único (estabelecido no mesmo país, ainda que eventualmente não conjunto) é que indica a lei aplicável ao julgador.

Poderão os pais, contudo, domiciliar-se em países distintos, quando, então, inexistirá "domicílio familiar". Ademais, questões de guarda podem também surgir sem a subjacente família modelar, de conformação plúrima, com (dois) pais e os filhos; em muitos casos há duas pessoas (não consorciadas em matrimônio ou em união estável) que, por necessidade de convivência, devem também ver regulada a guarda do(s) filho(s). Em todas essas hipóteses, dada a inexistência de "domicílio familiar", caberia indagar qual norma há de ser aplicada à determinação da guarda.

Como resolver a questão? À égide do Código Civil de 1916, Pontes de Miranda questionava se as medidas a serem tomadas para a proteção dos filhos pertencia aos *efeitos do divórcio* ou à *relação entre pais e filhos*, informando não haver, à época, qualificação supraestatal. Para Pontes, se o estatuto do filho qualificasse como de efeito do divórcio, deveria o juiz aplicar a lei dos cônjuges ou, se tiverem nacionalidade diferente,[112] a lei de cada um quanto ao que lhe toca; mas se a lei do filho qualificasse como do seu estatuto, só esse teria de ser atendido.[113]

No Código Civil atual (de 2002) a guarda vem regulada nos arts. 1.583 a 1.590, pertencentes ao Capítulo XI ("Da Proteção da Pessoa dos Filhos"), que integra o Subtítulo I ("Do Casamento") no âmbito do Título I ("Do Direito Pessoal") do Livro IV ("Do Direito de Família") do Código. Também no ECA a guarda (art. 33) encontra-se em capítulo intitulado "Do Direito à Convivência Familiar e Comunitária" (Capítulo III).[114] Assim, tomando-se por correta a lição ponteana, a guarda de filhos, hoje, no Brasil, qualifica-se no plano das relações entre pais e filhos, pois

---

[111] Cf. MONACO, Gustavo Ferraz de Campos. *Guarda internacional de crianças*. São Paulo: Quartier Latin, 2012, p. 105-106.

[112] A lei *nacional*, àquele tempo, era determinante do estatuto pessoal (a obra de Pontes de Miranda é de 1935, anterior, portanto, à Lei de Introdução). Assim, substitua-se, hoje, o trecho "se tiverem nacionalidade diferente" por "se tiverem *domicílio* diferente".

[113] PONTES DE MIRANDA, Francisco Cavalcanti. *Tratado de direito internacional privado*, t. II, cit., p. 115.

[114] Não há, destaque-se, *duas* guardas no direito brasileiro, uma do Código Civil e outra do ECA. A diferença está em que, no Código Civil, a guarda tem por base o poder familiar, enquanto no ECA, pauta-se na proteção da criança. O instituto, porém, é *único* entre nós, ainda que com efeitos distintos em cada diploma legal.

integrante do capítulo intitulado da "Proteção da Pessoa dos Filhos", não do capítulo (anterior) relativo à "Dissolução da Sociedade e do Vínculo Conjugal" no Código Civil; também no ECA o tema integra, já se viu, o capítulo relativo à "Convivência Familiar e Comunitária". Portanto, não restam dúvidas ser a lei do estatuto do filho (lei da *residência habitual* do menor, à luz do entendimento atual) a competente para o estabelecimento da guarda, sempre que outra não lhe seja mais favorável.[115]

Tal é assim por ser a lei da residência habitual do menor a *mais próxima* da relação jurídica que o envolve (princípio da proximidade) e, portanto, a com melhor aptidão para proteger os seus interesses, independentemente de sua nacionalidade.[116] Por isso, a residência habitual é também critério determinante da jurisdição competente, tal como prevê o art. 5º (1) da Convenção Relativa à Competência, à Lei Aplicável, ao Reconhecimento, à Execução e à Cooperação em Matéria de Responsabilidade Parental e de Medidas de Proteção das Crianças, de 1996,[117] segundo o qual "[a]s autoridades judiciais ou administrativas do Estado-contratante da residência habitual da criança têm jurisdição para tomar as medidas dirigidas à proteção da pessoa ou ao patrimônio da criança". Daí se entender, em suma, que esse "espaço-regente" – que envolve todas as relações familiares do infante, desde a separação ou o divórcio dos pais – é o que, efetivamente, melhor razão apresenta para a determinação da guarda, se outra norma não for mais favorável aos filhos.[118]

Portanto, se a ação de guarda for proposta no Brasil e o menor for aqui residente, aplicará o juiz a lei brasileira à guarda; sendo o menor residente no exterior, aplicará o juiz a lei do país de residência habitual do infante, à falta de norma mais favorável. Nada impede, contudo, antes se aconselha, que demande o(a) interessado(a) diretamente perante o Poder Judiciário estrangeiro, o qual, inclusive, tem jurisdição primária (reconhecida por tratados) para a atribuição da guarda, dada a proximidade com todas as relações de fato a envolver a criança.

5.3 Direito de visita

Assim como a guarda, o direito dos pais à visita aos filhos será regulado pela lei brasileira quando ambos (pais e filhos) forem domiciliados ou residentes no Brasil. A visita será, *a priori*, de âmbito apenas local, é dizer, exercida nos limites do

---

[115] Há vários anos a jurisprudência brasileira posiciona-se nesse sentido, ordenando observar, nas relações entre pais e filhos, a norma *mais favorável* à criança. De há muito a jurisprudência do STF tem aplicado o princípio, ampliando-o, inclusive, para o direito de família e o direito das sucessões em geral (cf. STF, Emb. Div. no RE 59.871/RS, Tribunal Pleno, v.u., Rel. Min. Eloy da Rocha, j. 26.05.1971, *DJ* 12.11.1971).

[116] Cf. Monaco, Gustavo Ferraz de Campos. *Guarda internacional de crianças*, cit., p. 106.

[117] Em vigor internacional desde 1º de janeiro de 2002 (o Brasil, contudo, sequer assinou a Convenção).

[118] Assim já lecionava Valladão, Haroldo. *Direito internacional privado*, vol. II, cit., p. 138: "A etapa a que chegamos, pois, desenvolvimento natural dos ideais modernos de proteção à criança e de resguardo dos direitos dos filhos, é a da *lei mais favorável ao filho*".

país do domicílio ou residência; nada obsta, porém, que se pretenda sair do país junto aos filhos durante o período de visitação, bastando, para tanto, que se busque autorização do Poder Judiciário.119 A regra do ECA, aqui, é a de que "[n]enhuma criança ou adolescente menor de 16 (dezesseis) anos poderá viajar para fora da comarca onde reside desacompanhada dos pais ou responsáveis sem expressa autorização judicial" (art. 83, *caput*). Para as viagens ao exterior, a autorização judicial será, porém, *dispensável* se a criança ou adolescente "estiver acompanhado de ambos os pais ou responsável", ou se "viajar na companhia de um dos pais, autorizado expressamente pelo outro através de documento com firma reconhecida" (art. 84, I e II). Contudo, sem prévia e expressa autorização judicial, nenhuma criança ou adolescente nascido em território nacional poderá sair do país em companhia de *estrangeiro* residente ou domiciliado no exterior (art. 85).

Perceba-se a redação do art. 84, II, do ECA, para o qual as viagens ao exterior dispensam autorização judicial se a criança ou adolescente viajar na companhia de um dos pais, desde que "autorizado *expressamente* pelo outro através de documento com *firma reconhecida*".[120] A falta, porém, de autorização de um dos pais (no caso, o guardião) poderá ser judicialmente suprida se demonstrar o outro (que está a exercer a visita) que não pretende, de modo algum, levar a criança definitivamente para o exterior ou ali retê-la, em violação ao legítimo direito de guarda do titular.

Qual a lei aplicável ao direito de visita quando há pluralidade de domicílios? Diferentemente da guarda, em que estão em jogo os interesses primordiais da criança, na *visita* o que se busca é possibilitar a *todos* os membros da família (pais e filhos) que se encontrem e convivam em ambiente saudável e protetor, não obstante com certa distância uns dos outros. Assim sendo, poderia parecer que o critério da residência habitual da criança seria insuficiente para regular, com exclusividade, o direito de visita, pois também os interesses *dos pais* (inclusive de suas novas famílias) e de eventuais outros parentes (*v.g.*, avós e tios) haveriam de ser levados em consideração. A dificuldade está, porém, em conciliar as leis domiciliares dos membros da família (que se encontram em países diversos) com a da residência habitual do menor, à luz do princípio do melhor interesse da criança. Por tal motivo, na falta de critério uniforme estabelecido em tratado, parece coerente admitir que o critério da residência habitual da criança continue a operar mesmo quando em jogo interesses mais amplos e relativos a uma gama maior de pessoas (como pais, avós, tios etc.).

A justificativa para tal encontra fundamento "na necessidade de se evitar confrontos entre os genitores em decorrência de conflito de preceitos materiais existentes nos sistemas jurídicos dos Estados em que domiciliados, os quais poderiam regular diversamente o direito de acesso à criança", além do que "submeter a regulamentação do exercício do direito de visitas à lei pessoal do genitor-guardião

---

[119] Cf. MONACO, Gustavo Ferraz de Campos. *Guarda internacional de crianças*, cit., p. 107.

[120] *V.* também Resolução CNJ nº 131, de 26.05.2011, art. 1º, II.

ou do não guardião poderia acarretar o desencadeamento de hipótese que hoje parece remota, mas que pode efetivamente se configurar, qual seja, a de o sistema de direito material vigente no Estado em que domiciliado o não guardião desconhecer o instituto do direito de visita ou não reconhecer este direito quando conformado por disposição de lei estrangeira incompatível por qualquer razão com a ordem pública ali vigente".[121]

Daí por que, repita-se, ser coerente destinar o mesmo critério empregado na guarda para a localização da lei aplicável ao direito de visita.

5.4 Alimentos

O estudo da lei aplicável à prestação de alimentos leva em conta tanto normas internacionais específicas quanto a regra da norma mais favorável ao alimentando. Necessário se faz desvendar o universo das normas convencionais sobre o tema (notadamente as em vigor no Brasil) e dos princípios que devem reger a localização da lei aplicável à obrigação alimentar fora do âmbito de incidência dos tratados.

5.4.1 Convenção de Nova York sobre Prestação de Alimentos no Estrangeiro (1956)

O nosso país é parte, desde a década de 1960, da Convenção de Nova York sobre Prestação de Alimentos no Estrangeiro, aprovada pela ONU em 20 de junho de 1956.[122] O instrumento estabelece um sistema de cooperação internacional com vistas a facilitar ao credor de alimentos ("parte demandante") que receba as verbas alimentares devidas de alimentante ("parte demandada") que se encontra no território de um dos seus Estados-partes.[123] Para tanto, a Convenção criou as figuras da Autoridade Remetente (designada pelo Estado do demandante e para a qual é submetido o pedido alimentar) e da Instituição Intermediária (designada pelo Estado do demandado e responsável por receber o pleito do demandante). Cabe à Instituição Intermediária tomar, em nome do demandante, todas as medidas apropriadas para assegurar a prestação dos alimentos, podendo, portanto, transigir e, quando necessário, iniciar e prosseguir uma ação alimentar e fazer executar qualquer sentença, decisão ou outro ato judiciário em favor dele (art. 6º, 1).

---

[121] MONACO, Gustavo Ferraz de Campos. *Guarda internacional de crianças*, cit., p. 121.

[122] Aprovada no Brasil pelo Decreto Legislativo nº 10, de 13.11.1958, e promulgada pelo Decreto nº 56.826, de 02.09.1965 (em vigor interno a partir de 14.12.60). No plano interamericano, o Brasil também é parte da Convenção Interamericana sobre Obrigação Alimentar, celebrada em Montevidéu em 1989 e em vigor interno desde 1997 (Decreto nº 2.428, de 17.12.1997).

[123] Sobre o tema, *v.* PEREIRA, Luís Cezar Ramos. Prestação de alimentos no direito internacional privado brasileiro. In: BAPTISTA, Luiz Olavo & MAZZUOLI, Valerio de Oliveira (Org.). *Direito internacional privado*: teoria e prática. São Paulo: Revista dos Tribunais, 2012, p. 563-580 (Coleção *Doutrinas essenciais*: direito internacional, vol. IV).

Para a aplicação da Convenção entre nós, a Lei de Alimentos (Lei nº 5.478, de 25 de julho de 1968) fixou a competência do juízo federal com jurisdição na residência do devedor, designando como Instituição Intermediária a Procuradoria-Geral da República (art. 26).[124]

A Convenção se aplica àqueles que ainda não completaram dezoito anos de idade e aos que, tendo completado essa idade, continuam na condição de credores alimentares; aplica-se, também, às obrigações matrimoniais entre cônjuges e ex-cônjuges.

5.4.2 Primeiras normas da Conferência da Haia de Direito Internacional Privado

No âmbito da Conferência da Haia de Direito Internacional Privado foram concluídas (*a*) a Convenção relativa à Lei Aplicável em Matéria de Obrigação de Prestar Alimentos a Menores (1956) e (*b*) a Convenção relativa ao Reconhecimento e Execução de Decisões em Matéria de Prestação de Alimentos a Menores (1958). Ambas cingem-se exclusivamente à *criança*, assim entendida a pessoa não casada menor de 21 anos. Adota-se como lei aplicável a da residência habitual da criança, salvo se esta lhe recusar qualquer direito a obter prestação de alimentos, caso em que será aplicada "a lei resultante das regras nacionais de conflitos da autoridade requerida" (art. 3º). A Convenção de 1958, por seu turno, assegura o reconhecimento e a execução recíprocos, pelos Estados contratantes, das decisões proferidas em ações de alimentos, de caráter internacional ou interno, de prestação de alimentos (incluídos os acordos homologados) em favor dos filhos solteiros menores de 21 anos.

Tais convenções foram substituídas por outras duas convenções da Haia, quais sejam: *a*) a Convenção sobre o Reconhecimento e Execução de Decisões relativas a Obrigações Alimentares (1973); e *b*) a Convenção sobre a Lei Aplicável à Obrigação de Prestar Alimentos (1973). Esta última prevê como lei aplicável à regência das obrigações alimentares a lei da residência habitual do credor (art. 4º) e, excepcionalmente, a lei nacional comum quando o credor não puder obter alimentos do devedor em virtude de sua lei de residência habitual (art. 5º).

---

[124] O STF tem aceito, contudo, que a Procuradoria-Geral da República atue também na qualidade de Autoridade Remetente, não obstante a falta de designação da Lei de Alimentos (cf. *RTJ* 93/514). Destaque-se que Haroldo Valladão defendia que também poderia desempenhar esse papel a Ordem dos Advogados do Brasil, por ser "a organização mais adequada", notadamente por se tratar de instituição "perfeitamente organizada e com atribuições em todo o território nacional, que pode corresponder com qualquer outro organismo de outro país, acessível nas suas Seções, nas Capitais dos Estados, no Distrito Federal e nos Territórios, e nas suas Subseções nos Municípios, Comarcas do Interior, a todos que precisarem receber alimentos no estrangeiro, e apta a proceder à cobrança de todos os pedidos que venham, a respeito, do estrangeiro" (*Direito internacional privado*, vol. II, cit., p. 153).

Parte II · Cap. III · DIREITO DE FAMÍLIA | 311

Entretanto, nenhuma dessas quatro convenções da Haia foi ratificada pelo Brasil. Portanto, até julho de 2017 (*v. infra*) o nosso país era parte apenas no instrumento da ONU (Convenção de Nova York) e da Convenção Interamericana sobre Obrigação Alimentar.

5.4.3 Convenção sobre a Cobrança Internacional de Alimentos para Crianças e outros Membros da Família e Protocolo sobre a Lei Aplicável (2007)

Ainda no âmbito da Haia, como resultado da 21ª Sessão da Conferência da Haia, realizada em 23 de novembro de 2007, foram celebrados dois derradeiros instrumentos internacionais sobre a matéria: *a*) a Convenção sobre a Cobrança Internacional de Alimentos para Crianças e outros Membros da Família; e *b*) o Protocolo sobre a Lei Aplicável às Obrigações de Prestar Alimentos.[125] Este último tem por finalidade modernizar tanto a Convenção relativa à Lei Aplicável em matéria de Obrigação de Prestar Alimentos a Menores (1956) quanto a Convenção sobre a Lei Aplicável à Obrigação de Prestar Alimentos (1973). O Brasil ratificou ambos os tratados (Convenção e Protocolo) em 17 de julho de 2017.

A Convenção de 2007 objetiva assegurar a efetiva cobrança internacional de alimentos em benefício das crianças e outros membros da família, estabelecendo um sistema de cooperação entre autoridades dos Estados contratantes para o fim de per-

---

[125] Aprovados no Brasil pelo Decreto Legislativo nº 146, de 09.12.2016, e promulgados pelo Decreto nº 9.176, de 19.10.2017. No Decreto Legislativo, porém, o Congresso Nacional determinou que a aprovação concedida "está condicionada, com base no princípio de incidência da proteção mais abrangente às crianças e outros membros de suas famílias, à formulação, no momento da entrega dos instrumentos de ratificação pelo Poder Executivo, de: I – reservas necessárias à compatibilização entre as normas da Convenção sobre a Cobrança Internacional de Alimentos para Crianças e outros Membros da Família e a legislação brasileira aplicável, incluindo-se as reservas à alínea *e* do § 1º do art. 20 [*verbis*: "Uma decisão proferida em um Estado Contratante ('o Estado de origem') será reconhecida e executada em outros Estados Contratantes se: (...) *e*) as partes tiverem acordado por escrito a competência, salvo em litígios sobre obrigações de prestar alimentos para crianças"] e ao § 8º do art. 30 da referida Convenção [*verbis*: "Um Estado Contratante poderá reservar o direito de não reconhecer nem executar acordo em matéria de alimentos, de acordo com o artigo 62"]; II – declarações necessárias à compatibilização entre a Convenção sobre a Cobrança Internacional de Alimentos para Crianças e outros Membros da Família e os direitos e garantias individuais, consagrados no direito constitucional e civil brasileiros, incluindo-se a declaração prevista no § 3º do art. 2º da referida Convenção [*verbis*: "Qualquer Estado Contratante poderá, em conformidade com o artigo 63, declarar a extensão da aplicação, no todo ou em parte, da Convenção a outras obrigações de prestar alimentos derivadas de relação familiar, filiação, casamento ou afinidade, incluindo, especialmente, as obrigações relativas a pessoas vulneráveis. Tal declaração somente criará obrigações entre dois Estados Contratantes na medida em que suas declarações incluam as mesmas obrigações de prestar alimentos e as mesmas partes da Convenção"].

mitir a apresentação de pedidos para a obtenção de decisões em matéria de alimentos, garantindo o reconhecimento e a execução eficaz dessas decisões em matéria de alimentos (art. 1º). Seu texto, de fato, foi negociado à luz das tendências atuais da cooperação jurídica internacional, para o fim de agilizar os procedimentos necessários à cobrança de alimentos, fortalecendo o protagonismo das autoridades centrais.

A Convenção, nos termos do art. 2º, § 1º, aplica-se (*a*) às obrigações de prestar alimentos derivadas de uma relação de filiação, em favor de uma pessoa menor de 21 anos, (*b*) ao reconhecimento e execução, ou à execução, de decisão relativa a obrigações de prestar alimentos decorrentes de relação conjugal, quando o pedido for apresentado juntamente com solicitação em favor de pessoa menor de 21 anos, e (*c*) às obrigações de prestar alimentos decorrentes de relação conjugal, com exceção dos capítulos II e III (relativos à cooperação administrativa e aos pedidos por meio de autoridades centrais). Como se vê, o documento alcança também as relações entre cônjuges e ex-cônjuges não obrigatoriamente relacionadas à obrigação de prestar alimentos aos filhos menores de 21 anos.[126] Porém, neste caso (art. 2º, § 1º, *c*), os Estados-partes não estarão obrigados a aplicar as disposições convencionais relativas à cooperação administrativa (previstas nos capítulos II e III da Convenção). Os Estados poderão, contudo, estender a aplicação dos capítulos II e III às relações alimentares entre cônjuges e ex-cônjuges caso façam declaração expressa para tanto, nos termos do art. 63, §§ 3º e 4º, da Convenção.[127]

No preâmbulo da Convenção de 2007 lê-se que os Estados signatários desejam "aproveitar os aspectos mais úteis (…) [d]a Convenção das Nações Unidas sobre a Prestação de Alimentos no Estrangeiro, de 20 de junho de 1956", e em seu art. 49 a Convenção expressamente declara que, "[n]as relações *entre* os Estados Contratantes, esta Convenção substitui a Convenção das Nações Unidas sobre Prestação de Alimentos no Estrangeiro, de 20 de junho de 1956, na medida em que seu âmbito de aplicação entre os Estados corresponda ao âmbito de aplicação desta Convenção". Se, porém, as partes na Convenção da Haia de 2007 não incluírem todas as partes da Convenção de Nova York de 1965, a solução para o conflito entre os tratados sucessivos será encontrada no art. 30, § 4º, da Convenção de Viena sobre o Direito dos Tratados de 1969, segundo o qual, "[q]uando as partes no tratado posterior não incluem todas as partes no tratado anterior: *a*) nas relações entre os Estados-partes nos dois tratados, aplica-se o disposto no parágrafo 3º [isto é, o tratado anterior só se aplicará na medida em que as suas disposições sejam compatíveis com as do tratado posterior]; *b*) nas relações entre um Estado-parte nos dois tratados e um Estado-parte apenas em um desses tratados, o tratado em que os dois Estados são

---

[126] Para as dificuldades na negociação do tema, cf. DUNCAN, William. The new Hague Child Support Convention: goals and outcomes of the negotiations. *Family Law Quarterly*, vol. 43, nº 1 (Spring 2009), p. 8-9.

[127] Cf. BORRÁS, Alegría & DEGELING, Jennifer. *Convenio de 23 de noviembre de 2007 sobre Cobro International de Alimentos para los Niños y otros Miembros de la Familia*. La Haya: Conferencia de La Haya de Derecho Internacional Privado, 2013, p. 20.

Parte II · Cap. III · DIREITO DE FAMÍLIA | **313**

partes rege os seus direitos e obrigações recíprocos".[128] Portanto, poderá haver relações entre o Brasil (parte em ambas as convenções) e Estado que é parte apenas na Convenção de Nova York, pelo que o disciplinado nesta última regerá os direitos e obrigações recíprocos das partes. Tal significa, como se nota, que a aplicação da Convenção de Nova York de 1956 ainda se mantém nas relações do Brasil com Estados não partes na Convenção da Haia de 2007.

O Protocolo da Haia, por sua vez, vem definir a lei aplicável às obrigações alimentares resultantes de relações de parentesco, filiação, casamento ou afinidade, inclusive a obrigação de prestar alimentos em relação a crianças, independentemente do estado civil dos pais (art. 1º, § 1º). A conexão estabelecida pelo Protocolo, contudo, não alcança a lei aplicável às relações familiares contempladas no art. 1º, § 1º, é dizer, as "relações de parentesco", de "filiação", de "casamento" ou de "afinidade", as quais serão determinadas conforme as normas de DIPr da *lex fori* de cada Estado-parte.

Para a determinação da lei aplicável às obrigações alimentares (exclusivamente a estas) o Protocolo estabeleceu a regra da *aplicação universal*, deixando expresso que suas normas incidirão "mesmo que a lei aplicável seja aquela de um Estado não contratante" (art. 2º). Tal significa que poderá um credor residente em Estado não parte do Protocolo propor ação de alimentos na jurisdição de um Estado-parte, beneficiando-se, assim, das regras convencionais uniformes neste último em vigor; ou que as partes livremente escolham aplicar a lei de Estado não parte no Protocolo, devendo, então, a lei deste Estado ser aplicada em seu benefício (*v.* art. 8º).

O art. 3º do Protocolo, por seu turno, elenca a principal regra de conexão do texto, pela qual "[a]s obrigações de prestar alimentos regular-se-ão pela lei do Estado de residência habitual do credor, salvo quando o presente Protocolo dispuser de outra forma" (§ 1º), complementando que, "[e]m caso de mudança de residência habitual do credor, a lei do Estado de nova residência habitual aplicar-se-á a partir do momento em que a mudança ocorra" (§ 2º). Optou-se, portanto, pela regra da *residência habitual* do alimentando, e, no que tange a eventual conflito móvel, pela aplicação da lei da *nova* situação jurídica na regência da obrigação alimentar.

O art. 4º do Protocolo estabelece normas especiais em favor de determinados credores, quais sejam, (*a*) os pais em favor de seus filhos, independentemente da idade destes, (*b*) outras pessoas que não os pais em favor de pessoas que não tenham atingido a idade de 21 anos (exceto as obrigações surgidas entre cônjuges, ex-cônjuges e pessoas cujo matrimônio tenha sido anulado), e (*c*) os filhos em favor de seus pais (§ 1º). Para essas classes "privilegiadas" de credores, o art. 4º determina a aplicação:

1) da *lex fori*, se o credor não conseguir, em razão da lei se sua residência habitual, obter a prestação de alimentos do devedor (§ 2º);

---

[128] Para detalhes sobre a interpretação do art. 30 da Convenção de Viena sobre o Direito dos Tratados, *v.* MAZZUOLI, Valerio de Oliveira. *Direito dos tratados*, cit., p. 281-292.

2) da *lex fori*, se o credor tiver acionado a autoridade competente do Estado de residência habitual do devedor, aplicando-se, entretanto, a lei do Estado da residência habitual do credor (subsidiariamente, portanto), se este não puder obter a prestação de alimentos do devedor em razão da lei do foro (§ 3º); e

3) da *lex nationalis* comum do credor e do devedor, caso haja, se o credor não lograr a prestação de alimentos por parte do devedor em razão das leis a que se referem o art. 3º e os §§ 2º e 3º do art. 4º (§ 4º).

No art. 5º, o Protocolo estabelece norma especial relativa a cônjuges e ex-cônjuges e a pessoas cujo casamento tenha sido anulado, disciplinando que, "[n]o caso de obrigação de prestar de alimentos entre cônjuges, ex-cônjuges ou entre pessoas cujo matrimônio tenha sido anulado, o artigo 3º [lei do Estado de residência habitual do credor] não se aplicará caso uma das partes se oponha, e a lei do outro Estado, em particular a do Estado de sua última residência habitual comum, apresentar vinculação mais estreita com o matrimônio", complementando que, "[n]este caso, aplicar-se-á a lei deste outro Estado". Se qualquer das partes se opuser à aplicação da lei do Estado de residência habitual do credor, deverá o julgador ou a autoridade competente verificar se há norma cujo vínculo seja *mais estreito* com o matrimônio (*v.g.*, a lei da nacionalidade dos nubentes, lei do local da celebração do casamento, lei do primeiro domicílio conjugal etc.). Não obstante, porém, poder o julgador escolher a lei cujo vínculo é mais estreito com o casamento, certo é que o Protocolo privilegia a lei do Estado de última residência habitual comum ("...*em particular* a do Estado de sua última residência habitual comum...", diz o texto).

No art. 6º do Protocolo há previsão sobre norma especial de defesa a disciplinar que, "[c]om relação a obrigações de prestar alimentos distintas daquelas surgidas de relação entre pais e filhos em favor de criança e daquelas dispostas no artigo 5º, o devedor pode opor-se a uma pretensão do credor com o fundamento de que não existe tal obrigação nem segundo a lei do Estado de residência habitual do devedor, nem segundo a lei do Estado de nacionalidade comum das partes, se houver". É dizer, o Protocolo garante ao demandado que se defenda da pretensão do demandante (exceto nos casos de obrigações surgidas de relação entre pais e filhos em favor de criança e das atinentes a cônjuges e ex-cônjuges) alegando inexistir qualquer obrigação para com ele à luz tanto da lei do Estado de residência habitual do devedor quanto da lei do Estado de nacionalidade comum das partes, se existente.

Os arts. 7º e 8º do Protocolo inovam ao permitir às partes, não obstante com restrições, que escolham a lei aplicável às obrigações alimentares, reforçando a tendência do DIPr contemporâneo que consagra a autonomia da vontade das partes.

O art. 7º possibilita que as partes indiquem a lei aplicável às obrigações alimentares no que tange a um processo *específico*, estabelecendo que, "[n]ão obstante as disposições previstas nos artigos 3º ao 6º, o credor e o devedor de alimentos poderão, unicamente para o propósito de procedimento específico em determinado Estado, designar expressamente a lei do referido Estado como aplicável a uma obrigação alimentar" (§ 1º). A disposição, portanto, autoriza as partes a concluir

Parte II · Cap. III · DIREITO DE FAMÍLIA | **315**

um "acordo processual" designando a *lex fori* como competente a reger a obrigação alimentar em processo específico num determinado Estado. O § 2º do dispositivo ressalva, entretanto, que "[u]ma designação feita antes da instituição de tal procedimento deverá ser objeto de acordo, firmado por ambas as partes, por escrito ou registrado em qualquer meio, cujo conteúdo seja acessível, de maneira a poder ser utilizado para consulta futura". A permissão da norma, repita-se, só terá cabimento quando o credor pretender propor (ou já tiver proposto) uma ação de alimentos perante foro ou autoridade *determinados*.

Por seu turno, no art. 8º vem à luz autorização para que as partes celebrem acordos de designação da lei aplicável a qualquer momento, mesmo anteriormente à lide. Segundo o dispositivo, "[n]ão obstante as disposições previstas nos artigos 3º ao 6º, o credor e o devedor de alimentos poderão, a qualquer momento, designar uma das leis seguintes como aplicável a uma obrigação de prestar alimentos: *a*) a lei de qualquer Estado do qual alguma das partes seja nacional no momento da designação; *b*) a lei do Estado de residência habitual de qualquer das partes no momento da designação; *c*) a lei designada pelas partes como aplicável ou a lei de fato aplicada ao seu regime de bens; *d*) a lei designada pelas partes como aplicável ou a lei de fato aplicada ao seu divórcio ou à sua separação judicial" (§ 1º). A diferença do art. 8º para o art. 7º do Protocolo está em que a eleição da lei aplicável segundo o art. 8º não se limita a "um procedimento *específico* em determinado Estado", é dizer, não se restringe aos procedimentos que o credor alimentar proponha ou pretenda propor, destinando-se a regular as obrigações entre as partes do momento da escolha até o momento em que decidam revogá-la ou modificá-la, segundo o caso.[129] Tal acordo, contudo, há de ser feito por escrito ou registrado em qualquer meio, cujo conteúdo seja acessível, de maneira a poder ser utilizado para consulta futura, devendo ser assinado por ambas as partes (§ 2º). Há, contudo, como não poderia deixar de ser, restrições à possibilidade de acordo das partes na designação da lei aplicável, previstas no § 3º do art. 8º, segundo o qual "[o] parágrafo 1º não se aplicará às obrigações de prestar alimentos em favor de uma pessoa menor de 18 anos ou de um adulto que, por razões de diminuição ou insuficiência de suas faculdades pessoais, não se encontre em condições de proteger seus interesses". A lei escolhida pelas partes também comportará restrição quando pretender o credor *renunciar* ao seu direito a alimentos; nesse caso, será "a lei do Estado de residência habitual do credor, no momento da designação, [que] determinará se o credor pode renunciar o seu direito a alimentos" (§ 4º). Por fim, determina o § 5º do art. 8º que, "[a] menos que no momento da designação as partes tenham sido plenamente informadas e conscientizadas das consequências de sua designação, a lei designada pelas partes não se aplicará quando sua aplicação levar a consequências manifestamente injus-

---

[129] Cf. Bonomi, Andrea. *Protocolo de La Haya de 23 de noviembre de 2007 sobre la ley aplicable a las obligaciones alimenticias.* La Haya: Conferencia de La Haya de Derecho Internacional Privado, 2013, p. 31; e Walker, Lara. *Maintenance and child support in private international law.* Oxford: Hart, 2015, p. 88.

tas ou não razoáveis para qualquer das partes". Caberá, aqui, ao juiz ou autoridade competente verificar (*a*) se as partes foram "plenamente informadas e conscientizadas" das consequências de sua escolha, para, *apenas em caso negativo*, (*b*) inaplicar a lei escolhida, se a sua aplicação levar a consequências manifestamente injustas ou irrazoáveis para qualquer delas; na escolha da nova lei a reger a relação jurídica, o juiz levará em conta as determinações dos arts. 3º a 5º do Protocolo.

Nos termos do art. 9º do Protocolo, "[u]m Estado que utilize o conceito de 'domicílio' como fator de conexão em matéria de família [como é, *v.g.*, o caso de vários países da América Latina e da *common law*] poderá informar à Secretaria Permanente da Conferência da Haia de Direito Internacional Privado que, para os fins de casos apresentados perante suas autoridades, a palavra 'nacionalidade' nos Artigos 4º e 6º será substituída pela palavra 'domicílio', tal como definida naquele Estado". Apenas relativamente aos arts. 4º e 6º (que se referem à "nacionalidade comum das partes") será possível aos países que adotam o domicílio como elemento de conexão familiar trocar a expressão "nacionalidade". A implicação dessa troca, no art. 4º, § 4º, possibilita ao credor que não logrou alimentos, nem segundo a lei do seu país de residência habitual (art. 3º) tampouco segundo a *lex fori* (art. 4º, §§ 2º e 3º), tentar exigi-los conforme a lei do Estado de *domicílio comum* de ambas as partes; no art. 6º a substituição implica, nos Estados em causa, poder o devedor de alimentos opor-se à pretensão do credor, alegando não haver tal obrigação segundo a lei do Estado de residência habitual do devedor, nem segundo a lei do Estado *em que ambas as partes se domiciliam*.[130]

Frise-se que nos termos do art. 12 do Protocolo o termo "lei" significa o direito em vigor em um Estado, com exceção de suas normas de conflito. É dizer, a *lei* a ser aplicada será sempre a lei *material* indicada, não as regras de DIPr da *lex causae* (proibição do reenvio). A lei material indicada, entretanto, será internamente recusada caso "seus efeitos sejam manifestamente contrários à ordem pública do foro" (art. 13).

Por fim, o Protocolo estabelece uma regra material de observância obrigatória para o juiz ou autoridade administrativa competente, qual seja, a de que, "[m]esmo que a lei aplicável disponha de outra forma, serão levados em consideração na determinação do montante da prestação de alimentos as necessidades do credor e os recursos do devedor, assim como qualquer compensação concedida ao credor em lugar dos pagamentos periódicos de prestação de alimentos" (art. 14).

O Protocolo de 2007, por se tratar de norma que designa a lei aplicável às questões alimentares, estabeleceu coordenação apenas com as anteriores convenções da Haia em matéria de obrigações alimentares, não afetando a aplicação no Estado de outros tratados internacionais sobre o tema. Nos termos do art. 18 do Protocolo, "[n]as relações entre Estados Contratantes, o presente Protocolo substi-

---

[130] V. Bonomi, Andrea. *Protocolo de La Haya de 23 de noviembre de 2007 sobre la ley aplicable a las obligaciones alimentícias*, cit., p. 37.

tui a Convenção da Haia, de 2 de outubro de 1973, sobre a Lei Aplicável às Obrigações de Prestar Alimentos e a Convenção da Haia, de 24 de outubro de 1956, sobre a Lei Aplicável às Obrigações de Prestar Alimentos a Menores", complementando, no art. 19, § 1º, que ele "não afeta outros instrumentos internacionais aos quais os Estados Contratantes são ou se tornarão Partes e que contêm dispositivos sobre matérias reguladas pelo Protocolo, exceto se for feita declaração em contrário pelos Estados-Partes de tais instrumentos".

5.4.4 Flexibilização do Protocolo de 2007 em razão da norma mais favorável ao alimentando

O Protocolo de 2007 estabeleceu a regra da sua *aplicação universal*, como se viu; sua eficácia é *erga omnes* independentemente de ter sido indicada lei de Estado não parte. Tal possibilita que um credor residente em Estado não parte no Protocolo ajuíze ação em Estado-parte para o fim de, neste Estado, beneficiar-se das regras convencionais uniformes de resolução de conflitos de leis. Ocorre, porém, que as regras estabelecidas pelo Protocolo de 2007 (arts. 3º a 8º) são, em certa medida, rígidas na determinação da lei aplicável: lei da residência habitual do credor, *a priori*, com as exceções previstas nos dispositivos subsequentes (*v.g.*, *lex fori* relativamente à classe dos credores privilegiados estabelecidos no art. 4º).

Para nós, não se hão de adotar regras rígidas para a localização da lei aplicável às obrigações alimentares fundadas em relação de parentesco, pois o uso inflexível das leis pessoais tanto do devedor como do credor (ou de outras) é notadamente insuficiente para resolver com justiça os casos concretos, especialmente quando se leva em conta que os alimentos são prestados a crianças ou jovens quase sempre fragilizados (dada a distância domiciliar dos pais) e carentes de completa integração no país de residência habitual.

Poder-se-ia pensar que o direito de reclamar alimentos (a exemplo do que fez o Protocolo da Haia de 2007) haveria de caber à lei pessoal do credor, por ser ela a *mais próxima* do alimentando, a que concorre em condições de igualdade com outros credores e a que, por consequência, melhor aptidão teria para regular as relações a ele atinentes.[131] Essa é a opinião de Beviláqua, para quem "[o] direito de reclamar alimentos, fundado em relações de parentesco, deve ser regulado pelo estatuto pessoal do que reclama alimentos, pois que a instituição foi criada em benefício dos que, por sua idade, por superveniência de moléstia ou por outra circunstância semelhante, se acham na impossibilidade de prover à própria subsistência", entendendo, contudo, que se "a lei pessoal não der providências, deve a *lex fori* servir de base ao direito de pedir alimentos".[132] O Código Bustamante, de igual maneira,

---

[131] Assim, JAYME, Erik. *Identité culturelle et intégration...*, cit., p. 210.

[132] BEVILÁQUA, Clovis. *Princípios elementares de direito internacional privado*, cit., p. 244-245. Pontes de Miranda, em sentido contrário, entendia por correta a aplicação da lei pessoal do

estabelece que "[s]ujeitar-se-ão à lei pessoal do alimentado o conceito legal dos alimentos, a ordem da sua prestação, a maneira de os subministrar e a extensão desse direito" (art. 67).

Quid juris, porém, se a lei pessoal do devedor – ou, ainda, a da nacionalidade tanto do credor como do devedor, não obrigatoriamente a comum de ambos – for mais benéfica (determinar garantias mais amplas ou condições mais completas) para o alimentando? Fácil notar, a partir da indagação, que uma solução rígida para a questão pode levar a resultados injustos, sobretudo para o vulnerável. Daí a conclusão de que a norma alimentar a ser aplicada pelo juiz há de ser sempre a *mais favorável* ao alimentando, seja tal norma a sua lei pessoal, da sua nacionalidade, do domicílio, residência ou nacionalidade do devedor ou, em última análise, a *lex fori* (caso esta não se confunda com uma ou outra).[133] O "diálogo das fontes" (internacionais e internas) leva também a esse entendimento, à luz do princípio *pro homine*; mesmo havendo tratado internacional a determinar certa lei como aplicável, a norma convencional há de ceder ante outras normas mais benéficas aos seres humanos sujeitos de direito.[134]

Frise-se, porém, que não se trata de aplicar a lei que atribua benefícios econômicos sempre maiores ou mais vantajosos ao alimentando, senão a que, à luz do binômio necessidade/possibilidade seja capaz de assegurar-lhe condições mais concretas de inserção no núcleo social de que faz parte; essa a verdadeira razão da aplicação da norma mais favorável à obrigação alimentar, pois, para além da verba indenizatória *stricto sensu*, poderá a lei aplicável (norma mais favorável) garantir que os alimentos também incluam, *inter alia*, benefícios facilitadores da inserção do menor no meio social em que vive e se desenvolve, sempre, evidentemente, quando tenha o devedor meios financeiros que comportam suprir a si e ao(s) filho(s).[135]

Alguns autores, contudo, defendem que não ferindo a moral, os bons costumes ou a ordem pública do foro, melhor seria a aplicação da lei pessoal do *devedor* para regular a obrigação alimentar, ao argumento de que mais fácil seria, na prática,

---

obrigado (*lex debitoris*) a título exclusivo (*Tratado de direito internacional privado*, t. II, cit., p. 116-117). Outros, ainda, como Eduardo Espinola, advogam deva "haver concordância das duas leis, recíproco, como é o direito aos alimentos", pois "[a]quele que pretende alimentos deve ser autorizado a reclamá-los por sua lei, e o alimentante obrigado a prestá-los, de conformidade com a respectiva lei pessoal" (*Elementos de direito internacional privado*, cit., p. 575).

[133] Cf. VALLADÃO, Haroldo. O princípio da lei mais favorável no direito internacional privado. In: BAPTISTA, Luiz Olavo & MAZZUOLI, Valerio de Oliveira (Org.). *Direito internacional privado*: teoria e prática. São Paulo: Revista dos Tribunais, 2012, p. 560 (Coleção *Doutrinas essenciais*: direito internacional, vol. IV); e MONACO, Gustavo Ferraz de Campos. *Guarda internacional de crianças*, cit., p. 123-125.

[134] Para detalhes, *v.* MAZZUOLI, Valerio de Oliveira. *Tratados internacionais de direitos humanos e direito interno*, cit., p. 98-128.

[135] Assim, MONACO, Gustavo Ferraz de Campos. *Guarda internacional de crianças*, cit., p. 123-124.

a cobrança e a execução desses alimentos no foro do executado.[136] Segundo entendemos, entretanto, a facilidade de cobrança e execução dos alimentos no estrangeiro não se sobrepõe à legítima expectativa que tem o credor de ver assegurado o direito mais amplo que seu estatuto pessoal eventualmente consagre.

5.5 Sequestro internacional de crianças

Em razão das viagens de crianças para o exterior, no âmbito da guarda e da visita, várias preocupações internacionais surgiram quanto à subtração ilícita de crianças de sua residência habitual, prática cada vez mais corriqueira em todas as partes do mundo (facilitada, *v.g.*, pela abertura das fronteiras em vários países). Para tanto, a sociedade internacional houve por bem disciplinar o tema numa Convenção sobre Aspectos Civis do Sequestro Internacional de Crianças, concluída na Haia (à unanimidade) em 25 de outubro de 1980.[137] No Brasil, o CNJ regulou a tramitação das ações judiciais fundadas na Convenção da Haia de 1980 na Resolução nº 449, de 30 de março de 2022, que há de servir como norma complementar às disposições de direito material e processual aplicáveis à espécie (*v. infra*).

A Convenção da Haia de 1980 tem dois objetivos bem definidos, quais sejam: *a)* assegurar o retorno imediato de crianças ilicitamente transferidas para qualquer Estado-contratante ou nele retidas indevidamente; e *b)* fazer respeitar de maneira efetiva nos outros Estados contratantes os direitos de guarda e de visita existentes num Estado-contratante (art. 1º). O instrumento visa, assim, proteger as crianças dos efeitos nocivos de sua subtração e retenção para além dos limites de um Estado, prevendo mecanismos para o seu retorno imediato ao país de residência habitual. Em seu contexto não se tem, frise-se, penalização criminal (a Convenção versa apenas os "aspectos civis" da transferência ilícita) para aquele(a) que subtrai a criança do país de residência habitual, pois seu desiderato é proteger os interesses do infante sem impedir definitivamente o(a) subtraente de ter contato futuro com o menor. O texto, ademais, não se preocupou em propor regras gerais sobre "leis aplicáveis" à subtração ilegal de crianças, senão apenas em estabelecer normas facilitadoras ao seu retorno imediato ao país de residência habitual, além de normas que assegurem, nos outros Estados-partes, o respeito ao direito de guarda e de visita legalmente atribuídos a um dos genitores.

---

[136] *V.* Pereira, Luís Cezar Ramos. Prestação de alimentos no direito internacional privado brasileiro, cit., p. 577-578. O autor, contudo, admite que se não for a lei aplicável "tecnicamente contra a Ordem Pública (ou moralmente) prejudicial ao credor dos alimentos, aí então deveria ser aplicada a Lei mais benéfica e favorável ao credor, com interveniência da Ordem Pública" (Idem, p. 578).

[137] Aprovada no Brasil (com reserva ao art. 24) pelo Decreto Legislativo nº 79, de 15.09.1999, ratificada em 19.10.1999 e promulgada pelo Decreto nº 3.413, de 14.04.2000. No contexto regional interamericano, cite-se a Convenção Interamericana sobre Restituição Internacional de Menores, adotada em Montevidéu, em 15 de julho de 1989 (promulgada no Brasil pelo Decreto nº 1.212, de 03.08.1994).

Destaque-se que a expressão "sequestro", empregada erroneamente na tradução brasileira da Convenção, pode levar a confusões de toda ordem.[138] Não se trata, propriamente, de "sequestro" internacional de crianças, senão de "transferência" (*removal*) ilegal de crianças de seu país de residência habitual para outro e/ou sua retenção (*retention*) indevida em outro país, geralmente levada a efeito pelos próprios pais ou por parentes próximos. Não foi, porém, em absoluto, intenção da Convenção qualificar os subtraentes como "sequestradores" de crianças, muito menos equipará-los a atores de crimes bárbaros ou hediondos. O próprio título da Convenção, em inglês, não se refere a "sequestro", mas em subtração (*abduction*) de menores.[139] Seja como for, o que se há de atentar é que a Convenção visa proteger a criança que foi subtraída (não propriamente sequestrada) de seu país de residência habitual, criando mecanismos para o seu imediato retorno.

Nos termos da Convenção, há duas possibilidades de se configurar a *subtração*: (*1*) quando se *transfere* ilicitamente a criança de sua residência habitual, levando-a para outro país sem o consentimento do responsável; ou (*2*) quando o responsável consente na viagem da criança para o exterior, mas o subtraente a *retém* em país distinto por tempo indeterminado (*v.g.*, após um período de férias). A transferência ou a retenção de uma criança é considerada ilícita quando (*a*) tenha havido violação ao direito de guarda atribuído a pessoa ou a instituição ou a qualquer outro organismo, individual ou conjuntamente, pela lei do Estado onde a criança tivesse sua residência habitual imediatamente antes de sua transferência ou retenção; e (*b*) esse direito estivesse sendo exercido de maneira efetiva, individual ou conjuntamente, no momento da transferência ou da retenção, ou devesse está-lo sendo se tais acontecimentos não tivessem ocorrido (art. 3º).

Para a Convenção, o "direito de guarda" compreende os direitos relativos aos cuidados para com a pessoa da criança, em particular o direito de decidir sobre o lugar de sua residência; e o "direito de visita" compreende o direito de levar uma criança, por um período limitado de tempo, para um lugar diferente daquele em que ela habitualmente reside (art. 5º).

Para o fim de possibilitar o imediato retorno da criança ao país de residência habitual, estabeleceu a Convenção um sistema de cooperação entre as Autoridades Centrais dos Estados-membros, por meio do qual tais autoridades em cada país proporcionam assistência para localizar a criança, possibilitando sua restituição voluntária ou uma solução amigável entre os genitores. Compete a cada Estado-contratante designar a Autoridade Central encarregada de dar cumpri-

---

[138] Cf. DOLINGER, Jacob. *A família no direito internacional privado*, t. 2, cit., p. 236.

[139] Segundo informa Gustavo Monaco, o Secretário-Geral da Conferência da Haia, Hans van Loon, em visita oficial ao Ministro da Justiça do Brasil, realizada em 2005, solicitou a substituição do termo "sequestro", presente na tradução oficial brasileira, pela expressão correta "subtração"; ocorre que nenhuma medida foi tomada nesse sentido desde então (*Guarda internacional de crianças*, cit., p. 146, nota 390).

mento às obrigações que lhe são impostas pela Convenção (art. 6º).[140] Em particular, as Autoridades Centrais devem tomar, quer diretamente, quer por meio de um intermediário, todas as medidas apropriadas para: *a*) localizar uma criança transferida ou retida ilicitamente; *b*) evitar novos danos à criança ou prejuízos às partes interessadas, tomando ou fazendo tomar medidas preventivas; *c*) assegurar a entrega voluntária da criança ou facilitar uma solução amigável; *d*) proceder, quando desejável, à troca de informações relativas à situação social da criança; *e*) fornecer informações de caráter geral sobre a legislação de seu Estado relativa à aplicação da Convenção; *f*) dar início ou favorecer a abertura de processo judicial ou administrativo que vise o retorno da criança ou, quando for o caso, que permita a organização ou o exercício efetivo do direito de visita; *g*) acordar ou facilitar, conforme às circunstâncias, a obtenção de assistência judiciária e jurídica, incluindo a participação de um advogado; *h*) assegurar no plano administrativo, quando necessário e oportuno, o retorno sem perigo da criança; e para *i*) manterem-se mutuamente informados sobre o funcionamento da Convenção e, tanto quanto possível, eliminarem os obstáculos que eventualmente se oponham à sua aplicação (art. 7º).

Comprovada a subtração internacional da criança, caberá ao Poder Judiciário (Justiça Federal) decidir sobre o retorno imediato do infante ao país de residência habitual. A competência da Justiça Federal para tanto encontra fundamento no art. 109, III, da Constituição Federal, segundo o qual aos juízes federais compete processar e julgar "as causas fundadas em tratado ou contrato da União com Estado estrangeiro ou organismo internacional". Exceção ao retorno para o país de residência habitual da criança haverá, no entanto, quando tenha o genitor (solicitante) alterado o seu local (país) de residência no curso do processo, caso em que deverá o julgador devolver o infante para o novo local de residência do requerente.[141]

Nos termos do art. 15 da Convenção, poderá o Poder Judiciário, "antes de ordenar o retorno da criança, solicitar a produção pelo requerente de decisão ou de atestado passado pelas autoridades do Estado de residência habitual da criança comprovando que a transferência ou retenção deu-se de forma ilícita nos termos do Artigo 3º da Convenção, desde que essa decisão ou atestado possam ser obtidas no referido Estado", devendo, para tanto, as Autoridades Centrais dos Estados contratantes, "na medida do possível, auxiliar os requerentes a obter tal decisão ou atestado".

Destaque-se, ainda, nos termos do art. 16 da Convenção, que, "[d]epois de terem sido informadas da transferência ou retenção ilícitas de uma criança, nos termos do Artigo 3º, as autoridades judiciais ou administrativas do Estado Contra-

---

[140] No Brasil, essa Autoridade é a Secretaria Especial de Direitos Humanos do Ministério da Justiça (Decreto nº 3.951, de 04.10.2001), cujos interesses em juízo são representados pela Advocacia-Geral da União.

[141] Assim também, DOLINGER, Jacob. *A família no direito internacional privado*, t. 2, cit., p. 255.

tante para onde a criança tenha sido levada ou onde esteja retida *não poderão* tomar decisões sobre o fundo [é dizer, sobre o *mérito*] do direito de guarda sem que fique determinado não estarem reunidas as condições previstas na presente Convenção para o retorno da criança ou sem que haja transcorrido um período razoável de tempo sem que seja apresentado pedido de aplicação da presente Convenção".

A Resolução nº 449/2022 do CNJ regula a tramitação das ações judiciais de retorno fundadas na Convenção da Haia de 1980, prevendo a intimação da União (nos casos em que não for autora) para assumir qualquer dos polos ou atuar como *amicus curiae*, além da intimação do Ministério Público Federal (arts. 6º a 9º). Recebida a petição inicial, o juiz federal deverá (*a*) analisar o pedido de tutela provisória, se for o caso, (*b*) determinar a citação da parte ré, (*c*) designar audiência de mediação, a se realizar no prazo de trinta dias, sempre que entender viável, e (*d*) determinar, desde logo, a produção das provas que forem requeridas ou possam ser determinadas de ofício, assegurando o direito da parte ré à participação nesta fase (art. 10). A contestação deve dar-se em quinze dias e se ater aos fundamentos que obstam o retorno da criança, nos termos da convenção, notadamente (*a*) a inexistência do direito de guarda sobre a criança, pela pessoa que supostamente a teria de acordo com a lei do Estado estrangeiro, no momento da transferência ou da retenção; (*b*) o não exercício efetivo do direito de guarda pela pessoa que supostamente a teria de acordo com a lei do Estado estrangeiro, no momento da transferência ou da retenção; (*c*) a preferência da criança com idade superior a doze anos por não retornar ao país de residência habitual; (*d*) a existência de um risco grave de a criança, no seu retorno, ficar sujeita a perigos de ordem física ou psíquica, ou, de qualquer outro modo, ficar numa situação intoleráve; (*e*) a integração da criança ao local de residência atual, se, na data do recebimento do pedido de cooperação jurídica pelo Estado brasileiro, decorreu um ano ou mais da data da transferência ou da retenção indevidas; e (*f*) a verificação de que a restituição da criança violaria os princípios fundamentais da República brasileira quanto à matéria de proteção dos direitos humanos e das liberdades fundamentais (arts. 11 e 12). Decidindo o juiz pelo retorno da criança ao país de residência habitual, poderá solicitar auxílio da Advocacia da União e da Autoridade Central brasileira para a realização, no âmbito de suas atribuições, dos procedimentos concernentes à execução da decisão, certificando-se do bem-estar e da segurança da criança em território nacional, podendo, também, solicitar apoio de profissionais da área da psicologia e da assistência social, além do acompanhamento da Polícia Federal, se necessário (art. 20 e parágrafo único).

Entre as exceções ao retorno imediato da criança ao país de residência habitual está a relativa ao risco grave de a criança, em seu retorno, sujeitar-se a perigos de ordem física ou psíquica, ou, de qualquer outro modo, restar em situação intolerável, nos termos do art. 13, *b*, da Convenção, que dispõe:

> Sem prejuízo das disposições contidas no Artigo anterior, a autoridade judicial ou administrativa do Estado requerido não é obrigada a ordenar o retorno da criança se a pessoa, instituição ou organismo que se oponha a seu retorno provar:

(...)

b) que existe um risco grave de a criança, no seu retorno, ficar sujeita a perigos de ordem física ou psíquica, ou, de qualquer outro modo, ficar numa situação intolerável.[142]

Vários fatores podem levar um dos pais a subtrair a criança do país de residência habitual, transportando-a para outro lugar (*v.g.*, país de domicílio do subtraente) em razão de graves perigos de ordem física ou psíquica. Na maioria dos casos, mães subtraem seus filhos porque sofrem, por parte do marido ou ex--marido, violência doméstica ou familiar no exterior, não tendo alternativa senão deixar o país de residência habitual da criança com destino ao seu país de origem para a salvaguarda dos interesses de ambos. Por tais motivos é que a presunção de retorno da criança ao país de residência habitual não é absoluta, certo, no entanto, de que "o ônus da prova da existência de exceção que justifique a permanência do infante incumbe à pessoa física, à instituição ou ao organismo que se opuser ao seu retorno".[143] Daí a importância, no Estado do foro, da perícia psicológica em casos de subtração internacional de crianças por um dos genitores, pois só assim se compreenderão as circunstâncias em que ocorreu o fenômeno, dados os casos cada vez mais comuns de violência interparental e de vitimização direta e indireta das crianças envolvidas. A perícia psicológica apontará, com maior clareza, os fatores que constituem "grave risco de dano psicológico" à criança em seu retorno ao país de residência habitual e, também, definirá se o contexto de residência habitual da criança pode colocá-la ou não em situação considerada "intolerável", nos termos indicados pelo art. 13, *b*, da Convenção.[144]

Outras hipóteses a impedir o retorno de crianças ao país de residência habitual são, *v.g.*, a de estar o país de destino com ambiente nacional tumultuado ou perigoso, em convulsão, em estado de guerra ou em momento social que dificulte às cortes locais salvaguardar os direitos do infante quando de seu retorno à casa.[145] Os motivos para a recusa, como se nota, são variados, não obstante deverem ser interpretados restritivamente. Caso interessante, relatado por Dolinger, é o da decisão de tribunal argentino que recusou devolver a criança à Inglaterra, depois que o pai requerente revelou que suas atividades contra árabes e muçulmanos fanáticos haviam resultado em uma sentença de morte contra ele, decretada por tais grupos, tendo a corte enten-

---

[142] Prevê, também, o art. 20 da Convenção que "[o] retorno da criança de acordo com as disposições contidas no Artigo 12 poderá ser recusado quando não for compatível com os princípios fundamentais do Estado requerido com relação à proteção dos direitos humanos e das liberdades fundamentais".

[143] STJ, REsp 1.351.325/RJ, 2ª Turma, Rel. Min. Humberto Martins, j. 10.12.2013, *DJ* 16.12.2013.

[144] Para detalhes, *v*. MAZZUOLI, Valerio de Oliveira & MATTOS, Elsa de. Sequestro internacional de criança fundado em violência doméstica perpetrada no país de residência: a importância da perícia psicológica como garantia do melhor interesse da criança. *Revista dos Tribunais*, ano 104, vol. 954, São Paulo, abr./2015, p. 239-254.

[145] *V*. DOLINGER, Jacob. *A família no direito internacional privado*, t. 2, cit., p. 257-259.

dido que na companhia do pai a criança também estaria correndo perigo, pelo que a melhor solução seria continuar na Argentina em companhia da mãe.[146]

6. Adoção internacional de menores

Frise-se, desde já, que não se vai estudar aqui *como* se adota ou quais os *requisitos* legais para a adoção internacional de menores,[147] senão apenas os elementos de conexão e as leis aplicáveis a essa modalidade de adoção. Demais assuntos são temas próprios do Direito Civil, alheios, portanto, ao objeto do DIPr *stricto sensu*.

Várias questões de DIPr podem surgir na adoção internacional de menores, como, *v.g.*, a relativa à capacidade para adotar e ser adotado, bem assim aos procedimentos e formalidades necessários à constituição do vínculo.

A qualificação da adoção como *internacional* dá-se não em virtude da nacionalidade das partes, mas em razão de a residência do adotado e do(s) adotantes(s) localizar-se em diferentes países. Se um casal residente no Brasil adota, *v.g.*, uma criança residente no México, haverá adoção internacional, independentemente da nacionalidade do(s) adotante(s) e do adotado; o casal de adotantes que aqui reside poderá ser brasileiro ou estrangeiro, e a criança residente no México, da mesma forma, poderá ser estrangeira ou brasileira, caso em que se estará diante de adoção tipicamente internacional. Haverá, igualmente, adoção internacional se brasileiros residentes no exterior adotarem criança brasileira residente no Brasil.[148] Nesse último exemplo, tem-se a adoção operada entre adotantes e adotado brasileiros (mesma nacionalidade) residentes, porém, em países diferentes. Em todos esses casos a adoção de que se trata será, portanto, *internacional*. Por sua vez, será *nacional* a adoção de uma criança brasileira por estrangeiros residentes no Brasil, caso em que o DIPr não opera.

Em princípio, será a lei domiciliar do adotando a competente para reger a adoção internacional (LINDB, art. 7º, *caput*), sempre que outra não lhe seja mais favorável.[149] A adoção, por ser meio constitutivo de relação parental, só pode ser qualificada, nos termos da *lex fori*, como matéria afeta ao direito de família, razão pela qual tem incidência a norma insculpida no art. 7º, *caput*, da LINDB. Tal lei "domiciliar", contudo, deve ser atualmente compreendida como a lei da "residência habitual" da criança ou do adolescente, seguindo a previsão de vários tratados internacionais modernos (*v.* itens 6.2 e 6.3, *infra*); tais instrumentos "dialogam" (para

---

[146] DOLINGER, Jacob. Idem, p. 261.

[147] A lei brasileira a disciplinar o tema é a Lei nº 8.069/90 (Estatuto da Criança e do Adolescente). Na doutrina, cf. LIBERATI, Wilson Donizeti. *Adoção internacional*. São Paulo: Malheiros, 1995; NAZO, Georgette Nacarato. *Adoção internacional*: valor e importância das convenções internacionais vigentes no Brasil. São Paulo: Oliveira Mendes, 1997; e MONACO, Gustavo Ferraz de Campos. *Direitos da criança e adoção internacional*. São Paulo: Revista dos Tribunais, 2002.

[148] *V.* art. 51, § 2º, do ECA.

[149] Cf. VALLADÃO, Haroldo. *Direito internacional privado*, vol. II, cit., p. 144-145.

Parte II · Cap. III · DIREITO DE FAMÍLIA | **325**

falar como Erik Jayme) com as regras de DIPr do Estado, para o fim de adotar o critério da residência habitual da criança ou do adolescente em detrimento da conexão domiciliar, sempre mais rígida e inflexível que aquele. A questão, porém, há de ser compreendida tanto à luz dos requisitos necessários para a adoção, quanto no que toca à capacidade para adotar e ser adotado.

Antes, porém, de investigar o tema, necessário esclarecer a questão da *nacionalidade* da criança adotada, sempre objeto de divergências e discussões.

6.1 A questão da nacionalidade

A criança estrangeira adotada por brasileiro não adquire, *ipso jure*, a nacionalidade brasileira em razão da adoção.[150] Tal significa que os efeitos da adoção não influem sobre a nacionalidade da criança adotada, que continua a ter a nacionalidade de origem (nacionalidade estrangeira).[151] A pessoa adotada só poderá ser nacional do Brasil, quando maior, se assim pretender, e por meio do processo de naturalização, uma vez que a adoção não produz, em nosso sistema jurídico, qualquer efeito relativo à nacionalidade. Por mais nobre que seja o gesto da adoção, certo é que nos termos do sistema jurídico brasileiro a criança ou o adolescente estrangeiro adotado por brasileiro não poderá *optar* pela nacionalidade brasileira, restando apenas, repita-se, o caminho da naturalização.[152] Portanto, enquanto não for naturalizada brasileira, será a criança ou o adolescente pessoa *estrangeira* residente permanentemente no Brasil.

A equiparação em direitos e qualificações dos filhos, havidos ou não da relação de casamento, ou por adoção, prevista no art. 227, § 6º, da Constituição Federal, tem efeitos unicamente *civis*, em nada alterando as hipóteses *taxativas* de outorga de nacionalidade previstas pelo art. 12 da Carta Magna de 1988.[153] Ademais, pela própria redação das alíneas *b* e *c*, do art. 12, da Constituição, percebe-se que a garantia da nacionalidade brasileira originária atinge somente "os *nascidos* no estrangeiro *de pai brasileiro ou de mãe brasileira*", o que supõe que apenas os filhos biológicos (que tenham *nascido* no estrangeiro) de pais brasileiros estariam amparados pelo direito de serem brasileiros natos. Nesse sentido, veja-se a posição unânime (e correta) da jurisprudência brasileira a respeito:

> De fato, o art. 12, I, alínea *c* da CF/1988 estabelece que é brasileiro nato aquele que *nasce* de pai ou mãe brasileiros, o que restou comprovado que não é o caso

---

[150] V. MAZZUOLI, Valerio de Oliveira. *Curso de direito internacional público*, cit., p. 619-621.

[151] Cf. TENÓRIO, Oscar. *Direito internacional privado*, vol. II, cit., p. 154.

[152] Nesse exato sentido, *v.* PONTES DE MIRANDA, Francisco Cavalcanti. *Nacionalidade de origem e naturalização no direito brasileiro*. 2. tir. aum. Rio de Janeiro: A. Coelho Branco Filho, 1936, p. 99; FERRANTE, Miguel Jeronymo. *Nacionalidade:* brasileiros natos e naturalizados. 2. ed. São Paulo: Saraiva, 1984, p. 51; e GUIMARÃES, Francisco Xavier da Silva. *Nacionalidade:* aquisição, perda e reaquisição. 2. ed. Rio de Janeiro: Forense, 2002, p. 16.

[153] V. TRF-3ª Reg., AC 759.974, 3ª Turma, Rel. Juiz Batista Pereira, *DJU* 11.09.2002, p. 459.

da Requerente. (...) A doutrina e a jurisprudência são unânimes ao reconhecer que o vínculo adotivo, no Brasil, não produz efeitos sobre a nacionalidade do adotante. (...) A Constituição trata a nacionalidade de forma restritiva, tanto é que se manifesta de forma expressa quanto à qualidade de brasileiro nato que determinadas pessoas devem possuir, como por exemplo, a pessoa de seu chefe. A ser admitida a procedência do pedido da Requerente, estaríamos permitindo a fruição de direitos exclusivos de brasileiros natos, como o de jamais ser extraditado por eventuais crimes cometidos no exterior, ou de ocupar cargos como o de Presidente da República. Tal hipótese poderia provocar a existência de um Estado integrado por estrangeiros, cujo governo soberano poderia vir a se encontrar nas mãos de súditos de outros países, o que, por certo, justifica a restrição constitucional, que objetiva evitar a fragilidade de cláusulas constitucionais extremamente rígidas. (...) Ressalte-se que não se está a negar o direito à nacionalidade da Requerente, mas tão somente o caminho da aquisição da forma originária de nacionalidade, restando-lhe o caminho da naturalização, conforme sugerido pelo Juízo *a quo*.[154]

Por sua vez, os tratados internacionais ratificados pelo Brasil – como, *v.g.*, a Convenção da Haia, relativa à Proteção das Crianças e à Cooperação em Matéria de Adoção Internacional, de 1993 – também não atribuem à criança a nacionalidade dos adotantes, limitando-se a dizer que "[s]e a adoção tiver por efeito a *ruptura do vínculo* preexistente de filiação, a criança gozará, no Estado de acolhida e em qualquer outro Estado-Contratante no qual se reconheça a adoção, de *direitos equivalentes aos que resultem de uma adoção que produza tal efeito em cada um desses Estados*". Cuida-se, como se vê, na Convenção da Haia de 1993, de relação de equivalência aos efeitos decorrentes da ruptura do vínculo, não a outros alheios a esse ponto específico, como a atribuição de nova nacionalidade à criança. Aqui, o "diálogo das fontes" internacionais e internas está a demonstrar a impossibilidade de se atribuir à criança adotada a nacionalidade dos adotantes.

Assim, o filho adotivo de brasileiro nascido no estrangeiro será nacional *de seu Estado de origem* (se assim lhe for permitido), não podendo *optar* pela nacionalidade brasileira assim como permite o art. 12, I, *c*, da Constituição para os nascidos no estrangeiro de pai brasileiro ou mãe brasileira. Daí o motivo de ter o Brasil reservado, no ato da assinatura da Convenção da Haia sobre Conflitos de Nacionalidade, de 1930, o seu art. XVII, segundo o qual "se a lei de um Estado admitir a perda da nacionalidade em consequência da adoção, esta perda ficará, entretanto, subordinada à *aquisição* pelo adotado da nacionalidade do adotante, de acordo com a lei do Estado, de que este for nacional, relativa aos efeitos da adoção sobre a nacionalidade".[155] Naturalizando-se, porém, brasileiro, poderá o adotado (a depender da legislação de seu país de origem) manter a nacionalidade originária, passando, assim, a ter *dupla nacionalidade*.

---

[154] TRF-2ª Reg., AC 401.112, 6ª Turma Esp., Rel. Des. Frederico Gueiros, *DJU* 07.03.2008.

[155] Cf. GUIMARÃES, Francisco Xavier da Silva. *Nacionalidade...*, *cit.*, p. 16-18.

Frise-se, por oportuno, que o art. 52-C do ECA (incluído pela Lei nº 12.010/2009 – *Lei de Adoção*) garantiu às crianças ou adolescentes adotados por brasileiros um certificado *provisório de naturalização*, a ser providenciado pela Autoridade Central Estadual que tiver processado o pedido de habilitação dos pais adotivos, dispondo que "[n]as adoções internacionais, quando o Brasil for o país de acolhida, a decisão da autoridade competente do país de origem da criança ou do adolescente será conhecida pela Autoridade Central Estadual que tiver processado o pedido de habilitação dos pais adotivos, que comunicará o fato à Autoridade Central Federal e determinará as providências necessárias à expedição do Certificado de Naturalização Provisório". Essa regra, como se percebe, reafirma que a via correta para a atribuição da nacionalidade brasileira à criança ou adolescente estrangeiro adotado por brasileiro é, sem dúvida, a da *naturalização*.

Em suma, enquanto não sobrevém alteração constitucional que coloque termo à questão, a única maneira de o filho estrangeiro, adotado por pais brasileiros, ter a nacionalidade brasileira é pela via da naturalização. E as consequências dessa questão jurídica para o DIPr, sabe-se já, são tamanhas, em razão de vários países do mundo (de onde poderá provir a criança) adotarem o critério da *nacionalidade* para a determinação do estatuto pessoal (estado, capacidade, direitos de família etc.).

6.2 Convenção Interamericana sobre Conflito de Leis em Matéria de Adoção de Menores (1984)

O Brasil é parte da Convenção Interamericana sobre Conflito de Leis em Matéria de Adoção de Menores (CIDIP-III), concluída em La Paz (Bolívia) em 24 de maio de 1984,[156] em vigor internacional desde 24 de maio de 1984. Por se tratar de direito convencional, suas regras se aplicam tão somente *entre* os seus Estados-partes, pelo que nas relações do Brasil com Estados não partes da Convenção aplicar-se-ão as regras conflituais brasileiras sobre adoção (*v.* item 6.4, *infra*).

A Convenção se aplica à adoção de menores – que são pessoas de 0 a 18 anos, nos termos do art. 1º da Convenção sobre os Direitos da Criança de 1989 – sob as formas de adoção plena,[157] legitimação adotiva e outras formas afins que equiparem o adotado à condição de filho cuja filiação esteja legalmente estabelecida,

---

[156] Aprovada pelo Decreto Legislativo nº 60, de 19.06.1996, ratificada pelo governo brasileiro em 08.07.1997 e promulgada pelo Decreto nº 2.429, de 17.12.1997. Também ratificaram a Convenção os seguintes Estados: Belize, Chile, Colômbia, Honduras, México, Panamá, República Dominicana e Uruguai.

[157] No direito brasileiro em vigor (à luz do ECA) não mais existe a chamada *adoção simples*, proposta pelo art. 20 do antigo Código de Menores (Lei nº 6.697/79), senão apenas a *adoção plena*, que integra completamente a criança (na condição de *filho*) no novo seio familiar, com os mesmos direitos e deveres, inclusive sucessórios, desligando-a de todos os vínculos com os pais e parentes naturais, salvo os impedimentos matrimoniais (ECA, art. 41). Tal adoção, ademais, é irrevogável (ECA, art. 39, § 1º).

quando o(s) adotante(s) tiver(em) seu domicílio num Estado-parte e o adotando sua residência habitual em outro Estado-parte. A Convenção, portanto, tem por destinatários apenas o círculo restrito dos Estados-partes, não valendo para relações jurídicas entre Estados-partes e não partes. Daí a crítica da doutrina de que, apesar dos esforços da OEA, inclusive do Brasil – em razão de o texto convencional adequar-se à legislação brasileira –, "não respondeu ao apelo internacional na solução dos conflitos, pelo fato de não conseguir abranger os países de adotantes e países de adotandos".[158]

Nos termos da Convenção, a lei da *residência habitual* do menor será responsável por reger sua capacidade, seu consentimento e demais requisitos para a adoção, bem como os procedimentos e formalidades extrínsecos necessários à constituição do vínculo (art. 3º). A norma vai ao encontro dos propósitos de proteção dos direitos dos menores, pelo que, ao estabelecer a conexão da residência habitual como definidora das leis aplicáveis à adoção, garante seja o princípio do melhor interesse da criança levado em consideração. Não se há de excluir, porém, eventual norma *mais favorável* à criança adotada, seguindo a evolução do DIPr na matéria.[159] Por sua vez, a lei do *domicílio* do(s) adotante(s) há de regular (*a*) a capacidade para ser adotante, (*b*) os requisitos de idade e estado civil do(s) adotante(s), (*c*) o consentimento do cônjuge do adotante, se for o caso, e (*d*) os demais requisitos para ser adotante (art. 4º, primeira parte). Em alguns países, a idade mínima para ser adotante era de 45 anos (*v.g.*, Espanha e Uruguai), enquanto em outros, era de 40 anos (*v.g.*, Venezuela, Suíça e França); teria, assim, capacidade para adotar no Brasil um venezuelano, um suíço ou um francês de 43 anos de idade, mas não um espanhol ou um uruguaio com essa mesma idade.[160] Quando, porém, os requisitos da lei do(s) adotante(s) forem manifestamente *menos estritos* que os da lei da residência habitual do adotando, a prevalência será da lei do adotando (art. 4º, *in fine*). Perceba-se, nesse último caso, que deverá a autoridade que preside a adoção verificar a lei do país de domicílio do(s) adotante(s) para aferir se os requisitos para ser adotante são mais ou menos restritivos que os previstos pela lei da residência habitual do adotando. A ideia perseguida pela Convenção é no sentido de que os requisitos para se adotar devam ser sempre *mais restritivos*, ou seja, mais *dificultosos* para o(s) adotante(s); daí, se tais requisitos, pela lei do(s) adotante(s), forem manifestamente *menos* restritos, é dizer, menos dificultosos que os previstos pela lei do país do adotando, a opção deve ser pela aplicação da legislação deste último (legislação mais restritiva). Assim, se a lei do adotante estabelece determinada idade para a capacidade de adotar, e a lei do adotando impõe idade para tal superior, esta é que deverá ser aplicada, por ser mais restritiva do que aquela.[161] A regra, como se nota, tem por finalidade impedir que

---

[158] LIBERATI, Wilson Donizeti. *Adoção internacional*, cit., p. 35.
[159] Cf. VALLADÃO, Haroldo. *Direito internacional privado*, vol. II, cit., p. 144-145.
[160] O exemplo é de ESPÍNOLA, Eduardo. *Elementos de direito internacional privado*, cit., p. 571.
[161] V. DOLINGER, Jacob. *A família no direito internacional privado*, t. 2, cit., p. 440.

legislações estrangeiras facilitem a adoção internacional de menores, ameaçando a sua proteção.[162] O ECA, ademais, estabelece que "[e]m caso de adoção por pessoa ou casal residente ou domiciliado fora do País, o estágio de convivência, cumprido no território nacional, será de, no mínimo, 30 (trinta) dias" (art. 46, § 3º).

Perceba-se, à luz do art. 3º da Convenção, que a *capacidade* do menor, seu *consentimento* e *demais requisitos* para a adoção, bem como os *procedimentos e formalidades extrínsecos* necessários à constituição do vínculo, serão, *a priori*, regidos pela lei de sua residência habitual. Portanto, se a adoção internacional for de criança residente habitualmente no Brasil, será a lei *brasileira* a competente para regê-la, respeitados os seus requisitos e condições (cumulados com as determinações da Convenção de Haia de 1993 – *v. infra*) a serem observados pelos estrangeiros não residentes no Brasil. Apenas para a *questão prévia*, relativa à capacidade dos adotantes para adotar, levar-se-á em conta a lei domiciliar de cada um deles (Convenção, art. 4º, primeira parte; LINDB, art. 7º, *caput*).[163] Já se disse, porém, que a evolução do DIPr na matéria exige também observar a norma *mais favorável* ao adotando, podendo tal norma, *v.g.*, ser a lei da nacionalidade, do domicílio ou da residência habitual do pai ou da mãe.[164]

A lei indicada pela regra de DIPr convencional, poderá, contudo, colidir com eventual lei de aplicação imediata (*loi de police*) em vigor no Estado do foro, como, *v.g.*, algumas normas do Estatuto da Criança e do Adolescente no Brasil. Em casos tais, sequer há perquirição da lei eventualmente aplicável, uma vez que as normas de aplicação imediata operam *a priori* de qualquer investigação legislativa. Não viola o tratado a inaplicação da lei indicada, porque o bloqueio dá-se não à norma convencional, senão à possibilidade por ela prevista de aplicação de outra lei. O mesmo poderá ocorrer, evidentemente, com a violação à ordem pública. Neste caso, porém, *verifica-se* a lei (que seria) aplicável, para, *depois*, cortar efeitos ao comando legislativo.

Em benefício do menor adotado, estabelece o art. 5º da Convenção que "[a]s adoções feitas de acordo com esta Convenção serão reconhecidas de pleno direito nos Estados-Partes, sem que se possa invocar a exceção da instituição desconhecida". Cria-se, assim, nos Estados-partes que não contemplam essa modalidade adotiva a novel figura jurídica como meio de proteger o menor, dando-lhe família que ainda não tinha.

---

[162] Cf. JATAHY, Vera Maria Barrera. Adoção internacional: o direito comparado e as normas estatutárias. In: PEREIRA, Tânia da Silva (Coord.). *Estatuto da Criança e do Adolescente – Lei 8.069/90*: estudos sócio-jurídicos. Rio de Janeiro: Renovar, 1992, p. 191.

[163] Cf. MARQUES, Claudia Lima. A Convenção de Haia de 1993 e o regime da adoção internacional no Brasil após a aprovação do novo Código Civil Brasileiro em 2002. In: MOURA RAMOS, Rui Manuel Gens de (Ed.). *Estudos em homenagem à Professora Doutora Isabel de Magalhães Collaço*, vol. I. Coimbra: Almedina, 2002, p. 278-279.

[164] Cf. VALLADÃO, Haroldo. *Direito internacional privado*, vol. II, cit., p. 144-145.

Para a regência dos requisitos concernentes à publicidade e registro da adoção, aplica-se a lei do Estado em que devam ser cumpridos (Convenção, art. 6º, primeira parte). Se no Brasil tiver de operar a adoção internacional, será, portanto, a lei brasileira a responsável pela regência de tais requisitos. O art. 6º, *in fine*, da Convenção, dispõe ainda que "[n]os registros públicos deverão constar a modalidade e as características da adoção".

Nos termos do art. 9º, em caso de adoção plena, legitimação adotiva e formas afins: *a*) as relações entre o(s) adotante(s) e o adotado, inclusive no que diz respeito a alimentos, bem como as relações do adotado com a família do(s) adotante(s), reger-se-ão pela mesma lei que regula as relações do(s) adotante(s) com sua família originária (chamada pela Convenção de "legítima"); e *b*) os vínculos do adotado com sua família de origem serão considerados dissolvidos, subsistindo, no entanto, os impedimentos para contrair matrimônio.

No caso de adoção diferente da adoção plena, da legitimação adotiva e de formas afins, diz o art. 10 da Convenção que as relações entre o(s) adotante(s) e o adotado serão regidas pela lei domiciliar do(s) adotante(s); e as relações do adotado com sua família de origem reger-se-ão pela lei da sua residência habitual no momento da adoção.

Por sua vez, segundo o art. 11 os direitos sucessórios correspondentes ao adotado ou ao(s) adotante(s) devem ser regidos pelas normas aplicáveis às respectivas sucessões. O mesmo dispositivo complementa que no caso de adoção plena, legitimação adotiva e formas afins, o adotado, o(s) adotante(s) e a família deste(s) último(s) terão os mesmos direitos sucessórios correspondentes à filiação originária (filiação "legítima", na expressão da Convenção).

O art. 12, por sua vez, assevera que "[a]s adoções a que se refere o artigo 1º serão irrevogáveis", complementando que "[a] revogação das adoções a que se refere o artigo 2º reger-se-á pela lei da residência habitual do adotado no momento da adoção".

Segundo a Convenção, quando for possível a conversão da adoção simples (nos países que ainda a adotam) em adoção plena, legitimação adotiva ou formas afins, tal conversão reger-se-á, à escolha do autor, pela lei da residência habitual do adotado no momento da adoção ou pela lei do Estado de domicílio do(s) adotante(s) no momento de ser pedida a conversão (art. 13, primeira parte). Se o adotado for maior de 14 anos, o seu consentimento far-se-á necessário (art. 13, *in fine*).

A anulação da adoção, por sua vez, será regida pela lei do Estado que a outorgou (art. 14, primeira parte). A anulação só poderá, porém, ser *judicialmente* decretada, velando-se pelos interesses do menor de acordo com o art. 19 da Convenção (art. 14).

São competentes para outorgar as adoções a que se refere a Convenção as autoridades do Estado da residência habitual do adotado (art. 15). São competentes para decidir sobre a anulação ou a revogação da adoção os juízes do Estado da residência habitual do adotado no momento da outorga da adoção (art. 16).

Quando for possível a conversão da adoção simples (nos países que ainda a adotam) em adoção plena, legitimação adotiva ou formas afins, serão competentes para decidir, alternativamente e à escolha do autor, as autoridades do Estado da residência habitual do adotado no momento da adoção, ou as do Estado onde tiver(em) domicílio o(s) adotante(s) ou as do Estado onde tiver domicílio o adotado, quando tiver domicílio próprio, no momento de pedir-se a conversão (art. 16).

São competentes para decidir as questões referentes às relações entre o adotado e o(s) adotante(s) e a família deste(s) último(s), os juízes do Estado de domicílio do(s) adotante(s), enquanto o adotado não constituir domicílio próprio; a partir do momento em que o adotado tiver domicílio próprio será competente, à escolha do autor, o juiz do domicílio do adotado ou do(s) adotante(s) (art. 17).

Caso a aplicação da lei declarada como competente pela Convenção violar a ordem pública do Estado respectivo, poderão as suas autoridades recusar-se em aplicá-la. A violação à ordem pública, porém, há de ser *manifesta* (art. 18).

Todos os termos da Convenção e as leis aplicáveis de acordo com ela deverão ser interpretados "harmonicamente e em favor da validade da adoção e em benefício do adotado" (art. 19).

Por fim, dispõe a norma convencional que "[q]ualquer Estado-Parte poderá, a qualquer momento, declarar que esta Convenção se aplica à adoção de menores com residência habitual nesse Estado, por pessoas que também tenham residência habitual nesse mesmo Estado-Parte, quando, das circunstâncias do caso específico, a juízo da autoridade interveniente, resultar que o adotante (ou adotantes) se propõe constituir domicílio em outro Estado-Parte depois de formalizada a adoção" (art. 20). E ainda: "As adoções outorgadas de conformidade com o direito interno, quando o adotante (ou adotantes) e o adotado tiverem domicílio ou residência habitual no mesmo Estado-Parte, surtirão efeitos de pleno direito nos demais Estados-Partes, sem prejuízo de que tais efeitos sejam regidos pela lei do novo domicílio do adotante (ou adotantes)" (art. 25).

6.3 *Convenção Relativa à Proteção das Crianças e à Cooperação em Matéria de Adoção Internacional (1993)*

O Brasil também é parte da Convenção Relativa à Proteção das Crianças e à Cooperação em Matéria de Adoção Internacional, concluída na Haia em 29 de maio de 1993,[165] em vigor entre nós desde 1º de julho de 1999, nos termos do seu art. 46, § 2º. Seus objetivos são (*a*) estabelecer garantias para que as adoções internacionais sejam feitas segundo o interesse superior da criança e com respeito aos direitos fundamentais que lhe reconhece o Direito Internacional, (*b*) instaurar um sistema de cooperação entre os Estados contratantes que assegure o respeito às mencionadas

---

[165] Aprovada pelo Decreto Legislativo nº 1, de 14.01.1999, ratificada pelo governo brasileiro em 10.03.1999 e promulgada pelo Decreto nº 3.087, de 21.06.1999.

garantias e, em consequência, previna o sequestro, a venda ou o tráfico de crianças, bem como (*c*) assegurar o reconhecimento nos Estados contratantes das adoções realizadas segundo a Convenção (art. 1º).

A Convenção – que somente abrange as adoções que estabeleçam um vínculo de *filiação* (art. 2º, 2) – será aplicada quando uma criança com residência habitual em um Estado-contratante ("Estado de origem") tiver sido, for, ou deva ser deslocada para outro Estado-contratante ("Estado de acolhida"), quer após sua adoção no Estado de origem por cônjuges ou por uma pessoa residente habitualmente no Estado de acolhida, quer para que essa adoção seja realizada, no Estado de acolhida ou no Estado de origem (art. 2º, 1). Tal demonstra, como já se disse, que a qualificação da adoção como *internacional* não leva em conta a nacionalidade das partes, senão apenas a residência habitual do adotando e do(s) adotante(s) em países distintos.

A Convenção da Haia de 1993 tem seus aspectos jurídicos notadamente voltados a normas administrativas e de processo civil, em atenção ao melhor interesse da criança, não propriamente a questões conflituais de DIPr. O que fez a Convenção, segundo Claudia Lima Marques, foi "procurar impor suas regras mínimas de cooperação e de ética a todas as adoções internacionais, centrando sua atenção no 'deslocamento' internacional da criança, sem valorar (positiva ou negativamente) as normas internas nacionais (as normas imperativas materiais e as normas de conflitos de leis), que continuam a vigorar, agora reforçadas pela competência assegurada às autoridades locais e autoridades centrais dos países".[166] As normas de DIPr, contudo, permeiam a Convenção de certa maneira, uma vez que, por se tratar de adoção *internacional*, há sempre questões multiconectadas envolvidas. O elemento de conexão utilizado foi o da *residência habitual*, não o do domicílio (como fez a Convenção Interamericana sobre Conflito de Leis em Matéria de Adoção de Menores, de 1984, relativamente aos adotantes). Nesse sentido, dispõe o art. 14 da Convenção da Haia que "[a]s pessoas com residência habitual em um Estado-Contratante, que desejem adotar uma criança cuja residência habitual seja em outro Estado-Contratante, deverão dirigir-se à Autoridade Central do Estado de sua residência habitual".

Destaque-se, por oportuno, que a Convenção não impede a adoção por pessoas solteiras, independentemente de sua orientação sexual, pois diz textualmente que a adoção poderá efetivar-se "por cônjuges *ou por uma pessoa*" (art. 2º, 1). Houve, porém, como lembra Dolinger, propostas visando excluir a possibilidade de adoção por casais não consorciados, por casais do mesmo sexo, ou por homossexuais ou lésbicas. Tais propostas, contudo, não vingaram, "ficando entendido que, como a adoção não se materializa sem a concordância das autoridades dos Estados da residência do adotante e do adotando, estas questões serão resolvidas caso a caso,

---

[166] Marques, Claudia Lima. *A Convenção da Haia de 1993 e o regime da adoção internacional no Brasil após a aprovação do novo Código Civil Brasileiro em 2002*, cit., p. 277.

estando todo Estado livre para recusar seu consentimento a uma adoção que, de alguma forma, seja atentatória à sua ordem pública".[167]

Para que a adoção internacional se efetive, tanto as autoridades do Estado de origem quanto as do Estado de acolhida devem observar os requisitos previstos pela Convenção (arts. 4º e 5º). No Estado de origem, deverão as autoridades competentes determinar, primeiro, que a criança seja adotável (art. 4º, *a*). Depois, deverão verificar, após o exame adequado das possibilidades de colocação da criança em seu Estado de origem, se a adoção internacional atende ao interesse superior da criança (art. 4º, *b*). Ainda, deverão essas autoridades assegurar-se de que (*1*) as pessoas, instituições e autoridades cujo consentimento se requeira para a adoção hajam sido convenientemente orientadas e devidamente informadas das consequências de seu consentimento, em particular em relação à manutenção ou à ruptura, em virtude da adoção, dos vínculos jurídicos entre a criança e sua família de origem; de que (*2*) essas pessoas, instituições e autoridades tenham manifestado seu consentimento livremente, na forma legal prevista, e que esse consentimento se tenha manifestado ou constatado por escrito; de que (*3*) os consentimentos não tenham sido obtidos mediante pagamento ou compensação de qualquer espécie nem tenham sido revogados; e de que (*4*) o consentimento da mãe, quando exigido, tenha sido manifestado após o nascimento da criança (art. 4º, *c*). Por derradeiro, as autoridades competentes do Estado de origem devem assegurar-se, observados a idade e o grau de maturidade da criança, de que (*1*) ela tenha sido convenientemente orientada e devidamente informada sobre as consequências de seu consentimento à adoção, quando este for exigido; de que (*2*) tenham sido levadas em consideração a vontade e as opiniões da criança; de que (*3*) o consentimento da criança à adoção, quando exigido, tenha sido dado livremente, na forma legal prevista, e que esse consentimento tenha sido manifestado ou constatado por escrito; e de que (*4*) o consentimento não tenha sido induzido mediante pagamento ou compensação de qualquer espécie (art. 4º, *d*). Por sua vez, no Estado de acolhida deverão as autoridades competentes (*a*) verificar que os futuros pais adotivos se encontram habilitados e aptos para adotar; (*b*) assegurar-se de que os futuros pais adotivos foram convenientemente orientados; bem assim (*c*) verificar que a criança foi ou será autorizada a entrar e a residir permanentemente no Estado de acolhida (art. 5º).

A adoção certificada em conformidade com a Convenção, pela autoridade competente do Estado onde ocorreu, será reconhecida *de pleno direito* (*by operation of law*, na versão em inglês) pelos demais Estados contratantes, tal significando estar dispensada – em razão de expressa disposição convencional (art. 23, § 1º) – a *homologação* nacional da decisão estrangeira a ela relativa.[168] Não há que falar, assim, em necessi-

---

[167] DOLINGER, Jacob. *A família no direito internacional privado*, t. 2, cit., p. 451.

[168] Assim também, DOLINGER, Jacob. Idem, p. 459, para quem "os participantes [Estados negociadores] preferiram que o reconhecimento fosse, efetivamente, de caráter automático, o que significa sem homologação pelo Judiciário do país receptor". E conclui: "A única justificativa

dade de homologação da decisão estrangeira pelo STJ, mesmo porque o próprio CPC reconhece (no que andou bem) que "[a] homologação *obedecerá* ao que dispuserem os tratados em vigor no Brasil..." (art. 960, § 2º). Fora do regime da Convenção, porém, a homologação da sentença estrangeira de adoção faz-se necessária.

Por fim, têm importância para o DIPr os arts. 36, *a* e *b*, 37 e 38, da Convenção. O primeiro dispõe que "[e]m relação a um Estado que possua, em matéria de adoção, dois ou mais sistemas jurídicos aplicáveis em diferentes unidades territoriais: *a)* qualquer referência à residência habitual nesse Estado será entendida como relativa à residência habitual em uma unidade territorial do dito Estado; *b)* qualquer referência à lei desse Estado será entendida como relativa à lei vigente na correspondente unidade territorial". O art. 37, por sua vez, determina que "[n]o tocante a um Estado que possua, em matéria de adoção, dois ou mais sistemas jurídicos aplicáveis a categorias diferentes de pessoas, qualquer referência à lei desse Estado será entendida como ao sistema jurídico indicado pela lei do dito Estado". Por fim, dispõe o art. 38 que "[u]m Estado em que distintas unidades territoriais possuam suas próprias regras de direito em matéria de adoção não estará obrigado a aplicar a Convenção nos casos em que um Estado de sistema jurídico único não estiver obrigado a fazê-lo".[169] Os arts. 37 e 38 da Convenção versam, respectivamente, os casos de Estados com sistemas jurídicos plurilegislativos interpessoais e interterritoriais.[170]

6.4 Direito Internacional Privado brasileiro da adoção

No DIPr brasileiro atual, a adoção internacional será regida, *a priori*, pela lei domiciliar – atualmente também compreendida como a lei da "residência habitual" – do menor cuja adoção se pretende, em razão da regra da LINDB que dispõe que "[a] lei do país em que domiciliada a pessoa determina as regras sobre o começo e o fim da personalidade, o nome, a capacidade *e os direitos de família*" (LINDB, art. 7º, *caput*). A flexibilização da lei domiciliar para a lei da residência habitual dá-se, como já observado, em razão da previsão de tratados internacionais sobre o tema, cujo objetivo foi abrandar a rigidez do primeiro critério. Tal será assim, evidentemente, se não houver *outra* norma (*v.g.*, a do domicílio ou da nacionalidade do adotante) que seja *mais favorável* ao adotando. Nesses termos, a lei da residência habitual do adotando (ou a mais favorável) regerá a capacidade para ser adotado, o

---

para não reconhecer uma adoção é se ela for manifestamente contrária à ordem pública, levando em consideração o interesse superior da criança" (Idem, ibidem).

[169] O art. 45, § 1º, complementa: "Quando um Estado compreender duas ou mais unidades territoriais nas quais se apliquem sistemas jurídicos diferentes em relação às questões reguladas pela presente Convenção, poderá declarar, no momento da assinatura, da ratificação, da aceitação, da aprovação ou da adesão, que a presente Convenção será aplicada a todas as suas unidades territoriais ou somente a uma ou várias delas. Essa declaração poderá ser modificada por meio de nova declaração a qualquer tempo".

[170] Sobre tais sistemas, *v.* Parte I, Cap. IV, item 5, *supra*.

consentimento do adotando e demais requisitos para a adoção, bem assim os procedimentos e formalidades extrínsecos necessários à constituição do vínculo adotivo.

Destaque-se que a aplicação da norma mais favorável ao adotando foi defendida com veemência no Brasil por Haroldo Valladão, inclusive em seu Projeto de Código de Aplicação das Normas Jurídicas, cujo art. 41 determinava que "[a] filiação em todas as suas formas e os direitos e deveres dela resultantes se regerão segundo a lei mais favorável ao filho dentre as leis da nacionalidade, do domicílio ou da residência do pai, da mãe ou do mesmo filho".[171]

Dolinger, sem razão, entende "[u]m tanto exorbitante a linha seguida por Haroldo Valladão, que insiste na aplicação exclusiva da lei mais favorável ao filho adotivo", sob o falacioso argumento de que, "se o adotante recebe o adotado em sua família, protege-o e dele cuida, sobre ele exercendo a posse e guarda exatamente como os pais sobre seus filhos biológicos, é natural, lógico e até obrigatório que esta relação jurídica seja regida pela lei do pai adotivo".[172] Primeiro, como se nota, não leva em conta o autor, como deveria ser, a tendência quase absoluta do DIPr pós-moderno de proteção dos interesses da criança pela aplicação da norma *mais favorável* ao menor, presente em diversos instrumentos internacionais contemporâneos. Depois, o autor erroneamente compara a adoção com a filiação natural, como se aquela *já estivesse* concluída, como se o adotando *já compusesse* a família dos pais adotivos, como se as relações entre pai(s) e filho(s) *já se fizessem presentes*, o que, evidentemente, ainda não se dá com o mero trâmite do procedimento adotivo, que terá de seguir, exatamente por conta disso, a lei do domicílio (residência habitual) do adotando, se não outra norma não lhe for mais favorável.

Relativamente às questões que fogem ao mérito (efeitos) da adoção e dizem respeito exclusivamente ao(s) *adotante(s)*, a regra é, porém, diversa. Nesses casos, será a lei domiciliar do(s) adotante(s) a responsável por reger (*a*) a capacidade para ser adotante; (*b*) os requisitos de idade e estado civil do(s) adotante(s); (*c*) o consentimento do cônjuge do adotante, se for o caso; e (*d*) os demais requisitos para ser adotante. Assim, tomando-se como exemplo a idade para ser adotante, tem-se que, se for o adotante (independentemente de sua nacionalidade) residente no Brasil, deverá ser, pelo menos, "dezesseis anos mais velho do que o adotando", à luz do art. 42, § 3º, do ECA. Se, *v.g.*, o adotante for residente em país – alheio, evidentemente, ao regime da Convenção da Haia de 1993 – que estabelece intervalo maior de idade entre o adotan-

---

[171] Valladão, Haroldo. *Direito internacional privado*, vol. II, cit., p. 144-145.

[172] Dolinger, Jacob. *A família no direito internacional privado*, t. 2, cit., p. 492. Assim também, Castro, Amilcar de. *Direito internacional privado*, cit., p. 406, para quem a aplicação da lei do domicílio do adotante se justifica por se tratar "de ato de liberalidade, de graça, de favor concedido apenas ao adotado, sem alteração das relações jurídicas existentes entre este e sua família". Contra, *v.* Marques, Claudia Lima. A Convenção da Haia de 1993 e o regime da adoção internacional no Brasil após a aprovação do novo Código Civil Brasileiro em 2002, cit., p. 278-279, ao admitir como lei aplicável a lei domiciliar da criança, porém sem qualquer referência à aplicação da norma mais favorável.

te e o adotado, certo é que deverá o juiz brasileiro observar a norma estrangeira mais restritiva, especialmente porque, se assim não fizer, o país estrangeiro em causa (para onde a criança será levada) não homologará a decisão brasileira perante a sua jurisdição.[173] Na França, *v.g.*, para que uma adoção se concretize, o adotante tem que contar, no mínimo, com vinte e oito anos de idade e ser quinze anos mais velho que o adotando (arts. 343-1 e 344 do Código Civil francês), regra diversa da prevista pelo ECA no Brasil.[174] Essa disparidade é encontrada na quase totalidade das legislações existentes. Daí o motivo de o ECA – que é norma de aplicação imediata, *loi de police* – exigir que a Autoridade Central do país de acolhida ateste (por meio de Relatório, a ser enviado à Autoridade Central Federal Brasileira) que os adotantes estão "aptos para adotar" (art. 52, II e III). Tal significa, em última análise, que, "ao atender à diferença de idade estabelecida na lei do país do adotante, o Estado do adotando está simplesmente cooperando com este para que a adoção seja eficaz em seu território".[175]

A regra domiciliar sobre capacidade do(s) adotante(s) e demais formalidades para adotar segue, portanto, a norma geral do art. 7º, *caput*, da LINDB, mas, também aqui, deve ser compreendida como a "residência habitual" dos pretendentes à adoção, em razão do cotejo da norma pátria com a previsão do art. 2º, 1, da Convenção da Haia de 1993, para os casos afetos às relações entre Estados-partes na Convenção. Repita-se, por oportuno, que se a lei pessoal dos adotantes impuser regra *mais restritiva* à adoção, esta deverá ser observada pelo juiz, se não for o Estado em causa parte da Convenção da Haia de 1993. O juiz nacional somente não procederá desse modo se a norma restritiva estrangeira violar a ordem pública brasileira, os direitos fundamentais previstos na Constituição ou direitos humanos previstos em tratados de que o Brasil seja parte. O juiz brasileiro deve cortar efeitos à aplicação da lei pessoal dos adotantes se esta restringir a adoção, *v.g.*, exclusivamente a casais heterossexuais, impedindo, por conseguinte, a adoção em casos de relação homoafetiva, pois tal discriminação viola a ordem pública brasileira, que aceita e reconhece como válida a homoparentalidade. A questão que pode surgir será a dificuldade de homologação da decisão brasileira no país de residência dos adotantes, para o qual provavelmente a criança será levada.

Por fim, no que tange à *forma* da adoção, a doutrina é unânime em determinar a aplicação da regra *locus regit actum*.[176] Assim, ainda que a lei relativa aos efeitos da

---

[173] Cf. DOLINGER, Jacob. *A família no direito internacional privado*, t. 2, cit., p. 503-504. No regime da Convenção da Haia de 1993, lembre-se, as decisões sobre adoção devem operar "de pleno direito" perante a ordem jurídica estrangeira (art. 23, § 1º).

[174] Na França, contudo, mesmo no que tange às adoções realizadas de Estados não partes da Convenção da Haia de 1993, tem-se reconhecido a eficácia imediata ("de pleno direito") da adoção estrangeira em território francês. Sobre o tema, cf. NIBOYET, Marie-Laure & GEOUFFRE DE LA PRADELLE, Géraud de. *Droit international privé*, cit., p. 67-68.

[175] DOLINGER, Jacob. *A família no direito internacional privado*, t. 2, cit., p. 504.

[176] V. VALLADÃO, Haroldo. *Direito internacional privado*, vol. II, cit., p. 145; CASTRO, Amilcar de. *Direito internacional privado*, cit., p. 406; e DOLINGER, Jacob. *A família no direito internacional privado*, t. 2, cit., p. 491.

Parte II · Cap. III · DIREITO DE FAMÍLIA | **337**

adoção seja a estrangeira (da residência habitual do adotando, ou outra mais favorável, como, *v.g.*, a do domicílio ou da nacionalidade do adotante), será a lei brasileira a aplicada quanto à forma se for a adoção realizada no Brasil.

6.5 Adoção por estrangeiros na Constituição de 1988 e no ECA

A Constituição de 1988 tem regra expressa sobre a adoção por estrangeiros, a disciplinar que "[a] adoção será assistida pelo Poder Público, na forma da lei, que estabelecerá casos e condições de sua efetivação por parte de estrangeiros" (art. 227, § 5º).

Não há, porém, que se interpretar o dispositivo como exigindo lei especial ("na forma da lei") para a adoção por estrangeiros *residentes no Brasil*, uma vez que a própria Constituição Federal, no art. 5º, *caput*, estabelece que brasileiros e estrangeiros residentes no país concorrem em igualdade de direitos ("Todos são iguais perante a lei, sem distinção de qualquer natureza…"). A adoção de criança brasileira por estrangeiros residentes no Brasil é adoção de caráter *nacional*, não *internacional*, uma vez que a qualificação da adoção como internacional se dá não em virtude da nacionalidade das partes, senão apenas em razão da residência do adotando e do(s) adotantes(s) em países distintos. Assim, concorde-se com Jacob Dolinger, para quem, "[c]onsiderando a igualdade dos estrangeiros residentes no Brasil com os nacionais, *ex vi* artigo 5º do mesmo diploma básico, não se concebe a necessidade de legislação especial para a adoção por estrangeiros que vivem em nosso País, daí se há de concluir que a Constituição visou, nesta previsão de legislação específica, tão somente a hipótese de adoção por estrangeiros residentes no exterior, em que a criança adotada é levada do Brasil para o estrangeiro".[177]

Portanto, segundo a interpretação mais coerente do dispositivo constitucional, apenas quando o estrangeiro *for domiciliado* no exterior é que haverá a necessidade de legislação específica para reger a adoção internacional, pois, se for o estrangeiro residente no Brasil, tem a seu favor assegurada a igualdade de direitos com os cidadãos brasileiros, podendo adotar (tal qual os brasileiros) e viver normalmente com o(s) filho(s) adotivo(s) no Brasil. Por essa razão o ECA conceitua adoção internacional como "aquela na qual a pessoa ou casal postulante *é residente ou domiciliado fora do Brasil*, conforme previsto no Artigo 2 da Convenção da Haia, de 29 de maio de 1993, Relativa à Proteção das Crianças e à Cooperação em Matéria de Adoção Internacional, aprovada pelo Decreto Legislativo nº 1, de 14 de janeiro de 1999, e promulgada pelo Decreto nº 3.087, de 21 de junho de 1999" (art. 51, *caput*).

No ECA, a adoção internacional vem regulada no art. 52, I a VIII, cujas etapas (para além do procedimento previsto nos arts. 165 a 170) são as seguintes: *a*) a pessoa ou casal estrangeiro, interessado em adotar criança ou adolescente brasileiro, deverá formular pedido de habilitação à adoção perante a Autoridade Central

---

[177] DOLINGER, Jacob. *A família no direito internacional privado*, t. 2, cit., p. 499.

em matéria de adoção internacional no país de acolhida, assim entendido aquele onde está situada sua residência habitual; *b*) se a Autoridade Central do país de acolhida considerar que os solicitantes estão habilitados e aptos para adotar, emitirá um relatório que contenha informações sobre a identidade, a capacidade jurídica e adequação dos solicitantes para adotar, sua situação pessoal, familiar e médica, seu meio social, os motivos que os animam e sua aptidão para assumir uma adoção internacional; *c*) a Autoridade Central do país de acolhida enviará o relatório à Autoridade Central Estadual, com cópia para a Autoridade Central Federal Brasileira; *d*) o relatório será instruído com toda a documentação necessária, incluindo estudo psicossocial elaborado por equipe interprofissional habilitada e cópia autenticada da legislação pertinente, acompanhada da respectiva prova de vigência; *e*) os documentos em língua estrangeira serão devidamente autenticados pela autoridade consular, observados os tratados e convenções internacionais, e acompanhados da respectiva tradução, por tradutor público juramentado; *f*) a Autoridade Central Estadual poderá fazer exigências e solicitar complementação sobre o estudo psicossocial do postulante estrangeiro à adoção, já realizado no país de acolhida; *g*) verificada, após estudo realizado pela Autoridade Central Estadual, a compatibilidade da legislação estrangeira com a nacional, além do preenchimento por parte dos postulantes à medida dos requisitos objetivos e subjetivos necessários ao seu deferimento, tanto à luz do que dispõe o ECA como da legislação do país de acolhida, será expedido laudo de habilitação à adoção internacional, que terá validade por, no máximo, 1 (um) ano; *h*) finalmente, de posse do laudo de habilitação, o interessado será autorizado a formalizar pedido de adoção perante o Juízo da Infância e da Juventude do local em que se encontra a criança ou adolescente, conforme indicação efetuada pela Autoridade Central Estadual.

Antes de transitada em julgado a decisão que concedeu a adoção internacional, não será permitida a saída do adotando do território nacional (art. 52, § 8º).

Transitada em julgado a decisão, a autoridade judiciária determinará a expedição de alvará com autorização de viagem, bem como para obtenção de passaporte, constando, obrigatoriamente, as características da criança ou adolescente adotado, como idade, cor, sexo, eventuais sinais ou traços peculiares, assim como foto recente e a aposição da impressão digital do seu polegar direito, instruindo o documento com cópia autenticada da decisão e certidão de trânsito em julgado (art. 52, § 9º). Poderá, no entanto, a Autoridade Central Federal Brasileira solicitar, a qualquer momento, informações sobre a situação das crianças e adolescentes adotados (art. 52, § 10).

O art. 52-B do ECA versa a questão da adoção por *brasileiro residente no exterior* em país ratificante da Convenção da Haia de 1993, cujo processo de adoção tenha sido processado em conformidade com a legislação vigente no país de residência e atendido o disposto na alínea *c* do art. 17 da Convenção, segundo o qual "[t]oda decisão de confiar uma criança aos futuros pais adotivos somente poderá ser tomada no Estado de origem se as Autoridades Centrais de ambos os Estados estiverem de acordo em que se prossiga com a adoção", caso em que, segundo o ECA, tal adoção "será automaticamente recepcionada com o reingresso no Brasil". Caso, porém, não tenha sido atendido o disposto na alínea *c* do art. 17 da Convenção, "deverá a sentença ser homologada pelo Superior Tribunal de Justiça" (art. 52-B, § 1º). Da mesma forma, o pretendente brasileiro residente no exterior em país não ratificante da Convenção da Haia, uma vez reingressado no Brasil, deverá requerer a homologação da sentença estrangeira de adoção pelo Superior Tribunal de Justiça (art. 52-B, § 2º).

Por sua vez, nas adoções internacionais em que o Brasil for o país de acolhida, a decisão da autoridade competente do país de origem da criança ou do adolescente será conhecida pela Autoridade Central Estadual que tiver processado o pedido de habilitação dos pais adotivos, que comunicará o fato à Autoridade Central Federal Brasileira e determinará as providências necessárias à expedição do Certificado de Naturalização Provisório (art. 52-C, *caput*). A Autoridade Central Estadual, ouvido o Ministério Público, somente deixará de reconhecer os efeitos daquela decisão se restar demonstrado que a adoção é manifestamente contrária à ordem pública ou não atende ao interesse superior da criança ou do adolescente (art. 52-C, § 1º). Na hipótese de não reconhecimento da adoção, prevista no § 1º do art. 52-C, o Ministério Público deverá imediatamente requerer o que for de direito para resguardar os interesses da criança ou do adolescente, comunicando-se as providências à Autoridade Central Estadual, que fará a comunicação à Autoridade Central Federal Brasileira e à Autoridade Central do país de origem (art. 52-C, § 2º). Por fim, dispõe o art. 52-D que nas adoções internacionais, quando o Brasil for o país de acolhida e a adoção não tenha sido deferida no país de origem porque a sua legislação a delega ao país de acolhida, ou, ainda, na hipótese de, mesmo com decisão, a criança ou o adolescente ser oriundo de país que não tenha aderido à Convenção da Haia de 1993, o processo de adoção seguirá as regras da adoção nacional.

Capítulo IV

Direito das Sucessões

1. Introdução

O instituto da sucessão tem sabidamente natureza bifronte, pois composto simultaneamente de um viés *pessoal* (ligado ao autor da herança e seus herdeiros) e de um viés *material* (relativo aos bens deixados pelo falecido).[1] A soma desses dois vieses faz compreender a sucessão como a substituição do *de cujus* pelos herdeiros, tanto em direitos como em obrigações. Ou, como define Amilcar de Castro, conota a "atribuição dos bens que foram do defunto a um sobrevivente, ou melhor, quer dizer tomar um vivo a situação jurídica que foi de um morto, recebendo total ou parcialmente seus direitos e obrigações".[2] Daí a necessidade de análise de dois (e não mais que dois) elementos de ligação: a pessoa do defunto e a situação da coisa.[3]

Pode a sucessão dar-se a título singular (de um bem determinado) ou a título universal (de todos os bens do *de cujus*). Esta última pode ocorrer por ato *inter vivos* ou *causa mortis*. A sucessão *inter vivos* pertence ao direito das obrigações e ocorre quando, *v.g.*, realizam-se cessões de crédito, doações ou transferências de bens. A sucessão *causa mortis*, por sua vez, é afeta ao direito das sucessões e ocorre por vontade do titular (*sucessão testamentária*) ou independentemente desta, nesse

---

[1] Cf. ANDRADE, Agenor Pereira de. *Manual de direito internacional privado*, cit., p. 215.
[2] CASTRO, Amilcar de. *Direito internacional privado*, cit., p. 449.
[3] *V.* PONTES DE MIRANDA, Francisco Cavalcanti. *Tratado de direito internacional privado*, t. II, cit., p. 259.

último caso, em razão de disposição legal (*sucessão legítima* ou *ab intestato*).[4] Aqui se estudará apenas a sucessão por morte ou por ausência e seus reflexos no DIPr.

2. Regra geral da LINDB

São várias as questões que podem ocorrer no DIPr relativamente ao direito das sucessões, como, *v.g.*, terem o *de cujus* e seus herdeiros domicílio ou nacionalidade diversos, estarem os bens objeto da herança em países distintos, ou serem díspares as regras testamentárias do país de realização do ato e daquele em que aberta a sucessão.

No Brasil, a solução da LINDB para a lei aplicável à sucessão vem expressa em seu art. 10, que estabelece:

> A sucessão por morte ou por ausência obedece à lei do país em que era domiciliado o defunto ou o desaparecido, qualquer que seja a natureza e a situação dos bens.
>
> § 1º A sucessão de bens de estrangeiros, situados no País, será regulada pela lei brasileira em benefício do cônjuge ou dos filhos brasileiros, ou de quem os represente, sempre que não lhes seja mais favorável a lei pessoal do *de cujus*.
>
> § 2º A lei do domicílio do herdeiro ou legatário regula a capacidade para suceder.

O *caput* do art. 10 estabelece que será a lei do último domicílio do *de cujus*, vigente por ocasião do falecimento, a responsável por regular as relações jurídicas sucessórias, independentemente de onde tenha a pessoa falecido, de onde se domiciliam os herdeiros ou de qual seja a natureza ou a localização dos bens. Essa lei (do último domicílio do *de cujus*) é a que se nomina, em doutrina, "lei da sucessão". A disposição abrange tanto a sucessão por *morte* – legítima (*ab intestato*) ou testamentária (disposição de última vontade) – quanto a sucessão por *ausência*. Portanto, aberta a sucessão no Brasil, deverá o juiz do foro localizar a lei sucessória para o fim de resolver o inventário e a partilha dos bens deixados pelo falecido. Assim, se o *de cujus*, de nacionalidade italiana, faleceu no Brasil (onde residia) há dez anos, será a lei brasileira vigente por ocasião do falecimento a norma sucessória aplicável; se, por sua vez, um brasileiro faleceu há dez anos na Itália (onde residia) e deixou bens no Brasil, será a lei italiana (vigente à época da morte) a aplicável aos referidos bens.

É evidente que o dispositivo não contempla, como poderia parecer à primeira vista, *todos* os aspectos relativos à sucessão, especialmente no caso da sucessão testamentária, em que a *capacidade* para testar é aferida pela lei pessoal (domiciliar) do *de cujus* ao tempo da realização do testamento, e os *aspectos extrínsecos* (formais) do ato pela lei do local de sua celebração (*locus regit actum*) ao tempo dessa mesma celebração. Apenas questões *intrínsecas* (substanciais) ao testamento é que serão regidas nos termos do art. 10, *caput*, da LINDB, isto é, pela lei da sucessão (*v.* item 7, *infra*).

---

[4]   V. Rocha, Osiris. *Curso de direito internacional privado*, cit., p. 142-143.

2.1 Princípio da universalidade sucessória

Ao dispor que "[a] sucessão por morte ou por ausência obedece à lei do país em que era domiciliado o defunto ou o desaparecido, qualquer que seja a natureza e a situação dos bens", pretendeu a LINDB unificar as questões substanciais da herança sob a regência de lei *única*, firmando no Brasil o princípio da *universalidade sucessória*. De fato, em nenhum momento fez a lei brasileira cisão entre os bens *móveis* e *imóveis*, cuja sucessão, como em outros países, poderia levar à aplicação da lei do último domicílio do defunto, no primeiro caso, e da *lex rei sitae*, no segundo.[5] A lei da sucessão é, assim, entre nós, *única* para todas as classes de bens, sem distinção.

Segundo a LINDB, portanto, será unicamente a lei do último domicílio do *de cujus* (vigente à época do falecimento) a que deve o juiz aplicar para determinar as pessoas sucessíveis, a ordem de vocação hereditária (na sucessão legítima), o valor das quotas necessárias dos herdeiros ou legatários, os limites à liberdade de testar, o modo de rateio do patrimônio, as causas de deserdação, a colação dos bens, a redução das disposições testamentárias e os dividendos do espólio, qualquer que seja a natureza e a situação dos bens.[6]

Certo é, porém, que o princípio sofre abalo significativo sobretudo quanto aos imóveis localizados no estrangeiro, dada a sua sujeição à lei do *local* em que situados, tornando a regra brasileira ineficaz a esse respeito (*v.* item 2.3, *infra*).

2.2 Desuso (de facto) e insubsistência (de jure) da regra

Muitos autores criticam a norma do art. 10, *caput*, da LINDB, sob o argumento de ser *irreal* e *abandonada pela prática* em vários países, dada especialmente a inevitabilidade da cisão sucessória em razão da pluralidade de foros. Assim também tem feito a jurisprudência pátria, mitigando, ao longo do tempo, a regra em comento à luz de interpretação sistemática (com outras normas da LINDB e do CPC) e de fatores exógenos à lei domiciliar do *de cujus*, como, *v.g.*, a situação dos bens no exterior e eventual vontade do autor da herança (*v. infra*).

Haroldo Valladão, em lição clássica, observa que, na prática, o dispositivo deixou de funcionar dadas as grandes exceções do tratamento mais favorável para o cônjuge e herdeiros brasileiros nos bens de estrangeiros existentes no Brasil, do tratamento especial para os filhos e cônjuges brasileiros em regime de separação de bens do casamento, das heranças vagas abertas no Brasil, dos direitos dos

---

[5]   A propósito, cf. Niboyet, J.-P. *Principios de derecho internacional privado*, cit., p. 723-726; e Pontes de Miranda, Francisco Cavalcanti. *Tratado de direito internacional privado*, t. II, cit., p. 264-265.

[6]   Cf. Castro, Amilcar de. *Direito internacional privado*, cit., p. 456; Rocha, Osiris. *Curso de direito internacional privado*, cit., p. 143; Diniz, Maria Helena. *Lei de Introdução ao Código Civil Brasileiro interpretada*, cit., p. 312; e Basso, Maristela. *Curso de direito internacional privado*, cit., p. 216.

credores locais, em particular os privilegiados e até com garantias reais, da competência para o imposto de transmissão *causa mortis* da lei fiscal do Estado da situação que se funda no seu próprio direito sobre a divisão hereditária para a respectiva taxação, da ordem pública, da competência exclusiva da justiça brasileira sobre ações relativas a imóveis e não de ações reais sobre imóveis, que levaram, afinal, à realização de inventário e partilha autônomos no Brasil e da pluralidade processual para acompanhar a pluralidade sucessória, concluindo que "o princípio de um critério único e universal para a sucessão, 'qualquer que seja a natureza e a situação dos bens', é faca que não corta, também no Brasil". Daí sua proposição, no Anteprojeto de Lei Geral, de "abandonar aquela fórmula *completamente irreal*, destruída e abandonada pela prática nos *raros países* que ainda a adotam, própria de uma Convenção ou de um Tratado (que até hoje não foi possível consertar) e jamais de lei interna, da *imaginária* unidade ou universalidade da sucessão pela lei da nacionalidade ou do domicílio".[7]

Para quebrar a unidade sucessória, diz Valladão, não só os advogados procedem a *vários inventários e partilhas* em cada Estado onde existem bens, principalmente imóveis, senão, o que é mais frequente, as pessoas que possuem tais bens em diversos países fazem *vários testamentos*, para vigorar em cada um deles. Nesses casos, segundo Valladão, a presunção da unidade do regime sucessório ficaria *destruída* pela própria vontade dos herdeiros e do falecido.[8]

De fato, a regra contida no art. 10, *caput*, da LINDB foi infeliz e, em razão disso, tornou-se praticamente inaplicável ao longo dos anos, pois pretender unificar os bens da herança num único juízo e sob a mesma ação, ainda que juridicamente possível, acaba por não dar à regra qualquer aplicabilidade prática, como se acabou de ver, motivo pelo qual tanto a doutrina como a jurisprudência vêm mitigando o seu comando, para o fim de ajustá-lo à realidade.

Em 2015, no julgamento do *Caso Susemihl*, o STJ sepultou de vez o princípio da universalidade sucessória, ao entender que o art. 10, *caput*, da LINDB "não assume caráter absoluto", exigindo a conformação do DIPr "outros elementos de conectividade que deverão, a depender da situação, prevalecer sobre a lei de domicílio do *de cujus*", tais como "a situação da coisa e a própria vontade da autora da herança ao outorgar testamento, elegendo, quanto ao bem sito no exterior, reflexamente a lei de regência". No caso, cingia-se a controvérsia em saber se, por meio de ação de sonegados, promovida por dois netos da autora da herança (herdeiros por representação de seu pai premorto) contra a filha sobrevivente da *de cujus*, reputada herdeira única por testamento cerrado e conjuntivo feito em 1943 na Alemanha, seria possível sobrepartilhar o imóvel situado naquele país (ou o produto de sua venda) à luz da aplicação da lei brasileira (último domicílio da *de cujus*) sobre sucessão e nulidade da disposição de última vontade. Estava a dúvida em saber se o estatuto

---

[7]   Valladão, Haroldo. *Direito internacional privado*, vol. II, cit., p. 211-212.

[8]   Valladão, Haroldo. Idem, p. 212.

aplicado à sucessão de bem sito no exterior deveria ser a lei brasileira (último domicílio da *de cujus*) ou a lei alemã (local da situação do bem imóvel *sub judice* e no qual se efetuou o testamento) já reconhecida pelo Poder Judiciário alemão, em processo próprio para tal. Vez por todas, entendeu o STJ que o art. 10, *caput*, da LINDB "deve ser analisado e interpretado sistematicamente, em conjunto, portanto, com as demais normas internas que regulam o tema, em especial o art. 8º, *caput*, e § 1º do art. 12, ambos da LINDB e o art. 98 do CPC [hoje, art. 23 do CPC/2015]", concluindo, então, que "na hipótese de haver bens imóveis a inventariar situados, simultaneamente, aqui e no exterior, o Brasil adota o princípio da pluralidade dos juízos sucessórios".[9]

Segundo esse raciocínio, portanto, a universalidade sucessória ficaria circunscrita tão somente aos bens localizados no Brasil, não contemplando quaisquer bens sitos no exterior. Reconheceu-se, enfim, a inocuidade da regra contemplada no art. 10, *caput*, da LINDB, na esteira de outros precedentes jurisprudenciais do STJ a esse respeito.[10]

2.3 Bens imóveis localizados no estrangeiro

Não fosse a jurisprudência brasileira em sentido contrário, certo é que aberta a sucessão no Brasil de pessoa aqui domiciliada, deveria o juiz local colacionar *todos* os bens deixados pelo falecido, independentemente de sua situação, como, *v.g.*, os imóveis localizados na Itália, na França, em Portugal, nos Estados Unidos etc. Já se viu, porém, que o STJ tem mitigado a aplicação do art. 10, *caput*, da LINDB, em razão da pluralidade de juízos sucessórios. Especialmente no que tange aos bens imóveis, tal se dá pelo fato de as outras soberanias *também* se darem por competentes para decidir sobre imóveis nelas situados, fazendo surgir, assim, o conflito *positivo* de normas sucessórias de DIPr. Ademais, como poderia o juiz brasileiro inventariar (avaliar, vender, partilhar etc.) todos os imóveis sitos em países estrangeiros, sujeitando-os a uma mesma lei, isto é, à lei do último domicílio do *de cujus*?

Para resolver a questão, o entendimento (doutrinário e jurisprudencial) é no sentido de que a Justiça brasileira não terá, *a priori*, o poder de decidir sobre imó-

---

[9]   STJ, REsp 1.362.400/SP, 3ª Turma, Rel. Min. Marco Aurélio Bellizze, j. 28.04.2015, *DJe* 05.06.2015.

[10] V. STJ, REsp 37.356/SP, 4ª Turma, Rel. Min. Barros Monteiro, j. 22.09.1997, *DJ* 10.11.1997, com a seguinte ementa: "Inventário. Sobrepartilha. Imóvel sito no exterior que escapa à jurisdição brasileira. O juízo do inventário e partilha não deve, no Brasil, cogitar de imóveis sitos no estrangeiro. Aplicação do art. 89, inc. II, do CPC [de 1973]. Recurso especial não conhecido". No mesmo sentido, *v.* STJ, REsp. 397.769/SP, 3ª Turma, Rel. Min. Nancy Andrighi, j. 25.11.2002, *DJ* 19.12.2002, assim ementado: "Processual civil. Inventário. Requerimento para expedição de carta rogatória com o objetivo de obter informações a respeito de eventuais depósitos bancários na Suíça. Inviabilidade. Adotado no ordenamento jurídico pátrio o princípio da pluralidade de juízos sucessórios, inviável se cuidar, em inventário aqui realizado, de eventuais depósitos bancários existentes no estrangeiro".

veis sitos em país estrangeiro, dada a regra nacional de que "[s]ó à autoridade judiciária brasileira compete conhecer das ações relativas a imóveis situados no Brasil" (LINDB, art. 12, § 1º). O que se faz é bilateralizar a regra do art. 12, § 1º, da LINDB, para afirmar a seguinte recíproca: somente a autoridade judiciária da situação do imóvel estrangeiro poderá conhecer das ações a ele relativas. Excepciona-se, aqui, o princípio da universalidade sucessória (para outras exceções, *v.* itens 5 e 6, *infra*); haverá, portanto, *duplicidade* de regimes de DIPr a reger os bens imóveis sitos em cada país.[11] Trata-se, pois, de aplicar o "princípio da renúncia em favor do Estado de maior proximidade da situação dos bens, abstendo-se, pois, *a lei e o juiz brasileiro de regulá-los*".[12]

Como se nota, a própria LINDB, no art. 12, § 1º, excepcionou o princípio da universalidade sucessória em regra ampla, relativa aos "imóveis situados no Brasil" e, consequentemente, pela via da bilateralização, aos bens imóveis situados no *exterior*. A regra é *ampla* porque não se limita às ações *reais* sobre imóveis, atingindo todas as "ações *relativas a* imóveis", isto é, as ações mistas, as divisórias, os inventários e as partilhas de imóveis situados no país.[13]

Já se viu, porém, que há hipóteses em que *pode* a Justiça brasileira decidir sobre imóveis sitos no exterior, desde que presente alguma das condições de exercício da jurisdição nacional (*v.g.*, quando o réu for domiciliado no Brasil) e que a decisão aqui proferida possa ser devidamente reconhecida no país de situação dos bens, especialmente se a demanda se fundar em direito pessoal (*v.* Parte I, Cap. VII, item 1.1.2, *supra*).[14]

2.4 Equalização de direitos na partilha dos bens

Dizer que o juiz brasileiro não pode *decidir* sobre os bens imóveis sitos no estrangeiro não significa impedir o juiz nacional de zelar pela norma material brasileira que garante às partes a partilha igualitária dos bens.

Se é certo que, havendo bens a partilhar no Brasil e em Estado estrangeiro, a competência para a partilha dos últimos é da Justiça alienígena, não é menos verdade que tal poderia dar causa à injusta situação de os bens sitos no Brasil serem partilhados de igual forma entre os interessados e os bens sitos no estrangeiro divididos de forma completamente assimétrica.

Em razão disso, o STJ (a decisão ainda não é acatada pelo STF) tem aceito a chamada regra equalizadora, que autoriza aguardar a decisão proferida pela Justiça estrangeira para, depois, proceder a partilha dos bens localizados no Brasil. Assim, caso a Justiça estrangeira não reconheça o direito de meação do autor quanto aos

---

[11]   Cf. ARAUJO, Nadia de. *Direito internacional privado...*, cit., p. 414.

[12]   VALLADÃO, Haroldo. *Direito internacional privado*, vol. II, cit., p. 223.

[13]   *V.* VALLADÃO, Haroldo. Idem, p. 229.

[14]   Assim, TIBURCIO, Carmen. *Extensão e limites da jurisdição brasileira...*, cit., p. 87.

bens ali situados, *compensa-se* a perda patrimonial com parcela dos bens situados no Brasil. De fato, se fosse finda, em primeiro lugar, a partilha dos bens brasileiros com atribuição a cada interessado da metade dos bens, não haveria como fazer-se cumprir a regra segundo a qual "[o] regime de bens, legal ou convencional, obedece à lei do país em que tiverem os nubentes domicílio" (LINDB, art. 7º, § 4º). Por exemplo, se o regime de bens do casamento, à época do matrimônio, era o de comunhão universal, a importar, assim, a comunicação de todos os bens presentes e futuros dos cônjuges, certo é que (não havendo cláusula de incomunicabilidade) terá cada qual direito à meação incidente sobre a totalidade dos bens do casal, inclusive os herdados dos ascendentes de um deles. Daí entender o STJ, corretamente, que a regra segundo a qual "[s]ó à autoridade judiciária brasileira compete conhecer das ações relativas a imóveis situados no Brasil" é disposição aplicável à *competência* do juízo, que não pode conduzir à supressão do direito material garantido ao cônjuge de ser beneficiado (dado o regime de bens do matrimônio) com o valor de imóveis sitos no exterior.[15]

Em suma, o que não pode o juiz brasileiro fazer é invadir a competência do juiz estrangeiro para decidir sobre bens ali situados, *v.g.*, partilhando-os. Essa competência é *exclusiva* da Justiça estrangeira, como também, no Brasil, é exclusiva do juiz brasileiro. Contudo, nada impede o juiz nacional de suspender o processo de partilha para aguardar a solução do inventário alhures, para o fim de compensar, quando da divisão dos bens localizados no Brasil, a parcela relativa à meação do autor nos bens lá situados, caso necessário. Essa é solução justa, que atende, como se nota, aos princípios do contemporâneo DIPr.

3. Sucessão de bens de estrangeiros situados no País

Regra importante é a do art. 10, § 1º, da LINDB, segundo a qual "[a] sucessão de bens de estrangeiros, situados no País, será regulada pela lei brasileira em benefício do cônjuge ou dos filhos brasileiros, ou de quem os represente, sempre que não lhes seja mais favorável a lei pessoal do *de cujus*".[16] A regra repete, *ipsis litteris*, o disposto no art. 5º, XXXI, da Constituição Federal de 1988, na esteira do que já disciplinado pelo art. 153, § 33, da Constituição de 1967 (com a Emenda nº 1, de 1969).[17] Portanto, mais do que regra presente em lei ordinária, a norma que garante

---

[15] V. STJ, REsp 275.985/SP, 4ª Turma, Rel. Min. Sálvio de Figueiredo Teixeira, j. 17.06.2003, *DJ* 13.10.2003; e REsp 1.410.958/RS, Rel. Min. Paulo de Tarso Sanseverino, j. 22.04.2014, *DJ* 27.05.2014.

[16] A referência ao "cônjuge" é, evidentemente, extensiva ao *convivente* brasileiro, nos casos de união estável. Também, os "filhos brasileiros" referidos no texto são *todos* os filhos, quer sanguíneos ou por adoção.

[17] Para detalhes, *v.* Mazzuoli, Valerio de Oliveira. Sobre a lei "pessoal" do *de cujus* na sucessão de bens de estrangeiros situados no país: exegese do artigo 5º, XXXI, da Constituição brasileira de 1988. *Revista de Direito Público*, ano IX, nº 17, Lisboa, jan./jun. 2017, p. 115-128. Para

a aplicação da lei mais benéfica ao cônjuge supérstite e aos filhos brasileiros em caso de sucessão de bens de estrangeiros situados no País tem índole *constitucional* no Brasil. Tem-se, aqui, portanto, outra exceção ao princípio da unidade sucessória,[18] estabelecida, dessa vez, à luz do princípio *pro homine*.

Muitas leis estrangeiras preveem maiores benefícios para os cônjuges ou filhos que a lei brasileira. Por exemplo, enquanto o direito brasileiro (CC, art. 1.789) prevê que, "[h]avendo herdeiros necessários, o testador só poderá dispor da metade da herança", o direito francês (CC, art. 913) estabelece que "[a]s doações, seja por ato entre vivos, seja por testamento, não poderão exceder a metade dos bens do testador, se ele apenas deixou um filho ao tempo de sua morte; um terço, se deixou dois filhos; um quarto, se deixou três ou número maior". Como se nota, no direito francês a parcela correspondente aos herdeiros necessários é majorada da metade até três quartos dos bens deixados pelo *de cujus*, em razão do número de filhos existentes. Assim, se não se pode doar mais que *um quarto* do patrimônio quando a pessoa tiver, *v.g.*, três filhos, é porque restam *três quartos* do patrimônio para que se partilhem entre eles, benefício maior que o da lei brasileira, que determina a legítima de apenas *metade* da herança para *todos eles*.[19]

Qual seria, contudo, a lei "pessoal" do *de cujus* para efeito de aplicação da norma mais benéfica? Não obstante ter a LINDB privilegiado o critério *domiciliar* como regulador das relações individuais, certo é que tal conexão não é exclusiva, podendo dividir espaço com outros elementos de conectividade à luz do princípio *pro homine*, como, *v.g.*, o elemento *nacionalidade*.[20] Para nós, a vontade da Cons-

---

o tema na Constituição de 1934 (art. 134), *v.* PONTES DE MIRANDA, Francisco Cavalcanti. *Tratado de direito internacional privado*, t. II, cit., p. 268-274.

[18] V. VALLADÃO, Haroldo. *Direito internacional privado*, vol. II, cit., p. 219; e STRENGER, Irineu. *Direito internacional privado*, cit., p. 735-736 (citando também a lição de Valladão).

[19] Mais benéfica também é a legislação portuguesa, ao determinar que, "[s]e não houver descendentes e o autor da sucessão deixar cônjuge e ascendentes, ao cônjuge pertencerão duas terças partes e aos ascendentes uma terça parte da herança" (CC, art. 2.142, § 1º).

[20] Os autores brasileiros de DIPr quase sempre *escapam* à definição do que vem a ser "lei pessoal do *de cujus*", e, quando o fazem, entendem ser esta tão somente a lei *domiciliar*. Irineu Strenger, *v.g.*, diz simplesmente que "[a] Lei de Introdução considera como lei pessoal do *de cujus* a lei do país em que era domiciliado o defunto, ou o desaparecido" (*Direito internacional privado...*, cit., p. 748). Nada além dessa breve referência há no seu texto; nenhuma palavra sequer sobre a possibilidade de ser *também* lei pessoal a lei da *nacionalidade* do autor da herança. Nadia de Araujo, por sua vez, ao comentar o art. 5º, XXXI, da Constituição, inicia dizendo que "uma leitura mais atenta da segunda parte do artigo demonstra que, *antes* de ser aplicada a lei brasileira, é necessário efetuar uma análise detida da lei estrangeira [qual lei? do domicílio? da nacionalidade?] para que se possa avaliar se é ou não mais benéfica do que a nossa lei"; depois conclui que "é preciso ter cuidado na interpretação do alcance do princípio de proteção da família, na sucessão internacional, para promover a exegese correta da aplicação da lei mais benéfica [novamente, qual lei?], pois utiliza-se, no mais das vezes, exclusivamente a lei brasileira sem o prévio estudo do direito comparado [qual direito?], para averiguar se a regra estrangeira [qual regra?] é mais benéfica do que a brasileira" (*Direito*

Parte II · Cap. IV · DIREITO DAS SUCESSÕES | **349**

tituição não foi outra senão entender por lei "pessoal" tanto a lei do *domicílio* ou *residência* (para os estrangeiros domiciliados ou residentes no exterior) quanto da *nacionalidade* do autor da herança (para os estrangeiros domiciliados ou residentes no Brasil *ou no exterior*) e, até mesmo, de sua *religião* (aqui, independentemente do domicílio, residência ou nacionalidade do *de cujus*).[21] De fato, sabe-se que a grande maioria dos estrangeiros que têm bens no Brasil são também aqui domiciliados, pelo que não faria qualquer sentido ter a Constituição aberto exceção à "lei pessoal do *de cujus*" se se entendesse que tal lei seria, exclusivamente, a lei de seu *domicílio*. Não haveria, portanto, salvo na escassa minoria dos casos, qualquer lei *mais benéfica* a ser eventualmente aplicada ao caso concreto, o que foge à lógica e ao espírito do contemporâneo DIPr, que pretende cada vez mais uniformizar as relações jurídicas em harmonia com a Constituição.

Tal argumento bastaria para demonstrar que a vontade do texto constitucional não foi outra senão entender como "lei *pessoal*" a lei tanto do domicílio ou residência quanto da *nacionalidade* (e, eventualmente, da *religião*) do autor da herança. Apenas assim completam-se as hipóteses de benefício ao cônjuge e aos filhos brasileiros conforme o espírito *pro homine* da norma constitucional em causa. Na análise, portanto, da norma mais benéfica aos herdeiros poderá o juiz optar pela lei do domicílio, da residência, da nacionalidade ou da religião do falecido, indistintamente. Caso o último domicílio do *de cujus* tenha sido no Brasil, poderá o juiz verificar, se pela lei de sua nacionalidade (ou, se for o caso, de sua religião), não haveria benefícios maiores para o cônjuge ou para os filhos brasileiros relativamente aos bens; caso o último domicílio (ou residência) do *de cujus* tenha sido no exterior, poderá o juiz verificar tanto (*a*) a *lei do domicílio* ou *da residência* quanto (*b*) a *lei da nacionalidade* (ou da *religião*) do autor da herança, para o fim de encontrar a norma mais benéfica aplicável à relação jurídica. Caso, por fim, nenhuma dessas leis seja mais benéfica, de aplicar-se, evidentemente, a lei nacional. *Tollitur quaestio*.

Destaque-se, por fim, a crítica que se pode fazer à norma constitucional em apreço, por ter versado exclusivamente o caso de bens de *estrangeiros* situados no País, nada se referindo à hipótese da sucessão de bens de *brasileiros* domiciliados no

---

internacional privado..., cit., p. 412-413). A autora, portanto, não responde qual seria, em sua opinião, a "lei pessoal" do *de cujus*, desviando sempre o texto para as expressões-gênero "lei estrangeira" e "regra estrangeira", deixando sem resposta o leitor. Maristela Basso, por sua vez, entende que "[l]ido com o art. 10, § 1º, da Lei de Introdução às Normas do Direito Brasileiro de 1942, o dispositivo constitucional assegura uma ordem de vocação hereditária territorial em contraposição à lei pessoal do *de cujus*, no caso, a lei de seu último domicílio (*lex domicilii*) (*Curso de direito internacional privado*, cit., p. 223). A autora, diferentemente de Nadia de Araujo e na esteira de Irineu Strenger, firma a posição de que a lei pessoal do *de cujus* seria, no caso, a *lex domicilii*. Nenhum desses autores, porém, suscitou a possibilidade de haver outro elemento conectivo capaz de indicar a norma mais benéfica ao cônjuge ou aos filhos brasileiros, que não a lei domiciliar.

[21] No direito anterior, cf. VALLADÃO, Haroldo. *Direito internacional privado*, vol. II, cit., p. 220-221.

exterior. Como se nota com total clareza, a norma constitucional brasileira, no afã de proteger o cônjuge e os filhos supérstites de estrangeiros que têm bens no Brasil, discriminou o cônjuge e os filhos de *brasileiros* que têm bens no País, mas domiciliam-se no exterior. A incongruência da regra faz com que seja a sucessão de bens de estrangeiros mais benéfica ao cônjuge e aos filhos brasileiros que a sucessão de bens de brasileiros domiciliados no exterior. Trata-se, portanto, de paradoxo apenas solucionável por regra como a do art. 14, parágrafo único, do Projeto de Lei nº 269 do Senado, que disciplinava que "[a] sucessão de bens [seja de estrangeiros ou de brasileiros, indistintamente] situados no Brasil será regulada pela lei brasileira em benefício do cônjuge ou dos filhos brasileiros, assim como dos herdeiros domiciliados no País, sempre que não lhes seja mais favorável a lei pessoal do falecido". Há, contudo, precedente do STF (deliberado à luz do art. 165 da Constituição de 1946) a autorizar seja dada interpretação extensiva ao princípio em apreço, para o fim de também aplicá-lo à sucessão de *brasileiro* residente no exterior, em favor do cônjuge ou de filhos brasileiros, relativamente aos bens situados no Brasil, determinando a aplicação "[d]o preceito constitucional, no sentido mais benéfico ao brasileiro, de modo que, jamais, este possa ser desfavorecido, quando se tratar de bens situados no Brasil, *seja a sucessão de estrangeiro, ou de brasileiro*" [grifo nosso].[22]

4. Capacidade para suceder

Dispõe a LINDB que "[a] lei do domicílio do herdeiro ou legatário regula a capacidade para suceder" (art. 10, § 2º). Sendo o herdeiro ou o legatário de bens situados no Brasil domiciliado no exterior, será a *sua* lei domiciliar a competente para regular a aptidão de receber a herança. Assim, várias serão as leis aplicáveis à capacidade para receber a herança, tantos quantos forem os domicílios dos herdeiros ou legatários em países distintos.

Destaque-se que o termo "capacidade para suceder" foi mal-empregado pela LINDB, motivo pelo qual deve ser corretamente interpretado. Não pretendeu o dispositivo, de modo algum, regular a capacidade *para ser herdeiro*, é dizer, quem será ou não *sucessível*, aferível nos termos da lei do último domicílio do *de cujus*, senão apenas a *aptidão para receber a herança*. Esta, que é capacidade *de fato*, de *exercício*, não de *direito*, será a única regida pela lei do domicílio do herdeiro ou legatário, à luz da devida interpretação do art. 10, § 2º, da LINDB. Trata-se da capacidade (aptidão) para praticar atos jurídicos para o fim de receber a herança, não a relativa à questão prévia de saber quem é ou não sucessível, ou seja, de quem pode herdar. Por isso não

---

[22] STF, Emb. Div. no RE 59.871/RS, Tribunal Pleno, v.u., Rel. Min. Eloy da Rocha, j. 26.05.1971, *DJ* 12.11.1971. O acórdão ficou assim ementado: "Vocação para suceder, vigente a Constituição de 1946, em bens situados no Brasil, pertencentes a brasileiro domiciliado no estrangeiro. Incidência da lei sucessória brasileira, em benefício de filha adotiva brasileira, igualmente domiciliada em outro país. Aplicação, por força de compreensão, do art. 165 daquela Constituição. Embargos de divergência conhecidos e recebidos".

se há de confundir a capacidade para *receber* (capacidade de fato, de exercício) com a capacidade para *suceder* (de ser herdeiro) na herança, que é capacidade de direito (de *gozo*) do herdeiro ou legatário, regida, segundo o art. 10, *caput*, da LINDB, pela lei do último domicílio do *de cujus*.[23] Daí a precisa observação de Valladão de que "[s]ó a capacidade para receber, *de facto*, é que fica para a lei *pessoal do herdeiro*".[24]

Têm-se, portanto, duas "capacidades" a serem levadas em consideração: a relativa à *sucessão*, que é capacidade *de direito* do herdeiro ou legatário, e que determina, *previamente*, quem herda e quem não herda; e a de *receber* a herança, que é capacidade *de fato* e verificada *depois* de conhecida toda a cadeia sucessória, é dizer, após a solução da questão prévia sobre quem é e quem não é herdeiro.[25] A capacidade (aptidão) para receber a herança (ou até mesmo a ela renunciar) rege-se pela lei do domicílio do herdeiro ou legatário, e a sucessória pela lei do último domicílio do *de cujus*. Exemplo de (in)aptidão para receber a herança, cuja regência, portanto, cabe à lei domiciliar do herdeiro ou legatário, é a hipótese de *indignidade* (CC, art. 1.814).[26] Esta, como já se fez entender, será aferível somente *depois* de determinada a qualidade de *herdeira* da pessoa, aferível nos termos da lei do último domicílio do *de cujus*.

Em suma, deveria o art. 10, § 2º, em comento, ter sido mais preciso em sua redação e determinado que "[a] lei do domicílio do herdeiro ou legatário regula *a aptidão para herdar*". Essa, portanto, a maneira como deve ser lido e interpretado o § 2º em comento.

Há, pelo menos, um precedente do STF nesse sentido. Trata-se de substancioso acórdão da década de 1970, em que a Corte assentou serem "institutos diversos a *capacidade para suceder* [no sentido empregado pelo art. 10, § 2º, da LINDB, como capacidade *de fato* para receber a herança] e a *vocação hereditária*, pelo que a disposição do § 2º, do art. 10 da Lei de Introdução ao Código Civil, limitada que é à *capacidade para suceder*, não envolve a *vocação hereditária* [esta última relativa à capacidade de direito, de *sucessão* do herdeiro ou legatário, regida pela lei do último domicílio do *de cujus*]".[27]

O STJ, da mesma forma, já decidiu que a qualidade de herdeira (questão prejudicial) de filha adotada no estrangeiro haveria de aferir segundo a lei aplicável à sucessão, isto é, nos termos da lei do último domicílio do *de cujus* (naquele caso, a lei brasileira). Como o nosso país não discrimina os filhos adotivos dos naturais,

---

[23] Cf. VALLADÃO, Haroldo. *Direito internacional privado*, vol. II, cit., p. 213.

[24] VALLADÃO, Haroldo. Idem, ibidem. Nesse exato sentido, à luz do direito anterior, *v*. PONTES DE MIRANDA, Francisco Cavalcanti. *Tratado de direito internacional privado*, t. II, cit., p. 286: "A capacidade de exercício rege-se pela lei nacional [hoje, domiciliar] do optante".

[25] Cf. BATALHA, Wilson de Souza Campos. *Tratado de direito internacional privado*, t. II, cit., p. 313-317; e ESPINOLA, Eduardo & ESPINOLA FILHO, Eduardo. *A Lei de Introdução ao Código Civil Brasileiro*, vol. 2, cit., p. 17-19.

[26] *V*. ARAUJO, Nadia de. *Direito internacional privado...*, cit., p. 419.

[27] STF, RE 79.613/RJ, Tribunal Pleno, Rel. Min. Thompson Flores; Rel. p/ acórdão Min. Xavier de Albuquerque, j. 25.02.1976, *DJ* 08.07.1976.

entendeu o tribunal ser a filha adotada no estrangeiro *herdeira* na sucessão dos bens do *de cujus* situados no Brasil; decidida a questão prévia, coube ao tribunal, *depois*, determinar "se a pessoa indicada é capaz ou incapaz para receber a herança, solução que é fornecida pela lei do domicílio do herdeiro (art. 10, § 2º, da LICC)".[28]

Tout court, o que pretendeu a LINDB dizer no art. 10, § 2º, é que a capacidade de fato do herdeiro ou legatário em praticar atos jurídicos, isto é, sua aptidão para exercer o direito que lhe cabe (direito de receber a herança) afere-se nos termos da lei de seu domicílio; a *prévia* capacidade de direito (de gozo) do herdeiro ou legatário, isto é, de suceder ao *de cujus*, dependerá, por sua vez, do que dispuser a lei domiciliar do *de cujus* vigente à época do falecimento (LINDB, art. 10, *caput*).

5. Autonomia da vontade

Também no direito sucessório, desde o tempo dos estatutários, opera a autonomia da vontade das partes. A esse respeito, o *Institut de Droit International*, na sua sessão de Nice de 1967, de que foi *Rapporteur* o Sr. Riccardo Monaco, considerou que "a validade intrínseca e os efeitos das disposições testamentárias estão submetidos à lei sucessória, ressalvada a opção do testador entre a lei nacional e a do domicílio" (item 2), ao que Haroldo Valladão não concordou, *por ir além*, ressalvando, *ainda*, a opção pela *lex rei sitae*.[29]

No direito brasileiro atual, a opinião corrente é a de que subsiste a autonomia da vontade no direito sucessório, permitindo-se ao testador, portanto, escolher outra lei para a regência do testamento, desde que o faça nos limites da lei geral de sucessão, que é, na LINDB, a lei *domiciliar*.[30]

Há no direito brasileiro restrição expressa quanto à legítima, que é parte dos bens que não se pode incluir no testamento por havê-la reservado o Código Civil aos herdeiros necessários (art. 1.857, § 1º).[31]

6. Exceção à unidade sucessória em razão de créditos locais

A regra da LINDB de que a sucessão por morte ou por ausência obedece à lei do país em que era domiciliado o defunto ou o desaparecido, qualquer que seja a natureza e a situação dos bens, fica mais uma vez excepcionada se houver créditos *locais* privilegiados, como, *v.g.*, dos credores com garantia real ou da Fazenda Pública.

De fato, não há possibilidade jurídica de o juízo sucessório (*a*) exigir de um credor com garantia real ou da Fazenda Pública que persiga o respectivo crédito no

---

[28] STJ, REsp 61.434/SP, 4ª Turma, Rel. Min. Cesar Asfor Rocha, j. 17.06.1997, *DJ* 08.09.1997.

[29] VALLADÃO, Haroldo. *Direito internacional privado*, vol. II, cit., p. 218.

[30] *V.* VALLADÃO, Haroldo. Idem, ibidem.

[31] *V.* STRENGER, Irineu. *Direito internacional privado*, cit., p. 745-746.

estrangeiro, nos casos de bens situados no exterior, ou (*b*) aplicar a lei do último domicílio do *de cujus* à resolução da contenda, nos casos de bens situados no país.

Como destaca Haroldo Valladão, especialmente no que toca "aos impostos de transmissão de propriedade, *a sua territorialidade* é incontestável, sendo inadmissível que um Estado deva, para receber os impostos de sucessão devidos sobre bens sitos no seu território, ir se habilitar em processo de inventário e partilha, aberto no estrangeiro, e que fique sujeito, no assunto, à disposição de leis estrangeiras, quer substantivas, quer adjetivas".[32]

Trata-se, em suma, de exceções ao princípio da unidade sucessória, tanto em razão de garantias reais estabelecidas no Brasil quanto à luz do direito da Fazenda Pública de cobrar impostos.

7. Execução de testamento celebrado no estrangeiro

Para que uma disposição de última vontade, celebrada no estrangeiro, se execute plenamente no país, deve estar válida sob os aspectos *extrínseco* e *intrínseco*.[33] O plano extrínseco diz respeito à *forma* do documento (aspecto externo); e o intrínseco conota a sua *substância* (aspecto interno). Sem essa *dupla regularidade* não poderá a manifestação de última vontade ser confirmada no Brasil, nos termos previstos pelo art. 23, II, do CPC/2015.[34] O estatuto sucessório – lei do último domicílio do *de cujus* – não abrange, porém, o âmbito extrínseco (formal) do ato de última vontade, senão apenas o seu plano intrínseco (substancial).[35]

7.1 Lei aplicável à forma

A *forma* do ato de última vontade é regida pela lei do local de sua celebração (*locus regit actum*).[36] Essa lei é a do momento da realização do testamento (da manifestação de vontade) pelo testador. Respeitada a forma exigida pela lei do local de celebração, isto é, a competência da autoridade celebrante e os requisitos de constituição do ato, deve o juiz brasileiro aceitar o documento estrangeiro tal como constituído alhures, com suas peculiaridades (eventualmente distintas das previstas na legislação brasileira, que requer, *v.g.*, a presença de testemunhas) e sua roupa-

---

[32] VALLADÃO, Haroldo. *Direito internacional privado*, vol. II, cit., p. 222.

[33] Cf. CASTRO, Amilcar de. *Direito internacional privado*, cit., p. 461-462.

[34] *Verbis*: "Compete à autoridade judiciária brasileira, com exclusão de qualquer outra: (...) II – em matéria de sucessão hereditária, proceder à *confirmação de testamento particular*...".

[35] Cf. STRENGER, Irineu. *Direito internacional privado*, cit., p. 741.

[36] Aplicam-se à espécie os argumentos do art. 9º, § 1º, *in fine*, da LINDB, que admite "as peculiaridades da lei estrangeira quanto aos requisitos extrínsecos do ato", e da parte inicial do art. 13, segundo o qual "[a] prova dos fatos ocorridos em país estrangeiro rege-se pela lei que nele vigorar...".

gem própria.[37] Ainda que a lei pessoal (domiciliar) do testador proíba determinada forma testamentária, há de se ter como formalmente válido o testamento realizado alhures se a *lex causae* entende válida aquela forma de celebração. Mais claramente: se pessoa domiciliada no Brasil celebra no estrangeiro testamento por forma desconhecida da nossa legislação, será, mesmo assim, válido no Brasil quanto à forma, se for esta admitida pela lei do local de celebração.[38]

Caso célebre no direito brasileiro, em que o STF atribuiu validade a testamento hológrafo (particular, de próprio punho) feito no exterior, foi o da cantora lírica Gabriella Besanzoni Lage Lillo, que testou na Itália sem a presença e assinatura das cinco testemunhas exigidas pela legislação brasileira da época (CC/1916, art. 1.645, II; CC/2002, art. 1.876, § 1º, exigindo três testemunhas). O relator, Min. Luiz Gallotti, entendeu corretamente que "tanto a lei italiana como a lei brasileira admitem o testamento ológrafo (*sic*) ou particular, divergindo apenas no tocante às respectivas formalidades, matéria em que, indubitavelmente, se aplica o princípio *locus regit actum*".[39] Assim, reiterou o STF a tese de que a validade formal do ato deve dar-se nos termos da lei do local de constituição, vigente à época da sua elaboração.[40]

A inexigência da legislação estrangeira de testar, *v.g.*, na presença de testemunhas (que também torna inócua a obrigação de leitura) há, portanto, de ser respeitada no Brasil em razão da regra *locus regit actum*.

Amilcar de Castro, sem razão, entende ser possível negar validade a formas testamentárias imperativamente proibidas pelo direito brasileiro, como, *v.g.*, o testamento conjuntivo ou de mão comum, seja simultâneo, recíproco ou correspectivo. O equívoco do autor está em dizer que a *forma* conjuntiva do testamento é proibida pelo direito brasileiro "por motivo de ordem social", pois o que se visa "é salvaguardar a liberdade do testador".[41] Forma, *motivo de ordem social* e *salvaguarda da liberdade do testador* são conceitos, porém, que não se confundem. Em verdade, a questão em apreço envolve a correta *qualificação* do instituto, sem o que não se

---

[37] Cf. RECHSTEINER, Beat Walter. Algumas questões jurídicas relacionadas à sucessão testamentária com conexão internacional. In: BAPTISTA, Luiz Olavo & MAZZUOLI, Valerio de Oliveira (Org.). *Direito internacional privado*: teoria e prática. São Paulo: Revista dos Tribunais, 2012, p. 393-397 (Coleção *Doutrinas essenciais*: direito internacional, vol. IV).

[38] Assim, DINIZ, Maria Helena. *Lei de Introdução ao Código Civil Brasileiro interpretada*, cit., p. 322; e BASSO, Maristela. *Curso de direito internacional privado*, cit., p. 220.

[39] STF, RE 68.157, 1ª Turma, Rel. Min. Luiz Gallotti, j. 18.04.1972, *DJ* 26.05.1972, p. 114. Merece ser lido o parecer (citado no julgamento) da lavra de Clóvis Paulo da Rocha, de 17.07.1967, na Apelação Cível nº 49.839 (8ª Câmara Cível do Tribunal de Justiça do Rio de Janeiro).

[40] Assim também os tribunais estaduais, como, *v.g.*, o Tribunal de Justiça de São Paulo, para o qual "[o] ato ou negócio jurídico, seja testamento, procuração ou contrato, revestido de forma externa prevista pela lei do lugar e do tempo onde foi celebrado, será válido e poderá servir de prova em qualquer outro local em que tiver de produzir efeitos..." (TJSP, Apelação Cível nº 0049378-08.2013.8.26.0506, 6ª Câmara de Direito Privado, Rel. Des. Francisco Loureiro, j. 28.08.2014).

[41] CASTRO, Amilcar de. *Direito internacional privado*, cit., p. 463.

Parte II · Cap. IV · DIREITO DAS SUCESSÕES **355**

pode dizer ser válido ou inválido o testamento conjuntivo no Brasil. O testamento conjuntivo é proibido em nosso País (CC, art. 1.863) por violar, sim, a liberdade de testar; daí ser qualificado como questão de *fundo*, não de *forma*.[42] Amilcar, contrariamente, insiste que "a questão é de forma, mas não há invocar a regra *locus regit actum*, porque se trata de forma imperativamente proibida".[43] Ora, levada a ferro e fogo a afirmação, qualquer forma admitida no estrangeiro seria inválida no Brasil, pois "imperativamente proibida" entre nós. Certo é que a liberdade de testar – princípio essencial da manifestação de última vontade no direito brasileiro – qualifica-se como questão *substancial* no Código Civil, regendo-se, portanto, pela lei do último domicílio do *de cujus* (*v.* item 7.2, *infra*). Assim, se o último domicílio do *de cujus* for no Brasil, não se poderá aceitar o testamento conjuntivo realizado alhures, por ser essa espécie testamentária proibida entre nós; se, por sua vez, for o último domicílio do *de cujus* país que o admite ao tempo do falecimento, sua validade no Brasil será de rigor. Neste último caso, somente não será aceito se houver corte de efeitos em razão de fraude à lei; não se vislumbra, por sua vez, ofensa à ordem pública brasileira na elaboração de testamento conjuntivo, contra a regra da "liberdade de testar" do Código Civil. Destaque-se que o STJ, no julgamento do já citado *Caso Susemihl*, aceitou a validade de testamento conjuntivo feito na Alemanha, mesmo sendo *no Brasil* o último domicílio da autora da herança (*v. supra*).[44]

A respeito da forma das disposições testamentárias, celebrou-se na Haia, em 1964, a Convenção sobre os Conflitos de Leis quanto à Forma de Disposições Testamentárias.[45] Para a Convenção, uma disposição testamentária será válida sempre que sua forma estiver em conformidade com as normas do direito interno (*a*) do lugar onde o testador a realizou, ou (*b*) do país de nacionalidade do testador no momento em que realizou a disposição ou no momento de sua morte, ou (*c*) de um lugar em que

---

[42] *V.*, assim, ESPINOLA, Eduardo & ESPINOLA FILHO, Eduardo. *A Lei de Introdução ao Código Civil Brasileiro*, vol. 3 (atual. por Silva Pacheco). Rio de Janeiro: Renovar, 1995, p. 63-64, citando a lição de Diena: "Quando um legislador proíbe os testamentos conjuntivos, fá-lo, essencialmente, no intuito de salvaguardar a liberdade do testador, que deve ter, até o último instante da sua vida, a faculdade e possibilidade de revogar e modificar o seu ato testamentário, sem qualquer dependência do consentimento de outro testador. Daí resulta ser a disposição legal, que proíbe o testamento conjuntivo, atinente à validade intrínseca do ato, e, portanto, tal proibição, quando exista na lei pessoal de quem pratica um ato de última vontade, conserva toda a sua força, qualquer que seja o país em que o testamento se realize".

[43] CASTRO, Amilcar de. *Direito internacional privado*, cit., p. 463, nota nº 431.

[44] STJ, REsp 1.362.400/SP, 3ª Turma, Rel. Min. Marco Aurélio Bellizze, j. 28.04.2015, *DJe* 05.06.2015. O tribunal, no caso, parece ter qualificado o testamento conjuntivo como questão de forma, ao afirmar que "a autora da herança, naquele país, *deixou testamento lícito, segundo a lei alemã regente à época de sua confecção*, conforme decidido pelo órgão do Poder Judiciário alemão" [grifo nosso]. Como questão de *forma*, a aplicação da regra *locus regit actum* se impõe. Segundo o melhor entendimento, contudo, qualifica-se o testamento conjuntivo como questão *substancial*, pelo que, no caso em apreço, não deveria ter o STJ atribuído validade ao ato.

[45] O Brasil ainda não é parte desta Convenção.

o testador possuía domicílio no momento em que realizou a disposição ou no momento de sua morte, ou (*d*) do lugar em que o testador tinha sua residência habitual no momento em que realizou a disposição ou no momento de sua morte, ou (*e*) quando estiverem incluídos imóveis, do lugar em que estes estiverem situados. A Convenção, como se vê, amplia sobremaneira o leque de possibilidades sobre a validade formal das disposições testamentárias, aceitando, para além do *locus regit actum*, também os critérios da nacionalidade, do domicílio e da residência habitual do testador,[46] bem assim a *lex rei sitae* se o testamento contemplar bens imóveis.

A aceitação pelo juiz nacional do ato de última vontade realizado no estrangeiro dá-se mediante *confirmação*, nos termos do citado art. 23, II, do CPC/2015. Uma vez *confirmado* o ato, determinará o juiz o seu registro e observância, momento a partir do qual servirá de documento-chave para o inventário e a partilha dos bens deixados pelo *de cujus* aos herdeiros.[47]

7.2 Lei aplicável à substância

A *substância* (validade intrínseca) do ato de última vontade – que envolve, *v.g.*, o conteúdo das cláusulas testamentárias e os efeitos delas decorrentes – é regida pela lei do último domicílio do *de cujus*, nos termos do art. 10, *caput*, da LINDB. Tal lei será aquela vigente *ao tempo do falecimento* do testador, não a vigente à época da realização do ato (esta regerá apenas a *forma* do ato, não a sua *substância*). Não terá qualquer relevância a lei do país em que realizado o ato, que só servirá para aferir a validade *formal* do documento; a validade *substancial* do testamento obedece à lei do último domicílio do *de cujus* (testador).

Tomando-se o exemplo de Maria Helena Diniz, se pessoa domiciliada no Brasil (e aqui falecida) testar na Espanha, na execução do testamento aberto do finado será aplicada: *a*) a lei *espanhola*, no que diz respeito à validade *formal* (extrínseca) do ato de última vontade (em atenção ao princípio *locus regit actum*); e *b*) a lei *brasileira*, reguladora da sucessão e vigente ao tempo de sua morte, no que concerne à *interpretação*, ao *conteúdo*, aos *poderes do inventariante*, à *capacidade testamentária passiva*, aos *direitos sucessórios dos herdeiros*, às *quotas dos herdeiros necessários*, aos *efeitos*, aos *limites da liberdade de testar*, à *quota disponível* e à *redução das disposições testamentárias*, em virtude da *lex domicilii* do disponente.[48]

---

[46] A *Lei de Reforma* italiana, de 1995, *v.g.*, seguiu essa tendência da Convenção da Haia de 1964, ao dispor, no art. 48, que "[o] testamento é válido, quanto à forma, se como tal for considerado pela lei do Estado em que o testador dispôs, ou ainda pela lei do Estado do qual o testador, no momento do testamento ou da morte, era cidadão ou pela lei do Estado em que tinha domicílio ou residência".

[47] V. Rechsteiner, Beat Walter. Algumas questões jurídicas relacionadas à sucessão testamentária com conexão internacional, cit., p. 400.

[48] Diniz, Maria Helena. *Lei de Introdução ao Código Civil Brasileiro interpretada*, cit., p. 324-325.

As questões *de fundo* do ato, portanto, são regidas pela lei do último domicílio do *de cujus*, vigente ao tempo do falecimento. A capacidade testamentária ativa, por sua vez, é regulada pela pessoal (domiciliar) do testador ao tempo da realização do testamento, nos termos do art. 7º, *caput*, da LINDB, segundo o qual "[a] lei do país em que domiciliada a pessoa determina as regras sobre (...) a capacidade (...)". Assim, se a pessoa testa num domicílio e falece em outro, a lei do primeiro (vigente àquele tempo) regerá a capacidade para testar, e a do segundo (vigente ao tempo do falecimento), a substância do ato.

Capítulo V

Obrigações e Contratos

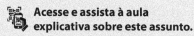

1. Introdução

A LINDB determina, em seu art. 9º, *caput*, que "[p]ara qualificar e reger as obrigações, aplicar-se-á a lei do país em que [tais obrigações] se constituírem". É dizer, a lei do país de *constituição* (realização) da obrigação é que será responsável por *qualificá-la* e *regê-la*. Disciplinam-se, aqui, as obrigações de caráter extracontratual, diferentemente do § 2º do mesmo dispositivo, que rege as obrigações resultantes de contratos (quer entre presentes ou entre ausentes).[1] Assim, tendo sido a obrigação (extracontratual) constituída no Brasil, será a lei brasileira a competente para a sua qualificação e regência, quanto à forma e substância; a recíproca é também verdadeira, se constituída a obrigação extracontratual no estrangeiro. Cabe, assim, à *lex causae* (que poderá ser a lei nacional ou a estrangeira, a depender de onde se constituiu a obrigação) a competência para a *regência* e *qualificação*[2] dessas obrigações. Nenhuma preocupação

---

[1] A partir desta edição corrigimos parte do nosso pensamento anterior que entendia disciplinar o art. 9º, *caput*, da LINDB, as obrigações *entre presentes*, e o seu § 2º as obrigações *entre ausentes*. Após reflexão, percebemos que tal distinção – feita por alguns autores, desde Oscar Tenório (cf. *Direito internacional privado*, vol. II, cit., p. 183) – é imprópria e não condiz com o texto da lei, que não se refere a *presentes* ou *ausentes* em nenhum momento. De fato, correto é dizer que as obrigações regidas pelo art. 9º, *caput*, são as de índole *extracontratual*, e as reguladas pelo § 2º, as de índole *contratual*, quer se trate, nesse último caso, de obrigações entre ausentes ou entre presentes (e, em quaisquer hipóteses, a lei aplicável será a do lugar em que residir o proponente – *v. infra*).

[2] Sobre a "qualificação" das obrigações pela *lex causae*, que, para nós, em verdade, é simples (sub)qualificação, veja-se a observação que se fez na Parte I, Cap. IV, item 4.1.4, *supra*; e também a realizada quando do estudo da qualificação dos bens (*v.* Parte II, Cap. II, item 3, *supra*).

se há de ter, nesse caso, com a nacionalidade, o domicílio ou a residência das partes, estando tudo a depender do *local* em que *constituída* a obrigação.[3]

As obrigações extracontratuais são as que decorrem de atos ou fatos aos quais a lei atribui eficácia vinculante independentemente da vontade (*v.g.*, obrigações *ex delicto*, responsabilidade por atos de terceiros etc.), e as contratuais são as que provêm da vontade das partes (*v.g.*, negócios jurídicos, contratos etc.).[4] A diferença estabelecida pela LINDB relativamente aos tipos de obrigação diz respeito apenas à determinação da lei a reger cada qual, pois, tratando-se de obrigação extracontratual (art. 9º, *caput*), a lei aplicável será a do país em que ela se constituir, e, cuidando-se de obrigação resultante de contrato, será a lei do lugar em que residir o proponente (art. 9º, § 2º).

Observe-se, porém, não ser a lei do local da constituição da obrigação a única a reger a completude da relação negocial, pois há também que se aferir qual lei irá reger a *capacidade* para contratar (que, no direito brasileiro, segue o critério *domiciliar*) e aquela relativa aos *vícios e defeitos* da vontade (à luz da regra *lex loci celebrationis*). Por sua vez, as normas sobre economia dirigida, regime de bolsas e de mercados subordinam-se à *lex loci solutionis*.[5] Portanto, ainda que o art. 9º, *caput*, da LINDB, tenha adotado a lei do país de constituição da obrigação como competente por qualificá-la e regê-la, pode acontecer de *outras leis* serem também aplicáveis à relação jurídica quando necessário for, *v.g.*, determinar a *capacidade* das partes para contraí-la (*lex domicilii*) ou a lei aplicável à *forma* contratual (*locus regit actum*).[6] É o que se nomina, na doutrina francesa, de *dépeçage* (fracionamento).[7] Assim é que não será possível falar na aplicação de lei *única* a regular a questão, senão de *várias leis* (em fracionamento) concomitantemente, a depender da investigação da capacidade das partes, da necessidade de regência de requisitos extrínsecos (formais) ao contrato etc.

No que tange à *forma* dos atos jurídicos,[8] destaque-se ser sua lei de regência independente da lei reguladora da substância (ainda que, por hipótese, esta avoque para si a competência para regular *também* a forma do ato). Caso a lei de regência da substância, por absurdo, não admita a regência da forma pelo *locus regit actum*,

---

[3]   Cf. DINIZ, Maria Helena. *Lei de Introdução ao Código Civil Brasileiro interpretada*, cit., p. 307.

[4]   V. ROCHA, Osiris. *Curso de direito internacional privado*, cit., p. 139.

[5]   V. BATALHA, Wilson de Souza Campos. *Tratado de direito internacional privado*, t. II, cit., p. 262-263.

[6]   Cf. BEVILÁQUA, Clovis. *Princípios elementares de direito internacional privado*, cit., p. 201.

[7]   Cf. RODAS, João Grandino. Elementos de conexão do direito internacional privado brasileiro relativamente às obrigações contratuais, cit., p. 21; ARAUJO, Nadia de. *Direito internacional privado...*, cit., p. 331-333; AUDIT, Bernard & d'AVOUT, Louis. *Droit international privé*, cit., p. 811-812; e MAYER, Pierre & HEUZÉ, Vincent. *Droit international privé*, cit., p. 529-530.

[8]   V. OLIVEIRA, João Martins de. *A forma dos atos jurídicos no direito internacional privado*. Belo Horizonte: Bernardo Alvares, 1962.

Parte II · Cap. V · OBRIGAÇÕES E CONTRATOS | 361

terceira jurisdição não estará obrigada a seguir essa determinação.[9] Independe, por outro lado, a regra *locus regit actum* de previsão expressa no DIPr positivo, pois é unanimemente aceita (como costume internacional) pelas ordens jurídicas de todos os países, ressalvada, evidentemente, a escolha de outra lei pela vontade das partes (autonomia da vontade)[10] ou previsão diversa em tratado internacional em vigor no Estado.[11] Sendo, neste caso, *facultativa* a regra,[12] isto é, livremente determinada pela vontade das partes, não há jamais falar em *fraude à lei*, pois não pode (nem poderia) haver *fraude* quando se tem liberdade para escolher a lei aplicável a certo ato jurídico. Destaque-se, contudo, que nem sempre a regra *locus regit actum* será facultativa, como neste caso. Já se viu, *v.g.*, que a norma do art. 7º, § 1º, da LINDB, que determina a aplicação da lei brasileira às formalidades do casamento, é também corolária da regra *locus regit actum*, mas, ali, excepcionalmente, revestida de completa imperatividade (*v.* Cap. III, item 3.2, *supra*).

2. Obrigação proveniente de contrato

As manifestações de vontade conectadas a mais de um ordenamento jurídico extraterritorial, seja em razão do domicílio, da nacionalidade, do lugar da constituição, do lugar da execução, da sede principal dos negócios ou de qualquer outra conexão indicativa do direito aplicável podem ser consideradas *contratos internacionais*.[13] A marca da internacionalidade de um contrato é, assim, sua ligação a mais de uma ordem jurídica, ambas potencialmente aplicáveis à sua regência ou execução. A conectividade exterior de um contrato – qualificado por *internacional* – dá-se ou em razão da condição das partes (com domicílio ou nacionalidade diversos) ou em razão do local de sua celebração e posterior execução. Quando, portanto, um contrato internacional *existir*, surgirá a dúvida relativa à *lei aplicável* à sua regulação,

---

[9] Assim, DOLINGER, Jacob. *Contratos e obrigações no direito internacional privado*, cit., p. 513.

[10] Pontes de Miranda, contudo, entende que caberá à lei que rege a *substância* do ato determinar o caráter imperativo ou facultativo da regra *locus regit actum* (cf. *Tratado de direito internacional privado*, t. I, cit., p. 528). No mesmo sentido, cf. BATALHA, Wilson de Souza Campos. *Tratado de direito internacional privado*, t. II, cit., p. 328-329.

[11] Cf. DOLINGER, Jacob. *Contratos e obrigações no direito internacional privado*, cit., p. 514.

[12] Assim, BEVILÁQUA, Clovis. *Princípios elementares de direito internacional privado*, cit., p. 184-187; ESPINOLA, Eduardo & ESPINOLA FILHO, Eduardo. *A Lei de Introdução ao Código Civil Brasileiro*, vol. 2, cit., p. 430-433; e GOLDSCHMIDT, Werner. *Derecho internacional privado...*, cit., p. 186 e 237 (*verbis*: "Em suma, pois, é admissível atribuir ao adágio '*locus regit actum*' força facultativa. Esta admissibilidade não encontra sérios obstáculos no que tange à lei reguladora das formas privadas"). Em sentido contrário, mas sem razão, *v.* CASTRO, Amilcar de. *Direito internacional privado*, cit., p. 519, entendendo que "[a] atribuição de caráter facultativo à regra *locus regit actum* nada mais é que resultado de confusão". Para detalhada evolução histórica a respeito, cf. VALLADÃO, Haroldo. *Direito internacional privado*, vol. II, cit., p. 25-31.

[13] Cf. DOLINGER, Jacob. *Contratos e obrigações no direito internacional privado*, cit., p. 483-485.

demandando do DIPr (escrito ou não, como, *v.g.*, o decorrente da *voluntas*) resposta concreta à questão.

Segundo o DIPr brasileiro, a obrigação proveniente de contrato reputa-se "constituída no lugar em que residir o proponente" (LINDB, art. 9º, § 2º). Tanto a *qualificação* quanto a *regência* dessa obrigação contratual deve ocorrer segundo a lei do *lugar de residência* do proponente. A norma do art. 9º, § 2º, deve, portanto, ser lida da seguinte maneira: "Para qualificar e reger as obrigações contratuais, aplicar-se-á a lei do lugar em que residir o proponente". O lugar de residência do proponente poderá ser num país, num território, numa tribo, num povoado etc. Nos Estados de ordenamentos plurilegislativos dever-se-á encontrar o *locus* interno (territorial) de residência do proponente para o fim de conhecer a lei aplicável à relação contratual.

Por que, no entanto, pretendeu a LINDB estabelecer regra específica para os *contratos*, diversa da prevista no *caput* do art. 9º? É evidente que os contratos compõem o universo das *obrigações*, e, sendo assim, por qual motivo se optou por vinculá-lo à lei da residência do proponente, e não à lei do local de sua constituição? A resposta é lógica. Por serem, *a priori*, os contratos internacionais celebrados entre ausentes, isto é, entre partes com domicílios diversos, que negociam entre si por meio de proposta/ aceitação a distância, seria impossível determinar o lugar da *constituição* da obrigação à luz do *caput* do art. 9º da LINDB, para o fim de se conhecer o direito aplicável. Daí a razão de o legislador ter adotado critério específico para esse caso, dizendo ser a obrigação proveniente de contrato constituída no lugar de *residência* do proponente.[14] Destaque-se que a escolha do critério *residencial* em detrimento do critério *domiciliar* deu-se em razão de ser a residência mais afinada à mobilidade dos negócios, característica não sempre presente na conexão domiciliar.[15]

A regra do art. 9º, § 2º, da LINDB, tem valor *geral* para as obrigações decorrentes *de contratos*, tal significando que atinge os contratos celebrados entre ausentes ou entre presentes, indistintamente. É certo que, como se disse, os contratos

---

[14] Cf. DOLINGER, Jacob. Idem, p. 491-492.

[15] Cf. TENÓRIO, Oscar. *Direito internacional privado*, vol. II, cit., p. 184; e RODAS, João Grandino. Elementos de conexão do direito internacional privado brasileiro relativamente às obrigações contratuais, cit., p. 55. A esse respeito, a lição de AMORIM, Edgar Carlos de. *Direito internacional privado*, cit., p. 142: "O legislador aqui foi mais prático, portanto, as pessoas que vivem de negócios nem sempre estão em seus domicílios. Comumente se deslocam de um lugar para outro e até mesmo de Estado a Estado. E, em não sendo possível realizar o seu intento, consequentemente, escreve, telefona, passa telex ou fax etc., para pessoas em outras praças com vista à realização do negócio pretendido. E, mesmo assim, isto não constitui novidade, de uma feita que o art. 8º da Lei de Introdução é taxativo: 'Quando a pessoa não tiver domicílio, considerar-se-á domiciliada no lugar de sua residência ou naquele em que se encontra'. É bem verdade que a hipótese acima prevista não é daquele comerciante que não tem domicílio. Todavia, fizemos a referência só para mostrar que o Direito Internacional Privado brasileiro adota como elemento de conexão um sistema sucessivo, ou seja, domicílio, na sua ausência, residência e, na falta desta, o lugar onde a pessoa se encontre".

internacionais são, muitas vezes, celebrados entre ausentes, isto é, entre partes que negociam entre si por meio de proposta/aceitação a distância, podendo ser por correspondência, fax, *e-mail*, e tantas outras formas. No entanto, nos termos do que prevê a LINDB, mesmo em se tratando de contratos entre presentes, a regra sobre a lei competente não se altera, aplicando-se à espécie a lei do lugar de residência do proponente. É errôneo pretender aplicar, nos contratos entre presentes, a lei do local da constituição da obrigação (art. 9º, *caput*), pois a LINDB não distingue os contratos entre ausentes dos concluídos entre presentes, alocando-os *todos* na regra geral do § 2º do mesmo dispositivo. Se o objeto da obrigação for um *contrato*, a regra competente será a do § 2º do art. 9º, e, se se tratar de uma obrigação *extracontratual*, a norma regente será a do art. 9º, *caput*, da LINDB. Não tem razão, portanto, nesse ponto, Jacob Dolinger, quando diz que "o contrato internacional firmado por contratantes que se encontram no mesmo local (contrato entre presentes) será regido pela lei do local da contratação (...)".[16] Também aqui não assiste razão a Maria Helena Diniz, quando leciona que "[o]s contratos *inter presentes* dependerão (...) da lei do lugar onde forem contraídos, não se considerando a nacionalidade, o domicílio ou a residência dos contratantes".[17] Como se nota, o equívoco dessa doutrina é entender que o § 2º do art. 9º tem aplicação restrita aos contratos entre ausentes, quando, como já se verificou, a norma em causa não distingue sobre os tipos ou espécies de contratos referidos, se entre ausentes ou entre presentes. Portanto, ainda que estejam as partes no mesmo local e ali concluam o contrato internacional, a regência dele será determinada pela lei do lugar em que residir o proponente, sem qualquer flexibilização, por impossibilidade legal de aplicação do elemento de conexão *locus regit actum* às relações jurídicas contratuais.

Se alguém, de passagem pela França, mas residente na Itália, propõe ali um contrato a pessoa residente no Brasil, uma vez ajuizada a ação em nosso País, deverá o juiz brasileiro aplicar a lei *italiana* para o mérito do contrato, salvo estipulação em contrário pela vontade das partes. Será, para nós, por outro lado, indiferente que a lei italiana indicada remeta a solução do problema a outra lei, pois está vedado, no direito brasileiro atual, o reenvio (LINDB, art. 16). Portanto, não se cogita do *lugar* ou do *momento* do contrato, senão apenas, repita-se, do lugar em que o proponente *reside*.[18] No exemplo dado, poderia o proponente (residente na Itália, de passagem pela França) ter encontrado, pessoalmente, na França, a pessoa residente no Brasil (contrato *entre presentes*) ou esta última estar no Brasil ou em qualquer outro país do mundo quando

---

[16] DOLINGER, Jacob. *Contratos e obrigações no direito internacional privado*, cit., p. 492, nota nº 25.

[17] DINIZ, Maria Helena. *Lei de Introdução ao Código Civil Brasileiro interpretada*, cit., p. 307. Em idêntico sentido, cf. JO, Hee Moon. *Moderno direito internacional privado*, cit., p. 456-458; DEL'OLMO, Florisbal de Souza; ARAÚJO, Luís Ivani de Amorim. *Lei de Introdução ao Código Civil Brasileiro comentada*, cit., p. 121; e ARAUJO, Nadia de. *Direito internacional privado...*, cit., p. 323.

[18] Cf. TENÓRIO, Oscar. *Direito internacional privado*, vol. II, cit., p. 183.

da conclusão do contrato (contrato *entre ausentes*). É indiferente, para a aplicação da regra do art. 9º, § 2º, da LINDB, se as partes estão face a face ou distantes quando da conclusão do contrato internacional, importando apenas, para a determinação da lei aplicável, conhecer o lugar de residência do proponente.

Haroldo Valladão considera absurda a regra, exemplificando com uma pessoa residente na Argentina que se encontra no Rio de Janeiro, acidentalmente, só de passagem, por alguns dias, e propõe aqui no Brasil um contrato a outra, aqui domiciliada e residente, pelo que "tal contrato, feito e concluído no Brasil, será reputado constituído na Argentina, o que é um absurdo".[19] Não parece, porém, tão absurda assim a regra se se pensa que a *proposta* proveio de pessoa *residente em outro país*, e que poderia, para além de negociar com pessoa residente e domiciliada no Brasil, como no exemplo de Valladão, propor o negócio a pessoa residente e domiciliada em qualquer parte do mundo, *mas que se encontra*, apenas, no Brasil. Que diferença teria? O apego ao nacionalismo, aqui, pode não trazer a justiça da decisão, por cegar outras realidades. Por isso é que pretendeu a LINDB dar segurança às partes na fixação de um *locus*, ainda que ficto, para reputar constituído o contrato internacional, notadamente porque se sabe que os contratos internacionais, muitas vezes, são negociados e celebrados à distância, impossibilitando a localização precisa do lugar de sua constituição. Concorde-se, porém, com Valladão, que uma pessoa pode ter mais de uma residência onde alternadamente viva, ou não ter qualquer residência ou pouso certo, casos em que o § 2º do art. 9º deixa insolúvel a questão; daí por que alguns projetos da década de 1970 (*v.g.*, Projeto húngaro, art. 60, 2; Projeto português, art. 25, II; Projeto da Subcomissão francesa, art. 65) preferiram adotar, como elemento de conexão, o lugar da recepção da aceitação, e outros, o lugar de onde a proposta inicial partiu (*v.g.*, Projeto Benelux, art. 28).[20]

O direito brasileiro atual, frise-se, não seguiu essas diretrizes e entendeu que decorrendo a obrigação de contrato será a lei do local de residência do proponente a competente para a sua regulação, ainda que o negócio jurídico tenha sido concluído em praça diversa. No mesmo sentido, o *Institut de Droit International*, desde a sua sessão de Florença de 1908, de que foram *Rapporteurs* os Srs. Heinrich Harburger e Ludwig von Bar, tem entendido que, "[s]e o contrato foi feito por correspondência, o lugar do contrato não será levado em consideração, devendo a ele ser aplicada a lei do domicílio ou do estabelecimento comercial daquele de quem emanou a oferta ou a proposição" (art. 4º, primeira parte). No que tange à LINDB, a regra é bastante clara quanto ao lugar "em que *residir* o proponente" para a determinação da regência da obrigação decorrente de contrato, não se admitindo, relativamente ao termo "residir", qualquer liberalidade de interpretação.

Amilcar de Castro, sem razão, interpreta o verbo "residir" não como "morada ordinária" ou "sede" do proponente, mas como o lugar onde ele "estiver", é dizer,

---

[19]   VALLADÃO, Haroldo. *Direito internacional privado*, vol. II, cit., p. 186-187.

[20]   VALLADÃO, Haroldo. Idem, p. 187.

o "lugar onde foi feita a proposta". Segundo ele, se a pessoa tiver residência no estrangeiro, mas propuser um contrato no Brasil, terá sido em nosso País constituída a obrigação, e pelo direito brasileiro é que deverá ser regida no fundo e na forma.[21] *Contra legem*, como se vê, o entendimento do autor e dos que o acompanham, notadamente porque o verbo "residir" foi empregado pela LINDB em sentido técnico, conotando, segundo a maioria dos ordenamentos, o local de *morada* do proponente, onde ele *vive habitualmente*, não a praça em que concluído o contrato (lembre-se de que a qualificação dos elementos de conexão depende da *lex causae* – v. Parte I, Cap. V, item 3.1, *supra*). Assim, repita-se, ainda que realizada no Brasil a proposta contratual, deve-se verificar em que local efetivamente reside o proponente para o fim de localizar a lei aplicável à situação jurídica. Não fosse assim, seria absolutamente inútil a norma do art. 9º, § 2º, se se pretendesse a ela atribuir o mesmo efeito e a mesma consequência jurídica que o *caput* do dispositivo já estabelece.

É evidente que, dada a multiplicidade de normas estatais de DIPr a regular a lei aplicável às obrigações contratuais, cada vez mais os Estados assumem regras (de Direito Internacional Público) *uniformes* para balizar a questão, ajustando o seu ordenamento interno aos preceitos das convenções internacionais livremente assumidas. Dispensável citar as inúmeras normas convencionais a esse respeito, as quais deverão ser investigadas caso a caso pelo juiz. Importante, aqui, é reafirmar o princípio de que as fontes convencionais – provenientes do Direito Internacional Público – têm notória importância para o DIPr contemporâneo, pois impedem as divergências de critérios (pouco saudáveis) presentes nas diversas legislações estrangeiras. Contudo, não havendo tratado em vigor no Estado, as regras internas de DIPr é que deverão determinar a lei aplicável a obrigações contratuais, como fez, *v.g.*, a nossa LINDB no art. 9º.

A regra do art. 9º, § 2º, da LINDB, já se fez entrever, não impede (nem poderia) que as partes escolham, expressa ou tacitamente, o local em que se reputa concluído o contrato. É dizer, não há na norma em comento impedimento à autonomia da vontade das partes, chegando alguns autores, como Haroldo Valladão, a entender que o verbo "reputa-se", empregado pelo § 2º do art. 9º, ali está como sinônimo de "presume-se", pelo que "cobre sempre o princípio da autonomia da vontade, abrindo a tradicional ressalva, 'salvo estipulação em contrário' ou 'em falta de vontade expressa ou tácita'". E arremata: "Havendo tal escolha expressa ou tácita, não predomina a lei da residência do proponente, substituída pela eleita pelas partes".[22] Aqui, então, a regra passa a ser a de que a obrigação proveniente de contrato se reputa constituída no lugar em que residir o proponente, salvo estipulação (expressa ou tácita) das partes em sentido diverso.

---

[21] CASTRO, Amilcar de. *Direito internacional privado*, cit., p. 446. Nesse exato sentido, *v.* também DINIZ, Maria Helena. *Lei de Introdução ao Código Civil Brasileiro interpretada*, cit., p. 307; e JO, Hee Moon. *Moderno direito internacional privado*, cit., p. 458-459.

[22] VALLADÃO, Haroldo. *Direito internacional privado*, vol. II, cit., p. 183.

3. Obrigação no exterior destinada à execução no Brasil

Se a obrigação constituída no exterior se destinar à *execução* no Brasil e depender de *forma essencial*, deverá esta ser observada, admitidas, porém, as peculiaridades da lei estrangeira quanto aos requisitos extrínsecos do ato. Tal é o que dispõe o art. 9º, § 1º, da LINDB, ao exigir o respeito à forma *ad solemnitatem* para a execução, no Brasil, das obrigações constituídas no exterior.

Frise-se, porém, desde já, que a *execução* da obrigação no Brasil poderá decorrer da *vontade* das partes manifestada nos instrumentos ou títulos respectivos. Apenas *faltante* a determinação do local de execução pela vontade expressa das partes é que se vai aferir, em razão da natureza da obrigação, a destinação da execução no Brasil.[23] Nesse sentido, o Tribunal de Justiça de São Paulo, aplicando o art. 9º, § 1º, da LINDB entendeu possível a execução no Brasil de notas promissórias (*pagarés*) emitidas no Uruguai em favor de empresa que explora jogos de azar com concessão estatal, porque nelas indicada a cidade de São Paulo como praça de pagamento.[24] Uma vez determinada a execução da obrigação no Brasil, dependendo esta de forma essencial, sua observância passa a ser obrigatória. Assim, é certo que as partes são livres para escolher o *locus* da execução da obrigação, mas o serão para afastar a aplicação da lei brasileira quando, escolhido o Brasil como local de execução da obrigação, necessário se fizer observar determinada *forma essencial* exigida pela legislação brasileira.

Em suma, à luz do art. 9º, § 1º, da LINDB, se a obrigação depender de *forma essencial* segundo a legislação brasileira, a observância desta será imperativa quando a obrigação constituída no exterior se destinar à execução no Brasil, quer a execução tenha sido ou não determinada pela vontade das partes. Assim, se uma obrigação constituída alhures demandar escritura pública para ser executada no Brasil, sem essa formalidade não poderá aqui ter valor, ainda que nos termos da lei estrangeira possa realizar-se por instrumento particular. Tal é o caso, *v.g.*, dos negócios jurídicos que visem à constituição, transferência, modificação ou renúncia de direitos reais sobre imóveis de valor superior a trinta vezes o maior salário mínimo vigente no País, que exigem, salvo disposição de lei em contrário, escritura pública para que sejam válidos (CC, art. 108). Também a Lei nº 5.709/71, que regula a aquisição de imóvel rural por estrangeiro residente no País ou pessoa jurídica estrangeira autorizada a funcionar no País, determina que "[n]a aquisição de imóvel rural por pessoa estrangeira, física ou jurídica, é da essência do ato a escritura pública" (art. 8º). Em ambos os casos, sem essa formalidade essencial o negócio jurídico concertado no exterior não terá condições de operar no Brasil.

A LINDB, porém, abre exceção aos chamados "requisitos extrínsecos" (formais) do ato. Na redação do art. 9º, § 1º, as "peculiaridades" da lei estrangeira quan-

---

[23] Cf. ESPINOLA, Eduardo. *Elementos de direito internacional privado*, cit., p. 663.

[24] TJSP, Apelação Cível nº 1048352-12.2013.8.26.0100/SP, 12ª Câmara de Direito Privado, Rel. Des. José Reynaldo, j. 13.01.2015.

to a tais requisitos serão "admitidas" no Brasil. Apesar de se compreender o que pretendeu dizer o dispositivo, sua redação foi infeliz, a ponto de Haroldo Valladão questionar se "[t]eríamos, portanto, um instrumento público da lei brasileira com os requisitos extrínsecos a lei estrangeira(?!)".[25] Não se trata, em verdade, de "peculiaridades" da lei estrangeira a serem "admitidas" no foro, senão dos verdadeiros e próprios requisitos que a lei estrangeira estabelece para a validade *formal* de determinado ato jurídico.[26] Seja como for, certo é que para a grande parte dos autores o que o dispositivo em questão pretendeu impor é que os requisitos extrínsecos do ato jurídico (*v.g.*, maneira em que deve ser redigido o contrato, qual o número de testemunhas ou idioma utilizado) devem obedecer às determinações estabelecidas pela *lex causae.*[27] No exemplo da compra e venda, realizada no exterior, de imóvel sito no Brasil, a *forma* da escritura pública seria a da lei do local do ato, não a forma *nacional* de se lavrar escrituras; porém, há de ser *pública* a escritura em questão, pois essa essencialidade é determinante para que, no Brasil, se possa vender imóvel com valor superior a trinta vezes o maior salário mínimo vigente no País.

Jacob Dolinger, por sua vez, discorda dessa posição por entender que em muitos países sequer existe a forma da escritura pública, pelo que o negócio jurídico seria inexequível. Daí propor interpretação diversa para o dispositivo, a saber:

> Uma maneira de interpretar o dispositivo em questão é, efetivamente, referi-lo à hipótese de bem imóvel sito no Brasil, vendido no exterior, mas objetivando algo diverso do que o concebido pelo ilustre professor de Belo Horizonte [refere-se o autor a Amilcar de Castro]. As formas extrínsecas ("peculiaridades da lei estrangeira", como formulado pela LICC) – instrumento público ou privado, número de testemunhas, maneira de redigir, língua utilizada – serão regidas pela lei do local da realização do ato, ressalvado o direito das partes de utilizar a forma prescrita pela lei brasileira, na medida em que possa ser operacionalizada no exterior, valendo-se as partes, em assim desejando, da assistência do consulado brasileiro (quando pretenderem que o documento seja lavrado em livro público), mas – aí vem a expressa determinação do parágrafo 1º do artigo 9º – tendo que ser observada a forma essencial do direito brasileiro, no caso, a transcrição do documento (uma vez traduzido), no registro imobiliário competente. Assim, o divisor fica entre o direito obrigacional – pela lei do local do ato – e o direito real – pela lei do local do bem, ou seja, *locus regit actum* v. *lex rei sitae.* Isto porque a transferência da propriedade só se dá com a transcrição imobiliária no competente ofício de Registro de Imóveis.[28]

---

[25] VALLADÃO, Haroldo. *Direito internacional privado*, vol. II, cit., p. 32.

[26] Cf. a crítica de DOLINGER, Jacob. *Contratos e obrigações no direito internacional privado*, cit., p. 517.

[27] Cf. CASTRO, Amilcar de. *Direito internacional privado*, cit., p. 447; DINIZ, Maria Helena. *Lei de Introdução ao Código Civil Brasileiro interpretada*, cit., p. 305-306; e BASSO, Maristela. *Curso de direito internacional privado*, cit., p. 205-207.

[28] DOLINGER, Jacob. *Contratos e obrigações no direito internacional privado*, cit., p. 520-521.

Frise-se que apenas as obrigações que *se executam* no Brasil (trata-se, portanto, de *exequibilidade*, não de mera *acionabilidade*) deverão observar a forma essencial, quando assim exigida pela lei brasileira; obrigações sem ordem de execução nacional ficam, portanto, dispensadas das solenidades previstas pela nossa legislação, regendo-se, exclusivamente, pela lei do local de sua constituição. Assim, as obrigações referidas devem ser *exequíveis* (exigíveis) no Brasil, não meramente *acionáveis* no país, podendo, *v.g.*, ter sido o ato ajustado para executar-se fora do Brasil e, no entanto, ser acionável em território nacional.[29] Como explica Valladão, *acionável* concerne à autoridade que vai julgar o caso, ao *foro da ação e não ao da obrigação*, pois os contratos *não exequíveis* no Brasil regem-se pela lei do país em que deviam ser cumpridos, embora possam *ser julgados pelas autoridades do Brasil*, quando competentes.[30] Não haveria falar, nesse caso, em respeito à *forma essencial*, devendo-se seguir apenas o *locus regit actum*.[31]

4. Obrigações por atos ilícitos

Num mundo cada vez mais circulante, pessoas com nacionalidades ou domicílios distintos viajam todos os dias para o exterior, a turismo ou a negócios, atravessam fronteiras em veículos automotores e, também, podem se acidentar ou causar danos a terceiros. Por outro lado, sem sair de seus países, pessoas de todo o mundo contratam com empresas estrangeiras no comércio de produtos ou serviços, que, muitas vezes, apresentam-se defeituosos (produtos) ou insatisfatórios (serviços). Todas essas situações são geradoras de responsabilidade civil do causador do dano, seja contratual ou extracontratual.[32]

O DIPr dedica atenção ao tema desde a sua formação, pertencendo sua regra-chave (*lex loci delicti commissi*) às mais tradicionais da matéria.[33] As situações práticas apresentadas são, contudo, extremamente complexas, pelo que a determinação da lei aplicável pode restar na dependência de situações alheias aos atos ilícitos propriamente ditos, razão pela qual a doutrina e as modernas legislações já têm flexibilizado as matrizes tradicionais (*v.* item 4.3, *infra*).

Nos itens abaixo, serão estudados o *tradicional* e o *novo* em matéria de obrigações por atos ilícitos, iniciando pela regra *lex loci delicti commissi* e passando à subsequente análise dos tratados internacionais, da flexibilização pela *lex damni* e das obrigações *ex lege*.

---

[29]   Assim, BEVILÁQUA, Clovis. *Princípios elementares de direito internacional privado*, cit., p. 188.

[30]   VALLADÃO, Haroldo. *Direito internacional privado*, vol. II, cit., p. 190.

[31]   *V.* DINIZ, Maria Helena. *Lei de Introdução ao Código Civil Brasileiro interpretada*, cit., p. 306.

[32]   Cf. MARQUES, Claudia Lima. Novos rumos do direito internacional privado quanto às obrigações resultantes de atos ilícitos (em especial de acidentes de trânsito). In: BAPTISTA, Luiz Olavo & MAZZUOLI, Valerio de Oliveira (Org.). *Direito internacional privado*: teoria e prática. São Paulo: Revista dos Tribunais, 2012, p. 995-1030; e DOLINGER, Jacob. *Contratos e obrigações no direito internacional privado*, cit., p. 529-530.

[33]   Cf. VALLADÃO, Haroldo. *Direito internacional privado*, vol. II, cit., p. 195-196.

4.1 *Regra* lex loci delicti commissi

Nas legislações de quase todos os países, as obrigações decorrentes de atos ilícitos são regidas e qualificadas pela regra *lex loci delicti commissi*, segundo a qual os atos danosos obedecem à lei do local em que se perpetraram.[34] Entre nós, observe-se faltar na LINDB regra *específica* sobre a lei aplicável a tais obrigações, pelo que sua regência e qualificação passa a determinar-se pela *regra geral* do art. 9º, que manda aplicar "a lei do país em que [tais obrigações por atos ilícitos] se constituírem". Esse dispositivo, portanto, dado o seu caráter geral, serve, no direito brasileiro, a todas as obrigações extracontratuais, como as *ex delicto*.

Perceba-se, de plano, que tanto a regência quanto *a qualificação* das obrigações por atos ilícitos devem ser, nos termos do art. 9º, determinadas pela lei do local em que o ato foi cometido. É dizer: se um determinado ato foi praticado na Argentina ou no Uruguai, não caberá ao direito brasileiro determinar sua licitude ou não; caberá às leis argentinas ou uruguaias fazê-lo. De fato, um ato pode ser ilícito no Brasil e não o ser na Argentina ou no Uruguai. Essa constatação (qualificação) somente a *lex causae* poderá realizar.

A aplicação da regra *lex loci delicti commissi* – tanto pela LINDB como pelas normas internacionais em vigor no Estado – dá-se em razão do princípio segundo o qual a vítima tem o direito de transferir as consequências de seu prejuízo ao autor do ilícito civil, pelo que seria determinante o *ambiente social* vigente no local em que se praticou o ato, além do que o autor do dano há de ser julgado segundo as regras que conhecia quando da prática do ato danoso.[35]

Em suma, a *lex loci delicti commissi* é a regra geral aplicável às obrigações por atos ilícitos até os dias de hoje. Sua permanência tem sido reafirmada pela melhor doutrina, como faz, *v.g.*, Haroldo Valladão, para quem, "a regra geral da *lex loci delicti* permanece e permanecerá como o critério normal, seguro, objetivo, justo, da lei territorial para sanções criminais e civis decorrentes dos atos ilícitos praticados no território".[36]

Frise-se, contudo, que a utilização da lei do lugar não supõe ser a *lex loci* princípio fundamental, senão apenas que se trata de princípio de ajustação que *junta* os interesses da vítima com as responsabilidades do autor do ilícito para fins de localização da lei aplicável.[37]

---

[34] Cf. MACHADO VILLELA, Álvaro da Costa. *Tratado elementar (teórico e prático) de direito internacional privado*, t. I, cit., p. 480; e AUDIT, Bernard & d'AVOUT, Louis. *Droit international privé*, cit., p. 224-226. A propósito, *v.* sentença da Corte de Cassação francesa de 25.05.1948 (*Affaire Lautour c. Veuve Guiraud*), in ANCEL, Bertrand & LEQUETTE, Yves. *Les grands arrêts de la jurisprudence française de droit international privé*, cit., p. 164-176.

[35] Assim, DOLINGER, Jacob. *Contratos e obrigações no direito internacional privado*, cit., p. 352-353.

[36] VALLADÃO, Haroldo. *Direito internacional privado*, vol. II, cit., p. 200.

[37] Nesse sentido, *v.* PONTES DE MIRANDA, Francisco Cavalcanti. *Tratado de direito internacional privado*, t. II, cit., p. 172-173, assim: "A doutrina vigente no Brasil, devido a lacuna do

4.2 Tratados internacionais

O Código Bustamante, tal como a LINDB, determina que "[a]s obrigações que derivem de atos ou omissões, em que intervenha culpa ou negligência não punida pela lei, reger-se-ão pelo direito do lugar em que tiver ocorrido a negligência ou culpa que as origine" (art. 168).

No âmbito do Mercosul, concluiu-se em San Luis, Argentina, em 26 de junho de 1996, o Protocolo de São Luiz sobre Matéria de Responsabilidade Civil Emergente de Acidentes de Trânsito entre os Estados-Partes do Mercosul, com Errata aprovada em Assunção (Paraguai) em 19 de junho de 1997.[38] Pelo *Protocolo de São Luiz*, toda "responsabilidade civil por acidentes de trânsito será regida pelo direito interno do Estado-Parte em cujo território ocorreu o acidente" (art. 3º, primeira parte). No entanto, "[s]e no acidente participarem ou resultarem atingidas unicamente pessoas domiciliadas em outro Estado-Parte, o mesmo será regido pelo direito interno deste último" (art. 3º, *in fine*). Por exemplo, se um brasileiro atropela outro brasileiro no Uruguai, serão as leis *brasileiras* as aplicadas ao caso, não as uruguaias. Frise-se que para a melhor interpretação dessa norma, Dolinger sugere substituir a expressão "participarem *ou* resultarem atingidas" por "participarem *e* resultarem atingidas", para o fim de trazer mais clareza ao entendimento do texto.[39] Qualquer que seja, porém, o direito aplicável à responsabilidade, hão de ser levadas em conta "as regras de circulação e segurança em vigor no lugar e no momento do acidente" (art. 5º). Tal significa, segundo Dolinger, que "a apuração da responsabilidade dependerá, em determinada medida, das regras de trânsito vigentes no local da ocorrência do acidente, que poderão ser mais, ou menos, exigentes do que as normas vigentes na legislação do país do domicílio das partes envolvidas, a reger a hipótese, o que poderá afetar o julgamento para ampliar ou restringir a responsabilidade do causador do acidente".[40]

Por sua vez, dispõe o art. 4º do *Protocolo* que "[a] responsabilidade civil por danos sofridos nas coisas alheias aos veículos acidentados como consequência do acidente de trânsito, será regida pelo direito interno do Estado-Parte no qual se produziu o fato".

Ainda segundo o *Protocolo*, fica a critério do autor escolher o foro: (*a*) de onde ocorreu o acidente, (*b*) do domicílio do demandado ou (*c*) do domicílio do demandante para propor a respectiva ação (art. 7º).

Código Civil, submeteu as obrigações por atos ilícitos à *lex loci* (estrutura social). A inderrogabilidade da lei do lugar suporia a existência de princípio fundamental. Mas, em verdade, não se trata de princípio de tal natureza, e sim de princípio de ajustação, que (...) nasce da sugestão dos fatos. É o *certo*, nos casos em que as circunstâncias aconselham a sua adoção".

[38] Aprovado (com a respectiva Errata) pelo Decreto Legislativo nº 259, de 15.12.2000, ratificado pelo governo brasileiro em 30.01.2001 e promulgado pelo Decreto nº 3.856, de 03.07.2001.

[39] DOLINGER, Jacob. *Contratos e obrigações no direito internacional privado*, cit., p. 534.

[40] DOLINGER, Jacob. Idem, p. 533.

4.3 Flexibilização pela lex damni

A lei do local em que cometido o ilícito poderá não ser, contudo, a mesma do lugar em que o dano gerou efeitos. De fato, pode ocorrer (e normalmente ocorre) de o ato ter sido praticado num país e seus efeitos sentidos em outro.[41] Nesses casos, parece coerente substituir a *lex delicti* pela *lex damni*, ou seja, pela lei do lugar em que o dano efetivamente ocorreu, se for ela considerada a *mais próxima* das partes ou do ato ilícito. Não se excluiria definitivamente a aplicação da *lex delicti*, flexibilizando-se, porém, sua aplicação em razão da lei do lugar do dano quando esta for mais próxima das partes ou do próprio ato.[42] Nesse sentido, inclusive, estava a redação do art. 13 do Projeto de Lei nº 269 do Senado, para o qual "[a]s obrigações resultantes de atos ilícitos serão regidas pela lei que com elas tenha vinculação mais estreita, seja a lei do local da prática do ato, seja a do local onde se verificar o prejuízo, ou outra lei que for considerada mais próxima às partes ou ao ato ilícito".

Várias legislações recentes de DIPr têm, igualmente, flexibilizado a regra *lex delicti* em favor da *lex damni*, a exemplo da *Lei de Reforma* italiana, de 1995, segundo a qual "[a] responsabilidade por fato ilícito é regulada pela lei do Estado em que se verificou o evento [danoso]" (art. 62, § 1º, primeira parte), podendo, no entanto, a parte lesada "pedir que se aplique a lei do Estado em que o fato ocorreu" (art. 62, § 1º, *in fine*). Como se nota, a regra determinada pela lei italiana é a *lex damni* e, a exceção, a *lex delicti*.[43] Se, porém, o fato ilícito envolver "apenas cidadãos de um mesmo Estado neste residentes, aplicar-se-á a lei desse Estado" (art. 62, § 2º).

Na Alemanha, da mesma forma, a prática dominante considera também cometido o delito em qualquer um dos lugares em que o prejuízo se concretizou, independentemente de a causa do ato danoso ter ou não decorrido de ato humano, como, *v.g.*, o caso da explosão, por negligência, de fábrica situada próxima à fronteira entre dois países que causa danos a propriedades situadas no outro Estado.[44]

---

[41] Exemplifique-se com os danos ambientais transfronteiriços. Sobre o tema, cf. TOMLJENOVIĆ, Vesna. Maritime torts – new conflicts approach: is it necessary? *Yearbook of Private International Law*, vol. 1 (1999), p. 249-298.

[42] Cf. DOLINGER, Jacob. *Contratos e obrigações no direito internacional privado*, cit., p. 355-356. Claudia Lima Marques, por sua vez, aceita a *lex damni*, mas desde que "coincida com o lugar do foro" (*v*. Novos rumos do direito internacional privado quanto às obrigações resultantes de atos ilícitos…, cit., p. 1030).

[43] Assim também, na Europa, o Regulamento nº 864/2007 (art. 4º). Para detalhes, *v*. BALLARINO, Tito (*et al.*). *Diritto internazionale privato italiano*, cit., p. 281-289. Sobre o direito italiano anterior, *v*. BALLADORE PALLIERI, Giorgio. *Diritto internazionale privato italiano*, cit., p. 353-359.

[44] *V*. WOLFF, Martin. *Derecho internacional privado*, cit., p. 254.

Martin Wolff, contudo, entende que a *lex damni* somente poderá operar *se* a lei do local em que cometido o ato o tiver por ilícito e capaz de produzir efeitos. Eis sua lição:

> Uma ação por ato ilícito não pode basear-se meramente no direito do lugar do efeito; se, porém, segundo o direito do lugar do ato existir um ato ilícito, e também se segundo esse direito o efeito considerar-se provocado pelo ato, a pessoa prejudicada pode invocar também o direito do lugar do efeito para reclamar pretensões que não lhe corresponderiam segundo o direito do lugar do ato (*v.g.*, indenização pecuniária em vez de restituição em espécie, ou indenização por *dommage moral*).[45]

Ainda segundo Wolff, se vários forem os locais do ato, *v.g.*, porque o delinquente cloroformizou a sua vítima depois de partir de trem de Aachen na Alemanha, jogando-a para fora do vagão ao atravessar a fronteira belga, poderá a vítima livremente invocar o direito de qualquer dos lugares por que passou o trem, devendo o juiz decidir de ofício segundo a norma mais favorável à reclamação apresentada.[46]

Faz sentido a observação de Wolff, exatamente porque aqui se está a tratar de obrigações por atos *ilícitos*, não de obrigações (de efeitos posteriores) provenientes de atos *lícitos*. Não se poderá pretender indenização pelo fato de um ato lícito cometido em um país gerar efeitos, em outro, contrários à pretensão da pessoa. Seria um contrassenso admitir que atos lícitos possam gerar efeitos ilícitos, e, ainda que gerem, se possa falar em ilicitude decorrente de *legalidade*.

Assim, para que a *lex damni* seja utilizada como critério suplementar ou flexibilizador da *lex delicti*, deve esta última qualificar o ato como *ilícito* e capaz de produzir *efeitos danosos* às pessoas, ainda que para além das fronteiras do Estado. O dano causado à pessoa como decorrência da prática de atos originariamente *lícitos* (segundo a lei do local em que foram praticados) não serão jamais capazes de fazer operar o instituto da responsabilidade civil.

Seja como for, certo é que atualmente se tem pretendido abandonar cada vez mais o rigor dos critérios tradicionais do DIPr para o fim de encontrar pontos de conexão mais próximos a reger as obrigações decorrentes de atos ilícitos. Tudo, nesse campo, tem passado por constantes experimentações.[47]

4.4 *Obrigações* ex lege

Há obrigações por atos ilícitos que não decorrem de contratos, nem são *ex delicto*; provêm diretamente da lei (*ex lege*) e, por isso, têm campo probatório so-

---

[45] WOLFF, Martin. Idem, ibidem.
[46] WOLFF, Martin. Idem, ibidem.
[47] A propósito, cf. STRENGER, Irineu. *Reparação do dano em direito internacional privado*. São Paulo: Revista dos Tribunais, 1973, p. 40-53.

Parte II · Cap. V · OBRIGAÇÕES E CONTRATOS | 373

bremaneira restrito.[48] Compõem a categoria dos chamados "quase contratos".[49] São exemplos de obrigação dessa categoria a gestão de negócios, o enriquecimento ilícito, a cobrança do indébito, o usufruto inerente ao pátrio poder, a prestação de alimentos entre parentes, a do tutor para com o tutelado e a indenização do possuidor pelas benfeitorias.[50] Fica, então, a dúvida de saber qual a lei aplicável nas situações jurídicas interconectadas.

É entendimento corrente que tais obrigações são regidas tanto no DIPr como no direito comparado (*a*) pela lei que estabelece a obrigação ou (*b*) pela lei do lugar do fato que as originou.[51] Trata-se da solução adotada pela legislação de vários países, decorrente, inclusive, do costume. Tal é assim pelo fato de as obrigações *ex lege* se constituírem independentemente da vontade do obrigado, que lhes é indiferente. Não há, contudo, na LINDB, regra expressa a respeito. Há, porém, normatização no Código Bustamante, que poderá ser utilizada (a título, ao menos, de *doutrina*) para os casos de relações jurídicas com países não partes no Código, quais sejam:

> Art. 165. As obrigações derivadas da lei regem-se pelo direito que as tiver estabelecido.
>
> Art. 220. A gestão de negócios alheios é regulada pela lei do lugar em que se efetuar.
>
> Art. 221. A cobrança do indébito submete-se à lei pessoal comum das partes e, na sua falta, à do lugar em que se fizer o pagamento.
>
> Art. 222. Os demais quase contratos subordinam-se à lei que regule a instituição jurídica que os origine.

A regra geral, portanto, é a de que as obrigações derivadas da lei regem-se pelo direito que as tiver estabelecido ou do lugar do fato que as originou. Na primeira hipótese, exemplifique-se com o usufruto inerente ao pátrio poder, regulado pela mesma lei regente do instituto do pátrio poder, bem assim com as obrigações do tutor, regidas por idêntica lei a que se submete o instituto da tutela.[52] No segundo caso, tome-se como exemplo a gestão de negócios, regida pela lei do lugar em que se efetuar; assim também o enriquecimento sem causa, a ser regulado, à falta de lei

---

[48]   Cf. Valladão, Haroldo. *Direito internacional privado*, vol. II, cit., p. 195; Espinola, Eduardo & Espinola Filho, Eduardo. *A Lei de Introdução ao Código Civil Brasileiro*, vol. 2, cit., p. 388-390; Strenger, Irineu. *Reparação do dano em direito internacional privado*, cit., p. 23-33; e Balladore Pallieri, Giorgio. *Diritto internazionale privato italiano*, cit., p. 352-353.

[49]   Cf. Dolinger, Jacob. *Contratos e obrigações no direito internacional privado*, cit., p. 541; Ballarino, Tito (*et al.*). *Diritto internazionale privato italiano*, cit., p. 341-342; e Mayer, Pierre & Heuzé, Vincent. *Droit international privé*, cit., p. 512-513.

[50]   Dolinger, Jacob. *Contratos e obrigações no direito internacional privado*, cit., p. 541-542.

[51]   V. Valladão, Haroldo. *Direito internacional privado*, vol. II, cit., p. 195.

[52]   Cf. Espinola, Eduardo & Espinola Filho, Eduardo. *A Lei de Introdução ao Código Civil Brasileiro*, vol. 2, cit., p. 388-389.

pessoal comum das partes, pela lei do lugar em que se der o pagamento, nos termos das regras disciplinadoras da repetição do indébito.[53]

Destaque-se que já se estudou a questão das obrigações alimentares fundadas em relação de parentesco, concluindo-se pela aplicação da norma *mais favorável* ao alimentando (*v.* Cap. III, item 5.4, *supra*). Salvo essa hipótese, para todos os demais casos de obrigações não autônomas decorrentes diretamente da lei, seria de se aplicar o Código Bustamante (a título de doutrina) à falta de norma interna ou convencional específica a permitir outro(s) vínculo(s) jurídico(s).

5. Autonomia da vontade

Já se disse (*v.* Parte I, Cap. V, item 4.4, *supra*) que o direito brasileiro admite plenamente a autonomia da vontade como elemento de conexão válido, especialmente em matéria contratual. Tal é assim em quase todas as legislações, ao permitirem que as partes determinem a ordem jurídica a que ficará submetida a relação obrigacional.[54] Sem pretender repetir os argumentos já anteriormente expostos, basta aqui reafirmar que a vontade das partes é possível e aceitável no direito brasileiro atual; nenhuma vedação se encontra no art. 9º da LINDB que impeça as partes, numa relação obrigacional internacional, de escolher livremente a lei aplicável à relação jurídica.[55] Se a lei não proíbe, as autoriza, ainda mais levando-se em conta que o permissivo vinha expresso no art. 13, *caput*, da Introdução ao Código Civil de 1916, que dizia que "[r]egulará, *salvo estipulação em contrário*, quanto à substância e aos efeitos das obrigações, a lei do lugar onde forem contraídas". Tal demonstra que é tendência do direito brasileiro admitir a autonomia da vontade das partes como elemento conectivo válido, ainda que, por mero lapso, dela não tenha expressamente versado o art. 9º da LINDB, o que, contudo, repita-se, não a desautoriza entre nós.[56] Como já destacou o STF, em Acórdão da lavra do Min. Philadelpho Azevedo, princípios básicos de nosso direito não podem

---

[53] Cf. STRENGER, Irineu. *Reparação do dano em direito internacional privado*, cit., p. 29.

[54] A propósito, *v.* sentenças da Corte de Cassação francesa de 05.12.1910 (*Affaire American Trading C c. Québec Steamship C*) e de 06.07.1959 (*Affaire Société des Fourrures Renel c. Allouche*), in ANCEL, Bertrand & LEQUETTE, Yves. *Les grands arrêts de la jurisprudence française de droit international privé*, cit., p. 94-102 e 299-306, respectivamente. Ainda sobre o tema, *v.* NIBOYET, Marie-Laure & GEOUFFRE DE LA PRADELLE, Géraud de. *Droit international privé*, cit., p. 89, reconhecendo ser o princípio da autonomia da vontade "universalmente admitido e praticado".

[55] *V.* MAZZUOLI, Valerio de Oliveira & Prado, Gabriella Boger. L'autonomie de la volonté dans les contrats commerciaux internationaux au Brésil, cit, p. 427-456.

[56] Assim também, VALLADÃO, Haroldo. *Direito internacional privado*, vol. II, cit., p. 182-185; STRENGER, Irineu. *Direito internacional privado*, cit., p. 614-617; e RODAS, João Grandino. Elementos de conexão do direito internacional privado brasileiro relativamente às obrigações contratuais, cit., p. 57, para quem "[i]nobstante (*sic*) a falta de referência da Lei de Introdução de 1942 à autonomia da vontade, esse princípio não desapareceu por tal omissão".

desaparecer por "sua simples omissão num código ou numa lei".[57] Como se não bastasse, a Constituição Federal de 1988 determina, no art. 5º, II, que "ninguém será obrigado a fazer ou deixar de fazer alguma coisa senão em virtude de lei", regra essa mantida de há muito na tradição constitucional brasileira, a qual, em conexão com o art. 9º, *caput*, da LINDB, não abre a menor dúvida sobre a permissibilidade da autonomia da vontade no direito pátrio.[58]

Fazemos nossa a lição precisa de Dolinger sobre o tema, para quem, "no direito internacional privado, ao versar situações contratuais multinacionais, que podem ser regidas por um ou outro sistema jurídico – diversamente do que ocorre no campo da capacidade do agente, nas questões de família, sucessão ou patrimônio imobiliário –, as partes têm autonomia para escolher o sistema jurídico ao qual desejam submeter suas recíprocas obrigações", especialmente porque se "[o]s conflitos são suprimidos quando os Estados uniformizam sua lei; também são suprimidos quando as partes se colocam sob a égide de um sistema que cobre toda a relação, e evitam qualquer submissão a outro sistema jurídico".[59] E conclui: "Assim como não aceitamos que a ordem pública represente restrição ao exercício da autonomia da vontade no plano internacional, também não concebemos qualquer preocupação com a natureza das normas – supletivas, facultativas, imperativas, proibitivas, etc. (…) Ante estas considerações, também não se justifica procurar detectar a ocorrência de fraude à lei, no sentido de que os contratantes, no Brasil, escolheram lei estrangeira para fraudar a lei brasileira competente. Em matéria contratual, a vontade das partes é soberana, e não têm elas obrigação de ficar submetidas à lei originalmente competente, por força do disposto nas regras de conexão do DIPr brasileiro".[60] No

---

[57] *V. Diário da Justiça*, Apenso nº 135, de 12.06.1945, p. 2550-2551, citado por VALLADÃO, Haroldo. *Direito internacional privado*, vol. II, cit., p. 183.

[58] Sem razão, ARAUJO, Nadia de. *Direito internacional privado…*, cit., p. 322, ao entender que a supressão da expressão "salvo estipulação em contrário" – originalmente presente no art. 13 da Introdução ao Código Civil de 1916 – "acarretou a proibição à autonomia da vontade". A autora, como se vê, não percebeu que a questão é, sobretudo, *constitucional* no Brasil, assegurada pelo art. 5º, II, da Constituição de 1988.

[59] DOLINGER, Jacob. *Contratos e obrigações no direito internacional privado*, cit., p. 426. Em sentido contrário, lecionando, porém, à luz da ordem jurídica anterior, *v*. PONTES DE MIRANDA, Francisco Cavalcanti. *Tratado de direito internacional privado*, t. II, cit., p. 156, para quem "[a] autonomia da vontade não existe, no Direito internacional, nem como *princípio*, nem como *teoria* aceitável".

[60] DOLINGER, Jacob. *Contratos e obrigações no direito internacional privado*, cit., p. 474-476. Assim também a lição de Hee Moon Jo, para quem "a questão do desvio da lei (ou fraude à lei) só aparece após a escolha da lei pelas partes, não sendo lógica essa presunção [de fraude] se ainda não existe o caso concreto" (*Moderno direito internacional privado*, cit., p. 451-452). Em sentido contrário, mas sem razão, *v*. DINIZ, Maria Helena (*Lei de Introdução ao Código Civil Brasileiro interpretada*, cit., p. 298), ao ressaltar "que a autonomia da vontade só poderá prevalecer quando não estiver conflitante com norma imperativa ou de ordem pública…"; e BASSO, Maristela (*Curso de direito internacional privado*, cit., p. 199), ao entender que "a

DIPr europeu, por sua vez, a vontade das partes como conexão definidora da lei aplicável ao contrato é, também, amplamente reconhecida.[61]

Ademais, o CPC/2015 – também já se disse na Parte I, Cap. V, item 4.4, *supra* – aceitou a autonomia da vontade das partes no que tange à eleição do foro, ao expressamente aduzir que "[n]ão compete à autoridade judiciária brasileira o processamento e o julgamento da ação quando houver cláusula de eleição de foro exclusivo estrangeiro em contrato internacional, arguida pelo réu na contestação" (art. 25, *caput*).

Para nós, em suma, não há dúvida de que a autonomia da vontade é elemento de conexão válido a informar a lei aplicável – para além do *foro* competente (CPC/2015, art. 25, *caput*) – às situações jurídicas interconectadas a determinada obrigação. Para recorrer mais uma vez à lição de Dolinger, é desejo da classe advocatícia do País "que o Brasil se junte ao restante do mundo civilizado, levando este princípio à prática, no reconhecimento de que as partes nos contratos internacionais, têm liberdade de escolha da lei aplicável".[62] Nada, portanto, de ilícito ou de antijurídico tem no fato de as partes poderem escolher, livremente, a ordem jurídica responsável por reger o negócio jurídico celebrado entre elas. Essa a tendência patente nas normas internacionais mais modernas e nas legislações de DIPr de diversos países.[63]

Desse modo, a regra do art. 9º, *caput*, da LINDB – segundo a qual a qualificação e regência das obrigações ficam sujeitas à lei do país em que se constituírem – somente vai operar se as partes não tiverem escolhido, pela sua vontade, o direito aplicável. A norma há de ser interpretada à semelhança do art. 13, *caput*, da Introdução ao Código Civil de 1916, devendo ser lida assim:

> Para qualificar e reger as obrigações, aplicar-se-á, *salvo estipulação em contrário*, a lei do país em que se constituírem.

Em suma, apenas *faltante* a vontade expressa das partes na escolha da ordem jurídica a que deva submeter-se a relação obrigacional é que se irá buscar, no direito posto, a lei aplicável à situação, quer encontrando-a nas regras de direito, quer, em sua falta, investigando o centro de gravidade da relação em causa.[64] Há, como se vê, dois critérios para a determinação da lei aplicável às obrigações: um *principal* (decorrente da vontade das partes) e outro *supletivo* (definido pela lei ou pelo centro

---

liberdade de escolha da lei aplicável encontra, como limite, a proibição de violação da ordem pública do sistema jurídico com o qual o contrato se conecta para irradiar seus efeitos".

[61] *V.* SAMTLEBEN, Jürgen. Teixeira de Freitas e a autonomia das partes no direito internacional privado latino-americano, cit., p. 268-269.

[62] DOLINGER, Jacob. *Contratos e obrigações no direito internacional privado*, cit., p. 526.

[63] Cf. BALLARINO, Tito (*et al.*). *Diritto internazionale privato italiano*, cit., p. 265, com referência à Convenção de Roma de 1980 e ao Regulamento Roma I.

[64] Cf. WOLFF, Martin. *Derecho internacional privado*, cit., p. 211-220.

de gravidade da relação jurídica). O primeiro, como o próprio nome está a indicar, sempre há de prevalecer ao segundo. Nesse exato sentido, a propósito, estava a redação do art. 12 do Projeto de Lei nº 269 do Senado, ao dizer que "[a]s obrigações contratuais são regidas pela lei escolhida pelas partes", que poderá ser "expressa ou tácita, sendo alterável a qualquer tempo, respeitados os direitos de terceiros"; e, nos termos do § 1º do mesmo dispositivo, "[c]aso não tenha havido escolha ou se a escolha for ineficaz, o contrato, assim como os atos jurídicos em geral, serão regidos pela lei do país com o qual mantenham os vínculos mais estreitos".

6. Convenção da ONU sobre contratos de compra e venda internacional de mercadorias

Destaque-se que desde 2014 o Brasil é parte da Convenção das Nações Unidas sobre Contratos de Compra e Venda Internacional de Mercadorias, de 1980.[65] A Convenção se aplica aos contratos de compra e venda de mercadorias entre partes que tenham seus estabelecimentos em Estados distintos (*a*) quando tais Estados forem Estados contratantes, ou (*b*) quando as regras de DIPr levarem à aplicação da lei de um Estado-contratante (art. 1º). Trata-se de norma internacional de observância obrigatória para juízes e tribunais brasileiros quando em causa contrato internacional de compra e venda de mercadorias.[66]

A Convenção, porém, regula apenas a *formação do contrato* de compra e venda e os *direitos e obrigações* do vendedor e do comprador dele emergentes; salvo disposição expressa em contrário da Convenção, o instrumento não diz respeito, especialmente, (*a*) à validade do contrato ou de qualquer das suas cláusulas, bem como à validade de qualquer uso ou costume, e (*b*) aos efeitos que o contrato possa ter sobre a propriedade das mercadorias vendidas (art. 4º).

Na Convenção, a formação do contrato é versada nos arts. 14 a 24, e as obrigações do vendedor e comprador nos arts. 30 a 52 e 53 a 65, respectivamente.

---

[65] Aprovada pelo Decreto Legislativo nº 538, de 18.10.2012, e promulgada pelo Decreto nº 8.327, de 16.10.2014 (com vigor para o Brasil, no plano externo, desde 01.04.2014).

[66] Cf. BALLARINO, Tito (*et al.*). *Diritto internazionale privato italiano*, cit., p. 274-277.

Capítulo VI

Estatuto das Pessoas Jurídicas

1. Introdução

Estudadas as leis aplicáveis às relações jurídicas interconectadas a envolver bens, direito de família, direito das sucessões e obrigações e contratos, cabe agora investigar as regras da LINDB sobre as organizações destinadas a fins de interesse coletivo, como as sociedades e as fundações. Trata-se de estudar, em suma, a norma derradeira da LINDB (art. 11) sobre conflitos internormativos, relativa agora às *pessoas jurídicas*.

O art. 11 da LINDB, porém, para além de regra conflitual, é também (em seus parágrafos) norma direta, que regula o funcionamento de pessoas jurídicas estrangeiras no Brasil (§ 1º) e a aquisição de determinadas categorias de bens por governos estrangeiros (§§ 2º e 3º). Sobre esses temas também se vai discorrer aqui, findo o qual se terá investigado *todas* as normas da LINDB relativas ao Direito Civil Internacional.

2. Lei aplicável

Assim como as pessoas físicas, as pessoas jurídicas envolvem-se também em relações interconectadas (civis, comerciais, tributárias etc.) que ficam à mercê da definição da lei aplicável às controvérsias relativas à sua criação, funcionamento e extinção.

Para as pessoas físicas, já se viu, os critérios para a determinação do estatuto pessoal variam entre a *nacionalidade* e o *domicílio*, tudo a depender do que adotem as normas de DIPr estatais. Para as pessoas jurídicas de direito privado, a LINDB determina que devem obedecer "à lei do Estado em que se constituírem" (art. 11, *caput*). Assim, constituindo-se no Brasil, obedecerão à lei brasileira; constituindo-se no estrangeiro, obedecerão à lei do Estado de constituição. Significa que a lei do país de *nacionalidade* das pessoas jurídicas (*lex societatis*) é que irá regê-las no Brasil, isto é, a lei do Estado em que *registrados* os seus estatutos ou atos constitutivos. Esse registro – que é o ato de *constituição* de sua personalidade jurídica – atribui à pessoa jurídica reconhecimento universal, variando, porém, sua *capacidade* de acordo com a lei do país de registro.

A LINDB não levou em conta, como se nota, outros critérios para a determinação da lei de regência das pessoas jurídicas, como, *v.g.*, a nacionalidade ou o domicílio dos sócios fundadores, o país de subscrição do capital social ou a sede principal da empresa, senão apenas e tão somente o *local de sua constituição*, aquele em que *registrados* os seus estatutos ou atos constitutivos.[1] Será, portanto, a lei do país de nacionalidade (lei do local de constituição) da pessoa jurídica a responsável por determinar todas as regras a ela atinentes, é dizer, o seu *estatuto jurídico*.[2]

O Projeto de Lei nº 269 do Senado, de 2004, seguia idêntica doutrina, porém com pequena variação (e redação mais clara) no que tange ao funcionamento das pessoas jurídicas estrangeiras no país, nestes termos:

> Art. 21. Pessoas Jurídicas – As pessoas jurídicas serão regidas pela lei do país em que se tiverem constituído.
>
> Parágrafo único. Para funcionar no Brasil, por meio de quaisquer estabelecimentos, as pessoas jurídicas estrangeiras deverão obter a autorização que se fizer necessária, ficando sujeitas à lei e aos tribunais brasileiros.

Certo é que nos termos do direito brasileiro em vigor, posta no Brasil questão relativa à constituição, funcionamento e extinção de pessoa jurídica estrangeira, deverá o juiz nacional consultar a lei do país em que foi constituída (país de sua nacionalidade) para o fim de aplicar o direito material a ela relativo, independentemente da nacionalidade ou do domicílio dos sócios, do lugar da subscrição do capital social, do local do exercício de suas atividades, do local em que se exerce o seu efetivo controle etc.[3] Inservível o mesmo critério para delimitar a capacidade dos sócios, a ser aferida, segundo a LINDB, pela lei do respectivo domicílio (art. 7º, *caput*). A preocupação do art. 11 da LINDB volta-se apenas à determinação da *lei aplicável* à regência das pessoas jurídicas, não de seus integrantes.

---

[1] V. BATALHA, Wilson de Souza Campos. *Tratado de direito internacional privado*, t. II, cit., p. 182-183.

[2] Cf. MACHADO VILLELA, Álvaro da Costa. *Tratado elementar (teórico e prático) de direito internacional privado*, t. I, cit., p. 225-231; e DOLINGER, Jacob. *Direito internacional privado...*, cit., p. 475-478.

[3] Cf. DINIZ, Maria Helena. *Lei de Introdução ao Código Civil Brasileiro interpretada*, cit., p. 336.

3. Nacionalidade

Para conhecer as regras substanciais relativas à pessoa jurídica constituída no estrangeiro, é dizer, seu *estatuto jurídico*, é necessário, *primeiro*, investigar qual a sua *nacionalidade*. Para tanto, há três critérios tradicionalmente utilizados, que variam de legislação para legislação: o da *incorporação*, o da *sede social* e o do *controle*. Pelo primeiro, a nacionalidade da pessoa jurídica se determina pelo local de registro dos seus estatutos ou atos constitutivos; pelo segundo, será determinada em razão do local de sua sede social; e, pelo terceiro, liga-se à nacionalidade dos elementos que a controlam, é dizer, à nacionalidade dos que detêm a maior parcela de seu capital social.[4] Há, também, especialmente em normas convencionais, o critério da *autonomia da vontade*, pelo qual a nacionalidade das pessoas jurídicas se estabelece pelo que dispuser o contrato social.

O Código Bustamante, ao regular a matéria, estabeleceu critérios diferenciados para cada tipo de sociedade (arts. 16 a 19). A regra do art. 16 é de que "[a] nacionalidade de origem das *corporações* e das *fundações* será determinada pela lei do Estado que as autorize ou as aprove". O mesmo se dá relativamente às *associações*, para as quais o mesmo Código determina ser a nacionalidade "a do país em que se constituam, e nele devem ser registradas ou inscritas, se a legislação local exigir esse requisito". Tais disposições, nota-se, guardam semelhança com o art. 11 da LINDB, segundo o qual as pessoas jurídicas obedecem à lei do Estado em que se constituírem (critério da incorporação). Por sua vez, para as sociedades civis, mercantis ou industriais, que não sejam anônimas, será "a nacionalidade estipulada na escritura social [critério da autonomia da vontade] e, em sua falta, a do lugar onde tenha sede habitualmente a sua gerência ou direção principal [critério da sede social]" (art. 18). No que tange especificamente às sociedades anônimas, estabelece o Código de Havana que a sua nacionalidade "será determinada pelo contrato social [critério da autonomia da vontade] e, eventualmente, pela lei do lugar em que normalmente se reúne a junta geral de acionistas ou, em sua falta, pela do lugar onde funcione o seu principal Conselho administrativo ou Junta diretiva [critério da sede social]" (art. 19).[5]

O critério utilizado pela LINDB – local do Estado de incorporação, equiparável ao critério do *jus soli* das pessoas naturais – tem sido entendido como o mais adequado, por ser onde a *formação* efetiva de sua personalidade jurídica ocorreu, onde formalidades legais lhe foram aplicadas e em que se aprovaram os estatutos

---

[4] Sobre os prós e contras de cada qual desses critérios, v. TENÓRIO, Oscar. *Direito internacional privado*, vol. II, cit., p. 15-19; DOLINGER, Jacob. *Direito internacional privado...*, cit., p. 478-483; e TIBURCIO, Carmen. Disciplina legal da pessoa jurídica à luz do direito internacional brasileiro. In: BAPTISTA, Luiz Olavo & MAZZUOLI, Valerio de Oliveira (Org.). *Direito internacional privado*: teoria e prática. São Paulo: Revista dos Tribunais, 2012, p. 971-973 (Coleção *Doutrinas essenciais*: direito internacional, vol. IV).

[5] Cf. DOLINGER, Jacob. *Direito internacional privado...*, cit., p. 485.

que lhe deram vida.[6] Nesse sentido, já anotava Pontes de Miranda que "a pessoa *jurídica é criada pelo Direito*; portanto, o estatuto há de ser o do *Direito que a criou*". E arrematava: "A ordem jurídica que a fez titular *autônomo* de direitos e de deveres, polo ativo e passivo de relações, há de acompanhá-la na sua vida".[7] Cada país, assim, fixa como lhe aprouver os critérios de constituição (nascimento) das pessoas jurídicas, atribuindo-lhes, portanto, a devida *nacionalidade*.[8]

4. Reconhecimento e funcionamento

A *constituição* da pessoa jurídica em país estrangeiro não lhe garante, *ipsis tantum*, possa ter filiais, agências ou estabelecimentos no Brasil, senão apenas que sejam reconhecidas *como tais* em nosso País, e, portanto, admitidas na qualidade de sujeito de direitos, podendo, *v.g.*, negociar ou demandar perante o Judiciário local. É dizer, a personalidade das pessoas jurídicas independe de autorização estatal, pois são regidas segundo a lei do país de constituição. Não poderão, contudo, *funcionar* livremente no Brasil, isto é, manter relações fixas e duradouras em nosso País sem qualquer fiscalização e controle. Para que *funcionem* permanentemente no Brasil, necessário serem os seus "atos constitutivos aprovados pelo Governo brasileiro", ficando, desde então, "sujeitas à lei brasileira" (art. 11, § 1º).[9]

---

[6] A regra foi elogiada por Amilcar de Castro, que entendia que "[a] melhor doutrina é mesmo aquela que foi consagrada pelo art. 11 da Lei de Introdução: é a que manda observar o direito vigente no lugar de constituição das sociedades ou fundações" (*Direito internacional privado*, cit., p. 331). No mesmo sentido é a opinião de Maria Helena Diniz, que leciona: "O critério da lei do lugar da constituição é o mais adequado por ser o do local onde a pessoa jurídica se formou, obedecendo às formalidades legais que lhe dão existência. (...) Com isso nosso art. 11, acertadamente, ao ordenar a aplicação da lei do lugar da constituição das sociedades e fundações, veio a permitir que se reconheçam como existentes as pessoas jurídicas de acordo com os critérios de leis estrangeiras, constituídas de conformidade com tais leis" (*Lei de Introdução ao Código Civil Brasileiro interpretada*, cit., p. 226-337).

[7] PONTES DE MIRANDA, Francisco Cavalcanti. *Tratado de direito internacional privado*, t. I, cit., p. 437.

[8] Cf. TENÓRIO, Oscar. *Direito internacional privado*, vol. II, cit., p. 11.

[9] No mesmo sentido, o art. 1.134 do Código Civil: "A sociedade estrangeira, qualquer que seja o seu objeto, não pode, sem autorização do Poder Executivo, funcionar no País, ainda que por estabelecimentos subordinados, podendo, todavia, ressalvados os casos expressos em lei, ser acionista de sociedade anônima brasileira". Os requisitos para a autorização vêm expressos nos §§ 1º e 2º do mesmo dispositivo, assim redigidos: "§ 1º Ao requerimento de autorização devem juntar-se: I – prova de se achar a sociedade constituída conforme a lei de seu país; II – inteiro teor do contrato ou do estatuto; III – relação dos membros de todos os órgãos da administração da sociedade, com nome, nacionalidade, profissão, domicílio e, salvo quanto a ações ao portador, o valor da participação de cada um no capital da sociedade; IV – cópia do ato que autorizou o funcionamento no Brasil e fixou o capital destinado às operações no território nacional; V – prova de nomeação do representante no Brasil, com poderes expressos para aceitar as condições exigidas para a autorização; VI – último balanço. § 2º Os documentos serão autenticados, de conformidade com a lei nacional da sociedade requerente, legalizados no consulado brasileiro da respectiva sede e acompanhados de tradu-

Desde que assim ocorra, é a lei brasileira que vai reger suas relações jurídicas, responsabilidades, capacidade de gozo ou de exercício de direitos.[10] Já terão elas, é certo, *reconhecimento* em nosso território a partir de sua devida constituição no exterior (sendo, aí, a lei do Estado de sua constituição a competente para reger o seu estatuto jurídico); seu *funcionamento* no Brasil, entretanto, dependerá do que dispuser a lei brasileira ("...ficando sujeitas à lei brasileira"). Nesse sentido, precisa é a lição de Amilcar de Castro, quando afirma que "uma coisa é reconhecer a existência de uma sociedade, ou fundação, estrangeira, para se lhe atribuir *ex novo* outra personalidade, e coisa bem diferente é permitir o exercício de sua atividade", pelo que "nenhum mal há em que a constituição da sociedade, ou da fundação, fuja às exigências do direito vigente em qualquer lugar onde pretenda exercer sua atividade".[11] Essa a razão de ser do advérbio "entretanto" no § 1º do art. 11 da LINDB: "Não poderão, *entretanto*, ter no Brasil filiais, agências ou estabelecimentos antes de serem os atos constitutivos aprovados pelo Governo brasileiro, ficando sujeitas à lei brasileira". Tal quer dizer que, apesar de se *reconhecer* no Brasil a pessoa jurídica estrangeira (reconhecimento de sua personalidade e capacidade para contratar, acionar judicialmente no Brasil etc.) à luz da lei do país de sua nacionalidade, seu *funcionamento* (gerência e administração) por meio de filiais, agências ou estabelecimentos ficará na dependência da aprovação dos seus estatutos ou atos constitutivos pelo governo brasileiro, com sujeição exclusiva à lei brasileira.[12]

Frise-se, como já se disse, não ser necessária a aprovação do governo brasileiro para que a pessoa jurídica estrangeira seja reconhecida no Brasil e aqui, *v.g.*, venha a demandar em juízo. Apenas para *funcionar* no Brasil (não esporádica, mas permanentemente) é que se faz necessária a aprovação de seus atos constitutivos pelas autoridades locais. A esse respeito, Amilcar de Castro lembra o voto do Min. Edmundo Lins do STF (na Apelação nº 1.924, de 1919, na Bahia) a demonstrar, com exatidão, que não pretendendo exercer sua atividade no Brasil, podia certa sociedade com sede no estrangeiro recorrer aos nossos tribunais, sem necessidade de expresso reconhecimento por parte do governo brasileiro, porque tal "não é ato de funcionamento, pois funcionar é o mesmo que praticar os atos de sua destinação, ou seja, exercer por inteiro sua atividade profissional, ou realizar os atos extrajudiciais compreendidos no propósito de sua constituição".[13]

ção em vernáculo". O requerimento é dirigido ao Ministro da Indústria, Comércio Exterior e Serviços, que age por delegação do Presidente da República.

[10] Cf. DINIZ, Maria Helena. *Lei de Introdução ao Código Civil Brasileiro interpretada*, cit., p. 343.

[11] CASTRO, Amilcar de. *Direito internacional privado*, cit., p. 331. No mesmo sentido, *v.* SILVA, Agustinho Fernandes Dias da. *Introdução ao direito internacional privado*, cit., p. 121; e TIBURCIO, Carmen. Disciplina legal da pessoa jurídica à luz do direito internacional brasileiro, cit., p. 978-979.

[12] *V.* DOLINGER, Jacob. *Direito internacional privado...*, cit., p. 493.

[13] CASTRO, Amilcar de. *Direito internacional privado*, cit., p. 345-346. Nesse sentido, afirma Oscar Tenório que "[f]uncionamento significa exercício de sua atividade social ou constitucional" (*Direito internacional privado*, vol. II, cit., p. 28).

Portanto, *funcionar* no Brasil (aqui operar permanentemente por meio de filiais, agências ou estabelecimentos) não é o mesmo que simplesmente *atuar* em território nacional. Para simples *atuação*, nenhuma autorização governamental é necessária.

Amilcar de Castro bem arremata, em suma, as quatro hipóteses capazes de ligar uma pessoa jurídica estrangeira ao Brasil: *a*) pretensão de deslocar a sede da empresa para o Brasil, a fim de aqui funcionar; *b*) conservar a sede no estrangeiro e ter no Brasil filiais, agências ou estabelecimentos; *c*) conservar a sede no estrangeiro e exercer atividade no Brasil, sem manter aqui filial, agência ou estabelecimento; ou *d*) apenas recorrer aos tribunais brasileiros. Nas duas primeiras hipóteses, será necessária a aprovação dos seus atos constitutivos pelo governo brasileiro para que aqui funcionem, sujeitando-se à lei brasileira; nas duas últimas, desnecessário qualquer reconhecimento governamental, continuando a ser regidas pela lei do Estado em que se constituíram, podendo exercer aqui atividades, desde que não sejam contrárias à nossa ordem social.[14]

As *atividades* que podem as pessoas jurídicas estrangeiras exercer no Brasil – para cuja realização dispensa-se a aprovação do governo – são aquelas de caráter isolado ou eventual, tais como a conclusão de negócios, tratativas, contratos etc. Se a vontade da empresa for estabelecer-se no Brasil para a prática *estável* (permanente, constante) de atos negociais, é dizer, de seu próprio objeto social ou comercial, a autorização de funcionamento será necessária.[15] Havendo autorização governamental, poderá funcionar no Brasil sem limite de tempo. Quando, porém, o juiz do foro tiver que decidir qualquer questão *a ela* relativa, deverá aplicar a lei do país em que se constituiu (país de incorporação). Se, entretanto, as normas de DIPr da *lex causae* indicarem leis de terceiro Estado (ou, até mesmo, a da própria *lex fori*) para disciplinar o seu estatuto jurídico, *deverá* o juiz nacional manter-se fiel à aplicação da lei originalmente indicada pela *nossa* norma de DIPr, sem levar em consideração qualquer remissão feita pela *lex causae* a outra lei.[16] Tal é assim pelo fato de o direito brasileiro em vigor proibir o *reenvio* (LINDB, art. 16).[17]

5. Limites de operação no Brasil

Corolário lógico do reconhecimento das pessoas jurídicas estrangeiras é sua igualdade de direitos para com as pessoas jurídicas brasileiras.[18] Nesse sentido, a Constituição Federal garante, *v.g.*, a livre iniciativa como princípio da ordem econômica (arts. 1º, IV, e 170). A LINDB, contudo, elenca importante exceção às pessoas jurídicas

---

[14] Castro, Amilcar de. *Direito internacional privado*, cit., p. 347.

[15] Cf. Strenger, Irineu. *Direito internacional privado*, cit., p. 499-500.

[16] Cf. Tiburcio, Carmen. Disciplina legal da pessoa jurídica à luz do direito internacional brasileiro, cit., p. 979-980.

[17] Sobre o reenvio, *v.* Parte I, Cap. IV, item 2.2, *supra*.

[18] Cf. Valladão, Haroldo. *Direito internacional privado...*, cit., p. 463.

estrangeiras de direito público, ao estabelecer que "[o]s Governos estrangeiros, bem como as organizações de qualquer natureza, que eles tenham constituído, dirijam ou hajam investido de funções públicas, não poderão adquirir no Brasil bens imóveis ou suscetíveis de desapropriação" (art. 11, § 2º).[19] Poderão, contudo, os governos estrangeiros "adquirir a propriedade dos prédios necessários à sede dos representantes diplomáticos ou dos agentes consulares" (art. 11, § 3º). A regra não se apoia, diz Oscar Tenório, na ficção da extraterritorialidade dos edifícios das embaixadas e legações, pois abrange também os edifícios dos consulados, que escapam à ficção da extraterritorialidade. Em verdade, diz ele, trata-se "de um privilégio necessário ao exercício das funções diplomáticas e consulares".[20]

Na Constituição e em leis brasileiras encontram-se limitações às pessoas jurídicas estrangeiras *em geral*, para além das de direito público. Estabelece, *v.g.*, o art. 190 da Constituição que "[a] lei regulará e limitará a aquisição ou o arrendamento de propriedade rural por pessoa física ou jurídica estrangeira e estabelecerá os casos que dependerão de autorização do Congresso Nacional"; no art. 199, § 3º, diz a Carta que "[é] vedada a participação direta ou indireta de empresas ou capitais estrangeiros na assistência à saúde no País, salvo nos casos previstos em lei"; e no art. 222 aduz que "[a] propriedade de empresa jornalística e de radiodifusão sonora e de sons e imagens é privativa de brasileiros natos ou naturalizados há mais de dez anos, ou de pessoas jurídicas constituídas sob as leis brasileiras e que tenham sede no País".

No plano infraconstitucional, a Lei nº 5.709, de 7 de outubro de 1971, que regula a aquisição de imóvel rural por estrangeiro residente no País ou pessoa jurídica estrangeira autorizada a funcionar no Brasil, dispõe, no art. 5º, que as pessoas jurídicas estrangeiras "só poderão adquirir imóveis rurais destinados à implantação de projetos agrícolas, pecuários, industriais, ou de colonização, vinculados aos seus objetivos estatutários", os quais "deverão ser aprovados pelo Ministério da Agricultura, ouvido o órgão federal competente de desenvolvimento regional na respectiva área" (§ 1º); e "[s]obre os projetos de caráter industrial será ouvido o Ministério da Indústria e Comércio" (§ 2º).

---

[19] Sobre o significado de bens "suscetíveis de desapropriação", *v.* DOLINGER, Jacob. *Direito internacional privado...*, cit., p. 501-502; e CASTRO, Amilcar de. *Direito internacional privado*, cit., p. 349, para quem a redação "abrange não só os direitos autorais (art. 660 do Código Civil [de 1916]), como as patentes de invenção e ações das sociedades anônimas, que, por nosso direito administrativo, são suscetíveis de desapropriação". O art. 11, § 2º, da LINDB mereceu a censura de Oscar Tenório, nestes termos: "O excessivo alargamento da proibição merece nossa censura. Recearam os adversários da orientação liberal do autor do Projeto a invasão de nossa soberania, como se as propriedades particulares de Estados estrangeiros não dependessem da *lex rei sitae*. Desde que subordinássemos a aquisição à prévia autorização do governo federal, as cautelas poderiam ser tomadas em cada caso. Ficaria apenas o receio de desigualdade no caso de concessão a um Estado e de recusa a outro" (*Direito internacional privado*, vol. II, cit., p. 7).

[20] TENÓRIO, Oscar. *Direito internacional privado*, vol. II, cit., p. 7.

6. Insolvência transnacional

Ao se estudar as pessoas jurídicas em DIPr, tema recorrente é o da insolvência transnacional das sociedades empresárias. Mais do que conhecer as regras sobre constituição e funcionamento das pessoas jurídicas no país, interessa particularmente ao DIPr a definição do juiz competente e da lei aplicável à insolvência operada além-fronteiras, isto é, relativa a empresas (nacionais ou estrangeiras) que operem em vários Estados e tenham credores de nacionalidades ou domicílios internacionais distintos.

6.1 Entendimento

A exemplo das pessoas físicas, também as pessoas jurídicas têm o seu *nascimento, desenvolvimento e fim*. As causas de terminação da sociedade são diversas, como, *v.g.*, vontade dos sócios, cancelamento de autorização governamental, questões administrativas ou, no caso das sociedades empresárias, a decretação de falência. Se a constituição da empresa conota a gênese de um projeto empresarial exitoso, sua falência constitui demonstração de completo insucesso, também à custa de fatores vários (como má gestão empresarial, mudança repentina das condições do mercado, dentre outros). Além da falência, porém, o direito também criou métodos (antídotos) capazes de evitar o fim da empresa, chamados procedimentos concursais, tanto de recuperação como de reorganização empresarial. Se a saúde financeira da empresa andar mal e sem possibilidade de melhora, a solução jurídica viável está na decretação da *falência*, que representa a morte empresarial; se os problemas apresentados forem temporários ou tratáveis, poderá a empresa valer-se do antídoto da *recuperação*, que permite possa retomar as suas atividades para o fim de se reerguer.

A falência e a recuperação empresarial passam a interessar ao DIPr quando a empresa em situação de insolvência possui patrimônio internacionalmente disperso, seja porque há bens em diversos países, seja porque há créditos ou débitos em mais de um Estado.[21] Várias interrogantes surgem nesse contexto, como, *v.g.*, qual o juiz competente para a decretação da falência ou recuperação, que efeitos terá a sentença sobre os bens sitos fora de sua jurisdição, que efeitos terá a sentença relativamente aos credores ou devedores de outros países, qual o direito material aplicável etc. As respostas, nesse tema, navegam em verdadeiro mar de incertezas, com soluções aproximadas e, muitas vezes, adaptadas do direito comparado e de legislações revogadas, tornando premente a uniformização (ainda inexistente) do tema no DIPr.

6.2 Sistemas territorial e universal

Cada Estado responde aos interrogantes e aos desafios da insolvência internacional de maneira distinta. A doutrina, porém, identifica nessa diversidade dois

---

[21] Cf. Tenório, Oscar. *Direito internacional privado*, vol. II, cit., p. 251.

modelos ou sistemas dominantes, um chamado *territorial* (ou *plural*) e outro conhecido por *universal* (ou *unitário*). Para o modelo *territorial*, a existência de um processo de insolvência iniciado no exterior não atinge o foro local, e, da mesma forma, o processo de insolvência local não propaga efeitos no exterior. Nesse modelo, há várias decretações de falência quantos forem os Estados interessados, sem que uma influencie na outra, dividindo-se o patrimônio do devedor em tantos quinhões quantas forem as jurisdições em que localizados seus bens. No modelo *universal*, por sua vez, o processo falimentar é unitário e sem divisões para todos os países interessados, passando todos os bens do insolvente a reunir-se em massa única, ainda que espalhados por diversas jurisdições.[22] No modelo universal, portanto, "a falência declarada em um país deve estender-se a jurisdições estranhas, alterando a condição jurídica do devedor onde este tenha valores, ou credores, não só determinando a arrecadação dos bens situados alhures, como atraindo todos os credores a um só juízo, para formar-se massa universal de falência única, sob a mesma administração e a mesma disciplina jurídica".[23]

Irineu Strenger entende acertada essa segunda solução, pois, segundo ele, quando o patrimônio do devedor constitui a única hipótese comum de ressarcimento do crédito, quando um comerciante deixa de solver seus compromissos, isto é, quebra, ao legislador incumbe transformar essa insolvência em um rateio entre todos, de modo que cada um obtenha a *pro rata* de seu crédito, uma parte do ativo do falido, e sem que ninguém, salvo exceções taxativamente indicadas, possa obter um pagamento integral em prejuízo dos outros. Desse modo, continua Strenger, quando um devedor é declarado em estado de falência em determinado país e tem bens distribuídos em diversos Estados e credores de distintas nacionalidades, a falência deve ter um efeito universal, devendo todos os bens do devedor, reunidos em uma única massa, ser adjudicados a todos os credores proporcionalmente aos seus créditos e sem preferência fundada na nacionalidade ou na *lex rei sitae*, pois, ao tratar com o falido, estará presente a garantia de seus bens, prescindindo do lugar da situação dos bens.[24] Nesse exato sentido está a lição de Edgar Carlos de Amorim, para quem "[é] lógico que o princípio da uni-

---

[22] Cf. GOLDSCHMIDT, Werner. *Derecho internacional privado...*, cit., p. 473-474; TENÓRIO, Oscar. *Direito internacional privado*, vol. II, cit., p. 252; ANDRADE, Agenor Pereira de. *Manual de direito internacional privado*, cit., p. 224-227; CASTRO, Amilcar de. *Lições de direito processual civil e direito internacional privado*, cit., p. 186; Jo, Hee Moon. *Moderno direito internacional privado*, cit., p. 540; AMORIM, Edgar Carlos de. *Direito internacional privado*, cit., p. 163; e SMITH, Tom. Recognition of foreign corporate insolvency proceedings at common law. In: SHELDON, Richard (Ed.). *Cross border insolvency*. 3. ed. Haywards Heath: Bloomsbury, 2011, p. 228-229.

[23] CASTRO, Amilcar de. *Lições de direito processual civil e direito internacional privado*, cit., p. 186.

[24] STRENGER, Irineu. *Direito internacional privado*, cit., p. 924. Na defesa de um universalismo modificado ("modified universalism") como solução provisória à transição para o universalismo real, cf. WESTBROOK, Jay Lawrence. A global solution to multinational default. *Michigan Law Review*, vol. 98, jun. 2000, p. 2283-2298.

versalidade deveria ser adotado por todos os países", reconhecendo, contudo, que "[i]nfelizmente não o é, máxime quando sabemos que a falência é sempre uma universal e os bens do devedor falido sempre respondem pelas obrigações assumidas, estejam onde estiverem".[25]

Amilcar de Castro não recomenda, *a priori*, a manutenção de qualquer dos dois sistemas, pois "[o] da pluralidade permite ao falido num país continuar suas operações comerciais noutro, como se nada houvesse acontecido, e dá lugar a pagamentos desproporcionados de créditos iguais; e o da unidade encontra intransponíveis obstáculos de ordem política, jurídica e prática, tais como as divergências de normas sobre a propriedade imóvel, a forma de realização do ativo, a limitação da falência aos comerciantes, a revogação de atos fraudulentos, as causas de preferência e a fixação do termo legal, sem se falar na falta de meio eficaz de publicidade internacional, na morosidade e no custo do processo único". Em conclusão, o autor observa que, "na prática, sem direito uniforme, o que se tem feito em quase toda parte é considerar separadamente cada um dos efeitos da declaração de falência, para regê-lo pelo direito que conduza à solução mais útil e mais justa, sem a preocupação de manter sistema puro, ou predominante, seja o da unidade, ou o da pluralidade".[26]

Hee Moon Jo, por sua vez, não obstante concorde que a posição idealista seria a posição universal, notadamente em razão dos vários problemas que ocorrem quando da entrada dos processos falimentares em cada um dos países envolvidos, tais como o eventual conflito entre as sentenças falimentares, a dificuldade na execução destas e o alto custo dos processos internacionais, entende, contudo, que o assunto só seria resolvido a contento se se unificasse o processo falimentar em um *tribunal internacional* criado especificamente para tal fim, ao qual caberia declarar a falência e exigir dos respectivos países o reconhecimento desse efeito universal e a execução interna da respectiva sentença. Assim, para o autor, "[c]onsiderando o número de casos de falência internacional, as altas somas envolvidas, o aspecto processual da falência e a facilidade existente hoje de comunicação e de transporte, a criação de uma corte internacional de falência seria uma adequada e eficiente opção para o futuro".[27]

Ainda que interessante a proposta, certo é que a maioria dos países adota ainda o sistema territorial (plural) do processo falimentar e de recuperação judicial, pelo que a decretação da falência tem operado efeitos apenas no Estado do foro, liberando os demais Estados para que processem internamente o mesmo pedido e sobre ele decidam como pretenderem. Também assim tem entendido a doutrina, a observar que, enquanto não vigorar convenção internacional a respeito, as soluções para a falência e recuperação de empresas com sede no exterior serão apenas *locais*,

---

[25]   AMORIM, Edgar Carlos de. *Direito internacional privado*, cit., p. 163.

[26]   CASTRO, Amilcar de. *Lições de direito processual civil e direito internacional privado*, cit., p. 186-187.

[27]   JO, Hee Moon. *Moderno direito internacional privado*, cit., p. 540.

isso significando que os efeitos das sentenças declaratórias respectivas ficam limitadas aos respectivos países, além de se reconhecer prioridade à justiça local caso tenha a empresa sucursal ou estabelecimento no país.[28]

6.3 Efeitos da insolvência e direito aplicável

Sobre os *efeitos* da declaração de falência, é necessário distinguir, como faz Amilcar de Castro, entre aqueles da falência declarada no Brasil e os atribuídos no Brasil às consequências da falência aberta no exterior. No caso de falência declarada no Brasil, seus efeitos serão regidos pela *lex fori*, pouco importando os efeitos que lhe sejam atribuídos em jurisdição estrangeira (efeitos que dependem exclusivamente *dessa* jurisdição). Portanto, a repercussão em ordem jurídica estrangeira de falência declarada no Brasil depende exclusivamente das previsões legais vigentes no Estado estrangeiro. Certo é que, sendo a falência declarada no Brasil, será o direito brasileiro "exclusivamente observado desde a competência geral para abri-la, para caracterizar o estado do devedor, as restrições a seus direitos, os efeitos da sentença declaratória e todo o processo, até seu encerramento, mais ainda a reabilitação do falido".[29]

No exterior, poderá a jurisdição alienígena declarar a falência de empresa cujo estabelecimento ou domicílio situe-se unicamente no Brasil. Nesse caso, não poderá a sentença estrangeira ser homologada pelo STJ, por violar a competência exclusiva do juízo nacional, tal como prevê o art. 786 do revogado Código de Processo Civil de 1939 (*verbis*: "Não serão exequíveis no território nacional as sentenças estrangeiras que declararem a falência de comerciante brasileiro domiciliado no Brasil").[30] Se houver pluralidade de estabelecimentos do mesmo empresário ou sociedade empresária, a Lei de Recuperação e Falências (Lei nº 11.101/2005) dispõe que é "competente para homologar o plano de recuperação extrajudicial, deferir a recuperação judicial ou decretar a falência o juízo do local do principal estabelecimento do devedor ou da filial de empresa que tenha sede fora do Brasil" (art. 3º).[31]

---

[28] V. Strenger, Irineu. *Direito internacional privado*, cit., p. 926, citando lição de Nelson Abrão.

[29] Castro, Amilcar de. *Direito internacional privado*, cit., p. 480.

[30] O recurso às regras do CPC/1939 tem sido a única solução possível, dada a falta de normativa vigente no Brasil. Tal solução, ainda que precária, tem sido aceita de há muito pela melhor doutrina. *V.*, assim, Valladão, Haroldo. *Direito internacional privado*, vol. III, cit., p. 43, que diz: "Preferimos, pois, como solução precária mas indispensável no momento, considerar vigentes os arts. 787/789 do antigo CPC, de 1939, sobre sentenças estrangeiras de falências até que se promulgue a reforma da Lei de Introdução ao Código Civil".

[31] V. Calderon, Silvio Javier Battello. A eficácia jurídica da sentença falimentar e de recuperação empresarial estrangeira no direito brasileiro. In: Ferreira Júnior, Lier Pires & Araújo, Luis Ivani de Amorim (Coord.). *Direito internacional e as novas disciplinarizações*. Curitiba: Juruá, 2005, p. 317-318, que complementa: "Na verdade, trata-se de uma norma para determinar a competência interna dos juízes brasileiros, mas que também serve para identificar a competência internacional".

Nada impede, contudo, que o processo falimentar contra a empresa estabelecida no Brasil tenha sido aberto no exterior e *já exista* sentença transitada em julgado decretando a falência. Se assim ocorrer, recorre-se ao art. 788 do CPC/1939, que estabelece que "[a] sentença estrangeira que abrir falência a comerciante estabelecido no território nacional, *embora homologada*, não compreenderá em seus efeitos o estabelecimento que o mesmo possui no Brasil". A expressão "embora homologada", explica Battello, pode parecer contraditória, já que a sentença estrangeira não poderá ser homologada no Brasil sempre que aqui esteja radicado o principal estabelecimento empresarial (a teor do que prevê o citado art. 786 do CPC/1939). Porém, da leitura do art. 788 do CPC/1939, combinado com o art. 3º da Lei de Recuperação e Falências, a conclusão correta é a de que "a sentença de falência estrangeira poderá ser homologada no Brasil, mesmo estando o principal estabelecimento no País, mas não produzirá efeitos constitutivos, podendo a homologação ser simplesmente de reconhecimento, para efeitos declaratórios".[32]

Faltante, em suma, a homologação para efeitos *propriamente falimentares*, é dizer, para fins constitutivos, o juízo nacional será *também* competente para declarar a falência, havendo, nesse caso, cisão procedimental em razão do caráter territorial da solução. Assim, uma dada ordem jurídica será incapaz de influir na decisão (rateio, destinação dos bens etc.) proferida pela outra no juízo falimentar.

No que tange ao direito aplicável, o regime da insolvência internacional não cria novos direitos sobre as relações preexistentes, seguindo-se, para tanto, as normas gerais sobre conflitos de leis previstas nas regras internas de DIPr. Por exemplo, os contratos assinados pelo devedor são válidos e regidos segundo a *lex contractus*, conforme determina o art. 9º da LINDB. Por sua vez, no que tange ao direito processual falimentar, não há dúvidas ser exclusivamente aplicável a lei brasileira, uma vez que as normas processuais devem respeito, tão somente, à *lex fori*.

No âmbito convencional, destaque-se haver no Código Bustamante normas específicas sobre falência internacional. Entretanto, além de suas normas não contarem com aplicação para os Estados não partes, é sabido que os comandos que estabelece relativamente à falência caíram em completo *desuso*. A regulamentação do Código adota o modelo universal (unitário) da falência, dispondo o art. 414 que, "[s]e o devedor concordatário ou falido tem apenas um domicílio civil ou comercial, não pode haver mais do que um juízo de processos preventivos, de concordata ou falência, ou uma suspensão de pagamentos, ou quitação e moratória para todos os seus bens e obrigações nos Estados contratantes". Por essa regra, portanto, será unitário o juízo se for único o domicílio (civil ou mercantil) do devedor. Se, porém, uma mesma pessoa ou sociedade tiver em mais de um Estado-contratante vários estabelecimentos mercantis, inteiramente separados economicamente, diz o mesmo Código que "pode haver tantos juízos de processos preventivos e falência quantos [forem os] estabele-

---

[32]   CALDERON, Silvio Javier Battello. A eficácia jurídica da sentença falimentar e de recuperação empresarial estrangeira no direito brasileiro, cit., p. 318.

cimentos mercantis" (art. 415). Nesse caso, diferentemente, autorizou a Convenção de Havana que sejam plúrimos os juízos falimentares, sempre que houver a pessoa ou sociedade em mais de um Estado vários estabelecimentos. Seja como for, é juridicamente possível, não obstante o desuso do Código, que uma questão envolvendo Estado-parte do Código Bustamante atinja o direito brasileiro (insolvência transnacional conectando o Brasil a outro Estado-parte). Nessa hipótese, haverá prevalência da norma internacional (Código Bustamante) sobre as regras da lex fori, pois todo tratado (sabe-se já) guarda nível hierárquico superior ao das leis.

6.4 Propostas de harmonização internacional

Há, na atualidade, diversos projetos que pretendem superar a diversidade de critérios normativos em matéria de falência e de recuperação internacional, para o fim de harmonizar as soluções quanto ao tema. As propostas versam uma uniformização possível relativa à matéria, certo de que inúmeras legislações guardam características (históricas, políticas e econômicas) em tudo dessemelhantes.

No plano internacional, merece destaque a *Lei Modelo da Uncitral* sobre insolvência transfronteiriça, aprovada na 72ª sessão plenária da ONU (Resolução nº 52/158 da Assembleia Geral) em 15 de dezembro de 1997, oficialmente denominada *Lei Modelo da Comissão das Nações Unidas para o Direito do Comércio Internacional sobre Insolvência Transfronteiriça.*[33] Trata-se de norma de *soft law* que auxilia os Estados na regulamentação da matéria, servindo de "modelo" à normatização interna (para o que desnecessária qualquer incorporação ou execução no país, como se daria, *v.g.*, no caso dos tratados internacionais). De acordo com o seu preâmbulo, são objetivos da *Lei Modelo* o estabelecimento de mecanismos destinados a promover a cooperação entre os tribunais e outras autoridades competentes nos distintos Estados que venham a intervir em casos de insolvência internacional, bem assim possibilitar maior segurança jurídica para o comércio e os investimentos, zelar pela administração equitativa e eficiente das insolvências transfronteiriças, protegendo os interesses de todos os credores e demais partes interessadas, inclusive o devedor, proteger os bens do devedor e otimizar o seu valor, além de melhor reorganizar as empresas em dificuldades financeiras para proteger o capital investido e preservar as fontes de emprego. Não há, contudo, na *Lei Modelo da Uncitral* regras sobre jurisdição e direito aplicável, senão apenas diretrizes sobre coordenação das atividades dos Estados quando há processos múltiplos de falência em várias jurisdições.

Seja como for, não há dúvidas de que a Lei Modelo da Comissão para o Direito do Comércio Internacional da ONU tem servido de modelo legislativo moderno e coerente para os países que desejam regulamentar o problema à luz dos princípios internacionais da cooperação e da administração equânime das insolvências transna-

---

[33]   Para detalhes sobre sua incorporação e interpretação, *v.* United Nations, *Uncitral Model Law on Cross-Border Insolvency with Guide to Enactment and Interpretation*, New York, 2014.

cionais. A normativa brasileira em vigor (*v.* item 6.5, *infra*) seguiu esses exatos passos, para o fim de colaborar na solução global desse problema de difícil solução prática.

No âmbito latino-americano, por sua vez, ainda vigoram, para alguns países, os anacrônicos Tratados de Montevidéu (de 1889 e de 1940) e o Código Bustamante. Enquanto o Tratado de Montevidéu de 1889 adotava a tese do juízo universal da falência, sua revisão de 1940 volveu ao princípio da territorialidade, permitindo a abertura de processos falimentares simultâneos em várias jurisdições contra o mesmo devedor, garantindo, ainda, preferência aos credores nacionais sobre os estrangeiros. No que tange especificamente ao Mercosul, frise-se inexistir um sistema autônomo em matéria de insolvência transnacional, tal como vigorante no âmbito da União Europeia.[34]

6.5 Regulamentação brasileira atual

A Lei de Recuperação e Falências (Lei nº 11.101/2005) passou a disciplinar a insolvência transnacional a partir das alterações realizadas pela Lei nº 14.112, de 24 de dezembro de 2020. Tal normativa – que atualiza a legislação referente à recuperação judicial, à recuperação extrajudicial e à falência do empresário e da sociedade empresária – recebeu influência direta da *Lei Modelo da Uncitral*, como se pode notar comparando os seus preceitos com aqueles desenvolvidos no seio das Nações Unidas.

A Lei nº 14.112/2020 acrescentou à Lei de Recuperação e Falências (dentre várias outras alterações) todo o Capítulo VI-A, intitulado "Da Insolvência Transnacional". As normas ali elencadas (que verificaremos doravante) têm por objetivo proporcionar mecanismos efetivos para (*a*) a cooperação entre juízes e outras autoridades competentes do Brasil e de outros países em casos de insolvência transnacional, (*b*) o aumento da segurança jurídica para a atividade econômica e para o investimento, (*c*) a administração justa e eficiente de processos de insolvência transnacional, de modo a proteger os interesses de todos os credores e dos demais interessados, inclusive do devedor, (*d*) a proteção e a maximização do valor dos ativos do devedor, (*e*) a promoção da recuperação de empresas em crise econômico-financeira, com a proteção de investimentos e a preservação de empregos, e, ainda, (*f*) a promoção da liquidação dos ativos da empresa em crise econômico-financeira, com a preservação e a otimização da utilização produtiva dos bens, dos ativos e dos recursos produtivos da empresa, inclusive os intangíveis (art. 167-A, I a VI).

A Lei deixa claro – à luz do princípio da primazia das normas internacionais sobre o direito interno – que, se houver conflito entre as disposições nacionais e as obrigações assumidas pelo Brasil por meio de tratados internacionais, deve prevalecer o que for internacionalmente pactuado (art. 167-A, § 3º). Contudo, mesmo que

---

[34] *V.* Regulamento (UE) nº 848/2015 do Parlamento Europeu e do Conselho, de 20.05.2015. No plano mercosulino, *v.* proposta acadêmica de celebração de um *Protocolo sobre Insolvência Empresarial* em CALDERON, Silvio Javier Battello. *Falência internacional no Mercosul*: proposta para uma solução regional. Curitiba: Juruá, 2011, p. 235-239.

disposição semelhante não existisse na Lei, todo e qualquer tratado internacional ratificado pelo Brasil, em vigor internacional e na órbita doméstica, prevaleceria às normas internas sobre insolvência transnacional, em razão de seu nível hierárquico superior (v. Parte I, Cap. III, item 3.1, supra). Não havendo tratado em vigor, serão as disposições do Capítulo VI-A da Lei de Recuperação e Falências as responsáveis por disciplinar o tema no Brasil. Em casos tais, o juiz somente poderá deixar de atender às disposições do Capítulo VI-A se a sua aplicação configurar manifesta ofensa à ordem pública (art. 167-A, § 4º). Portanto, não havendo tratado em vigor a obrigar o Brasil e não se configurando manifesta ofensa à ordem pública, a aplicação pelo juiz das regras previstas no Capítulo VI-A da Lei de Recuperação e Falências é imperativa. Ademais, o Ministério Público, a título de fiscal da ordem jurídica, é dizer, na condição de custos juris, deve intervir em todos os processos de que trata o Capítulo VI-A da Lei de Recuperação e Falências (art. 167-A, § 5º).

É importante, para o estudo do Capítulo VI-A da Lei de Recuperação e Falências, verificar o que se entende por cada termo ou expressão utilizado em seu bojo. Nesse sentido, segundo o art. 167-B da Lei, para os fins do Capítulo VI-A em questão, considera-se: "I – *processo estrangeiro*: qualquer processo judicial ou administrativo, de cunho coletivo, inclusive de natureza cautelar, aberto em outro país de acordo com disposições relativas à insolvência nele vigentes, em que os bens e as atividades de um devedor estejam sujeitos a uma autoridade estrangeira, para fins de reorganização ou liquidação; II – *processo estrangeiro principal*: qualquer processo estrangeiro aberto no país em que o devedor tenha o centro de seus interesses principais; III – *processo estrangeiro não principal*: qualquer processo estrangeiro que não seja um processo estrangeiro principal, aberto em um país em que o devedor tenha estabelecimento ou bens; IV – *representante estrangeiro*: pessoa ou órgão, inclusive o nomeado em caráter transitório, que esteja autorizado, no processo estrangeiro, a administrar os bens ou as atividades do devedor, ou a atuar como representante do processo estrangeiro; V – *autoridade estrangeira*: juiz ou autoridade administrativa que dirija ou supervisione um processo estrangeiro; e VI – *estabelecimento*: qualquer local de operações em que o devedor desenvolva uma atividade econômica não transitória com o emprego de recursos humanos e de bens ou serviços".

A normativa brasileira em questão tem aplicação para os casos em que (*a*) autoridade estrangeira ou representante estrangeiro solicita assistência no Brasil para um processo estrangeiro, (*b*) a assistência relacionada a um processo disciplinado pela Lei de Recuperação e Falências é pleiteada em um país estrangeiro, (*c*) um processo estrangeiro e um processo disciplinado por essa Lei relativos ao mesmo devedor estão em curso simultaneamente, ou quando (*d*) credores ou outras partes interessadas, de outro país, têm interesse em requerer a abertura de um processo disciplinado por essa normativa, ou dele participar (art. 167-C).

Será o juízo do local do *principal estabelecimento* do devedor no Brasil o competente para o reconhecimento do processo estrangeiro e para a cooperação com a autoridade estrangeira, nos termos do Capítulo VI-A da Lei de Recuperação e Falências (art. 167-D). Ademais, a distribuição do pedido de reconhecimento do processo estrangeiro previne a jurisdição para qualquer pedido de recuperação judicial, de recuperação extrajudicial ou de falência relativo ao devedor; da mesma forma, a distribuição do pedido de recuperação judicial, de recuperação extrajudicial ou de falência previne a jurisdição para qualquer pedido de reconhecimento de processo estrangeiro relativo ao devedor (art. 167-D, §§ 1º e 2º).

6.5.1 Acesso à jurisdição brasileira

Nos termos da Lei brasileira em vigor, o representante estrangeiro tem legitimidade para postular diretamente ao juiz brasileiro, mas o pleito, contudo, não sujeita o representante ou devedor, seus bens e suas atividades à jurisdição brasileira, salvo no que tange aos estritos limites do pedido (art. 167-F, caput, e § 1º).

Uma vez reconhecido o processo estrangeiro, o representante estrangeiro está autorizado tanto a (a) ajuizar pedido de falência do devedor, desde que presentes os requisitos legais, quanto a (b) participar do processo de recuperação judicial, de recuperação extrajudicial ou de falência do mesmo devedor, em curso no Brasil, além de (c) intervir em qualquer processo em que o devedor seja parte, atendidas as exigências do direito brasileiro (art. 167-F, § 2º).

Garantem-se aos credores estrangeiros os mesmos direitos conferidos aos credores nacionais nos processos de recuperação judicial, de recuperação extrajudicial ou de falência (art. 167-G). Ademais, os credores estrangeiros também têm assegurado a seu favor tratamento idêntico ao dispensado aos credores nacionais, respeitada a ordem de classificação dos créditos prevista na Lei de Recuperação e Falências, não podendo ser discriminados em razão de sua nacionalidade ou da localização de sua sede, estabelecimento, residência ou domicílio. A lei brasileira, contudo, ordena que se respeitem, para tanto, os seguintes critérios: a) os créditos estrangeiros de natureza tributária e previdenciária, bem como as penas pecuniárias por infração de leis penais ou administrativas, inclusive as multas tributárias devidas a Estados estrangeiros, não serão considerados nos processos de recuperação judicial e serão classificados como créditos subordinados nos processos de falência, independentemente de sua classificação nos países em que foram constituídos; b) o crédito do representante estrangeiro será equiparado ao do administrador judicial nos casos em que fizer jus a remuneração, exceto quando for o próprio devedor ou seu representante; e c) os créditos que não tiverem correspondência com a classificação prevista na Lei de Recuperação e Falências serão classificados como quirografários, independentemente da classificação atribuída pela lei do país em que foram constituídos (art. 167-G, § 1º).

O juiz deve determinar as medidas apropriadas, no caso concreto, para que os credores que não tiverem domicílio ou estabelecimento no Brasil tenham acesso às notificações e às informações dos processos de recuperação judicial, de recuperação extrajudicial ou de falência (art. 167-G, § 2º). As notificações e as informações aos

Parte II • Cap. VI • ESTATUTO DAS PESSOAS JURÍDICAS | 395

credores que não tiverem domicílio ou estabelecimento no Brasil serão realizadas por qualquer meio considerado adequado pelo juiz, dispensada a expedição de carta rogatória para essa finalidade (art. 167-G, § 3º). A comunicação do início de um processo de recuperação judicial ou de falência para credores estrangeiros deverá conter as informações sobre providências necessárias para que o credor possa fazer valer seu direito, inclusive quanto ao prazo para apresentação de habilitação ou de divergência e à necessidade de os credores garantidos habilitarem seus créditos (art. 167-G, § 4º). Também, o juiz brasileiro deverá expedir os ofícios e mandados necessários ao Banco Central do Brasil para permitir a remessa ao exterior dos valores recebidos por credores domiciliados no estrangeiro (art. 167-G, § 5º).

6.5.2 Reconhecimento de processos estrangeiros

O representante estrangeiro pode ajuizar, perante o juiz brasileiro, pedido de reconhecimento do processo estrangeiro em que atua, o qual deve ser acompanhado de (*a*) cópia apostilada da decisão que determine a abertura do processo estrangeiro e nomeie o representante estrangeiro, (*b*) certidão apostilada expedida pela autoridade estrangeira que ateste a existência do processo estrangeiro e a nomeação do representante estrangeiro, ou (*c*) qualquer outro documento emitido por autoridade estrangeira que permita ao juiz atingir plena convicção da existência do processo estrangeiro e da identificação do representante estrangeiro (art. 167-H, *caput*, e § 1º).

O pedido de reconhecimento do processo estrangeiro deve ser acompanhado por uma relação de todos os processos estrangeiros relativos ao devedor que sejam de conhecimento do representante estrangeiro (art. 167-H, § 2º). Os documentos redigidos em língua estrangeira devem estar acompanhados de tradução oficial (juramentada) para a língua portuguesa, salvo quando, sem prejuízo aos credores, for essa expressamente dispensada pelo juiz e substituída por tradução simples para a língua portuguesa, declarada fiel e autêntica pelo próprio advogado, sob sua responsabilidade pessoal (art. 167-H, § 3º).

A lei brasileira, no entanto, garantiu ao magistrado a faculdade de reconhecer, *sponte sua*, independentemente de outras medidas, (*a*) a existência do processo estrangeiro e a identificação do representante estrangeiro, a partir da decisão ou da certidão estrangeira que nomeia o representante estrangeiro (art. 167-H, § 1º), (*b*) a autenticidade de todos ou de alguns documentos juntados com o pedido de reconhecimento do processo estrangeiro, mesmo que não tenham sido apostilados, e ainda (*c*) o país onde se localiza o domicílio do devedor (no caso dos empresários individuais) ou o país da sede estatutária do devedor (no caso das sociedades) como seu centro de interesses principais, salvo prova em contrário (art. 167-I, I a III).

Ressalvado o caso de manifesta ofensa à ordem pública (art. 167-A, § 4º), o juiz deverá *reconhecer* o processo estrangeiro se presentes todos os requisitos do art. 167-J da Lei de Recuperação e Falências. Satisfeitos aqueles requisitos legais, o processo estrangeiro deve ser reconhecido como: I – processo estrangeiro *principal*, caso tenha sido aberto no local em que o devedor tenha o seu centro de interesses principais; ou II – processo estrangeiro *não principal*, caso tenha sido aberto em local em que o devedor tenha bens ou estabelecimento (art. 167-J, § 1º, I e II). Não obstante o previsto nos incisos I e II do § 1º do art. 167-J, o processo estrangeiro será reconhecido como processo estrangeiro não principal se o centro de interesses principais do devedor tiver sido *transferido* ou de outra forma *manipulado* com o objetivo de transferir para outro Estado a competência jurisdicional para abertura do processo (art. 167-J, § 2º).

A decisão de reconhecimento do processo estrangeiro poderá ser modificada ou revogada, a qualquer momento, a pedido de qualquer parte interessada, se houver elementos que comprovem que os requisitos para o reconhecimento foram descumpridos, total ou parcialmente, ou deixaram de existir (art. 167-J, § 3º).

A Lei de Recuperação e Falências prevê a possibilidade, após o ajuizamento do pedido de reconhecimento do processo estrangeiro, e antes de sua decisão, de o juiz conceder *liminarmente* as medidas de tutela provisória (fundadas em *urgência* ou *evidência*) necessárias ao cumprimento da legislação, para a proteção da massa falida ou para a eficiência da administração (art. 167-L, *caput*). O juiz, contudo, poderá recusar-se a conceder as medidas de assistência provisória que possam interferir na administração do processo estrangeiro principal (art. 167-L, § 2º).

Uma vez que exista o reconhecimento do processo estrangeiro principal, decorrerão automaticamente (*a*) a suspensão do curso de quaisquer processos de execução ou de quaisquer outras medidas individualmente tomadas por credores relativas ao patrimônio do devedor, (*b*) a suspensão do curso da prescrição de quaisquer execuções judiciais contra o devedor, e (*c*) ineficácia de transferência, de oneração ou de qualquer forma de disposição de bens do ativo não circulante do devedor realizadas sem prévia autorização judicial (art. 167-M, I a III). Os credores, no entanto, conservam o direito de ajuizar processos judiciais e arbitrais, e de neles prosseguir, que visem à condenação do devedor ou ao reconhecimento ou à liquidação de seus créditos, devendo, em qualquer caso, as medidas executórias permanecer suspensas (art. 167-M, § 2º).

Nos termos do art. 167-N da Lei, com a decisão de reconhecimento do processo estrangeiro (principal ou não principal) o juiz poderá determinar, a pedido do representante estrangeiro e desde que necessárias para a proteção dos bens do devedor e no interesse dos credores, *inter alia*, as seguintes medidas: "I – a ineficácia de transferência, de oneração ou de qualquer forma de disposição de bens do ativo não circulante do devedor realizadas sem prévia autorização judicial, caso não tenham decorrido automaticamente do reconhecimento previsto no art. 167-M desta Lei; II – a oitiva de testemunhas, a colheita de provas ou o fornecimento de informações relativas a bens, a direitos, a obrigações, à responsabilidade e à atividade do devedor; III – a autorização do representante estrangeiro ou de outra pessoa para administrar e/ou realizar o ativo do devedor, no todo ou em parte, localizado no Brasil; IV – a conversão, em definitiva, de qualquer medida de assistência provisória concedida anteriormente; e V – a concessão de qualquer outra medida que seja necessária".

Com o reconhecimento do processo estrangeiro, tanto principal como não principal, o juiz poderá, a requerimento do representante estrangeiro, autorizá-lo, ou outra pessoa nomeada por aquele, a promover a destinação do ativo do devedor, no todo ou em parte, localizado no Brasil, desde que os interesses dos credores domiciliados ou estabelecidos no Brasil estejam adequadamente protegidos (art. 167-N, § 1º). Ao conceder, porém, a medida de assistência requerida pelo representante estrangeiro de um processo estrangeiro não principal, o juiz deverá certificar-se de que as medidas para efetivá-la se referem a bens que, de acordo com o direito brasileiro, devam ser submetidos à disciplina aplicável ao processo estrangeiro não principal, ou certificar--se de que elas digam respeito a informações nele exigidas (art. 167-N, § 2º).

Ao conceder ou denegar uma das medidas previstas nos arts. 167-L e 167-N da Lei, bem como ao modificá-las ou revogá-las, o juiz deverá certificar-se de que o interesse dos credores, do devedor e de terceiros interessados será adequadamente protegido (art. 167-O). É facultado, contudo, que o juiz condicione a concessão das medidas previstas nos arts. 167-L e 167-N da Lei ao atendimento de condições que considerar apropriadas (art. 167-O, § 1º). Também, a pedido de qualquer interessado, do representante estrangeiro ou de ofício, o juiz poderá modificar ou revogar, a qualquer momento, medidas concedidas com fundamento nos arts. 167-L e 167-N da Lei (art. 167-O, § 2º).

Com o reconhecimento do processo estrangeiro, tanto principal quanto não principal, o representante estrangeiro poderá ajuizar medidas com o objetivo de tornar ineficazes os atos que abalem as finanças do devedor ou forem praticados com a intenção de prejudicar credores (arts. 129 e 130 da Lei). Excepcionam-se, contudo, aqueles atos previstos e realizados na forma definida no plano de recuperação judicial, conforme o art. 131 da Lei (art. 167-O, § 3º). No caso de processo estrangeiro não principal, a ineficácia referida no § 3º do art. 167-O dependerá da verificação, pelo juiz, de que, de acordo com a lei brasileira, os bens devam ser submetidos à disciplina aplicável ao processo estrangeiro não principal (art. 167-O, § 4º).

6.5.3 Cooperação com autoridades e representantes estrangeiros

A Lei de Recuperação e Falências exige, no art. 167-P, *caput*, que o juiz coopere diretamente ou por meio do administrador judicial, na máxima extensão possível, com a autoridade estrangeira ou com representantes estrangeiros, na persecução dos objetivos estabelecidos no art. 167-A da Lei (*v.* item 6.5, *supra*). Para tanto, poderá o magistrado comunicar-se diretamente com autoridades estrangeiras ou com representantes estrangeiros, ou deles solicitar informação e assistência, sem a necessidade de expedição quer de cartas rogatórias, de procedimento de auxílio direto ou de outras formalidades semelhantes (art. 167-P, § 1º).

Para além do juiz, diz a Lei que também o administrador judicial, no exercício de suas funções e sob a supervisão do magistrado, deverá cooperar, na máxima extensão possível, com a autoridade estrangeira ou com representantes estrangeiros, na persecução dos objetivos estabelecidos pelo mesmo art. 167-A da Lei, podendo, para tanto, comunicar-se com as autoridades estrangeiras ou com os representantes estrangeiros (art. 167-P, §§ 2º e 3º).

A cooperação a que se refere a Lei poderá ser implementada por quaisquer meios disponíveis, inclusive pela (*a*) nomeação de uma pessoa, natural ou jurídica, para agir sob a supervisão do juiz, (*b*) comunicação de informações por quaisquer meios considerados apropriados pelo juiz, (*c*) coordenação da administração e da supervisão dos bens e das atividades do devedor, (*d*) aprovação ou implementação, pelo juiz, de acordos ou de protocolos de cooperação para a coordenação dos processos judiciais, e (*e*) coordenação de processos concorrentes relativos ao mesmo devedor (art. 167-Q, I a V).

6.5.4 Processos concorrentes

Depois de reconhecido um processo estrangeiro principal, somente poderá ter início no Brasil um processo de recuperação judicial, de recuperação extrajudicial ou de falência caso possua o devedor bens ou estabelecimento em nosso país (art. 167-R). Os efeitos do processo ajuizado no Brasil restringem-se aos bens e ao estabelecimento do devedor localizados no Brasil, podendo, porém, estender-se a outros caso seja tal medida necessária à cooperação e à coordenação com o processo estrangeiro principal (art. 167-R, parágrafo único).

Havendo concorrência simultânea de processos de recuperação judicial, de recuperação extrajudicial ou de falência relativos ao mesmo devedor, deverá o juiz buscar a cooperação e a coordenação entre eles. Para tanto, exige-se que sejam respeitadas as seguintes condições, consoante determinação do art. 167-S da lei:

> I – se o processo no Brasil já estiver em curso quando o pedido de reconhecimento do processo estrangeiro tiver sido ajuizado, qualquer medida de assistência determinada pelo juiz nos termos dos arts. 167-L ou 167-N desta Lei deve ser compatível com o processo brasileiro, e o previsto no art. 167-M desta Lei não será aplicável se o processo estrangeiro for reconhecido como principal;
>
> II – se o processo no Brasil for ajuizado após o reconhecimento do processo estrangeiro ou após o ajuizamento do pedido de seu reconhecimento, todas as medidas de assistência concedidas nos termos dos arts. 167-L ou 167-N desta Lei deverão ser revistas pelo juiz e modificadas ou revogadas se forem incompatíveis com o processo no Brasil e, quando o processo estrangeiro for reconhecido como principal, os efeitos referidos nos incisos I, II e III do *caput* do art. 167-M serão modificados ou cessados, nos termos do § 1º do art. 167-M desta Lei, se incompatíveis com os demais dispositivos desta Lei;
>
> III – qualquer medida de assistência a um processo estrangeiro não principal deverá restringir-se a bens e a estabelecimento que, de acordo com o ordenamento jurídico brasileiro, devam ser submetidos à disciplina aplicável ao processo estrangeiro não principal, ou a informações nele exigidas.

Por sua vez, quando houver mais de um processo estrangeiro relativo ao mesmo devedor, o juiz buscará a cooperação e a coordenação com as autoridades ou os representantes estrangeiros na máxima extensão possível, conforme preceituam os já referidos arts. 167-P e 167-Q da Lei (*v.* item 6.5.3, *supra*). No âmbito dessa cooperação e coordenação, no entanto, deve o magistrado observar os seguintes ditames legais, conforme o art. 167-T da Lei:

> I – qualquer medida concedida ao representante de um processo estrangeiro não principal após o reconhecimento de um processo estrangeiro principal deve ser compatível com este último;
>
> II – se um processo estrangeiro principal for reconhecido após o reconhecimento ou o pedido de reconhecimento de um processo estrangeiro não principal, qualquer medida concedida nos termos dos arts. 167-L ou 167-N desta Lei deverá ser revista pelo juiz, que a modificará ou a revogará se for incompatível com o processo estrangeiro principal;
>
> III – se, após o reconhecimento de um processo estrangeiro não principal, outro processo estrangeiro não principal for reconhecido, o juiz poderá, com a finalidade de facilitar a coordenação dos processos, conceder, modificar ou revogar qualquer medida antes concedida.

Conforme a Lei, a menos que haja prova em contrário, a insolvência do devedor cujo processo estrangeiro principal tenha sido reconhecido no Brasil considera-se ipso facto presumida, podendo o representante estrangeiro, o devedor ou os credores requerer a falência do devedor cujo processo estrangeiro principal tenha sido reconhecido no Brasil, atendidos os pressupostos previstos pela Lei (art. 167-U e parágrafo único).

É obrigação do juízo falimentar responsável por processo estrangeiro não principal prestar ao juízo principal, inter alia, informações sobre (a) o valor dos bens arrecadados e do passivo, (b) o valor dos créditos admitidos e sua classificação, (c) classificação, segundo a lei nacional, dos credores não domiciliados ou sediados nos países titulares de créditos sujeitos à lei estrangeira, (d) relação de ações judiciais em curso de que seja parte o falido, como autor, réu ou interessado, e (e) ocorrência do término da liquidação e o saldo, credor ou devedor, bem como eventual ativo remanescente (art. 167-V).

No processo falimentar transnacional, principal ou não principal, nenhum ativo, bem ou recurso remanescente da liquidação será entregue ao falido se ainda houver passivo não satisfeito em qualquer outro processo falimentar transnacional (art. 167-W). A seu turno, o processo de falência transnacional principal somente poderá ser finalizado após o encerramento dos processos não principais ou após a constatação de que, nestes últimos, não haja ativo líquido remanescente (art. 167-X).

Por fim, sem prejuízo dos direitos sobre bens ou decorrentes de garantias reais, o credor que tiver recebido pagamento parcial de seu crédito em processo de insolvência no exterior não poderá ser pago pelo mesmo crédito em processo no Brasil referente ao mesmo devedor enquanto os pagamentos aos credores da mesma classe forem proporcionalmente inferiores ao valor já recebido no exterior (art. 167-Y).

7. Conclusão

A LINDB, como se verificou, não dispõe de regras completas para todos os aspectos a envolver relações plurilocalizadas de pessoas jurídicas de direito privado, notadamente as sociedades empresárias, mais ainda no que toca à insolvência transnacional. A maioria dos países, salvo raras exceções, adota ainda o ultrapassado sistema falimentar territorial, pelo qual cada ordem jurídica é competente para a abertura e declaração da falência e da recuperação judicial, independentemente uma da outra. É, portanto, premente que se atualize a legislação brasileira para o fim de regular a falência e a recuperação transnacional de modo eficaz e à luz do sistema universal falimentar e recuperacional.

Tirante as peculiaridades da questão falimentar transnacional, certo é que as pessoas jurídicas estrangeiras são reconhecidas no Brasil e podem livremente atuar no país. Apenas seu *funcionamento* (para além da mera *atuação* interna, como, *v.g.*, negociar, celebrar contratos ou demandar em juízo) requer autorização do governo brasileiro, sujeitando-se, a partir daí, à lei brasileira. Permissão não será necessária para simples gestão de negócios, celebração de contratos ou ingresso em juízo.

Referências Bibliográficas

AMARAL JÚNIOR, Alberto do. Entre ordem e desordem: o direito internacional em face da multiplicidade de culturas. *Revista de Direito Constitucional e Internacional*, ano 8, nº 31, São Paulo, abr./jun. 2000, p. 27-38.

AMORIM, Edgar Carlos de. *Direito internacional privado*. 9. ed. rev. e atual. Rio de Janeiro: Forense, 2006.

ANCEL, Bertrand; LEQUETTE, Yves. *Les grands arrêts de la jurisprudence française de droit international privé*. 5. ed. Paris: Dalloz, 2006.

ANDRADE, Agenor Pereira de. *Manual de direito internacional privado*. São Paulo: Sugestões Literárias, 1975.

ARANHA, Adalberto José de Camargo. Rejeição da norma estrangeira. *Justitia*, vol. 32, nº 71, São Paulo, out./dez. 1970, p. 225-233.

ARAÚJO, Luís Ivani de Amorim. *Curso de direito dos conflitos interespaciais*. Rio de Janeiro: Forense, 2002.

ARAUJO, Nadia de. *Contratos internacionais*: autonomia da vontade, Mercosul e convenções internacionais. 2. ed. Rio de Janeiro: Renovar, 2000.

ARAUJO, Nadia de. *Direito internacional privado*: teoria e prática brasileira. 2. ed. Rio de Janeiro: Renovar, 2004.

ARMINJON, Pierre. L'objet et la méthode du droit international privé. *Recueil des Cours*, vol. 21, 1928, p. 429-512.

ARMINJON, Pierre. La notion des droits acquis en droit international privé. *Recueil des Cours*, vol. 44, 1933-II, p. 5-105.

AUDIT, Bernard; d'AVOUT, Louis. *Droit international privé*. 7. ed. refondue. Paris: Economica, 2013.

AVBELJ, Matej. *The European Union under transnational law*: a pluralist appraisal. Oxford: Hart, 2018.

BALLADORE PALLIERI, Giorgio. *Diritto internazionale privato italiano*. Milano: Giuffrè, 1974 (vol. XLV do *Trattato di diritto civile e commerciale*, dirigido por Antonio Cicu & Francesco Messineo).

BALLARINO, Tito; BALLARINO, Eleonora; PRETELLI, Ilaria. *Diritto internazionale privato italiano*. 8. ed. Milano: Cedam, 2016.

BAPTISTA, Luiz Olavo. Aplicação do direito estrangeiro pelo juiz nacional. In: BAPTISTA, Luiz Olavo; MAZZUOLI, Valerio de Oliveira (Org.). *Direito internacional privado*: teoria e prática. São Paulo: Revista dos Tribunais, 2012, p. 1347-1363 (Coleção *Doutrinas essenciais*: direito internacional, vol. IV).

BARATTA, Roberto (Ed.). *Diritto internazionale privato*. Milano: Giuffrè, 2011.

BARBI, Celso Agrícola. *Comentários ao Código de Processo Civil*, vol. 1 (arts. 1º a 153). 13. ed. rev. e atual. Rio de Janeiro: Forense, 2008.

BARBOSA MOREIRA, José Carlos. *Comentários ao Código de Processo Civil*, vol. V (arts. 476 a 565). 7. ed. rev. e atual. Rio de Janeiro: Forense, 1998.

BARBOSA MOREIRA, José Carlos. Garantia constitucional do direito à jurisdição – competência internacional da justiça brasileira – prova do direito estrangeiro. *Revista Forense*, vol. 343, Rio de Janeiro, jul./ago./set. 1998, p. 275-291.

BARBOSA MOREIRA, José Carlos. Problemas relativos a litígios internacionais. *Temas de Direito Processual*, 5ª série. São Paulo: Saraiva, 1994, p. 139-163.

BARROSO, Luís Roberto. *Interpretação e aplicação da Constituição*: fundamentos de uma dogmática constitucional transformadora. 6. ed. rev., atual. e ampl. São Paulo: Saraiva, 2004.

BASSO, Maristela. *Curso de direito internacional privado*. 2. ed. rev. e atual. São Paulo: Atlas, 2011.

BATALHA, Wilson de Souza Campos. *Tratado de direito internacional privado*. 2. ed. rev. e aum. São Paulo: Revista dos Tribunais, 1977 (2 vols.).

BATALHA, Wilson de Souza Campos; RODRIGUES NETTO, Sílvia Marina L. Batalha de. *O direito internacional privado na Organização dos Estados Americanos*. São Paulo: LTr, 1997.

BATEMAN, Henri. *O regime matrimonial no direito internacional privado*. Trad. Fernando de Miranda. São Paulo: Saraiva, 1941.

BATIFFOL, Henri. *Aspects philosophiques du droit international privé*. Paris: Dalloz, 1956.

BATIFFOL, Henri; LAGARDE, Paul. *Droit international privé*, t. 1. 6. ed. Paris: LGDJ, 1974.

BATIFFOL, Henri; LAGARDE, Paul. *Droit international privé*, t. 2. 6. ed. Paris: LGDJ, 1976.

BAUMAN, Zygmunt. *Globalização*: as consequências humanas. Trad. Marcus Penchel. Rio de Janeiro: Zahar, 1999.

BEITZKE, G. Les obligations délictuelles en droit international privé. *Recueil des Cours*, vol. 115, 1965-II, p. 63-145.

BERGMAN, Eduardo Tellechea. Aplicación e información del derecho extranjero en el ámbito interamericano, regional y en el Uruguay. *Revista de la Secretaría del Tribunal Permanente de Revisión*, año 2, nº 3, 2014, p. 35-58.

BEVILÁQUA, Clovis. *Princípios elementares de direito internacional privado*. Salvador: Livraria Magalhães, 1906.

BILDER, Richard B. Beyond compliance: helping nations to cooperate. In: SHELTON, Dinah (Ed.). *Commitment and compliance*: the role of non-binding norms in the international legal system. Oxford: Oxford University Press, 2000, p. 65-73.

BITTAR, Eduardo C. B. *O direito na pós-modernidade (e reflexões frankfurtianas)*. 2. ed. rev., atual. e ampl. Rio de Janeiro: Forense Universitária, 2009.

BODEN, Didier. *L'ordre public, limite et condition de la tolérance*: recherches sur le pluralisme juridique. Thèse de Doctorat en Droit International. Paris 1: Université Panthéon-Sorbonne, 2002 (policopiada).

BODEN, Didier. O pluralismo jurídico em direito internacional privado: lição propedêutica para o estudo de uma revolução em curso. In: BAPTISTA, Luiz Olavo; RAMINA, Larissa; FRIEDRICH, Tatyana Scheila (Coord.). *Direito internacional contemporâneo*. Curitiba: Juruá, 2014. p. 669-722.

BONOMI, Andrea. The Hague Protocol of 23 November 2007 on the law applicable to maintenance obligations. *Yearbook of Private International Law*, vol. 10, 2008, p. 333-357.

BONOMI, Andrea. *Protocolo de La Haya de 23 de noviembre de 2007 sobre la ley aplicable a las obligaciones alimenticias*. La Haya: Conferencia de La Haya de Derecho Internacional Privado, 2013.

BORN, Gary B. *International civil litigation in United States courts*. 3. ed. The Hague: Kluwer Law International, 1996.

BORRÁS, Alegría; DEGELING, Jennifer. *Convenio de 23 de noviembre de 2007 sobre Cobro International de Alimentos para los Niños y otros Miembros de la Familia*. La Haya: Conferencia de La Haya de Derecho Internacional Privado, 2013.

BOUCAULT, Carlos Eduardo de Abreu. *Direitos adquiridos no direito internacional privado*. Porto Alegre: Sergio Antonio Fabris, 1996.

BRAND, Ronald A.; JABLONSKI, Scott R. *Forum non conveniens*: history, global practice, and future under the Hague Convention on Choice of Court Agreements. Oxford: Oxford University Press, 2007.

BRIGGS, Adrian. *The conflict of laws*. 3. ed. Oxford: Oxford University Press, 2013.

BRITO, Luiz Araújo Corrêa. *Do limite à extraterritorialidade do direito estrangeiro no Código Civil brasileiro*. São Paulo: Escolas Profissionais Salesianas, 1952.

BUCHER, Andreas. L'ordre public et le but social des lois en droit international privé. *Recueil des Cours*, vol. 239, 1993, p. 9-116.

CALDERON, Silvio Javier Battello. A eficácia jurídica da sentença falimentar e de recuperação empresarial estrangeira no direito brasileiro. In: FERREIRA JÚNIOR, Lier Pires; ARAÚJO, Luis Ivani de Amorim (Coord.). *Direito internacional e as novas disciplinarizações*. Curitiba: Juruá, 2005, p. 305-322.

CALDERON, Silvio Javier Battello. *Falência internacional do Mercosul:* proposta para uma solução regional. Curitiba: Juruá, 2011.

CALIXTO, Negi. O "repúdio" das mulheres pelo marido no direito muçulmano, visto pelo Supremo Tribunal Federal. *Revista de Informação Legislativa*, ano 20, nº 77, Brasília, jan./mar. 1983, p. 279-296.

CALIXTO, Negi. Interpretação do direito internacional privado. *Revista de Informação Legislativa*, ano 21, nº 83, Brasília, jul./set. 1984, p. 87-104.

CARDOSO, Fernando. *A autonomia da vontade no direito internacional privado*: a autonomia e o contrato de agência ou de representação comercial. Lisboa: Portugalmundo, 1989.

CARDOSO, Plinio Balmaceda. *O direito internacional privado em face da doutrina, da legislação e da jurisprudência brasileiras*. São Paulo: Livraria Martins, 1943.

CARREAU, Dominique. Mondialisation et transnationalisation du droit international. *Anuário Brasileiro de Direito Internacional*, vol. 1, nº 7, Belo Horizonte, jan. 2012, p. 167-205.

CARDUCCI, Michele; MAZZUOLI, Valerio de Oliveira. *Teoria tridimensional das integrações supranacionais*: uma análise comparativa dos sistemas e modelos de integração da Europa e América Latina. Rio de Janeiro: Forense, 2014.

CASELLA, Paulo Borba. *Fundamentos do direito internacional pós-moderno*. São Paulo: Quartier Latin, 2008.

CASTRO, Amilcar de. *Lições de direito processual civil e direito internacional privado*. São Paulo: Editora do Brasil, 2000.

CASTRO, Amilcar de. *Direito internacional privado*. 5. ed. rev. e atual. por Osiris Rocha. Rio de Janeiro: Forense, 2001.

CERQUEIRA, Gustavo. A conformidade do direito estrangeiro com a ordem constitucional e convencional do Estado de origem: fundamentos e desafios do duplo controle no Brasil. *Revista dos Tribunais*, ano 106, vol. 982, São Paulo, ago. 2017, p. 237-282.

CINTRA, Antônio Carlos de Araújo. Prova do direito estrangeiro. In: BAPTISTA, Luiz Olavo; MAZZUOLI, Valerio de Oliveira (Org.). *Direito internacional privado*: teoria e prática. São Paulo: Revista dos Tribunais, 2012, p. 869-893 (Coleção *Doutrinas essenciais*: direito internacional, vol. IV).

COACCIOLI, Antonio. *Manuale di diritto internazionale privato e processuale*, vol. 1 (Parte Generale). Milano: Giuffrè, 2011.

COLLIER, J. G. *Conflict of laws*. 3. ed. Cambridge: Cambridge University Press, 2001.

COSTA, José Augusto Fontoura; SANTOS, Ramon Alberto dos. Contratos internacionais e a eleição de foro estrangeiro no novo Código de Processo Civil. *Revista de Processo*, vol. 253, São Paulo, mar. 2016, p. 109-128.

COSTA, Ligia Maura. *O crédito documentário e as novas regras e usos uniformes da Câmara de Comércio Internacional*. São Paulo: Saraiva, 1994.

COULANGES, Fustel de. *La cité antique*: étude sur le culte, le droit, les institutions de la Grèce et de Rome. 2. ed. Paris: L. Hachette, 1866.

CURRIE, Brainerd. Notes on methods and objectives in the conflict of laws. *Duke Law Journal*, nº 2, 1959, p. 171-181.

DE NOVA, Rodolfo. Gli sponsali in diritto internazionale privato. *Il Foro Italiano*, vol. 78, nº 2, 1955, p. 25-38.

DE NOVA, Rodolfo. Legge straniera e controllo di costituzionalità. *Il Foro Padano*, vol. IV, 1955, p. 1-12.

DE WINTER, Louis I. Nationality or domicile? The present state of affairs. *Recueil des Cours*, vol. 128, 1969-III, p. 346-503.

DELMAS-MARTY, Mireille. *Le relatif et l'universel*: les forces imaginantes du droit. Paris: Seuil, 2004.

DEL'OLMO, Florisbal de Souza. *Curso de direito internacional privado*. 10. ed. rev., atual. e ampl. Rio de Janeiro: Forense, 2014.

DEL'OLMO, Florisbal de Souza; ARAÚJO, Luís Ivani de Amorim. *Lei de Introdução ao Código Civil Brasileiro comentada*. 2. ed. rev. e atual. Rio de Janeiro: Forense, 2004.

DESPAGNET, Frantz. *Des conflits de lois relatifs à la qualification des rapports juridiques*. Paris: Marchal & Billard, 1898.

DIAZ LABRANO, Roberto Ruiz. *Derecho internacional privado*: la aplicación de las leyes extranjeras y su efecto frente al derecho. Asunción: Intercontinental, 1992.

DINAMARCO, Cândido Rangel. *Instituições de direito processual civil*, vol. I. 6. ed. rev. e atual. São Paulo: Malheiros, 2009.

DINAMARCO, Cândido Rangel. *Comentários ao Código de Processo Civil*: das normas processuais civis e da função jurisdicional (arts. 1º a 69). São Paulo: Saraiva, 2018.

DINIZ, Maria Helena. *Conflito de normas*. 6. ed. atual. São Paulo: Saraiva, 2005.

DINIZ, Maria Helena. *Lei de Introdução ao Código Civil Brasileiro interpretada*. 13. ed. rev. e atual. São Paulo: Saraiva, 2007.

DOLINGER, Jacob. *A evolução da ordem pública no direito internacional privado*. Tese de Cátedra em Direito Internacional Privado. Rio de Janeiro: [s.n.], 1979.

DOLINGER, Jacob. Ordem pública mundial: ordem pública verdadeiramente internacional no direito internacional privado. *Revista de Informação Legislativa*, ano 23, nº 90, Brasília, abr./jun. 1986, p. 205-232.

DOLINGER, Jacob. Application, proof and interpretation of foreign law: a comparative study in private international law. *Arizona Journal of International and Comparative Law*, vol. 12, 1995, p. 225-276.

DOLINGER, Jacob. *A família no direito internacional privado* (Direito civil internacional, vol. I, t. 1 – Casamento e divórcio no direito internacional privado). Rio de Janeiro: Renovar, 1997.

DOLINGER, Jacob. Evolution of principles for resolving conflicts in the field of contracts and torts. *Recueil des Cours*, vol. 283, 2000, p. 187-512.

DOLINGER, Jacob. *Direito internacional privado*: parte geral. 6. ed. ampl. e atual. Rio de Janeiro: Renovar, 2001.

DOLINGER, Jacob. *A família no direito internacional privado* (Direito civil internacional, vol. I, t. 2 – A criança no direito internacional). Rio de Janeiro: Renovar, 2003.

DOLINGER, Jacob. *Contratos e obrigações no direito internacional privado* (Direito civil internacional, vol. II). Rio de Janeiro: Renovar, 2007.

DOLINGER, Jacob. *Direito e amor*. Rio de Janeiro: Renovar, 2009.

DOLINGER, Jacob. Uma lei ridícula. *Jornal O Globo*, Rio de Janeiro, 26.01.2011, Caderno Opinião, p. 7.

DOLINGER, Jacob. Provincianismo no direito internacional privado brasileiro: dignidade humana e soberania nacional (inversão dos princípios). In: BAPTISTA, Luiz Olavo; MAZZUOLI, Valerio de Oliveira (Org.). *Direito internacional privado*: teoria e prática. São Paulo: Revista dos Tribunais, 2012, p. 207-235 (Coleção *Doutrinas essenciais*: direito internacional, vol. IV).

DREYZIN DE KLOR, Adriana. A propósito de los principios y las fuentes de las normas de derecho internacional privado en el Código Civil y Comercial. *Revista de la Facultad*, vol. VI, nº 1, Córdoba, 2015, p. 1-7.

DUNCAN, William. The new Hague Child Support Convention: goals and outcomes of the negotiations. *Family Law Quarterly*, vol. 43, nº 1 (Spring 2009), p. 1-20.

DUPUY, Pierre-Marie. *Soft law* and the international law of the environment. *Michigan Journal of International Law*, vol. 12 (Winter 1991), p. 420-435.

DUPUY, René-Jean. *La clôture du système international*: la cité terrestre (Grand Prix de Philosophie de l'Académie Française). Paris: PUF, 1989.

EEK, Hilding. Peremptory norms and private international law. *Recueil des Cours*, vol. 139 (1973-II), p. 9-73.

ESPINOLA, Eduardo. *Elementos de direito internacional privado*. Rio de Janeiro: Jacinto Ribeiro dos Santos, 1925.

ESPINOLA, Eduardo; ESPINOLA FILHO, Eduardo. *A Lei de Introdução ao Código Civil Brasileiro*. Atual. por Silva Pacheco. Rio de Janeiro: Renovar, 1995 (3 vols.).

FERNANDES, Adaucto. *Curso de direito internacional privado*. Rio de Janeiro: Companhia Editora Americana, 1971.

FERNÁNDEZ ROZAS, José Carlos. Sobre el contenido del derecho internacional privado. *Revista Española de Derecho Internacional*, vol. XXXVIII, 1986, p. 69-108.

FERNÁNDEZ Rozas, José Carlos. Orientaciones del derecho internacional privado en el umbral del siglo XXI. *Revista Mexicana de Derecho Internacional Privado*, nº 9, 2000, p. 7-32.

FERRANTE, Miguel Jeronymo. *Nacionalidade:* brasileiros natos e naturalizados. 2. ed. São Paulo: Saraiva, 1984.

FERRAZ JR., Tercio Sampaio. *Introdução ao estudo do direito*: técnica, decisão, dominação. 4. ed. rev. e ampl. São Paulo: Atlas, 2003.

FERRER CORREIA, A. *Lições de direito internacional privado*, vol. I. 8. reimp. Coimbra: Almedina, 2015.

FIORATI, Jete Jane. Inovações no direito internacional privado brasileiro presentes no Projeto de Lei de Aplicação das Normas Jurídicas. In: BAPTISTA, Luiz Olavo; MAZZUOLI, Valerio de Oliveira (Org.). *Direito internacional privado*: teoria e prática. São Paulo: Revista dos Tribunais, 2012, p. 237-268 (Coleção *Doutrinas essenciais*: direito internacional, vol. IV).

FIORATI, Jete Jane; MAZZUOLI, Valerio de Oliveira (Org.). *Novas vertentes do direito do comércio internacional*. Barueri: Manole, 2003.

FIORE, Pasquale. *Diritto internazionale privato*. Firenze: Le Monnier, 1869.

FOCARELLI, Carlo. *Lezioni di diritto internazionale privato*. Perugia: Morlacchi, 2006.

FOELIX, M. *Traité du droit international privé ou du conflit des lois de différentes nations en matière de droit privé*, t. 1. Paris: Joubert, 1843.

FOELIX, M. *Traité du droit international privé ou du conflit des lois de différentes nations en matière de droit privé*, t. 2. 4. ed. rev. Paris: Marescq Ainé, 1866.

FOLLEVILLE, Daniel de. *Traité théorique et pratique de la naturalisation*: études de droit international privé. Paris: Marescq Ainé, 1880.

FRANÇA, Rubens Limongi. *Direito intertemporal em matéria civil*: subsídios para uma doutrina brasileira. São Paulo: Revista dos Tribunais, 1967.

FRANÇA, Rubens Limongi. *Direito intertemporal brasileiro*: doutrina da irretroatividade das leis e do direito adquirido. São Paulo: Revista dos Tribunais, 1968.

FRANCESCAKIS, Phocion. *La théorie du renvoi et les conflits de systèmes en droit international privé*. Paris: Sirey, 1958.

FRANCESCAKIS, Phocion. Quelques précisions sur les "lois d'application immédiate" et leurs rapports avec les règles de conflits de lois. *Revue Critique de Droit International Privé*, vol. 55, 1966, p. 1-18.

FRANCESCAKIS, Phocion. Lois d'application immédiate et règles de conflit. *Rivista di Diritto Internazionale Privato e Processuale*, vol. 3, 1967, p. 691-698.

FRANCESCAKIS, Phocion. Lois d'application immédiate et droit du travail. *Revue Critique de Droit International Privé*, vol. 63, 1974, p. 273-296.

FRANCESCHINI, José Inácio Gonzaga. A lei e o foro de eleição em tema de contratos internacionais. In: RODAS, João Grandino (Coord.). *Contratos internacionais*. 3. ed. rev., atual. e ampl. São Paulo: Revista dos Tribunais, 2002, p. 66-121.

FRANZINA, Pietro. Conferência da Haia de Direito Internacional Privado: algumas tendências recentes. In: BAPTISTA, Luiz Olavo; RAMINA, Larissa; FRIEDRICH, Tatyana Scheila (Coord.). *Direito internacional contemporâneo*. Curitiba: Juruá, 2014, p. 511-529.

FRIEDRICH, Tatyana Scheila. *Normas imperativas de direito internacional privado*: lois de police. Belo Horizonte: Fórum, 2007.

FRIEDRICH, Tatyana Scheila. A proteção dos direitos humanos nas relações privadas internacionais. In: RAMINA, Larissa; FRIEDRICH, Tatyana Scheila (Coord.). *Direitos humanos*: evolução, complexidades e paradoxos. Curitiba: Juruá, 2014, p. 169-199 (Coleção *Direito Internacional Multifacetado*, vol. I).

FULGÊNCIO, Tito. *Direito internacional privado*. 2. ed. rev., atual. e acresc. por Sylvio Capanema de Souza. Rio de Janeiro: Forense, 1979.

GABBA, Carlo Francesco. *Le second mariage de la Princesse de Beauffremont et le droit international*. Paris: [s.n.], 1877.

GALGANO, Francesco. *Lex Mercatoria*: storia del diritto commerciale. Bologna: Il Mulino, 1993.

GANNAGÉ, Léna. *La hiérarchie des normes et les méthodes du droit international privé*: étude de droit international privé de la famille. Paris: LGDJ, 2001.

GHERSI, Carlos Alberto. *La posmodernidad jurídica*: una discusión abierta. Buenos Aires: Gowa, 1999.

GIALDINO, Agostino Curti. La volonté des parties en droit international privé. *Recueil des Cours*, vol. 137, 1972, p. 743-914.

GIBERTONI, Carla Adriana Comitre. *Teoria e prática do direito marítimo*. 2. ed rev. e atual. Rio de Janeiro: Renovar, 2004.

GILLIES, Lorna E. *Electronic commerce and international private law*: a study of electronic consumer contracts. Hampshire: Ashgate, 2008.

GOLDMAN, Berthold. Frontières du droit et *lex mercatoria*. *Archives de Philosophie du Droit*, nº 9 (Le droit subjectif en question). Paris: Sirey, 1964, p. 177-192.

GOLDSCHMIDT, Werner. *Derecho internacional privado*: basado en la teoría trialista del mundo jurídico. 2. ed. Buenos Aires: Depalma, 1974.

GOMES, Manuel Januário da Costa. *O ensino do direito marítimo*: o soltar das amarras do direito da navegação marítima. Coimbra: Almedina, 2005.

GUIMARÃES, Francisco Xavier da Silva. *Nacionalidade*: aquisição, perda e reaquisição. 2. ed. Rio de Janeiro: Forense, 2002.

HALLIDAY, Terence C.; SHAFFER, Gregory. Transnational legal orders. In: HALLIDAY, Terence C.; SHAFFER, Gregory (Ed.). *Transnational legal orders*. Cambridge: Cambridge University Press, 2015, p. 3-74.

HEIDEMANN, Maren. *Does international trade need a doctrine of transnational law?* Some thoughts at the launch of European Contract Law. Heidelberg: Springer, 2012.

HERZOG, Peter E. Constitutional limits on choice of law. *Recueil des Cours*, vol. 234, 1992-III, p. 239-330.

JACQUET, Jean-Michel. *Principe d'autonomie et droit applicable aux contrats internationaux*. Paris: Economica, 1983.

JATAHY, Vera Maria Barrera. Adoção internacional: o direito comparado e as normas estatutárias. In: PEREIRA, Tânia da Silva (Coord.). *Estatuto da Criança e do Adolescente – Lei 8.069/90*: estudos sócio-jurídicos. Rio de Janeiro: Renovar, 1992, p. 183-205.

JATAHY, Vera Maria Barrera. *Do conflito de jurisdições*: a competência internacional da justiça brasileira. Rio de Janeiro: Forense, 2003.

JAYME, Erik. *Narrative Normen im Internationalen Privat- und Verfahrensrecht*. Tübingen: Eberhard-Karls-Universität, 1993.

JAYME, Erik. Identité culturelle et intégration: le droit international privé postmoderne (cours général de droit international privé). *Recueil des Cours*, vol. 251, 1995, p. 9-267.

JAYME, Erik. Le droit international privé du nouveau millénaire: la protection de la personne humaine face à la globalization. *Recueil des Cours*, vol. 282, 2000, p. 19-40.

JO, Hee Moon. *Moderno direito internacional privado*. São Paulo: LTr, 2001.

KALENSKÝ, Pavel. *Trends of private international law*. The Hague: Martinus Nijhoff, 1971.

KASSIS, Antoine. *Le nouveau droit européen des contrats internationaux*. Paris: LGDJ, 1993.

KIESTRA, Louwrens R. *The impact of the European Convention on Human Rights on private international law*. Berlin/Heidelberg: Springer, 2014.

LACERDA, J. C. Sampaio de. *Curso de direito comercial marítimo e aeronáutico*: direito privado da navegação. 6. ed. melhorada e atual. Rio de Janeiro: Freitas Bastos, 1963.

LAGARDE, Paul. Le principe de proximité dans le droit international privé contemporain: cours général de droit international privé. *Recueil des Cours*, vol. 196, 1986, p. 9-238.

LATTY, Franck. *La lex sportiva*: recherche sur le droit transnational. Leiden: Martinus Nijhoff, 2007.

LEAL, Saul Tourinho. *Direito à felicidade*: história, teoria, positivação e jurisdição. Tese (Doutorado em Direito Constitucional). São Paulo: Pontifícia Universidade Católica, 2013.

LEQUETTE, Yves. Le renvoi de qualifications. *Mélanges dédiés à Dominique Holleaux*. Paris: Litec, 1990, p. 249-262.

LEVONTIN, Avigdor. *Choice of law and conflict of laws*. Leiden: Sijthoff, 1976.

LIBERATI, Wilson Donizeti. *Adoção internacional*. São Paulo: Malheiros, 1995.

LIEBMAN, Enrico Tullio. Os limites da jurisdição brasileira. *Revista Forense*, vol. 92, Rio de Janeiro, dez. 1942, p. 647-650.

LINDGREN ALVES, José Augusto. *Os direitos humanos na pós-modernidade*. São Paulo: Perspectiva, 2005.

LINS, Edmundo. Limites do império da lei no espaço. *Revista da Faculdade Livre de Direito do Estado de Minas Geraes*, nº 9, Ouro Preto, ago. 1914, p. 349-378.

LIXINSKI, Lucas. Direito internacional da arte e do patrimônio cultural: estratégias de exclusão e inclusão. In: MAMEDE, Gladston; FRANCA FILHO, Marcílio Toscano; RODRIGUES JUNIOR, Otavio Luiz (Org.). *Direito da arte*. São Paulo: Atlas, 2015, p. 209-235.

LORENTZ, Adriane Cláudia Melo. A sociedade estrangeira e o desenvolvimento da atividade empresarial no Brasil. In: FERREIRA JÚNIOR, Lier Pires; ARAÚJO, Luis Ivani de Amorim (Coord.). *Direito internacional e as novas disciplinarizações*. Curitiba: Juruá, 2005, p. 47-60.

LOULA, Maria Rosa Guimarães. *Auxílio direto*: novo instrumento de cooperação jurídica internacional civil. Belo Horizonte: Forum, 2010.

LOUSSOUARN, Yvon; BOUREL, Pierre; VAREILLES-SOMMIÈRES, Pascal de. *Droit international privé*. 10. ed. Paris: Dalloz, 2013.

LYOTARD, Jean-François. *A condição pós-moderna*. 10. ed. Trad. Ricardo Corrêa Barbosa. Rio de Janeiro: José Olympio, 2008.

MACHADO VILLELA, Álvaro da Costa. *Tratado elementar (teórico e prático) de direito internacional privado*, t. I (Princípios Gerais). Coimbra: Coimbra Editora, 1921.

MARIDAKIS, Georges S. Introduction au droit international privé. *Recueil des Cours*, vol. 105, 1962, p. 375-516.

MARINONI, Luiz Guilherme; MAZZUOLI, Valerio de Oliveira (Coord.). *Controle de convencionalidade*: um panorama latino-americano (Brasil, Argentina, Chile, México, Peru, Uruguai). Brasília: Gazeta Jurídica, 2013.

MARQUES, Claudia Lima. A Convenção de Haia de 1993 e o regime da adoção internacional no Brasil após a aprovação do novo Código Civil Brasileiro em 2002. In: MOURA RAMOS, Rui Manuel Gens de (Ed.). *Estudos em homenagem à Professora Doutora Isabel de Magalhães Collaço*, vol. I. Coimbra: Almedina, 2002, p. 263-309.

MARQUES, Claudia Lima. Ensaio para uma introdução ao direito internacional privado. In: DIREITO, Carlos Alberto Menezes; CANÇADO TRINDADE, Antônio Augusto; PEREIRA, Antônio Celso Alves (Coord.). *Novas perspectivas do direito internacional contemporâneo*: estudos em homenagem ao Professor Celso D. de Albuquerque Mello. Rio de Janeiro: Renovar, 2008, p. 319-350.

MARQUES, Claudia Lima. Novos rumos do direito internacional privado quanto às obrigações resultantes de atos ilícitos (em especial de acidentes de trânsito). In: BAPTISTA, Luiz Olavo; MAZZUOLI, Valerio de Oliveira (Org.). *Direito internacional privado*: teoria e prática. São Paulo: Revista dos Tribunais, 2012, p. 995-1030 (Coleção *Doutrinas essenciais*: direito internacional, vol. IV).

MARQUES, Claudia Lima; JACQUES, Daniela Corrêa. Normas de aplicação imediata como um método para o direito internacional privado de proteção do consumidor no Brasil. In: MIRANDA, Jorge; PINHEIRO, Luís de Lima; VICENTE, Dário Moura (Coord.). *Estudos em memória do Professor Doutor António Marques dos Santos*, vol. I. Coimbra: Almedina, 2005, p. 95-133.

MARQUES, Sergio André Laclau Sarmento. *A jurisdição internacional dos tribunais brasileiros*. Rio de Janeiro: Renovar, 2007.

MARTÍN, Nuria González; JIMÉNEZ, Sonia Rodríguez. *Derecho internacional privado*: parte general. México, D.F.: Nostra Ediciones, 2010.

MARTINS, Eliane Maria Octaviano. *Curso de direito marítimo*, vol. 1. 3. ed. rev., ampl. e atual. Barueri: Manole, 2008.

MARTINS, Ives Gandra da Silva. Jurisdição internacional. Ajuizamento de ação no Brasil por força da aplicação da teoria do *forum non conveniens* por parte da Justiça americana. In: BAPTISTA, Luiz Olavo; MAZZUOLI, Valerio de Oliveira (Org.). *Direito internacional privado*: teoria e prática. São Paulo: Revista dos Tribunais, 2012, p. 1.201-1.227 (Coleção *Doutrinas essenciais*: direito internacional, vol. IV).

MARTINS-COSTA, Judith. *A boa-fé no direito privado*: sistema e tópica no processo obrigacional. São Paulo: Revista dos Tribunais, 2000.

MAURICIO, Ubiratan de Couto. Eficácia jurídica brasileira de julgados de tribunais eclesiásticos sobre direito matrimonial: um ensaio introdutório. *Revista Forense*, vol. 422, Rio de Janeiro, jul./dez. 2015, p. 331-359.

MAYER, Pierre; HEUZÉ, Vincent. *Droit international privé*. 11. ed. Paris: LGDJ, 2014.

MAZZUOLI, Valerio de Oliveira. *Direitos humanos, Constituição e os tratados internacionais*: estudo analítico da situação e aplicação do tratado na ordem jurídica brasileira. São Paulo: Juarez de Oliveira, 2002.

MAZZUOLI, Valerio de Oliveira. A nova *lex mercatoria* como fonte do direito do comércio internacional: um paralelo entre as concepções de Berthold Goldman e Paul Lagarde. In: FIORATI, Jete Jane; MAZZUOLI, Valerio de Oliveira (Coord.). *Novas vertentes do direito do comércio internacional.* Barueri: Manole, 2003, p. 185-223.

Mazzuoli, Valerio de Oliveira. *Tratados internacionais de direitos humanos e direito interno.* São Paulo: Saraiva, 2010.

Mazzuoli, Valerio de Oliveira. *Os sistemas regionais de proteção dos direitos humanos:* uma análise comparativa dos sistemas interamericano, europeu e africano. São Paulo: Revista dos Tribunais, 2011.

Mazzuoli, Valerio de Oliveira. Algumas questões jurídicas sobre a formação e aplicação do costume internacional. *Revista dos Tribunais,* ano 101, vol. 921, São Paulo, jul./2012, p. 259-278.

Mazzuoli, Valerio de Oliveira. *Direito dos tratados.* 2. ed. rev., atual. e ampl. Rio de Janeiro: Forense, 2014.

Mazzuoli, Valerio de Oliveira. *Curso de direitos humanos.* São Paulo: Método, 2014.

Mazzuoli, Valerio de Oliveira. Lei aplicável ao rompimento de esponsais no direito internacional privado brasileiro. *Revista de Direito Civil Contemporâneo,* ano 4, vol. 11, São Paulo, abr./jun. 2017, p. 143-158.

Mazzuoli, Valerio de Oliveira. Sobre a lei "pessoal" do *de cujus* na sucessão de bens de estrangeiros situados no país: exegese do artigo 5º, XXXI, da Constituição brasileira de 1988. *Revista de Direito Público,* ano IX, nº 17, Lisboa, jan./jun. 2017, p. 115-128.

Mazzuoli, Valerio de Oliveira. *Curso de direito internacional público.* 11. ed. rev., atual. e ampl. Rio de Janeiro: Forense, 2018.

Mazzuoli, Valerio de Oliveira. *Controle jurisdicional da convencionalidade das leis.* 5. ed. rev., atual. e ampl. Rio de Janeiro: Forense, 2018.

Mazzuoli, Valerio de Oliveira. Transferência da execução da pena a brasileiros natos: o "Caso Robinho" e as relações de cooperação judiciária penal entre Brasil e Itália. *Revista Magister de Direito Penal e Processual Penal,* ano XVIII, nº 108, Porto Alegre, jun./jul. 2022, p. 68-78.

Mazzuoli, Valerio de Oliveira; Mattos, Elsa de. Sequestro internacional de criança fundado em violência doméstica perpetrada no país de residência: a importância da perícia psicológica como garantia do melhor interesse da criança. *Revista dos Tribunais,* ano 104, vol. 954, São Paulo, abr./2015, p. 239-254.

Mazzuoli, Valerio de Oliveira; Prado, Gabriella Boger. L'autonomie de la volonté dans les contrats commerciaux internationaux au Brésil. *Revue Critique de Droit International Privé,* avril-juin 2019, vol. 2, p. 427-456.

Meijers, Eduard Maurits. L'histoire des principes fondamentaux du droit international privé a partir du Moyen Âge spécialement dans l'Europe Occidentale. *Recueil des Cours,* vol. 49, 1934-III, p. 543-686.

MEIJERS, Eduard Maurits. *Études d'histoire du droit international privé* (I – Contribution à l'histoire du droit international privé et pénal en France et dans les Pays-Bas aux XIIIe et XIVe siècles; II – Nouvelle contribution à la formation du principe de réalité). Trad. Pierre Clément Timbal & Josette Metman. Paris: Centre National de la Recherche Scientifique, 1967.

MELLO, Celso D. de Albuquerque. *Alto-mar*. Rio de Janeiro: Renovar, 2001.

MESQUITA, Jose Ignácio Botelho de. Da competência internacional e dos princípios que a informam. *Revista de Processo*, vol. 13, n° 50, São Paulo, abr./jun. 1988, p. 51-71.

MICHAELS, Ralf. The new European choice-of-law revolution. *Tulane Law Review*, vol. 82, n° 5, may 2008, p. 1607-1644.

MIRANDA, Jorge. *Manual de direito constitucional*, t. VI (Inconstitucionalidade e garantia da Constituição). 4. ed. rev. e atual. Coimbra: Coimbra Editora, 2013.

MIRANDA, Marcos Paulo de Souza. *Tutela do patrimônio cultural brasileiro*: doutrina, jurisprudência, legislação. Belo Horizonte: Del Rey, 2006.

MONACO, Gustavo Ferraz de Campos. *Direitos da criança e adoção internacional*. São Paulo: Revista dos Tribunais, 2002.

MONACO, Gustavo Ferraz de Campos. *A proteção da criança no cenário internacional*. Belo Horizonte: Del Rey, 2005.

MONACO, Gustavo Ferraz de Campos. *Guarda internacional de crianças*. São Paulo: Quartier Latin, 2012.

MONACO, Gustavo Ferraz de Campos. *Controle de constitucionalidade da lei estrangeira*. São Paulo: Quartier Latin, 2013.

MONTORO, André Franco. *Introdução à ciência do direito*. 27. ed. rev. e atual. São Paulo: Revista dos Tribunais, 2008.

MORELLI, Gaetano. Controllo della costituzionalità di norme straniere. *Scritti di diritto internazionale in onore di Tomaso Perassi*, vol. II. Milano: Giuffrè, 1957, p. 171-183.

MOURA RAMOS, Rui Manuel Gens de. Dos direitos adquiridos em direito internacional privado. *Boletim da Faculdade de Direito da Universidade de Coimbra*, vol. 50, 1974, p. 175-217.

MOURA RAMOS, Rui Manuel Gens de. *Direito internacional privado e Constituição*: introdução a uma análise de suas relações. Coimbra: Coimbra Editora, 1991.

MUNAGORRI, Rafael Encinas de. Droit international privé et hiérachie des normes. *Revue de Théorie Constitutionnelle et de Philosophie du Droit*, vol. 21, 2013, p. 71-89.

NAZO, Georgette Nacarato. *Adoção internacional*: valor e importância das convenções internacionais vigentes no Brasil. São Paulo: Oliveira Mendes, 1997.

NAZO, Nicolau. *Da aplicação e da prova do direito estrangeiro*. São Paulo: Tipografia Siqueira, 1941.

NAZO, Nicolau. *A determinação do domicílio no direito internacional privado brasileiro*. São Paulo: Revista dos Tribunais, 1952.

NIBOYET, J.-P. *Principios de derecho internacional privado*. Trad. Andrés Rodríguez Ramón. Madrid: Editorial Reus, 1928.

NIBOYET, J.-P. *Cours de droit international privé français*. 2. ed. Paris: Sirey, 1949.

NIBOYET, Marie-Laure; GEOUFFRE DE LA PRADELLE, Géraud de. *Droit international privé*. 4. ed. Paris: LGDJ, 2013.

NUNES, Castro. *Teoria e prática do poder judiciário*. Rio de Janeiro: Forense, 1943.

OBERTO, Giacomo. La promessa di matrimonio. In: ZATTI, Paolo (Dir.); FERRANDO, Gilda; FORTINO, Marcella; RUSCELLO, Francesco (Org.). *Trattato di diritto di famiglia*, vol. I (Famiglia e Matrimonio), 2. ed. Milano: Giuffrè, 2011, p. 325-365.

OCTAVIO, Rodrigo. *Direito internacional privado*: parte geral. Rio de Janeiro: Freitas Bastos, 1942.

OLIVEIRA, João Martins de. *A forma dos atos jurídicos no direito internacional privado*. Belo Horizonte: Bernardo Alvares, 1962.

OVERBECK, Alfred E. von. L'application par le juge interne des conventions de droit international privé. *Recueil des Cours*, vol. 132, 1971, p. 1-106.

OVERBECK, Alfred E. von. La contribution de la Conférence de La Haye au développement du droit international privé. *Recueil des Cours*, vol. 233, 1992-II, p. 9-98.

PARRA-ARANGUREN, Gonzalo. *Curso general de derecho internacional privado*: problemas selectos. Caracas: Fundación Fernando Parra-Aranguren, 1991.

PEREIRA, José Edgard Amorim. *Dos direitos adquiridos em direito internacional privado*. Belo Horizonte: Imprensa da Universidade de Minas Gerais, 1965.

PEREIRA, Lafayette Rodrigues. *Projeto de Código de Direito Internacional Privado*. Rio de Janeiro: Imprensa Nacional, 1927.

PEREIRA, Luís Cezar Ramos. Prestação de alimentos no direito internacional privado brasileiro. In: BAPTISTA, Luiz Olavo; MAZZUOLI, Valerio de Oliveira (Org.). *Direito internacional privado*: teoria e prática. São Paulo: Revista dos Tribunais, 2012, p. 563-580 (Coleção *Doutrinas essenciais*: direito internacional, vol. IV).

PILLET, Antoine. *Principes de droit international privé*. Paris: Pedone, 1903.

PILLET, Antoine. La théorie générale des droits acquis. *Recueil des Cours*, vol. 8, 1925, p. 489-538.

PIMENTA BUENO, José Antônio. *Direito internacional privado e aplicação de seus princípios com referência às leis particulares do Brasil*. Rio de Janeiro: Typographia de J. Villeneuve, 1863.

PINHEIRO, Luís de Lima. *Contrato de empreendimento comum* (joint venture*) em direito internacional privado*. Coimbra: Almedina, 2003.

PINHEIRO, Luís de Lima. Relações entre o direito internacional público e o direito internacional privado. In: RIBEIRO, Manuel de Almeida; COUTINHO, Francisco Pereira; CABRITA, Isabel (Coord.). *Enciclopédia de direito internacional*. Coimbra: Almedina, 2011, p. 491-501.

PINHEIRO, Luís de Lima. *Direito internacional privado*, vol. I (Introdução e Direito de Conflitos – Parte Geral). 3. ed. refundida. Coimbra: Almedina, 2014.

PONTES DE MIRANDA, Francisco Cavalcanti. La conception du droit international privé d'après la doctrine et la pratique au Brésil. *Recueil des Cours*, vol. 39, 1932, p. 551-678.

PONTES DE MIRANDA, Francisco Cavalcanti. *Tratado de direito internacional privado*. Rio de Janeiro: José Olympio, 1935 (2 vols.).

PONTES DE MIRANDA, Francisco Cavalcanti. *Nacionalidade de origem e naturalização no direito brasileiro*. 2. tir. aum. Rio de Janeiro: A. Coelho Branco Filho, 1936.

REALE, Miguel. *Fontes e modelos do direito*: para um novo paradigma hermenêutico. São Paulo: Saraiva, 1994.

RECHSTEINER, Beat Walter. *Direito internacional privado*: teoria e prática. 10. ed. rev. e atual. São Paulo: Saraiva, 2007.

RECHSTEINER, Beat Walter. Algumas questões jurídicas relacionadas à sucessão testamentária com conexão internacional. In: BAPTISTA, Luiz Olavo; MAZZUOLI, Valerio de Oliveira (Org.). *Direito internacional privado*: teoria e prática. São Paulo: Revista dos Tribunais, 2012, p. 391-402 (Coleção *Doutrinas essenciais*: direito internacional, vol. IV).

RIGAUX, François. Le conflit mobile en droit international privé. *Recueil des Cours*, vol. 117, 1966-I, p. 329-444.

ROCHA, Osiris. *Curso de direito internacional privado*. 4. ed. Rio de Janeiro: Forense, 1986.

RODAS, João Grandino. Choice of law rules and the major principles of Brazilian private international law. In: DOLINGER, Jacob; ROSENN, Keith S. (Ed.). *A Panorama of Brazilian Law*. Coral Gables: University of Miami, 1992, p. 309-347.

RODAS, João Grandino. *Direito internacional privado brasileiro*. São Paulo: Revista dos Tribunais, 1993.

RODAS, João Grandino. Elementos de conexão do direito internacional privado brasileiro relativamente às obrigações contratuais. In: RODAS, João Grandino

(Coord.). *Contratos internacionais*. 3. ed. rev., atual. e ampl. São Paulo: Revista dos Tribunais, 2002, p. 19-65.

RODAS, João Grandino. *Substituenda est lex introductoria*. In: BAPTISTA, Luiz Olavo; MAZZUOLI, Valerio de Oliveira (Org.). *Direito internacional privado*: teoria e prática. São Paulo: Revista dos Tribunais, 2012, p. 269-272 (Coleção *Doutrinas essenciais*: direito internacional, vol. IV).

RODAS, João Grandino; MONACO, Gustavo Ferraz de Campos. *A Conferência da Haia de Direito Internacional Privado*: a participação do Brasil. Brasília: Fundação Alexandre de Gusmão, 2007.

RODRIGUES JUNIOR, Otavio Luiz. Notas à ciência do direito internacional privado. In: BAPTISTA, Luiz Olavo; MAZZUOLI, Valerio de Oliveira (Org.). *Direito internacional privado*: teoria e prática. São Paulo: Revista dos Tribunais, 2012, p. 343-366 (Coleção *Doutrinas essenciais*: direito internacional, vol. IV).

RUSSOMANO, Gilda Maciel Corrêa Meyer. *Direito internacional privado do trabalho*. Rio de Janeiro: Forense, 1979.

SAMTLEBEN, Jürgen. *Derecho internacional privado en América Latina*: teoría y práctica del Código Bustamante. Buenos Aires: Depalma, 1983.

SAMTLEBEN, Jürgen. Teixeira de Freitas e a autonomia das partes no direito internacional privado latino-americano. *Revista de Informação Legislativa*, ano 22, nº 85, Brasília, jan./mar. 1985, p. 257-276.

SAMTLEBEN, Jürgen. Cláusulas de jurisdicción y legislación aplicable en los contratos de endeudamiento externo de los Estados latinoamericanos. *Revista de Informação Legislativa*, ano 26, nº 101, Brasília, jan./mar. 1989, p. 347-272.

SANTOS, António Marques dos. *Breves considerações sobre a adaptação em direito internacional privado*. Lisboa: Associação Acadêmica da Faculdade de Direito, 1988.

SANTOS, António Marques dos. *Estudos de direito internacional privado e de direito processual civil internacional*. Coimbra: Almedina, 1998.

SANTOS, António Marques dos. *As normas de aplicação imediata no direito internacional privado*: esboço de uma teoria geral. Coimbra: Almedina, 1991 (2 vols.).

SANTOS, António Marques dos. Algumas considerações sobre a autonomia da vontade no direito internacional privado em Portugal e Brasil. In: MOURA RAMOS, Rui Manuel de et al. (Org.). *Estudos em homenagem à Professora Doutora Isabel de Magalhães Collaço*, vol. I. Coimbra: Almedina, 2002, p. 379-429.

SARLET, Ingo Wolfgang. *Dignidade da pessoa humana e direitos fundamentais na Constituição Federal de 1988*. 9. ed. rev. e atual. Porto Alegre: Livraria do Advogado, 2012.

SAULLE, Maria Rita. *Diritto comunitario e diritto internazionale privato*. Napoli: Giannini, 1983.

SAVIGNY, Friedrich Carl von. *Traité de droit romain*, t. 8. Trad. Charles Guenoux. Paris: Firmin Didot Frères, 1851.

SEVERO DA COSTA, Luiz Antônio. *Da aplicação do direito estrangeiro pelo juiz nacional*. Rio de Janeiro: Freitas Bastos, 1968.

SHELTON, Dinah Shelton. Normative hierarchy in international law. *American Journal of International Law*, vol. 100, n° 2, abr./2006, p. 291-323.

SILVA, Agustinho Fernandes Dias da. *Introdução ao direito internacional privado*. Rio de Janeiro: Freitas Bastos, 1975.

SILVA, Agustinho Fernandes Dias da. *Estudo programado de direito internacional privado*. 2. ed. rev. e ampl. Rio de Janeiro: Freitas Bastos, 1983.

SILVA, Marcos Edmar Ramos Alvares da; TOLEDO, André de Paiva. Vínculo substancial e as bandeiras de conveniência: consequências ambientais dos navios com registros abertos. *Revista de Direito Internacional*, vol. 13, n° 2, Brasília, 2016, p. 159-177.

SILVA, Virgílio Afonso da. *A constitucionalização do direito*: os direitos fundamentais nas relações entre particulares. São Paulo: Malheiros, 2008.

SMITH, Tom. Recognition of foreign corporate insolvency proceedings at common law. In: SHELDON, Richard (Ed.). *Cross border insolvency*. 3. ed. Haywards Heath: Bloomsbury, 2011, p. 227-269.

SOARES, Inês Virgínia Prado. *Direito ao (do) patrimônio cultural brasileiro*. Belo Horizonte: Fórum, 2009.

SOUTO, Cláudio. *Introdução crítica ao direito internacional privado*. 2. ed. rev. e atual. Porto Alegre: Sergio Antonio Fabris, 2000.

SOUZA, Gelson Amaro de. *Processo e jurisprudência no estudo do direito*. Rio de Janeiro: Forense, 1989.

STORY, Joseph. *Commentaries on the conflict of laws*: foreign and domestic. Boston: Hilliard, Gray & Company, 1834.

STRENGER, Irineu. *Teoria geral do direito internacional privado*. São Paulo: Bushatsky, 1973.

STRENGER, Irineu. *Reparação do dano em direito internacional privado*. São Paulo: Revista dos Tribunais, 1973.

STRENGER, Irineu. *Direito do comércio internacional e* lex mercatoria. São Paulo: LTr, 1996.

STRENGER, Irineu. *Direito processual internacional*. São Paulo: LTr, 2003.

STRENGER, Irineu. *Direito internacional privado*. 6. ed. São Paulo: LTr, 2005.

SVANTESSON, Dan Jerker B. *Private international law and the Internet*. Alphen aan den Rijn: Kluwer Law, 2007.

SYMEONIDES, Symeon C. *Codifying choice of law around the world*: an international comparative analysis. Oxford: Oxford University Press, 2014.

TAQUELA, María Blanca Noodt. *Derecho internacional privado*: libro de casos. Buenos Aires: La Ley, 2006.

TAQUELA, María Blanca Noodt. Aplicación de las normas más favorables a la cooperación judicial internacional. *Anuario Argentino de Derecho Internacional*, vol. XXII, 1994, p. 163-224.

TELLES JUNIOR, Goffredo. *Iniciação na ciência do direito*. 4. ed. rev. e atual. São Paulo: Saraiva, 2009.

TENÓRIO, Oscar. *Direito internacional privado*, vol. I. 9. ed. rev. Rio de Janeiro: Freitas Bastos, 1968.

TENÓRIO, Oscar. *Direito internacional privado*, vol. II. 9. ed. rev. e atual. Rio de Janeiro: Freitas Bastos, 1970.

THEODORO JÚNIOR, Humberto. *Curso de direito processual civil*, vol. I. 57. ed. rev., atual. e ampl. Rio de Janeiro: Forense, 2016.

THIERRY, Hubert. L'évolution du droit international: cours général de droit international public. *Recueil des Cours*, vol. 222, 1990-III, p. 9-186.

TIBURCIO, Carmen. Disciplina legal da pessoa jurídica à luz do direito internacional brasileiro. In: BAPTISTA, Luiz Olavo; MAZZUOLI, Valerio de Oliveira (Org.). *Direito internacional privado*: teoria e prática. São Paulo: Revista dos Tribunais, 2012, p. 969-993 (Coleção *Doutrinas essenciais*: direito internacional, vol. IV).

TIBURCIO, Carmen. Private international law in Brazil: a brief overview. *Panorama of Brazilian Law*, vol. 1, nº 1, 2013, p. 11-37.

TIBURCIO, Carmen. Controle de constitucionalidade das leis pelo árbitro: notas de direito internacional privado e arbitragem. *Revista de Direito Administrativo*, vol. 266, mai./ago. 2014, p. 167-186.

TIBURCIO, Carmen. *Extensão e limites da jurisdição brasileira*: competência internacional e imunidade de jurisdição. Salvador: JusPodivm, 2016.

TIBURCIO, Carmen; BARROSO, Luís Roberto. Recognition of foreign judgments in Brazil: notes on Brazilian substantive and procedural public policy. *Panorama of Brazilian Law*, vol. 2, nº 2, 2014, p. 33-58.

TOMAZ, Carlos Alberto Simões de. *Direito à felicidade*. Belo Horizonte: Folium, 2010.

TOMLJENOVIĆ, Vesna. Maritime torts – new conflicts approach: is it necessary? *Yearbook of Private International Law*, vol. 1, 1999, p. 249-298.

VALLADÃO, Haroldo. *A devolução nos conflictos sobre a lei pessoal*. São Paulo: Revista dos Tribunais, 1929.

VALLADÃO, Haroldo. *Direito internacional privado*: introdução e parte geral. 2. ed. rev. e atual. Rio de Janeiro: Freitas Bastos, 1970.

VALLADÃO, Haroldo. *Direito internacional privado*, vol. II (Parte Especial: conflitos de leis civis). Rio de Janeiro: Freitas Bastos, 1973.

VALLADÃO, Haroldo. *Direito internacional privado*, vol. III (Parte Especial: conflitos de leis comerciais, cambiais, falimentares, marítimas, aeroespaciais, industriais, trabalhistas, processuais, penais, administrativas, fiscais e eclesiásticas). Rio de Janeiro: Freitas Bastos, 1978.

VALLADÃO, Haroldo. O princípio da lei mais favorável no DIP. *Revista da Faculdade de Direito da Universidade de São Paulo*, vol. 76, 1981, p. 53-61.

VALLADÃO, Haroldo. Lei nacional e lei do domicílio. In: BAPTISTA, Luiz Olavo; MAZZUOLI, Valerio de Oliveira (Org.). *Direito internacional privado*: teoria e prática. São Paulo: Revista dos Tribunais, 2012, p. 123-132 (Coleção *Doutrinas essenciais*: direito internacional, vol. IV).

VALLADÃO, Haroldo. Posição do direito internacional privado frente às divisões: internacional-interno e público-privado (primado da ordem jurídica superior). In: BAPTISTA, Luiz Olavo; MAZZUOLI, Valerio de Oliveira (Org.). *Direito internacional privado*: teoria e prática. São Paulo: Revista dos Tribunais, 2012, p. 133-146 (Coleção *Doutrinas essenciais*: direito internacional, vol. IV).

VALLADÃO, Haroldo. Definição, objeto e denominação do direito internacional privado. In: BAPTISTA, Luiz Olavo; MAZZUOLI, Valerio de Oliveira (Org.). *Direito internacional privado*: teoria e prática. São Paulo: Revista dos Tribunais, 2012, p. 147-161 (Coleção *Doutrinas essenciais*: direito internacional, vol. IV).

VALLADÃO, Haroldo. Doutrinas modernas e contemporâneas de direito internacional privado. In: BAPTISTA, Luiz Olavo; MAZZUOLI, Valerio de Oliveira (Org.). *Direito internacional privado*: teoria e prática. São Paulo: Revista dos Tribunais, 2012, p. 163-182 (Coleção *Doutrinas essenciais*: direito internacional, vol. IV).

VALLADÃO, Haroldo. Conflitos no espaço de normas de direito internacional privado: renúncia e devolução. In: BAPTISTA, Luiz Olavo; MAZZUOLI, Valerio de Oliveira (Org.). *Direito internacional privado*: teoria e prática. São Paulo: Revista dos Tribunais, 2012, p. 183-205 (Coleção *Doutrinas essenciais*: direito internacional, vol. IV).

VALLADÃO, Haroldo. Reconhecimento de divórcio decretado pela justiça muçulmana com base no repúdio. In: BAPTISTA, Luiz Olavo; MAZZUOLI, Valerio de Oliveira (Org.). *Direito internacional privado*: teoria e prática. São Paulo: Revista dos Tribunais, 2012, p. 549-554 (Coleção *Doutrinas essenciais*: direito internacional, vol. IV).

VALLADÃO, Haroldo. O princípio da lei mais favorável no direito internacional privado. In: BAPTISTA, Luiz Olavo; MAZZUOLI, Valerio de Oliveira (Org.). *Direito internacional privado*: teoria e prática. São Paulo: Revista dos Tribunais, 2012, p. 555-562 (Coleção *Doutrinas essenciais*: direito internacional, vol. IV).

Van Loon, Hans. El derecho internacional privado ante la Corte Internacional de Justicia: mirando hacia atrás y mirando hacia adelante. *Anuario Español de Derecho Internacional Privado*, t. XIII, 2013, p. 35-51.

Velasco, Ignacio M. Poveda. *Os esponsais no direito luso-brasileiro*. São Paulo: Quartier Latin, 2007.

Viana Filho, Luiz. *Direitos dos estrangeiros no Brasil*: histórico e situação presente. Salvador: [s.n.], 1938.

Villata, Stefano Alberto. *Diritto straniero e processo*: premessa storica ad uno studio della "prova" del diritto straniero. Roma: Aracne, 2012.

Villela, Anna Maria. A unificação do direito na América Latina: direito uniforme e direito internacional privado. *Revista de Informação Legislativa*, ano 21, nº 83, Brasília, jul./set. 1984, p. 5-26.

Walker, Lara. *Maintenance and child support in private international law*. Oxford: Hart, 2015.

Wassmundt, Fritz. Divergências de leis e sua harmonização: solução proposta a alguns problemas jurídicos presos ao direito internacional privado. In: Baptista, Luiz Olavo; Mazzuoli, Valerio de Oliveira (Org.). *Direito internacional privado*: teoria e prática. São Paulo: Revista dos Tribunais, 2012, p. 63-85 (Coleção *Doutrinas essenciais*: direito internacional, vol. IV).

Westbrook, Jay Lawrence. A global solution to multinational default. *Michigan Law Review*, vol. 98, jun. 2000, p. 2276-2328.

Wolff, Martin. *Derecho internacional privado*. Trad. José Rovira y Ermengol. Barcelona: Labor, 1936.

Zaneti, Graziela Argenta. *Jurisdição adequada para os processos coletivos transnacionais*. São Paulo: Revista dos Tribunais, 2020.

Zitelmann, Ernst. *Internationales Privatrecht*, vol. I. Leipzig: Duncker & Humblot, 1897.

Obras do Autor

Livros publicados

Controle jurisdicional da convencionalidade das leis. 5. ed. rev., atual. e ampl. Rio de Janeiro: Forense, 2018.

Curso de direito internacional privado. 6. ed. rev., atual. e ampl. Rio de Janeiro: Forense, 2023.

Curso de direito internacional público. 15. ed. rev., atual. e ampl. Rio de Janeiro: Forense, 2023.

Curso de direitos humanos. 9. ed. rev., atual. e ampl. São Paulo: Método, 2022.

Direito dos tratados. 2. ed. rev., atual. e ampl. Rio de Janeiro: Forense, 2014.

Direito internacional público: parte geral. 8. ed. rev., atual. e ampl. São Paulo: Ed. RT, 2014.

Direito internacional: tratados e direitos humanos fundamentais na ordem jurídica brasileira. Rio de Janeiro: América Jurídica, 2001.

Direitos humanos, Constituição e os tratados internacionais: estudo analítico da situação e aplicação do tratado na ordem jurídica brasileira. São Paulo: Juarez de Oliveira, 2002.

Direitos humanos e cidadania à luz do novo direito internacional. Campinas: Minelli, 2002.

Direitos humanos na jurisprudência internacional: sentenças, opiniões consultivas, decisões e relatórios internacionais (com a colaboração de Monique Jeane Barbosa da Silva e Jennifer de Lara Gnoatto). São Paulo: Método, 2019.

Estudos avançados de direito internacional. Belo Horizonte: Arraes, 2017.

Natureza jurídica e eficácia dos acordos stand-by com o FMI. São Paulo: Ed. RT, 2005.

Os sistemas regionais de proteção dos direitos humanos: uma análise comparativa dos sistemas interamericano, europeu e africano. São Paulo: Ed. RT, 2011. (Coleção "Direito e Ciências Afins", vol. 9)

Por um tribunal de justiça para a Unasul: a necessidade de uma corte de justiça para a América do Sul sob os paradigmas do Tribunal de Justiça da União Europeia e da Corte Centro-Americana de Justiça. Brasília: Senado Federal/Secretaria de Editoração e Publicações, 2014.

Prisão civil por dívida e o Pacto de San José da Costa Rica: especial enfoque para os contratos de alienação fiduciária em garantia. Rio de Janeiro: Forense, 2002.

Tratados internacionais de direitos humanos e direito interno. São Paulo: Saraiva, 2010.

Tratados internacionais: com comentários à Convenção de Viena de 1969. 2. ed. rev., ampl. e atual. São Paulo: Juarez de Oliveira, 2004.

Tribunal Penal Internacional e o direito brasileiro. 3. ed. rev. e atual. São Paulo: Ed. RT, 2012. (Coleção "Direito e Ciências Afins", vol. 3)

Coautoria

Acumulação de cargos públicos: uma questão de aplicação da Constituição. 2. ed. rev., atual. e ampl. Com Waldir Alves. Belo Horizonte: Arraes, 2017.

Comentários à Convenção Americana sobre Direitos Humanos. Com Flávia Piovesan e Melina Girardi Fachin. Rio de Janeiro: Forense, 2019.

Comentários à reforma criminal de 2009 e à Convenção de Viena sobre o Direito dos Tratados. Com Luiz Flávio Gomes e Rogério Sanches Cunha. São Paulo: Ed. RT, 2009.

Contratos comerciais internacionais em situações de crise: estudo comparado de direito europeu e latino-americano sobre negócios estrangeiros em crises transnacionais. Com Gabriella Boger Prado. Belo Horizonte: D'Plácido, 2021.

Controle de convencionalidade pelo Ministério Público. Com Marcelle Rodrigues da Costa e Faria e Kledson Dionysio de Oliveira. 2. ed. rev., atual. e ampl. Rio de Janeiro: Forense, 2022.

Direito supraconstitucional: do absolutismo ao Estado Constitucional e Humanista de Direito. 2. ed. rev., atual. e ampl. Com Luiz Flávio Gomes. São Paulo: Ed. RT, 2013. (Coleção "Direito e Ciências Afins", vol. 5)

O judiciário brasileiro e o direito internacional: análise crítica da jurisprudência nacional. Com Jahyr-Philippe Bichara. Belo Horizonte: Arraes, 2017.

O juiz e o direito: o método dialógico e a magistratura na pós-modernidade. Com Luiz Flávio Gomes. Salvador: JusPodivm, 2016.

Teoria tridimensional das integrações supranacionais: uma análise comparativa dos sistemas e modelos de integração da Europa e América Latina. Com Michele Carducci. Rio de Janeiro: Forense, 2014.

Coautoria e coordenação

Direitos humanos contemporâneos: perspectivas da proteção internacional e impactos no direito brasileiro. Rio de Janeiro: Lumen Juris, 2023.

Direitos humanos das minorias e grupos vulneráveis. Belo Horizonte: Arraes, 2018.

Direito internacional nos tribunais superiores. Belo Horizonte: Arraes, 2021.

Novos paradigmas da proteção internacional dos direitos humanos: diálogos transversais, proteção multinível e controle de convencionalidade no direito brasileiro. Belo Horizonte: Arraes, 2018.

O novo direito internacional do meio ambiente. Curitiba: Juruá, 2011.

Coautoria e cocoordenação

Controle de convencionalidade: um panorama latino-americano *(Brasil, Argentina, Chile, México, Peru, Uruguai).* Com Luiz Guilherme Marinoni. Brasília: Gazeta Jurídica, 2013.

Crimes da ditadura militar: uma análise à luz da jurisprudência atual da Corte Interamericana de Direitos Humanos. Com Luiz Flávio Gomes. São Paulo: Ed. RT, 2011.

Direito à liberdade religiosa: desafios e perspectivas para o século XXI. Com Aldir Guedes Soriano. Belo Horizonte: Fórum, 2009.

Direito da integração regional: diálogo entre jurisdições na América Latina. Com Eduardo Biacchi Gomes. São Paulo: Saraiva, 2015.

Direito internacional do trabalho: o estado da arte sobre a aplicação das convenções internacionais da OIT no Brasil. Com Georgenor de Sousa Franco Filho. São Paulo: LTr, 2016.

Direito internacional dos direitos humanos: estudos em homenagem à Professora Flávia Piovesan. Com Maria de Fátima Ribeiro. Curitiba: Juruá, 2004.

Direito internacional dos direitos humanos e impactos na ordem interna: controle de convencionalidade, tridimensionalidade protetiva e garantia do princípio pro homine. Com Ana Flávia Marcelino de Barros. Belo Horizonte: Arraes, 2021.

Doutrinas essenciais de direito internacional, 5 vols. Com Luiz Olavo Baptista. São Paulo: Ed. RT, 2012.

Hard cases controle de convencionalidade e o posicionamento do Supremo Tribunal Federal. Com Eduardo Biacchi Gomes. Curitiba: Instituto Memória, 2020.

Novas perspectivas do direito ambiental brasileiro: visões interdisciplinares. Com Carlos Teodoro José Hugueney Irigaray. Cuiabá: Cathedral, 2009.

Novas vertentes do direito do comércio internacional. Com Jete Jane Fiorati. Barueri: Manole, 2003.

Novos estudos de direito internacional contemporâneo, 2 vols. Com Helena Aranda Barrozo e Márcia Teshima. Londrina: EDUEL, 2008.

O Brasil e os acordos econômicos internacionais: perspectivas jurídicas e econômicas à luz dos acordos com o FMI. Com Roberto Luiz Silva. São Paulo: Ed. RT, 2003.

Práticas do sistema interamericano de direitos humanos: reflexões sobre a eficácia das garantias convencionais e impactos no ordenamento interno. Com Murilo Franco de Miranda. Belo Horizonte: Arraes, 2019.

Organização

Vade Mecum Método Internacional. 17. ed. rev., atual. e ampl. São Paulo: Método, 2023.

Obras em língua estrangeira

Em inglês

The law of treaties: a comprehensive study of the 1969 Vienna Convention and beyond. Rio de Janeiro: Forense, 2016.

Em francês

Le régime des contrats commerciaux internationaux au regard des situations de crises sanitaires transnationales: étude comparative de droit européen et droit latino--americain. Com Gabriella Boger Prado. Curitiba: Instituto Memória, 2020.

Em espanhol

Derecho internacional público contemporáneo. Barcelona: Bosch, 2019.

Manual contemporáneo de derechos humanos. San Salvador: Cuscatleca, 2021.

Obras não jurídicas

Chopin: elementos de pianística e impressões sobre a vida e obra. Belo Horizonte: Letramento, 2020.

Da pedra bruta à pedra cúbica: ensaios de evolução do aprendiz ao companheiro. Cuiabá: Umanos, 2022.

Coautoria e cocoordenação

Arte, cultura e civilização: ensaios para o nosso tempo. Com Gilberto Morbach. Belo Horizonte: Letramento, 2021.